現代雇用社会における自由と平等

──24のアンソロジー──

山田省三先生の古稀をお祝いし
謹んでこの論文集を捧げます

一　同

───── 〈執筆者一覧〉（掲載順）─────

山田省三 （やまだ しょうぞう）	中央大学大学院法務研究科教授
山川隆一 （やまかわ りゅういち）	東京大学大学院法学政治学研究科教授
川口美貴 （かわぐち みき）	関西大学大学院法務研究科教授
鎌田耕一 （かまた こういち）	東洋大学名誉教授
長谷川聡 （はせがわ さとし）	専修大学法学部教授
滝原啓允 （たきはら ひろみつ）	中央大学経済学部兼任講師
山﨑文夫 （やまざき ふみお）	平成国際大学名誉教授
米津孝司 （よねづ たかし）	中央大学大学院法務研究科教授
石井保雄 （いしい やすお）	獨協大学法学部教授
森井利和 （もりい としかず）	弁護士，中央大学大学院法務研究科客員教授
小俣勝治 （おまた かつじ）	青森中央学院大学経営法学部教授
松井良和 （まつい よしかず）	連合総合生活開発研究所研究員
廣石忠司 （ひろいし ただし）	専修大学経営学部教授
川田知子 （かわだ ともこ）	中央大学法学部教授
高橋賢司 （たかはし けんじ）	立正大学法学部准教授
河合　塁 （かわい るい）	岩手大学人文社会科学部准教授
春田吉備彦 （はるた きびひこ）	沖縄大学法経学部教授
新谷眞人 （あらや まさと）	日本大学法学部教授
西　和江 （にし かずえ）	元中央大学通信教育部インストラクター
新田秀樹 （にった ひでき）	中央大学法学部教授
小西啓文 （こにし ひろふみ）	明治大学法学部教授
石崎　浩 （いしざき ひろし）	読売新聞東京支社編集委員
東島日出夫 （とうじま ひでお）	中央大学通信教育部インストラクター
朴　承斗 （Park Seung Du）	清州大学法学部教授
中島　徹 （なかじま とおる）	早稲田大学法学学術院教授

山田省三先生　最終講義にて
(2019年1月，中央大学市ヶ谷校舎：法廷教室)

現代雇用社会における自由と平等

◆ 24のアンソロジー ◆

山田省三先生古稀記念

編 集
新田秀樹　米津孝司　川田知子
長谷川聡　河合 塁

信山社

はしがき

　山田省三先生は，2018 年 8 月 12 日に満 70 歳を迎えられ，2019 年 3 月をもっ
て中央大学を定年によりご退職になられます。先生のご退職にあたりまして，
長年にわたる研究教育活動と輝かしい研究業績を讃え，また，これまで先生よ
り賜りましたご指導とご厚誼に深甚の誠意を表するために，ここに謹んで本書
を先生に献呈いたします。

　山田省三先生は，1974 年に中央大学法学部法律学科を卒業され（角田邦重先
生のゼミ 1 期生。角田ゼミ 1 期は，参議院事務総長，神奈川県副知事，神奈川県教
職員組合副委員長といった人材を輩出しています），中央大学大学院法学研究科に
進まれました。大学院時代は横井芳弘先生に師事され，本格的に労働法学の研
究の道を歩まれました。1987 年に中央学院大学専任講師，同助教授を経て，
1995 年に中央大学法学部助教授，1996 年には教授に昇格され，2004 年からは
中央大学大学院法務研究科（法科大学院）に移籍され，同研究科教授として学
生の指導にあたられました。2019 年 3 月末に定年退職されるまでの 24 年（非
常勤 14 年と併せると 38 年）にわたる教育上又は学術上の功績を讃えられ，2018
年には中央大学名誉教授の称号を授与されました。

1　山田先生は，中央大学法科大学院の開設にあたり，福原紀彦先生（現中央
大学学長），大村雅彦先生（現中央大学理事長）とともに開設準備室副室長を務
められ，また開設前の広報・入試関係業務の責任者たる入試広報委員長として，
中央大学法科大学院のスタートに大きく貢献されました。

　法科大学院に移籍された後は，学生相談室長や図書委員会委員長を務められ
たほか，全学的にはセクシュアル・ハラスメント防止啓発委員会発足時からの
委員として規程整備作業に従事され，2015 年からは，改組された全学ハラス
メント防止啓発委員会常務委員（副委員長）として，学内のハラスメント問題
の解決に精力的に取り組んでこられました。これはまさに，後述する山田先生
の研究テーマである「ハラスメント」の知見が，学内行政にいかんなく発揮さ
れたことの顕れといえるでしょう。

　その間，日本労働法学会理事，同事務局長，社会保障法学会理事といった学

界の要職のほか，東京都亀戸労政協議会会長，日本私大連盟年金問題検討委員会委員長，司法試験考査委員等を歴任され，また弁護士としてご活躍されるなど，学外においても重要な役割を果たしてこられました。

2　(1)　山田先生の研究としては，まずイギリス労働法の研究を挙げることができます。特に1970年〜80年頃には，イギリス労働法の歴史と現状の分析や，イギリスの遵法闘争の議論，当時のサッチャー保守党政権による労使関係法改革や労働争議等を扱ったものが多く見られます。

またこの時期には，イギリスの雇用契約に関する業績も見られます。たとえば「労働契約と労働条件」（秋田成就編『労働契約の法理論——イギリスと日本』総合労働研究所・所収）があります。同書は，労働契約の主要論点について，「日本とイギリスにおける議論の枠組みと法理の特徴が簡潔明快に述べられており，かつ，一歩進んだ解決策としての理論が示唆されている」と評価されたもので（外尾健一「書評」季労168号209頁），この書評の中では，山田先生のご執筆部分も注目されています。

このように，山田先生の業績には示唆に富む比較法研究が少なくありませんが，その萌芽を，この時代の著作に見ることができましょう。なお，本書にも，イギリスをはじめとして，ドイツ，フランス，スウェーデン，ニュージーランド，韓国等の比較法研究の論文が収録されており，それぞれ切り口は異なりますが，いずれも，各執筆者が山田先生の問題関心を踏まえながらも，それを意欲的に発展させた論考となっています。

(2)　また，山田先生は早くから職場における雇用平等やハラスメント，そして労働者のプライバシー保護などの研究に取り組まれました。これらの研究は山田先生のライフ・ワークであり，数多くの優れた研究論文を発表されました。

雇用平等の分野に関して山田先生は，1980年代以降，特に男女雇用機会均等法に対する批判的考察や立法提言を一貫してなさってこられました。努力義務から義務化，男性への適用拡大，妊産婦への保護規定の充実など，現行の均等法に活かされることとなった提言も少なくありません。

山田先生の業績は雇用平等の分野全般にわたりますが，特筆すべきは，やはりセクシュアル・ハラスメント（セクハラ）に関する研究でしょう。セクハラはわが国においても，遅くとも1980年代には，社会問題として徐々に認識さ

れつつありましたが，法的問題としての把握は，まだまだ緒についたところでした。そのような中で山田先生は，すでに中央学院大学在職時には，イギリスにおいて法的・社会的に大きな関心を呼んでいたセクハラの法理に着目され，比較法的な観点からの分析をなされました。そして，それは「セクシュアル・ハラスメントの問題を法的に検討するにあたって有益な，示唆するところの多い着実な業績」（ジュリスト書評，ジュリスト 964 号 138 頁）として耳目を集めました。山田先生がその後，わが国における同種の問題に正面から本格的に取り組まれた論文（「セクシュアル・ハラスメントの法理」（季労 155 号））は，当時の女性学の集大成ともいえる論文集である『フェミニズム・コレクション II　理論編』（勁草書房）にも転載されています。そのほかプライバシー論については，日本労働法学会第 81 回大会のシンポジウムでの報告を基に書かれた「職場における労働者のプライバシー保護」（学会誌 78 号）のほか，「雇用関係におけるプライバシー」（日本労働法学会編・講座 21 世紀の労働法第 6 巻）においても論及されています。それらは，山田先生の師である角田邦重先生の研究テーマであった「人格権の法理」を，現代的な角度からとらえなおし，発展させたものといえるでしょう。

　ちなみに本書の第 1 章には，差別・平等・ハラスメント法理を検討する論文が（山田先生の論考を除いて）6 編収められていますし，第 3 章所収の論文にも，非典型雇用，女性，ワーク・ライフ・バランス等に関する法政策を素材として取り上げているものが多くあり，まさに本論文集の中核を為しています。これらもまた，上述のような山田先生の業績を踏まえ，あるいはそれに触発されるかたちで展開させた論考となっています。

　ところで，山田先生の現在の理論的関心は「差別概念の再検討」にあります。近年，わが国における「差別」に関する法理論の展開には目を見張るものがあり，たとえば，性差別のような「人に対する差別」とは異なる雇用形態差別（仕事に対する差別）が法的にも社会的にも注目されてきています。そのような時代展開の中で，山田先生はここ数年，関連差別・誤認差別など，新たな差別概念にも精力的にアプローチされていますが，本論文集に所収の「わが国雇用平等法理の総括とその再検討」は，山田先生ご自身が長年にわたって追及されてきた「これまで」の差別理論と差別法理の到達点と問題性，そして「これから」のあるべき姿が，克明かつ明快に描きだされた論文といえるでしょう。

はしがき

(3) 山田先生はまた，年金や生活保護，労災関係等に関する社会保障法の研究にも精力的に取組み，その関係の著書も発表されています。特に『リーディングス社会保障法』（編著）や『社会保障法解体新書』（久塚純一先生と共編著）は，ともすれば制度の説明になりがちな，難解な社会保障の法制度を簡明に解きほぐす教科書として，多くの大学においてテキストとして親しまれてきています。本論文集にも，医療，年金，通勤災害，社会保障や憲法における「平等」といった論考が6編収録されていますが，これらもまた山田先生の問題関心と軌を一にする力作ぞろいです。

そのほか，賞与の支給日在籍条項をはじめとする労働契約論や就業規則論，企業システム論などにも山田先生のご関心は及んでおり，日本労働法学会第108回大会のシンポジウム「企業システム・企業法制の変化と労働法」では，石田眞先生（早稲田大学教授（当時））とともに司会を務められました。本論文集には，就業規則論や成果主義，支配介入等に関わる論考も収められていますが，これらも各執筆者が山田先生の問題関心も踏まえつつ論じたものといえます。

3　山田先生は，裁判所への鑑定意見書も多く作成されています。特に著名なのは，わが国初の本格的なセクハラ裁判と称された福岡セクシュアル・ハラスメント裁判における鑑定意見書（労旬1291号）です。この中で山田先生は，その当時は安全配慮義務の問題として論じてきたセクシュアル・ハラスメントを「職場環境配慮義務」という労働契約上の配慮義務として構成し，性的自由，性的人格権の保護という観点から論じられました。周知のとおり，現在では職場環境配慮義務はセクハラだけでなく，パワハラや職場における労働者の人格的自由などについてひろく主張されるようになっていますが，同鑑定書における山田先生の主張は，「福岡地裁判決に影響を及ぼし」ただけでなく，「わが国のセクシュアル・ハラスメント法理の深化に寄与した」（浅倉むつ子「男女雇用平等論」籾井常喜編『戦後労働法学説史』（旬報社）753頁）と評されています。

その他にも，JR西日本におけるいわゆる日勤教育に関する裁判についても，使用者の裁量とみられていた教育訓練の限界を指摘し，その違法性を明らかにする鑑定書を提出されたりしていますが，山田先生が裁判所に提出された意見書の多くは，裁判を勝利的判決・和解に導いています。

さらに最近でも，労働者性，労働組合の情宣活動の正当性および企業内にお

xii

けるヘイトスピーチに関する意見書を提出されるなど，山田先生のエネルギッシュな創造性はとどまるところがありません。

4　山田省三先生は小中学校時代，数多くの映画をご覧になられ，多くの影響を受けられたようで，山田先生ご自身が「私の人格形成は……映画によってなされたと言っても過言ではありません」（山田省三「たかが映画，されど映画？」白門47巻7号）と述べられています。

　上で述べたように，山田先生の業績は極めて多岐にわたりますが，このような「学問上の多能多才ぶりも……思えばそれも映画人生に支えられてこそかも」しれません（新谷眞人「映画が支えた60年」山田省三先生解体新書（非売品））。山田先生は，昭和30年代の日本映画の殆どをご覧になられ，その中に描かれていた差別や貧困が，その後の労働法や社会保障法への関心につながっていったそうですが，そう考えると，山田先生の論文に見て取れる，権力に対する鋭い眼差しと弱者への思いやり，理論と現実とを見据えた独自のバランス感覚も，やはり映画によって培われたものといえそうです。

　また山田先生は，教育面においても，長年にわたって学部学生や大学院生の育成に力を注がれ，男女を問わず，多くの学生から慕われてきました。それは，どんな学生の話にも耳を傾けられる気さくさと包容力，厳しい指導の中でも，学生の少しでも「よい面」を見つけ，それを伸ばそうとされてこられた姿勢の賜物だと思います。なお，（今でこそ珍しくはありませんが）大学教員となられたかなり初期の段階から，数多くの社会人院生を育ててこられたことも，山田先生の教育面におけるご功績として欠かせません。昨今の大学教育の場では「産学連携」の呼び声が喧しい反面，「実務」と「学問」との関係に多くの教員が苦悩しているところですが，山田先生は，まさに「両者の架橋」ということを大切にされ，若い院生にも社会人院生にも慕われてきました。加えて山田先生は，社会人が中心である通信教育部の学生からも圧倒的な人気がありましたが，それもまた，このような山田先生のお人柄によるものだと思います。

5　本書には，山田先生の問題関心を踏まえながら，複雑化する現代の労働法理論，雇用政策，社会保障などにアプローチし，様々な角度から一石を投じようとする，意欲的で多彩な論文を収録しています。執筆者には，大変な多忙の中でご執筆いただきましたことを，改めて感謝いたします。ちなみに，本書の

はしがき

副題である「24 のアンソロジー」は，古稀論文集のタイトルとしては少々ソフトな印象を与えるかもしれません。しかし「アンソロジー（Anthology）」には，選集，詩選，論集等といった意味と同時に，ギリシャ語で「花を集めること」といった意味もあります。実はこのタイトルは山田先生からのご提案によるものなのですが，先生のソフトなイメージにふさわしいタイトルではないでしょうか（ご本人の論文は所収論文数から除いています）。

山田先生は，定年退職後は，弁護士としての業務を続けながら従来の研究成果をまとめることに専念されるとのことですが，「シナリオライター」としてデビューすることも密かに考えておられるそうです。山田先生といえば，若いころには「週刊労働法」とも称されるほどの速筆・多筆であったそうです（青野覚「『週刊労働法』な先生」山田省三先生解体新書（非売品））。今後は，日頃から頻発されるギャグをも活かした素晴らしいシナリオ創りを期待しつつ，感謝と敬意をこめて山田先生の紹介を終わりたいと思います。

なお，所収論文の校正確認にあたっては，帆足まゆみ氏（東京国際大学講師），東島日出夫氏（中央大学通信教育部インストラクター）の協力を得たほか，韓国語の翻訳につき，朴宥勁氏（中央大学大学院博士前期課程修了生）の協力を得ています。いずれも山田先生の門下生です。また山田先生の近影撮影は，中央大学通信教育部卒業生で，やはり山田先生に労働法を学んだ勝又洋子氏によるものです。ここに謝辞を記しておきます。

そして最後に，厳しい出版事情の中，本書の出版をご快諾いただいた信山社の袖山貴氏，稲葉文子氏の両氏に，深く感謝の念を申し上げます。

　　2019 年春

　　　　　　　　　　　　　　　山田省三先生古稀記念論文集編集委員

　　　　　　　　　　　　　　　新田　秀樹（中央大学教授）

　　　　　　　　　　　　　　　米津　孝司（中央大学教授）

　　　　　　　　　　　　　　　川田　知子（中央大学教授）

　　　　　　　　　　　　　　　長谷川　聡（専修大学教授）

　　　　　　　　　　　　　　　河合　塁（岩手大学准教授）

目　次

はしがき

◆ **I** ◆
──── 差別・平等・ハラスメント法理 ────
をめぐる課題

1 わが国雇用平等法理の総括とその再検討 ………〔山田省三〕…*5*

- I　は じ め に（*5*）
- II　差別禁止対象の再検討（*6*）
- III　雇用差別をめぐる残された論点（*20*）
- IV　お わ り に（*26*）

2 職場におけるハラスメントに関する措置義務の意義と機能 ……………………………………〔山川隆一〕…*31*

- I　問題の所在（*31*）
- II　労働法上の措置義務の意義と機能（*33*）
- III　ハラスメントに関する措置義務の検討（*44*）
- IV　お わ り に（*54*）

3 パート・有期法と均等・均衡待遇原則 …………〔川口美貴〕…*57*

- I　はじめに──最高裁二判決とパート・有期法の成立（*57*）
- II　パート・有期法の目的と均等・均衡待遇原則の枠組み（*60*）
- III　不合理な待遇の相違の禁止（パート・有期 8 条）（*63*）
- IV　「通常の労働者と同視すべき短時間・有期雇用労働者」に対する差別的取扱いの禁止（パート・有期 9 条）（*73*）
- V　「通常の労働者と同視すべき短時間・有期雇用労働者」以外の短時間・有期雇用労働者に対する取扱い（パート・有期 10〜12 条）（*78*）
- VI　短時間・有期雇用労働者と各条文の意義（*79*）
- VII　今後の課題（*82*）

xv

目 次

4 高年齢者の雇用対策と年齢差別禁止
——65 年定年制を展望して ……………………………〔鎌田耕一〕…*85*

 Ⅰ 問題の所在（*85*）

 Ⅱ 高年齢者の雇用対策（*88*）

 Ⅲ 募集・採用時の年齢制限禁止（*91*）

 Ⅳ 年齢差別禁止（*93*）

 Ⅴ 今後の高年齢者雇用対策のあり方（*100*）

5 労働者の心身状態に関する勤務配慮法理と
合理的配慮提供義務の相互関係………………………〔長谷川聡〕…*107*

 Ⅰ 本稿の目的（*107*）

 Ⅱ 私傷病休職からの復職における勤務配慮の法理（*108*）

 Ⅲ 合理的配慮提供義務と勤務配慮法理の相互関係（*116*）

 Ⅳ むすびにかえて（*125*）

6 「働きやすい職場環境」の模索
——職場環境配慮義務における「変革」的要素に
関する試論………………………………………………〔滝原啓允〕…*127*

 Ⅰ は じ め に（*127*）

 Ⅱ 職場環境配慮義務の形成とその内容（*128*）

 Ⅲ 職場環境配慮義務論における「変革」的要素の必要性（*141*）

 Ⅳ お わ り に（*149*）

7 フランスにおけるセクシュアル・ハラスメント
防止と従業員代表制……………………………………〔山﨑文夫〕…*151*

 Ⅰ は じ め に（*151*）

 Ⅱ セクシュアル・ハラスメント防止と従業員代表制（*152*）

 Ⅲ 性差別的言動禁止とセクシュアル・ハラスメント防止（*164*）

 Ⅳ む す び（*168*）

目　次

$$\blacklozenge\ \text{II}\ \blacklozenge$$
労働契約，企業組織・労使関係
をめぐる課題

8 就業規則の不利益変更における二重構造
──制度変更の合理性と契約変更の合理性 ………〔米津孝司〕…*173*

  I　は じ め に（*173*）

  II　リオン事件・東京地裁判決の概要（*174*）

  III　検　　討（*181*）

  IV　ま　と　め（*196*）

9 成果主義賃金制度を背景とした降格の法的理解
に関する覚書 ………………………………………〔石井保雄〕…*199*

  I　考察対象と本稿の課題（*199*）

  II　降格をめぐる紛争と法的対応（*201*）

  III　成果主義賃金制度の普及と降格の法理（*212*）

  IV　降格に関する新たな法理形成の可能性（*217*）

10 掲示物撤去行為の支配介入の不当労働行為性
……………………………………………………〔森井利和〕…*221*

  I　は じ め に（*221*）

  II　一連の東京高裁判決の判断（*222*）

  III　掲示板からの掲示物の撤去と支配介入の不当労働行為（*228*）

  IV　静岡県・県労委（JR 東海〔組合掲示物撤去〕）事件東京
　　高裁判決について（*238*）

  V　ま　と　め（*246*）

11 ドイツにおける労働契約の司法的コントロール
の根拠──債務法改正以前 ………………………〔小俣勝治〕…*247*

  I　は じ め に（*247*）

  II　2001 年までの労働契約の司法的コントロールに関する
　　判例の展開（*248*）

  III　学説による評価（*273*）

  IV　まとめに代えて──わが国法との関連を含めて（*281*）

xvii

目　次

12　イギリスにおける民営化政策の展開と TUPE の法改正の動向について ……………………〔松井良和〕…*291*

　　Ⅰ　は じ め に（*291*）

　　Ⅱ　イギリスにおける民営化の展開（*293*）

　　Ⅲ　TUPE の制定と「サービス供給主体の変更」概念の導入（*299*）

　　Ⅳ　「サービス供給主体の変更」の問題点と 2014 年法改正の議論（*307*）

　　Ⅴ　お わ り に（*314*）

13　ニュージーランド労働法の変化と労使関係の変容…………………………………………〔廣石忠司〕…*317*

　　Ⅰ　は じ め に（*317*）

　　Ⅱ　ニュージーランドの特殊性（*319*）

　　Ⅲ　NZ 労使関係法制史概観（*320*）

　　Ⅳ　ECA の内容（*323*）

　　Ⅴ　ECA の影響と ERA の制定（*323*）

　　Ⅵ　ECA，ERA に対する労使の姿勢（*324*）

　　Ⅶ　労働組合の影響力低下の根本的原因（*332*）

　　Ⅷ　充実した社会保障（*333*）

　　Ⅸ　日本に対する示唆（*333*）

◆　Ⅲ　◆

雇用・労働政策をめぐる課題

14　無期転換ルールに対抗する合意の効力…………〔川田知子〕…*341*

　　Ⅰ　は じ め に（*341*）

　　Ⅱ　無期転換申込権の放棄又は不行使の合意（*343*）

　　Ⅲ　無期転換ルールと不更新・更新限度条項（*345*）

　　Ⅳ　お わ り に（*351*）

15　日本の非典型雇用政策はいかにあるべきか ‥〔高橋賢司〕…*353*

　　Ⅰ　問 題 意 識（*353*）

　　Ⅱ　日本の有期雇用法制（*355*）

Ⅲ　有期労働法制は失業率と関連性があるのか（*362*）

Ⅳ　有期労働法制の政策的課題（*369*）

Ⅴ　結びに代えて（*376*）

16 CSR（企業の社会的責任）の「法化」と労働法政策

——ワーク・ライフ・バランス法理への影響を素材として……………………………………〔河合　塁〕…*379*

Ⅰ　は じ め に（*379*）

Ⅱ　CSR の法化現象とは（*381*）

Ⅲ　労働法政策および CSR におけるワーク・ライフ・バランスの位置づけと交錯（*387*）

Ⅳ　CSR の法化現象と WLB（法理）への影響（*393*）

Ⅴ　お わ り に（*397*）

17 駐留軍等労働者における「間接雇用方式」の歴史的展開と労働法上の課題 …………………〔春田吉備彦〕…*401*

Ⅰ　問題の所在（*401*）

Ⅱ　排他的基地管理権によって「閉ざされた空間」である米軍基地（*403*）

Ⅲ　駐留軍等労働者の法的地位——労働者派遣類似の三者間契約である「間接雇用方式」（*406*）

Ⅳ　駐留軍等労働者の労働条件システムにおける法的問題——日米地位協定および MLC の解釈問題（*419*）

Ⅳ　結びにかえて（*421*）

18 女性活躍推進法の施行と今後の課題

—— 公務員の状況及びドイツの事情を参考に……〔新谷眞人〕…*423*

Ⅰ　は じ め に（*423*）

Ⅱ　女性活躍推進法の背景（*424*）

Ⅲ　女活法の概要（*426*）

Ⅳ　女活法と民間企業の状況（*429*）

Ⅴ　女活法と公務員（*431*）

Ⅵ　ドイツにおける女性活躍の推進（*435*）

Ⅶ　おわりに——課題と展望（*437*）

目 次

19 スウェーデンにおける就業と育児の両立支援策
としての両親休暇制度
——「子どもの最善の利益の実現」を中心として
……………………………………〔西 和江〕…439

    I   はじめに（439）

    II   子どもの権利を基軸とするスウェーデンの両親休暇制度（440）

    III わが国の法理や法制度への示唆（448）

    IV おわりに（452）

◆ **IV** ◆
社会保障法・憲法における
生存と平等をめぐる課題

20 国民皆保険達成時における「皆保険」の意味
……………………………………〔新田秀樹〕…455

    I   はじめに——本稿の目的（455）

    II   皆保険達成に至る経緯（457）

    III 「皆保険」を巡る当時の議論（459）

    IV 当時における「皆保険」の意味（476）

    V おわりに——法理念としての「皆保険」の有用性（478）

21「社会保障法における平等」をめぐるメモランダム
……………………………………〔小西啓文〕…481

    I   はじめに（481）

    II   「平等」をめぐる各法領域での議論状況（483）

    III 判例・評釈の検討——遺族補償年金等不支給決定
処分取消請求事件を中心に （485）

    IV 新たな憲法14条論への「転換」——合理的配慮の
議論を踏まえて（495）

    V むすびにかえて（502）

目　次

22 公的年金「マクロ経済スライド」の 名目下限
措置撤廃案をめぐる考察 ………………………〔石崎　浩〕…503

　　Ⅰ　は じ め に（503）
　　Ⅱ　名目下限措置をめぐる議論（505）
　　Ⅲ　憲法などとの関係（513）
　　Ⅳ　お わ り に（524）

23 「女性の年金権」の法的規範性に関する考察
　　──第三号被保険者制度と近時の制度改正を踏まえて
　　………………………………………………………〔東島日出夫〕…525

　　Ⅰ　は じ め に（525）
　　Ⅱ　三号制度・厚年の適用拡大・離婚時年金分割制度
　　の概要（526）
　　Ⅲ　「女性の年金権」とは何か（532）
　　Ⅳ　お わ り に（539）

24 2017 年 韓国通勤災害立法の背景と展望 ………〔朴　承斗〕…541

　　Ⅰ　序　　論（541）
　　Ⅱ　通勤災害立法の背景（542）
　　Ⅲ　通勤災害立法の展望（548）
　　Ⅳ　結　　論（554）

25 政治的自由と人格の平等
　　──選挙運動規制をめぐって …………………………〔中島　徹〕…557

　　Ⅰ　序──主題と連環（557）
　　Ⅱ　土地所有権と人格の平等（560）
　　Ⅲ　戸別訪問禁止と人格・権利・制度（565）
　　Ⅳ　政治的自由を支える制度の構想（572）
　　Ⅴ　小括──政治領域における「市民」（575）

山田省三先生 略歴（581）
山田省三先生 研究業績一覧（583）

xxi

執筆者紹介
（掲載順）

山田省三（やまだ　しょうぞう）

巻末（「山田省三先生　略歴」「研究業績一覧」）参照。

山川隆一（やまかわ　りゅういち）

東京大学大学院法学政治学研究科教授

1958 年 11 月生まれ。1982 年東京大学法学部卒業，1991 年ワシントン大学法科大学院修士課程修了，博士（法学）（東京大学）。

〈主要著作〉『労働法の基本』（日本経済新聞出版社，2013 年），『労働紛争処理法』（弘文堂，2012 年），『国際労働関係の法理』（信山社，1999 年），『不当労働行為争訟法の研究』（信山社，1990 年）

川口美貴（かわぐち　みき）

関西大学大学院法務研究科教授

1961 年 8 月生まれ。1990 年大阪大学大学院法学研究科博士課程単位取得。

〈主要著作〉『労働協約と地域的拡張適用』（共著，信山社，2011 年），『労働者概念の再構成』（関西大学出版部，2012 年），『労働法（第 3 版）』（信山社，2019 年）

鎌田耕一（かまた　こういち）

東洋大学名誉教授

1952 年 8 月生まれ。1985 年中央大学大学院法学研究科博士後期課程中退。

〈主要著作〉『概説　労働市場法』（三省堂，2017 年），『労働者派遣法』（共著，三省堂，2017 年），「労働法の実効性確保」日本労働法学会編『講座労働法の再生第 1 巻』（日本評論社，2017 年）

長谷川聡（はせがわ　さとし）

専修大学法学部教授

1977 年 9 月生まれ。2007 年中央大学大学院法学研究科博士後期課程修了，博士（法学）（中央大学）。

〈主要著作〉「非雇用型役務提供者に対する個別的労働法の適用範囲」東洋法学第 61 巻第 3 号（2018 年），「委託型就業者の法的保護──最低報酬保障，解約・契約更新規制を中心に──」日本労働法学会誌 130 号（2017 年），「総合職／一般職，正社員／非正社員からみた均等」ジェンダーと法 14 巻（2017 年）

執筆者紹介

滝原啓允 (たきはら　ひろみつ)

中央大学兼任講師，法政大学現代法研究所客員研究員

1981年4月生まれ。2017年中央大学大学院法学研究科博士後期課程修了，博士（法学）（中央大学）。

〈主要著作〉「イギリスにおけるハラスメントからの保護法とその周辺動向——職場におけるdignityの保護——」日本労働法学会誌122号（2013年），「コモン・ローにおける雇用関係上の注意義務と相互信頼義務——職場いじめ・ハラスメントへの対処，あるいは「心理的契約」論の援用を中心として——」季刊労働法250号（2015年），「ハラスメントに係る使用者の義務・責任——新たなアプローチとしての修復的正義の可能性——」日本労働法学会誌128号（2016年）

山﨑文夫 (やまざき　ふみお)

平成国際大学名誉教授

1949年4月生まれ。1984年明治大学大学院法学研究科博士後期課程修了，法学博士。

〈主要著作〉『セクシュアル・ハラスメントの法理』（総合労働研究所，2000年），『改訂版セクシュアル・ハラスメントの法理』（労働法令，2004年），『セクシュアル・ハラスメント法理の諸展開』（信山社，2013年）

米津孝司 (よねづ　たかし)

中央大学大学院法務研究科教授

1960年9月生まれ。1986年立命館大学法学研究科博士前期課程修了，1992年ケルン大学法学博士号取得。

〈主要著作〉Mindeststandardschutz im internationalen Arbeitsvertragsrecht, 1993, Nomos Verlag, 『国際労働契約法の研究』（尚学社，1997年），「労働法における法律行為（上）（下・完）意思と合理性の史的位相変化」法律時報89(10)，89(11)，「企業解散・事業譲渡における雇用と法人格の濫用」野川忍・土田道夫・水島郁子編『企業変動における労働法の課題』（有斐閣，2016年）

石井保雄 (いしい　やすお)

獨協大学法学部教授

1953年7月生まれ。1982年一橋大学大学院法学研究科博士課程単位修得。

〈主要著作〉「ケベック州（カナダ）における心理的ハラスメント法規制」角田古稀(下)（信山社，2011年），「ケベック州（カナダ）における労働組合の公正代表義務」法学新報119巻5・6号（2012年），「戦前わが国における労働関係の法的把握——雇傭契約と労働契約をめぐる学説の展開」毛塚古稀（信山社，2015年），『わが国労働法学の史的展開』（信山社，2018年）

執筆者紹介

森井利和（もりい　としかず）

弁護士，中央大学大学院法務研究科客員教授

1950 年 3 月生まれ。1977 中央大学大学院法学研究科修士課程修了。

〈主要著作〉『労働災害事件ファイル』（共著，労働調査会，2012 年），『労働問題を読み解く民法の基礎知識』（編著，労働調査会，2015 年），『労働基準関係法事件ファイル』（共著，日本法令，2017 年）

小俣勝治（おまた　かつじ）

青森中央学院大学経営法学部教授

1952 年 7 月生まれ。1985 年國學院大学大学院法学研究科博士課程単位取得。

〈主要著作〉「労働時間の柔軟化の進展と労働者保護の新たな課題――ドイツの信頼労働時間（制）を中心に」青森中央学院大学研究紀要 20 号（2013 年），「経済的従属的就労者と労組法上の労働者――今回の最高裁二判決を契機として」季刊労働法 234 号（2011 年），「法的パターナリズムと労働者保護――ドイツの議論を中心に」角田古稀(上)（信山社，2011 年），「労働条件の不利益変更の法的枠組み――日・独の法比較を通じて」毛塚古稀（信山社，2015 年）

松井良和（まつい　よしかず）

連合総合生活開発研究所研究員，中央大学兼任講師

1984 年 6 月生まれ。2010 年中央大学大学院法学研究科民事法専攻博士前期課程修了。

〈主要著作〉『よくわかる！労働判例ポイント解説集』山田省三他著（共著，労働開発研究会，2014 年），『労働法解体新書（第 4 版）』角田邦重・山田省三編（共著，法律文化社，2015 年），「ドイツにおける公的部門の事業・業務再編と労働者保護」日本労働法学会誌 124 号，「ドイツにおける組織再編時の異議申立権の規範的根拠――法律による労働関係の移転と職場選択の自由」法学新報 121 巻 7・8 号

廣石忠司（ひろいし　ただし）

専修大学経営学部教授

1956 年 4 月生まれ。1979 年一橋大学法学部卒。日経連事務局勤務などを経て，1994 年慶應義塾大学大学院経営管理研究科博士後期課程単位取得退学。

〈主要著作〉『人事の仕事と法律』（中央経済社，2017 年），『ゼミナール人事労務』（八千代出版，2005 年），『内部告発と公益通報者保護法』（共著，法律文化社，2008 年）

川田知子（かわだ　ともこ）

中央大学法学部教授

1973 年 5 月生まれ。2003 年中央大学大学院法学研究科博士後期課程単位取得退学。

〈主要著作〉「有期労働契約法の新たな構想――正規・非正規の新たな公序に向けて」日本

xxv

執筆者紹介

労働法学会誌 107 号（2005 年），「個人請負・委託就業者の契約法上の地位：中途解約・契約更新拒否を中心に」日本労働法学会誌 118 号（2011 年），「非正規雇用の立法政策の理論的基礎」日本労働研究雑誌 55 巻 7 号（2013 年），「ドイツ労働者派遣法の新動向」法学新報 119 巻 5・6 号（2012 年），「パートタイム労働者と正規労働者との均等待遇：法改正の動向と最近の裁判例を中心に」法学新報 121 巻 7・8 号（2014 年）

高橋賢司（たかはし　けんじ）

立正大学法学部准教授

1970 年 1 月生まれ。2003 年ドイツ・テュービンゲン大学法学博士号取得。

〈主要著作〉『成果主義賃金の研究』（信山社，2004 年），『解雇の研究』（法律文化社，2011 年），『障害者雇用における合理的配慮』（共著，中央経済社，2017 年）

河合　塁（かわい　るい）

岩手大学人文社会科学部准教授

1975 年 11 月生まれ。2007 年中央大学大学院法学研究科博士後期課程修了，博士（法学）（中央大学）。

〈主要著作〉「企業年金」『講座労働法の再生第 3 巻』（日本評論社，2017 年），「『内規』の法的性質とそれに基づく退職功労金の権利性」労働判例 1144 号（産労総合研究所，2016 年），「自社年金減額法理の再構築——受給者に対する減額をめぐって」角田古稀（上）（信山社，2011 年）

春田吉備彦（はるた　きびひこ）

沖縄大学法経学部教授

1965 年 8 月生まれ。2006 年中央大学大学院法学研究科博士後期課程単位取得退学。

〈主要著作〉『沖縄県産品の労働法』（琉球新報社，2018 年），「在日米軍基地従業員に対する国内労働法規の適用上の諸問題」労働と経済 1620 号（2017 年），「妊娠中の介護労働者に対するマタニティ・ハラスメントと妊婦への健康配慮義務」沖縄大学法経学部紀要（2017 年）

新谷眞人（あらや　まさと）

日本大学法学部教授

1951 年 11 月生まれ。1985 年 3 月中央大学大学院法学研究科博士後期課程単位取得満期退学。

〈主要著作〉「従業員代表制と労働組合——その歴史と課題」横井芳弘他編『市民社会の変容と労働法』（信山社，2005 年），「ドイツ労働協約における開放条項と労働者代表の役割——連邦労働裁判所 2010 年 10 月 20 日判決を素材として」法学新報 119 巻第 5・6 号（2012 年），『労働法』（弘文堂，2014 年）

xxvi

執筆者紹介

西　和江（にし　かずえ）

元中央大学通信教育部インストラクター

1945 年 9 月生まれ。2019 年中央大学大学院法学研究科博士後期課程満期退学予定。

〈主要著作〉「遺族年金における男女格差についての一考察」労働法律旬報 1759・1760 号（2012 年），「予防に重点を置く，スウェーデンの職場いじめに対する法制度」季刊労働法 238 号（2012 年），「スウェーデンにおける両親休暇制度──『雇用の場と家庭双方における男女共同参画』および『子どもの最善の利益』の実現──⑴・⑵完）」比較法雑誌 48 巻 1 号・同 2 号（2014 年）

新田秀樹（にった　ひでき）

中央大学法学部教授

1958 年 8 月生まれ。1981 年東京大学法学部卒業。

〈主要著作〉『社会保障改革の視座』（信山社，2000 年），『国民健康保険の保険者』（信山社，2009 年），「医療保険制度改革を規定するもの──1980 年代前半の改革を素材として──」社会保障研究 3 巻 1 号（2018 年）

小西啓文（こにし　ひろふみ）

明治大学法学部教授

1974 年 11 月生まれ。2004 年中央大学大学院法学研究科博士後期課程修業年限終了退学。

〈主要著作〉『内部告発と公益通報者保護法』角田邦重と共編著（法律文化社，2008 年），「社会保険料拠出の意義と社会的調整の限界──西原道雄『社会保険における拠出』『社会保障法における親族の扶養』『日本社会保障法の問題点一総論』の検討」岩村正彦・菊池馨実編『社会保障法研究創刊第 1 号』（信山社，2011 年），「ドイツ障害者雇用制度における権利擁護システムの展開──障害者政策のパラダイム転換論をめぐって」毛塚古稀（信山社，2015 年）

石崎　浩（いしざき　ひろし）

読売新聞東京本社編集委員

1963 年 2 月生まれ。1986 年早稲田大学政治経済学部経済学科卒業。2011 年中央大学大学院法学研究科博士後期課程修了，博士（法学）（中央大学）。

〈主要著作〉『公的年金制度の再構築』（信山社，2012 年），『年金改革の基礎知識（第 2 版）』（信山社，2016 年），『希望の社会保障改革』駒村康平・菊池馨実編（共著，旬報社，2009 年）

東島日出夫（とうじま　ひでお）

中央大学通信教育部インストラクター

1957 年 12 月生まれ。2008 年中央大学大学院法学研究科博士後期課程満期退学。

執筆者紹介

〈主要著作〉「年金制度再構築への立法的考察——女性の年金問題を中心に——」中央大学大学院研究年報31号（2001年），「第三号被保険者制度の改革に関する一提言」日本年金学会誌21号（2002年），「労災法施行規則の障害等級表における男女差別規定が違憲とされた事例」労働法律旬報1728号（2010年）

朴　承斗 (Park Seung Du)

清州大学法学部教授

1957年6月生まれ。1987年釜山大学校大学院修士課程修了，1993年釜山大学校大学院博士課程修了，法学博士。韓国社会法学会会長。韓国債務者回生法学会会長。

〈主要著作〉『労働法の歴史』（法律SOS，2014年），『大法院の判例評釈集：大法院の今日と明日』（シンセリム，2018年），「韓国における倒産企業労働者の賃金請求権に関する研究」比較法雑誌37巻1号（日本比較法研究所，2003年），「日本航空整理解雇事件判決が残した課題」比較法雑誌50巻3号（日本比較法研究所，2016年）

中島　徹 (なかじま　とおる)

早稲田大学法学学術院教授

1955年9月生まれ。1985年早稲田大学法学研究科公法学専攻博士後期課程修了，博士（法学）（早稲田大学）。

〈主要著作〉『財産権の領分』（日本評論社，2007年），「選挙の公正と憲法学」法律時報88巻5号（2016年），「財産権保障における「前近代」と「近代」」法律時報84巻1号～8号（2012年），"Social Rights under the Japanese Constitution" in Social Rights as Fundamental Rights,（Eleven International Publishing, 2015）

凡　例

●教科書，体系書等

荒木・労働法　　　　　荒木尚志『労働法〔第 3 版〕』（有斐閣，2016 年）

有泉・労働基準法　　　有泉亨『労働基準法』（有斐閣，1963 年）

川口・労働法　　　　　川口美貴『労働法〔第 2 版〕』（信山社，2018 年）

下井・労働基準法　　　下井隆史『労働基準法〔第 4 版〕』（有斐閣，2007 年）

菅野・労働法　　　　　菅野和夫『労働法〔第 11 版補正版〕』（弘文堂，2016 年）

土田・労働契約法　　　土田道夫『労働契約法〔第 2 版〕』（有斐閣，2016 年）

西谷・労働法　　　　　西谷敏『労働法〔第 2 版〕』（日本評論社，2013 年）

西谷・労働組合法　　　西谷敏『労働組合法〔第 3 版〕』（有斐閣，2012 年）

外尾・労働団体法　　　外尾健一『労働団体法』（筑摩書房，1975 年）

水町・労働法　　　　　水町雄一郎『労働法〔第 7 版〕』（有斐閣，2018 年）

山川・雇用関係法　　　山川隆一『雇用関係法〔第 4 版〕』（新世社，2008 年）

山口・労働組合法　　　山口浩一郎『労働組合法〔第 2 版〕』（有斐閣，1996 年）

渡辺・労働法(上)(下)　　渡辺章『労働法講義(上)(下)』（信山社，2009 年，2011 年）

新基本法コメ労基法・労契法　　西谷敏＝野田進＝和田肇編『新基本法コンメンタール労働
　　　　　　　　　　　　　基準法・労働契約法』（日本評論社，2012 年）

●講座・還暦・古稀論集等

講座 21 世紀の労働法(1)～(8)　　日本労働法学会編『講座 21 世紀の労働法第 1 巻～第 8 巻』
　　　　　　　　　　　　　（有斐閣，2000 年）

講座労働法の再生(1)～(6)　　日本労働法学会編『講座労働法の再生第 1 巻～第 6 巻』（日本
　　　　　　　　　　　　　評論社，2017 年）

労働法の争点(新)　　　土田道夫＝山川隆一編『労働法の争点』（有斐閣，2014 年）

沼田還暦(上)(下)　　　沼田稲次郎先生還暦記念(上)『現代法と労働法の課題』，(下)『労働法
　　　　　　　　　　　　の基本問題』（総合労働研究所，1974 年）

片岡還暦　　　　　　　片岡昇先生還暦記念『労働法学の理論と課題』（有斐閣，1988 年）

外尾古稀　　　　　　　外尾健一先生古稀記念『労働保護法の研究』（有斐閣，1994 年）

下井古稀　　　　　　　下井隆史先生古稀記念『新時代の労働契約法理論』（信山社，2003 年）

中嶋還暦　　　　　　　中嶋士元也先生還暦記念論集『労働関係法の現代的展開』（信山社，
　　　　　　　　　　　　2004 年）

水野古稀　　　　　　　水野勝先生古稀記念論集『労働保護法の再生』（信山社，2005 年）

山口古稀　　　　　　　山口浩一郎先生古稀記念論集『友愛と法』（信山社，2008 年）

安西古稀　　　　　　　安西愈先生古稀記念論文集『経営と労働法務の理論と実務』（中央経済
　　　　　　　　　　　　社，2009 年）

角田古稀(上)(下)　　　角田邦重先生古稀記念『労働者人格権の研究(上)(下)』（信山社，2011
　　　　　　　　　　　　年）

渡辺古稀　　　　　　　渡辺章先生古稀記念『労働法が目指すべきもの』（信山社，2011 年）

菅野古稀　　　　　　　菅野和夫先生古稀記念論集『労働法学の展望』（有斐閣，2013 年）

西谷古稀(上)(下)　　　西谷敏先生古稀記念論集『労働法と現代法の理論(上)(下)』（日本評論
　　　　　　　　　　　　社，2013 年）

毛塚古稀　　　　　　　毛塚勝利先生古稀記念『労働法理論変革への模索』（信山社，2015 年）

現代雇用社会における自由と平等

I

差別・平等・ハラスメント法理
をめぐる課題

1 わが国雇用平等法理の総括とその再検討

山 田 省 三

Ⅰ　はじめに　　　　　　　　　論点
Ⅱ　差別禁止対象の再検討　　　Ⅳ　おわりに
Ⅲ　雇用差別をめぐる残された

Ⅰ　は じ め に

　⑴　わが国における雇用平等法理は，人種，信条，性別，社会的身分，門地を理由とする差別を禁止する憲法 14 条の法の下の平等規定からスタートしたことは疑いない。しかし，後述するように，平等権を含む憲法の自由権規定の私人間効力については議論があることもあり，雇用における平等を保障するために，憲法 14 条を受けて，労働基準法（以下，労基法）が，国籍，信条，社会的身分を理由とする賃金，労働時間その他の労働条件差別を禁止する（同法 3条）ほか，女性に対する賃金差別を禁止していた（同法 4 条）。したがって，わが国においては，賃金以外の男女差別については，これを禁止する規定が存在しないため，法律行為であれば公序違反（民法 90 条），事実行為であれば不法行為（同法 709 条）との一般条項により処理されざるを得なかった。これにより，女性に対する結婚退職制が公序違反とされた住友セメント事件（東京地判昭 41・12・20 労民集 17 巻 6 号 1407 頁）を始めとする賃金以外の女性差別が公序違反と判断されてきた。

　このような状況は 1980 年代前半まで続いたが，国連女性差別撤廃条約を批准するために，男女雇用機会均等法が制定された。同法は，当初は女性に対する差別のみを禁止することを目的としていたが，現行法は，男性差別も禁止する性差別禁止法に改正され，募集・採用から定年・退職・解雇に至るすべての

第 I 部 差別・平等・ハラスメント法理をめぐる課題

雇用ステージにおける男女差別が禁止されることとなった。

(2) わが国における差別禁止類型については，憲法や労基法において明文化された人種（国籍），性，信条，社会的身分のように，すでに市民法によって禁止されてきた差別類型があり，これを第1差別類型と呼ぶこととする。当初の労働法学においては，雇用差別問題といえば圧倒的に女性差別問題であったが，現在では，これらの類型のほかに，新しい差別類型である性的指向，性同一性障害（性自認），年齢，障害等の第2差別禁止類型が登場している。以上の第1・第2差別禁止類型は，「人に対する差別」（人的差別）である点で共通している（この点で，信条差別は少し意味が異なるかもしれないが，人の精神的自由という内面と考えれば，これと矛盾するものではない）。これに対し，近年では，いわゆる非正規労働者の増大に伴うパートタイム労働者，有期契約労働者あるいは派遣労働者といった雇用形態差別（「仕事に対する差別」）が重要な問題となっている。これが第3差別類型である。

本稿は，雇用関係における労働法理論の現在までの到達点を総括し，その問題点を明らかにしたうえで，残された課題を提示するものであり，具体的には，差別禁止対象事項を見直し，差別禁止概念そのものを再検討することである[1]。

II　差別禁止対象の再検討

1　第1差別禁止類型

前述したように，第1差別類型として，性，国籍（人種），信条，社会的身分等がある。

(1)　人種・国籍

国籍差別については，履歴書等に本名および本籍について真実の記載をせず，採用試験受験に当たっても真実を申告しなかったことを理由として内定が取消された日立製作所事件（東京地判昭49・6・19判時744号29頁）がある。同判決

---

(1)　ちなみに，イギリス2010年平等法（Equality Act）では，①年齢，②障害，③性同一性障害（gender assignment），④婚姻および同性婚（marriage and civil partnership），⑤妊娠・出産，⑥人種，⑦宗教その他の信念，⑧性，⑨性的指向（sexual orientation）の9つの保護特性（protected characteristics）が直接差別の対象となっているほか，間接差別は④を除く8つの保護特性が対象となっている（4条）。

は，内定取消の決定的理由は，原告が在日朝鮮人であること，すなわち原告の「国籍」にあったものと推認せざるを得ないもので，労基法3条に抵触し，公序に反するから，本件内定取消判決は民法90条により無効であると判断した。ここで注目すべきは，「原告を含む在日朝鮮人が置かれている状況の歴史的社会的背景，特に，わが国の大企業が特殊な例を除き，在日朝鮮人を朝鮮人であるというだけの理由で，これが採用を拒み続けているという現実や，原告の生活環境を考慮すると，原告が右詐称等に至った動機は極めて同情すべきである」と，国籍差別の背景が指摘されているのが注目されよう。

なお，「国籍」には，人種が含まれると解されるところ，国際化の進展に伴い，わが国でも今後は，人種的ハラスメント（人種差別）が問題となってくることが予想されるが，これは，人種・国籍差別として，労基法3条の問題として処理されるべきものである。

(2) 信　条

思想信条を理由とする差別については，信条を理由とする採用拒否をめぐる慶應大学医学部付属厚生女子学院事件（東京高判昭50・12・22労民集26巻6号1116頁）は，後述する三菱樹脂事件最高裁大法廷判決（昭48・12・16民集27巻11号1536頁）以降初の下級審判例として注目されたが，同大法廷判決の枠組みを超えるものではなかった。

むしろ注目されるのは，特定政党の党員や支持者であることを理由として，人事考課差別や職場八分が行われた東京電力事件各地裁判決における法的判断処理の多様性であろう。賃金等の処遇が年功的に行われている場合には，思想信条差別に対する救済は比較的容易である（たとえば倉敷紡績事件（大阪地判平15・5・14労判859号69頁），日ソ図書事件（東京地判平4・8・27労判611号10頁）等）のに対し，人事考課を通して従業員の処遇が決定されている場合には，同期同学歴の比較対象者と能力・成績が比較される必要があるところ，企業は人事の秘密・プライバシーを理由として人事考課資料を公表しないため，そもそも比較対象者を特定することを始めとして労働者の立証がきわめて困難なものにならざるを得ないからである。

一連の東京電力事件において労基法3条違反の成立が認められているが，それに対する法的救済として，①標準者と同等の業務遂行能力・実績を有してい

第Ⅰ部 差別・平等・ハラスメント法理をめぐる課題

ると認定し，賃金差額全額および慰謝料の支払いを認容した山梨事件（甲府地
判平5・12・12労判651号33頁），②損害額の算定が不能であるとして慰謝料の
みを認容した群馬事件（前橋地判平5・8・24労判635号22頁），長野事件（長野
地判平6・3・31労判660号73頁），③賃金格差には，思想信条による部分と正
当な業務評価による部分とが混在しており，その割合が不明であるが，少なく
ともその3割が信条差別を理由とするものであるとする千葉事件（千葉地判平
6・5・23労判661号22頁，神奈川事件（横浜地判平6・11・15労判667号25頁）
等に分類することができる。ここで注目されるのは，③の処理であり，人事考
課による差別事件における立証責任の困難性を示すものであるとともに，割合
的な差別意図の立証で構わないことも意味しており，注目されよう。しかし，
上司に対し融和的でないから，人事考課において消極評価の対象となるとする
③判決の判断は支持し難い。人事処遇差別や職場八分をしておきながら，上司
に融和的に振る舞えという発想自体，差別の実態への考慮を欠くものであろう。

(3) 社会的身分

憲法14条の定める社会的身分とは，「人が社会において占める継続的な地
位」（最大判昭23・5・27民集18巻4号676頁）ないし「出生によって決定され
る社会的な地位又は身分」（東京高決平5・6・23高民集46巻2号43頁）等と定
義され，各々，高齢あるいは嫡出子・非嫡出子であることはこれに該当しないと
判断されている。これは，憲法14条が主に封建的差別の是正を目指してきた
という歴史的経緯に基づくものであるが，雇用の場への適用が想定される労基
法3条の「社会的身分」は，必ずしも憲法14条のそれと同一に解される必然
性はなく，とりわけ生来の身分に限定される必要はないものと解される。（た
とえば，丸子警報器事件（長野地上田支判平8・3・15労判690号32頁）では，労
基法3条の「社会的身分」とは，生来のものか否かを問わず，自己の意思によって
は免れることのできない地位を意味すると判断されている）。まさに，労働分野
における「社会的」身分とは何かが再検討される必要があろう。たとえば自己の
意思によっては免れることができない性同一障害（性不適合）を社会的身分と
してとらえる動向もあるが，ここではむしろ「社会的」が示す意味が探求され
なければならないであろう。

なお，同判決において，臨時員（フルタイムパート）が同条の社会的身分に

該当しないと判断されているが，もっとも，この問題は，現在では短時間労働者法8条，9条および労働契約法20条を統合した短時間・有期契約労働者法8条，9条により処理されることになろうが，この点については，後述する。

(4) 性　差　別

性差別については，わが国ではかなり議論が進んでいる[2]ので，ここでは均等法の問題点，婚姻上の地位および妊娠出産差別を女性差別問題として論じるにとどめておきたい。

(a) 均等法の問題点

第1に，女性差別禁止法から，性差別禁止法へと均等法が移行したのに伴い，均等法の基本的理念に「生活と調和」（労働契約法3条3項）を導入することが求められる。男性並みの働きかたができる女性のみが平等取扱いの対象となる事態は回避されるべきであるからである。

第2に，均等法「性差別指針」[3]に基づく雇用管理区分は廃止されるべきである。同指針によれば，「雇用管理区分」とは，「雇用における職種，資格，雇用形態，就業形態の区分その他の労働者の区分」と定義されているが，同一の雇用管理区分で比較される必要はなく，格差の合理性の有無で考慮すればよいであろう。

第3が，効果的な行政機関の設立である。たとえばかつてのイギリス機会均等委員会（Equal Opportunity Commission，以下 EOC）は，文字通り政府からの独立機関であり，議会の差別禁止法が不十分であると判断した場合，国を相手として訴訟提起することまでが認められている。たとえば，EOC は，不公正解雇を主張できるための勤続年数を，パートタイム労働者についてはより長期間の勤続を要求する規定が EU 指令に違反すると提訴する権限が付与されていた（EOC は，現在では，障害・人権問題も取り扱う平等人権委員会（Equality and Human Rights Commission に改組されている）。裁判所による司法救済は重要であるが，その限界性も有しており，行政救済も不可欠なものであるから，わが

---

(2)　たとえば浅倉むつ子『雇用差別禁止法制の展望』（有斐閣，2016）。

(3)　「労働者に対する性別を理由とする差別の禁止等に関する規定に定める事由に関し，事業主が適切に対処するための指針」。

第 I 部 差別・平等・ハラスメント法理をめぐる課題

国でも独立の行政委員会の設立が急務である。

さらに，均等法の直律的効力について言及しておきたい。最高裁も同法9条3項が強行法規であることを確認している（広島中央保健生協病院事件，最一小判平26・10・23労判1100号5頁）ように，差別禁止や解雇その他の不利益取扱いを禁止する均等法の規定が強行法規であることに疑いない。しかし，法令や就業規則の労働契約に対する直律的効力を付与している規定（労基法13条，最低賃金法4条2項，労契法12条）が存しない均等法に直律的効力は認められないことになるのだろうか。

裁判所は，直立的効力の規定を有しない強行法規（高年齢者雇用安定法8条，労契法20条等）についても，直律的効力を認めない傾向にある（牛根漁業協同組合事件，福岡高宮崎支判平17・11・30労判953号71頁，ハマキョウレックス事件・最一小判平30・6・1労判1179号20頁）。

もっとも，たとえば解雇，正社員から有期契約への変更あるいは降職・降格のような下降的労働条件変更については，強行法規違反の法律行為は無効となるため，直立的効力との議論を経ることなく従来の労働契約上の地位確認が認められることになろう。

問題となるは，昇進・昇格のような上昇的労働条件についてである。たとえば，昇格請求権が唯一肯定された裁判例である芝信用金庫事件（東京高判平12・12・22労判796号5頁）では，均等法6条の事案であるにもかかわらず，労働契約の本質および労基法13条の類推適用を根拠に昇格請求を肯定しており，この問題への裁判所の苦心を伺うことができる（ここでは，同判決の射程が，職位と賃金とが峻別された職能資格制度が採用されていたという本件事案に限定されるのか，それともより普遍的なものであるかも問題となろう）。同判決が指摘するように，均等法の趣旨や労働契約の本質から実質的な直律的効力の理論化が求められていよう。

最後に，平等を理由とする労働条件切り下げ禁止の明文化が求められる。たとえば男女の労働条件に差があった場合，男性の労働条件を切り下げることも平等取扱いの趣旨である。しかし，これは法の理念に反するものであるから，労基法・均等法にこの種の労働条件切り下げを禁止する明文規定を設ける必要があろう。

(b) 婚姻上の地位と女性差別

イギリスにおいて「婚姻上の地位」（mariadge and civil partnership）という場合には，婚姻の有無のほかに「同性婚」も意味する。これに対し，わが国では，多くの場合，家庭責任が女性の負担となっている現状があるため，既婚女性は労務提供能力が低いと考えられがちであるにもかかわらず，「婚姻上の地位」が問題となることはあまりないが，典型的な女性差別として理解される必要があろう。丸子警報器事件長野地裁上田支部判決（平 8・3・15 労判 690 号 32 頁）は，同一労働（価値）同一賃金原則を公序論に組み入れたものとして著名であるが，独身女性は正社員，既婚女性は臨時員（フルタイムパート）として採用しているとの事案の特徴からすれば，本件は典型的な既婚者差別の事案として理解されるべきであった。

ところで，有夫の女子（既婚女性）等の整理解雇基準が合理的な人選基準とされた古河鉱業高崎工場事件（最一小判昭 52・12・25 労経速 968 号 9 頁）では，誰かを解雇せざるを得ないのであるから，解雇しても困らない者という解雇基準に基づき，一家の大黒柱である男性労働者よりも，家計補助的である女性労働者を解雇することに合理性があるとするが，多様な夫婦間の就労実態からすれば，最高裁の指摘することは明確な過ちであり，現行均等法 8 条違反と評価されることに疑いがないであろうが，これも婚姻上の地位を理由とする差別すなわち女性差別と構成されるべきであろう。

なお，住友生命保険事件（大阪地判平 13・6・27 労判 809 号 5 頁）判決では，被告会社は，わが国におけるかつての性別による役割分担意識の存在を指摘したうえで，「被告会社においても，女性従業員が，婚姻し，出産しても働き続けることを歓迎していなかった」ものであり，「現実個々に個々の具体的な人事考課において，既婚女性であることのみをもって一律に低査定を行うことは，人事考課，査定が昇格，非昇格に反映され，賃金等労働条件の重要な部分に結びつく被告会社の人事制度の下では，個々の労働者に対する違法な行為とな」り，「一般的に既婚女性の労務の質，量が低下するものとして処理することは，合理性を持つものではない」と明確に判断されている。産前産後休業期間や育児時間に労働がなされていないことをもって労働の質・量が低いというのであれば，それは法律上の権利を行使したことをもって不利益に取り扱うことに他ならず，労基法等の精神に反して許されないであろう。したがって，少なくと

第Ⅰ部 差別・平等・ハラスメント法理をめぐる課題

も婚姻上の地位を理由とする解雇その他の不利益取扱いを禁止する規定を同法9条2項に明文化する必要があろう。

　次に，男女差別的に運用されがちな家族手当等の支給自体の当否が問題とされるべきであるが，配偶者手当を既婚者のみに支給することは公序違反に該当しないとして，独身者差別との主張を否定したユナイテッド航空事件判決（東京地判平13・1・29労判805号71頁）があるが，その理由も必ずしも説得的とは思われない。ここでは，配偶者手当の支給が独身者差別ではないかとの疑問に答えていないからである。

(c)　妊娠・出産差別

　前述したように，直接差別とは，特定の属性（保護特性）を理由として不利益を受けることと定義される。女性であることを理由として，比較対象者である男性よりも低く賃金を設定する等のケースが典型例である。このように，直接差別においては，つねに比較対象者の存在が必要となるため，比較対象者である男性が妊娠しないことから，妊娠・出産差別は女性差別ではないということになるところ，イギリスをはじめとするEU諸国では，妊娠・出産は，男性との比較なしに女性差別を構成すると判断されている[4]。

　妊娠・出産差別については，妊産婦（妊娠中および産後1年を経過しない女性）に対する解雇は無効となると規定する均等法9条4項の法的効力に言及しておきたい。労基法や均等法等の解雇禁止規定においては，女性は，自分が解雇されたこと，そしてその理由が妊娠・出産であることを証明しなければならない。このハードルは低くはないが，均等法9条4項は，一般に労働者の立証責任を軽減するものと理解されているが，それにとどまるものではない。すなわち，妊娠・出産等を理由とする解雇その他の不利益取扱いについては，すでに同法9条3項で規定されている以上，4項の解雇無効規定は3項とは別個の意味を有する規定と解されなければならない。とりわけ，9条4項但書が法律上いったん無効とされた解雇の効力を復活させるものであるから，同項但書が適用できるのは，整理解雇や極めて悪質な行為を理由とする懲戒解雇等の，きわめて例外的なケースに限定されるはずである。

　また，均等法9条4項は，産前産後休業期間およびその後30日以内の解雇

(4)　Webb v. EMO Aircargo(UK)IRLR[1965]645ECJ).

を禁止する労基法 19 条 1 項の規定と同様に，解雇禁止期間中の解雇を一切禁止する規定であり，期間中は正当な理由があっても解雇が禁止されていることに留意されるべきである。このように解さないと，労基法 19 条で禁止されたはずの解雇が均等法 9 条 4 項但書に基づき許されることになってしまうのではないだろうか。この点を全く理解しないネギシ事件控訴審判決（東京高判平 28・11・24 労判 1158 号 140 頁）は，事例判断とはいえ，批判されるべきであろう。

　次に，妊娠・出産あるいは育児介護休業取得に関わる権利行使を理由とする不利益取扱いは禁止されている（均等法 9 条 3 項，育児介護休業法 10 条等）ところ，この「不利益」の意味については，これらの権利行使期間中についてもノーワーク・ノーペイ原則を貫徹させようとする高宮（東朋）学園事件最高裁判決（最一小判平 15・12・4 労判 862 号 14 頁）を受け継いだ均等法・育児介護休業法の両「指針」は，たとえば賞与をはじめとする賃金の減額が不利益に該当するかについて，「専ら当該育児休業等により労務を提供しなかった期間は働かなかったものとして取り扱うことは，不利益な取扱いには該当しない」（子の養育又は家族の介護を行い，又は行うこととなる労働者の職業生活と家庭生活との両立が図られるようにするために事業主が講ずべき措置に関する指針）（第二　十一（三）ニ（イ））と規定されている。ここでは，要するに，産休等の権利による休業についてもノーワーク・ノーペイの原則が貫徹するとの考え方に立ったものであるが，これらの休業期間を通常の欠勤と同じに扱えばよいというものである。しかし，ここでは妊娠，出産等の権利性からのアプローチが欠如していると指摘せざるを得ないであろう。

2　第 2 差別類型

　近年では，年齢，性的指向・性同一性障害，婚姻上の地位等をめぐるあらたな差別類型があらたに登場してきている。

(1)　年　　齢

　まず，わが国において，そもそも年齢「差別」という概念が成立するであろうかが問題となるが，差別を個人の属性を理由として不利益に取り扱うことと定義すれば，年齢も人の属性に基づくものであり，差別の一類型であることに

第 I 部　差別・平等・ハラスメント法理をめぐる課題

相違ないであろう。ただ，他の差別類型と異なる点は，誰しもが平等に歳をとるという事実のほか，年齢に応じた例外が多数設けられる必要があること等に求められよう。この点で，募集・採用における年齢差別を禁止する雇用対策法（「労働施策の総合的な推進並びに労働者の雇用の安定及び職業生活の充実等に関する法律」に改称）の例外は限定的であり（同法9条，施行規則1条の3条参照），評価されよう。

　また年齢差別については，一般的には，ある権利発生年齢は問題にならず，問題となるのは権利終了年齢である。例えば婚姻適齢（民法731条），成年選挙（公職選挙法9条），労働最低年齢（労基法56条1項）等の権利発生年齢は，政策的判断によって決定されざるを得ないのに対し，定年年齢のような権利終了年齢についてのみ，ストレートに差別の問題となり得るのが特徴である（70歳になったら，選挙権行使，婚姻，自動車運転が禁止される等も同様である）。

　たとえば定年制については，主任以上の従業員に対する55歳定年制（当時）の新設導入の可否が問題となった秋北バス事件最高裁判決（最大判昭43・12・25判時542号14頁）において，高齢化に伴い労働能力が逓減するにもかかわらず，賃金が増加する現象を回避できること，企業経営の合理化に資する等，企業にとって合理的な制度であることを根拠として，一律定年制は合理的なものと判断されている。しかし，ある制度の法的合理性が認められるためには，労働者にとっても一定のメリットがなければならないはずであり，この点からすれば，企業側のみの必要性から一律定年制の合理性を肯定する最高裁判決の論理は支持し難いものである。なお，一律定年制の合理性として，定年制の雇用保障機能があげられることがあるが，定年制があっても，整理解雇等の労働者に帰責事由のない解雇があり得るのであり，この見解は疑問である。

　ところで，定年制については，アメリカやEUのように，わが国では年齢差別という発想はあまりなかったように思われる。それは，労働力が流動的な中小零細企業では，そもそも定年制を設ける必要はなかったし，また，大企業で採用されていた年功処遇制度の下では，一律年齢で退職することに労働者も違和感を覚えることはなかったからである。しかし，個別的人事管理が進展し，また労働者の権利意識の高揚とともに，労働の意思と能力があるのにもかかわらず，一律に退職する一律定年制ことこそ差別であるとの考え方も登場してくることになる。たとえば日本貨物鉄道（定年時差別事件）名古屋地裁判決（平

14

11・12・27労判780号45頁）では，国籍，信条または社会的身分を理由とする
差別を禁止する労基法3条の差別禁止事由も例示的なものと解されるから，使
用者は，たとえ年齢を理由としても，差別すべき合理的理由なくして労働条件
について差別することは許されないと判断されている。すなわち，労基法3条
が年齢差別を禁止していると解釈できる可能性を示唆したものとして注目され
るが，同判決は，結論として，就業規則の一方的不利益変更における合理性判
断に終始してしまっている。

　さらに，長澤運輸事件（最二小判平30・6・1労判1179号34頁）は，雇用形態
差別の事案であるが，年齢差別の問題としても論じられるべきであったし，一
般に用いられる55歳以上の者という整理解雇基準や，労働協約，就業規則あ
るいは労働契約において，高齢者の賃金等を切り下げるケースについても，同
様であろう。

(2)　性同一性障害（性不適合）・性的指向（性自認）

　近年では，LGBT（Lesbian, Gay, Bisexual and Transgender）が問題になって
いるところ，均等法「セクハラ指針」[5]の改正に伴い，同指針が性的指向，性
自認にも適用されるに至ったが，特段の規定が設けられておらず，今後は詳細
な指針の策定が求められよう。

　性的指向が労働法上問題となった裁判例は存しないが，性同一性障害を理由
とする懲戒解雇の効力が争われたS社（性同一同一障害者解雇事件）事件決定
（東京地決平14・6・20労判830号13頁）がある。同決定は，まず，「性同一性
障害」（性転換症）を，「生物学的に自分の身体がどちらの性に属しているかを
認識しながら，人格的には別の性に属していると確信し，日常生活においても
別の性の役割を果たし，別の性になろうという状態」と定義し，これは医学的
にも認められた概念であるとする。同決定は本件懲戒解雇を無効と判断したと
はいえ，労働者が使用者に対し，従前と異なる性の容姿を認めてほしいと申し
出ることが極めて稀であること，本件申出が，専ら労働者側の事情に基づいて，
使用者や他の労働者に配慮を求めるものであることを考えると，労働者の行動
による社内外への影響を憂慮し，当面の混乱を避けるために，労働者に対して

_____

(5)　「事業主が職場における性的な言動に起因する問題に関して雇用管理上講ずべき措置
　　についての指針」2(1)。

女性の容姿をしないことを求めるのは相当であるとしているが，この問題への当時の認識の不十分性を示すものであろう。

　また，労働事件ではないが，男性から女性へ戸籍を変更し，性適合手術を受けた顧客がゴルフ場への入会を拒否されたコナミスポーツクラブ事件（静岡地浜松支判平26・9・8判時2243号67頁）が注目されよう。同判決は，「性同一性障害が医学的疾患であったことは公知の事実であった」としたうえで，性同一性障害及びその治療を理由とする不合理な取扱いは許されないことは，本件入会及拒否及び本件承認拒否当時においても，公序の一内容を構成していた」と判断している。そのうえで，同判決は，「医学的疾患である性同一性障害を自認した上で，ホルモン治療や性別適合手術という医学的にも承認された方法によって，自らの意思によっては如何ともし難い疾患によって生じた生物的な性別と性別の自己意識の不一致を治療することで，性別に関する自己意識を身体的にも社会的にも実現してきたという原告の人格の根幹部分をまさに否定したものにほかならない」と判示した。両判決における認識の差異は，この十余年におけるこの問題への浸透度を示していると指摘できよう。

(3)　障害(者)差別

　障害差別は，従来の差別禁止理論とは一線を画すものと考えられる。すなわち，従来の差別禁止議論は，「等しいものを等しく取扱うべき」というのが前提であり，その意味において，障害があっても健常者と同じ能力があれば差別されないというものにすぎなかった。これに対し，障害者差別においては，「等しくないものを，どうすれば等しいものとできるか」が問題とされる。これが，合理的配慮論であり，その前提として，障害者の概念をどのように把握するかが関わっているのである。すなわち，ここでは，障害を個人の健康状態の問題と把握し，障害により不利益が生じる原因を個人の特性に求め，その解消は個人に対する治療に求める「医療(学)モデル」から，障害を主として社会によって形成された問題であるとし，障害による不利益は，個人の心身の特徴と社会のありかたとの相互作用によるものとし，不利益の解消を社会的環境の改善に求める「社会モデル」への変遷を見ることができる。両者は完全に対立する概念ではないが，「社会モデル」に対応した議論が「合理的配慮」論であり，可能であるにもかかわらず，配慮をしないことが差別であるというのが国

際的認識である（国連障害者権利条約2条）。そして、「合理的」配慮とは、「障害者が他の者との平等に基いて、全ての人権及び基本的自由を享有し、又は行使することを確保するための必要かつ適当な変更及び調整であって、特定の場合において必要とされるものであり、かつ均衡を失した又は過度の負担を課さないもの」と定義されている（同条約2条）。

　しかし、合理的配慮をめぐる裁判例をみると、腰椎椎間板ヘルニアによる排尿・排便困難であるバス運転手に対する身体障害者への勤務配慮措置の解消を違法とした阪神バス事件一審判決（神戸地尼崎支判平26・4・22労判1096号44頁）、網膜色素変性症に罹患している短大准教授の事務職担当への配置換えの効力が問題となった学校法人原田学園事件（広島高判平30・3・28労判1163号5頁）等があり、いずれも合理的配慮論に基づく救済がなされている。これに対し、脊髄障害により左手麻痺となった歯科衛生士への解雇が有効とされた横浜市学校保健会事件（東京高判平17・1・9労判890号58頁）では、歯科衛生士が、①検査対象の児童たちの口腔内をのぞき込む高さを確保できるか、②検査のために唇や歯肉を迅速かつ安全押し広げることができるかの2点が争点となっていた。この点につき、原審判決（横浜地判平16・2・13労判890号63頁）は①は可能であるが、②は困難と判断したのに対し、控訴審判決は両方とも不可能と判断したが、とりわけ控訴審判決は、このような配慮を求めることは、社会通念上の使用者への配慮義務を超えた人的経済的負担を求めるものであると一刀両断している。その際に、同判決は、児童が騒ぐとか、机を並べるのに時間がかかるとか述べているが、本件が学校現場の事案であり、児童生徒にとっても障害者教育の一つでもあるとの視点が欠如しているように思われる。

　ところで、合理的配慮というと、通常は障害者を想定しているが、むしろ育児介護等の家庭責任を負っている労働者にこそ、この理念の実現が不可欠である。仕事と家庭との両立が困難である労働者も使用者から合理的配慮を受けていれば、その困難が解消するからである。このほか、障害者差別を禁止する障害者基本法4条1項、障害者差別解消法8条、障害者雇用促進法等が成立し、障害者への差別が禁止されることとなった。これは、雇用率制度よりも効果的な制度であろうが、障害者に対する差別とは何を意味するのかが、あらためて問われる必要があろう。

第Ⅰ部 差別・平等・ハラスメント法理をめぐる課題

3 第3差別類型——雇用形態差別

雇用形態差別の類型としては，派遣労働者，パートタイマー，有期契約労働者が代表的なものである（他に，フルタイムかつ無期労働契約を締結する契約社員もこれに含まれよう）。

まず，短時間労働者法旧8条違反が認定された事案として，ニヤクコーポレーション事件（大分地判平25・12・10労判1090号44頁），京都市立浴場運営財団事件（京都地判平29・9・20労判1167号34頁）があるが，両者とも職務内容が同一と判断されやすい業務内容のケースであったと考えられる。

次に，有期契約労働者と無期契約労働者との間の労働条件の相違が不合理であってはならないと定める労働契約法（以下，労契法）20条については，判例の集積が顕著であるが，理論的解明は十分とは言えない状況にあるのではないか。平成30年の両最高裁判決（ハマキョウレックス事件，前掲長澤運輸事件（最二小判平30・6・1労判1179号34頁）により労契法20条の法的枠組みについての判断がなされ，以下の点が明らかになった。すなわち，①同条の目的が，職務の内容等の違いに応じた「均衡処遇を求める規定」であること，②同条は私法上の効力規定であるとして，同条の強行的効力を認める一方で，同条の直律的効力を否定し，不法行為による救済を認めたこと，③同条にいう「期間の定めがあることにより」とは，「有期契約労働者と無期契約労働者との労働条件の相違が期間の定めの有無に関連して生じたものであること」を意味するから，定年後嘱託再雇用のケースにも同条が適用されること，④不合理性の判断は，労働条件ごとに判断されること等である。

しかし，これらの裁判例において欠如しているのは，労契法20条の立法目的をどのように理解すべきかの視点ではないだろうか。もちろん最高裁は，上記判決において，無期契約労働者と比較して「合理的な労働条件の決定が行われにく」い有期契約労働者が職務の内容等の違いに応じた「均衡のとれた処遇を求める規定」であるとしているが，「均衡」の内容は示されていない。また，従来の裁判例を見ると，個々の労働条件が不合理なものと判断されるか否か分かれ目は，必ずしも明らかではない[6]。裁判例において，不合理性を否定するために多く用いられる論拠が「人材活用の仕組み」であるが，不合理性の説明

---

(6) 従来の裁判例で不合理と認められた主要な手当として，①通勤手当，②皆（精）勤手当，③給食手当，④住居手当，⑤家族（扶養）手当等がある。

に窮すると，この文言を使用する傾向があることを否定できないように思われる。しかし，「人材活用の仕組み」というのは抽象的文言であり，それが不合理性の判断に用いられる場合には，あくまで職業的能力評価とのかかわりで論じられる必要がある。そうでなければ，労契法20条が存在しなかった当時の裁判例（長期雇用や将来への期待度といった基準を援用した日本郵便逓送事件大阪地裁判決（平14・5・22労判830号22頁））の法状態への回帰を意味する。

　また，労契法20条を解釈する場合には，「使用者は，労働者に提示する労働条件及び労働契約の内容について，労働者の理解を深めるようにするものとする」と規定する労契法4条が考慮されなければならないと考える。正社員と同一の労働に従事しているパートタイム労働者や有期契約労働者は，それが長期間になればなるほど，なぜ労働条件が異なるのかと疑問を呈するのは当然である。この場合，使用者は，職務内容等が同一であったとしても，個々の労働条件が異なることの合理性を説明できるか否かがポイントであり，説明できないなら処遇を改めればよいのだけのことである。この点で，改正短時間・有期雇用労働者法は，パート・有期契約労働者が請求した場合，事業主は，待遇の相違の内容，理由および考慮事項を説明しなければならない（同法14条2項）と規定されるに至ったことは重要な意義を有していよう。

　同様に，今回のいわゆる働きかた改革法改正により，労契法20条は，短時間・有期契約労働者法8条に移行することになり，「事業主は，その雇用する短時間・有期雇用労働者の基本給，賞与その他の待遇のそれぞれについて，当該待遇に対応する通常の労働者の待遇との間において，当該待遇の性質及び当該待遇を付与する目的に照らし，当該短時間・有期雇用労働者及び通常の労働者の業務の内容及び当該業務に伴う責任の程度（以下「職務の内容」という），当該職務の内容及び配置の変更の範囲その他の事情を考慮して，不合理と認められる相違を設けてはならない」と改正された。ここでは，①個々の待遇の具体例として基本給，賞与が明示されたこと，②当該待遇の相違が，処遇の目的及び性質から見て不合理でないことを証明しなければならなくなったこと，③「不合理と認められるものであってはならない」との文言から，「不合理と認められる相違を設けてはならない」と規定された点が注目されるところである。この改正により，基本給や賞与といった賃金の大きな部分が不合理性の判断に従うことになること，不合理性の証明の度合いも高まること，明確な禁止規定

第Ⅰ部 差別・平等・ハラスメント法理をめぐる課題

とされたこと等により，今後の法解釈に与える影響はけっして小さいものでは
ないであろう[7]。

Ⅲ 雇用差別をめぐる残された論点

1 「採用の自由」論との関係

　かつて前掲三菱樹脂事件最高裁大法廷判（最大判昭 48・12・12 民集 27 巻 11
号 1536 頁）は，憲法 14 条，19 条の自由権規定の私人間における直接・類推適
用を否定する一方で，企業は憲法 22 条および同 29 条に基づき，営業の自由の
一環として採用の自由が保障されているとして，労働者の特定の思想・信条を
理由として採用を拒否しても，何ら違法ではないと判断した。その根拠のひと
つとして，最高裁は，募集・採用を規制する法律が当時は存在しなかったこと
をあげているが，現在では，性別による募集・採用における均等取扱いを定め
る男女雇用機会均等法 5 条，年齢を募集・採用基準としない義務を定める旧雇
用対策法 10 条，募集・採用における障害者に対する均等な機会の付与を定め
る障害者雇用促進法 34 条等がある。このように，各々の法的効力に差異があ
るとしても，募集・採用段階における差別禁止規定がその後次々に登場してき
ており，同判決当時の理論状況と現在のそれと同視できるかは疑問である。こ
のほか，憲法 14 条，19 条のような精神的自由権の私人間効力を否定しながら，
同 22 条，29 条のような経済的自由権はあたかも私人間効力を有するかのよう
な表現は不可解であるし，本件は試用労働者の本採用拒否の事案であるから，
採用の自由に関する判旨部分は，むしろ傍論ではないだろうか。

　さらに，本判決は，企業は採用に当たり，応募者の思想信条を聴取すること
ができるとしているが，この点については，採用段階における応募者のプライ
バシー保護との視点から処理されるべき事案であったと考えられる。すなわち，
事業主の信義則上の義務として，応募者のプライバシーを保護する義務が事業
主には存するところ，人の内面作用の核心をなす思想信条は保護されるべきプ
ライバシーの中心と考えられるから，その申告を求めること自体許されないも

---

(7)　その後，従来では不合理性が一貫して否定されてきた賞与（大阪医科薬科大学事
　　件・大阪高裁平成 31・2・15 判決），退職金（メトロコマース事件東京高裁平成 31・2・
　　20 判決）の相違が不合理と判断されている（朝日新聞 2019 年 2 月 16 日，同月 21 日各
　　朝刊）。

20

〔山田省三〕　　　　　　　　　　　　　　　*1*　わが国雇用平等法理の総括とその再検討

のである[8]。

　ところで，採用の自由との関係において問題となるのは，均等法5条違反の救済との関係である。採用基準がブラックボックス化しているわが国の採用状況では，性差別があったことを証明することはきわめて困難であるが，それが立証できた場合であっても，不法行為に基づく名目的な損害賠償とは別に，採用強制が可能であるかが問題となろう[9]。この点については，行政委員会による救済が望ましいものであろう。

2　間接差別法理の再検討

　国連人種差別撤廃委員会の勧告を受け入れて，わが国の均等法においても間接差別の規定が導入されるに至っている（7条）。しかし，同法7条の規定ぶりそのものがきわめて不明確でわかりにくくなっていることから，「性中立的な基準等であって，事業主がその合理性を証明できないもの」という通常の定義に修正されるべきである。

　次に，施行規則2条で列挙された間接差別の対象事項（措置）の内容も，①募集・採用における慎重・体重・体力要件，②総合職の募集・採用における全国転勤要件，③昇進における転勤経験における慎重・体重・体力要件，に限定されている（同法施行規則2条）。

　しかし，間接差別の禁止とは，現在社会において，女性がステレオタイプの偏見に基づいて自己実現機会を奪われる意図的あるいは無意識の隠蔽された差別に働きかけるもの[10]であり，男性中心に形成されてきた制度を性中立的な視点から見直していくことにあったはずであるから，その対象事項を限定するという均等法の手法は，間接差別法理にとってそもそも背理であり，世界に類

---

(8)　現在では，「求人者等は，本人の同意がある場合その他正当な理由がある場合以外については，業務の目的の達成に必要な範囲で求職者の個人情報を収集しなければならず，その情報は，収集の目的の範囲内で保管・使用しなければならない」と定める職業安定法5条の4および同法指針によれば，「人種，民族，社会的身分，門地，本籍，出生地その他社会的差別の原因となるおそれのある事項」，「思想及び信条」，「労働組合への加入状況」等が例示されている。

(9)　否定説が多数であるが，採用強制を肯定する見解として，萬井隆令『労働契約締結過程の法理』（有斐閣，1988）142〜148頁がある。

(10)　西原博史『平等取扱の権利』（成文堂，2003）323頁。

第Ⅰ部 差別・平等・ハラスメント法理をめぐる課題

を見ないものである。同法施行規則2条があげる事由は限定列挙と考えるのが通例であると考えられるが，これは例示列挙と解釈されるべきであり，また均等法7条は公序違反の成立を排除するものではないから，施行規則2条が列挙していない事由であっても，公序違反として処理される必要があろう。さらに，世帯主・非世帯主条項や勤務地限定・無限定条項の効力が争点となった三陽物産事件東京地裁判決（平6・6・16労判651号15頁）のように，制度導入の動機や運用により，間接差別的事案を労基法4条違反と構成することも可能であろう。

ところで，均等法遂行以降，雇用の分野において間接差別の裁判例は見られない。その原因として，均等法の間接差別規定そのものの不十分さを挙げることができるが，間接差別の典型例である世帯主条項の効力が争点となった事案が2件ある。

第1が，「住民票に記載された世帯主が被災していること」と定める震災自立支援金の受給要件の効力が問題となった阪神淡路大震災自立支援金事件（大阪高判平14・7・3判時1801号381頁）であり，婚姻した男女が世帯を構成する場合，男性（夫）が住民票上の世帯主となることが一般的であることからすると，他の要件を満たしている限りこのような世帯は，本件自立支援金の支給を受けることができる蓋然性が高いところ，被災した女性が被災していない男性と婚姻し，世帯を構成した場合，男性が世帯主であることが一般的であることからすると，このような世帯は，原則的には，本件自立支援金の支給を受けることができず，男女の相違という一事によって右のように結果において大きな相違が生じること，仮に，被災した女性が被災していない男性と婚姻し，いったん男性を世帯主として届け出た後，世帯主被災要件を満たそうと思えば，世帯主を女性に変更した上，申請しなければならないが，この場合妻である女性が主として生計を維持しているとの証明が要求されるため，結局，本件自立支援金の支給を受けることができなくなる可能性が高いことから，本件世帯主被災要件は，合理的な理由のない差別を設けるものであり，公序良俗に違反し無効と判断されている。ここでは，間接差別との文言は用いられていないが，実質的には間接差別的処理が行われた事例であり，雇用における間接差別にも妥当する判断枠組みであろう。

第2が，米軍用地に入会権を有する地元団体が正会員資格を男性世帯主に限

定し，軍用地地料を配分した事案である沖縄県入会地事件（最2小判平18・3・17判時1931号29頁）である。同事件最高裁は，入会部落の慣習に基づく入会集団の会則のうち，①入会権者の資格要件を一家の代表者としての世帯主に限定する部分は公序良俗に違反しないけれども，②入会権者の資格を原則として男子孫に限定し，同入会部落の部落民以外の男性と婚姻した女子孫は離婚して旧姓に復しない限り，入会権者の資格を認めないとする部分は，もっぱら女性であることのみを理由とする差別であり，民法90条により無効と判断されている。同判決は，①については，入会団体としての統制の維持および各世帯間の平等という観点からも不合理ではないとするが，世帯主条項の目的，機能が再検討される必要があろう[11]。

　最後に，直接差別と間接差別との関係についても，再整理されるべきである。従来では，保護特性を理由とする不利益取扱いを意味する直接差別と，差別的効果を生じる間接差別とは分けて考えられてきたが，前掲三陽物産事件判決が示すように，両者は相対的な差異に過ぎないとものではないだろうか。イギリスにおいても，直接差別と間接差別とは峻別されるものであり，双方の申立をすることはできないとされていたが，近年では，直接差別の成立に比較対象者を不要とする見解[12]や，中間的な差別概念としての「準直接別」（quisa direct discrimination）との概念[13]が主張されている。わが国では，間接差別の法理が未発達ではあるが，直接差別と間接差別との関係がより明確にされる必要があろう。

3　差別概念の再検討

　通常，直接差別とは，差別を主張する者自身が，その人種，性別，障害等の保護特性を理由として不利益を受けることを意味する。これに対し，たとえば

---

(11)　同事件の判例評釈として，佐々木雅「入会権の資格要件と平等原則」ジュリ平成18年度重要判例解説（2007）12-3，大村敦志「入会集団の慣習と公序良俗」ジュリ平成18年度重要判例解説（2007），小川竹一「入会権の承継・取得における『世帯主条項』の検討」愛媛32巻1号（2012）。

(12)　Simon Honeyball, employment law 2nded（2014, Palgrave Great Debate in Law）p.109-110.

(13)　Simon Forshaw & Marcus Pilgerstorfer, Direct and Indirect Discrimination：Is There Something in between? ILJ. vol.37 No.4 December 2008 p.347.

第Ⅰ部 差別・平等・ハラスメント法理をめぐる課題

レイシストの使用者から，有色人種にサービス提供をしないよう指示された白人労働者がこれを拒否したことを理由として解雇された場合，当該白人使用者が顧客の人種（有色人種）を理由として差別を受けたことを主張できる。これが，イギリスをはじめとする EU 諸国において関連差別（associated discrimination, discrimination by association）と呼ばれる差別概念である[14]が，「関連する者」から当該被用者に差別理由（保護特性）が移転することから，移転差別（transferred discrimination）と呼ばれることがある[15]。わが国では，これを「関係差別」と訳す見解[16]もある。

　関連差別の概念は，人種，障害，宗教的信念，性的指向，年齢といった直接関連差別が裁判上承認されているように，本来は直接差別に特有な概念であったが，欧州司法裁判所（ECJ）判決は，人種的出自を理由とする関連間接差別の成立を認容している。すなわち，ブルガリアの国内地域では，電気会社が設置するメーターは地上約 1 メートル 60 センチの高さに設置されていたのに対し，ロマ人居住区については 5～6 メートルの高さに設置されていることが，関連人種間接差別に該当するとの非ロマ系のブルガリア人原告の主張が認められている[17]。そして，この法理は，関連ハラスメント（associated harassment）や関連報復取扱い（associated victimization）にも拡大されている[18]。

　では，わが国においても，裁判上関連差別が取り上げられたことがあるだろうか。たとえば，同僚に対するセクシュアルハラスメントに抗議したことを理由として解雇された組合役員の事案である徳島中央タクシー事件（徳島地判平 10・10・16 労判 755 号 38 頁）は，関連ハラスメントの事案と評価できよう。そして，より重要であるのは，「在特会」（在日特権を許さない市民の会）のメン

----

(14) 山田省三「イギリス雇用法における関連差別および誤認差別の法理」季労 250 号（2015）235 頁以下。

(15) Simon Honeyball, op. cit p.99.

(16) 内藤忍「性的指向・性自認に関する問題の労働法政策の課題」季労 251 号（2015）9 頁。

(17) Komisia za zashtiba ot diskrimininstisi v CHEz Razpredelemie Bulgaria AD[2015] IRLR68EJC, もっとも，直接関連差別が否定されたものとして，配偶者の妊娠関連差別（Kulicaoskas v Macduff Shellfish[2010]ICR33UKEAT）および障害者の合理的配慮（Hainworth v Ministers of Defence[2014]IRLR728CA がある）。

(18) 前者の事例として Coleman v Attridge and another[2004]IRLR55, 後者につき Thompson v London Centre Company Ltd[2016]IRLR44UKEAT.

〔山田省三〕　　　　　　　　　　*1*　わが国雇用平等法理の総括とその再検討

バーが，朝鮮初等中学校へ寄付した県教組事務所に押しかけて，暴力的抗議活動を行ったことが不法行為に該当すると判断された徳島県教組事件控訴審判決（高松高判平 28・4・25 判例集未登載）は，わが国において，はじめて関連差別の概念を採用した裁判例ではないだろうか。同事件では，暴行を受けた日本人組合専従員が原告であるにもかかわらず，被告らによる暴行行為を人種差別と認定したからである。

　ところで，関連差別においては，「関連」をどこまで認めるかが問題となるところ，イギリスにおいて裁判となった事案では，その範囲を限定しないという考え方のようであるが，わが国にこの法理を導入する場合には，当面は「関連する者」の範囲を一定程度限定する必要があると考えられよう。

　差別とは，特定の個人ではなく，特定のグループ・集団に属する者を劣った者とレッテルを貼ること（badge stigma）を意味している点に鑑みれば，差別禁止とは，本来的に特定の保護特性を有する者すべてに向けられたものであることこそが関連差別の概念の特徴ではなかろうか[19]。

4　ハラスメントと差別

　依然として根絶されないセクシュアルハラスメントハラを防止するためのより強力な制定法が不可欠であり，具体的には，「何人も，セクシュアルハラスメントを受けない権利を保障される」，あるいは「何人も，セクシュアルハラスメントを行ってはならない」との規定となろう。しかし，現行均等法の条文の主語が「事業主」となっているため，現行均等法のように，事業主の措置義務にとどまるという限界をも有しているから，均等法とは別個独立したハラスメント防止法として制定される必要があろう。

　セクシュアルハラスメントについては，性差別として理解する法制と，むしろ男女の性的人格権侵害と把握する法制とがあるところ，従来前者の立場に立っていたイギリスにおいても，1997 年ハラスメント防止法（Protection for Harassment Act）が制定され，セクシュアルハラスメントは，人格権侵害の問題としても把握されつつある[20]。

---

(19)　この点にいては，山田省三「『関連差別』を考える」労旬 1852 号（2015）4 頁以下。

(20)　滝原啓允「イギリスにおけるハラスメントからの保護法とその周辺領域」労働 122 号（2013）121 頁以下。

第 I 部 差別・平等・ハラスメント法理をめぐる課題

　そして，ハラスメントのなかでも，とりわけヘイトスピーチが問題となる。ヘイトスピーチとは，平成28年制定のいわゆるヘイトスピーチ解消法[21]によれば，「本邦外出身者に対する不当な差別的言動」と定義し，それを「本邦外出身者に対する差別的意識を助長し又は誘発する目的で公然とその生命，身体，自由，名誉若しくは財産に危害を加える旨を告知し又は本邦外出身者著しく侮辱するなど，本邦の域外にある国又は地域の出身であることを理由として，本邦外出身者を地域社会から排除することを扇動する不当な差別的言動」と定義している（2条）が，「本邦外出身者」と認定されるためには，適法居住が要件とされている点は問題である。不法入国者や不法滞在という理由で，ヘイトスピーチを受けてよい理由はないからである。

　ヘイトスピーチは，端的に人種差別と構成されるべきである。たとえばイギリスEAによれば，人種差別における「人種」とは，①皮膚の色，②国籍および③民族または出自を意味し（9条），かつ「人種を理由とする不利益取扱い」には，他の者から分離・隔離する分離差別（segregation discrimination）という独特の差別類型が含まれる（EA13条5項）。ヘイトスピーチは，まさにこの定義に該当するものであるから，わが国でも，雇用の場における人種ハラスメントも，労基法3条の「国籍」差別に該当するものと考察されるべきである。

Ⅳ　おわりに

1　労働法における差別論の独自性はどこにあるのか

　当然のことであるが，差別禁止を追究しているのは，労働法学にとどまらず，憲法学や民法学（特に家族法）においても同様である。このため，労働法学が雇用差別を論じる意味，すなわちその独自性はどこに求められるかが問われなければならない。それは，労働法学だから，雇用差別・平等を論じるというだけでは回答にはならないことは明らかであろうが，この問題に回答することは，なかなか容易ではない。

　たとえば，労働協約の適用問題についてみると，組合員と非組合員・未組織労働者との間に，労働条件に差異が生じることがある。しかし，このような協約の適用問題を通常の差別とみることはできないであろう。これは，まさに積

---

(21)　「本邦外出身者に対する不当な差別的言動の解消に向けた取組の推進に関する法律」。

極的団結権（憲法 28 条）の効果として理解されるからである。労働権，消極的団結権，自己決定権あるいは組合員でないことを理由とする差別等を根拠にすれば，むしろユニオンショップ協定は，市民法上は公序違反と評価される可能性が大きいものであろう。しかし，最高裁も同協定を公序違反で当然に無効とする態度をとらず，積極的団結権の行使の範囲で適法としているものと考えられる（日本食塩事件・最二小判昭 50・4・25 民集 29 巻 4 号 456 頁，三井倉庫事件・最一小判平 1・12・14 労判 552 号 6 頁等）。ここでは，市民法が想定する公序に団結権が優位するという，集団的労働法による評価がなされた典型例とみることができよう。

次に，個別労働関係において検討してみると，人種，信条といった上記の第 1 差別類型や，新しい差別である第 2 差別類型については，憲法等と基本的に変わらない議論となるが，近年労働者の 4 割に達しようとしているパート，有期あるいは派遣労働者といった雇用形態差別の問題こそが，労働法が固有に取扱うべき領域であろう。後述するように，これらの労働者といわゆる正社員（通常の労働者）との間の労働条件格差については，契約の自由に基づく合理性が肯定される点（直ちに公序違反と評価することは困難であろう）で，雇用形態以外の差別類型と区別されるからである。

さらに，労働法における差別・平等取扱いを論じる場合には，労働者の人格そのものによる労務提供という性格からすれば，労働者の人格権やプライバシー等の権利との関係を無視して論じることはできないし，ダイバシティ（多様性）やワークライフバランスの尊重も無視できないものと考えられよう。

また，公序についても，労働法独自の公序が形成される必要があろう[22]。

2 差別禁止と雇用平等

ここで，そもそも差別禁止や平等取扱いとは，何を意味するのであろうか。

これに対し，近年における労働法学においては，性，人種，信条のような（一般的）差別禁止と，雇用形態差別とを峻別しようとの見解が主流となっている。たとえば，「等しいものを等しく取り扱わなければならない」という差別禁止法理と，それを超えて異なるものを等しく取扱う「平等化」を意味する

---

[22]　山田省三「雇用関係についての私法秩序」労旬 1704 号（2009）4 頁以下。

第Ⅰ部 差別・平等・ハラスメント法理をめぐる課題

平等取扱い法理とに峻別し，後者を一種の社会的保護規定と把握する見解[23]や，差別禁止と一般的平等取扱いを含むとしながら，同じ平等原則であっても，労働条件の不当な格差を排除しようとする均等待遇原則と，差別禁止とは同列に論じることはできないとして両者を峻別する見解[24]等が主流となっている。このように，（一般的）差別禁止と雇用形態差別が区別されることは，イギリスにおいても同様であり，従来の差別禁止法をすべて統合した 2010 年 EA には，パート，派遣，有期契約労働者に関する差別を禁止する規則（Regulations）は含まれておらず，この点で立法形式においても異なった取扱いがなされている[25][26]ことは注目されよう。

　ところで，一般的差別禁止と雇用形態差別とにおける最大の相違は，契約の自由が機能し得るか否かに求められよう。例えば性差別においては，女性が男性よりも低い労働条件を合意しても無効となるのに対し，最低賃金法等の法令に違反しない限り，パートタイム労働者の賃金額を自由に合意により定めることができよう（もっとも，労契法や短時間労働者法のような法令や，公序違反と評価されるものであってはならないのは当然である）。しかし，これらの労働者の職務遂行能力の向上という時間的経緯によって，契約の自由は後退して行かざるを得ないであろう。このことは，当初は補助的な業務内容であったことから，同期入社男性との賃金格差は合理的であったとしても，原告女性が同期入社の男性従業員における労働の質と量とが同一となった場合には，使用者は賃金格差の是正義務を負うとする日ソ図書事件東京地裁判決（平 4・8・27 労判 611 号 10 頁）の判断や，同一（価値）労働同一賃金原則を公序論に組み込み，女性臨時員の賃金が女性正社員の 8 割を下回った時点で公序違反となると判断された前掲・丸子警報器事件判決においても，入社間もない臨時員への救済は否定さ

---

(23)　富永晃一『比較対象者の視点からみた労働法上の差別禁止法理』（有斐閣，2013）376 頁。

(24)　毛塚勝利「平等原則への接近方法」労旬 1422 号（1997）4 頁，同「労働法における平等——その位置と法理」労旬 1495-6 号（2001）51 頁。

(25)　性差別等は「人に対する差別」であるのに対し，雇用形態等は「仕事に対する差別」とされている（James Hollamd & Stuart Burnet, Employment Law（2014, Oxford University Press）p.99）。

(26)　なお，憲法学では，①特定利益の配分，②目的適合性，③差別禁止の類型に分類する見解として，木村草太『平等なき平等論』（東京大学出版会，2011）251 頁。

れている。以上のように，いわゆる非正規労働者についての契約の自由は，労働者の職業的能力の進展という時間的経緯とともに縮小・消滅するものと考えられるべきであろう。

　以上のように，労働関係においても，契約の自由の名の下に放置されてきた雇用形態差別が不十分のものであれ，法令に明記され，無期契約労働者と有期契約労働者との間の労働条件の相違が，裁判上も不合理とされる手当等が拡大していることは，労働法における平等法理の進展を，何よりも物語るものであろう。

2 職場におけるハラスメントに関する措置義務の意義と機能

山 川 隆 一

I 問題の所在
II 労働法上の措置義務の意義
　と機能

III ハラスメントに関する措置
　義務の検討
IV おわりに

I　問題の所在

　本稿は，男女雇用機会均等法（以下，均等法）及び育児介護休業法において定められている，いわゆるセクシュアル・ハラスメント及びマタニティ・ハラスメント（以下では，両者を一括してハラスメントと呼ぶことがある）の防止や事後の対応に関する事業主の措置義務について検討を試みるものである[1]。

　職場におけるセクシュアル・ハラスメントに関しては，かつては労働法令上特段の規定がなく，主に民法 709 条や 715 条など不法行為に関する規定を通じて被害の救済が図られてきた。しかし，平成 9 年には，均等法の改正により，セクシュアル・ハラスメントに関する事業主の配慮義務に関する規定が設けられた。その後，この規定は，同法の平成 18 年改正により，事業主の措置義務を定めるものに衣替えされた。

　現在の均等法 11 条 1 項は，「事業主は，職場において行われる性的な言動に対するその雇用する労働者の対応により当該労働者がその労働条件につき不利益を受け，又は当該性的な言動により当該労働者の就業環境が害されることのないよう，当該労働者からの相談に応じ，適切に対応するために必要な体制の

---

(1)　いわゆるパワー・ハラスメントについては，現在のところ労働法上措置義務を定めた規定は存在しないので（現在の検討状況については後注(28)及び末尾の注記参照），本稿では，セクシュアル・ハラスメント及びマタニティ・ハラスメントに関する措置義務規定を検討の対象とする。

『現代雇用社会における自由と平等』山田省三先生古稀記念〔信山社，2019 年 3 月〕　*31*

第 I 部　差別・平等・ハラスメント法理をめぐる課題

整備その他の雇用管理上必要な措置を講じなければならない。」と定めており，事業主が「雇用管理上必要な措置を講じ」ることを義務づけている。この措置の内容については，厚生労働大臣が指針を定めるものとされ（同条 2 項），これを受けて定められた指針では，①セクシュアル・ハラスメント禁止の方針の明確化とその周知，②相談・苦情処理体制の整備，③問題が起きた場合の迅速かつ適切な対応という 3 つの観点から，措置の内容を詳細に定めている[2]。

　その後，均等法及び育児介護休業法の平成 28 年改正において，マタニティ・ハラスメントについても，事業主の措置義務が定められるに至った（均等法 11 条の 2，育児介護休業法 25 条）。これにより，均等法においては，産前・産後休業や妊娠・出産等を理由とするハラスメントについて，育児介護休業法においては，育児休業や介護休業の取得や申込み等を理由とするハラスメントについて，それぞれ措置義務を定めた規定が設けられている。

　以上のように，セクシュアル・ハラスメント及びマタニティ・ハラスメントについては，労働法上，事業主の措置義務の規定が設けられるに至っているが，そもそも措置義務とはいかなる意義や機能をもつのかという理論的問題については，これまで詳細な検討はなされていないように見受けられる。すなわち，ハラスメントに関する措置義務が直ちに私法上の履行請求権や損害賠償請求権の根拠となるものではないことはおおむね承認を受けていると思われるが[3]，そもそも措置義務とはどのような性格の義務なのか，また，措置義務と民法上の権利義務のルールとはいかなる関係に立つのかについては，必ずしも詳細な検討はなされていないと思われる。さらに，法の実現手法という観点から，これらの措置義務が，セクシュアル・ハラスメントやマタニティ・ハラスメントの防止や被害救済という労働政策の実現についていかなる機能を果たしているかについては，そもそもそのような観点からの検討自体があまり見当たらないように思われる[4]。

（2）　平成 18 年厚労告 615 号。

（3）　菅野・労働法 262 頁など。

（4）　山川隆一「職場におけるハラスメント問題の展開と法的規律の動向」法時 89 巻 1 号（2017）60 頁，同「職場のハラスメント――その現状と法的規律」ひろば 70 巻 9 号（2017）4 頁では，この点につき簡単な指摘を行っている。なお，労働政策及び労働法の実現手法一般については，山川隆一「労働法における法の実現手法」佐伯仁志責任編集・岩波講座現代法の動態第 5 巻『法の実現手法』（岩波書店，2014）171-199 頁参照。

〔山川隆一〕　　　　　*2* 職場におけるハラスメントに関する措置義務の意義と機能

　以上のような状況を背景として，本稿では，均等法及び育児介護休業法上のハラスメントに関する措置義務について，その意義と機能についての検討を試みることにする。検討に当たっては，事業主の措置義務を定めた規定は，いうまでもなく，均等法や育児介護休業法上のハラスメントに関するもの以外にも少なからず存在するので，まずそれらを含めた措置義務規定一般について概観したうえで[5]，均等法や育児介護休業法上のハラスメントに関する措置義務規定についてやや詳細に検討することとしたい。

II　労働法上の措置義務の意義と機能

1　労働法上の措置義務

　労働法においては，事業主に一定の措置義務を課す規定が相当数存在する[6]。それらを網羅的に挙げることはできないが，以下では主要なものを概観することとする。

(1)　労働安全衛生法

　労働安全衛生法には，事業者に対し，労働者の危険または健康障害を防止するために一定の措置を講ずることを義務づける規定がみられる（20条〜25条）。たとえば，同法20条は，「事業者は，次の危険を防止するため必要な措置を講じなければならない。」として，①機械，器具その他の設備による危険，②爆発性の物，発火性の物，引火性の物等による危険，③電気，熱その他のエネルギーによる危険を挙げている。そして，これらの規定における措置の内容については，省令で詳細を定めることとされている（27条1項）。また，章名で「措置」という表現を用いたうえで，その中の個々の規定において，「措置」という用語は用いずに，具体的な行為規範が定められている場合もある[7]。すなわち，第6章は「労働者の就業に当たっての措置」という名称であるが，当該章

---

(5)　本稿では事業主の措置義務を検討対象とするので，国が実施する行政上の措置に関しては取り上げないこととする。

(6)　労働法分野以外においても，当該規定の名宛人に一定の措置を課す義務を定めた規定は多数存在するが，本稿においては労働法上の措置義務に検討対象を限定する。

(7)　このように，章や節の見出しに「措置」という名称を付した法令は労働安全衛生法以外にもみられるが，本稿では，事業主に一定の措置義務を課す個別の規定を主たる検討の対象とする。

第 I 部 差別・平等・ハラスメント法理をめぐる課題

の中には，安全衛生教育の実施（59条）や，業務の遂行に当たって公的資格を要する業務への就業制限（61条）など，具体的な作為・不作為を求める規定が置かれている。

(2) 均　等　法

　均等法には，最初に紹介したハラスメント防止の措置義務の他にも，妊娠・出産後の健康管理に関し，事業主に対して，その雇用する労働者が母子保健法による保健指導または健康診査を受けるために必要な時間を確保することができるようにしなければならない旨を定めたうえで（12条），保健指導または健康診査に基づく指導事項を守ることができるようにするため，勤務時間の変更や勤務の軽減等必要な措置を講じなければならないとする規定があり（13条1項），その内容については指針で定めるものとしている（同条2項，平成9年労告105号）。

(3)　育児介護休業法

　育児介護休業法の第9章は，「事業主が講ずべき措置」を定め，平成28年改正によりマタニティ・ハラスメントに関する措置義務（25条）が新設される以前から，3歳に満たない子を養育する労働者及び家族を介護している労働者について，就業しながら子を養育することを容易にするための所定労働時間の短縮措置を事業主に義務づけている（23条）。また，小学校入学の始期に達するまでの労働者等についての所定労働時間の短縮その他の一定の措置（24条），及び，育児・介護を理由とする退職者についての再雇用特別措置（27条）については，事業主に努力義務を課している[8]。これらについても，具体的内容は厚生労働大臣の指針により定められている（28条，平成21年厚労告509号）。

　なお，育児・介護中の労働者については，所定外労働の免除（16条の8・9），時間外労働の制限（17・18条），深夜業の制限（19・20条）の規定があるが，所定労働時間の短縮が事業主の措置義務の形をとっているのに対し，これらの規定は，単に当該労働を制限する形をとっており，事業主の措置義務という形はとられていない。これらの規定においては，所定の要件を満たす労働者が請

---

(8)　その他，育児介護休業法の平成29年改正により，事業主は，育児介護休業中の待遇や労働条件等について周知措置を講ずる努力義務を負うこととされた（21条）。

求した場合，所定外労働の禁止，一定限度を超える時間外労働の禁止，及び深夜業の禁止という法的効果が，事業主による措置の実現という過程を踏むまでもなく実現されることになっており，短時間勤務制度の創設等が必要な所定労働時間の短縮に関する措置義務規定とは性格を異にしているといえる。

(4)　パートタイム労働法

パートタイム労働法（平成30年改正により，「短時間労働者及び有期雇用労働者の雇用管理の改善等に関する法律」と改称され，企業規模に応じ同32年4月1日から施行予定）第3章は，「短時間労働者の雇用管理の改善等に関する措置等」と題されているが，同章の規定の中では，通常の労働者への転換を推進するため，①通常の労働者の募集をする際における短時間労働者への周知，②通常の労働者の配置をする際における短時間労働者に対する配置の希望の機会の付与，③一定の資格を有する短時間労働者に対する通常の労働者への転換のための試験制度の創設その他の措置のうちのいずれかを採用することを義務づけるという形で，事業主の措置義務が定められている（13条，上記改正により，有期雇用労働者も対象となった）。この正社員転換措置については，現在のパートタイム労働法の指針（平成29年厚労告326号）には定められていないが，通達において解釈が示されている（平成26・7・24基発0724第2号等）。

(5)　労働者派遣法

労働者派遣法は，「派遣労働者の保護等に関する措置」と題する第3章において，「派遣元事業主の講ずべき措置等」（第2節），「派遣先の講ずべき措置等」（第3節）に関する諸規定を設けているが，第1節においても，個別の規定において，労働者派遣の役務の提供を受ける者につき，その者の都合による労働者派遣契約の解除に当たり，派遣労働者の新たな就業の機会の確保，派遣元事業主による休業手当等の支払に要する費用の負担その他の当該派遣労働者の雇用の安定を図るために必要な措置を講じなければならない旨定めている（29条の2）。また，第2節では，一定の有期雇用派遣労働者につき，派遣先に対して当該労働者に労働契約の申込みをするように求めること，派遣労働者としての就業機会の確保，派遣以外の無期雇用労働者としての雇用機会の確保，雇用安定に特に資する教育訓練などの雇用安定措置を講ずることを求めている

第Ⅰ部 差別・平等・ハラスメント法理をめぐる課題

（30条。派遣労働者の類型に応じて努力義務規定（1項）と義務規定（2項）とに分かれる）。さらに，第3節では，派遣先に対して，派遣先は，労働者派遣契約における同法が規定を置くことを求める事項等に関する定めに反することのないように適切な措置を講じることを義務づけている（39条）。以上についても，指針により具体的内容が定められている（47条の5（平成30年改正後は47条の11），派遣元につき平成11年労告137号，派遣先につき平成11年労告138号）。

(6) 高年齢者雇用安定法

　高年齢者雇用安定法9条1項は，定年後の労働者の65歳までの雇用を確保するため，事業主は，定年の引き上げ，継続雇用制度の導入，または定年制の廃止という3つの措置（高年齢者雇用確保措置）のいずれかを講じなければならないと定め，その内容については厚生労働大臣が指針を定めるものとしている（同条2項，平成24年厚労告560号）。また，労働者が自己の帰責事由によらない解雇等で離職する場合，事業主は，本人の希望により，求人の開拓等の再就職援助に必要な措置を講ずるように努めることを義務づけている（15条）。

(7) 職業能力開発促進法

　職業能力開発促進法の第3章は，「事業主の行う職業能力開発促進の措置」と題する第1節において，一定の措置を講ずることにより，労働者の職業能力の開発及び向上を促進するものとする旨の規定を置いている。たとえば，同法10条は，事業主は，他の者の設置する施設での教育訓練を受けさせること，及び職業能力検定を受けさせることという措置を講ずること等により，その雇用する労働者の職業能力の開発及び向上を促進するものとする旨定めている。この規定には指針についての定めはないが，キャリアコンサルティングの機会の確保や教育訓練休暇の付与等の措置を定めた規定（10条の3，10条の4）については，厚生労働大臣が指針を公表する旨が定められている（10条の5）。もっとも，これらの規定はいずれも，「ものとする」という文言が用いられていることから示されるように，各条の措置を講ずること自体を法的に強制する趣旨のものではないと思われる。

(8) その他

労働契約に関する民事法規としての性格を持つ労働契約法には，措置義務を定めた規定は存在しない。労働基準法においては，措置義務を定めた規定は少なく，労働者の貯蓄金管理につき，規程を定めて労働者への周知のため作業場への備え付け等の措置をとることを定めた規定（18条3項），事業の附属寄宿舎について労働者の健康，風紀等に関する措置を定めた規定（96条1項。詳細は事業附属寄宿舎規程等で定められている）がある程度である。もっとも，いわゆる裁量労働制に関しては，労使協定ないし労使委員会の決議で定めるべき事項として，労働者の健康・福祉確保措置や苦情処理措置があげられている（38条の3第1項4・5号，38条の4第1項4・5号）。また，賃金の支払いに関する特別法である賃金支払確保法では，貯蓄金や退職金の保全措置が義務づけられている（3条・5条（退職金保全については努力義務）。詳細は同法施行規則2条・5条の2）。

また，障害者雇用促進法は，平成25年改正により，事業主に対し，労働者の募集・採用について障害者への均等な機会の確保の支障となっている事情を改善するために必要な措置，及び，障害者である労働者の均等待遇の確保や能力の発揮の支障となっている事情を改善するために必要な措置（いわゆる合理的配慮措置）を義務づけており（36条の2および36条の3），措置の内容については指針が定められている（36条の5，平成27年厚生労働省告示第117号）。もっとも，これらの規定は，個々の労働者の障害の特性に配慮したものであることを要求しており，配慮の具体的内容は，個々の労働者の事情により異なりうるものである（上記指針第2の1），ここでいう「措置」は，一定の制度を創設することにより実現されることもあるが，それを含めて，個々の労働者への様々な配慮の総称という性格をもつように思われる。

2 措置義務の性格と多様性

以上のように，労働法分野においては，事業主の一定の措置を義務づける規定が少なからず存在する。そして，こうした事業主の措置義務規定の性格については，一定の特色があることを指摘できるように思われる。もっとも，措置義務という用語は多様な内容をもちうるものであり，事業主の措置義務規定のすべてが同一の性格をもつものとは限らない。そのため，以下では，諸種の措

第Ⅰ部 差別・平等・ハラスメント法理をめぐる課題

置義務規定においてしばしばみられる性格を複数あげてみることとしたい。

(1) 目的達成のために必要な手段としての措置

　まず, 措置義務は, 一定の政策上の目的を達成するための手段をその内容としていることが一般だと思われる。措置義務を定めた規定の文言上も, 「○○のために必要な措置」をとることを求めていることが多い。たとえば, 労働安全衛生法 20 条は, 「事業者は, 次の危険を防止するため必要な措置を講じなければならない。[以下略]」(傍点筆者。以下同じ) と定めている。また, 育児介護休業法 23 条は, 所定労働時間の短縮措置につき, 3 歳に満たない子を養育する労働者及び家族を介護している労働者について, 就業しながら子を養育することを容易にするための措置を事業主に義務づけている。文言に若干の差はあるが, いずれも, 一定の政策上の目的を達成するための手段を講ずることが「措置」義務の内容をなしている。一般的な法令用語の解説においても, 「措置」とは, 「ある事柄の始末をつける手続」または「取り計らって始末をつけること」を意味する用語とされており[9], 前者は, 「ある事柄」に関する目的達成のための手段としての意味を含むと考えられる。

(2) 制度の創設・整備の義務づけ

　次に, 以上のように, ある政策目的を達成するための手段をとることを義務づける場合でも, その手段の内容として, 一定の制度の創設や整備を義務づけている規定が少なからずみられる。たとえば, 育児介護休業法における短時間勤務に関する措置義務, パートタイム労働法における正社員転換に関する措置義務, 高年齢者雇用安定法における高年齢者雇用確保措置義務に関する規定は, それぞれの制度の創設を事業主に義務づけるものとなっている。また, 均等法上のセクシュアル・ハラスメントに関する措置義務, 同法及び育児介護休業法上のマタニティ・ハラスメントに関する措置義務を定める規定も, 指針によりハラスメントの禁止を明示することや相談窓口の設置を義務づける点において (Ⅲ(1)参照), 制度の創設や整備を義務づけるものといえる (ただし, ハラスメントが実際に発生した場合に事後的に適切な対応をすることを義務づけている部分は,

---

(9) 吉国一郎ほか編『法令用語辞典 (第 9 次改訂版)』(学陽書房, 2009) 494 頁。

個別的な作為を義務づけている点で，異なる性格を持っている）。

　その他，裁量労働制における健康確保及び苦情処理措置についても，直接法律により義務づけているわけではなく，労使協定や労使委員会の決議を通じて実現を求めるものではあるが，勤務状況の記録の方法を定めて明らかにすることや，苦情処理の窓口・担当者や手続等を定めることなどが指針により義務づけられており（平成11年労告149号第3の4及び5参照），同様の性格を持つものということができよう。

(3)　具体的な作為・不作為の総称

　他方で，措置義務規定の中には，一定の制度を創設・整備するのではなく，ある政策目的の達成のために，事業主等に具体的な作為または不作為を義務づけているが，その内容が様々なものであるために，各作為または不作為を個別に条文化するのではなく，それらを抽象化して，ないしは，それらの総称として，措置義務という形式をとるものも存在する。

　たとえば，ハラスメントに関する措置義務のうち事後的な対応措置については，そのような側面があると思われる。たとえば，セクシュアル・ハラスメントに関する措置についての指針においては，事後の迅速かつ的確な対応の内容として，事実関係の迅速かつ的確な確認や，被害者に対する適切な配慮，行為者に対する適正な措置などがあげられているが，これらは，個々の事案に応じた事業主の個々的な対応の内容であり，ここでの措置義務は，それらの総称として位置づけることができる。その他に，労働安全衛生法第6章の各措置や，障害者雇用促進法上の合理的配慮措置を定める規定も，同様の性格を持つように思われる。法令用語の解説においても，個々の事項について始末をつけるとの意味に用いられる「処置」という用語との対比において，「措置」は[10]，「これを総体として表示する場合」または「その結果よりも手続の面に着眼して用いられることが多い」とされており，前者は上記のような措置義務の性格を示しているといえよう（後者は，前述した目的達成としての手段としての性格を示すものといえる）。

---

(10)　吉国ほか編・前掲注(9)494頁。

第Ⅰ部 差別・平等・ハラスメント法理をめぐる課題

(4) 下位規範による具体化

以上のほか，措置義務規定においては，一定の目的達成に必要な手段として，制度の創設や整備を定めることを措置として求める場合でも，一定の目的達成に必要な作為・不作為を抽象化ないし総称したものを措置として定める場合でも，それぞれの措置の具体的な内容を当該規定において記述しつくすことはせずに，省令や大臣告示などの行政上の下位規範により具体化することを想定しているものが多くみられる[11]。

指針による具体化の例については前述したが，それ以外の例としては，制度の創設を措置として求める規定のうち，育児介護休業法23条の所定労働時間短縮措置については，同法施行規則74条において，具体的な短縮後の労働時間が定められている。労働安全衛生法20条における危険防止のために必要な措置については，同法に基づく諸規則により具体的な内容が定められている。

3 措置義務の法的意義

次に，以上のような性格をもつ労働法上の措置義務規定が，どのような法的意義をもつのかについて検討する。

(1) 公法的規範

(a) 公法上の実現手法

措置義務規定が置かれている労働法規の多くは，それらの行政上の実現ないし履行確保を想定する規定を有している。すなわち，使用者が措置義務を履行しない場合には，その履行を求める行政指導が予定されている。行政指導の内容は必ずしも一様ではないが，法律上義務づけられた措置を講じていない場合には，法律違反であると評価されるため，単なる助言や指導にとどまらず，勧告により違反状態の是正を求めることが少なくない[12]。

たとえば，労働基準監督官がその実施の責務を負う労働安全衛生法等では，

---

(11) もっとも，前述したパートタイム労働法13条のいわゆる正社員転換措置のように，法律上は，個々のケースに即して措置の内容を考えれば足り，下位規範による具体化は直接求めていない場合もみられる。

(12) 行政による労働法の実効性確保の実情については，石嵜信憲編著『労働行政対応の法律実務』（中央経済社，2014）参照。

措置義務規定違反を含む法違反に対して，監督官により，違反状態を是正すべきこと（及び是正状況を報告すること）という形をとる是正勧告がなされる。また，均等法や育児介護休業法及びパートタイム労働法においては，法律の実効性確保の手段として，報告徴収，助言，指導及び勧告が定められているが，措置義務違反については，単なる助言を超えて是正指導がなされ，それに従わない場合はさらに勧告もなされうる。勧告に従わない事業主については，企業名公表の措置も可能とされている（均等法30条，育児介護休業法56条の2，パートタイム労働法18条2項）。高年齢者雇用安定法上の高年齢者雇用確保措置や障害者雇用促進法上の合理的配慮措置についても，違反に対して助言や指導が予定されている（高年齢者雇用確保措置については，事業主が助言・指導に従わない場合の勧告，勧告に従わない場合の企業名公表もなされうる（10条3項））。労働者派遣法上の措置義務についても，必要に応じて指導や助言が可能であるが（48条1項），派遣契約解除の場合の派遣先の措置義務（29条の2）の違反については，厚生労働大臣による必要な措置を取るべき旨の指示（48条3項）が，派遣元事業主による雇用安定措置義務（30条2項）については，同大臣による必要な措置を講ずべき旨の命令（49条1項）が，それぞれ可能である。

　なお，一部の労働法規には，公法上の実現手法の一環ではあるが，行政上の対応のみならず，裁判所の刑事手続により措置義務規定の実効性確保を定めている規定がある。労働基準法（96条，119条1号）やその関連法規である労働安全衛生法（20条〜25条，119条1号等）等がその例である。

　(b)　私法上の効果

　措置義務規定については，以上の公法上の効果の他に，私法上いかなる効果をもつかが問題となる。「私法上の効果」という表現は必ずしも一義的なものではないが，最も直接的に問題となるのは，私法上の請求権の根拠規定となるか否かである。この問題は個々の法令の解釈により解決されるものであるが，一般に，措置義務規定を含む労働法令は，全体として行政上の実効性確保を予定されている場合が多いため，私法上の請求権をも認めているとは言いにくいといえる。また，措置義務規定により講ずべき措置の内容も，制度の創設のように，私法上の給付請求にはなじみにくい場合がある。さらに，講ずべき措置の内容が法律の条文だけでは特定せず，下位規範による具体化に委ねられている場合は，給付内容の特定性という点で，私法上の請求権を認めるのは困難と

第Ⅰ部 差別・平等・ハラスメント法理をめぐる課題

なる場合が生ずる。

　もっとも，措置義務規定の中でも古くから存在する労働安全衛生法上の規定については，私法上の請求権（使用者からみれば労働契約上の安全配慮義務）の根拠規定となるかどうかにつき，議論がみられる。学説上は，かつてはこれを肯定する見解が多数であったとみられるが，最近では否定説が有力になっている(13)。裁判例においても，否定説をとるものが多く，肯定説をとるとみられるものでも，結論として給付請求を認容したものはないようである(14)。

　以上は，措置義務を定めた規定自体から請求権が発生するかという問題であるが，事業主が，措置義務の履行として法所定の制度を創設した場合には，当該制度が就業規則等により定められているのであれば，当該就業規則が労働契約の内容を規律することを通じて，労働者に，当該制度の定める内容の実現を求める契約上の権利が認められる場合がありうる。たとえば，高年齢者雇用安定法上の高年齢者雇用確保措置義務の履行として，雇用主が就業規則において再雇用制度を設けた場合には，当該制度にもとづく権利が認められることがありうる（津田電気計器事件・最一小判平成24・11・29労判1064号13頁では，高年齢者雇用確保措置として定めた再雇用規程の適用を誤って再雇用を拒否された原告労働者による，再雇用規程に基づく再雇用後の地位の確認請求が認められた）。

　また，措置義務規定が私法上の給付請求権の根拠規定とはならないとしても，当該規定への違反が法律行為の形態をとった場合に，当該法律行為が無効となるかどうかは別個の問題である。この点は，個々の規定の解釈の問題として決すべきことであるが，当該規定が私人（労働者）の利益を保護する趣旨のものであれば，これに違反する法律行為は無効となる可能性が高まると考えられる（労組法7条違反の法律行為に関する医療法人新光会事件・最三小判昭和43・4・9民集22巻4号845頁参照）。

　さらに，措置義務規定に違反する行為が不法行為として損害賠償請求権を根拠づけるかどうかも，当該規定が私法上の請求権の根拠規定となりうるかという問題とは別に，個別規定の解釈として検討されるべきものである。ここでも，当該規定が私人の利益を保護する趣旨のものであれば，その違反が不法行為法

---

(13)　小畑史子「労働安全衛生法規の法的性質(1)～(3・完)」法協112巻2号234頁，3号355頁，5号666頁（1995）。

(14)　三柴丈典「安全配慮義務の意義・適用範囲」「労働法の争点(新)」128頁参照。

42

〔山川 隆一〕　　　　　　*2 職場におけるハラスメントに関する措置義務の意義と機能*

上の違法性を基礎づけることは少なくないと思われる。

(2) 義務違反の内容の特殊性

　前述したように，措置義務規定の内容は多様であるが，一定の目的を達成するために必要な手段をとることを求めるものであることが一般である。このような規定の場合，法の定める手段を講ずること自体が義務の内容であるから，義務違反は当該手段を講じないことによって成立し，それに対応する目的が実現されたか否かまでは問題とならない。たとえば，措置義務が，一定の制度を創設・整備することを義務づける場合は少なからずみられるところであるが，その場合の措置義務違反は，当該制度を創設・整備しないことのみをもって成立することになる。

　他方，私法上の救済として，不法行為法上の損害賠償責任を追及する場合には，原告の法律上の権利利益が侵害されたことや，加害者に過失があること，それにより損害が発生したことなどが要件になる。たとえば，労働災害に関する安全配慮義務については，結果債務ではなく手段債務とされており，その点では労働法上の措置義務と共通性をもつが，安全配慮義務違反による損害賠償を請求するには，現実に被害が発生したことを前提として上記の不法行為の要件を満たすことが要件となる[15]。上記のような措置義務違反については，そのような要件の充足は不要である。

　そして，不法行為における法律上の権利利益の侵害や過失の存在，あるいは損害の発生は，個々の事実関係のもとでどのような被害が発生したかを認定したうえで決せられるのに対し，措置義務違反の場合は，そのような個々の被害の発生を認定するまでもないため，違反の認定も比較的容易である。事業主が何らかの制度を設けている場合は，それが法律上要求される水準に合致するかどうかを判断する必要はあるが，要求される措置の内容が法律やその委任を受けた規則等により明確に定められている限り，その点の判断もさして困難ではないと考えられる。

---

(15)　安全配慮義務の履行請求を認める見解（鎌田耕一「安全配慮義務の履行請求」水野
　　古稀）に立つ場合は別論である。

第 I 部 差別・平等・ハラスメント法理をめぐる課題

　さらに，措置義務規定に限ったことではないが，私法上の救済の場合は，法の実現に当たって，労働者個人が訴訟の提起などの紛争解決手続を利用することが前提になるのに対して，行政上の実効性確保が予定されている法律の場合は，そうした紛争解決手続の利用は必ずしも必要ではなく，職権により行われる調査等の過程で義務違反が発見された場合においても，義務違反の追及をなすことが可能である。しかも，こうした場合においては，義務違反の是正により利益を受けるのは，法違反を主張した特定の労働者だけでなく，違反が存在する事業場等の労働者全般であるのが通常である。一定の制度の創設や整備を義務づける措置義務規定の場合は，その制度を利用しうる労働者すべてが利益を受けることになる。

Ⅲ　ハラスメントに関する措置義務の検討

1　措置義務の内容

　セクシュアル・ハラスメント及びマタニティ・ハラスメントに関する措置義務は，セクシュアル・ハラスメントについての均等法 11 条，妊娠・出産等に関するマタニティ・ハラスメントについての同法 11 条の 2，さらに，育児介護休業等に関するマタニティ・ハラスメントについての育児介護休業法 25 条のいずれにおいても，法律の規定上は，「労働者の就業環境が害されることのないよう，……労働者からの相談に応じ，適切に対応するために必要な体制の整備その他の雇用管理上必要な措置を講じる」義務とされている[16]。ここでは，雇用管理上必要な措置として，「労働者からの相談に応じ，適切に対応するために必要な体制の整備」と，「その他」があげられているが，規定を具体化する指針においては，いずれについても，①事業主の方針等の明確化並びにその周知・啓発，②労働者の相談に応じ，適切に対応するために必要な体制の整備，及び，③ハラスメントが発生した際の事後の迅速かつ適切な対応という 3 つの構成要素が示されている。

　以上の均等法及び育児介護休業法上の規定は，いずれも事業主に対して措置義務を課すものとして設けられており，義務の名宛人は事業主である。ところ

---

(16)　均等法 11 条の 2 の措置義務は妊娠・出産という状態に関するハラスメントも対象としているのに対し，育児介護休業法 25 条の措置義務は，育児休業や介護休業などの制度の利用に関するハラスメントのみを対象としている。

〔山川隆一〕 　　　　*2* 職場におけるハラスメントに関する措置義務の意義と機能

が，ハラスメントについては，その行為形態としては，[1] 個人事業主や法人の代表者など事業主自身の行為としてなされる場合もあれば，[2] 上司や同僚等の行為としてなされる場合もあり，後者においてはさらに，[2-1] 上司が事業主から委任を受けてその権限を行使することによって不利益な取扱いを行い，その効果が事業主に帰属する場合と，[2-2] そのような効果の帰属が認められず，上司や同僚等の行為として評価されるにとどまる場合とがある（その他に，[3] 顧客や取引先によりなされる場合があるが，この点については後述する）。たとえば，労働者が育児休業の取得の意向を示したところ，査定権限をもつ上司がそのことを理由に不利益な査定を行った場合は [2-1] に該当し，不利益な査定を示唆するにとどまった場合は [2-2] に該当する。

　これらのうち，[1] 及び [2-1] の行為形態は，事業主による不利益取扱いといえるから，ハラスメントに関する措置義務規定をまつまでもなく，均等法9条や育児介護休業法10条等の不利益取扱い禁止規定によりすでに禁止されている。これに対し，[2-2] の行為形態については，通常はこれらの禁止規定の規律対象外となるが，均等法や育児介護休業法は，そうした行為による就業環境の悪化に着目して，事業主に対し，これら規定とは別に措置義務規定を設けて上記のような対応を義務づけたものといえる。これを超えて，上司や同僚等によるハラスメントを直截に禁止する規定を設けることも問題となりうるが[17]，そのような規定の名宛人は上司や同僚といった労働者となるから，事業主を名宛人とする現行均等法や育児介護休業法の構造としては異例なものとなり，規定に違反した労働者に対して，被害者による私法上の損害賠償請求などとは別に，労働者に対する禁止規定についての行政による実効性確保をどのように行うかなどの点を検討する必要が生じる[18]。

---

(17) 菅野淑子「不利益取扱いとハラスメントをめぐる紛争解決」季労260号（2018）34頁参照。

(18) 労基法については，「使用者」の定義において，事業主や経営担当者のほかに，「労働者に関する事項について，事業主のために行為をするすべての者をいう」とされているため（10条），職場の上司等も「使用者」に含まれうるが，事実行為としてのハラスメントに関しては，「労働者に関する事項について，事業主のために行為をする」とはいえないことが多いため，同様の規定により対処することにも限界がある（パワー・ハラスメントの場合は，上司等の職務に関連してなされることが少なくないであろうから，セクシュアル・ハラスメント等とは事情が異なる面があるが，職務に関連していないハラスメントは規律の対象から外れることになる）。

第 I 部 差別・平等・ハラスメント法理をめぐる課題

　他方で，事業主の措置義務という形でハラスメントに関する規律を行う場合には，その雇用する労働者の就業環境の悪化の防止やそれへの対応に着目することになる[19]。その際には，ハラスメントの加害者が被害労働者の上司や同僚である必然性はなく，顧客や取引先によるハラスメントであっても，それにより就業環境が悪化することは十分考えられるので，それに対する対応については，事業主の措置義務の対象に含めることも可能である（平成 18・10・11 雇児発 101102 号第 3 の 1(2)イ②参照）。ただし，顧客や取引先は，上司や同僚のように，事業主が人事管理等を及ぼしうる者ではないので，事業主がとるべき措置の内容については別途検討する必要が生じることになる。

2　措置義務としての機能

　先にみたように，ハラスメント防止に関する労働法規上の規定としては，まず，セクシュアル・ハラスメントの防止に関する配慮義務を定めた規定が平成 9 年の均等法改正により設けられ，その後，同規定は，平成 18 年の同法改正により，措置義務規定に改められた。また，マタニティ・ハラスメントの防止に関しては，平成 28 年の均等法および育児介護休業法の改正において，当初より措置義務規定が設けられた。

　上記の平成 18 年均等法改正に際しては，配慮義務と措置義務の法的性質の異同について，必ずしも詳細な議論がなされたわけではないが，従前の配慮義務規定の場合，履行すべき義務の内容は「配慮」にとどまり，事業主がとるべき対応が具体的に特定されていなかった（当時から配慮の内容についての指針は存在し，措置義務化されてからとおおむね同様の内容が示されてはいたが，これらの内容それ自体が法律上の義務となっていたわけではないと考えられる）。しかし，平成 18 年改正後の措置義務規定のもとでは，事業主が指針により具体化された措置を講じない場合には端的に法違反と評価されることとなり，セクシュア

---

(19)　その結果，ハラスメントに関する措置義務をめぐる紛争は，被害を受けた労働者と事業主の間のものをいうことになる（均等法 16 条及び育児介護休業法 52 条の 3 は，「労働者と事業主との間の紛争」を個別労働紛争解決促進法上の紛争解決手続の特例の対象としている）。それゆえ，当該労働者と上司等の加害行為者との間の紛争は，それ自体としては均等法等の紛争解決手続の対象にはならないが，事業主の措置義務違反についての紛争解決手続において，加害行為者を利害関係人として参加させたうえで解決を図ることは可能であろう。

ル・ハラスメントについての措置義務違反も均等法上の調停の対象となったう
え（16条），措置義務に違反した事業主が厚生労働大臣の勧告に従わない場合
の企業名公表も可能となった（30条）。マタニティ・ハラスメントについては，
平成28年の均等法及び育児介護休業法の改正により規定が新設された時点で
措置義務の形がとられているため，上記のような法違反としての対応が当初か
ら可能となっている。

　現行均等法及び育児介護休業法のもとでのハラスメントに関する事業主の措
置義務は，上記のとおり，①ハラスメントを禁止する方針等の明確化並びにそ
の周知・啓発，②労働者の相談に応じ，適切に対応するために必要な体制の整
備，及び，③ハラスメントが発生した際の事後の迅速かつ適切な対応という3
つの構成要素からなっている。

　以上の3つの構成要素のうち，①及び②は，措置義務の性格として挙げたも
ののうち，制度を創設・整備することを義務づけるものということができる。
すなわち，②の相談対応の体制等はまさに制度を創設することを義務づけるも
のであり，①の方針の明確化も，就業規則にハラスメントを禁止する旨の規定
を設けたり，パンフレットやホームページ等においてその旨を記載し，配布や
周知の方策をとったりすることを意味するので，制度の整備としての性格をも
つものということができる。したがって，①及び②の措置については，前述し
たように（III 3(2)参照），ハラスメントが現実に発生したか否かにかかわらず，
制度の創設・整備を行わないこと自体から，措置義務違反としての対応が可能
となる。

　もっとも，ハラスメントへの対応という観点からみた場合，①と②は，その
果たす機能において若干の違いがみられる。すなわち，①は，事前にハラスメ
ントの禁止体制を整備することを求めるものであり，ハラスメントの予防措置
の設定を求める機能を果たすものといえる。これに対し，②は，ハラスメント
が発生した場合等に相談等によって適切に対応するための体制を整備すること
を求めるものであり，企業内におけるハラスメントに関する紛争解決システム
の整備を求めるものとしての性格をもつ。その意味では，②は，次にみる③の
前提をなすものとして位置づけることができるが，相談等の体制を整備するこ
とによって，ハラスメントが発生するおそれのあるような職場の状況が改善さ

第Ⅰ部 差別・平等・ハラスメント法理をめぐる課題

れることも期待できるので[20]，②についても，ハラスメントの予防のための制度の設定という機能をもちうるものといえる。

ハラスメントがいったん発生した場合，事後的な対応の体制が存在したとしても，被害者がそれを利用して訴え出ることが事実上難しい場合もあり，また，加害者への懲戒処分や損害賠償等によっては被害を完全に回復することが難しい場合もある。こうした点において，ハラスメントに関しては事前の防止が重要となるため，労働法上，上記のような予防制度の設定を事業主に義務づけることは，ハラスメントへの対応として有益なものということができよう。

他方で，③については，その具体的な内容として，指針では，ハラスメントが実際に発生した場合に，事案にかかる事実関係を迅速かつ正確に確認することや，ハラスメントの発生を確認できた場合に速やかに被害者に対する配慮や行為者に対する懲戒処分等の措置をとることなど，当該ハラスメントに関して迅速かつ適切な対応をとること等を求めており，ここで事業主の措置は，制度を創設・整備することではなく，事案に応じた具体的な対応の総称を意味するものといえる。

3 措置義務規定の実効性確保の状況

均等法上のハラスメントに関する措置義務違反は，行政による是正指導がなされた事案の中で，大きな割合を占めている[21]。平成29年度においては，都道府県労働局の雇用環境・均等部（室）が行った均等法関係の是正指導14595件のうち，最も多かったのは，妊娠・出産等についてのマタニティ・ハラスメントに関するものであり，5764件（39.5％）を占めており，次いで，セクシュアル・ハラスメントに関する是正指導が4458件（30.5％）となっている。セクシュアル・ハラスメントに関する是正指導は，平成28年度においては9773件のうち3860件（39.5％），平成27年度では12964件のうち7596件（58.6％），平成26年度では，13253件中8021件（60.5％）となっており，（平成27年度以

---

(20) 均等法上のセクシュアル・ハラスメントに関する指針3(2)ロでは，セクシュアル・ハラスメントが発生するおそれがある場合等においても相談に応じるようにすることを求めている。

(21) 以下については，厚生労働省「都道府県労働局雇用環境・均等部（室）における法施行状況について」（厚生労働省ウェブサイト）参照。

48

〔山川隆一〕　　　　　2 職場におけるハラスメントに関する措置義務の意義と機能

前は都道府県労働局の組織再編前であり，単純な比較はできないが）これまでも，是正指導の件数のうち大きな割合を占めてきたものである。

　次に，育児介護休業法上の是正指導の状況についてみても，平成 29 年度においては，同法上の育児・介護休業等についてのハラスメントに関する措置義務（25 条）についての是正指導が，育児関係で 16491 件のうち 5741 件（34.8％），介護関係で 20316 件のうち 5726 件（28.2％）と，それぞれ最も多くを占めている。

　以上のように，ハラスメントに関する措置義務を定めた均等法及び育児介護休業法の規定は，是正指導という局面で見ると，両法律の規定の実効性確保の手段として大きな役割を果たしていることがわかる。これは，ハラスメントに関する措置義務が，これまでみてきたように，制度を創設・整備することを義務づける側面をもち，こうした側面については，制度を創設・整備しないこと自体で措置義務違反が成立するため，違反の有無が容易に認定できるからではないかと思われる。

　ちなみに，均等法に関しては，母性健康管理に関する同法 12 条，13 条に関する是正指導も大きな割合を占めているが（平成 29 年度では，14595 件のうち 4248 件（29.1％）），同法 13 条も措置義務規定であることから，違反の有無は容易に認定できると思われる。また，育児介護休業法のもとでの是正指導に関しては，平成 29 年度では，所定労働時間の短縮措置（短時間勤務）につき，育児関係では，3 歳未満の子についての措置義務を定めた 23 条に関するものが 16491 件のうち 1384 件（8.4％），小学校就学の始期に達するまでの子について措置努力義務を定めた 24 条に関するものが 16491 件のうち 1785 件（10.8％）を占め，合わせて 19.2％となっている。所定労働時間の短縮措置についても，短時間勤務等の制度を整備することを内容とするものであるから，違反の有無は比較的認定しやすくなるため，是正指導件数が多くなっているものと推察される。

　ここまでは，法違反に対する行政上の対応としての是正指導についてみてきたが，均等法及び育児介護休業法においては，同法上の紛争解決援助のための助言・指導及び勧告並びに調停の手続が用意されている[22]。ここで，紛争解

---

(22)　セクシュアル・ハラスメントに関する行政上の紛争解決の現状については，内藤忍「職場のハラスメントに関する法政策の実効性確保」季労 260 号（2018）42 頁以下参照。

第Ⅰ部 差別・平等・ハラスメント法理をめぐる課題

決援助の手続は，労働者と事業主間で発生した特定の紛争を前提としたものであるのに対し，是正指導等の行政上の対応は紛争を前提とするものではなく，同じ「助言・指導・勧告」という用語が用いられていても，その性格を異にするものである（紛争解決援助としての助言・指導・勧告は都道府県労働局長が行うのに対し（均等法 17 条，育児介護休業法 52 条の 4），是正指導等の行政上の対応は厚生労働大臣が行う（均等法 29 条，育児介護休業法 56 条））。

これらの紛争解決手続においても，ハラスメントに関する措置義務違反に係る事件が相当数みられるが，是正指導の場合と比べ，ハラスメント以外の紛争類型との取扱件数の差は大きくはない。均等法上の労働局長による紛争解決の援助申立受理件数でいえば，セクシュアル・ハラスメントに関する同法 11 条に係る事案の件数が最も多いものの，妊娠・出産等を理由とする不利益取扱い（9 条）に係る事案も相当の件数を占めているのである。すなわち，平成 28 年度においては，11 条に係る事案が 294 件のうち 125 件（42.5％）であるのに対し，9 条に係る事案は 294 件のうち 146 件（49.7％）とむしろ多くなっており，同 29 年度においては，11 条に係る事案が 208 件のうち 101 件（48.6％）と最も多いが，9 条に係る事案も，208 件のうち 78 件（37.5％）であり，相当の割合を占めている。こうした是正指導と紛争解決援助の申立ての差は，是正指導の場合は具体的な紛争の発生を待たずに行政が対応できるが，紛争解決援助の申立てはハラスメントに係る紛争が発生してはじめて申立てがなされるのが通常であることなどによるものであろう[23]。

4 私法上の効果

(1) 不法行為法上の注意義務との関係

前述したように，労働法上の措置義務規定は，基本的に行政上の実効性確保手段によって実現されることが想定されており，労働者の私法上の請求権を直接根拠づけるものではない。ハラスメントに関する措置義務規定についても，それと別異に解する根拠は見出しがたいと思われる。人事権の行使としてなされた対価型ハラスメントの場合には，それが法律行為であれば無効になりえ，

---

(23) また，是正指導の場合とは異なり，ハラスメント禁止体制の整備や相談窓口の設置等の制度の創設・整備がなされていないのみの段階で，ハラスメントが発生していなくとも紛争解決援助の申し立てることは多くないものと推測される。

50

また，事業主が措置義務の履行としてハラスメントに関する就業規則上の規定等を整備した場合には，当該規定を根拠とした請求もなしうる余地があるが，それらの救済が難しい場合には，ハラスメントに関する私法上の救済は，不法行為に基づく損害賠償責任の追及等によらざるをえない。そのため，労働法上のハラスメントに関する措置義務と私法上の不法行為責任がいかなる関係にあるかという問題が生ずる。

そこで，ハラスメントに関する不法行為責任の構造について確認すると，まず，労働者に対してハラスメントを行った加害行為者については，民法709条の不法行為責任が問題となる（いかなる場合にハラスメントが不法行為を構成するかは，ハラスメントの類型等を踏まえて別個検討を要する問題であり，本稿では取り扱わないこととする）。また，当該加害行為者を雇用する事業主については，第1に，加害行為者が事業の執行につきハラスメントを行った場合には，民法715条1項により不法行為責任が基礎づけられる。また，第2に，ハラスメントにより職場環境が悪化したことについて，当該加害行為者の職場の管理職が適切な配慮をしなかった場合には，管理職が職場環境配慮（調整）のための注意義務を怠ったことが民法709条の不法行為を構成することがあり，その不法行為が管理職の事業執行についてなされたものといえる場合には，やはり民法715条1項により，使用者の不法行為責任が基礎づけられる。

以上のうち，管理職の職場環境配慮（調整）義務違反については，管理職の立場からのハラスメントの防止や事後的な対応が不十分なものであったことにもとづくものといえる。そして，均等法や育児介護休業法上のハラスメントに関する措置義務は，ハラスメントの防止や事後的な対応に必要な措置をとることを求めるものであるから，それら法律上の措置義務を履行していたがどうかは，ハラスメントの防止や事後的な対応として，職場環境配慮義務を履行していたと評価できるかという判断と一致することが多いと思われる。その意味で，均等法や育児介護休業法上のハラスメントに関する措置義務の内容は，事実上，不法行為法上の管理職の職場環境配慮（調整）義務の内容と一致することが多くなるものと予想される。裁判例においても，「使用者は，労働者が労務を提供する過程において，職場内のハラスメント行為によって労働者の心身の健康が損なわれないように配慮すべき義務を負っている」としたうえで，「事業主が［ハラスメント−引用者注］防止規程等に基づいて対応することは，上記安

第Ⅰ部 差別・平等・ハラスメント法理をめぐる課題

全配慮義務を履行することになる」としたものがある[24]。

　もっとも，不法行為法上の職場環境配慮（調整）義務は，あくまで個々の事案に即して具体的な内容が確定される裁判規範としてのものであり，他方で，均等法や育児介護休業法上のハラスメントに関する措置義務の内容は，指針で具体化が図られているとはいえ，あくまで行為規範として一般的な形で定められているものであるから，事案によっては両者の内容が一致しないことがありうる。すなわち，事案の内容によっては，事業主がハラスメントに関する措置義務（ここでは，ハラスメントが発生した場合の事後的な対応にかかる措置が主として問題となる）を履行していたとしても，不法行為法上の職場環境配慮義務違反が認められる余地があり，逆に，ハラスメントに関する措置義務を完全には履行していなかったとしても，当該事案において不法行為法上の職場環境配慮義務違反が否定される余地もありうると考えられる。この点についての留意が必要であるとしても，多くの場合，措置義務の内容は不法行為法上の職場環境配慮義務の内容と一致するであろうから，ハラスメントに関する措置義務の内容が法律や指針等で定められていれば，事業主にとっては，それを履行することにより，ハラスメントに関する紛争の防止に加え，私法上の責任を負わされるリスクを軽減できるメリットがあるといえよう。

(2)　事業主の免責への影響

　以上は，管理職の職場環境配慮義務とハラスメントに関する措置義務との関係についてであるが，ハラスメントの加害行為者の不法行為責任を通じての事業主の使用者責任とハラスメントに関する措置義務とはいかなる関係に立つであろうか。まず，ハラスメントに関する措置義務は，事業主に課されるものであって，事業主の義務の履行補助者としての管理職の職場環境配慮義務には上記のような事実上の影響が考えられるとしても，加害行為者の不法行為責任には特段の影響を及ぼさないと考えられる[25]。

---

(24)　関東学院事件・東京高判平成28・5・19LEX/DB25542758（結論としては請求棄却の原判決を支持した）。

(25)　使用者の不法行為責任の問題ではないが，ハラスメントを理由とする懲戒処分に際して，行為者への警告がなされていなかったとしても，事業主がハラスメントの禁止方針を明確にしていたことが，懲戒権の濫用の判断において考慮されることがありうる（L館事件・最一小判平成27・2・26労判1109号5頁参照）。

〔山川隆一〕　　　**2　職場におけるハラスメントに関する措置義務の意義と機能**

　問題となるのは事業主の使用者責任との関係であるが，民法715条1項但書は，使用者が加害行為者の選任及び監督に相当な注意をしたときは，使用者はその責任を免れると定めている。この選任監督上の注意を尽くしたことによる抗弁は，裁判例上ほとんど認められていないが，学説上は，この抗弁の活用を提唱する見解が生じている[26]。被用者の事業執行上の不法行為の回避につき最も大きな役割を果たしうるのはその雇用主であり，雇用主が不法行為の回避のための手段をとることに対してインセンティブを与えることは意義があると思われるので，ハラスメント防止という観点からも，上記抗弁については今後活用を検討する余地があると考えられる。すなわち，雇用主が均等法や育児介護休業法上のハラスメントに関する措置義務（ここでは，ハラスメントが発生する前の防止措置が主に問題となろう）を履行していた場合には，事案に応じ，上記抗弁を認める余地があるのではないかと思われる（なお，上記のように，均等法上の措置義務が事業主としての不法行為法上の職場環境配慮義務と一致する場合は，措置義務の履行は，民法715条1項の免責の問題ではなく，注意義務の履行そのものの問題となる）。ただし，ここでも，民法715条1項但書の選任監督上の注意を尽くしたという抗弁は，あくまで個々の事案ごとに考えるべきものであるから，ハラスメントに関する措置義務の履行と常に一致するものではないといえよう。

　以上の他，民法715条1項における「事業の執行につき」という要件については，環境型ハラスメントの場合，加害行為がその職務に密接に関連するものといえるかどうかを，行為者の上司としての立場の利用の有無，行為の時間・場所・内容等を総合考慮して決せられていると思われる。その中で，行為者の上司としての立場の利用という要素については，均等法や育児介護休業法上のハラスメントに関する措置義務の履行として，ハラスメントの禁止を徹底し，その旨を十分にさせていた場合には，加害行為の内容によっては，行為者が上司としての立場を利用したものとはいえず，個人としての行為にとどまると評価される余地がありうると思われる[27]。

---

(26)　神田孝夫『叢書民法総合判例研究・使用者責任（新版）』（一粒社，1998）211頁。

(27)　詳しくは，山川隆一「セクシュアル・ハラスメントと使用者の責任」山口浩一郎他編・花見忠先生古稀記念『労働関係法の国際的潮流』（信山社，2001）3頁所収。

第Ⅰ部 差別・平等・ハラスメント法理をめぐる課題

Ⅳ おわりに

現在の均等法及び育児介護休業法において定められているセクシュアル・ハラスメント及びマタニティ・ハラスメントに関する措置義務は，他の労働法規においてもみられる，措置義務という規律手法を採用したものである。措置義務は，多くの場合，ある法政策上の目的を達成するための手段を実施することを事業主に義務づけるもので，その内容は多様であるが，一定の組織や体制を創設・整備を義務づける場合や，具体的な作為・不作為を求め，その総称として措置という用語を用いる場合があり，義務の具体的な内容は法律自体ではなく下位規範としての省令や告示（指針）により定められることが多い。セクシュアル・ハラスメント及びマタニティ・ハラスメントに関する措置義務もこうした措置義務としての性格をもつが，内容として，一定の組織や体制を創設・整備を義務づける（事前措置）とともに，ハラスメントが発生した場合の適切な対応も義務づけている（事後措置）点に特色がある。

このような機能をもつ措置義務規定は，ハラスメントに関する法政策の実現手法として一定の意義をもちうるものである。特に，職場におけるハラスメントの禁止方針の明確化や相談・苦情処理体制の整備を義務づける事前措置は，ハラスメントについては，それが発生してしまった後では被害が十分に回復されないこともあり，事前の予防の方が，職場環境の整備や就労の継続という点においても有効であること，また，法違反の有無を容易に判定でき，体制が整備されていないという事態に着目して是正指導が可能となることは，注目すべき点であるといえよう[28]。

他方で，ハラスメントに関する措置義務は，他の多くの労働法上の措置義務と同様に，公法上の規制を行うにとどまっており，私法上の請求権を被害者に与えるものとはいえない。また，現行法上，措置義務の主体はあくまで事業主

---

(28) ただし，こうした措置義務による規律は，公法上の規制であり，公権力による法の実現を図るものであるから，新たにこうした規制を導入する場合には，公的な規制の根拠をどのように考えるかを検討すべきことになる（いずれの法律に規制の根拠規定を置くかという問題も生じてくる）。いわゆるパワー・ハラスメントに関しても，こうした観点からの検討が求められるであろう。パワー・ハラスメントに関する労働政策上の対応の検討については，厚生労働省「『職場のパワーハラスメント防止対策についての検討会』報告書」（2018 年 3 月）参照。

であり，職場の上司等に対する規範を直接的に設定するものではない（事業主がハラスメント禁止の方針を立て，また，事後的に適切に対応することを通じて間接的に上司等のハラスメントの防止が図られることになる）。これらの点については，現行法上は民法上の不法行為（使用者責任を含む）に関する規定による規律に待たざるを得ないことになる。もっとも，ハラスメントに関する措置義務の内容は，ハラスメントの事前防止や事後の適切な対応として必要なものを定めたものであり，ハラスメントの事前防止や事後の適切な対応は，使用者の不法行為上の注意義務としての職場環境配慮（調整）義務と実際上重なることが多いと考えられる（前述したように労働法上の措置義務はあくまで一般的な対応を定めたものであるのに対し，不法行為法上の注意義務の内容は個々の事案に応じて判断されるものであるから，両者が常に一致するものではないことに留意する必要があるが）。

　以上のように，ハラスメントの法的規律に関しては，労働法上の措置義務と私法上の救済方法が相互に関連する面があるといえるので，それぞれの特色や機能を生かした使い分けを行いつつ，両者の相互関係を検討していくことが有意義であると思われる。

〈追記〉
　厚生労働省の労働政策審議会は，2018 年 12 月 14 日，パワーハラスメントについて事業主に雇用管理上の措置義務を課する提案を含む建議を行っており，同様の内容の法案提出が予想される。

3 パート・有期法と均等・均衡待遇原則

川 口 美 貴

I はじめに
II パート・有期法の目的と均
　等・均衡待遇原則の枠組み
III 不合理な待遇の相違の禁止
　（パート・有期8条）
IV 「通常の労働者と同視すべき
　短時間・有期雇用労働者」に
　対する差別的取扱いの禁止
　（パート・有期9条）

V 「通常の労働者と同視すべき
　短時間・有期雇用労働者」以
　外の短時間・有期雇用労働者
　に対する取扱い（パート・有
　期10〜12条）
VI 短時間・有期雇用労働者と
　各条文の意義
VII 今後の課題

I　はじめに──最高裁二判決とパート・有期法の成立

　労働契約は，①契約期間の定めの有無，②労働時間の長さ，③労務を供給する相手方により，それぞれ，①期間の定めのない労働契約と期間の定めのある労働契約（有期労働契約），②フルタイム労働契約とパートタイム労働契約，③労働契約の相手方に対して労務を供給する労働契約（通常の労働契約）と派遣労働契約に分類することができるが，さらにこれらを組み合わせて，「期間の定めのない労働契約・フルタイム労働契約・通常の労働契約の全ての要素を有する労働契約」を「典型労働契約」，それ以外の「有期労働契約・パートタイム労働契約・派遣労働契約の三つの要素のいずれかを有する労働契約」を「非典型労働契約」と定義することができる。

　典型労働契約を締結している労働者は一般に「正規労働者」と呼ばれ，非典型労働契約を締結している労働者は一般に「非正規労働者」と呼ばれているが，周知の通り，正規労働者と非正規労働者の間の大きな労働条件格差（特に賃

第Ⅰ部　差別・平等・ハラスメント法理をめぐる課題

金）と非正規労働者の増大は重要な社会問題となっており，人種，性別，思想
信条等の「人的理由」による差別的取扱いの禁止のみならず，「雇用形態（契
約類型）」の相違による差別的取扱い（合理的な理由のない異なる取扱い）を規制
することも重要な課題となっている。

　この点について，従来は，①「期間の定めのある労働契約を締結している労
働者」については，労契法が，「期間の定めがあることによる不合理な労働条
件の相違」を禁止し（20条），②「短時間労働者」（パート2条）については，
パート法が，「通常の労働者との不合理な待遇の相違」の禁止（8条），「通常の
労働者と同視すべき短時間労働者に対する差別的取扱い」の禁止（9条）等を
定め，③「派遣労働者」については，派遣法が，派遣元事業主による派遣先労
働者との均衡を考慮した賃金決定等への配慮（30条の3），派遣先による一定
の教育訓練や福利厚生施設の利用についての派遣先労働者と同様の配慮（40条
2〜4項）等を定めていた。そして，①「期間の定めのある労働契約を締結して
いる労働者」については，2018年6月1日に，労契法20条違反に関する二つ
の最高裁判決（ハマキョウレックス（差戻審）事件・最高裁判決[1]（以下，「ハマ
キョウレックス最判」という。），及び，長澤運輸事件・最高裁判決[2]（以下，「長澤
運輸最判」という。）が出された[3]。

　しかし，2018年6月29日に働き方改革を推進するための関係法律の整備に
関する法律（平30法71）が成立し（同年7月6日公布），同法律は，1）①「期
間の定めのある労働契約を締結している労働者」，及び，②「短時間労働者」

---

　(1)　ハマキョウレックス（差戻審）事件・最二小判平30・6・1労判1179号20頁。
　(2)　長澤運輸事件・最二小判平30・6・1労判1179号34頁。
　(3)　両判決に関する研究・評釈等として，水町勇一郎「有期・無期契約労働者間の労働
　　　条件の相違の不合理性——ハマキョウレックス（差戻審）事件・長澤運輸事件最高裁判
　　　決を素材に」労判1179号（2018）5-19頁，奥田香子・野田進「労働判例この1年の争
　　　点」労研700号（2018）4-12頁，労旬1918号（2018）所収論文（中島光孝「ハマキョ
　　　ウレックス事件最高裁判決を受けて」6-9頁，宮里邦雄「長澤運輸事件最高裁判決を受
　　　けて」10-15頁，沼田雅之「最高裁判決で示された不合理性判断の枠組みと課題」16-24
　　　頁，深谷信夫「長澤運輸事件最高裁判決の研究」25-37頁），季刊労働法263号（2018）
　　　所収論文（緒方桂子「有期契約労働者の公正処遇をめぐる法解釈の現状と課題」2-12頁，
　　　小林譲二「長澤運輸事件・ハマキョウレックス事件・最高裁判決の検討」13-25頁，丸
　　　尾拓養「使用者側弁護士から見た20条最高裁判決」26-35頁，須田光照「労働組合は非
　　　正規労働者への差別撤廃をめざす」36-45頁，山田久「労契法20条最高裁判決を踏まえ
　　　た同一労働同一賃金の今後」46-54頁）等。

〔川口美貴〕　　　　　　　　　　　　　　　　**3 パート・有期法と均等・均衡待遇原則**

については，パート法（「短時間労働者の雇用管理の改善等に関する法律」）を改題・改正して，「短時間労働者及び有期雇用労働者の雇用管理の改善等に関する法律」（以下，「パート・有期法」という。）として，「通常の労働者」との均等・均衡待遇原則等を定めると共に（7条），労契法20条を削除し（8条）[4]，2) ③「派遣労働者」についても，派遣法を改正し，派遣先の労働者との均等・均衡原則等を定めた（5条）[5][6]。そして，パート・有期法の施行規則と「短時間・有期雇用労働者及び派遣労働者に対する不合理な待遇の禁止等に関する指針」（以下「指針」という。）が同年12月28日に公布された。これらの改正後の条文は，2020年4月1日から施行される（附則1条2号）が，中小事業主[7]には，2021年3月31日まで適用されない（附則11条）。

　そこで，本稿では，非典型労働契約のうち，期間の定めのある労働契約とパートタイム労働契約に焦点を当て[8]，前記最高裁二判決を踏まえつつ，パート・有期法の施行後，有期労働契約を締結している労働者とパートタイム労働契約を締結している労働者に対する合理的な理由のない異なる取扱いはどのように規制されることになるのか，解釈論上の論点を順に検討し（→Ⅱ～Ⅵ），

────────────

(4)　これに関する論文として，島田裕子「パートタイム・有期労働法の制定・改正の内容と課題」労研701号（2018）17-29頁等。

(5)　これに関する論文として，小西康之「派遣先均等・均衡待遇原則と労働者派遣」労研701号（2018）30-39頁等。

(6)　これに伴い，行政機関による紛争解決制度（労働局，紛争調整委員会等）について，従来，労契法20条に関する紛争は「個別労働関係紛争の解決の促進に関する法律」の適用対象であったが，同条のパート・有期法への「統合・改正」に伴い，有期契約労働者の均等・均衡待遇や雇入れ時の文書交付に関する紛争は，パート・有期法の適用対象となる。ただし，有期契約労働者のそれ以外の紛争（解雇・契約更新拒否，労働契約内容変更等）は，従来通り，個別労働関係紛争の解決の促進に関する法律の適用対象である。

(7)　その資本金の額又は出資の総額が3億円（小売業又はサービス業を主たる事業とする事業主については5千万円，卸売業を主たる事業とする事業主については1億円）以下である事業主及びその常時使用する労働者の数が300人（小売業を主たる事業とする事業主については50人，卸売業又はサービス業を主たる事業とする事業主については100人）以下である事業主。

(8)　有期労働契約とパートタイム労働契約については，同一の使用者と労働契約を締結している労働者間での合理的な理由のない異なる取扱いの規制が問題となるが，派遣労働契約については異なる使用者（派遣元と派遣先）と労働契約を締結している労働者間での合理的な理由のない異なる取扱いの規制が問題となる。

第Ⅰ部 差別・平等・ハラスメント法理をめぐる課題

最後に今後の立法論上の課題を提起することにしたい（→Ⅶ）。なお，パート・有期法への改題・改正前の，2020年3月31日まで適用される現行のパート法及び労契法20条は，以下では「現パート法」及び「労契法現20条」と呼ぶ。

Ⅱ　パート・有期法の目的と均等・均衡待遇原則の枠組み

1　目　的

パート・有期法は，①「短時間労働者」を「一週間の所定労働時間が同一の<u>事業主</u>に雇用される通常の労働者（当該<u>事業主</u>に雇用される通常の労働者と同種の業務に従事する当該<u>事業主</u>に雇用される労働者にあっては，厚生労働省令[9]で定める場合を除き，当該労働者と同種の業務に従事する当該通常の労働者）の一週間の所定労働時間に比し短い労働者」[10]，②「有期雇用労働者[11]」を「事業主と期間の定めのある労働契約を締結している労働者」，③「短時間・有期雇用労働者」を「短時間労働者及び有期雇用労働者」と定義し（2条），「短時間・有期雇用労働者について，その適正な労働条件の確保，雇用管理の改善，通常の労働者への転換，職業能力の開発及び向上等に関する措置等を講ずることにより，通常の労働者との均衡のとれた待遇の確保等を図ることを通じて短時間・有期雇用労働者がその有する能力を有効に発揮することができるようにし，もってその福祉の増進を図り，あわせて経済及び社会の発展に寄与すること」を目的と定めている（1条）。

したがって，パート・有期法は，「短時間労働者」，及び，「有期雇用労働者」について，「通常の労働者」との均衡のとれた待遇の確保等を図ること等を目的とするものである。

---

(9)　本稿末尾の補注①参照。

(10)　現パート法は，「短時間労働者」を「一週間の所定労働時間が同一の<u>事業所</u>に雇用される通常の労働者（当該<u>事業所</u>に雇用される通常の労働者と同種の業務に従事する当該<u>事業所</u>に雇用される労働者にあっては，厚生労働省令で定める場合を除き，当該労働者と同種の業務に従事する当該通常の労働者）の一週間の所定労働時間に比し短い労働者」と定義し（2条），「短時間労働者」に該当するかどうかは「事業所」単位で決定していた。

(11)　ハマキョウレックス最判，及び，長澤運輸最判は，いずれも判決文の中で，「有期労働契約を締結している労働者（以下「有期契約労働者」という。）」と記しており，「有期<u>雇用</u>労働者」ではなく，「有期<u>契約</u>労働者」というより正確な文言を使用すべきであった。

2 労働者の分類

パート・有期法においては，①「短時間労働者」，②「有期雇用労働者」，及び，③「通常の労働者」に該当する者の画定が問題となるところ，②「有期雇用労働者」は，有期労働契約を締結している労働者全てが対象となり，契約期間の有無により客観的に定まる。

これに対して，①「短時間労働者」は，所定労働時間の客観的長さにより定まるものではなく[12]，同じ事業主と労働契約を締結している「通常の労働者」との一週間の所定労働時間の相違により事業主毎に定まり，一週間の所定労働時間が同じ労働者でも「短時間労働者」に該当する場合と該当しない場合があるところ[13]，「通常の労働者」の定義はない[14]。

③「通常の労働者」は，契約期間の有無の点では，期間の定めのない労働契約を締結している者となろうが（期間の定めがあれば「有期雇用労働者」となる），その所定労働時間については事業主あるいは事業所毎に異なることになろう。

それゆえ，期間の定めのない労働契約を締結している労働者については，同じ事業主と労働契約を締結し同種の業務に従事していても，事業所毎に所定労働時間が異なる場合（A事業所は週40時間，B事業所は週35時間），あるいは，事業所に所定労働時間が複数存在しそれが異なる場合（A事業所は週40時間と週35時間，B事業所は週35時間と週30時間等）等に，「通常の労働者」と「短時間労働者」をどのように判断するのかが問題となろう[15]。

3 パート・有期法の射程距離

パート・有期法の対象は，「短時間・有期雇用労働者」であるところ，例えば，フルタイムで期間の定めのない労働契約を締結している「疑似パート」，「勤務地限定正社員」，労契法18条により無期転換した労働者等はこれに該当

---

[12]　この点は，旧パート法の「短時間労働者」概念と同じである。

[13]　例えば，A社の「通常の労働者」の一週間の所定労働時間が40時間，B社の「通常の労働者」の一週間の所定労働時間が35時間である場合，週の所定労働時間が35時間の労働者は，A社では「短時間労働者」であるが，B社では「通常の労働者」で「短時間労働者」ではない。

[14]　本稿末尾の補注②参照。

[15]　現パート法では「短時間労働者」は事業所単位で決定されているため，このような問題は生じない。

第Ⅰ部 差別・平等・ハラスメント法理をめぐる課題

しないことになる。

しかし，使用者は労契法3条2項又は信義則（労契3条4項）に基づき，就業実態に応じた労働者の均等・均衡取扱いに配慮する義務を負い，労契法現20条，現パート法3条1項，8〜14・16・17条やパート・有期法3条1項，8〜14・16・17条はその内容の一部を条文化したものと位置づけることができるから，疑似パート，勤務地限定正社員，無期転換した労働者等に対する合理的な理由のない不利益な取扱いも，労契法3条2項又は信義則違反と判断されることになり，その判断においてパート・有期法8・9条等を参考にすることもできよう。

4 各条文の射程距離

パート・有期法は，均等・均衡待遇原則に関して，①不合理な待遇の相違の禁止（8条）（→Ⅲ），②「通常の労働者と同視すべき短時間・有期雇用労働者」に対する差別的取扱いの禁止（9条）（→Ⅳ），③「通常の労働者と同視すべき短時間・有期雇用労働者」以外の短時間・有期雇用労働者に対する取扱い（10〜12条）（→Ⅴ）を定め，その他，通常の労働者への転換の促進，事業主が講じる措置の内容等の説明，相談体制の整備，短時間・有期雇用管理者の選任（努力義務）（13・14・16・17条）を定めている[16]。

対象者に着目するならば，上記①（8条）は短時間・有期雇用労働者全て，②（9条）は「通常の労働者と同視すべき短時間・有期雇用労働者」，③（10〜12条）は「通常の労働者と同視すべき短時間・有期雇用労働者」以外の短時間・有期雇用労働者である。

したがって，「短時間・有期雇用労働者全て」に①（8条）が適用され，その中で，「通常の労働者と同視すべき短時間・有期雇用労働者」については，①（8条）に加えて②（9条）も重畳的に適用され，「通常の労働者と同視すべき短時間・有期雇用労働者」以外の短時間・有期雇用労働者には，①（8条）に加えて③（10〜12条）が適用されることになる。

---

(16) 対象が短時間労働者から短時間・有期雇用労働者に拡大され，改正部分もあるが，基本的な枠組みは現パート法と同じである。

〔川口美貴〕　　　　　　　　　　　　　　*3* パート・有期法と均等・均衡待遇原則

短時間・有期雇用労働者 ⎰ a　通常の労働者と同視すべき
〈パート・有期法8条の適用対象〉 ⎱　　　　短時間・有期雇用労働者
　　　　　　　　　　　　　　　　　　　　　〈＋同法9条の適用対象〉

　　　　　　　　　　　　　 b　a以外の
　　　　　　　　　　　　　　　　　短時間・有期雇用労働者
　　　　　　　　　　　　　　　　　〈＋同法10～12条の適用対象〉

Ⅲ　不合理な待遇の相違の禁止（パート・有期8条）

1　規制内容

　パート・有期法8条は，「事業主は，その雇用する短時間・有期雇用労働者の基本給，賞与その他の待遇のそれぞれについて，当該待遇に対応する通常の労働者の待遇との間において，当該短時間・有期雇用労働者及び通常の労働者の業務の内容及び当該業務に伴う責任の程度（以下「職務の内容」という。），当該職務の内容及び配置の変更の範囲その他の事情のうち，当該待遇の性質及び当該待遇を行う目的に照らして適切と認められるものを考慮して，不合理と認められる相違を設けてはならない。」と定めている。

　したがって，同条は，事業主が，その雇用する短時間・有期雇用労働者の「基本給，賞与その他の待遇のそれぞれ」について，「当該待遇に対応する通常の労働者の待遇」との間に「不合理と認められる相違」を設けることを禁止し，「不合理と認められるか否か」の考慮要素として，「職務の内容（当該短時間・有期雇用労働者及び通常の労働者の業務の内容及び当該業務に伴う責任の程度），当該職務の内容及び配置の変更の範囲その他の事情のうち，当該待遇の性質及び当該待遇を行う目的に照らして適切と認められるもの」を挙げている。

2　規制対象となる「待遇」

　規制対象となる「基本給，賞与その他の待遇」は，現パート法8条の「待遇」や労契法現20条の「労働条件」と同様，基本給，賞与等の賃金，労働時間のみならず，災害補償，安全管理，服務規律，教育訓練，福利厚生（食堂等の施設利用等を含む）等，労働者に対する一切の待遇を包含し[17]，賃金につい

---

(17)　労契法現20条について，平24・8・10基発0810第2号第5の6(2)イはこのように述べている。

第Ⅰ部 差別・平等・ハラスメント法理をめぐる課題

ては，具体的な額のみならず，賃金の決定基準・ルールも含まれ[18]，労働契約の終了の条件や労働契約終了後の義務（競業避止義務等）も含まれると解される。

3 「不合理と認められる相違」の有無の判断対象

不合理と認められる相違の有無については，基本給，賞与その他の待遇の「それぞれ」について，すなわち，個々の待遇毎に判断されることが条文上明確化されている[19]。

基本給，賞与その他の待遇のそれぞれについての不合理な相違の有無につき，第一に，比較の対象者は，当該短時間・有期雇用労働者と「同一の事業主」に雇用される「通常の労働者」である。

「同一の事業主に雇用される通常の労働者」の雇用・労働条件が統一されている場合もあろうが，「同一の事業主に雇用される通常の労働者」であっても職種・職務内容により複数のカテゴリーの労働者が存在し，あるいは，「同一の事業主に雇用され同一の業務に従事する通常の労働者」であっても転勤の有無等により複数のカテゴリーの労働者が存在し，「通常の労働者」の中でもカテゴリー毎に雇用・労働条件が異なる場合もあると思われるが，「同一の事業主に雇用される通常の労働者」全体，あるいは，「同一の事業主に雇用される通常の労働者」の中の特定のカテゴリーの労働者のいずれも，比較対象となりうる（パート・有期法8条違反を主張する原告である短時間・有期雇用労働者が選択しうる）と解すべきであろう[20]。

第二に，比較対象となる待遇は，当該短時間・有期雇用労働者と同一の事業

---

(18) 指針第3の1(注)1も，賃金の決定基準・ルールの相違は不合理と認められるものであってはならないとする。

(19) 労契法現20条についても条文上は明確ではないが，平24・8・10基発0810第2号第5の6(2)オは，不合理性は個々の労働条件毎に判断するとし，ハマキョウレックス最判及び長澤運輸最判は，いずれも，個々の労働条件毎に相違の不合理性を判断している。

(20) 後は，比較対象者の待遇との相違の有無，待遇の相違の不合理性等を検討すればよい。労契法20条違反が問題となった事案で，原告の選択した比較対象者以外の者を比較対象者とすべきとした，メトロコマース事件・東京地判平29・3・23労判1154号5頁（正社員全体），日本郵便事件・東京地判平29・9・14労判1164号5頁（類似する職種の者），学校法人大阪医科薬科大学（旧大阪医科大学）事件・大阪地判平30・1・24労判1175号5頁（正職員全体）は疑問である。

64

主に雇用される通常の労働者の「当該待遇に対応する待遇」である。ある手当が短時間・有期雇用労働者には付与されないが通常の労働者には付与される場合や，同じ手当の決定方法・額が異なる場合等は，それぞれの待遇の対応関係がわかりやすいが，それぞれに支給される手当の名称が異なる場合等は，当該待遇の性質・内容等に照らして，当該待遇に対応する待遇を確定することになろう[21]。

4　待遇の相違が「不合理と認められる」こと

「基本給，賞与その他の待遇」のいずれかについて，当該待遇に対応する通常の労働者の待遇との間に相違がある場合[22]，当該相違が「不合理と認められる」かどうかは以下のような考え方に基づき判断されるべきであろう[23]。

第一に，パート・有期法 8 条は，職務の内容等が異なる場合であっても，その違いを考慮して「短時間・有期雇用労働者」と「通常の労働者」の待遇が均衡のとれたものであることを求める規定である[24]から，「待遇の相違があること」のみならず，「待遇の相違があること」自体は不合理ではないが「待遇の相違が大きすぎること」（例えば，職務内容の差異以上に基本給の格差が大きい）も「不合理」と認められるものであり[25]，換言すれば，均等待遇を含む均衡待遇原則を定めるものと言える。

第二に，同条が，文言上「不合理と認められる」相違を禁止していること，及び，均衡のとれた待遇か否かの判断において，同一（価値）労働同一賃金の理念に基づく労働協約等が発展していない日本において明確な基準の設定に困難が伴うこと等も考慮すれば，一定の幅は許容されるべきように思われ，した

---

(21)　労契法現 20 条に関して，長澤運輸最判は，有期契約労働者（嘱託乗務員）の基本賃金及び歩合給が，無期契約労働者（正社員）の基本給，能率給及び職務給に対応するとして，これらの相違の不合理性を判断している。

(22)　労契法現 20 条は「期間の定めがあることにより」労働条件が相違している場合に適用されるが，パート・有期法 8 条は，待遇の相違の理由・契機を問わず適用される。

(23)　指針第 3 の 1〜5 は，具体的に，基本給，賞与，手当，福利厚生等について，基本的な考え方及び問題となる例・ならない例を示している。

(24)　労契法現 20 条について，ハマキョウレックス最判及び長澤運輸最判はこのように述べる。

(25)　労契法現 20 条につき，日本郵便事件・東京地判平 29・9・14 労判 1164 号 5 頁は，これを肯定した上で，民事訴訟法 248 条に従い相当な損害額を認定している。

第Ⅰ部 差別・平等・ハラスメント法理をめぐる課題

がって，同条にいう「不合理と認められる」とは，「短時間・有期雇用労働者」の待遇のいずれかとそれに対応する「通常の労働者」の待遇の相違が文言通り「不合理であると評価することができる」と解することができよう[26]。

ただし，労働者と使用者の情報格差に鑑みれば，「不合理であると評価できない」ことについての証明責任は使用者に負担させるべきであろう（→5）。

第三に，それが「不合理と認められる」かどうかの判断における考慮要素は，①職務の内容（当該短時間・有期雇用労働者及び通常の労働者の業務の内容及び当該業務に伴う責任の程度），②当該職務の内容及び配置の変更の範囲，③その他の事情の，①〜③のうち，「当該待遇の性質及び当該待遇を行う目的に照らして適切と認められるもの」[27]である。これらは，当然ではあるが，待遇の相違の有無の比較対象者となり，待遇の相違があると判断された「通常の労働者」と，当該短時間・有期雇用労働者との間で検討されることになる。

第四に，ある待遇が，他の待遇を踏まえて決定される場合もありうる（ある手当はないが別の手当がある等）ので，そのような事情は，③その他の事情として考慮されうることもあろう[28]。

第五に，「短時間・有期雇用労働者」は，a)「短時間労働者」でかつ「有期雇用労働者」，b)「短時間労働者」であるが「有期雇用労働者」ではない者（期間の定めのない労働契約を締結している者），c)「有期雇用労働者」であるが「短時間労働者」ではない者（所定労働時間が通常の労働者と同じ者）の3つに分類しうるところ，当該短時間・有期雇用労働者の所定労働時間が短いこと（短時間労働者），又は（及び），期間の定めのある労働契約であること（有期雇

(26) 労契法現20条にいう「不合理と認められるもの」について，ハマキョウレックス最判及び長澤運輸最判は文理解釈及び労使間の交渉や使用者の経営判断を尊重すべきという点から，「不合理であると評価することができるもの」と解するのが相当としている。

(27) 労契法現20条及び現パート法8条は考慮要素として①〜③のみを定めているが，労契法現20条所定の不合理性判断において，長澤運輸最判は，労働者の賃金が複数の賃金項目から構成されている場合，個々の賃金項目に係る賃金は，通常，賃金項目ごとにその趣旨を異にするものであり，労働条件の相違の不合理性判断においては，当該賃金項目の趣旨により考慮すべき事情や考慮の仕方も異なると判示しており，パート・有期法8条ではこの点が明確化された。

(28) 労契法現20条につき，長澤運輸最判は，ある賃金項目の有無及び内容が，他の賃金項目の有無及び内容を踏まえて決定される場合もあり得るところ，そのような事情も，個々の賃金項目に係る労働条件の相違の不合理性を判断するに当たり考慮されると判示している。

66

〔川口美貴〕　　　　　　　　　　　　　　　　3 パート・有期法と均等・均衡待遇原則

用労働者）は，③その他の事情として，当該待遇の性質及び当該待遇を行う目
的に照らして適切と認められれば，考慮されることになろう。

　第六に，「通常の労働者」と「短時間・有期雇用労働者」との待遇の相違が
問題となる類型は，A)「通常の労働者」に該当するＸさんと「短時間・有期
雇用労働者」に該当するＹさんの定年前の待遇の相違のように，「定年前の待
遇につき異なる労働者間で相違がある場合」（以下「Ａ類型」という。）[29]と，
B) 定年前は「通常の労働者」であるが定年後の継続雇用（再雇用）（高年法9
条1項2号）では「短時間・有期雇用労働者」となる場合の待遇の相違のよう
に，「定年前後で待遇の相違がある場合」（以下「Ｂ類型」という。）[30]等が存在し，
いずれもパート・有期法8条が適用されると解すべきであるが[31][32]，「不合理

---

(29)　労契法現20条違反が問題となったものであるが，Ａ類型に該当する事案として，
　　ハマキョウレックス（差戻審）事件・大津地彦根支判平27・9・16労判1135号59頁，
　　同事件・大阪高判平28・7・26労判1143号5頁，ハマキョウレックス最判，メトロコ
　　マース事件・東京地判平29・3・23労判1154号5頁，ヤマト運輸事件・仙台地判平
　　29・3・30労判1158号18頁，日本郵便（雇止め）事件・東京地判平29・9・11労判
　　1180号56頁，日本郵便事件・東京地判平29・9・14労判1164号5頁，学校法人大阪医
　　科薬科大学（旧大阪医科大学）事件・大阪地判平30・1・24労判1175号5頁，日本郵
　　便事件・大阪地判平30・2・21労判1180号26頁，井関松山ファクトリー事件・松山地
　　判平30・4・24労判1182号5頁，井関松山製造所事件・松山地判平30・4・24労判
　　1182号20頁。

(30)　労契法現20条違反が問題となったものであるが，Ｂ類型に該当する事案として，
　　長澤運輸事件・東京地判平28・5・13労判135号11頁，同事件・東京高判平28・11・2
　　労判1144号16頁，長澤運輸最判，学究社事件・東京地立川支判平30・1・29労判1176
　　号5頁。

(31)　労契法現20条は「期間の定めがあることにより」労働条件が相違している場合に
　　適用されるので，Ｂ類型は「定年前後」の労働条件の相違であり「期間の定めがあるこ
　　と」による労働条件の相違ではないとの見解もあり得たが，同条の適用においても，「期
　　間の定めがあることにより」は「期間の定めの有無に関連して生じたこと」と広く解し
　　た上で，Ｂ類型への適用が肯定されていた（長澤運輸事件・東京地判平28・5・13労判
　　135号11頁，同事件・東京高判平28・11・2労判1144号16頁，長澤運輸最判）。

(32)　Ｂ類型と同じく高年法9条1項に基づく65歳までの高年齢者雇用確保措置であっ
　　ても，当該定年（65歳未満のもの）の引き上げ（同項1号），又は，当該定年の定めの
　　廃止（同項3号）という措置をとり期間の定めのない労働契約のままとし，かつ，所定
　　労働時間も短縮しない（短時間労働者としない）ということであれば，「短時間・有期
　　雇用労働者」とはならず，一定の年齢以降労働条件を不利益に変更してもパート・有期
　　法8条の適用はないが，Ｂ類型が「短時間・有期雇用労働者」としての継続雇用という
　　労働者にとってより不安定となりやすい雇用確保措置であることに伴う規制と位置づけ
　　れば，Ｂ類型にパート・有期法8条を適用しても整合性は否定されないであろう。

第Ⅰ部 差別・平等・ハラスメント法理をめぐる課題

と認められる」かどうかは，A類型とB類型を区別して判断すべきであろう。

すなわち，A類型は，定年前の異なる労働者間で雇用形態（契約類型）によって「待遇の相違」が存在するのであるから，「定年前の異なる労働者間の待遇の相違」の不合理性が問題となる[33]。

それに対して，B類型は，全ての労働者に同じ基準を適用するのであれば異なる労働者間で「待遇の相違」が生じるわけではなく，同じ労働者の待遇が定年後に「変更」されることになり，定年後の継続雇用労働者（短時間・有期雇用労働者）の待遇の比較対象となるのは定年前の別の労働者（通常の労働者）の待遇であるが，事実上は「定年後の待遇の変更」の不合理性が問題となる。そして，高年法9条により高年齢者雇用確保措置が義務付けられていることにも鑑みれば，当該短時間・有期雇用労働者が定年退職後に高年法9条に基づき継続雇用（再雇用）されたものであることは，③その他の事情として，当該待遇の性質及び当該待遇を行う目的に照らし適切であれば考慮されることになり[34]，労契法10条の不利益変更効の判断要素（不利益の程度，変更の必要性，変更後の内容の相当性，労働組合等との交渉の状況その他変更に係る事情）等も参

---

(33)　労契法現20条における不合理性の判断に関して，ハマキョウレックス最判は，有期契約労働者（契約社員）と無期契約労働者（正社員）とは，職務内容は同一であるが，職務内容及び配置の変更の範囲は異なる（出向を含む広域移動の可能性，等級役職制度の有無）と認定した上で，正社員は転居を伴う配転が予定されているので住宅手当を正社員にのみ支給することは不合理ではないが，正社員にのみ皆勤手当，無事故手当，作業手当，給食手当を支給し，通勤手当の額に差異を設けることは不合理であると判断している。

(34)　長澤運輸最判は，定年制は，使用者がその雇用する労働者の長期雇用や年功的処遇を前提としながら人事の刷新等により組織運営の適正化を図るとともに，賃金コストを一定限度に抑制するための制度であること，定年制の下における無期契約労働者の賃金体系は当該労働者を定年退職するまで長期間雇用することを前提に定められたものであることが少なくないこと，定年退職者を有期労働契約により再雇用する場合，当該者を長期間雇用することは通常予定されていないこと，定年退職後に再雇用される有期契約労働者は定年退職するまでの間無期契約労働者として賃金の支給を受けてきた者であり，一定の要件を満たせば老齢厚生年金の支給を受けることも予定されているという事情は，定年退職後に再雇用される有期契約労働者の賃金体系の在り方を検討する基礎となることを理由に，有期契約労働者が再雇用された者であることは，労契法現20条の「その他の事情」として考慮されると判示している。また，指針第3の1(注)2も定年後の継続雇用であることがその他の事情として考慮されうるとする。

〔川口美貴〕　　　　　　　　　　*3* パート・有期法と均等・均衡待遇原則

考に，定年後の待遇の変更の不合理性を判断することになろう[35]。

　なお，B類型については，高年法9条1項，同条や同法の趣旨・目的を内容とする公序や信義則の観点からも，継続雇用労働者（短時間・有期雇用労働者）の労働条件の適法性が判断されることになり，違反については，債務不履行や不法行為を理由とする損害賠償請求等が可能であろう。

5　証　明　責　任

　パート・有期法8条は，「不合理と認められる相違を設けてはならない」と定めており，この規定からは，待遇の相違が「不合理であること」の証明責任を同条違反を主張する原告労働者が負担するようにも思われる。

　しかし，それぞれの労働者の労働条件や人事管理についての資料・情報を有しているのは使用者であり，労働者と使用者には情報格差があるから，具体的な事実の主張立証と証明責任は，以下のように分配することが信義則に則るものと言えよう。すなわち，1）労働者が，①「短時間・有期雇用労働者」に該当し，②その待遇のいずれかと，当該待遇に対応する「通常の労働者」（複数のカテゴリーが存在する場合は比較対象者として選んだカテゴリーの労働者であり，複数選択しそれぞれとの相違を主張することも可能であろう）の待遇との間に相違が存在することを主張立証した場合（①と②の証明責任は労働者が負担する），2）当該待遇の相違の不合理性について，労働者が同条所定の考慮要素に照らし「不合理であること」（不合理であるとの評価を基礎付ける事実）を主張立証し，使用者が「不合理ではないこと」（不合理であるとの評価を妨げる事実）を主張立証することになろうが，使用者が「不合理ではないこと」（不合理であるとの評価を妨げる事実）を主張立証しなければ当該待遇の相違は「不合理な待遇の相違」と判断されるべきであり，③「不合理ではないこと」の証明責任（裁判官の心証が不合理性についてグレーである場合の敗訴の危険）は使用者が負担する

（35）　労契法現20条における不合理性の判断に関して，長澤運輸最判は，有期契約労働者（嘱託乗務員）と無期契約労働者（正社員）とは，職務の内容，並びに，当該職務の内容及び配置の変更の範囲が同一であると認定し，また，嘱託乗務員の年収賃金は定年退職前の79％程度となることが想定されること等を認定した上で，嘱託乗務員には能率給及び職務給を支給せずに歩合給を支給すること，嘱託乗務員に住宅手当，家族手当，賞与を支給しないことは不合理ではないが，嘱託乗務員に精勤手当を支給しないことは不合理であると判断している。

第Ⅰ部 差別・平等・ハラスメント法理をめぐる課題

ことと解すべきであろう[36]。

6 違反の法的効果・法的救済

それでは，当該短時間・有期雇用労働者の当該待遇と，それに対応する通常の労働者の待遇との間に不合理と認められる相違があり，パート・有期法8条違反と判断される場合の法的効果と求めうる法的救済はどのようなものであろうか。

パート・有期法8条は私法上の効力を有する強行規定であり，かつ，均等・均衡待遇を実現するという条文の目的・性質上，強行的効力（違反部分を無効とする効力）のみならず直律的効力（補充的効力）も有し，労働契約の内容等が不合理な相違のない待遇となるように修正又は補充する効力も有すると解するか，あるいは，端的にパート・有期法8条に基づき不合理な相違のない待遇を請求する権利を有すると解すべきである。ただし，待遇の相違があることは不合理ではないが相違が大きすぎることが不合理である場合もあるので，同条違反により直ちに短時間・有期雇用労働者の当該待遇が比較の対象である通常の労働者の待遇と同一のものとなるわけではないが，修正又は補充の結果として通常の労働者の待遇と同一のものとなる場合はあろう[37]。

---

(36) 労契法現20条における不合理性の判断に関して，ハマキョウレックス事件・同事件・大阪高判平28・7・26労判1143号5頁，メトロコマース事件・東京地判平29・3・23労判1154号5頁，日本郵便事件・東京地判平29・9・14労判1164号5頁は，労働者が不合理性の評価根拠事実を，使用者が評価障害事実の主張立証責任を負うとするが，証明責任は労働者に負担させるものと思われ（メトロコマース事件，日本郵便事件では，当該労働条件の相違が不合理であると断定するに至らない場合には，当該相違は同条に違反するものではないと判断されると明示），支持できない。ハマキョウレックス最判，及び，長澤運輸最判は，「労働条件の相違が不合理であるか否かの判断は規範的評価を伴うものであるから，当該相違が不合理であるとの評価を基礎付ける事実については当該相違が同条に違反することを主張する者が，当該相違が不合理であるとの評価を妨げる事実については当該相違が同条に違反することを争う者が，それぞれ主張立証責任を負うものと解される」と判示するが，証明責任（裁判官の心証が不合理であるか否かについてグレーである場合の敗訴の危険）については触れていない。

(37) 労契法現20条について，ハマキョウレックス最判は，私法上の効力を有する規定であること，有期労働契約のうち同条に違反する労働条件の相違を設ける部分は無効となることを肯定し，しかし，同条は有期契約労働者について無期契約労働者との職務の内容等の違いに応じた均衡のとれた処遇を求める規定であり，文言上も，両者の労働条件の相違が同条に違反する場合に，当該有期労働者の労働条件が比較の対象である無期

70

〔川口美貴〕　　　　　　　　　　　　**3　パート・有期法と均等・均衡待遇原則**

　したがって，第一に，当該待遇が，解雇，配転，懲戒処分，降格・降給等の法律行為である場合は，当該法律行為は無効であり，それを前提とした救済を求めることができる。また，当該行為は不法行為でもあり，損害賠償請求も可能である。

　第二に，当該待遇が，賃金（賞与・退職金・手当等を含む），昇進・昇格，福利厚生に関する権利・利益等である場合，①当該短時間・有期雇用労働者に適用される労働協約，就業規則，あるいはその労働契約（の一部）に，通常の労働者の待遇と異なる待遇の定め（より低額の手当等）がある場合は，労働協約の当該部分はパート・有期法8条違反で無効で労働契約内容を規律せず，就業規則の当該部分は同条違反で労働契約に対し法的効力を有さず（労契13条），労働契約の当該部分はパート・有期法8条違反で無効である。そして，空白となった当該労働契約の部分はパート・有期法8条の直律的効力により同条に則して不合理な相違のない待遇が補充され，結果として内容が修正される（手当額の修正等）[38]。また，②当該短時間・有期雇用労働者に適用される労働協約，就業規則，あるいはその労働契約に，通常の労働者の待遇に対応する定め（手当支給等）が存在しない場合は，当該労働契約の部分については，パート・有期法8条の直律的効力により同条に則して不合理な相違のない待遇が補充される（手当支給の補充等）。

　そして，①と②のいずれの場合も，不合理な相違のない賃金額，昇進・昇格した地位，福利厚生に関する権利・利益等がパート・有期法8条により労働契約の内容となり，労働者は，労働契約に基づき不合理な相違のない賃金支払や地位確認等を請求できるか[39]，あるいは，パート・有期法8条に基づき，不

　　契約労働者の労働条件と同一のものとなる旨を定めていないから，同条の効力により当該有期契約労働者の労働条件が比較の対象である無期契約労働者の労働条件と同一のものとなるものではないと判示し，長澤運輸最判も同条の効力により当該有期契約労働者の労働条件が比較の対象である無期契約労働者の労働条件と同一のものとなるものではないと判示し，その限りでは妥当であるが，修正又は補充の結果として通常の労働者の待遇と同一のものとなる場合はあろう。

（38）　労契法20条につき，ハマキョウレックス最判は，有期労働契約のうち同条に違反する労働条件の相違を設ける部分は無効となると判示するが，無効となった空白部分がどうなるかの説明はない。

（39）　通常の労働者に適用される労働協約，就業規則，あるいはその労働契約に明文規定がなくても，事実上，通常の労働者には支払われるが短時間・有期雇用労働者には支払

第Ⅰ部 差別・平等・ハラスメント法理をめぐる課題

合理な相違のない賃金支払や地位確認等を請求できると解すべきであろう。

また，パート・有期法8条に違反する「不合理な待遇の相違」については，労働者の期待権侵害あるいは「不合理な待遇の相違なく取り扱われる権利・利益」を侵害する不法行為であり，また，使用者の「労働者を不合理な待遇の相違なく平等に取り扱う義務」（労契法3条4項に基づく信義則上の義務）違反ということもできるから，不法行為又は債務不履行に基づく損害賠償請求も可能であろう[40]。

7 通常の労働者に対する法的救済の可否

それでは，「通常の労働者」が，短時間・有期雇用労働者の待遇のいずれかとそれに対応する自己の待遇との間に不合理な相違があるとして，パート・有期法8条に基づき法的救済を求めることは可能であろうか。

同条は，主として短時間・有期雇用労働者の保護のために制定されたものであろうが，例えば，使用者が，有期雇用労働者が労契法18条1項に基づく無期転換申込権を行使してその有期労働契約を期間の定めのない労働契約に転換することを回避するために，合理的な理由なく，「通常の労働者」の待遇をそれに対応する「短時間・有期雇用労働者」の待遇よりも不利に設定する（時間当たりの賃金の引き下げ等）ということもありうる。

したがって，パート・有期法8条が禁止する「短時間・有期雇用労働者」と「通常の労働者」の「不合理な待遇の相違」は，短時間・有期雇用労働者にとって不利な場合と有利な場合の双方を対象とするものであり，通常の労働者が同条に基づき法的救済を求めることも可能と解すべきであろう。

それゆえ，労契法18条1項に基づき無期転換した労働者が，転換後，1)

われない手当等がある場合は，通常の労働者には労働契約上請求権があるが，短時間・有期雇用労働者の労働契約にはその定めがないと解されるから，本文②で述べたような理論構成で短時間・有期雇用労働者の労働契約上の請求権を肯定することが可能であろう。

(40) 労契法現20条違反につき，不法行為に基づく損害賠償請求を肯定するものとして，メトロコマース事件・東京地判平29・3・23労判1154号5頁，日本郵便事件・東京地判平29・9・14労判1164号5頁，井関松山ファクトリー事件・松山地判平30・4・24労判1182号5頁，井関松山製造所事件・松山地判平30・4・24労判1182号20頁，ハマキョウレックス（差戻審）事件・大津地彦根支判平27・9・16労判1135号59頁，同事件・大阪高判平28・7・26労判1143号5頁，ハマキョウレックス最判，長澤運輸最判。

72

〔川口美貴〕　　　　　　　　　　　　　　*3* パート・有期法と均等・均衡待遇原則

「短時間労働者」である場合は，転換後の労働条件につきパート・有期法 8 条
の規制対象となり，2)「通常の労働者」である場合は，転換後の労働条件は，
①原則として直前の有期労働契約の労働条件と同一の労働条件（契約期間を除
く）であるが（労契 18 条 1 項後段），他の通常の労働者と比較して合理的な理
由のない不利益な取扱いが存在する場合は，労契法 3 条 2 項又は信義則違反と
判断し，損害賠償請求を肯定すべきであり（→前記Ⅱの 3），②別段の定め（労
働協約，就業規則，労働契約）がある場合はその定めが転換後の労働条件の内容
となりうるが（労契 18 条 1 項後段），別段の定めが合理的な理由なく無期転換
後の労働条件を短時間・有期雇用労働者の労働条件よりも低く定めているとき
は，パート・有期法 8 条に基づき法的救済を求めることが可能であろう（→前
記 6）。

Ⅳ　「通常の労働者と同視すべき短時間・有期雇用労働者」に
対する差別的取扱いの禁止（パート・有期 9 条）

1　規 制 内 容
パート・有期法 9 条は，事業主は，「通常の労働者と同視すべき短時間・有
期雇用労働者」については，「短時間・有期雇用労働者であることを理由とし
て，基本給，賞与その他の待遇のそれぞれについて，差別的取扱いをしてはな
らない」と定めている。

したがって，同条は，「短時間・有期雇用労働者」のうち，「通常の労働者と
同視すべき短時間・有期雇用労働者」のみを対象者とし，その「基本給，賞与
その他の待遇のそれぞれ」について，「短時間・有期雇用労働者であること」
を理由とする「差別的取扱い」を禁止するものである。

2　「通常の労働者と同視すべき短時間・有期雇用労働者」
「通常の労働者と同視すべき短時間・有期雇用労働者」は，①職務の内容（業
務の内容及び当該業務に伴う責任の程度）が通常の労働者と同一の短時間・有期
雇用労働者（「職務内容同一短時間・有期雇用労働者」）であって，②当該事業所
における慣行その他の事情からみて，当該事業主との雇用関係が終了するまで
の全期間において，その職務の内容及び配置が当該通常の労働者の職務の内容
及び配置の変更の範囲と同一の範囲で変更されることが見込まれるものである。

第 I 部 差別・平等・ハラスメント法理をめぐる課題

3 規制対象となる「待遇」

規制対象となる「基本給，賞与その他の待遇」は，パート・有期法8条と同じ文言であり，現パート法9条の「待遇」と同様，基本給，賞与等の賃金，労働時間のみならず，災害補償，安全管理，服務規律，教育訓練，福利厚生（食堂等の施設利用等を含む）等，労働者に対する一切の待遇を包含し，労働契約の終了の条件や労働契約終了後の義務（競業避止義務等）も含まれると解される。

4 「差別的取扱い」の有無

差別的取扱いの有無については，第一に，基本給，賞与その他の待遇の「それぞれ」について，すなわち，個々の待遇毎に判断されることが条文上明確化されている[41]。

第二に，「短時間・有期雇用労働者であることを理由とする差別的取扱い」の存在は，その前提として，基本給，賞与その他の待遇のいずれかについて，「当該短時間・有期雇用労働者が同視されることになる通常の労働者（職務の内容が同一で職務の内容及び配置の変更の範囲が同一である労働者）」の待遇との間に相違が存在することが必要となろう。

第三に，当該短時間・有期雇用労働者と当該労働者が同視されることになる通常の労働者の待遇との間に相違が存在する場合でも，その相違の「理由」が「短時間・有期雇用労働者であること」以外であれば（例えば，勤務年数の違い等），「短時間・有期雇用労働者であることを理由とする」差別的取扱いではない[42]。

第四に，当該短時間・有期雇用労働者と当該労働者が同視されることになる通常の労働者の待遇との間に相違が存在し，その理由が「短時間・有期雇用労働者であること」であっても，合理的な理由があれば（例えば，所定労働時間が短いのでそれに対応して基本給総額や賞与総額に差異がある場合），短時間・有期雇用労働者であることを理由とする「差別的取扱い」ではない。

前記Ⅲの4で述べたB類型の場合，定年後の継続雇用であることが「合理的

---

(41) この点，現パート法9条は条文上明確ではない。

(42) なお，待遇の相違の理由が，性別，思想信条，団結活動等でそれを理由とすることに合理性がなければ，均等法6条違反，労基法3条違反，労組法7条1号違反等の「差別的取扱い」となるが，パート・有期法9条違反にはならない。

〔川口美貴〕　　　　　　　　　　　*3* パート・有期法と均等・均衡待遇原則

な理由」となるかどうかは論点の一つとなろうが，例えば，定年前に同一職務
同一変更範囲の労働者の基本給が勤続年数に応じて上昇する賃金体系で，定年
後の継続雇用では定年直前ではなくその少し前の年齢に対応する基本給とされ
ている場合は，合理的理由が肯定される可能性もあろうが，定年前はほとんど
基本給が上昇しない賃金体系で，定年後の継続雇用において大きく基本給が下
がる場合は，合理的理由を肯定することは困難であろう。

5　証 明 責 任

　パート・有期法9条は，「通常の労働者と同視すべき短時間・有期雇用労働
者」について，「短時間・有期雇用労働者であることを理由として，基本給，
賞与その他の待遇のそれぞれについて，差別的取扱いをしてはならない」と定
めており，当該労働者が「通常の労働者と同視すべき短時間・有期雇用労働
者」であること，及び，基本給，賞与その他の待遇のいずれかについて通常の
労働者との間に相違が存在し，当該相違は「短時間・有期雇用労働者であるこ
と」を理由とする「差別的取扱い」であることの証明責任は，同条違反を主張
する原告労働者が負担するようにも思われる。

　しかし，それぞれの労働者の労働条件や人事管理についての資料・情報を有
しているのは使用者であり，労働者と使用者には情報格差があるから，具体的
事実の主張立証と証明責任は，以下のように分配することが信義則に則するも
のと言えよう。すなわち，1) 労働者が，①「短時間・有期雇用労働者」に該
当し，②その待遇のいずれかと，当該待遇に対応する「通常の労働者」（複数
のカテゴリーが存在する場合はそのいずれか又は全て）の待遇との間に相違が存
在することを主張立証した場合（①と②の証明責任は労働者が負担する），2) 使
用者が，③当該労働者は「当該通常の労働者と同視すべき短時間・有期雇用労
働者」ではないこと，又は，④待遇の相違は「短時間・有期雇用労働者である
こと」が理由ではないこと，若しくは，合理的な理由があり「差別的取扱い」
ではないことを主張立証しなければ，当該待遇の相違は「通常の労働者と同視
すべき短時間・有期雇用労働者に対する短時間・有期雇用労働者であることを
理由とする差別的取扱いである」と判断されるべきであり，③と④の証明責任
は使用者が負担することとすべきである。

75

第Ⅰ部 差別・平等・ハラスメント法理をめぐる課題

6 違反の法的効果・法的救済

それでは，当該通常の労働者と同視すべき短時間・有期雇用労働者に対する差別的取扱いがあり，パート・有期法9条違反と判断される場合の法的効果と求めうる法的救済はどのようなものであろうか。

パート・有期法9条も，同法8条と同様，私法上の効力を有する強行規定であり，かつ，均等・均衡待遇を実現するという条文の目的・性質上，強行的効力（違反部分を無効とする効力）のみならず直律的効力（補充的効力）も有し，労働契約の内容等が不合理な相違のない待遇となるように修正又は補充する効力も有すると解するか，あるいは，端的にパート・有期法9条に基づき不合理な相違のない待遇を請求する権利を有すると解すべきである。ただし，待遇の相違があることは差別的取扱いではないが相違が大きすぎることが差別的取扱いである場合もあるので，同条違反により直ちに比較の対象である通常の労働者の待遇と同一のものとなるわけではないが，修正又は補充の結果として通常の労働者の待遇と同一のものとなる場合はあろう(43)。

したがって，第1に，当該差別的取扱いが，解雇，配転，懲戒処分，降格・降給等の法律行為である場合は，当該法律行為は無効であり，それを前提とした救済を求めることができる。また，当該行為は不法行為でもあり，損害賠償請求も可能である。

第2に，当該差別的取扱いが，賃金（賞与・退職金・手当等を含む），昇進・昇格，福利厚生に関するものである場合，①当該通常の労働者と同視すべき短時間・有期雇用労働者に適用される労働協約，就業規則，あるいはその労働契約（の一部）に，差別的な定め（より低額の手当等）がある場合は，労働協約の当該部分はパート・有期法9条違反で無効で労働契約を規律せず，就業規則の当該部分は同条違反で労働契約に対し法的効力を有さず（労契13条），当該労働契約部分は無効である。そして，空白となった当該労働契約の部分はパート・有期法9条の直律的効力により同条に則して差別のない待遇が補充され，結果としてその内容が修正される（手当額の修正等）。

---

(43) 現パート法9条（当時8条）に関して，京都市立浴場運営財団ほか事件・京都地判平29・9・20労判1167号34頁は，同条には補充的効果がなく，同条違反により退職金請求権は発生しないが不法行為に基づく損害賠償請求はできると判示するが，直律的効力に基づく退職金請求権も肯定されるべきであろう。

〔川口美貴〕　　　　　　　　　　　　　3　パート・有期法と均等・均衡待遇原則

　また，②当該通常の労働者と同視すべき短時間・有期雇用労働者に適用される労働協約，就業規則，あるいはその労働契約に，通常の労働者の待遇に対応する定め（手当の支給等）がない場合は，当該労働契約部分はパート・有期法9条の直律的効力により同条に則して差別のない待遇に補充される（手当支給の補充等）。

　そして，①と②のいずれの場合も，パート・有期法9条により差別のない賃金額，昇進・昇格した地位，福利厚生に関する権利・利益等が労働契約の内容となり，労働者は，労働契約に基づき差別のない賃金支払や地位確認等を請求できるか(44)，あるいは，パート・有期法9条に基づき差別のない賃金支払や地位確認等を請求できると解すべきであろう。

　また，パート・有期法9条に違反する「差別的取扱い」については，労働者の期待権侵害あるいは「差別なく取り扱われる権利・利益」を侵害する不法行為であり，また，使用者の「労働者を差別なく平等に取り扱う義務」（労契法3条4項に基づく信義則上の義務）違反ということもできるから，不法行為又は債務不履行に基づく損害賠償請求も可能である(45)。

7　通常の労働者に対する法的救済の可否

　それでは，「通常の労働者」が，当該通常の労働者と同視すべき短時間・有期雇用労働者の待遇が，短時間・有期雇用労働者であることを理由として合理的な理由なく有利に定められているとして，パート・有期法9条に基づき法的救済を求めることは可能であろうか。換言すれば，パート・有期法9条の禁止する「差別的取扱い」は，短時間・有期雇用労働者であることを理由とする不利益な取扱いのみならず，有利な取扱いも含むのであろうか。

---

(44)　通常の労働者に適用される労働協約，就業規則，あるいはその労働契約に明文規定がなくても，事実上，通常の労働者には支払われるが当該通常の労働者と同視すべき短時間・有期雇用労働者には支払われない手当等がある場合は，通常の労働者には労働契約上請求権があるが，当該通常の労働者と同視すべき短時間・有期雇用労働者の労働契約にはその定めがないと解されるから，本文②で述べたような理論構成で当該通常の労働者と同視すべき短時間・有期雇用労働者の請求権を肯定することが可能であろう。

(45)　現パート法9条（当時は8条）違反につき不法行為に基づく損害賠償請求を認容した裁判例として，ニヤクコーポレーション事件・大分地判平25・12・10労判1090号44頁／判時2234号119頁，京都市立浴場運営財団ほか事件・京都地判平29・9・20労判1167号34頁。

第 I 部 差別・平等・ハラスメント法理をめぐる課題

同条は，同法 8 条と同様，主として短時間・有期雇用労働者の保護のために制定されたものであろうが，前記 III の 7 で述べたように，使用者が，例えば有期雇用労働者が労契法 18 条 1 項に基づく無期転換申込権を行使してその有期労働契約を期間の定めのない労働契約に転換することを回避するために，合理的な理由なく，「通常の労働者」の待遇を「通常の労働者と同視すべき短時間・有期雇用労働者」の待遇よりも不利に設定する（より低額な時間当たり賃金等）ということもありうる。

それゆえ，労契法 18 条 1 項に基づき無期転換した労働者が，転換後，1）「短時間労働者」である場合は，転換後の労働条件につきパート・有期法 9 条の規制対象となり，2）「通常の労働者」である場合は，転換後の労働条件は，①原則として直前の有期労働契約の労働条件と同一の労働条件（契約期間を除く）であるが（労契 18 条 1 項後段），他の通常の労働者と比較して合理的な理由のない不利益な取扱いが存在する場合は，労契法 3 条 2 項又は信義則違反として損害賠償請求を肯定すべきであり（→前記 II の 3），②別段の定め（労働協約，就業規則，労働契約）がある場合は，その定めが転換後の労働条件の内容となりうるが（労契 18 条 1 項後段），合理的な理由なく無期転換後の労働条件を当該労働者（通常の労働者）と同視すべき短時間・有期雇用労働者の労働条件よりも低く定めているときは，パート・有期法 9 条に基づき法的救済を求めることが可能であろう（→前記 6）。

V 「通常の労働者と同視すべき短時間・有期雇用労働者」以外の短時間・有期雇用労働者に対する取扱い（パート・有期 10〜12 条）

1 賃金（パート・有期 10 条）

「通常の労働者と同視すべき短時間・有期雇用労働者」以外の短時間・有期雇用労働者については，事業主は，第一に，賃金（通勤手当その他の厚生労働省令で定めるもの[46]を除く）に関し，職務の内容，職務の成果，意欲，能力又は経験その他の就業の実態に関する事項を勘案して決定するように努めなければならない（パート・有期 10 条）。

---

(46)　本稿末尾の補注③参照。

〔川口美貴〕　　　　　　　　　　　　*3* パート・有期法と均等・均衡待遇原則

2　教育訓練（パート・有期 11 条）

　事業主は，第二に，教育訓練については，①「職務内容同一短時間・有期雇用労働者」に対しては，通常の労働者に対しその職務の遂行に必要な能力を付与するために実施する教育訓練は，既に当該職務に必要な能力を有している場合その他の厚生労働省令で定める場合[47]を除き，実施しなければならず（パート・有期 11 条 1 項），②「職務内容同一短時間・有期雇用労働者」以外の短時間・有期雇用労働者に対しては，通常の労働者との均衡を考慮しつつ，その職務の内容，職務の成果，意欲，能力及び経験その他の就業の実態に関する事項に応じ，実施するように努めなければならない（パート・有期 11 条 2 項）。

3　福利厚生施設（パート・有期 12 条）

　事業主は，第三に，福利厚生施設については，通常の労働者に対して利用の機会を与えるものであって，健康の保持又は業務の円滑な遂行に資するものとして厚生労働省令で定めるもの[48]については，利用の機会を与えなければならない（パート・有期 12 条）。

VI　短時間・有期雇用労働者と各条文の意義

1　「通常の労働者と同視すべき短時間・有期雇用労働者」：8 条と 9 条

　「通常の労働者と同視すべき短時間・有期雇用労働者」には，パート法 8 条と 9 条が適用されるので，当該労働者はいずれに基づいても法的救済を求めることが可能であるが，8 条と 9 条とでは要件と効果に相違があるか。

　第一に，「通常の労働者と同視すべき短時間・有期雇用労働者」がパート・有期法 8 条に基づき法的救済を求める場合，私見では，1）当該労働者が，①「短時間・有期雇用労働者」に該当し，②その待遇のいずれかと，当該待遇に対応する「通常の労働者」（通常の労働者が複数のカテゴリー存在する場合は，「当該労働者と職務の内容が同一で職務の内容及び配置の変更の範囲が同じ通常の労働者」と思われる者を比較対象者として選択するであろうが，複数を対象として主張することも可能である）の待遇との相違を主張立証すれば，2）使用者が，当該相違が，③不合理と認められない（合理性がある）ことを主張立証しなければ，

---

(47)　本稿末尾の補注④参照。
(48)　本稿末尾の補注⑤参照。

第Ⅰ部 差別・平等・ハラスメント法理をめぐる課題

パート・有期法8条違反と判断される。そして，③不合理性は，a）職務の内容，b）当該職務の内容及び配置の変更の範囲，c）その他の事情のうち，「当該待遇の性質及び当該待遇を行う目的に照らして適切と認められるもの」を考慮して判断されるから，a）とb）が同じ（相違を使用者が主張立証できない）ということであれば，c）「その他の事情」が問題となり，ⅰ）当該労働者の勤続年数，資格，労働能力等，ⅱ）当該短時間・有期雇用労働者の所定労働時間が短いこと（短時間労働者），又は（及び），期間の定めのある労働契約であること（有期雇用労働者），ⅲ）定年後の継続雇用であればその事情等が，当該待遇の性質及び当該待遇を行う目的に照らして適切と認められれば，考慮されることになろう。

　それに対して，「通常の労働者と同視すべき短時間・有期雇用労働者」がパート・有期法9条に基づき法的救済を求める場合，私見では，1）労働者が，①「短時間・有期雇用労働者」に該当し，②その待遇のいずれかと，当該待遇に対応する「通常の労働者」（複数のカテゴリーが存在する場合は「当該労働者と職務の内容が同一で職務の内容及び配置の変更の範囲が同じ通常の労働者」と思われる者を比較対象者として選択するであろうが，複数を対象として主張することも可能である）の待遇との間に相違が存在することを主張立証した場合，2）使用者が，③当該労働者は「当該通常の労働者と同視すべき短時間・有期雇用労働者」ではないこと，又は，④待遇の相違は「短時間・有期雇用労働者であること」が理由ではないこと，若しくは，「短時間・有期雇用労働者であること」が理由であるがそれに合理的な理由があり「差別的取扱い」ではないことを主張立証しなければ，パート・有期法9条違反と判断される。そして，③「当該通常の労働者と同視すべき短時間・有期雇用労働者」かどうかは，a）職務の内容，b）当該職務の内容及び配置の変更の範囲により決定されるから，a）とb）が同じ（相違を使用者が主張立証できない）ということであれば，④待遇の相違の理由，若しくは，合理的な理由の有無が問題となり，ⅰ）当該労働者の勤続年数，資格，労働能力等，「短時間・有期雇用労働者であること」以外が待遇の相違の理由か，あるいは，「短時間・有期雇用労働者であること」が理由であるが，ⅱ）所定労働時間が短いこと（短時間労働者），又は（及び），期間の定めのある労働契約であること（有期雇用労働者），ⅲ）定年後の継続雇用であればその事情等が，待遇の相違の合理的な理由となるかが判断されるこ

〔川口美貴〕　　　　　　　　　　　3　パート・有期法と均等・均衡待遇原則

とになる。

　したがって，「当該通常の労働者と同視すべき短時間・有期雇用労働者」に
ついては，私見では，パート・有期法8条と9条で，労働者及び使用者が主張
立証すべき事実及び証明責任分配に実質的な相違はないように思われる[49]。

　ただし，待遇の相違の理由が，性別，思想信条，団結活動等でそれを理由と
することに合理性がない場合，均等法6条違反，労基法3条違反，労組法7条
1号違反等となるが，「短時間・有期雇用労働者であること」が理由ではない
ので，パート・有期法9条違反にはならないが，当該理由は「当該待遇の性質
及び当該待遇を行う目的に照らして適切と認められるもの」ではないから，
「不合理な待遇の相違」であるとして同法8条には違反することになろう。

　第二に，違反の効果と求めうる法的救済についても，私見では，8条と9条
のいずれも私法上の効力を有する強行規定であり，直律的効力も有すると解す
るので，相違はない。

　それゆえ，パート・有期法8条は，「通常の労働者と同視すべき短時間・有
期雇用労働者」の法的救済範囲を大きく拡大するものではなく，主として，
「通常の労働者と同視すべき短時間・有期雇用労働者」以外の短時間・有期雇
用労働者の法的救済に大きな意義を有するといえよう。

2　「通常の労働者と同視すべき短時間・有期雇用労働者」以外の短時間・有期雇用労働者：8条と10〜12条

「通常の労働者と同視すべき短時間・有期雇用労働者」以外の短時間・有期
雇用労働者には，パート・有期法8条に加えて10〜12条も適用されるが，10
〜12条はどのような意義を有するであろうか。

　第一に，賃金に関する10条は，努力義務規定であるので，「通常の労働者と
同視すべき短時間・有期雇用労働者」以外の短時間・有期雇用労働者は，賃金
については同法8条に基づき救済を求めることになろう。

----

(49)　パート・有期法8条で待遇の相違の「不合理性」の証明責任を労働者に負担させ，
　　同法9条で「当該通常の労働者と同視すべき短時間・有期雇用労働者」であること及び
　　「短時間・有期雇用労働者であることを理由とする差別的取扱い」であることの証明責
　　任を労働者に負担させる見解でも，労働者及び使用者が主張立証すべき事実及び証明責
　　任分配に実質的な相違はないように思われる。

81

第Ⅰ部 差別・平等・ハラスメント法理をめぐる課題

　第二に，教育訓練に関する11条のうち，11条1項は事業主に法的義務を課すものであり，「職務内容同一短時間・有期雇用労働者」は，8条の要件の充足の有無に関わらず，11条1項所定の教育訓練については同項に基づき実施を求める権利を有するが，11条2項は努力義務規定であり，「職務内容同一短時間・有期雇用労働者」以外の短時間・有期雇用労働者は，教育訓練については同法8条に基づき救済を求めることになろう。

　第三に，福利厚生施設に関する12条は，事業主に法的義務を課すものであるから，「通常の労働者と同視すべき短時間・有期雇用労働者」以外の短時間・有期雇用労働者は，8条の要件の充足の有無に関わらず，同項所定の福利厚生施設については同条に基づき利用の機会を求める権利を有することになる。

Ⅶ　今後の課題

1　証明責任分配

　筆者は，先に述べたように（前記Ⅲの5・Ⅳの5），短時間・有期雇用労働者の待遇のいずれかと当該待遇に対応する通常の労働者の待遇との間に相違が存在する場合は，①パート・有期法8条においては，当該待遇の相違が「不合理ではないこと（合理的であること）」の証明責任を使用者が負担し，②同法9条においては，当該労働者は「当該通常の労働者と同視すべき短時間・有期雇用労働者」ではないこと，又は，待遇の相違は「短時間・有期雇用労働者であること」が理由ではないこと，若しくは，合理的な理由があり「差別的取扱い」ではないことの証明責任を使用者が負担すると解するが，この解釈は信義則に則した条文解釈であり，パート・有期法の条文の文言からは明らかではない。

　したがって，立法論としては，このような証明責任分配を条文の文言上明らかにすべきであろう。

2　法的効果と法的救済

　筆者は，先に述べたように（前記Ⅲの6・Ⅳの6），パート・有期法8条，9条は，強行規定でありかつ直律的効力を有すると解し，したがって，労働者は，違反については，債務不履行又は不法行為に基づく損害賠償請求のみならず，同条に基づき不合理な差異又は差別のない待遇を請求する権利を有すると解するものであり，また，11条1項及び12条も同様に解するが，これは条文の趣

〔川口美貴〕

旨・目的に照らした解釈であり，パート・有期法の条文の文言からは明らかではない。

したがって，立法論としては，このような違反の効果と求めうる法的救済を条文上明記すべきであろう。

＜補注＞

本論文校正段階で，「短時間労働者及び有期雇用労働者の雇用管理の改善等に関する法律施行規則」（以下「パート・有期則」と呼ぶ。），関連指針，関連通達が出されたので，最低限ではあるが以下のものを追加する。

①　「同一の事業主に雇用される通常の労働者の従事する業務が二以上あり，かつ，当該事業主に雇用される通常の労働者と同種の業務に従事する労働者の数が当該通常の労働者の数に比し著しく多い業務（当該業務に従事する通常の労働者の一週間の所定労働時間が他の業務に従事する通常の労働者の一週間の所定労働時間のいずれよりも長い場合に係る業務を除く。）に当該当該事業主に雇用される労働者が従事する場合」（パート・有期則1条）。

②　「短時間労働者及び有期雇用労働者の雇用管理の改善等に関する法律の施行について」（平31・1・30基発0130第1号等）の第1の2の(3)では「『通常の労働者』とは，社会通念に従い，比較の時点で当該事業主において『通常』と判断される労働者をいう」と記述されている。

③　「通勤手当，家族手当，住宅手当，別居手当，子女教育手当その他名称の如何を問わず支払われる賃金（職務の内容（法第8条に規定する職務の内容をいう。）に密接に関連して支払われるものを除く）」（パート・有期則3条）。

④　「職務の内容が当該事業主に雇用される通常の労働者と同一の短時間・有期雇用労働者（法第9条に規定する通常の労働者と同視すべき短時間・有期雇用労働者を除く。）が既に当該職務に必要な能力を有している場合」（パート・有期則4条）。

⑤　「給食施設，休憩室，更衣室」（パート・有期則5条）。

4 高年齢者の雇用対策と年齢差別禁止
── 65年定年制を展望して

鎌 田 耕 一

I　問題の所在　　　　　　　Ⅳ　年齢差別禁止
Ⅱ　高年齢者の雇用対策　　　Ⅴ　今後の高年齢者雇用対策の
Ⅲ　募集・採用時の年齢制限禁止　　　あり方

I　問題の所在

　高年齢者の雇用政策において，生涯現役社会の実現が求められている。世界有数の長寿国であり，かつ，今後，ますます長寿化が進行するとともに，併せて人口減少も見込まれるわが国にとって，就業意欲の高い高年齢者がその経験と能力を活かして労働に従事できるように労働市場を整備することは，避けて通れない課題である。

　高年齢者の雇用政策は主として二つの方策から成り立っている。一つは，60歳を下回る定年年齢の禁止と65歳までの雇用確保措置（以下ではこれを高年齢者雇用対策という）であり，もう一つは，募集・採用における年齢制限の禁止（以下では限定的年齢差別禁止という）である。前者の高年齢者雇用対策は，上記以外にも，国，地方自治体による再就職支援措置やシルバー人材センターによる就業機会の確保などいくつかの措置が含まれるが，主に高年齢者雇用安定法（以下では高年法という）が定めている。後者の限定的年齢差別禁止は適用対象者を高年齢者に限定しないルールであり，雇用対策法10条[※]が定めている。

　60歳定年制及び65歳までの雇用確保措置は，かつて広く存在した55歳定

[※]　本稿脱稿後，雇用対策法はその名称を「労働施策の総合的な推進並びに労働者の雇用の安定及び職業生活の充実等に関する法律」に改められた。雇用対策法10条は同法9条となった。

第Ⅰ部 差別・平等・ハラスメント法理をめぐる課題

年制の弊害を克服し，高年齢者の雇用保障を目的とした優遇措置であり，後者
は，募集・採用に限定しているとはいえ，年齢を基準にした差別的取扱いを禁
止することから，年齢差別禁止ルールとみることができる。

したがって，わが国の高年齢者の法政策は，高年齢者を優遇する政策と年齢
を基準とする差別を禁止するルールが混在していることになる。もっとも，差
別を禁止しつつ，被差別グループに対して優遇措置を講じることは，わが国で
は珍しいことではない。例えば，障害者雇用促進法は障害者差別を禁止すると
ともに，障害者の一定割合の雇用を義務付ける割当制度を設けている。また，
均等法は性別による差別を禁止しつつ，事業主が行う優遇措置（いわゆるポジ
ティブアクション）を許容し，さらに，女性活躍推進法は，一定割合の女性管
理職比率の達成などを目標とした計画立案を事業主に課している。

しかしながら，雇用確保措置などの優遇措置は特定の年齢層を有利に取り扱
う点で，他の年齢層に対する特別扱いであるのに対して，年齢差別禁止は，本
来，特定の年齢層だけを特別扱いすることを許さない立場であり，優遇措置が
なぜ差別禁止と抵触しないのかは一つの理論的問題であろう[1]。

高年齢者に対する年齢差別禁止の立場から言えば，60 歳という年齢により
一方的に退職扱いとする定年退職制度はまさに年齢による不利益取扱いそのも
のである。他方で，65 歳までの継続雇用制度は定年退職者のみを対象として
いる点で，この制度は定年退職者に対する優遇措置であるが，これも年齢差別
禁止ルールからみると，問題だと言うことになる。

高年齢者の雇用政策をめぐっては，すでに多くの研究成果が公表され，議論
がなされてきた[2]。

特に，雇用における年齢差別に関しては，2000 年に公表された経済企画庁
「雇用における年齢差別禁止に関する研究会」（座長　清家篤慶應義塾大学教授
（当時））の中間報告が，「定年制や採用時の年齢制限のような『年齢による一
律的な取扱い』により働く意思と能力のある人々が必ずしも有効に活用されて

（1）　高年齢者の雇用政策における二律背反を指摘するものに，柳澤武「高齢者雇用をめ
　　ぐる法制度の現状と課題」DIO 313 号（2016）9 頁。
（2）　政府の各種研究会報告を含め，中高年齢者の雇用と年齢差別をめぐる議論状況につ
　　いては，濱口桂一郎『日本の雇用と中高年』（筑摩書房，2014）第 3 章（113〜148 頁）
　　が詳細に紹介している。

いない現状がある。こうした現状を改善するための最も根本的な方策の一つは，アメリカのような「年齢差別の禁止」という考えかたを導入することであろう。」として，年齢差別禁止ルールの導入を掲げたことが注目されたのであった。

　これを嚆矢として，年齢差別禁止アプローチを推奨する意見，「エイジフリー社会」の転換を唱える学説が次々と公表された[3]。とくに，山田省三教授は，「高齢者の雇用あるいは処遇を考察する場合，定年年齢の延長などの高齢者雇用の確保と，年齢差別の禁止という２つの手法が考えられる。もちろん両者は相互排斥の関係にあるものではなく，相互の法政策を機能させることにより，所期の目的を達成することが可能である。しかし，前述した雇用制度や，定年年齢の延長をはかる高年齢者雇用安定法だけでは限界があり，やはり年齢差別禁止法の制定が課題となろう。」として，年齢差別禁止法の制定を提唱された[4]。

　しかし，これに対しては，定年制が雇用保障機能を果たしている日本型雇用システムを「エイジフリー社会」に転換することは決して「バラ色のパラダイス」ではないと指摘する説[5]や，「年齢差別に関しては，たとえそれが人権保障のための差別禁止として把握されるとしても，それぞれの国の雇用慣行・労働市場に甚大な影響を及ぼすほど強力な規制ではありえず，常に政策的考慮とのバランスにおいて法規制のあり方を考えることが要請される」として，年齢差別禁止と雇用対策とのバランスを強調する説[6]が提唱された。

　わが国の労働市場においては，新規学卒者の一括採用から，採用後における

──────────

（3）　清家篤『エイジフリー社会を生きる』（NTT 出版，2006）6 頁は，「働く意思と仕事能力のある人にはできるだけ長く本格的に働き続けてもらえるような，『年齢にかかわりなく活躍できる』社会の構築が求められている」という。また，柳澤武『雇用における年齢差別禁止の法理』（成文堂，2004）241 頁は，「雇用における年齢差別をめぐる問題の焦点は，今や『どのように実現し，いかなる例外を認めるか』に移行してきているといっても過言ではない。現代の雇用社会において相当程度の普遍性を持つような年齢差別の法理を一言で示すならば，『エイジ・ブラインド（age-blind）』に限りなく近い思想を中核に据えるべきであろう。」としている。

（4）　山田省三「雇用における高齢者処遇と年齢差別の法的構造」水野勝先生古稀記念論文集編集委員会編『労働保護法の再生 水野勝先生古稀記念論集』（信山社，2005）323 頁。

（5）　森戸英幸「雇用・労働におけるエイジフリーの法的意義」清家篤編『エイジフリー社会』（財団法人社会経済生産性本部，2006）81 頁。

（6）　櫻庭涼子『年齢差別禁止の法理』（信山社，2006）309 頁。

第Ⅰ部 差別・平等・ハラスメント法理をめぐる課題

年齢を基準とした処遇，そして定年による一律退職という日本的雇用慣行が広く存在している[7]。年齢差別禁止アプローチは，日本的雇用慣行を柱とした雇用社会を「エイジレス社会」へと転換させる潜在力を含んでおり，その波及力は高年齢者雇用対策にとどまらない。

以上のように，広大な裾野をもつ高年齢者雇用対策と年齢差別の問題について，本稿は，山田教授が「両者は相互排斥の関係にあるものではなく」とした視点に触発されて，両者をいかにしてバランス良く組み合わせることができるかを検討するものである。

まず，現在の高年齢者の雇用対策の現状とその特質を明らかにし，次いで，雇用対策法10条に示される，年齢による募集・採用制限の禁止とは何か，を明らかにし，そのうえで，年齢差別禁止の法理のわが国労働市場における位置づけ，そしてあるべき雇用対策の基本的方向を提示し，最後に，65歳定年制の展望について考えたい。

Ⅱ 高年齢者の雇用対策

1 年齢を基準とした雇用政策

わが国の雇用政策は概ね年齢（年齢層）を基準として構築されてきた。それは学校教育の終了時の雇用対策，十代後半から30代までの若年者に対する雇用対策，40代以降の中高年齢者に対する転職・再就職支援，そして，定年後の高年齢者雇用対策に分けることができる。

雇用政策が年齢を基準として構築されてきた要因は様々であるが，基本的には，個人の職業生活のステージ（職業人生の節目）が一定年齢と結合していること，日本的雇用慣行の下で採用・昇進・雇用終了が年齢を基準にして設計されていることにあると思われる。例えば，入職（採用）時期は高校・大学の卒

---

(7) 日本的雇用慣行とは，必ずしも明確な定義がなされているわけではないが，高度経済成長期（1960年〜1974年）にその原型が作られ，安定成長期（1975年〜1996年）に全面的に展開を遂げた日本の大企業・中堅企業の正社員と企業との関係との間に形成された，雇用関係に関する労使間の慣行である。その具体的な特徴は，定年までの長期安定雇用，新卒一括採用，内部人材育成，年齢に応じた賃金管理，企業別労働組合との労使協議等がある。平野光俊「日本的雇用システムは変わったか？」労研606号（2011）2頁参照。鎌田耕一『概説 労働市場法』（三省堂，2017）2頁。

業時期と一致し，卒業時期は概ね特定年齢と結合している[8]。新卒採用前の時期は，15歳までは就業は禁止され（児童労働の禁止），18歳までは就業できるが厳しい規制の下に置かれる。

また，歴史的に1950年代に年齢を基準としない職務給体系の導入が経済界において図られたが，1960年代後半から職能給体系が広がり，職能給の根拠となる職務遂行能力は具体的な職務から切り離された一般的な潜在能力であるから，通常年齢や勤続により高まるとみられ，ここから年齢に応じた処遇制度が定着することになる。

職業人生が年齢によって画されたことにより，職業生活上の問題が年齢階層ごとに把握されることになる。具体的には，新規学卒者の採用における対策，フリーター（卒業後の非正規雇用従事者）に対する就職促進対策，中高年齢者の転職者に対する再就職支援，高年齢者の雇用確保などがそれである。

もちろん，個人が職業生活で抱える問題は多種多様であるが，雇用政策は，それを特定の指標をもちいて対象者を区別して対策を講じる。すなわち，女性，障害者，年齢などの特性をもって対象者を選別し，画された対象者の間で生じる頻度が高い問題はその特性と合理的な関連をもつと推測して対策を講じるのである。多種多様な問題を特定の指標を用いて分類してその対策を練ることにより，政策の合理性と効率性を担保するのである。

年齢を基準とした雇用政策は，とくに，1990年代のバブル経済の破綻による中高年リストラが社会問題化したこともあり，これまでの重点を中高年齢者に置いてきた。

新規学卒者一括採用方式がとられているわが国では，若年者雇用は他国と比較して順調であり，また，転職・再就職者でみても，34歳以下の若年層が多く，35歳以上の年齢層は少ない。しかし，35歳以上の失業者をみると，1年以上失業している長期失業者が少なくない。中高年齢者で再就職した者のなかで，正規の職がない不本意ながら非正規で就業している者がかなりの割合を占めている[9]。

---

(8) 濱口・前掲注(2)41〜42頁は，わが国社会で，採用時期と卒業時期の一致するにいたった歴史的背景について解説している。

(9) 厚生労働省「雇用動向調査」(2016)によると，転職・再就職者が入職者の約6割を占め，近年では転職・再就職者が着実に増加している。2016年時点で，入職者は年間約

第Ⅰ部 差別・平等・ハラスメント法理をめぐる課題

すなわち，若年者の転職に比較して，中高年齢者は転職・再就職に苦労しているということである。いきおい，中高年齢者に対する対策が求められることになる。とくに，高年齢者雇用対策は少子高齢化が急速に進行するわが国では喫緊の課題である。

2 高年齢者雇用対策

わが国の高齢化率（65 歳以上人口割合）は，2016 年に 27.4% となり，総務省の推計によれば，2025 年には 30.3%，2040 年には 36.1%（約 3 人に 1 人が 65 歳以上）に達すると推計されている。平均寿命は 2015 年で男性 80.75 年，女性 86.99 年，健康寿命は 2013 年で男性 71.19 年，女性 74.21 年と推計されている[10]。

2016 年の労働力人口比率（人口に占める労働力人口の割合）は 65〜69 歳 44.0% となっており，近年上昇傾向である。70 歳以上は 13.8% であり，おおむね 14% で推移している。

わが国は，出生率が低いまま，急速に高齢化している。こうした少子高齢化の動向をふまえて，わが国の高年齢者雇用対策は差し迫った課題となっている。

高年齢者の雇用対策は，年金の支給開始年齢と強く接続して，60 歳定年制（高年法 8 条）と 60 歳から 65 歳までの雇用確保制度（同法 9 条 1 項）という 2 段階の仕組みが講じられている[11]。これは，日本的雇用慣行をふまえていわゆる正社員について一斉に雇用を終了させるという機能と，さらに，年金支給開始年齢の引上げを踏まえて，雇用と年金との接続を確保するために 65 歳ま

---

768 万人いるが，そのうち，転職による入職者は約 478 万人であり，そのなかで，いわゆる正社員と思われる「一般労働者かつ雇用期間の定めのない者」の転職入職者は約 194 万人にのぼる。未就業入職者（入職前 1 年間に就業経験のない者）約 290 万人のうち，新規学卒者が約 135 万人（このうち正社員と思われる者は約 84 万人），新規学卒者以外は約 155 万人（このうち，正社員と思われる者は約 23 万人）であった。年齢別に転職入職者数についてみると，34 歳以下の若年層が多く，35 歳以上の年齢層は少ないのが現状である。しかも，2016 年時点で，中高年齢者層の失業者 85 万人のうち，約 36% が 1 年以上失業している長期失業者であり，また，正規の職がないため不本意ながら非正規で就業している者が 146 万人存在している。厚生労働省「多様な専攻・採用機会の拡大に向けた検討会報告書」（2017）参照。

(10) 内閣府「高齢社会対策の基本的在り方等に関する検討会報告書」（2017 年 10 月）。

(11) 森戸英幸「第 4 章 労働市場の変化と高齢者雇用に関する法政策——「年齢差別」概念は必要か？」日本労働研究機構『労働市場の変化と労働法の課題』（1996）76〜77 頁。

〔鎌田耕一〕　　　　　　　　　　　　　　　*4* 高年齢者の雇用対策と年齢差別禁止

では年齢を理由に労働者を離職させないという政策である[12]。

　60歳から65歳までの雇用確保措置として，事業主は以下の3つの措置のいずれかをとることが義務付けられている。それは，①定年年齢の65歳までの延長，②継続雇用制度（現に雇用している高年齢者が希望するときは，定年後も引き続いて雇用する制度をいう）の導入，③定年制の廃止である。ただし，この中で事業主のほとんどが選択するのは，上記②の継続雇用制度である。

　以上の対策の他に，国などによる再就職支援[13]とシルバー人材センターによる就業確保対策[14]がとられている。

　このように高年齢者に対する対策が手厚く講じられている背景には，高年齢者は一旦離職すると再就職は困難であり，また，円滑な企業間労働移動が可能となるような人事労務管理制度や能力評価システムも整備されていない状況においては，高齢者のそれまでの豊富な職業経験や知識を最大限に活かす上でも，まずはできる限り現に雇用されている企業において，継続して意欲と能力に応じて働き続けることを可能とする制度を整備することが肝要と考えられたからである[15]。

Ⅲ　募集・採用時の年齢制限禁止

　2001年，雇用対策法は，労働者の募集・採用について，事業主はその年齢にかかわりなく均等な機会を与えるよう努めることを明文で定めたが，その後，2007年に，募集・採用における年齢制限は法的義務とされた（雇用対策法10条）。わが国では，かつて，求人票，求人広告において採用条件に年齢を記載

---

(12)　厚生労働省「今後の高齢者雇用対策に関する研究会報告書──今後の高齢者雇用対策について～雇用と年金との接続を目指して～」（2003年7月）。

(13)　高年法12条は，当該事業主とは異なる事業主に再就職することを希望する高年齢者に対しては，国が，職業紹介，職業訓練その他の措置を効果的に実施されるよう配慮するものとしている。国又は職業仲介事業による再就職支援を促進するために，労働者派遣法などは60歳以上の高年齢者の派遣，職業紹介について，規制の一部を緩和している。

(14)　同一企業以外の就業を希望する高年齢者については，シルバー人材センターから仕事の提供を受けることができるようにしている。高年法38条1項は，臨時的かつ短期的又は軽易な業務にかかる就業を希望する高年齢者については，シルバー人材センターが，こうした臨・短・軽の業務に従事する機会を提供することとしている。

(15)　厚生労働省・前掲注(12)。

第 I 部 差別・平等・ハラスメント法理をめぐる課題

したものが多く，このような募集・採用における年齢による制限は，年齢という個人の意思や能力によっては動かし得ない所与の事実を理由として就職の機会を奪うものであり，求職者と求人者が賃金や労働条件を巡って交渉する労働市場の調整機能を失わせ，市場の効率性を阻害する可能性があると考えられたからである。

　年齢制限禁止は，2001年に努力義務として導入したときは，厳しい雇用環境に置かれている中高年齢者の再就職を促進することを目的にしていたが，これを法的義務とした直接的な理由は，中高年齢者に限らず，年長フリーターをターゲットにしたことにある[16]。

　しかし，年齢制限禁止は，日本的雇用慣行との調整が避けられない。なぜなら，新規一括採用は，概ね高卒時の18歳，大卒時の22歳という特定年齢層をターゲットに募集・採用条件を課すのであり，また，新卒以外の転職・再就職者に対して門戸を狭めるものだからである。そこで，雇用対策法施行規則は，企業の雇用管理の実態等も十分踏まえながら，合理的な理由がある必要最小限の場合に限定して，募集・採用における年齢制限が許される場合を設けている[17]。

　雇用対策法施行規則1条の3は，年齢制限が許される例外として以下の6つの場合をあげている。すなわち，①定年年齢を定めている場合，その年齢を上限として募集採用を行うとき（雇用対策法施行規則1条の3第1号），②労働基準法などの法令により特定の年齢の範囲の労働者の就業が禁止又は制限されている業務について当該年齢の範囲に属する労働者以外の者を募集採用するとき（同条第2号），③長期継続勤務に必要な能力開発などを図る目的で，期間の定めのない労働契約を締結する場合に限って，特定の年齢を上限とする若年者（例えば新卒求職者）を募集採用するとき（同条第3号イ），④特定年齢範囲に属する特定職種の労働者の数が相当程度少なく，当該職種の業務の遂行に必要な

---

(16) 166回通常国会（2007年）衆議院厚生労働委員会（4月13日），高橋満政府委員（職業安定局長）は「こうした中で，中高年齢者に限らず，女性，若者など，だれもが年齢にかかわりなく意欲と能力を最大限発揮して働くことができるようにする，こういうことが大変重要な課題になっておるということで，御指摘のとおり，募集，採用にかかわります年齢制限の禁止につきましては，以前にも増して大きな意義を有するものと私ども考えておる次第でございます。」と答弁している。

(17) 166回通常国会（2007年）衆議院厚生労働委員会（4月13日），高橋政府委員答弁。

〔鎌田耕一〕　　　　　　　　　　　　　　　*4* 高年齢者の雇用対策と年齢差別禁止

技能・知識の継承を図る目的で，期間の定めのない労働契約を締結する場合に限って，特定年齢層の労働者を募集採用するとき（同条第3号ロ），⑤芸術・芸能分野において表現の真実性を確保するために，特定の年齢層の労働者（例えば子役）を募集採用するとき（同条第3号ハ），⑥高年齢者の雇用促進を図るために，高年齢者（60歳以上に限る）の募集採用を行うとき，又は特定の年齢層の労働者の雇用促進をするために，当該特定年齢層の労働者を募集採用するとき（同条第3号ニ）がそれである。

　事業主が，やむを得ない理由により一定の年齢を下回ることを条件とするときは，求職者に対して理由を説明しなければならない（高年法20条）。

　この中で，法令上の年齢制限（上記②），芸能関係の要請によるもの（上記⑤），技能の承継に関係するもの（上記④）以外の例外事項は，日本的雇用慣行に付随する年齢別取扱いとの調整をはかるものといえる。

　募集・採用時の年齢制限禁止の仕組みと立法経緯に照らすと，これは，年齢による募集・採用の制限を禁止する点で，年齢差別禁止の側面をもつといえるが，年齢制限禁止の例外にみるように，日本的雇用慣行に内在する年齢を基準とした採用・雇用管理を否定するものではなく，あくまでも，求職者が外部労働市場において均等な就職機会を得るために設けられたルールとみることができる。

　そうだとすれば，募集・採用時の年齢制限禁止は，求人・求職に限定された年齢差別禁止ルールであり，必ずしも労働市場全体への波及を意図したものではないことから，内部労働市場との棲み分けを図った限定的年齢差別禁止と位置づけることができる。

Ⅳ　年齢差別禁止

1　差別の概念

差別（差別的取扱い）をどう理解するかは難問であるが，ある者又はグループが一定の事由（宗教・信条，性別，人種，障害，年齢など）を理由として，比較可能な他者又はグループが取り扱われる場合より別異に取り扱うことをいうと思われる[18]。人が差別されたと感じる場合，その前提に平等に取り扱われ

---

(18)　差別（差別的取扱い）については，菅野・労働法第1版229頁，荒木・労働法第1版83頁は，区別することを差別といい，不利益だけではなく有利に取り扱うことも差

第Ⅰ部 差別・平等・ハラスメント法理をめぐる課題

るべきだという規範がある。何をもって平等又は均等待遇とするか，その意味が問われることになる。

　平等に関しては，アリストテレスの有名な平等命題（「等しき者は等しく取り扱え」）がよく引き合いに出される。ある者が比較対象者としての他者と等しい場合に，ある者を当該他者と別異に取り扱うことが差別となる。こうした差別の理解は，性別，人種などを理由とする差別においてごく自然なようにみえる。一定の事由を有する者に対する偏見をもってその人（グループ）を別扱いすることは個人の尊厳を侵すことだからである。その意味で，性別，人種などを理由として差別しないことは，人権保障の理念から導き出される[19]。

　「等しき者は等しく取り扱え」といっても，人は様々な点で異なっている。アリストテレスの命題は，人の様々な差異を捨象して原則的に一律に平等に取り扱うこと，すなわち，形式的平等である。しかし，これは常に画一的に取り扱うこと，絶対的平等を意味するのではなく，合理的な理由のない別扱いを差別と捉えている。憲法14条に定める法の下の平等は，こうした相対的平等を意味する[20]。この合理性の判断にあたっては，様々な審査基準が提示されているところである。

　等しき者を等しく取り扱ったとしても，差別者と被差別者との格差（被差別者の不利益性）を解消することにはならない。差別の解消と格差の是正は区別する必要がある。人の現実の差異に着目して格差を解消するためには，資源の再配分，結果の均等が求められる（これは実質的平等[21]という[22]）。

　　別としている。有利な取扱いを差別概念に含むかどうかは，諸外国の法制とも関係し，今なお，議論の分かれるところである。荒木・前掲書84〜85頁は，ヨーロッパの法制では，差別的取扱いとは，不利にも有利にも取り扱わないことを指すという。もっとも，EC指令（雇用平等指令）2000／78は，その第2条第2項a（直接差別の定義）において「不利益取扱い」を差別と定義している。

(19)　差別との闘いは，性別差別に反対するフェミニズム，人種差別と闘う運動，年齢差別に反対する反エイジズム運動と結びついている。

(20)　野中俊彦・中村睦夫・高橋和之・高見勝利『憲法Ⅰ（第5版）』（有斐閣，2012）282〜284頁。

(21)　野中・中村・高橋・高見前掲注(20)282頁，Sandra Fredman, Discrimination Law, Second Ed. Oxford University Press, 2011, p.25. は，平等（Equality）は一義的ではなく，目的において多元的概念（multi-demensional concept）であるという。

(22)　Fredman（注21）p25. フレッドマンは，アリストテレスの平等命題は，いくつかの問題を抱えており，各人はその多様性をふまえれば形式的に均等に取り扱うのではな

〔鎌田耕一〕　　　　　　　　　　　　　　*4* 高年齢者の雇用対策と年齢差別禁止

　各人はその有する様々な特性（性別，人種等）を理由に不利益に取り扱われ
てきたが，問題は，その多様性ではなく，これを理由とした別異取扱い，とく
に不利益取扱いにある。この不利益性を解消するために，被差別者を優遇する
積極的格差是正措置（ポジティブ・アクション又はアファーマティブ・アクショ
ン）が広く講じられている。

　被差別者を優遇する積極的措置は，明らかに形式的平等原則に反する。その
ため，アメリカでは，アファーマティブ・アクションは，容易に認められな
かった。これに対して[23]，ヨーロッパでは，ポジティブ・アクションの相当
性（proportionality），すなわち，目的が正当で，その手段が目的達成に適合し
ているか否かのテストを経ることにより広く認められている[24]。

2　年齢差別

　差別を偏見による人権の侵害ととらえると，年齢差別も年齢という個人の意
思や能力によっては動かし得ない所与の事実に基づく偏見による人権の侵害と
捉えることができ，これは性別，人種などを理由とした他の差別と同様である。

　アメリカでは 1967 年に「雇用における年齢差別法」が制定され，カナダで
は 1978 年，ニュージーランドでは 1992 年，そしてヨーロッパでは，2000 年
の EC 指令（2000／78 指令）が，EU 加盟国に対して，宗教・信条，障害及び
性的指向を理由とする差別に加え，年齢による差別を規制するに至った。

　年齢差別禁止は，ある年齢集団に対する否定的ないし肯定的偏見による人権
侵害を差別と捉える「エイジズム」の考え方が基盤となっている[25]。よく知
られているように，アメリカの「雇用における年齢差別法」の成立の背景には，

　く，実質的平等（substantive Equality）を実現させるために多元的に捉えるべきだと
　主張する。実質的な平等を達成するために，4 つの次元において平等を捉える必要があ
　るという。一つは，個人の地位などに結合した不利益性のサイクルを遮断すること，第
　二に，個人の尊厳を尊重すること，第三に，平等の代償として画一性を強要しないこと，
　第四に，社会への参加を保障することをあげている。
(23)　安部圭介「第 1 章　差別はなぜ禁じられなければならないのか」森戸英幸・水町勇
　一郎編著『差別禁止法の新展開』（日本評論社，2008）37 頁。
(24)　Fredman・前掲注(21)，pp232-233.
(25)　アードマン・B．パルモア（奥山正司・秋庭聰・片多順・松村直道訳）『エイジズ
　ム　優遇と偏見・差別』（法政大学出版局，1995）4 頁。

95

第Ⅰ部 差別・平等・ハラスメント法理をめぐる課題

エイジズムと戦う高齢者団体の活動があった[26]。また，EC 指令の年齢差別禁止は，EC 指令前文が，性別，人種・民族的出身，宗教・信条，障害，年齢，性的指向の6つの事由を理由とする差別規制の間にヒエラルキーがないことを強調していることから，人権保障を目的としていることが明らかである[27]。

しかし，年齢差別には，性別などの他の差別と異なり，その雇用政策としての側面が強い。年齢差別禁止は，定年制のような年齢により一律に退職させる制度を禁止することが高年齢者の就業を促進する対策として有効であるというように，政策目的と密接な関係をもつからである[28]。その結果，年齢差別禁止は，特定の年齢層，とくに高年齢者を優遇する積極的措置との緊張関係に置かれることになる[29]。

このように，年齢差別禁止は，人権保障にとどまらないで，それ自体に雇用政策的側面をもつとともに，それが年齢を基準とした既存の雇用政策と対立するという二面性をもつといえよう。こうした二面性は，人権保障的性格が強いEC 指令にも窺われる[30]。

諸外国の年齢差別禁止の法制度の発展をみると，各国にいくらかの違いがあるとしても，年齢差別禁止は，性差別や人種差別禁止とは異なり，その適用対象において一定の年齢層をターゲットにしたり[31]，禁止に対する広範な例外を設けている[32]ことが認められる。

---

(26) 柳澤・前掲注(3)20～22頁。

(27) 櫻庭・前掲注(6)214頁。

(28) 年齢差別禁止の雇用政策的意義を強調するものとして，2000年に出された経済企画庁「雇用における年齢差別禁止に関する研究会」(清家篤慶応大学教授座長)の中間報告書がある。清家教授は一貫して「エイジフリー社会」の構築を唱えておられるが，それはエイジズムへの対抗というより，わが国で進行する少子高齢化への対策という側面が強く押し出されているようにみえる。

(29) Fredman・前掲注(21), p.106.

(30) 年齢差別禁止の政策的側面は，人権保障の意味合いが強い EC 指令においても認められる。櫻庭・前掲注(6)217～219頁参照。

(31) アメリカの「雇用における差別禁止法」は40歳以上の年齢層を対象にしている。

(32) EC 指令は，アメリカ法と異なり，すべての年齢層を対象としているが，広範な例外を認めている。EC 指令6条1項は，加盟国が，年齢を理由とする異なる取扱いが，国内法の事情において，正当な雇用政策，労働市場及び職業訓練の目的を含む正当な目的によって客観的にかつ合理的に正当化され，かつその目的を達成する手段が適切かつ必要である場合においては，原則的に差別を構成しないと規定している。

〔鎌田耕一〕

そうしてみると，年齢差別禁止の導入をはかるうえで，その雇用政策的側面をバランスよく考量する必要がある。

3　年齢差別とエイジレス社会

既にみたように，募集・採用おいて年齢差別禁止が限定的に導入されている。問題は，これを超えて，内部労働市場にまでその射程距離を拡張すべきかどうかである。

わが国は，大企業を中心に，募集・採用における新規学卒者の一括採用，年齢を基準とした賃金管理及び雇用管理，そして定年による退職制度などの日本的雇用慣行に根ざした制度が広く存在している。内部労働市場を含めた包括的年齢差別禁止をとることは，日本的雇用慣行の変更を迫ることになろう。

ながくエイジフリー社会への転換を訴えてこられた清家教授によれば，エイジフリー社会とは，「年齢を理由に優遇も排除もされない，年齢から自由な選択と活動を保証される」[33]社会をいう。そして，エイジフリー社会への転換が必要な理由は，わが国の世界に類を見ない少子高齢化（高齢化比率と高齢化のスピード）にある。こうした事態に対処するために，働く意思と能力のある高年齢者にもっと長く現役にとどまって，高齢化社会を支えてもらう必要があると述べられている[34]。そして，清家教授は，そうした目標に向かって年齢差別禁止の導入が必要であり，長期的には定年制の廃止も視野に入れるべきだとされる。

その後，国は包括的年齢差別禁止の導入，定年制の廃止には慎重の立場を維持しながら，高年齢者が65歳を過ぎてもその意思により働ける社会，生涯現役社会の実現を政策目標にかかげてきた。そして，2018年2月に閣議決定された「高齢社会対策大綱」は，「エイジレス社会」への転換という目標を明確に掲げるに至ったのである。

ここでいう「エイジレス社会」とは，年齢にかかわらず個人の意欲や能力に応じて生活できる社会をいい，清家教授などが提唱されているエイジフリー社

---

(33)　清家・前掲注(5)12〜13頁（清家教授執筆，なお，以下の清家教授の肩書きは，著書・論文執筆当時のものである）。

(34)　清家・前掲注(5)13〜15頁。また，少子高齢化への影響及びその対応の詳しい解説が，清家・前掲注(3)でなされている。

第Ⅰ部 差別・平等・ハラスメント法理をめぐる課題

会と同じといえよう。そして，少子高齢化社会において，支えられる層と支える層をこれまでの年齢区分で維持することが難しいという将来見通しも頷ける。

エイジレス社会への転換に総論として異論を唱えるものは少ないであろう。しかし，そのことが年齢区分を廃した政策立案や，日本的雇用慣行の強制的解体を意図するものだとすれば，そこには疑問が生じる。

エイジレス社会への転換が，年少者，若年者，中年齢者，高年齢者といった年齢層を区分して，こうした年齢層に合わせて立案されてきた雇用政策の変更を求めることになるのだろうか。個人が抱える生活上の困難は多様であるが，年齢を一定の困難が発生する可能性が高いことを示す指標と捉えれば，政策が年齢をメルクマールとすることに合理性がないとは言えない[35]。例えば，教育を受ける年代，入職時期，結婚し育児に携わる期間，離職・再就職時，引退及び引退後の時期などに，様々な困難・課題が生じるが，政策が一定の年齢層を指標として，問題解決案を考案することは，政策の効率性を高め，また，個人にとっても，自己のライフプランと政策の支援措置を結びつける仕組みといえる。

エイジレス社会といっても，高年齢者のニーズは様々であり，いつまでも働きたい人もいれば，引退後に年金を受給しながらボランティアなどに専念したい人もいる。国は，高年齢者の多様なニーズに応える必要があるが，老年期に生ずる頻度の高い問題（身体的・精神的衰え，病気，配偶者の死亡など）をターゲットとして，年齢区分による政策は依然として有効性をもつといえよう（ただし，一定の年齢層を区分する手法は，当該年齢層内部の多様性をみえにくくしたり，さらには，年齢層区分ごとの政策に相互に矛盾・軋轢が生じる可能性があり，そうした問題が発生しないようチェックする必要があろう）。

中高年齢者の再就職が，新規一括採用，年功による処遇を中核とした日本的雇用慣行によって制約を受けることは否定しがたい。しかし，年齢差別禁止の法政策により日本的雇用慣行を強制的に解体させることは疑問である。むしろ，多様な就業形態の間を円滑に移行できるような仕組みを政策的に構築することが肝要だと考える。

日本的雇用慣行は，経済的に見ると，企業内職業訓練による育成と長期雇用

---

(35) 小塩隆士「第1章 エイジフリー社会における再分配政策」清家・前掲注(5)122頁。

〔鎌 田 耕 一〕　　　　　　　　　　　　**4** 高年齢者の雇用対策と年齢差別禁止

保障を結合させ，労働者は若いときに低賃金で働き，年齢を増すごとに賃金を上昇させ，定年時にその生産性と賃金の均衡を確保することによって，日本企業の高い生産性を維持する仕組みであったといえよう。

そして，こうした仕組みに対して，解雇権濫用の法理，企業内職業訓練への助成などの判例法理，政策が補完的に形成されてきた。日本的雇用慣行は幾多の法制度により補完されたわが国企業社会の基本制度といっても過言ではない。

確かに，日本的雇用慣行はバブル経済の崩壊以降，その意義に疑問が提起され，現在，同一労働同一賃金制度の導入，正社員と非正規労働者の格差を解消する政策（労契法18条の無期転換制度，同法20条の不合理な労働条件禁止など）が進められている。しかし，今なお，経営者，労働者双方に長期雇用システムを存続させる要望は根強い。

こうしたことをふまえると，包括的年齢差別禁止を導入して内部労働市場への政策的介入を行うことは，日本社会に大きな混乱をもたらすことになろう。当面は，各企業が転職者（中途採用者）を容易に受け入れ，かつ転職者が働き続けることのできる制度設計が求められる。

経済社会の構造的な変化が進む中にあって，すべての企業が安定した経営を続けることも容易ではなく，その雇用する労働者の雇用維持が困難な局面に遭遇し，年金支給開始年齢前にやむを得ず離職せざるをえなかったり，継続雇用制度を利用せずに他企業への転職を希望することも十分に想定される。このような場合には，雇用を守れなくなった企業から雇用を増やそうとする企業に，労働者をできる限り失業を経ることなく移動させること，すなわち，労働市場を通じた雇用機会の確保が求められることとなる。

特に中高年齢者の場合は，一旦離職するとその再就職は困難であり，失業期間も長期化するおそれが高いこと，非自発的失業者のうち45歳から59歳の中高年齢者が大きな割合を占めていることなどを踏まえると，離職を余儀なくされる中高年齢者について，その再就職の促進策を強化する必要があると考えられる[36]。

そのためには，国は，年齢にかかわりない転職・再就職を促進するために，企業が能力本位に採用を進めることができるように，企業が，中途採用者に期

---

(36)　厚生労働省・前掲注(12)。

第Ⅰ部 差別・平等・ハラスメント法理をめぐる課題

待する職業能力等を明確にした上で，求められる専門性や業種・職種にかかわらず共通して発揮される職業遂行能力について適正に評価できるような仕組みを設けるよう，政策を講ずる必要がある。

　具体的には，国は，中高年齢者に対する教育訓練の拡充，個々人の職業能力の評価の透明化と見える化，中途採用者の受入れ及び高年齢者の就業拡大に対する雇用助成金の拡充と，企業における好事例もしくは失敗事例の紹介などの施策を検討すべきである。また，企業は，中途採用者を受け入れる場合の公平な処遇の整備が必要であり，その際，転職者について個別契約を利用するなど，複線的な雇用管理を導入することも大事であろう。

V　今後の高年齢者雇用対策のあり方

1　年齢差別と 60 歳定年制

　清家教授は，定年退職制度ほど，働く意思や仕事能力のある高齢者の能力を活用しようという生涯現役社会の実現を妨げる制度はない，と主張されたが[37]，一般的にはむしろ合理的な制度と理解されてきた。

　定年制とは，労働者が一定の年齢に達したときに一律に労働契約が終了する制度である。秋北バス事件最高裁判決（最大判昭 43・12・25 民集 22 巻 13 号 3495 頁）は，「およそ停年制は，一般に，老年労働者にあっては当該業種又は職種に要求される労働の適格性が逓減するにかかわらず，給与が却って逓増するところから，人事の刷新，経営の改善等，企業の組織及び運営の適正化のために行われるものであって，一般的にいって不合理な制度ということはでき」ないとした。その後の裁判例（アール・エフ・ラジオ日本事件東京地判平 6・9・29 労判 658 号 13 頁）も，年功賃金制の下では人事の刷新・経営の改善，企業の組織及び運営の適正化を図る上で定年制が必要であること，定年制は終身雇用制度と結合して使用者の解雇権の行使を制限し，若年労働者に雇用や昇進の機会を開くということから，合理的な制度としている。

　これに対して，少数説ながら，定年制について，労働能力や職務遂行能力が十分に存在している労働者がいるにもかかわらず，一律に一定年齢に達することだけを理由に退職させることに合理性がなく公序良俗に反するとする説が有

---

(37)　清家・前掲注(3)112 頁。

力に表明されてきた[38]。

しかし，現在では，定年制は，一定年齢に達した労働者にとって雇用を喪失させるという不利益を与えるだけではなく，定年までの雇用保障と勤続年数に沿った処遇などの利益をも与えるものであり，この雇用保障機能と年功的処遇機能が基本的に維持されるかぎり合理性を有するものであり，公序良俗に反するものではないとする立場が支配的である[39]。

これまで定年制として想定されてきたのは，企業が一定年齢を定め，当該年齢に達した労働者を一律に退職させる制度であった。しかし，既に述べたように，60歳定年制を有する事業主は65歳までの雇用確保措置を講じなければならない。しかも，雇用確保措置の中には，定年年齢の廃止も含まれている[40]。

2015年の調査結果によれば，高年法9条に定める雇用確保措置をとっている企業の中で，60歳を定年年齢とする企業は81.7％であるが，その中の54.1％は65歳までの継続雇用制度をもち，これに65歳定年制をとっている企業15.6％を合算すると，実質的に65歳まで雇用確保する企業が69.7％となる。さらに，調査時点で「経過措置適用企業」が27.7％存在し，この経過措置適用企業が今後段階的に65歳までの継続雇用を保障することになることを考えれば，わが国は実質的に65歳定年制の時代に入っているといえよう[41]。

厚生労働省の2016年の高年齢者雇用確保実施状況調査によれば，なんらかの雇用確保措置を実施している企業の割合は99.2％であり，ほぼ65歳までの雇用確保は実現できている状況である。そして，実質65歳定年制の下では，60歳定年制は実質的に60歳時における雇用終了機能を喪失していると言わざ

---

(38) 古くは，横井芳弘「定年制と労働契約(1)」労判119号（1971）10頁，島田信義「定年制『合理化』論の法的批判」季労86号（1972）59頁，現在では，山田・前掲注(4)が，定年制の雇用保障機能は整理解雇などがなされる事態をみれば法的に認められないこと，高齢化による賃金コストも職務給の導入などの適正な賃金管理への転換により回避しうるとして，憲法13条を根拠にして，労働者の退職時期選択権を提唱されている。

(39) 古くは，浅倉むつ子「男女差別定年制の反公序性」季労112号（1979）134頁以下，下井隆史『雇用関係法』（有斐閣，1988）146頁，菅野・前掲注(18)709頁。

(40) 高年齢者雇用確保措置の選択肢の一つに定年年齢の廃止があるが，これはエイジレス社会の前触れなのだろうか？森戸英幸『いつでもクビ切り社会――「エイジフリー」の罠』（文藝春秋，2009）47頁は，65歳までの定年延長と定年年齢廃止がセットになっているのは理屈として若干おかしな感じがしないでもない，と述べている。

(41) 今野浩一郎「第1章 「実質65歳定年制」時代の定年制」労働政策研究・研修機構『人口減少社会における高齢者雇用』（2017）52頁。

第Ⅰ部 差別・平等・ハラスメント法理をめぐる課題

るを得ない。

　それでは，実質65歳定年制において，60歳定年制を設けることの合理性は
どこにあるのだろうか。今野浩一郎教授は，60歳定年制（今野教授はそれを
「伝統的定年制」と呼んでいる）の意義は，高齢期にある社員がこれまでの役割
とキャリアを見直し，同時に労働条件を調整する機能を果たすところにあると
いわれる。

　企業は，常に社員の新陳代謝を進める必要があり，社員は高齢期のある段階
で仕事を次の世代に譲り，新たな役割を担うことが求められる。さもないと，
後継者の育成が遅れ，経営の持続的な成長が難しくなる。高齢期にある社員に
しても，それまでと同じような高い地位を目指すことが社内事情から難しいこ
とから，また，重い成果責任をもって働くことが肉体的精神的に難しくなるこ
とから，管理的役割から一担当者（あるいは特定分野のエキスパート）としての
役割に，転換する必要がある。

　確かに，高齢期にある社員がどの年齢において上記の役割の変更をすべきか
は，個々人により，また，企業での置かれた地位により異なるであろう。しか
し，個々の事情に合わせて役割・労働条件を調整することはかなりコストがか
かるであろうし，説明・納得の手続きは長期化する可能性もある。そこで，年
齢を理由として一斉に役割・労働条件調整を行う「伝統的定年制」は，最適と
はいえないものの「適当な」仕組みというのである[42]。

　しかしながら，60歳定年制は，高年齢者のキャリアと労働条件の調整を図
る機会を提供していると，はたしていいうるのか。

2　65歳定年制の展望

　2018年8月10日，人事院は，政府と国会に対し，国家公務員の定年を現行
の60歳から段階的に65歳へ引き上げる国家公務員法改正を求める意見書を提
出した。現行では，公務員についても，民間と同様，再任用制度が置かれ，65
歳までの継続雇用が確保されている。にもかかわらず，人事院は，「現在の60
歳定年退職後の再任用は，60歳を事実上の就労の終着点とし，現役時代の職
務・職責とは離れた雇用の場を提供するもので雇用と年金の連携を図る仕組み

---

(42)　今野・前掲注(41)68頁。

〔鎌田耕一〕　　　　　　　　　　　　　　*4*　高年齢者の雇用対策と年齢差別禁止

としては不完全」であるとしたのであった。

　周知の通り，我が国は急速に高齢化している。厚生労働省「平成29年簡易生命表の概要」[43]によれば，60歳の平均余命は男が23.72年，女が28.97年である。また，65歳の平均余命の年次推移を，60歳定年制を導入した1994年と2017年で比較すると，男性で2.90年（16,67年→19.57年），女性で3.46年（20.97年→24.43年）伸びている。

　労働者自体に目を転ずると，継続雇用者の就労継続意欲はかなり高い。現在仕事をしている高齢者の約4割が「働けるうちはいつまでも」働きたいと回答し，70歳くらいまでもしくはそれ以上との回答と合計すれば，約8割が高齢期にも高い就業意欲を持っている様子がうかがえる[44]。

　こうした状況のなかで，働く意欲と能力をもった高年齢者にとって，60歳定年退職プラス65歳までの再雇用制度は，安定した就業環境を確保するという観点からはたして合理的な制度といいうるか。筆者は，65歳定年制の導入を含めて高年齢者就業対策を検討する時期に来ていると考えている。

　60歳定年退職プラス65歳までの再雇用制度の合理性は，高年齢者のキャリアと労働条件の調整を図る機会を提供する機能を果たすところにあるといわれるが，その調整は定年退職者にとって重い負担を課すものである。

　再雇用制度の特徴は，60歳をもって労働者を一律に定年退職させたうえで，使用者又は労使が定めた，定年時と比較すると低い労働条件を定めた新たな労働契約を締結し，嘱託として概ね1年ごとに契約を更新するという一連のプロセスにある。

　高年法は，再雇用の最低就業条件を定めておらず，形式的には，法令で定める一般的最低基準をクリアし，労使の合意がなされていれば，いかなる基準でもかまわない。したがって，高年法上は，再雇用条件がいかに低い労働条件であっても違法とすることはできない。

　もっとも，近年のいくつかの裁判例は，不当に低い労働条件を定めた再雇用の申し込みは，高年法の趣旨・目的に反すると判断している。例えば，トヨタ

---

(43)　厚生労働省「平成29年簡易生命表の概況」（https://www.mhlw.go.jp/toukei/saikin/hw/life/life17/index.html）に掲載された「参考資料1　主な年齢の平均余命・表1」および「参考資料2　主な年齢の平均余命の年次推移」から。
(44)　（内閣府『平成29年版高齢社会白書』）。

第 I 部 差別・平等・ハラスメント法理をめぐる課題

自動車事件・名古屋高裁平成 28 年 9 月 28 日判決（判例時報 2342 号 100 頁）は，使用者が定年退職者の希望に反して清掃業務に配置し，定年退職時と比較して 75% 減の賃金額を条件とする申し込みをした事例であるが，裁判所は，定年退職者について「その全員に対して継続雇用の機会を適正に与えるべきであって，定年後の継続雇用としてどのような労働条件を提示するかについては一定の裁量があるとしても，提示した労働条件が，無年金・無収入の期間の発生を防ぐという趣旨に照らして到底容認できないような低額の給与水準であったり，社会通念に照らし当該労働者にとって到底受け入れ難いような職務内容を提示するなど実質的に継続雇用の機会を与えたとは認められない場合においては，当該事業者の対応は改正高年法の趣旨に明らかに反するものであるといわざるを得ない。」としている（同旨のものとして九州惣菜事件・福岡高判平成 29 年 9 月 7 日・労働判例 1167 号 49 頁がある）。

このように，近年の裁判例は，不当に低い再雇用契約条件については厳しい態度をとっているが，このような不当な再雇用契約の申し出であっても，労働者がこれを拒否し，裁判所に救済を求めた場合，裁判所は，使用者との労働契約の締結を強制することはせずに，その救済は，損害賠償請求にとどまるのが現状である。

こうしたみると，60 歳定年退職プラス再雇用制度は，定年退職者からみれば，過酷な選択をせまる状況を作出するものといえる。これは，無年金・無収入の期間の発生を防ぐという高年法の趣旨・目的とは相容れないといわざるをえない。

これに対して，65 歳定年制はこのような過酷な選択を強いるものではない。65 歳定年制は，60 歳のときの雇用関係をそのまま維持しながら，60 歳以降の就業条件を再調整するからである。労使は，60 歳をもって就業条件の見直しをはかることになるが，就業規則等を用いて再調整を行う場合には，再調整条件の内容の合理性が裁判所により審査されることになり，仮に，再調整の契約条件が不当に低い場合，労働契約法 10 条の定めにより，就業規則の当該部分が無効と判断されることになる。

確かに，65 歳定年延長は，使用者にとって高年齢者の雇用コストを増大させる要因となりうるが，これを補うだけのメリットも提供すると思われる。

最近の調査によれば，企業にとって，60 歳定年退職プラス再雇用制度は，

104

再雇用者の就労のモチベーションを低下させる要因と認識されている。労働者にとって，定年という区切りを経ることにより，仕事をやり遂げた気持ちになりがちであり，再雇用により正社員でなくなることにより，余生のような気持ちになりがちだからである[45]。若年労働者の減少により深刻な人手不足が予想される中で，むしろ，企業は，高年齢者を60歳前と同様に活用することが喫緊の課題となっているといえよう。こう考えれば，65歳定年制は，企業にとって，60歳以上の高齢者の戦力化をはかる大きな手段だということになる。

　これまでの高年齢者雇用対策は，主として，定年退職者の再雇用制度と，他の就業機会の確保（シルバー人材センターの活用と中途採用の・再就職の促進など）という二つの柱から成り立っていた。しかし，60歳定年退職後20年以上生存することが予想される現在では，65歳までの定年延長は喫緊の課題といえよう。そして，今後，65歳定年制度を基盤として，さらに，70歳までの継続雇用制度の導入が検討されるべきだと思われるのである。

---

(45)　高齢・障害・求職者雇用支援機構『65歳超雇用推進マニュアル　全体版』(2017) 18頁。

5 労働者の心身状態に関する勤務配慮法理と合理的配慮提供義務の相互関係

長谷川　聡

I　本稿の目的　　　　　　　　Ⅲ　合理的配慮提供義務と勤務
Ⅱ　私傷病休職からの復職にお　　　配慮法理の相互関係
　　ける勤務配慮の法理　　　Ⅳ　むすびにかえて

I　本稿の目的

　2013 年の障害者雇用促進法（以下「促進法」という）の改正は，日本に雇用率制度による障害者雇用の量の確保に加え，新たに障害者差別禁止法による障害者雇用の質の確保という観点を導入した点で画期的なものであった[1]。中でも合理的配慮提供義務は，日本の他の差別禁止法には見られない新たな概念として注目されてきた。

　だが労働者の心身の状態に即して使用者が勤務上の配慮を求められること自体は既に日本でも見られた。その一つが労働者の心身の状態に即して使用者に勤務上の配慮を求める判例法理（以下「勤務配慮法理」という）である。

　勤務配慮法理は，病気休職後の復職にあたり使用者に業務量の調節を求めることや，配転を命じるにあたり労働者の心身の状態に即した勤務調整を加えることなどの形で展開してきた。外形的には合理的配慮と似るこの勤務配慮法理と新たな合理的配慮提供義務の相互関係を明らかにすることは，それぞれの意義と今後の展開を探る上で不可欠の課題である[2]。

（1）　この改正過程について，永野仁美＝長谷川珠子＝富永晃一編『詳説障害者雇用促進法　新たな平等社会の実現に向けて〔増補補正版〕』（弘文堂，2018）1 頁（長谷川珠子執筆部分），有村貞則「障害者差別の解消と合理的配慮」山口経済学雑誌 64 巻 6 号（2016）179 頁。

（2）　なお，直接差別についても既存の法理との比較検討の余地がある。ペースメーカー

第Ⅰ部 差別・平等・ハラスメント法理をめぐる課題

本稿の目的はこの課題に取り組むことにある。まず検討対象の一方である勤務配慮法理の仕組みを整理して，この法理の到達点を明示する（Ⅱ）。この法理は配転，懲戒等複数の論点において展開しているが，焦点を明確にする観点から，本稿では研究の蓄積のある私傷病休職に関する事案に対象を限定する。次に新たな合理的配慮提供義務の内容と性質を確認し，勤務配慮法理との相違と相互に与える影響について検討する（Ⅲ）。

Ⅱ　私傷病休職からの復職における勤務配慮の法理

私傷病休職制度は，労働者の心身の不調による労働能力の低下に対応する手段の一つである。この制度の内容と目的は労働契約等に基づいて個別に設定されるが，一般的には心身の不調による解雇を労働義務を一時的に免除することで回避し，労働者を失職から保護することを目的とする制度としてとらえられ[3]，休職期間中は賃金が支払われない。

私傷病休職制度の運用をめぐっては，主に①復職を申し出た労働者の賃金請求の可否と②休職期間満了後の解雇あるいは退職取扱いの適法性が争点となってきた。これらは当該労働者が労務提供義務を履行することが可能か否かを判断事項に含む点で共通する。

1　復職を申し出た労働者の賃金請求

⑴　職種等限定が無い場合

私傷病休職中の労働者が復職を申し出たにもかかわらず使用者が休職命令を継続した場合，労働者は使用者の都合で役務提供をすることができなかったことを理由に申出以降の賃金の支払を求めることは可能か。裁判例はこの論点を

を利用すれば非障害者と同様に業務を行うことができるにもかかわらず，身体障害者1級の認定を受けて業務に耐えられないと判断して解雇したことについて解雇権の濫用を認めたまこと交通事件（札幌地判昭61・5・23労判476号18頁）ほか，直接障害者差別と把握することができる問題は既に裁判において取り組まれてきた。

(3)　北産機工事件（札幌地判平11・9・21労判769号20頁）。学説では，雇用の継続・職場復帰（将来に向けての身分保障）（水島郁子「私傷病労働者に対する保障と課題」村中孝史＝水島郁子＝高畠淳子＝稲森公嘉編『労働者像の多様化と労働法・社会保障法』（有斐閣，2015）217頁，235頁），健康配慮義務の実現（鎌田耕一「私傷病休職者の復職と負担軽減措置——復職配慮義務をめぐって」安西古稀97頁，108頁）等の目的や理論的基礎を挙げるものがある。

〔長谷川 聡〕 *5* 労働者の心身状態に関する勤務配慮法理と合理的配慮提供義務の相互関係

危険負担の問題として処理している[4]。

この点に関する判断枠組みは片山組事件判決[5]によって提供された。この事件では，職種等の限定は無いが主に建築現場監督に従事していた労働者が私傷病により現職従事が困難であったために使用者から無給の自宅治療を命じられ，その後当該労働者が他の職務への復職を希望したのに対し，現職に就けないことを理由にこれを拒否して欠勤扱いとして賃金を支払わなかったことの適法性が争点となった。最高裁は，この問題に労働者が債務の本旨に従った履行の提供を行ったか否か，という観点からアプローチし，①職種や業務内容を特定せずに労働契約を締結した場合においては，現に就業を命じられた特定の業務について労務の提供が十全にはできないとしても，②諸般の事情に照らして当該労働者が配置される現実的可能性があると認められる他の業務について労務の提供をすることができ，かつ③その提供を申し出ているならば，なお債務の本旨に従った履行の提供が認められる，という判断枠組みを定立した。

労務提供の不能が使用者の責めに帰すべき事由に該当するためには，その前提として労働者が客観的に就労する意思と能力を有することが必要である[6]。この点から見れば，片山組事件判決の法理は賃金請求権の有無の文脈で，使用者が労働者に期待することができる就労の意思と能力の範囲を事実上一部限定した意味を有する。この法理は，使用者が現職以外に復職させることを拒否して休職命令を継続しても賃金支払を義務づけられることを通じて，指揮命令権の行使を労働者の心身状態に合うものに間接的に強制するインパクトを持つ。

この法理の法的根拠についてはいくつかの説明がなされている。労働契約の不完全性の下で労務の具体的な内容が継続的な関係の下で使用者の労務指揮権の行使によって柔軟に決定される実態にあるという労働契約の特質をふまえた

---

(4) 私傷病休職に関する裁判例を整理した研究として他に挙げたもののほか，石﨑由希子「疾病による労務提供不能と労働契約関係の帰趨——休職・復職過程における法的規律の比較法的考察(1)」法学協会雑誌 132 巻 2 号（2015）201 頁，211 頁以下。また，障害者雇用という切り口からこの点に関する裁判例に言及する研究として，永野・長谷川・富永・前掲注(1)28 頁以下（小西啓文執筆部分），小西啓文「日本における障害者雇用にかかる裁判例の検討」季労 225 号（2009）70 頁。

(5) 最一小判平 10・4・9 労判 736 号 15 頁。

(6) ペンション経営研究所事件（東京地判平 9・8・26 労判 734 号 75 頁）。

第Ⅰ部 差別・平等・ハラスメント法理をめぐる課題

客観的な意思解釈に求める見解[7]，労働契約の人的性質・継続的性質と広範な人事・業務命令権が認められることとの均衡上，信義則に基づいて認められるとする見解[8]，労働者間の公平への配慮に求める見解[9]がある。

(2) 職種等限定がある場合

「職種や業務内容を特定せずに労働契約を締結した場合」を前提とする片山組事件判決の法理は，労働契約上職種や業務内容が限定されている場合には適用されない。しかしこの場合にも使用者に勤務配慮を要請した裁判例がある。

貨物自動車の運転者として雇用され，従前と同等の職務に就くことが困難な労働者が復職申出以降の賃金支払を求めたカントラ事件[10]がその一例である。同事件判決は，職種が限定された労働者が従前の業務を通常の程度に遂行することができなくなった場合には，原則として労働契約に基づく債務の本旨に従った履行の提供が認められないとの一般論を提示しつつ，「他に現実に配置可能な部署ないし担当できる業務が存在し，会社の経営上もその業務を担当させることにそれほど問題がないときは，債務の本旨に従った履行の提供ができない状況にあるとはいえない」と指摘した[11]。これに基づいて「比較的軽度の作業の運転者等」としての復職可能性が認められた時点以降の賃金支払義務を肯定する一方，乗務手当や出来高手当等の支給額は減額した。

業務の都合による職種変更命令に関する定めが就業規則に置かれていた事案ではあるものの，上記判示部分は，労働契約上の職種限定を超える勤務配慮も要請されうることを示唆する。また，業務を軽減した場合にその分の金銭の支払額を調整する視点も見ることができる。

---

(7) 青野覚「私傷病と労務受領拒否」村中孝史＝荒木尚志編『労働判例百選〔第8版〕』（有斐閣，2009）54頁，55頁。

(8) 三井正信「私傷病と労務受領拒否」菅野和夫＝西谷敏編『労働判例百選〔第7版〕』（有斐閣，2002）38頁，39頁。

(9) 坂井岳夫「私傷病と労務受領拒否」村中孝史＝荒木尚志編『労働判例百選〔第9版〕』（有斐閣，2016）52頁，53頁。

(10) 大阪高判平14・6・19労判839号47頁。

(11) 業務上災害のケースでも類似の判断枠組みを用いた裁判例がある（神奈川都市交通事件：横浜地判平15・6・5労判919号69頁）。

2　休職期間満了による労働契約の終了

もう一つの論点である休職期間満了時に復職が困難であることを理由とする労働契約関係の終了は，①この事由がある場合に自動的に退職扱いとする方法と，②この事由を解雇事由とする方法によって行われる。

(1)　自動退職による労働契約の終了

休職期間の満了を自動退職事由とした場合，この時点で休職事由が満たされていたか否かが争点となる。この争点は主に労働者の私傷病の治癒の問題として争われてきた。

片山組事件判決以前は，裁判例の立場は分かれていた。一方には，使用者には当初の労働契約とは異なる労務の提供を受領する法律上の義務が無いなどの理由で，勤務配慮に言及せず，労働者の復職可能性を当該労働者が求職前に従事していた職務に通常程度従事することができるか否かを基準に判断した裁判例がある[12]。他方では，自動退職の適法性を認めるには解雇を正当視する程度の根拠が必要となることを指摘したうえで，当初軽易な業務に就かせ，徐々に通常勤務に戻す配慮措置を講じる可能性を考慮しなかったことを自動退職の適法性を否定する事実として評価した裁判例がある[13]。

片山組事件判決以降は，もともと賃金請求権の有無を判定する場で生まれた同判決の法理が，その債務の本旨に従った履行の有無を判定する機能に着目されて，治癒の判定においても用いられるようになる。片山組事件の法理を引用した上で，一時的な業務負担軽減や他部門への配転可能性を検討すべきことを指摘した例[14]や，産業医の診察やその意見を求める必要性や大企業においては配転可能性のある他の職がほかにないとは認めにくいことを指摘した例[15]がある。

片山組事件判決の法理に依拠しつつ，ここから踏み込んだ判断をした裁判例

---

(12)　アロマカラー事件（東京地決昭 54・3・27 労経速 1010 号 25 頁），昭和電工事件（千葉地判昭 60・5・31 労判 461 号 65 頁）等。

(13)　エールフランス事件（東京地判昭 59・1・27 労判 423 号 23 頁），北産機工事件・前掲注(3)。

(14)　キヤノンソフト情報システム事件（大阪地判平 20・1・25 労判 960 号 49 頁）。

(15)　第一興商（本訴）事件（東京地判平 24・12・25 労判 1068 号 5 頁）。

第 I 部 差別・平等・ハラスメント法理をめぐる課題

もある。東海旅客鉄道（退職）事件判決[16]は，復職可否の判定にあたり「労働契約における信義則」を根拠に，現職復帰への見通しを考慮することなく「使用者はその企業の規模や社員の配置，異動の可能性，職務分担，変更の可能性から能力に応じた職務を分担させる工夫をすべき」と判断した。片山組事件判決の法理は，使用者に勤務配慮を求めつつも，その範囲は現在存在する職種・業務区分を前提とする。しかし東海旅客鉄道（退職）事件判決の論理は，現行の職種・業務区分に調整を加えることを使用者に求める点，そしてこの作為を継続的に求め，労働者の労働能力低下を前提とした取扱いを求める点で片山組事件判決の法理とは異なる。

また，企業内の配置や異動の実情を労働者が立証することが困難であることを理由に，労働者が，配置される可能性がある業務について労務の提供をすることができることの立証をした場合には休職事由が消滅したとの事実上の推定が働き，これに対し使用者が，当該労働者を配置することができる現実的可能性がある業務が存在しないことについて反証を挙げない限り，休職事由の消滅が推認されるとした裁判例がある[17]。労働者による健康状態の回復の証明に対して担当医師の面談等積極的な確認を行わなかった以上，健康状態の回復があったと判断した裁判例[18]も，使用者により実質的な就労可能性の確認，検討を求めるものといえる。

(2)　解雇による労働契約の終了

(a)　職種限定がない場合

解雇の形式で労働契約関係が終了する場合，解雇権濫用法理（労契 16 条）等解雇規制の下でその適法性が争われる。労働者の心身状態に配慮したことは，この枠組みの下で解雇の濫用性を否定する事実として評価される。

自動退職扱いに関する裁判例と同様，現職への復職を基本としつつも，現職以外への復職可能性も視野に入れる裁判例がある。例えば精神疾患による休職期間満了後の解雇が争点となった独立行政法人 N 事件[19]では，現職復帰を原

---

(16)　大阪地判平 11・10・4 労判 771 号 25 頁。

(17)　第一興商（本訴）事件・前掲注(15)。

(18)　キヤノンソフト情報システム事件・前掲注(14)。

(19)　東京地判平 16・3・26 労判 876 号 56 頁。

〔長谷川　聡〕　5　労働者の心身状態に関する勤務配慮法理と合理的配慮提供義務の相互関係

則としつつも，当該従業員の職種に限定がなく，他の軽易な職務であれば従事することができ，当該軽易な職務へ配置転換することが現実的に可能である場合や，当初軽易な職務に就かせれば，程なく従前の職務を通常に行うことができると予測できたりする場合には復職を認めるべきと判断された。また，躁鬱病による休職とその復帰後，欠勤の繰り返し，勤務時間中の睡眠等の問題行動を理由とする解雇の適法性が争われたカンドー事件[20]では，解雇にあたり主治医の意見を求めなかったこと，残る休職期間の利用により病状が収まる可能性があったこと，疾患を有する他の労働者の取扱いとの間に差があったこと等を理由に解雇が否定された[21]。

　休職を待たずに行われた解雇についても以上と類似の判断傾向が見られる。中川工業事件[22]では，片山組事件判決の法理を明示した上で，休職を命じることや配置可能な業務を検討することなく行った解雇が無効と判断された。採用時に心身の不調を織り込んで採用した労働者に対する労働能力不足を理由とする解雇が争われた東京電力（解雇）事件[23]では，欠勤が続く等業務に耐えられないことを認定して解雇を適法と判断するにあたり，体調悪化を理由とする業務軽減や，一定の遅刻・早退にも賃金カットをしないなどの配慮が講じられたことが考慮された。ただし，休職期間を設けても就労不能と認められるときには，休職期間までの欠勤期間を待たず，休職を命じずに行われた解雇も濫用になるとはいえないとした裁判例[24]もある。

　(b)　職種限定がある場合

　労働契約上労働者の職種等が限定されていた場合には，その限定の範囲内で配慮が求められる傾向にある[25]。高校保健体育教員としての採用された教員の脳出血による右半身不随による労働能力不足を理由とする解雇が争点となっ

---

(20)　東京地判平17・2・18労判892号80頁。
(21)　類似の視座を持つ裁判例として豊田通商事件（名古屋地判平9・7・16労判737号70頁）。
(22)　中川工業事件（大阪地決平14・4・10労経速1809号18頁）。
(23)　東京地判平10・9・22労判752号31頁。
(24)　岡田運送事件（東京地判平14・4・24労判828号22頁）。
(25)　職種等が限定された労働者の解雇に関する裁判例の状況について，篠原信貴「『多様な正社員』に対する雇用保障」労研636号（2013）26頁。

第Ⅰ部 差別・平等・ハラスメント法理をめぐる課題

た北海道龍谷学園事件[26]においては，適宜に補助者を付ける等業務遂行のための補助等がなければ業務が遂行できないのであれば，保健体育の教員としての労務に従事する債務を履行できないものといえること，このような債務を負担した本件においては，原告が公民，地理歴史の教諭資格を取得したとしても，その業務遂行の可否を論じる必要がないとして解雇が有効と判断された。

また，小学校の歯科巡回指導を行う歯科衛生士として雇用された原告が，頸椎症性脊髄症による休職後に解雇されたことの適法性が争われた横浜市学校保健会（歯科衛生士解雇）事件[27]では，特定された職種及び業務内容の範囲において就業規則所定の解雇事由に該当するか否かが判断された。同事件では，「就労環境の整備や負担軽減の方策は，障害者の社会参加の要請という観点を考慮しても，また，将来的検討課題として取り上げるのが望ましいことではあるにしても，本件においては，社会通念上使用者の障害者への配慮義務を超えた人的負担ないし経済的負担を求めるものと評せざるを得ない」と判断された。

3 小　括

勤務配慮が求められる法的な位置づけや根拠は論点毎に異なる。勤務配慮の実施は問題の取扱いの適法性を判断する枠組みの中でその取扱いの適法性を根拠づける事実として評価され，これにより使用者に勤務配慮を講じる動機づけがなされている[28]。本稿で検討した範囲で言えば，賃金を支払う必要が生じる債務の本旨に従った履行の提供の有無を判定する際に使用者に求められる勤務配慮と，解雇が有効であると認められる解雇権濫用への非該当性を示すために求められる勤務配慮とは，厳密には別の視角から要請されている。

しかしこれらの基底には，当該労働契約関係を前提に，使用者は労働者に労

---

(26)　札幌高判平 11・7・9 労判 764 号 17 頁。

(27)　東京高判平 17・1・19 労判 890 号 58 頁。

(28)　但し，安全配慮義務（労契 5 条）や労働安全衛生法上使用者に義務づけられた労働者の心身の状態に対応する義務（労安 66 条の 5）の一環として配慮が講じられる場合のように，配慮をすること自体が義務づけられている場合には，この一内容として事実上合理的配慮に該当する措置が義務づけられることもある（A サプライ（知的障害者死亡事故）事件：東京地八王子支判平 15・12・10 労判 870 号 50 頁）。促進法の 2013 年改正以前に，健康配慮義務と合理的配慮の比較を行った研究として，長谷川珠子「健康上の問題を抱える労働者への配慮——健康配慮義務と合理的配慮の比較」労研 601 号（2010）46 頁。

〔長谷川　聡〕*5* 労働者の心身状態に関する勤務配慮法理と合理的配慮提供義務の相互関係

務提供義務の履行を求めるにあたり個々の労働者の心身の状態に即した一定の勤務配慮を要請されるべき，という共通する規範的判断がある。同様の視角を持つ勤務配慮は，配転，懲戒，安全配慮等他の論点においても見られ，より積極的に要請される傾向にある[29]。勤務配慮の実施が一般化する傾向は，企業の雇用管理にも見られる[30]。

　こうした状況を素直にとらえれば，今日使用者は，労働者が労務提供義務を果たすことができるようその心身の状態に即した勤務配慮を講じる義務を信義則上負うと解するべきであろう。信義則は個別労働契約関係の特徴や就労実態を意識しつつ，社会と問題状況の変化に合うように法を修正，創造する機能を有する[31]。一定の社会的関係の下にある当事者が信義則に基づいて相互の利益を尊重し，そのための義務を負うことは，既に多くの裁判例に承認されてきた。学説においても理論構成は様々であるが，労働者の心身の状態に即した配慮，措置を使用者に求めるべきことを主張するものが複数ある。復職に関わる範囲でいえば，解雇猶予の信義則上の要請から休職期間満了時の労働契約終了にあたり使用者は「復職配慮義務」を負うことを主張する見解[32]，使用者は労働者からの「病気休暇権」に基づく私傷病休職からの復職請求に応じて現職

---

(29)　配転命令にあたり労働者の従前の経歴・業務の内容をふまえた上で，当該疾病による障害の程度を考慮した適切な代替業務に就労させることを求めたオリエンタルモーター（賃金減額）事件（東京高判平19・4・26労判940号33頁），懲戒処分を講じるにあたり使用者に労働者の心身の不調の状況を積極的に把握することを求めた日本ヒューレット・パッカード事件（最二小判平24・4・27労判1055号5頁），安全配慮義務の履行にあたり類似の視角を用いた東芝〔うつ病・解雇〕事件（最二小判平26・3・24労判1094号22頁），設備面の配慮，障害により対応できない評価項目は除外するなどの措置を講じたことが昇格差別を否定する要因の一つとなったジヤトコ事件（京都地判平26・3・31LEX/DB文献番号・25503302）等。

(30)　「平成25年度障害者雇用実態調査」（厚生労働省職業安定局ほか）Ⅰ4(2)。眞保智子「障害者雇用進展期の雇用管理と障害者雇用促進法の合理的配慮」労研85号（2017）4頁。

(31)　福島淳「労働法における信義則──個別的労働関係における信義則を中心として」林迪廣『社会法の現代的課題 林迪廣先生還暦祝賀論文集』（法律文化社，1983）201頁。

(32)　鎌田・前掲注(3)119頁，加藤智章「メンタル不調者をめぐる復職配慮義務の一考察」小宮文人＝島田陽一＝加藤智章＝菊池馨実編『社会法の再構築』（旬報社，2011）157頁，161頁。いずれも勤務配慮は一時的と理解し，コストが低いことに着目してこの負担を使用者に課すことを認める。

第Ⅰ部 差別・平等・ハラスメント法理をめぐる課題

に復帰させる義務を認めた上で，再配置義務を認める見解[33]，労働契約停止の理論から一時的な履行障害に対する配慮義務を根拠づける見解などである[34]。労働契約に基づいて労働力の処分権を取得する使用者は，同時に労働契約の円滑な履行に不可欠な義務を負うが，労働者が労務提供を実現することに伴う価値・利益に配慮することはその一つといえる[35]。

Ⅲ　合理的配慮提供義務と勤務配慮法理の相互関係

1　合理的配慮提供義務の概念

(1)　合理的配慮提供義務の仕組み

　合理的配慮提供義務は，促進法において募集・採用とその後で区別して定義されている[36]。募集及び採用については，事業主は，障害者と障害者でない者との均等な機会の確保の支障となっている事情を改善するため，労働者の募集及び採用に当たり障害者からの申出により当該障害者の障害の特性に配慮した必要な措置を講じなければならない（促進法36条の2）と定義される。採用後については，事業主は，障害者である労働者について，障害者でない労働者との均等な待遇の確保又は障害者である労働者の有する能力の有効な発揮の支障となっている事情を改善するため，その雇用する障害者である労働者の障害の特性に配慮した職務の円滑な遂行に必要な施設の整備，援助を行う者の配置その他の必要な措置を講じなければならない（促進法36条の3）と定義される。

---

(33)　野田進『「休暇」労働法の研究　雇用変動のなかの休暇・休業・休職』（日本評論社，1999）131頁。

(34)　龔敏「休職・休業と労働契約停止の理論」日本労働法学会編『講座労働法の再生(2)』（日本評論社，2017）221頁。

(35)　筆者は，この勤務配慮義務を「就労価値」配慮義務の一内容を構成するものとして位置づけている。「就労価値」配慮義務については，長谷川聡「『就労価値』の法理論──労働契約アプローチによる『就労価値』保障に関する一試論」労働124号121頁(2014)。

(36)　合理的配慮提供義務の概要や課題に言及する文献として，永野・長谷川・富永・前掲注(1)86頁以下，207頁以下，永野仁美「障害者雇用政策の動向と課題」労研646号(2014)4頁，厚生労働省職業安定局高齢・障害者雇用対策部障害者雇用対策課「改正障害者雇用促進法の概要」季労243号(2013)2頁。特に合理的配慮提供義務に着目したものとして，長谷川珠子「日本における『合理的配慮』の位置づけ」労研646号(2014)15頁，同「障害者雇用促進法における『障害者差別』と『合理的配慮』」季労243号(2013)25頁。

〔長谷川　聡〕 5 労働者の心身状態に関する勤務配慮法理と合理的配慮提供義務の相互関係

障害者からの申出の要否やその他文言に違いはあるものの，いずれも社会的障壁を排除して障害者と非障害者の平等の実現を目指す点で共通する。

　提供を義務づけられる合理的配慮の内容は事案ごとに特定される[37]。視覚障害を例に取れば，募集内容を音声で提供すること，拡大読書器の導入，処理時間に余裕のある業務を担当させることなどがこれに該当する[38]。概念の位置づけからいえば，講じるべき合理的配慮は非障害者との平等を実現する程度のものである必要があるが，事業主にとって過重な負担となる合理的配慮を提供することまでは義務づけられていない。また，合理的配慮を提供するにあたっては障害者の意向を十分に尊重することが使用者に義務づけられ（促進法36条の4第1項），採用後については，事業主はその雇用する障害者である労働者からの相談に応じ，適切に対応するために必要な体制の整備その他の雇用管理上必要な措置を講じることが義務づけられる（促進法36条の4第2項）など，合理的配慮の内容決定に障害者の意思を反映させることを意識した仕組みになっている。

　合理的配慮提供義務は公法上の義務であり，私法的効力は有さないと解されている[39]。そのためこの義務に違反した事実は公序（民90条）違反や信義則（労契3条4項）違反，解雇権濫用（労契16条）の成立等，私法的効力を持つ規制違反を根拠づける事実として評価され，損害賠償や解雇無効等，それぞれに対応する救済が行われる。労働者がこの義務の履行を事業主に請求することも，講じるべき合理的配慮の内容を特定することが困難であることなどから基本的にはできないと解されている[40]。

⑵　合理的配慮提供義務の理論的基礎

　合理的配慮提供義務に類する仕組みは，各国の障害差別禁止法に広く見られ

---

(37)　これら差別禁止，合理的配慮提供義務の解釈について，永野・長谷川・富永・前掲注(1)81頁以下，石﨑由希子「障害者差別禁止・合理的配慮の提供に係る指針と法的課題」労研685号（2017）20頁。

(38)　厚労省「合理的配慮指針事例集【第3版】」5頁，8頁，13頁。

(39)　長谷川珠子「障害者雇用促進法の改正」法協398号（2013）52頁，58頁，富永晃一「改正障害者雇用促進法の障害者差別禁止と合理的配慮提供義務」論究ジュリスト8号（2014）27頁，34頁。

(40)　富永・前掲注(39)34頁。

第Ⅰ部 差別・平等・ハラスメント法理をめぐる課題

る[41]。その理論的基礎はどこに求めることができるだろうか[42]。

障害差別が禁止される根拠は，障害という非選択的な属性に基づいて取扱いを区別することが個人の尊厳を損なう点にある[43]。しかし障害という属性はある雇用に必要とされる労働能力の低下に結びつきやすい特徴を持つため，性差別禁止や人種差別禁止のように，差別事由を除く労働能力等当該雇用に関連する状態が同じ者の間での差別を禁止する仕組みのみを採用したのでは，かえって当該障害者の排除を法認する結果となる。障害という差別事由は，障害者自身の機能障害である医学的問題であると同時に，非障害者基準で構築された社会構造がもたらした社会的問題である[44]。この障害がもたらす結果を当該障害者にすべて帰責することはまさに当該障害者に対する差別を構成する[45]。

このように合理的配慮提供義務は，社会の一員として障害者を差別してはならない使用者の義務の一部を形成するものであり[46]，その負担も原則として使用者が負う。しかし社会的要因による社会的障壁から当該障害者を自由にするすべての合理的配慮をある使用者に義務づけることまでは，当該使用者に過重な責任を負わせるもので規範的に義務づけられているとまではいえない[47]。

---

(41) 諸外国の障害差別禁止法の概要について，「欧米の障害者雇用法制及び施策の動向と課題」（独立行政法人高齢・障害・求職者雇用支援機構障害者職業総合センター，2012）。関連法律・規則等について「欧米における障害者雇用差別禁止法制度」（独立行政法人高齢・障害・求職者雇用支援機構障害者職業総合センター，2013）。

(42) この点に関するアメリカの議論を分析する研究として，中川純「障害者差別禁止法におけるコストと合理的配慮の規範的根拠──アメリカ法からの問題提起」季労235号（2011）4頁。

(43) 毛塚勝利「労働法における差別禁止と平等取扱──雇用差別法理の基礎理論的考察」角田古稀（下）3頁，6頁-8頁。

(44) 障害の社会モデル。このモデル自体様々なものがあるが（川島聡・菊池馨実「障害法の基本理念」菊池馨実＝中川純＝川島聡編『障害法』（成文堂，2015）1頁，4頁以下（菊池・川島執筆部分）），障害の要因を社会に求める点では一致する。

(45) 合理的配慮提供義務の不履行を差別と評価するか否かを巡っては争いがある。例えば富永32頁・前掲注(39)は，合理的配慮の不提供を広い意味での差別の一類型としてとらえ，この概念を直前の差別禁止規定の特別法のような位置にあると整理する。岩村正彦・菊池馨実・川島聡・長谷川珠子「障害者権利条約の批准と国内法の新たな展開──障害者に対する差別の解消を中心に」論究ジュリスト8号（2014）4頁，17頁は，条文構造から差別禁止法としての性格は従たるものと評価する（菊池発言）。

(46) 毛塚19-21頁・前掲注(43)は，使用者は労働契約上の付随義務として差別回避是正義務を負うとしたうえで，合理的配慮提供義務をこの義務から派生したものと理解する。

(47) 障害の発生に社会が関与していることと，その障害の発生について社会が責任を負

〔長谷川　聡〕 *5* 労働者の心身状態に関する勤務配慮法理と合理的配慮提供義務の相互関係

使用者に義務づけられる負担の範囲は，当該国における障害差別禁止に関する平等観・差別観を念頭に，当該障害者との募集・採用関係や労働契約を軸に構成された関係性や使用者が社会的責任を分有できる程度に影響を受けることになる[48]。当該労働契約の履行に関連のない合理的配慮を講じる義務は負わないし，他の労働者との取扱いの平等や当該障害者である労働者との協議の結果，使用者の事業の性質や経済力等はこの点で合理的配慮の内容決定おいて考慮される。

2　合理的配慮提供義務がもたらす視角

(1)　配慮内容の類似性と機能領域の重複

　合理的配慮提供義務と勤務配慮法理は，冒頭で指摘したように，それぞれ類似する作為を使用者に求める。私傷病休職からの復職可能性を判定するにあたり，使用者に従前の経歴・業務の内容をふまえた上で，当該疾病による障害の程度を考慮した適切な代わりの業務の用意を求めたり[49]，既存の職務区分や職務遂行方法の見直し・工夫を求めたり[50]といった個別事情に即した配慮を求める勤務配慮法理の要請は，合理的配慮提供義務の要請でもある。

　また両者は，いずれも不法行為責任（民 709 条）や解雇権濫用（労契 16 条）など，使用者の法的責任の有無を判定する場面で，その判断要素の一つとして現れる。

　こうした類似性は，両者の機能が一部重複することを意味する。

(2)　理論的基礎と配慮の視角の相違

(a)　理論的基礎の相違

　しかし合理的配慮提供義務と勤務配慮法理は異なる理論的基礎の下にある。合理的配慮提供義務は，社会的障壁の除去を通じた障害者差別禁止を目的とし

　うこととは区別して理解される（川越敏司「障害の社会モデルと集団責任論」川越敏司・川島聡・星加良司『障害学のリハビリテーション』（生活書院，2013）52 頁，55 頁）。

(48)　厚労省「合理的配慮 Q&A【第 2 版】」は，雇用の分野のみ合理的配慮提供を法的義務とした理由について，障害者権利条約の定めと障害者の自立や社会参加における雇用の重要性とともに，労働契約関係の継続的性質と指揮命令関係の存在を挙げる（Q1-2）。

(49)　オリエンタルモーター（賃金減額）事件・前掲注(29)。

(50)　東海旅客鉄道（退職）事件・前掲注(16)。

ており，この義務の不履行は反公序性を帯びる社会的非難の対象となる。対して主にある規範の適用過程で現れる勤務配慮法理にはこうした視角は不可欠なものではない。その理論的基礎も信義則を媒介としつつ，当該論点に適用される規範の影響を受ける。

この違いは要請される配慮の違いに結びつく。休職期間満了による労働契約終了の適法性が争われる場合，前述のように勤務配慮法理は使用者に一定期間の業務軽減等の勤務配慮を求めるが，この内容や程度は休職事由の消滅を認める治癒の有無，あるいは解雇権濫用を否定する事実の有無という観点から判断される。合理的配慮提供義務もこうした観点と無関係ではないが，社会的障壁が関与する障害者差別を是正し，非障害者との平等を実現するという視角が明確に加わる[51]。

(b) 標準とする状態の相違

こうした視角から，合理的配慮提供義務が要請する配慮は，社会的障壁により当該労働関係の役務提供に支障がある状態を前提にしたものになる。労働契約に関する法理である勤務配慮法理は，問題の労働契約に規定された権利義務を標準として，その実現のために必要な勤務配慮を使用者に求めるという論理を基本的に採用する。復職可能性を現職を基準に判定し，復職を容易にする勤務配慮に期間的限定が付くことが多いことは，このような勤務配慮法理の位置づけによるものと考えられる。

合理的配慮提供義務では，むしろ合理的配慮を講じることが原則となる。配慮をしても問題の労働契約の十分な履行までは到達しない場合，勤務配慮法理においては配慮を実施しなくても問題の取り扱いの適法性は肯定されうる。だが同様の場合に合理的配慮提供義務を実施しないことは，問題の取り扱いの適法性が肯定されることはあったとしても，合理的配慮を講じなかったこと自体の責任は発生しうる。この合理的配慮の位置づけが障害差別禁止の公序性に根ざしていることからは，合理的配慮の内容が問題の労働契約の内容に規定され

---

(51) 合理的配慮は個人に着目した概念であり，社会に着目した積極的差別是正とは区別される（石﨑・前掲注(37)25頁，村山佳代「アメリカにおける合理的配慮とアファーマティブ・アクション――判例と学説分析から見る両概念の比較」社会保障法 32 号（2017）233 頁）。だがこのことは合理的配慮提供義務の基底に障害者が様々な社会的障壁にさらされている社会実態への認識があり，この認識がこの義務の解釈に影響を与えることを否定するものではない。

にくくなることも示唆される。

(c) 合理的配慮の一般化

これらの点で，合理的配慮提供義務は，日々の役務提供も含めて障害者が社会的障壁から被る不利益を除去する義務を使用者が負うことを一般化するものといえる。勤務配慮法理の勤務配慮は，主にある法の適用が争われる場面でその法への違反を免れるために使用者に反射的に要請されるかたちで現れるため，具体的紛争の可能性がない段階で配慮を求めることや，出退勤時間の調整や適宜の休憩取得，視覚障害者がよりよく働けるように通路を整頓することなど，紛争化し難い配慮を求める根拠になりにくい。また勤務配慮法理は，ある取扱いの適法性を判断する際の判断枠組みの一部であり，裁判所がこの法理を用いないことも，他の判断要素の検討を通じて勤務配慮の不実施を評価しない判断も認められている。

合理的配慮提供義務においてはこうした問題は基本的に生じない。この義務も使用者に具体的な合理的配慮を求める権利を認めたものとは解されていないが，労働契約成立以降，使用者は労働者からの申出を待たずに合理的配慮提供義務を負うことから，労働者の心身の状態を意識的に考慮することを求められる立場に置かれている。

また，使用者が勤務配慮を講じなければならない法的根拠と要件を，障害者差別禁止の観点から問題類型を横断して設定した意味もある。各場面における合理的配慮に関する解釈方法は，問題類型の相違に影響を受けつつも，基本的に共通することになる。

(3) 規制対象の拡大と明確化

合理的配慮提供義務が配慮を障害者差別禁止の問題としてとらえていることは，募集・採用を規制対象とするという仕組みにも反映されている。いまだ労働契約が成立していない募集・採用ステージは採用の自由の下にあり，実体的規制が少なく，労働契約法理が展開する余地は少ない。対して関係性を基本的に問わない公序としての差別禁止は，労働契約関係の有無を問わず通用し，既に募集・採用ステージで例外的に適用される実体的規制の一種として確立している。

障害者差別というアプローチの視座を設定したことは，この問題を対象とし

第 I 部 差別・平等・ハラスメント法理をめぐる課題

た実効性確保の仕組みを構築することを容易にした意味もある。合理的配慮の
内容を具体化する指針の作成（促進法 36 条の 5 第 1 項, 「均等な機会の確保等に
関する指針」）や合理的配慮の推進への行政の関与（促進法 36 条の 6, 同 74 条の
6 第 1 項）といった行政的による実行性確保の制度設計にはこうした問題対象
の明確化が寄与している。

3 相互の展開可能性

(1) 合理的配慮提供義務と勤務配慮法理の相違の相対化

　一般的にいって合理的配慮提供義務は以上のように勤務配慮法理とは異なる
問題把握の方法を持つ。だがここで留意する必要があるのは, 勤務配慮法理が
周囲の法制度や社会実態を柔軟に取り込んで展開してきた法理であることであ
る。これは合理的配慮提供義務をはじめとする障害者差別禁止法の整備やこれ
に伴う社会的意識・制度の変化自体がこの法理の展開に影響を与えることを意
味する。

　この可能性が十分に存在することは, 合理的配慮提供義務等が明文化される
以前から, この義務を含めた障害者差別禁止法理が展開する可能性を示した裁
判例の存在からも明らかになる。バス運転手が, 勤務配慮が無い状態で就労す
る義務が無い権利を確認し, 従来講じられてきた勤務時間調整措置の提供を使
用者に求めた阪神バス（勤務配置）事件決定[52]がそれである。この決定は, 障
害者に対し必要な勤務配慮を合理的理由なく行わないことは, 法の下の平等
（憲 14 条）の趣旨に反するものとして公序良俗（民 90 条）ないし信義則（同
1 条 2 項）に反する場合があり, この場合に該当するか否かは, 勤務配慮を行
う必要性及び相当性と, これを行うことによる使用者に対する負担の程度とを
総合的に考慮して判断されると指摘した。

　この事件で請求されたのは新たな勤務配慮の提供ではなく, 従来行われてき
た勤務配慮の復活であり, 本決定を使用者に合理的配慮の提供を一般的に義務
づけた決定と評価するには検討を要する。だが障害者差別禁止に関する法が整
備され, 合理的配慮提供義務が明文化された今日, 類似の解釈方法を用いるな
どして障害者に対する勤務配慮義務が公序ないしは信義則上の法理として展開

---

(52)　神戸地尼崎支決平 24・4・9 労判 1054 号 38 頁。

122

〔長谷川　聡〕 5 労働者の心身状態に関する勤務配慮法理と合理的配慮提供義務の相互関係

することの現実味は増している。しかも法の下の平等に裏づけられたこの法理は，促進法に定められた諸要件に規定される合理的配慮提供義務の範囲を超えて広がる可能性を秘めている。この動きは合理的配慮提供義務と勤務配慮法理との相違が相対化する方向にあることを意味する。

(2)　勤務配慮法理の展開可能性

　この相対化がもたらす一つの形を前掲東海旅客鉄道（退職）事件判決[53]に見ることができる。この判決は，片山組事件判決の法理を判断枠組みとして採用しつつ，復職可否の判定にあたって現職への復職を重視せず，労働者の心身の状態に合わせて人事処遇の仕組み自体を調整することを使用者に要請した。この判断は，当該労働契約で予定される労務提供に支障が生じうる心身状態が労働者にあることを前提として，使用者にこれをフォローする取扱いを恒常的に求める点で合理的配慮提供義務の視角に近い。また前掲カントラ事件判決[54]のように，労働契約上特定された職種の範囲を超えて心身の状態に合致した職種への配置可能性を検討した判決も，労働契約の内容に限定されない勤務配慮を検討の俎上に置く点で勤務配慮法理の広がりを示すものといえる。

　もちろんこうした傾向とは逆の方向性を示す裁判例もある。例えば合理的配慮提供義務が明文化された後，発効前にこの義務の存在に言及した判決として日本電気事件判決[55]がある。アスペルガー症候群の労働者の休職期間満了を理由とする退職扱いの適法性が争点となったこの事件において，裁判所は，復職可能性を片山組事件判決の法理に基づいて判断することを示した上で促進法の合理的配慮提供義務の趣旨を考慮して判断すべきことを指摘した。しかし片山組事件判決の法理は原職復帰を基準とする等その基本構造を修正することなく用いられ，合理的配慮提供義務が過度の負担を事業主に課すものではないことを指摘して「障害のある労働者のあるがままの状態を，それがどのような状態であろうとも，労務の提供として常に受け入れることまでを要求するものとはいえない」という結論に到った。労働契約上の権利義務を標準に据えて使用者に作為を求めないこの種の判断は今後抑制されることになろう。

---

(53)　前掲注(16)。
(54)　前掲注(10)。
(55)　東京地判平 27・7・29 労判 1124 号 5 頁。

第Ⅰ部 差別・平等・ハラスメント法理をめぐる課題

　合理的配慮提供義務の存在は，勤務配慮法理がある法的判断をする際の判断
要素の一つとしての位置づけを離れて展開する可能性を高めるものでもある。
例えば，この新たな理論的基礎を受けて，労働者が労務提供義務を果たすこと
ができるようその心身の状態に即した配慮を講じる信義則上の義務を，この義
務に違反したこと自体について債務不履行責任を問う余地を持つものとして位
置づけ直すこともできる。この義務の違反が障害者差別の文脈で問題となる場
合には，その反社会性を根拠に懲罰的な損害賠償を根拠づけることも構想され
て良い(56)。

　また，この義務を根拠に勤務配慮の履行請求を根拠づける余地も生まれる。
講じるべき勤務配慮の内容を労働者が特定することを認めることについては検
討すべき課題があるが，少なくとも勤務配慮の実施に関する話し合いに応じて
可能な勤務配慮の実施を義務づけることは可能である(57)。合理的配慮の実施
自体は義務づけられるが，その内容は労働契約関係から一定の影響を受けると
いう合理的配慮提供義務の仕組みや，促進法や合理的配慮指針(58)が合理的配
慮提供義務の実施において障害者の意向を尊重するという視点（36条の4）を
強調(59)していることとも整合する。

(3)　合理的配慮提供義務に示唆される展開可能性

　勤務配慮法理と合理的配慮提供義務の相違の相対化は，勤務配慮法理の視角
が合理的配慮提供義務の展開可能性にも示唆を与えうることを意味する。

　例えば，合理的配慮の人的対象は検討の余地がある。現在の人的対象は，障
害によって「長期にわたり，職業生活に相当の制限を受け，又は職業生活を営
むことが著しく困難な者」である「障害者」（促進法2条1号）に限定されてい

---

(56)　差別禁止法違反についてその公序侵害性に着目して過重的な金銭補償制度の可能性
　を主張する研究として，毛塚勝利「新たな個別労使紛争処理システムの構築」季労184
　号（1997）10頁，22頁。

(57)　鎌田耕一「安全配慮義務の履行請求」水野古稀359頁は，安全配慮義務の履行請求
　権を本文のような話し合いという仕組みを通じて実現する仕組みを提案する。

(58)　「雇用の分野における障害者と障害者でない者との均等な機会若しくは待遇の確保
　又は障害者である労働者の有する能力の有効な発揮の支障となっている事情を改善する
　ために事業主が講ずべき措置に関する指針」。

(59)　促進法36条の4，合理的配慮指針第2の2，同3，第3の1(2)等。

〔長谷川　聡〕*5* 労働者の心身状態に関する勤務配慮法理と合理的配慮提供義務の相互関係

る[60]。それゆえ合理的配慮提供義務の履行を争う場合にはまず当該労働者の障害者性が論点となる。障害者概念は，性別や宗教等，他の差別事由と比較して，この属性を持たない集団（非障害者）とのグレーゾーンが大きく，当該属性を有するか否か判別が困難であるという特徴がある。上記の定義によれば，心身の不調の程度は重いが一時的である場合や，心身の不調の程度が軽く，多少の配慮で就労を継続することが可能である場合は，合理的配慮提供義務が生じない。しかし勤務配慮法理では，障害者性は争点化せず，障害の短期性や軽さはむしろこれに伴う負担を使用者に甘受させる方向に傾く。こうした場合を合理的配慮提供義務の対象ととらえても，一般に使用者に過重な負担を義務づけることにはならない。

勤務配慮法理により合理的配慮提供義務の一般性が敷衍されるという理解の他方の先には，障害者以外の他の差別事由に関する合理的配慮提供義務の展開可能性も存在する[61]。勤務配慮法理の基底にあるのは，何らかの事情で当該労働契約の履行に支障がある労働者に使用者が一定の支援をすることにあり，これは他の差別事由に基づいて同様の支障が生じた場合にも当てはまる[62]。合理的配慮提供義務は，社会構造的差別から労働者を自由にしたうえでその取扱いを決定すべきとする義務であるが，社会構造的差別は他の差別事由にも見られるという点からもこれを説明することができる。

IV　むすびにかえて

合理的配慮提供義務と勤務配慮法理の機能領域と配慮の内容は一部類似，重複する。両者の相違は，差別禁止と労働契約法理という理論的相違を受けて，配慮の内容決定における価値基準や配慮を講じる際に標準とする状態，配慮を

---

(60)　促進法における障害者概念の歴史的展開について，瀧澤仁唱「障害者雇用促進制度における障害者の範囲の見直し」労旬 1794 号（2013）15 頁。

(61)　この点は既に多くの研究者が指摘してきた。雇用以外の領域も含めた合理的配慮論の展開可能性を探る試みとして，九州弁護士会連合会・大分県弁護士会編『合理的配慮義務の横断的検討　差別・格差等をめぐる裁判例の考察を中心に』（現代人文社，2017）。

(62)　松井彰彦「『ふつう』の人の国の障害者就労」松井彰彦ほか編『障害を問い直す』（東洋経済新報社，2011）165 頁，194 頁は，障害（ディスアビリティ）を「ふつう」から外れた人が「ふつう」の人を基準に作られた社会制度の狭間で経験している社会的排除と定義し，この立場に置かれている者は，障害者に限られないが，障害者の合理的配慮のニーズと重なるニーズを有すると指摘する。

第Ⅰ部 差別・平等・ハラスメント法理をめぐる課題

講じることの一般性・限定性等に現れる。だが信義則に基づく配慮義務として構成しうる勤務配慮法理は，合理的配慮提供義務等の障害者関連法制の充実を反映して，上記の相違を相対化させ，合理的配慮提供義務の私法的効力の不足を補う等新たな展開可能性を持つ。両者は相互に補完しながら，各機能領域において相互の展開を後押しする関係にある。

　両者がそれぞれ障害以外の領域にも広がりを持つことは，類似の議論が他の領域においても生じうることを示唆する。差別禁止法が差別事由とともに作為の禁止から不作為の禁止へと展開することで，こうした課題を検討する必要は高まることとなろう。

6 「働きやすい職場環境」の模索

—— 職場環境配慮義務における「変革」的要素に関する試論

滝 原 啓 允

I　は じ め に	III　職場環境配慮義務論におけ
II　職場環境配慮義務の形成と	る「変革」的要素の必要性
その内容	IV　お わ り に

I　は じ め に

　いわゆる「パワー・ハラスメント」やセクシュアル・ハラスメントなどといった，職場いじめ・ハラスメント（以下，単に「ハラスメント」）に関する紛争は，増加の一途を辿り，愈々看過せざる社会的な問題として認識されるに至っている[1]。法的な文脈において，当該問題は，おおよそ労働者の人格的利益侵害ないし人格権侵害として把握され，議論が重ねられている。そして，当該問題に対し，法的に対応せねばならない使用者側の義務として，職場環境配慮義務が存在する。

　では，職場環境配慮義務に関する議論が成熟しているかというと，必ずしもそうではない。同義務の端的な内容ないし目的が「働きやすい職場環境」の実現にある点については，後述するように，これまでの学説・裁判例によって，導出可能である。しかし，「働きやすい職場環境」を実現するために具体的に何をなすべきかとの問いについて，必ずしも十分な応答はなされていないよう

---

(1)　厚生労働省のとりまとめ（同省「平成 29 年度個別労働紛争解決制度の施行状況」（2018 年 6 月 27 日））によれば，平成 29 年度の，(1)民事上の個別労働紛争の相談件数，(2)助言・指導の申出件数，(3)あっせんの申請件数の全てで，「いじめ・嫌がらせ」が首位を占めた。(1)については 6 年連続，(2)については 5 年連続，(3)については 4 年連続で「いじめ・嫌がらせ」が首位となっている。なお，それぞれの件数は，(1) 72067 件，(2) 2249 件，(3) 1529 件となっている。

『現代雇用社会における自由と平等』山田省三先生古稀記念〔信山社，2019 年 3 月〕　*127*

第Ⅰ部 差別・平等・ハラスメント法理をめぐる課題

に思われる。これに関しては，後に述べるように，公法上の規制の一としての「指針」と私法上の職場環境配慮義務との一定の連関について積極的に論じる学説，ないし，「指針」は同義務の最低限の内容を構成するがそれら履行のみでは同義務を尽くしたことにはならないとする学説が存在する。しかし，さらに進んで，「指針」に記載される内容以外にどういったことを使用者においてなすべきかについては，必ずしも判然としていない。

よって，本稿[2]は，職場環境配慮義務の具体的内容として「指針」以外に必要な要素が存在するとすれば，それが如何なるものか検討することを最大の目的とし，議論を進める。そして，その目的を達するために，まず，Ⅱにおいて，そもそも職場環境配慮義務が如何に形成され，同義務論の端的な内容ないし目的である「働きやすい職場環境」の実現がどのように導出されるのか確認し，同義務の具体的内容についての議論と「指針」との関係について紹介する。その上で，Ⅲにおいて，「指針」が欠く視点について指摘し，同義務における「変革」的要素の必要性について試論する。

Ⅱ　職場環境配慮義務の形成とその内容

1　職場環境配慮義務の形成と「働きやすい職場環境」

その発生の段階から「職場環境配慮義務」と呼称されていたかどうかは別として，当初安全配慮義務の観点から構成されたのが，現在の職場環境配慮義務であった。そして，同義務の形成[3]に大きな役割を果たしたのが，1990 年前

（2）　本稿は，筆者による別稿を基礎としつつ，さらにそれを発展させようと企図したものである。すなわち，本稿は，滝原啓允「ハラスメントに係る使用者の義務・責任──新たなアプローチとしての修復的正義の可能性──」学会誌労働法 128 号（2016）100 頁を主たる基礎としつつ，同「職場環境配慮義務法理の形成・現状・未来──行為規範の明確化にかかる試論──」法学新報 121 巻 7.8 号（2014）473 頁，同「修復的正義（restorative justice）とは何か──その思想・哲学，理論，そして労働法学との接点についての素描──」季労 258 号（2017）107 頁などにおいてなした議論をも基礎としている。

（3）　セクシュアル・ハラスメントとの関連における職場環境配慮義務の形成については，松本克美「セクシュアル・ハラスメント──職場環境配慮義務・教育研究環境配慮義務の意義と課題──」ジュリ 1237 号（2003）137 頁，山田創一「職場におけるセクシュアル・ハラスメントと債務不履行責任」山梨学院大学法学論集 49 号（2003）175 頁，内藤恵「労働契約における使用者の職場環境配慮義務の法理──職場のセクシュアル・ハラスメント，職場のいじめ・嫌がらせ等を中心として──」法学研究 82 巻 12 号（2009）

〔滝原啓允〕 *6*「働きやすい職場環境」の模索

後より社会的問題となりつつあったセクシュアル・ハラスメントを巡る議論
だった。生命・身体を保護しようとするプリミティブな人格的利益（身体的な
それ）というよりかは，とりわけ精神的な人格的利益への着目が，同義務の性
格を決定付けたといえるだろう。

(1) 職場環境配慮義務の理論的形成

職場環境配慮義務の発生史を振り返るに，「職場で居心地よく働き続ける権
利」を安全配慮義務の観点から保護しようとし，それが侵害された場合，債務
不履行構成（民法415条）による使用者への責任追及をなそうとしたもの[4]が，
職場環境配慮義務の原初的形態と認識し得る，最初のものといえよう。とりわ
け，「職場で居心地よく働き続ける」という労働者の精神的な人格的利益に着
目している点に，その特徴を見いだすことができよう。また，セクシュアル・
ハラスメントを一種の労災類似のものと捉えた点にも特徴があり，「セクシュ
アル・ハラスメントが起きないよう職場の環境をつくる[5]」という義務内容の
規範的な根拠を安全配慮義務法理に求めていた。

このような立論は，分化を予定しない安全配慮義務からの萌芽的発生とでも
評することができる。規範的根拠が安全配慮義務法理にある以上，分化は予定
されているように思われず，安全配慮義務の守備範囲を拡大しようとしたに過
ぎないと解されても反駁し難いものであっただろう。そのために，かかる立論
は以下のような批判を浴びることとなった。すなわち，安全配慮義務そのもの
が労働災害による労働者の疾病・傷害・死亡に対する責任追及法理として生
成・確立されてきたことから，セクシュアル・ハラスメントに対してまで安全
配慮義務法理を拡張適用し得るかは「相当に問題」であるとし，法律論として
「かなりラフ」であるとの批判[6]であった。精神的領域をも保護射程に収める
安全配慮義務の拡大を経験した現在にあって，かかるような批判が妥当するか
どうかは別として，1990年当時の認識からすれば，痛烈な批判であったとい

173頁など。
(4) 福島瑞穂「セクシュアル・ハラスメントと法――現行法における位置づけと今後の
課題――」労旬1228号（1989）16頁，17頁。
(5) 同。
(6) 奥山明良「法律問題としてのセクシュアル・ハラスメント――問題の所在とその法
的アプローチ――」法セ423号（1990）14頁，17頁。

第Ⅰ部 差別・平等・ハラスメント法理をめぐる課題

えるだろう。

これに対して，安全配慮義務の拡張という手法ではなく，安全配慮義務と区別されるものとして職場環境配慮義務を定立することで上のような批判をかわし，また職場環境配慮義務違反につき債務不履行責任を問い得る[7]と立論するものが現れた。これは，後述する福岡セクシュアル・ハラスメント事件[8]の鑑定書として出されたものであり，使用者は労働契約上の信義則の具体化として認められる配慮義務の一環として，職場環境配慮義務[9]を負うとするものだった。同書は職場環境配慮義務を以下のように位置付ける。すなわち，「〔職場環境配慮義務〕は，労務提供に際して，労働者の生命・身体に生ずる危険を防止する義務である安全配慮義務と一体をなすものであるが，これとは区別されるものである……〔安全配慮義務は〕労働者の身体に対する危険防止義務であるのに対し，……〔職場環境配慮義務は〕労働者の労務遂行を困難にするような精神的障害が生じないように，職場環境を整備すべき義務であり，その限りで安全配慮義務よりも広い概念である[10]（〔　〕筆者補注）」としている。労働契約上の信義則を規範的根拠とし，労働者の精神的人格価値に着目した職場環境配慮義務を，新たに定立することによって，労働者の身体的人格価値に着目した安全配慮義務との区別を明確にし，かつ債務不履行構成によって使用者への

---

(7)　山田省三「セクシュアル・ハラスメントの法理——福岡地方裁判所平成元年(7)一八七二号損害賠償請求事件鑑定書——」労旬1291号（1992）30頁，39頁。

(8)　福岡地判平4・4・16労判607号6頁。

(9)　なお，原著では「労働環境整備義務」とされているが，その実質は本稿の文脈における職場環境配慮義務に同様である。

(10)　山田(省)・前掲注(7)。かかるような職場環境配慮義務と安全配慮義務とを明確に区別しようとする学説の存在にもかかわらず，一部の裁判例は，近時にあっても両義務を混交するなどしている。確かに両義務の各保護領域は重なり合う部分もあるが，訴訟実務において混交が散見される状況は，およそ理論的でない。これは，①両義務の発生史・②両義務がそれぞれ関連する法規・③両義務の各保護領域における中核域といった諸般の相違に照らせば明らかである。以上について詳しくは，滝原・前掲注(2)（法学新報）。

　また，土田・労働契約法133頁は，職場環境配慮義務を安全配慮義務の一内容として解する裁判例が存在することについて，そうした判断は「安全配慮義務の意義・内容を過度に拡散する」ものであり「賛成できない」とし，「職場環境配慮義務については，安全配慮義務とは別個の義務として構成する方が妥当」としている。この指摘は，職場環境配慮義務に関する学説の態度を，端的に示したものといえよう。

責任追及をなすという法的方法は，先の批判をかわすということのみならず，理論的に明快であり，その後の学説や具体的な法的紛争に影響を与えることとなった。

現在においても，職場環境配慮義務は，基本的に，信義則に基づく付随義務として定立されるものと解され，その規範的根拠は労働契約法3条4項，あるいは遡って民法1条2項に求められる[11]。いわゆる付随義務は，信義則を根拠として直接発生するために，契約上の根拠（個別契約上の定めなど）を必要としない。また，労働者の精神的人格価値に着目した付随義務であるという点は，職場環境配慮義務の性格を決定付ける重要な要素となる。なお，訴訟実務では，職場環境配慮義務違反について，債務不履行責任（民法415条）のみならず不法行為（使用者）責任（同法709条（同715条））を問い，いわゆる選択的併合がなされる場合も少なくないものの，本稿では当該論点については立ち入らない[12]。

(2) 「働きやすい職場環境」の実現

学説・裁判例からすれば，職場環境配慮義務の端的な内容は「『働きやすい職場環境』の実現」である，ということができるだろう。これにつき，以下で論じる。

(i) 「働きやすい職場環境」について

まず，「働きやすい職場環境」についてだが，当初の学説は，①「労働者の労務遂行を困難にするような物理的・精神的な障害が存する場合，それを除去すべき義務[13]」を職場環境配慮義務として位置付けている。その後の学説も，これを承認しつつ，あるいは，②「良好な職場環境確保のために，職場の状況や労働者の事情に応じて一定の合理的な措置や対応をとるなどの作為を行うべ

---

(11) 職場環境配慮義務の規範的根拠を労契法5条（または信義則）に求める裁判例（社会福祉法人和柏城保育園事件・福島地郡山支判平25・8・16労働判例ジャーナル20号6頁）もみられる。

(12) 債務不履行構成と不法行為構成，それぞれの長短について本稿では論じないが，学説においては，債務不履行構成による使用者への責任追及を支持するものが複数見られ，同構成のメリットが指摘されている。これについては，滝原・前掲注(2)（学会誌労働法）103頁。

(13) 山田(省)・前掲注(7)44頁。

第Ⅰ部 差別・平等・ハラスメント法理をめぐる課題

き義務」と解して「作為義務」としての側面を強調するなどしている[14]。また，近時の学説も③労働者にとって「働きやすい職場環境」のための使用者の義務として同義務を捉えている[15]。

結局のところ，①労務遂行を困難ならしめる一定の障害が生じている場合これを除去する，ということは，労務遂行をなし易くするための使用者による積極的な措置の実施を意味しよう。そして，その結果，②「良好な職場環境」が確保され得ることとなり，それはとりもなおさず③「働きやすい職場環境」の実現を意味することとなる。すなわち，「働きやすい職場環境」は，職場環境配慮義務の目指すところとして，各学説の念頭に置かれているものということができる。「働きやすい職場環境」は，いわば一種の法益であり，労働者における人格的利益の総体から担保される概念であるといえるだろう。

裁判例において，「働きやすい職場環境」に言及するものは少なくない[16]。そして，それ自体を重要な利益として承認している。これにつき，以下で具体的に見ることとする。

まず，「働きやすい職場環境」について，初めて言及したと解されるのは，福岡セクシュアル・ハラスメント事件である。同事件は，被告会社（Y1）において雑誌の取材・執筆・編集等をしていた原告（X）が，その活躍の幅を広げるにつれ，編集長であった被告上司（Y2）により異性関係についての噂を流布されるなどして，個人的評判を低下させられ，退職にまで追い込まれたという事案であった。Y2による行為は，事実認定の結果，下記のように整理されて

(14) 奥山明良「職場のセクシュアル・ハラスメントと民事責任——使用者の債務不履行責任を中心に——」中嶋還暦『労働関係法の現代的展開』（信山社，2004）247頁，267頁。

(15) 内藤・前掲注(3)183頁。

(16) 本文で紹介するもののほか，たとえば，社会福祉法人和柏城保育園事件（前掲注(11)）が挙げられる。同事件は，職場環境配慮義務違反が問われた事案であったが，ハラスメントの類型としては言辞による攻撃と不当な懲戒処分がなされたというものであった。福島地裁郡山支部は，同義務の規範的根拠を，前掲注(11)で述べたように労契法5条または信義則に求め，使用者は「被用者にとって働きやすい職場環境を保つように配慮すべき義務（職場環境配慮義務）を負っており，本件のような……事例においては，パワーハラスメント行為等を未然に防止するための相談態勢を整備したり，パワーハラスメント行為等が発生した場合には迅速に事後対応をしたりするなど，当該使用者の実情に応じて対応すべき義務があ」り，「少なくとも違法なパワーハラスメント行為等が認められるような状況がありながらこれを放置するなど，適切な対応を講じないなどといった状況等が認められる場合……職場環境配慮義務違反となる」としている。

いる。すなわち、福岡地裁は、「Y2の一連の行動は、まとめてみると、一つは、Y1の社内の関係者にXの私生活ことに異性関係に言及してそれが乱脈であるかのようにその性向を非難する発言をして働く女性としての評価を低下させた行為……二つは、Xの異性関係者の個人名を具体的に挙げて（……それらの者はすべてY1の関係者であった……）、Y1の内外の関係者に噂するなどし、Xに対する評価を低下させた行為……であって、直接Xに対してその私生活の在り方をやゆする行為……と併せて、いずれも異性関係等のXの個人的性生活をめぐるもので、働く女性としてのXの評価を低下させる行為であり、しかも、これらを上司である専務に真実であるかのように報告することによって、最終的にはXをY1から退職せしめる結果にまで及ん」だとしている。同地裁は、Y2の行為は「Xの人格を損なってその感情を害し、Xにとって働きやすい職場環境のなかで働く利益を害するものである」としてY2の不法行為責任を認めた上で、「使用者は、被用者との関係において社会通念上伴う義務として、被用者が労務に服する過程で生命及び健康を害しないよう職場環境等につき配慮すべき注意義務を負うが、そのほかにも、労務遂行に関連して被用者の人格的尊厳を侵しその労務提供に重大な支障を来す事由が発生することを防ぎ、又はこれに適切に対処して、職場が被用者にとって働きやすい環境を保つよう配慮する注意義務もあると解されるところ、被用者を選任監督する立場にある者が右注意義務を怠った場合には、右の立場にある者に被用者に対する不法行為が成立することがあり、使用者も民法715条により不法行為責任を負うことがあると解すべきである」などとしてY1の使用者責任を肯定した。

　また、三重セクシュアル・ハラスメント事件[17]は、被告法人（Y1）が経営する病院において、原告ら（X1～2）が被告上司（Y2）により卑猥な言辞を浴びせられ、下半身を触られるなどした事案であった。具体的には、X1らに対しY2は「いいケツしとるな」「生理と違うか」「処女か」などとの言辞を向け、あるいは、深夜の休憩室でX1またはX2の下半身を触るなどしている。津地裁は、Y2の不法行為責任を認めつつも、その行為は「個人的な行為であるから、業務を契機としてなされたものではな」いなどとして職務関連性を否定しY1の使用者責任を認めなかった。しかし、同地裁は、「使用者は被用者に対し、

___

(17) 津地判平9・11・5労判729号54頁。

第Ⅰ部 差別・平等・ハラスメント法理をめぐる課題

労働契約上の付随義務として信義則上職場環境配慮義務，すなわち被用者にとって働きやすい職場環境を保つように配慮すべき義務を負って」いるとし，「Y2 には従前から日常勤務中特にひわいな言動が認められたところ，Y1 は Y2 に対し何も注意をしなかったこと，主任は平成 5 年 12 月の時点で X2 から Y2 との深夜勤をやりたくないと聞きながら，その理由を尋ねず，何ら対応策をとらなかったこと，平成 6 年 1 月 28 日主任は X2 から Y2 の休憩室での前記行為を聞いたにもかかわらず，直ちに婦長らに伝えようとせず，Y2 に注意することもしなかったこと，その結果同年 2 月 1 日深夜 Y2 は」X1 に対し何もいわずに太腿部を触ったことなどから，「Y1 は X1 らに対する職場環境配慮義務を怠った」とし，Y1 の債務不履行責任を認めた。なお，「婦長・主任・副主任らの責任態勢を確立し，毎月定期の院内勉強会，職員の研修会等を行うなど，職員に対する指導監督を尽くした旨」の Y1 の主張について，同地裁は，それを容れず，「職場環境配慮義務を尽くしたとは認められない」としている。

　これら 2 事件は，職場環境配慮義務の形成または発展期における重要な裁判例となるが，「働きやすい職場環境」の点では，まず，福岡セクシュアル・ハラスメント事件が，「働きやすい職場環境のなかで働く利益」を保護すべく議論を展開し，「労務遂行に関連して被用者の人格的尊厳を侵しその労務提供に重大な支障を来す事由が発生することを防ぎ〔予防〕，又はこれに適切に対処〔事後対応〕（〔　〕筆者補注）」し「働きやすい」職場環境を確保するという一般的な定式を述べていることが重視されるべきだろう。かかる文言は，上で言及した鑑定書における文言（「労働者の労務遂行を困難にするような物理的・精神的な障害が存する場合，それを除去すべき」）とエコーしている。また，三重セクシュアル・ハラスメント事件では，職場環境配慮義務違反による債務不履行が認められているが，とりわけ事後対応が不徹底であったことが論難されており，事後対応が「働きやすい職場環境」のために重要なことを示している。これについては，他の裁判例も同様であり，たとえば，近時の事案である社会福祉法人和柏城保育園事件[18]の判決は事後対応の他さらに「相談態勢」の整備を求めている。事前の体制整備すなわち「予防」と，「事後対応」とは，同義務の具体的内容を構成することとなり，同義務が志向する「働きやすい職場環境」

---

(18)　前掲注(11)，事案と判旨の概要については前掲注(16)。

〔滝原啓允〕　　　　　　　　　　　　　　　　　　　**6**「働きやすい職場環境」の模索

にとって，それらが重要な手段となることが理解できる。

(ⅱ)「実現」について

次に，働きやすい職場環境の「実現」についてである。裁判例では，働きやすい職場環境を「保つ」という表現が少なくない[19]が，元来不合理な職場環境が存在していた場合，「保つ」という表現はフィットしないように解される。上記学説①の「除去」も②の「作為」も使用者の積極的な施策を期待しているところ，より，積極的な「実現」との語が相応しいのではないだろうか。すなわち，この「実現」との語には，職場環境を単に一定の状態に「保つ」のみではないことを含意させている。ある事象を通じ，当該職場環境を改善させていくといった自浄的な姿勢が使用者には求められよう。

(ⅲ) 小　　括

以上からすれば，やはり「働きやすい職場環境の実現」を端的な内容とするのが職場環境配慮義務であるといえ，また，それは予防と事後対応とを具体的な義務内容とするものとして理解することができるだろう。そして，ここでいう「働きやすい職場環境」とは，職場の雰囲気，さらにいえば，ある事業体全体における風土を，あらゆる立場の全労働者にとって快適なものとし，また，何らかの問題が生じた場合に明確かつ妥当な解決策が迅速に供され得ることを指すこととなり得るだろう。それは，同義務が，主として労働者の精神的側面に着目して定立された義務であることと調和する。そして，その「働きやすさ」は，本稿のⅢで述べるような方法によって，常に担保されるべきと考える。

2　職場環境配慮義務の具体的内容

「働きやすい職場環境の実現」が職場環境配慮義務の端的内容あるいは目的であるとして，具体的な内容は如何なるものであろうか。これについては，先述したように，「予防」と「事後対応」とが核となるものと解される。以下においては，同義務の具体的内容に関し，どういった議論が存在するのか確認す

---

(19)　たとえば，岡山セクシュアル・ハラスメント事件・岡山地裁平14・11・6労判845号73頁において，判決は，「使用者は，被用者に対し，労働契約上の付随義務として信義則上被用者にとって働きやすい職場環境を保つように配慮すべき義務を負」うとし，それを「職場環境配慮義務」と呼称している。

135

第Ⅰ部 差別・平等・ハラスメント法理をめぐる課題

ることとしたい。

まず，当初の学説は，職場環境配慮義務の具体的内容として，(ア)「問題の意義と，それが発生した場合の防止措置につき，十分な従業員教育を徹底させること」，(イ)「もし現実に発生した場合には，事情聴取を行い直ちにその行為をやめさせ」ること，(ウ)「さらに必要があれば，加害者の配転等の是正措置をとる」べきこと[20]等を指摘している。これは，予防と事後対応の具体的措置を端的に示したものといえよう（前者につき(ア)，後者につき(イ)と(ウ)）。また，そもそも義務内容を，事前の義務としての「予防的措置・対応」と，事後の義務としての「迅速な調査と適切な解決・再発防止等の措置・対応」との2つに大別し検討[21]を行った学説も存在する。

こうした議論を踏まえて，あるいは，先述のような裁判例の影響を受けつつ策定されたと解されるのが，通常私法上の効力はないとされるものの，公法的な規制の一をなす「指針」である。すなわち，ハラスメントの各類型のうち，セクシュアル・ハラスメント，妊娠・出産等に関するハラスメント，育児休業等に関するハラスメントについては，それぞれに係る「指針」が策定されている[22]。当該3類型のハラスメントについて，法文上共通しているのは，それぞれに該当するような「言動」によって「当該労働者[23]の就業環境が害されることのないよう，当該労働者[24]からの相談に応じ，適切に対応するために必要な体制の整備その他の雇用管理上必要な措置を講じなければならない」（雇用の分野における男女の均等な機会及び待遇の確保等に関する法律（以下，「均

---

(20)　山田(省)・前掲注(7)39頁。

(21)　奥山・前掲注(14)273頁。

(22)　セクシュアル・ハラスメントについては，「事業主が職場における性的な言動に起因する問題に関して雇用管理上講ずべき措置についての指針」（平18厚労省告示615号），妊娠・出産等に関するハラスメントについては，「事業主が職場における妊娠，出産等に関する言動に起因する問題に関して雇用管理上講ずべき措置についての指針」（平28厚労省告示615号），育児休業等に関するハラスメントについては，「子の養育又は家族の介護を行い，又は行うこととなる労働者の職業生活と家庭生活との両立が図られるようにするために事業主が講ずべき措置に関する指針」（平21厚労省告示509号）。なお，育児休業等に関するハラスメントについては，従来の育児介護休業法の指針への増補によって対応がなされている。

(23)　なお，妊娠・出産等に関するハラスメントについての法文，すなわち均等法11条の2第1項では，「当該女性労働者」と表記されている。

(24)　同。

〔滝原啓允〕　　　　　　　　　　　　　*6*「働きやすい職場環境」の模索

等法」）11 条 1 項，同法 11 条の 2 第 1 項，育児休業，介護休業等育児又は家族介護を行う労働者の福祉に関する法律（以下，「育児介護休業法」）25 条）とし，「厚生労働大臣は，前項の規定に基づき事業主が講ずべき措置に関して，その適切かつ有効な実施を図るために必要な指針……を定めるものとする」（均等法 11 条 2 項，同法 11 条の 2 第 2 項，なお育児介護休業法 28 条の法文は同文でないが同旨）とする点である(25)。

　これらは，確かに公法的な規制の一部ではあるものの，職場環境配慮義務の具体的義務内容の一定部分は，それらに係る指針の定める内容と重なり得る。すなわち，指針の内容を履行していれば，上掲のハラスメントの 3 類型に関し，同義務の履行が一部ではあるもののなされていることになり得る。なぜなら，同義務の具体的内容は前述のように予防と事後対応を核とし，指針の内容も後述のように予防と事後対応を核とするところ，一定の共通性を有するからである。よって，指針に掲げられた内容が形式的になされるような場合（たとえば形式的な研修等を行っていたにすぎない(26)等）や，そもそも不十分にしかなされない場合，指針はそれぞれの法規定とあいまっての公法的な規制であるところ，行政指導（均等法 29 条，育児介護休業法 56 条）や事業者名等の公表（均等法 30 条，育児介護休業法 56 条の 2）の対象となり得るし，場合によっては，職場環境配慮義務違反という私法上の評価をも受け得るであろう。

　かかるような公法上の規制の一としての指針と私法上の職場環境配慮義務と

---

(25)　一方，法文上の相違点に関しては，以下に示す通りである。すなわち，まず，セクシュアル・ハラスメントについては，その「言動に対するその雇用する労働者の対応により当該労働者がその労働条件につき不利益を受け，又は当該性的な言動により」との文言があった上で，「当該労働者の就業環境が害されることのないよう」との文言が続いている（均等法 11 条 1 項）。次に，妊娠・出産等に関するハラスメントについては，「妊娠したこと，出産したこと，労働基準法第六十五条第一項の規定による休業を請求し，又は同項若しくは同条第二項の規定による休業をしたことその他の妊娠又は出産に関する事由であつて厚生労働省令で定めるものに関する言動により」との文言があった上で，「当該女性労働者の就業環境が害されることのないよう」との文言が続いている（同法 11 条の 2 第 1 項）。そして，育児休業等に関するハラスメントについては，「育児休業，介護休業その他の子の養育又は家族の介護に関する厚生労働省令で定める制度又は措置の利用に関する言動により」との文言があった上で，「当該労働者の就業環境が害されることのないよう」との文言が続いている（育児介護休業法 25 条）。

(26)　たとえば，三重セクシュアル・ハラスメント事件や，海遊館事件（最一小判平 27・2・26 労判 1109 号 5 頁）における事案などが端的であろう。

第Ⅰ部 差別・平等・ハラスメント法理をめぐる課題

の一定の連関に関しては，前者に沿った十分な防止措置をとっていれば後者の判断において考慮されるべき事実となる[27]とする学説，あるいは，それらが同じ目的を有していることから前者は後者の基本的かつ具体的な内容を考える上で十分に参考になる[28]とする学説が存在し，裁判例においても両者の明白な連関を示すものが存在する（たとえば，指針に沿った措置が不十分であったことから私法上の職場環境配慮義務違反を肯定した裁判例[29]が存在する）。その一方，「指針」は職場環境配慮義務の「最低限の内容」を構成するから，それらの履行のみでは同義務を「尽くした」ことにはならない[30]として，ある意味で「指針」をやや消極に解し，その内容以外にも使用者における積極的な措置を求めようとする学説が存在する。

　以上からすれば，諸般の学説・裁判例は，その理解の仕方に一定の振幅を有しながらも，総じて，指針の内容が職場環境配慮義務の具体的内容の一部と重なり得ることを認めているとみることができよう。とはいえ，指針の内容のみでは，明らかに不十分と解するのが本稿の立場であり，そうした意味において，本稿は，最後に紹介した学説の立場に近いものといえよう。

　何が不十分と解されるかについては後に論じる（本稿のⅢ）として，当該3類型の指針においては，具体的にどのような事項が挙げられているのだろうか。これについて以下でみることとするが，実は3指針の内容はかなりの程度で一致する。すなわち，セクシュアル・ハラスメントに係る指針と他の2つの指針との違いが，その「原因や背景となる要因を解消するための措置」が求められているか否か，という点（以下の(4)）にあることを除いて，内容はほぼ同一といってよい[31]。なお，この相違点は，妊娠・出産・育児に関する諸制度（産

---

(27)　水町勇一郎『労働法（6版）』（有斐閣，2016）220頁。

(28)　奥山・前掲注(14)273頁。

(29)　下関セクシュアル・ハラスメント事件・広島高判平16・9・2労判881号29頁。

(30)　角田邦重＝山田省三『現代雇用法』（信山社，2007）239頁。

(31)　3指針は「ほぼ同一」であるとしたが，(4)のほか，かなり詳細な部分において若干の差が見られる。その中で注目されるのは，(3)の行為者に対する具体例（「措置を適正に行っていると認められる例」）として，「行為者に対して必要な懲戒その他の措置を講ずること。あわせて，事案の内容や状況に応じ，被害者と行為者の間の関係改善に向けての援助，行為者の謝罪等の措置」が挙げられているものの，妊娠・出産等に関するハラスメント及び育児休業等に関するハラスメントに関してはこれら列挙にとどまり，セクシュアル・ハラスメントに係る指針のみ「被害者と行為者を引き離すための配置転

休・育休等）の利用が現在必ずしも十分になされておらず，あるいは周囲の理解が必要であることから生じたものと解される。よって，以下の(1)(2)(3)(5)は各指針においてほぼ一致するものとして，(4)は妊娠・出産等に関するハラスメントと育児休業等に関するハラスメントについてのものとして確認したい。

さて，講ずべき事項として，まず挙げられているのが，(1)事業主の方針の明確化及びその周知・啓発である。すなわち，当該ハラスメントの内容と，そうしたことがあってはならない旨の方針を明確化し，管理監督者を含む労働者に周知・啓発をすることが，まず挙げられている。なお，妊娠・出産等に関するハラスメントと育児休業等に関するハラスメントについて，それぞれの指針は，妊娠・出産・育児休業等に関する否定的言動が職場におけるそれら2類型のハラスメントの発生の原因や背景になり得ること，また，制度等の利用ができることも明確化・周知・啓発すること，としている。

次に，(2)相談（苦情を含む）に応じ，適切に対応するために必要な体制の整備が挙げられている。すなわち，相談窓口を設け，担当者が内容や状況に応じ適切に対応できるようにすること，などとされている。また，その際には，現実に発生している場合のみならず，発生のおそれがある場合や，ハラスメント該当性が微妙な場合であっても広く相談に対応すること，とされている。

そして，(3)各ハラスメントへの事後の迅速かつ適切な対応が挙げられ，事実関係の迅速かつ正確な確認，事実確認ができた場合には速やかに被害者への配慮の措置を適正に行い，行為者に対する措置を適正に行うこと，事実の有無にかかわらず再発防止に向けた措置を講ずること，などとされている。

また，(4)妊娠・出産等に関するハラスメント及び育児休業等に関するハラスメントについては，両ハラスメントの原因や背景となる要因を解消するための措置が求められており，業務体制の整備等，事業主や各労働者の実情に応じて必要な措置を講じること，とされている。

さらに，(5)併せて講ずべき措置として，相談者・行為者のプライバシーを保

換」が「被害者と行為者の間の関係改善に向けての援助」と「行為者の謝罪」との間において，さらに付加されている点である。これは，おそらく，セクシュアル・ハラスメントそれ自体の被害の程度が深刻になりやすいことに起因するものと推測されるが，他の2類型の指針策定において「配置転換」につき例示をあえてしなかったことにつき，疑問なしとはいえない。勿論，「配置転換」という強い措置それ自体が，果たして妥当かどうかはまた別の議論である。

第Ⅰ部 差別・平等・ハラスメント法理をめぐる課題

護するために必要な措置を講じ周知することや，相談したこと，事実関係の確認に協力したこと等を理由として不利益取扱をしてはならない旨を定め労働者に周知・啓発すること，とされている。

こうした指針の内容は，本来的には上記3類型の各ハラスメントを念頭としたものではあるものの，他の類型のハラスメントにも妥当し得る。すなわち，(a)以前より存在していたセクシュアル・ハラスメントに係る指針の内容が，2017年1月1日施行の他の2類型の指針とほぼ一致すること，(b)他の類型に係る裁判例に徴するに，上記指針内容が他の類型にも妥当し得る[32]こと，(c)指針それ自体[33]を見るに「その他のハラスメント」との複合的発生を予定し，あるいは「一体的」「一元的」相談体制を望ましいものとし，いわば諸般のハラスメントに係る対策を別異のものと解せず，むしろ連動性を有するものとして捉えている[34]ことなどからすれば，上記各指針は他の類型のハラスメントにも妥当し得るだろう。これは，とりわけ上記内容の(1)(2)(3)(5)についていうことができ，何らかの権利行使ないし制度利用に対しなされるハラスメントについては(4)の内容も強く妥当することとなる。また，本節冒頭で紹介した職場環境配慮義務の具体的内容を論じた各学説との関連でも，とりわけ指針の(1)(2)(3)はよく調和することとなり，もとより(4)(5)についても一定の注意がなされるところとなっている[35]。裁判例においては，本稿Ⅱの1の(2)の「『働きやすい職場環境』の実現」でみたように，(2)と(3)が指摘または重視されている。すなわち，たとえば，(2)に関し社会福祉法人和柏城保育園事件を，(3)に関し三重セクシュアル・ハラスメント事件あるいは事後対応の懈怠で被害が増悪した国・京都下労基署長（富士通）事件[36]及び川崎市水道局事件[37]を挙げることが

---

(32) たとえば，本文でも後述するが，指針の内容の(3)に関していえば，いわゆる「職場いじめ」事案である川崎市水道局事件・横浜地川崎支判平14・6・27労判833号61頁や国・京都下労基署長（富士通）事件・大阪地判平22・6・23労判1019号75頁では，適切な事後対応がなされず，被害者における精神被害が増悪し，かつそれはまた法的非難の程度を高めている。

(33) たとえば，妊娠・出産等に関するハラスメントに係る指針3(2)ハ。

(34) これは，厚生労働省の「職場のパワーハラスメント防止対策についての検討会」による2018年3月の「報告書」の内容からしても，明らかといえよう。

(35) 奥山・前掲注(14)274，276頁など。

(36) 前掲注(32)。

(37) 同。

〔滝原啓允〕　　　　　　　　　　　　　　　　　*6*「働きやすい職場環境」の模索

できよう。また体制整備という点では(1)も当然その前提となる。そして，そもそも(4)は(1)の前提であり，(5)も(2)と(3)の前提として機能することとなる。

　以上より，(1)から(5)の各内容は，ハラスメント一般について妥当し，職場環境配慮義務における具体的内容の一部として認識可能となろう。そして，これら指針における具体的内容は，端的にまとめてしまえば，(1)と(2)と(4)は「予防」，(3)と(5)((2)の一部も含まれ得る)は「事後対応」として整序できよう。そして，その内容からすれば，「予防」の局面では(1)と(2)とが核となり，「事後対応」の局面では(3)が核となるものと解され，(4)は前者のための，また(5)は後者のための，それぞれ付随的な措置として位置付けられ得る。

Ⅲ　職場環境配慮義務論における「変革」的要素の必要性

　これまで論じてきたように，職場環境配慮義務の端的内容あるいは目的は，「働きやすい職場環境」の実現との点にあり，そのための手段として，同義務の具体的な内容が存在するものと解される。

　それを前提とした上で，本稿のⅡの2で論じたような具体的内容が存在している場合，それは本当に「働きやすい職場環境」の実現を果たし得るものなのであろうか。

　少なくとも，同義務内容の核として「予防」と「事後対応」とが存在するという，初期の学説が指摘していた点については，特段の異論はなく，そうした核から敷衍される諸般の具体的な義務内容の履行によって「働きやすい職場環境」が実現されるであろうことにも，本稿は疑義ありとするものではない。

　しかし，「指針」が示すような，より詳細で具体的な内容を果たしさえすれば，同義務の端的内容あるいは目的である「働きやすい職場環境」の実現をなし得るとは解されない。異なった表現をするならば，「指針」に記載されたことのみを実施したとしても，それは同義務について十分な履行をしたとはいえない。

　すなわち，先に紹介したように「指針」は職場環境配慮義務の最低限の内容を構成するから，それらの履行のみでは同義務を尽くしたことにはならないとする学説が存在するところ，本稿も同様の見地に立つ。

　では，「指針」に記載されているような内容以外に，なすべきこととは何か，また，それをなすことで，「働きやすい職場環境」の実現を図り得るのかどう

第 I 部 差別・平等・ハラスメント法理をめぐる課題

か，といった諸点に留意しつつ，職場環境配慮義務における「最低限の内容」
のみならず同義務を「尽くした」といい得る積極的な作為とは何か，以下で試
論したい。

1 「働きやすい職場環境」の実現との関係で「指針」が欠く視点

事後対応の局面において，「指針」が向いているのは，ある被害に遭った，
あるいはその行為をなした，いわば「当該労働者」のみであるかのように解さ
れる。すなわち，本稿の II の 2 で紹介したように，「指針」における事後対応
は，(3)の各ハラスメントへの事後の迅速かつ適切な対応が，その中核となるも
のの，そこに記載された措置は，基本的に，「被害者」と「行為者」という
「当該労働者」のみに向いており，当該職場における労働者一般に向いた措置
としては，「再発防止」のための各ハラスメントについての方針の「周知・啓
発」のみが挙げられるに留まる。「指針」が基本的に「当該労働者」のみに向
いているのは，各「指針」の根拠となる各条文（均等法 11 条 1 項，同法 11 条の
2 第 1 項，育児介護休業法 25 条）において共通[38]する，「当該労働者」ないし
「当該女性労働者」の「就業環境が害されることのないよう」に「措置を講じ
なければならない」とする法文形式に起因しよう。

本稿は，「指針」の内容の履行をもって，「働きやすい職場環境」は実現され
得ないと解する。あるハラスメントが生じた際に，当該被害者との関係におい
て使用者は適切な事後対応をなさねばならないのは当然だが，それと同時に，
当該ハラスメントによって一定の「危険」を認識した当該職場を構成する他の
労働者のため，そうした「危険」が具体化せぬよう使用者は予防的措置をとら
ねばならず，仮にそれをなさないのであれば第二第三のハラスメントが生じ得
ることとなる。すなわち，あるハラスメントが生じた場合，当該被害者との関
係において使用者に職場環境配慮義務違反が生じるのみならず，当該職場の労
働者一般との関係においても使用者に同義務違反は生じ得る。当該職場の労働
者一般にとっての「働きやすい職場環境」は危険にさらされ，場合によっては，
それが毀損されたといい得るからである。

これについては，フクダ電子長野販売事件[39]における事案に照らせば，ク

---

(38) なお，前掲注(25)参照。

(39) 東京高判平 29・10・18 労判 1179 号 47 頁。評釈として，水町勇一郎「判批」ジュ

〔滝原啓允〕　　　　　　　　　　　　　　**6**「働きやすい職場環境」の模索

リアに説明し得る。同事件は，被告会社（Y1）において被告代表者（Y2）が，原告の X2 や X1 に対し，攻撃的かつ女性差別的な言動[40]をなし，正当な理由なく懲戒処分を科し賞与の減額をし，会社の経営に不要である旨伝え，退職を強要し，それを見聞した原告 X3 と X4 が今後自分たちにも同じような対応があると受け止め，退職に至ったという事案であった（原告は全員女性である）。東京高裁は，Y2 の攻撃的かつ女性差別的な言動について，直接それを受けた X1 と X2 のみならず，いわば危惧感を間接的に有するに至った X3 と X4 についても，救済の対象とした[41]。そして，その帰結は最高裁決定[42]により確定した。同事件は，職場環境配慮義務が正面から争点となった事案ではない。しかし，Y2 の X2 と X1 への言動によって，明らかに「働きやすい職場環境」が毀損され，職場環境は危殆化している。そして，直接被害者でない X3 と X4 が危惧感を抱き退職するに至っている。あるハラスメントは，直接被害者でない労働者にも，確実に影響を及ぼし得る。「働きやすい職場環境」は，ハラスメントの被害者にとってのみならず，他の労働者にとっても，当該ハラスメントを契機として毀損され得るのである。

　よって，「当該労働者」にばかり意識が向けられた「指針」と，職場環境配慮義務の端的内容あるいは目的である「働きやすい職場環境」の実現との間には，一定の距離があるように思われる。「当該労働者」のみでなく，他の労働

　　リ 1514 号 4 頁。

(40)　例えば，「女性は，自分たちの守るべきことがあるから，必ず新しいことをやろうとすると反発する」といった言辞。

(41)　これにつき，東京高裁は以下のように判示した。すなわち，「X3 と X4 は，X2 や X1 と同じ職場で働いており，Y2 の X2 や X1 に対する言動を見聞きしていることは前記認定のとおりであるから，Y2 が正当な理由なく X2 や X1 に対し懲戒処分を科したり賞与の減額をしたりするとともに，会社の経営に不要であると伝えていることを認識していたことが認められる。そうすると，X3 と X4 が今後自分たちにも同じような対応があると受け止めることは当然である。その結果，X3 は Y1 に再就職して勤務して 50 歳代後半であり，X4 は Y1 に転職して勤務しており，いずれも定年まで勤務するつもりでいたのに，X2 や X1 に対する正当な理由のない懲戒処分や賞与減額を見聞きし，いずれ自分たちも同じような対応を受け，退職を強いられるであろうと考え，X3 は同年 7 月 16 日に，X4 は同年 7 月 17 日にそれぞれ退職願を提出し退職するに至ったのである。これらの事情を総合勘案すると，Y2 の X2 及び X1 に対する上記一連の退職強要行為は，X3 及び X4 にも間接的に退職を強いるものがあるから，X3 及び X4 との関係においても違法な行為に当たる」とした。

(42)　最三小決平 30・5・15 判例集未登載。

第Ⅰ部　差別・平等・ハラスメント法理をめぐる課題

者一般にとっての「働きやすい職場環境」も，あるハラスメントによって，同時に毀損され得るという視点が，「指針」には欠けている。そして，その視点の欠落は，あるハラスメントを職場全体の問題として捉えるという視座の欠落に通じることとなる。すなわち，「当該労働者」である被害者の救済ばかりに意識が向けられてしまうと，結果として，職場全体の課題といった大きな課題に意識が向かないままになり得る。そして，ここでいう「職場全体の課題」とは，上掲のフクダ電子長野販売事件についていえば，代表者のY2による言動ということとなる。「指針」は，労働者一般に向けた措置として，当該事業主におけるハラスメント方針の「周知・啓発」を「再発防止」のため挙げるものの，ある事業体における代表者や経営層が，ハラスメントを自ら行い[43]あるいは繰り返す場合において，そうした措置は無意味であろう。また，ハラスメントの加害者が実際には当該事業体における構造的の「犠牲者[44]」である可能性（経営層に追いつめられた中間管理職等）など組織的・構造的な不具合があるような場合においても，「当該労働者」への関心のみでは，そうした問題への洞察はなされ得ないし，当該ハラスメント方針の「周知・啓発」を繰り返すことにも意味があるとはやはり思われない。

　重要なことは，あるハラスメントを契機として，被害者に救済を及ぼすのみならず，なぜ，当該ハラスメントが生じてしまったのか，そして，それを繰り返さないために使用者において如何なる「変革」をなすべきなのかを考慮する

---

(43)　そのようなことは，特段珍しいことでない。たとえば，カンリ事件（東京高判平27・10・14労働判例ジャーナル47号43頁）では，まさに，被告会社代表によるハラスメント（プライバシー侵害・強要）が正面から問題となった。東京高裁は，「在日韓国人であり日常生活において専ら通名を使用してきた労働者に対して本名の使用を命じ又は勧奨することは，労働契約上の付随義務として信義則上負う職場環境配慮義務（被用者にとって働きやすい職場環境を保つよう配慮すべき義務）による労働契約上の責任を生じさせることがある」ほか，その態様等具体的事情によっては不法行為上違法となるとして被告会社代表の不法行為責任を肯定した。また，ヴィナリウス事件（東京地判平21・1・16労判988号91頁）における，「社長」と呼ばれている取締役の言辞（原告に対する「あなたの人生をむちゃくちゃにしてやるから覚悟しておけ」との発言，あるいは，原告の母親に対する「息子の行動を止めろ，さもないと，息子の人生をめちゃくちゃにしてやる」との発言）も，経営層によるハラスメントの例として挙げることができよう。

(44)　西谷敏『人権としてのディーセント・ワーク──働きがいのある人間らしい仕事──』（旬報社，2011）271頁。

〔滝原啓允〕　　　　　　　　　　　　　　　　　*6*「働きやすい職場環境」の模索

という態度そのものではないだろうか。そうした使用者の態度がなければ，「働きやすい職場環境」の実現はなし得ない。

2　「変革」的要素の必要性

　これまで述べたことからすれば，既存の職場環境配慮義務論に付加されるべきは，「変革」的要素であるといえよう。あるハラスメントを契機として，当該事業体全体を「変革」させ，第二第三の被害を予防するという視点が必要となる。それは，当該被害者との関係では事後対応として機能するが，当該職場の労働者一般との関係では予防として機能することとなる。そして，それにより，「働きやすい職場環境」の実現が図られよう。そして，そうした「変革」を思想・哲学的に支えることとなるのが，Zehr や Braithwaite[45]そして Arrigo[46]らにより主導される修復的正義（restorative justice）論[47]であると解

---

(45)　Braithwaite は，修復的正義の論者の中でも，とりわけ実践的で戦略的な理論を展開している。中でも，応答的規制（responsive regulation）理論は，労働法学の Collins や Estlund の理論に一定の影響を与えている。これにつき，詳しくは，滝原・前掲注（2）（季労）。

(46)　Arrigo は，とりわけポスト・モダニズムの観点から，社会に対する批判を通じて構造的な是正を志向するという「批判的修復的正義（critical restorative justice）」論を展開させる。そこでの人間観は，カオス（chaos）理論を前提にしており，人間の行動の予測不能性，流動性などを所与としている。Arrigo の代表的な著作として，Christopher R. Williams & Bruce A Arrigo, *Theory, Justice, and Social Change: Theoretical Integrations and Critical Applications*, (Springer, 2004)。Arrigo を紹介するものとして，宿谷晃弘「修復的正義における批判と実践──Arrigo の修復的正義論の検討──」比較法学 41 巻 2 号（2008）163 頁など。

(47)　日本における修復的正義論の主要な論者として，高橋則夫，西村春夫，細井洋子，吉田敏雄，宿谷晃弘らを挙げることができる。こうした論者の中で，近時，法哲学的な議論を展開しているのが宿谷であり，その多くの労作から得られる示唆は少なくない（宿谷による同正義に係る見取り図的な論考として，宿谷晃弘＝安成訓『修復的正義序論』（成文堂，2010））。日本に紹介された当初，同正義は主として刑事法学・法哲学の分野で論じられていたが，元来，社会学・政治学のみならず神学とも密接なのが同正義であり，さらに現在，同正義に基づく実践論──主として Braithwaite による再統合的自責（reintegrative shaming）の理論ないし応答的規制理論──に影響を受けた議論が，諸法分野でなされており，前掲注（45）で言及したように労働法分野も例外ではない。
　なお，労働法分野における修復的正義論について詳しくは，滝原・前掲注（2）（学会誌労働法），宿谷晃弘＝滝原啓允「労働法における修復的正義の展開可能性に関する一試論」東京学芸大学紀要人文社会科学系 II 68 集（2017）105 頁，滝原・前掲注（2）（季労）など。

第Ⅰ部 差別・平等・ハラスメント法理をめぐる課題

するところ，それにつき以下で述べる。

(1) ハームとニーズの重視，そして変革

あるハラスメントを契機として，使用者が変革を経験するためには，なぜそうしたハラスメントが生じてしまったのか，多角的かつ詳細に分析をなす必要がある。そして，組織的・構造的な問題が元来存在するとすれば，そうした問題に気付くような方法が採られるべきである。すなわち，なるべく多くの労働者の参加を得て，忌憚のない議論が行われるべきであり，労使は変革のための協働主体となるべきである。当該問題についての議論が行われる際には，当該被害者において生じた被害のみならず，当該職場それ自体または他の労働者が受けた被害または危惧についても目が向けられるべきで，場合によっては，なぜ加害者が加害に至ったのかについても考察がなされるべきであり（以下で述べる修復的正義論では，これら被害・危惧・加害原因は「ハーム」と呼称される），そうした上で必要とされること（同正義論では「ニーズ」と呼称される）が探求されるべきであろう。結果として，使用者は，具体的になすべき変革について，方針を得ることとなる。そして，その変革を経ることで，使用者は事後対応のみならず予防をもなすことが可能となる。

こうした「変革」の流れに，確かな方向性と基礎を与えるのが，修復的正義論である。同正義論は，国家的作用としての司法を必ずしもその前提とせず，一定のコミュニティの存続にとりわけ関心を払うものということができるだろう。Zehr は，端的に，同正義は「人類の歴史と同様の古さ[48]」を有すると指摘しているが，同正義は，国家を前提とする実定法規範への違反に意識を向けるのではなく，一定のコミュニティに着目するがゆえに各個の関係性への侵害に意識を向ける[49]。そして，多くの論者は以下の4つの要素を念頭として，同正義を論じている。すなわち，（α）紛争当事者（被害者・加害者・コミュニティ）におけるハームとニーズの重視，（β）紛争当事者の積極的・自発的参加の尊重，（γ）対話（コミュニケーション）の重視，（δ）未来志向など[50]が主たる

---

(48)　Howard Zehr, *The Little Book of Restorative Justice*, (Good Books, 2002), p.12.

(49)　See, *id.*, pp.28-52; see also, Zehr, *Changing Lenses: Restorative Justice for Our Times* (25 anniversary ed.), (Herald, 2015), pp.181-214.

(50)　宿谷＝滝原・前掲注(47)106頁［宿谷執筆部分］。

要素とされる。これらのうち，（β）（γ）（δ）はまさに字義通りであるが，（α）
については修復的正義の本質を理解する上でとりわけ重要と考えられるため，
以下で述べたい。

　すなわち，まず，「ハーム」とは法益侵害のように抽象性の高い概念でなく，
紛争当事者がまさに受けているところの「生の損害」を指し，それは，物理
的・精神的・経済的な損害，あるいは個体として受けた損害だけでなく，関係
性への侵害という観点が重視されるのが特徴である[51]。

　また，ここでいう「紛争当事者」とは，被害者のみならず，加害者，そして
当該コミュニティをも含む。これは，応報的正義が忘れ去った当事者を掘り起
こすことを意図する修復的正義における特徴に起因する。すなわち，被害者が
受けたハームのみならず，加害者自身もその個人的事情や社会的事情によって
「加害」に追い込まれたのではないか（これは加害者におけるハームとして認識さ
れる）との視点を修復的正義は包含し得る。また，被加害の両者が存在する当
該コミュニティそれ自体とその構成員において生じたハームも認識されること
となる。それは，すなわち，コミュニティ環境の悪化についての洞察をも同正
義が要求するということを意味する。

　かかるように，当該コミュニティを含む紛争当事者たちが受けた様々な「生
の損害」が「ハーム」として実質化されていくこととなる中で，「ニーズ」は，
これに呼応する。つまり，当該ハームを踏まえた上で，それぞれの紛争当事者
が抱くニーズについて，修復的正義は極めて強い関心を示すこととなる。紛争
当事者におけるハームとニーズは，当事者それぞれの間に存在する「関係性」
への着目によっても，実質化され得る。これは，被害者と加害者間の関係性，
被害者と当該コミュニティ間の関係性，加害者と当該コミュニティ間の関係性
など，それぞれにおけるハームとニーズとが認識されることで，「関係」的な
「正義」が実践されることとなる。すなわち，具体的には「修復」・「創設」・
「解消」といった方法があり得る。

　ハームとニーズを的確に認識し，実質化していくためには，紛争当事者の参
加が強く望まれることとなるが，それは強制されるものであってはならないし，
とりわけ被害者の意思は最大限尊重されるべきこととなる。これは，先述の

----

(51)　同 106-107 頁 ［同］。

第Ⅰ部 差別・平等・ハラスメント法理をめぐる課題

(β)に関連する。また，紛争当事者の対話が重視されるべきという(γ)の発想はハームとニーズを捉える上で不可欠であり，ニーズは過去に対するもののみならず将来的なものを多分に志向するため，そうした方向性は(δ)における未来志向と連関する。

但し，(β)(γ)(δ)が(α)の実現のためのみに存在しているというわけでは全くなく，いずれも重要な並立的（しかし上記のように相互関連し得る）要素であることに注意が必要である。たとえば，(δ)における未来志向は，加害者における過去志向的な責任ではなく，むしろ行為に対する説明責任を果たすこと，そして謝罪・賠償などを通じてハームを修復させる責任[52]を導出させる。そして，当該コミュニティにはそれに対する積極的な支援と再発予防のための施策が強く要請されることとなる。

よって，修復的正義が目指すのは，それぞれの紛争当事者が抱えているハームを精確に把握し，ニーズを確実に捉え，新たな関係性（別離を含む）を探るという，相当実際的な態度ということができるだろう。これは，修復的正義の本質にも強く連関する。すなわち，被害者・加害者・コミュニティという紛争当事者の参加と対話に重要な価値を見出し，ハームとニーズを的確に認識させ，未来志向的な責任を導出させるとの修復的正義の立場は，元来，同正義そのものが各個の関係性への侵害に意識を向けるという本質を有することから，導かれる。

修復的正義は，所与の「正義」を語り，それに束縛されるのではなく，むしろ各人が「不正義」と解することを取り上げることによって，「変革」をもたらすことを志向する。これは，「正義」としては逆説的な契機を有しているようにも思われるが，修復的正義の最も本質的な部分であると解される。よって，権威性を有する絶対的「正義」を前提とするのではなく，弱者の語る相対的「不正義」に耳を傾け，社会的変革を目指すのが修復的正義ということになる。被害者・加害者・コミュニティという紛争当事者が当該「不正義」を契機として，他律的でない自律的「正義」を希求するという態度そのものに修復的正義の意義があるのであって，当該コミュニティを変革させようとする点に，その要諦があると解すべきであろう[53]。

(52) 同107頁〔同〕。

(53) これを端的に示すのが，Judith N. Shklar（The Faces of Injustice,（Yale University

〔滝原啓允〕　　　　　　　　　　　　　　　　　*6* 「働きやすい職場環境」の模索

(2) 「変革」による「働きやすい職場環境」の実現

多くのハラスメントに関する訴訟は，被害者と使用者との間でなされているが，修復的正義論に基づくならば，そこでいわば忘れ去られてしまう当該職場の労働者や，加害者の加害原因についても洞察がなされるべきこととなる。それなくして，当該職場の変革はあり得ない。使用者は，当該職場を支配し管理するが，それがゆえに，当該ハラスメントを契機として，当該職場を「働きやすい」ものに変革せねばならない。そして，その変革はボトム・アップでなされる必要がある。当該職場について深く洞察をなし得るのは，当該職場を現に構成する者，つまり労働者だからである。よって，当該職場の変革は，なるべく多くの労働者(54)と使用者，そして労働組合，さらに可能であるならば当該被害者と加害者とが参加する会議体の実施，すなわち「修復的実践」の方法によってなされるべきである。そこで，それぞれの存念，すなわち主観は，客観化され，変革のための要素となり得る。使用者はそれを真摯に受け止め，それに基づく変革がなされることで，職場環境配慮義務の端的内容あるいは目的である「働きやすい職場環境」の実現が図られることとなる。

Ⅳ　おわりに

本稿の最大の目的は，職場環境配慮義務の具体的内容として「指針」以外に必要な要素が存在するとすれば，それが如何なるものか検討することであった。そして，それは，「変革」的要素であると帰結した。

「指針」は，主として当該ハラスメントの被害者の救済を念頭に置いている

Press, 1990））の所説を参酌し，「修復的正義」の核心を「不正義の感覚および疑問の意識の中に，当事者として踏みとどまろうとする意思そのもの」と理解する立場（宿谷晃弘「共和主義政治理論・刑罰論の射程範囲──修復的正義とブレイスウェイト・ペティット──」比較法学 40 巻 3 号（2007）17 頁，57 頁）であろう。Shklar にならい，宿谷は，さらに修復的正義を「修復的な，不正義への注視の感覚ないし実践」と表現する。

(54)　「働きやすい職場環境」は，最終的には使用者のみならず個々の労働者によって構築され得るが，使用者による（他律的）研修は，個々の労働者の（自律的）反ハラスメント規範意識涵養に必ずしも結びつかない場合が少なくない（たとえば，前掲注(26)の2 事件における事案などが端的である）。すなわち，使用者による研修や「周知・啓発」には一定の限界がある。そうした意味で，なるべく多くの労働者が，自律的に「修復的」な実践に関わるという方法は，個々の労働者の意識の「変革」という局面においても意義がある。

第Ⅰ部 差別・平等・ハラスメント法理をめぐる課題

が、フクダ電子長野販売事件の事案において顕著であったように、ハラスメントは、直接被害者でない労働者にも影響を及ぼすことから、より大きな視点で対処する必要がある。すなわち、あるハラスメントを契機として、当該職場全体の課題に目が向けられる必要がある。そうすることで、そもそも経営層に問題がある場合や、経営層に追いつめられた中間管理職等がやむなく加害に及んだ場合など、当該事業体における、組織的・構造的な不具合について考察することも可能となる。

よって、重要なことは、あるハラスメントを契機として、被害者に救済を及ぼすのみならず、なぜ、当該ハラスメントが生じてしまったのか、そして、それを繰り返さないために使用者において如何なる「変革」をなすべきなのかをなるべく多くの労働者と共に考慮するということであり、そうした「変革」を経験した後に、「働きやすい職場環境」が回復ないし再構築されることとなる。本稿は、「変革」的要素を論じるにあたり修復的正義論に依拠したが、相対的「不正義」に耳を傾けつつ組織的・構造的問題に対処しようとする態度は、使用者による被害者への事後対応において、また他の労働者への第二第三の被害を予防するという局面において、不可欠と解する。

7 フランスにおけるセクシュアル・ハラスメント 防止と従業員代表制

山 﨑 文 夫

I はじめに　　　　　　　　　　III 性差別的言動禁止とセクシュ
II セクシュアル・ハラスメント 　　　　アル・ハラスメント防止
　 防止と従業員代表制　　　　　 IV む　す　び

I　は じ め に

フランスは，男女平等を推進するために，1980年刑法典改正により強姦罪及び強制わいせつ罪の暴行要件を緩和して，それらを男女共通のものに改編し，1992年刑法典改正によりセクシュアル・ハラスメント罪を設けるなど，セクシュアル・ハラスメントに対して刑事制裁を科す国である[1]。

また，フランスは，セクシュアル・ハラスメント罪等の刑事訴訟の附帯私訴による加害者から被害者への損害賠償制度や，労働契約を継続し難い場合における労働者による労働契約の破棄の確認や，濫用的解雇法理による使用者から被害労働者への損害賠償制度などの民事制裁を備える国である。

他方，セクシュアル・ハラスメント防止については，1992年労働法典改正以来，その防止義務を使用者に課すだけでなく，労働者の苦情処理を担当する従業員代表委員（délégué du personnel, 1936年創設）や，労働者の安全や健康に関わる労働条件安全衛生委員会（comité d'hygiène, de sécurité et des conditions de travail, 1947年創設）などの従業員代表制をもその担い手としている。

本稿は，セクシュアル・ハラスメント防止に関与するフランスの従業員代表制を検討することにより，わが国におけるセクシュアル・ハラスメント防止に

---

(1)　その経緯については，拙著『改訂版セクシュアル・ハラスメントの法理』（労働法令，2004）43頁以下参照。

『現代雇用社会における自由と平等』山田省三先生古稀記念〔信山社，2019年3月〕　*151*

第Ⅰ部 差別・平等・ハラスメント法理をめぐる課題

関与する従業員代表制の必要性を提起するものである。

Ⅱ　セクシュアル・ハラスメント防止と従業員代表制

1　1992年法によるセクシュアル・ハラスメント防止と従業員代表制

　フランスは，1980年刑法典改正により，強姦罪及び強制わいせつ罪の暴行要件の緩和及び男女共通への規定改編を行い，さらに，1992年刑法典改正（1992年6月22日の法律）の際に，女性議員の提案により，セクシュアル・ハラスメント罪を創設した。

　それに関連して労働法典も改正され（1992年11月2日の法律），L.122-46条が，セクシュアル・ハラスメント禁止規定及び被害者の雇用保護規定を定め，「職務により得た権限を濫用し，自ら又は第三者のために性的好意を得ることを目的として，労働者に対して命令を与え，脅迫的言動を述べ，強制し又はあらゆる性質の圧力をかけた使用者，その代表者その他の者によるハラスメント行為を被ったこと又は被ることを拒絶したことを理由として，いかなる労働者も，懲戒又は解雇されない。……」と規定した（1992年法では職務権限濫用がセクシュアル・ハラスメント罪の要件）。また，L.122-47条は，「L.122-46条に規定する行為をした労働者は懲戒処分を課されるものとする。」と規定して，使用者に，加害者上司等に対して懲戒処分を行う義務を課している。L.122-34条は，「就業規則は，本法典L.122-46条又はL.122-47条による性に関する権限濫用に関わる規定を想起させるものとする。」と規定して，セクシュアル・ハラスメントを懲戒処分事由とし，加害者が懲戒される旨を就業規則の絶対的必要記載事項とした。労働法典は，これらのほかにも，労働者保護に関する規定を定めるほか，L.122-48条は，「企業長は，前2条に定める行為〔＊筆者註～セクシュアル・ハラスメント〕を防止するために必要なすべての準備を行う義務を負う。」と規定して，使用者に，セクシュアル・ハラスメント防止義務を課している[2]。

　また，L.236-2条6項は，「労働条件安全衛生委員会は，セクシュアル・ハラスメントに関する防止活動を提案することができる。」と規定して，労働者50人以上を使用する事業場に設置される，使用者の諮問機関である労働条件

（2）　拙著・前掲注(1)54頁以下。

〔山﨑文夫〕　*7* フランスにおけるセクシュアル・ハラスメント防止と従業員代表制

安全衛生委員会に，セクシュアル・ハラスメント防止活動を行う根拠規定を付
与し，セクシュアル・ハラスメント防止計画の策定・実施等を行うよう促して
いる。同委員会は，施設長又はその代理人と，4 年任期で従業員の職業選挙に
より選出される企業委員会（使用者による情報提供・諮問機関，労働者 50 人以上
の事業場で設置，企業長と従業員選出委員等で構成，従業員 300 人未満の企業で毎月，
同 300 人以上で 2 か月に 1 回通常総会開催）の従業員選出委員と，後述の従業員
代表委員（労働者 11 人以上の事業場で 4 年任期で従業員の職業選挙により選出）に
より構成される団体により指名される従業員の代表委員により構成される。同
委員会は，オルー法（1982 年 12 月 23 日の法律）以来，女性の雇用アクセス促
進及び母性に関わる問題の改善に対応するための労働条件改善への寄与に関す
る一般的権限を有するほか（L.236-2 条），同委員会の従業員の代表委員には，
労働者への重大かつ切迫した危険原因の存在を認めたときの，使用者に対する
安全に関する通報権が付与されている[3]。

　さらに，1992 年 12 月 31 日の法律（Loi no 92-1446 du 31 décembre 1992 relative
à l'emploi, au développement du travail à temps partiel et à l'assurance chômage）
第 5 篇 29 条は，主として従業員の苦情処理を担当する従業員代表委員に対し
て，労働者の人の権利又は個人的自由に対する侵害に関して，使用者に対する
通報権（droit d'alerte）を付与した。同委員には，解雇保護（L.2411-1 条以下）
及び有給の活動時間（労働者 50 人以上の企業で月 15 時間等）保障（L.2143-13 条，
L.2315-1 条）がある。同法 29 条は，「労働法典第Ⅳ冊第Ⅱ篇第 2 章に，次に掲
げる L.422-1-1 条を加える。／『L.422-1-1 条　従業員代表委員は，特に労働者
を介して，企業内において，遂行する職務の性質により正当化されず，求めら

（3）　Grégoire Loiseau, Laurence Pécaut-Rivolier, Pierre-Yves Verkindt, Le guide du
　　comité d'hygiène, de sécurité et des conditions de travail（CHSCT）, 2e éd., Dalloz, 2017,
　　p.440.; Julien Icard: L'alerte individuelle en droit du travail, Droit social, 2017, p.545.
　　ヒュー・コリンズ（イギリス労働法研究会訳）『イギリス雇用法』（成文堂，2008）33 頁
　　は，イギリス，EU その他多くの国では，立法が安全衛生委員会を各職場に設置するこ
　　とを命じており，労使の代表によって構成される同委員会は，安全衛生に及ぼすリスク
　　を特定し，それを削減・排除する対策を決定することを任務とするが，この手続的メカ
　　ニズムないし制度的メカニズムは，交渉を通じた労使による自主規制を要請ないし誘導
　　する手続的規制と同様の目的で用いられるとする。イギリスの安全委員会については，
　　拙稿「イギリス労働組合会議とセクシュアル・ハラスメント防止」平成法政研究 23 巻
　　1 号（2018）2 頁以下参照。

第Ⅰ部　差別・平等・ハラスメント法理をめぐる課題

れる目的にも比例しない，人の権利又は個人的自由に対する侵害が存在すると認めるときは，速やかにそれを使用者に訴えるものとする。／使用者又はその代理人は，遅滞なく，当該従業員代表委員とともに調査し，その状況を改善するために必要な措置をとる義務を負う。／使用者の懈怠又はこの侵害事実に関する不一致があり，かつ，使用者との解決が見いだせないときは，当該労働者又は従業員代表委員は，労働裁判所判決部に提訴するものとする。ただし，従業員代表委員は，当該労働者が，書面により異議を唱えない場合に限り，提訴することができる。労働裁判所判決部は，急速審理手続に適用される手続に従い判決する。／裁判官は，当該侵害を止めさせるに適したあらゆる措置を命じ，国庫に納付される罰金強制をその判決に付することができる。』」と規定する。

　同法第5篇・採用及び個人的自由に関する規定（25条〜29条）は，情報処理技術の発展と使用者の個人情報収集活用のもとで，採用応募者及び労働者の個人的自由の尊重と企業運営に必要な権限の尊重の間で達成されるべき均衡を考察する必要があるとの認識の下に，両者の均衡を効果的に確保するためにとられるべき行動の指導線と適切な実施方法を求める，労働雇用職業教育大臣の付託に従い，1991年末に同大臣に提出された，労働法学者ジェラール・リヨン＝カーン教授による報告書「公的自由と雇用」[4]に基づいて定められたものである[5]。

　同法25条は，「L.120-2条　何人も，人の権利並びに個人的及び集団的自由に対して，遂行する職務の性質により正当化されず，求められる目的にも比例しない制限をすることができない。」と個人の権利の侵害禁止規定を定めるほか，採用応募者の個人情報保護に関する規定を定める。26条は，採用応募者及び労働者に対する評価方法の開示に関する規定を定め，27条は，採用応募者及び労働者に対する，その出自，性別，習俗，家族状況，民族，国籍，人種，政治的意見，労働組合又は共済組合活動，宗教的信条，健康状態又は障害を理由とする差別禁止に関する規定を定める。28条は，企業委員会に対する，採

(4)　Gérard Lyon-Caen, Les libertés publiques et l'emploi, La documentation française, 1992.

(5)　Jean-Emmaniel Ray: Une loi macédonienne ? Etude critique du title V de la loi du 31 décembre 1992 《Dispositions relatives au recrutement et aux libertés individuelles》, Droit social, 1993, p.104. は，報告書の提案と採択された条文の違いは明らかであると批判する。

〔山﨑文夫〕　*7* フランスにおけるセクシュアル・ハラスメント防止と従業員代表制

用方法，人事管理方法，人事考課方法に関する事前報告事項及び諮問事項に関する規定を定める。そして，上記 29 条は，個人の権利の確保方法を定めるものである。上記リヨン＝カーン報告書も，この種の問題に労働組合の団体行動による解決は不適切であるとし，被害者を代表する企業委員会委員又は従業員代表委員と使用者代表との解決に向けた協議や，協議が整わない場合の労働監督官による急速審理手続使用を提案していた[6]。

2　現在のセクシュアル・ハラスメント防止と従業員代表制

刑法典セクシュアル・ハラスメント罪は，1998 年，2002 年，2012 年（2012年 8 月 6 日の法律）と 3 度の改正を経ている[7]。それに関連して労働法典も改正され，現行 2012 年法では，セクシュアル・ハラスメント防止と従業員代表制に関する規定は，次のように規定されている。

L.1153-1 条は，「労働者は，次に掲げる行為を受けてはならない。／ 1　その下劣的若しくは屈辱的性質のゆえに労働者の尊厳を侵害し，又は相手に対して脅迫的，敵対的若しくは不快な状況を創り出す，反復的な性的性質を有する言葉又は行動によるセクシュアル・ハラスメント行為／ 2　反復性の有無を問わず，行為者若しくは第三者のために，性的性質を有する行為を得ることを真実又は外見上の目的として行われる，重大な圧力形態をなす，セクシュアル・ハラスメントとみなされる行為」と規定し，アメリカ合衆国でいう環境型（1 号）と対価型（2 号）のセクシュアル・ハラスメント禁止規定を定めている。

使用者のセクシュアル・ハラスメント防止義務について，労働法典 L.1153-1条は，「使用者は，セクシュアル・ハラスメント行為を防止し，それを止めさせ，及びそれを制裁するために必要なあらゆる措置をとるものとする。」と規定する。また，L.1153-6 条は，「セクシュアル・ハラスメント行為をした労働者は，懲戒を課されるものとする。」と，加害者への懲戒処分義務を規定する。就業規則について，L.1321-2 条は，「就業規則は，次に掲げる事項を，想起さ

---

(6)　G. Lyon-Caen, op.cit. p.152, p.166. 当時の時代背景の一端については，三井正信『フランス労働契約理論の研究』（成文堂，2016）172 頁以下を参照。

(7)　2012 年法制定の経緯・内容については，拙著『セクシュアル・ハラスメント法理の諸展開』（信山社，2013）181 頁以下を参照。その後の展開については，拙稿「フランスのセクシュアル・ハラスメントに係る法制度 2018」国士舘法学 51 号（2018）291 頁以下参照。

第Ⅰ部 差別・平等・ハラスメント法理をめぐる課題

せるものとする。……2 本法典に規定するモラル・ハラスメント，セクシュアル・ハラスメント及び性差別的言動〔＊後述〕に関する規定」と規定し，セクシュアル・ハラスメントに関連する規定を就業規則の必要記載事項とする。

　労働条件安全衛生委員会については，L.4612-3 条が，「労働条件安全衛生委員会は，事業場における職業的リスク防止促進に寄与し，この見地において有用と思慮する発意を促すものとする。同委員会は，モラル・ハラスメント，セクシュアル・ハラスメント，及び L.1142-2-1 条に規定する性差別的言動の防止活動を，特に提案することができる。使用者の拒絶は，理由を付するものとする。」と規定し，同委員会がセクシュアル・ハラスメント等の防止活動の担い手であることを示している(8)。使用者は，四半期に 1 回以上の労働条件安全衛生委員会会議開催を義務付けられている。

　労働条件安全衛生委員会は，労働者の身体的精神的健康を保護する責務を有し，従前からセクシュアル・ハラスメントに関する防止活動を提案することができたが，2012 年法は，同防止の役割を強化した。すなわち，同法の 2012 年 11 月 12 日付通達（Circulaire DGT no 2012-14 du 12 novembre 2012 relative au harcèlement et à l'application de la loi no 2012-954 du 6 août 2012 relative au harcèlement sexuel）は，「2012 年 8 月 6 日の法律は，労働法典 L.4121-2 条 7 号に，セクシュアル・ハラスメントに関わるリスクの考慮を組込み，使用者に対して，防止の一般原則の枠内で，『技術，労働組織，労働条件，社会関係，環境的要素の影響，とくに，L.1152-1 条及び L.1152-2 条に規定するモラル・ハラスメント及びセクシュアル・ハラスメントに関わるリスクを調和的に組み入れて防止計画を立てる』義務を課した。／このため，使用者は，まず，労働法典 L.1153-5 条及び L.1152-4 条の新規定に従い，職場及び採用が行われる場所又はその入口に，刑法典 222-33 条（セクシュアル・ハラスメントの定義及び刑事制裁）の条文を掲示し，かつ，職場に，刑法典 222-33-2 条（モラル・ハラスメントの定義及び刑事制裁）の条文を掲示しなければならない。／また，リスク

---

　(8)　Michèle Rescourio-Gilabert, CHSCT et dialogue social, Editions Liaisons, 2014, p.27. は，労働法典への精神的健康（santé mentale）概念の導入などの 2000 年代の大変革により，労働条件安全衛生委員会は，技術的機関から企業内社会的対話の主役となったとする。Maurice Cohen et Laurent Milet, Le droit des comités d'entreprise et des comités de groupe, 13e édition, LGDJ, 2017, p.272. は，同委員会は，職権によりセクシュアル・ハラスメント問題を調査することができるとする。

〔山﨑文夫〕　*7* フランスにおけるセクシュアル・ハラスメント防止と従業員代表制

評価及び防止の方法の枠内で，使用者は，ハラスメントに関する現行法に関する労働者への，効果的な周知啓発のための普及，紹介及び注意喚起の措置をとることができる。使用者は，それに際して，最も適切と思われる方法で，セクシュアル・ハラスメント及びモラル・ハラスメントが許されないことを強調するものとする。／使用者は，また，ハラスメント現象の認知，防止及び識別を改善することを目的とする教育活動を行うことができる。／さらに，使用者は，その防止方法の枠内で，ハラスメント行為の発覚を促すために適切な措置を採ることができる。／これらの発議は，従業員代表委員の権限を妨げるものではない。2012年8月6日の法律により改正された労働法典 L.2313-2 条の規定により，同委員は，『セクシュアル・ハラスメント又はモラル・ハラスメント行為……』に関する通報権を，同条の定める条件において行使することができる。／労働条件安全衛生委員会及び従業員代表委員は，防止措置について諮問を受けるものとする。ただし，従業員代表委員は，補足的に諮問を受けるものとする。また，同委員会は，労働法典 L.4612-3 条の規定により，『モラル・ハラスメント，セクシュアル・ハラスメント防止活動を，特に提案することができる。使用者の拒絶は，理由を付するものとする。』／L.4622-2 条に規定する責務の枠内において，労働健康サービスは，セクシュアル・ハラスメント又はモラル・ハラスメント防止のために必要な規定及び措置について，使用者，労働者及びその代表者に対し助言するものとする。この責務は，企業間労働健康サービスにおいては（L.4622-8 条），産業医が主宰し調整する学際的チームにより確保され，単独企業労働健康サービスにおいては（L.4622-4 条），産業医が企業のほかの担い手と協力して確保されるものとする。」としている。

　労働条件安全衛生委員会が，セクシュアル・ハラスメント等に関する防止活動を提案することができることは，わが国では馴染みがないことだが，同委員会の権限拡大は，フランスにおける労働条件概念の見直しと，判例による安全配慮義務展開の影響が関わっている。フランスでは，労働条件（conditions de travail）について法律の定義はなく，その解釈は広く学説判例に委ねられてきたが，労働満足感（bien-être de travail）や労働生活の質（qualité de vie au travail）概念の出現により，その意味は拡大解釈され，それは職場における男女平等をも含み労働者の安全及び健康に密接に関わる多様な内容を含むものと

第 I 部 差別・平等・ハラスメント法理をめぐる課題

なっている[9]。また，2000 年代以降の破毀院判例は，使用者の安全配慮義務
（obligation de sécurité）を，損害の補償を確保するための契約責任として構成
するのみならず，労働者保護のために，職業リスクを，セクシュアル・ハラス
メント等を含む，労働者が職業活動のゆえに曝露されるリスク全体をカバーす
るものと解釈して，同義務を構成している[10]。これらのことが，予防を重視
した労働条件安全衛生委員会の権限拡大に影響を及ぼしているのである。

　従業員代表委員については，L.2313-1 条が，「従業員代表委員は，次に掲げ
る職務を有する。／1　使用者に対して，賃金，労働法典，社会保護及び安全
衛生に関するその他の法規定，並びに当該企業に適用される労働協約の適用に
関わる個人的又は集団的苦情を提示すること／2　法規定の適用に関する苦情
及び所見を監督管轄を有する労働監督官に申告すること」と規定して，従業員
代表委員の一般的職務権限を規定した後，L.2313-2 条は，「従業員代表委員は，
企業内において，特に労働者を介して，職務遂行の性質により正当化されず，
かつ，目的に比例しない，人の権利，身体的及び精神的健康〔＊精神的健康は
2002 年 1 月 17 日の法律による付加〕，又は個人的自由に対する侵害が存在す
ると認めるときは，速やかに，それを使用者に訴えるものとする。この侵害は，
特に，セクシュアル・ハラスメント，モラル・ハラスメント，又は，採用，報
酬，教育，格付変更，配属，格付，資格，昇進，異動，契約更新，懲戒若しく
は解雇に関する差別的措置に起因しうるものである。／使用者は，遅滞なく，
従業員代表委員とともに調査し，その状況の改善のために必要な措置をとるも
のとする。／使用者の懈怠又はこの侵害事実に関する不一致があり，かつ，使
用者とともに解決を見出すことができないとき，当該労働者又は従業員代表委
員は，労働裁判所判決部に提訴し，同部は，急速審理手続の形式により判決を
下すものとする。ただし，従業員代表委員は，当該労働者が書面により反対し
たときは，この限りではない。／裁判官は，この侵害を止めさせるに適した措

---

(9)　G. Loiseau et al., op.cit. pp. 6 et s.

(10)　G. Loiseau et al., op.cit., pp. 282 et s. フランスの安全配慮義務に関する最近の状況
　については，拙稿「セクシュアル・ハラスメントと安全配慮義務」平成法政研究 20 巻 2
　号（2016）1 頁以下，鈴木俊晴「労働関係における『安全に配慮する結果債務』の展
　開」労旬 1872 号（2016）32 頁以下参照。職業リスク（risque professionnel）は，業務
　に内在する危険であり，社会保障制度化以前は，使用者による労働災害補償の根拠で
　あった（Lexique de termes juridiques, Dalloz, 1978, p.346.）。

〔山﨑文夫〕 *7* フランスにおけるセクシュアル・ハラスメント防止と従業員代表制

置を命じることができ，判決に，国庫に帰属する罰金強制（astreinte）を付することができる。」と規定し，セクシュアル・ハラスメントに関する従業員代表委員の使用者に対する通報権と，労働裁判所への提訴権を規定している（2012年8月6日の法律により明文化）。同委員は，被害者の被害申告に同行し立会うことができる。

　使用者は，従業員代表委員（従業員11~25人で1人，100人超4人，1,000人超11人等）との月例会議開催を義務付けられているが，従業員代表委員は，企業内における個人的自由の擁護者であり，労働者を介して，人の自由及び権利，労働者の身体的精神的健康に対する侵害や，差別行為が存在すると認めるときは，使用者に対して，その状況を改善するために必要な措置を採るよう，通報手続をとることができる。使用者がそれに応じないとき，当該労働者の反対がなければ，従業員代表委員は，労働裁判所に提訴する権限を有する。この連携的な通報プロセスは，より普及すれば，企業内のモラル・ハラスメント（harcèlement moral）による自殺防止対策にも無視できない役割を果たすものと期待されている[11]。

　従業員代表委員が，これまで上記 L.2313-2 条に基づいて労働裁判所に提訴した例としては，アルザス地域圏オーラン県コルマール所在の居宅介護事業等を営む非営利社団 AID コルマール（従業員20人以上）に勤務する従業員代表委員女性が，女性理事長及び男性理事会議長による従業員に対する「無能，無責任，バカ」などの侮辱的言動，怒鳴り散らすなどの攻撃的言動について，通報権を数回にわたり行使して改善を求めたが，かえって，別の従業員代表委員女性に対して，個人面談の際に個人攻撃がなされるなど改善が認められなかったため，労働裁判所に対し，急速審理手続（référé）によるモラル・ハラスメント差止等を求めて提訴した例がある。コルマール労働裁判所は，従業員代表委員の請求を認容し，AID コルマールに対して，「理事会議長及び理事長が，非営利社団 AID コルマールの従業員及び元従業員に対して，中傷的，侮辱的，悪意のある，又は過度の言葉を発することを禁止し，そのような行動をとるこ

---

(11)　Antoine Mazeaud, Droit du travail, 10e éd., LGDJ, 2016, pp.152 et s.　なお，従業員代表委員が，ある管理職のセクシュアル・ハラスメント行為を非難する文書を掲示により広めることは，名誉毀損罪（diffamation）を構成し得ると指摘されている（Yannick Pagnerre: Harcèlement, alerte et diffamation: enfin l'harmonie ?, D. 2016, p.2449.）。

第Ⅰ部 差別・平等・ハラスメント法理をめぐる課題

とも禁止する。」と行為の差止めを命じたほか（罰金強制なし），労働条件年次報告書作成，ストレス測定及び精神的リスクに関する従業員満足調査実施，精神的リスク防止活動及び改善活動，精神的リスクに関する通報体制整備，従業員と理事長の意見交換会議開催，精神的リスク管理に注意喚起するための理事長に対する研修実施等を命じている（以上各項目につき遅滞1日につき500ユーロの罰金強制付）（コルマール労働裁判所2015年11月10日判決・Conseil de prud'hommes de Colmar（Activités diverses）10 novembre 2015, F. et CFDT Santé-Sociaux du Haut-Rhin contre association AID Colmar, Droit ouvrier, 2016, p.278.）。

従業員代表委員の提訴は，労働裁判所で，調停前置なしに，判決部で直接審理される。裁判官は，侵害を止めるために適切なあらゆる措置を命じることができ，同部は，急速審理手続の形式で判決するが，判決は，仮のではなく，本案判決とされ，訴訟を解決するものである[12]。また，裁判官は，判決に罰金強制を付することができるが，罰金強制は，債務履行の遅滞につき，1日，週，月当たり一定額の支払いを債務者に命じることを内容とする間接強制である[13]。

また，本件では，CFDTオーラン県社会福祉健康労働組合が，組合訴権に基づいて訴訟参加している。労働組合は，労働法典 L.2132-3 条により，すべての裁判所に，その代表する職業の集団的利益に対する直接又は間接の侵害行為に関して，民事原告の権利を行使することができるが，判決は，AIDコルマール内での人の権利並びに身体的及び精神的健康への侵害状況を告発する従業員代表委員の活動の重要性が証明され，職業の集団的利益が直接侵害されたことに疑いはないとして組合の損害賠償請求を認容し，AIDコルマールに対し1,000ユーロの損害賠償支払いを命じている。

AIDコルマール判決以前には，使用者である人材派遣会社に対する従業員代表委員の通報手続を経たのち，被害者女性派遣労働者が，同人に対し，「あばずれ，汚いアラブ人，アラブ人売春婦」と発言するなどの人種差別的セクシュアル・ハラスメントを繰り返した女性上司の配置転換等を求めて，労働裁判所に提訴した事案について，使用者が，その後上司を他事業所へ配転したため，その申立ては目的を欠くとして却下されたが，使用者に対して，被害者に

---

(12) Sylvie Mess, Note, Droit ouvrier, 2016, p.285. 急速審理手続については，本田耕一『レフェレの研究』（中央経済社，1997）が詳しい。

(13) 山口俊夫編『フランス法辞典』（東京大学出版会，2002）42頁。

〔山﨑文夫〕 **7** フランスにおけるセクシュアル・ハラスメント防止と従業員代表制

対する 3,000 ユーロの損害賠償の支払い，訴訟参加した CGT 県連合労働組合に対する 300 ユーロの支払い，及び判決文の地方紙への掲載を命じたものがある（グルノーブル労働裁判所 2005 年 11 月 7 日判決・Conseil de prud'hommes de Grenoble(commerce-départage)7 novembre 2005 – Boukadoum et UDGT contre Onet services, Droit ouvrier, 2006, p.327，グルノーブル控訴院 2007 年 3 月 7 日判決・Cour d'appel de Grenoble(Ch. Soc.)7 mars 2007 – Onet services contre Boukadoum et UDGT, Droit ouvrier 2007, p.407.）。

また，この手続きにより，労働裁判所が，使用者に対して，労働組合員に対する侮辱，嫌がらせ，反組合的言動などのモラル・ハラスメントを繰り返した上司を被害者から引き離すよう命じ（1 日 75 ユーロの罰金強制付），被害者に対する 15,000 ユーロ等の損害賠償，及び訴訟参加した CGT 地区組合に対する 3,000 ユーロ等の損害賠償の支払いを命じたものがある（クルテエイユ労働裁判所 2003 年 11 月 28 日・Conseil de prud'hommes de Creteil(commerce – départage) 28 novembre 2003 – Goherel et al. contre Castrama France, Droit ouvrier, 2004, p.291.）。しかし，これらの判決は，極めて稀な例と言われている[14]。ただし，訴訟は稀であるが，従業員代表委員の通報手続は，労働者の精神的健康権侵害に関して，企業内で増加しているとの指摘がある[15]。

上記 1992 年法による従業員代表委員の通報権制定直後より，従業員代表委員には労働組合のような闘争資金がないこと，訴訟に時間がかかりその任期中（4 年）に勝訴が確定しない可能性があること，判決により使用者に罰金強制が課されたとしてもそれは国庫に帰属すること，民事訴訟法典上訴権濫用に対する金銭制裁があり，当該労働者の同意があっても容易には提訴できず，従業員代表委員は，提訴ではなく，他の方法を採るのではないかと懸念されていた[16]。最近も，労働裁判所に急速審理手続の形式で提訴することはまだ稀で，それは労働者にも従業員代表委員にもこの制度が知られていないからであり，労働者

---

(14) Patrice Adam: Harcèlment moral: une affaire remarquable(ou l'occasion trop rare de mettre en lumière et discussion l'article L.422-1-1 du Code du travail, Droit ouvrier, 2006, p.321.; Marianne Keller: "La réforme soeur jumelle des libertés" dans l'entreprise et devant le Conseil de prud'hommes, Droit ouvrier, 2007, p.400.

(15) Evelyn Bledniak et Franck Petit, Délégué du personnel, délégué syndical, Editions Delmas, 2016, p.12.

(16) J.-E.Ray, op.cit., p.109.

第Ⅰ部 差別・平等・ハラスメント法理をめぐる課題

を保護し解雇を避けるために有用なものなのに，残念なことであるとの指摘も
ある[17]。

しかし，他方，従業員代表委員は，企業委員会の従業員選出委員を兼務して
いることが多いので，従業員代表委員の通報権行使があった場合，企業委員会
は，企業長とともに，セクシュアル・ハラスメント等の問題について審議をせ
ざるを得ないし，これに関連して，セクシュアル・ハラスメント，モラル・ハ
ラスメント及び差別に関する判例が現れているとの指摘がある[18]。

いずれにせよ，1992年法案審議に際して，労働大臣が答弁したように[19]，
AIDコルマールのような使用者側に極めて例外的な権限濫用がある場合にの
み，従業員代表委員等の提訴が行われ，判決が下されていると推測される。

モラル・ハラスメントについては，問題解決のために，家族，友人，同僚，
主治医の支えのほかに，職場外では，労働監督官，弁護士，労働組合，専門団
体に，職場では，従業員代表委員，労働条件安全衛生委員会委員，労働組合代
表，企業委員会委員，ソシアルワーカーに援助の用意があることを示して，被
害者に援助を求めることを促し，企業内で援助を求めるための書式を例示する
弁護士の実務書がある[20]。

セクシュアル・ハラスメントについては，政府が，その防止促進のために
2012年に開設したインターネット・サイト（www.stop-harcelement-sexuel.gouv.fr）
では，被害者又は証人は，企業内では，企業長（le chef d'entreprise）又は業務
長に通報することができるほか，従業員代表制度に要請することができるとし
て，その活用を促している。すなわち，従業員代表委員，労働組合代表（従業

---

(17)　S. Mess, po.cit., p.286.

(18)　M. Cohen et L. Milet, op.cit, p.815.

(19)　J.-E. Ray, op.cit., p.104.

(20)　Philippe Ravisy, Le harcèlement moral au travail, DELMAS, 2004, pp. 115 et s. マ
リー＝フランス・イルゴイエンヌ著（大和田敢太訳）『モラル・ハラスメント』（白水社，
2017）156頁以下は，「使用者は，企業内部において，ハラスメントを誘発するような環
境あるいはすでにハラスメントが現れている状況が存在しないかどうか検証しなければ
ならない。これはいわば事前診断の段階であり，企業内で労働安全衛生委員会……に
よって実行可能である。」「標的となった人が……上司や人事管理部に対して援助を求め，
そして，産業医によって支援してもらわなければならない。また，職場の従業員代表者
あるいは労働監督官と接触し，職場の労働安全衛生委員会に訴え，その制度により通報
手続を行使することもできる。」とする。

162

員50人以上の企業），企業委員会，労働条件安全衛生委員会である。また，産業医や労働監督官に相談することができるとしている。

筆者は，セクシュアル・ハラスメントについて，上記人種差別的セクシュアル・ハラスメントに関する判決以外に，従業員代表委員の通報権行使に基づく判決を把握していないが，労働組合文書では通報権活用が促進されており，従業員代表委員の通報により，使用者との共同調査が行われ，必要な措置が採られているものと推測している[21]。

被害者は，刑法典のセクシュアル・ハラスメント罪や性的攻撃罪で加害者を告訴し，刑事裁判の附帯私訴民事原告として損害賠償を得ることが可能である[22]。また，使用者の不対応等により労働契約の遂行が困難になった場合には，判例法理である労働契約の破棄の確認（prise d'act de la rupture de contrat de travail）の法理により，安全配慮義務（結果安全債務）違反を理由として，使用者に対して損害賠償を求める訴訟を提訴することもできる（実務では賠償額は法定6か月分の賃金相当額を下限として12〜18か月分の賃金相当額）[23]。最近も，法人代表者の女性労働者に対する，「部屋で一緒に寝ないか。元気をもらいたい」旨の発言により労働契約の遂行が困難になったとして，女性労働者の請求を認容したものがある（破毀院社会部2017年5月17日判決・Cass, soc., 17 mai 2017, no 15-300, JCP, 2017, Actualité, 644.）。また，地方紙のジャーナリスト女性が，同僚から受けた環境型セクシュアル・ハラスメントを，従業員代表委員と

---

(21)　わが国では，セクシュアル・ハラスメント行為禁止仮処分は，訴訟に先立ち保全の必要性・緊急性がある場合にとりうる方法であるとするものがあるが（第二東京弁護士会編『セクシュアル・ハラスメント法律相談ガイドブック』〔明石書店，2001〕64頁），現状では，セクシュアル・ハラスメントが指摘された場合，使用者がその継続を放置するとは考え難く，裁判所により行為差止命令が下されることは考え難い。ストライキ後の女子労組分会員への入室拒否について，くもりガラス1枚で仕切られた地下室での着替えを女子に強いたことなどに徴すれば，管理職らの行為は，分会員に対する報復措置で，分会に対する支配介入であるとしたが，会社がその後分会に謝罪していることを考慮して，不当労働行為救済命令書主文では命じないとしたものがある（東京西コクヨ事件・東京地労委命令昭56・7・21不当労働行為事件命令集70集111頁）。

(22)　拙著・前掲注(1)47頁以下，拙著・前掲注(7)181頁以下参照。

(23)　拙稿「フランスのセクハラと労働契約破棄の確認」労旬1848号（2015）2頁以下，拙稿・前掲注(10)1頁以下。損害額につき，『フランスにおける解雇にかかる法システムの現状』労働政策研究報告書173号（日本労働政策研究・研修機構，2015）132頁〔細川良〕参照。

第Ⅰ部 差別・平等・ハラスメント法理をめぐる課題

使用者との月例会議に上程してもらい，労働条件安全衛生委員会にも通報し，使用者が同委員会委員長や産業医も含めた調査委員会を立ち上げて調査したが，適切な解決が得られず，解雇されたため，女性が，使用者の不対応の安全配慮義務違反を理由に損害賠償を求めた事案について，セクシュアル・ハラスメント被害及びそれにまつわるモラル・ハラスメント被害について 10,000 ユーロ，解雇補償として 66,000 ユーロ等総額 78,500 ユーロ（約 10,362,000 円）の支払いを命じたものがある（オルレアン控訴院社会部 2017 年 2 月 7 日判決・Cour d'appel d'Orléans（Ch. Soc,）7 février 2017, SA La Nouvelle République du Centre-Ouest contre H., AVFT, Défenseur des droits, Droit ouvrier, 2017, p.608.）。被害者は，従業員代表委員等の従業員代表制度を活用して，職務継続・職場復帰等の問題解決を図ることはできるが，それにより，すべての場合に問題が解決されるわけではなく，それは，被害者のとりうる選択肢のひとつなのである。

Ⅲ　性差別的言動禁止とセクシュアル・ハラスメント防止

フランスでは，社会的対話と雇用に関する 2015 年 8 月 17 日の法律（Loi no 2015-994 du 17 août 2015 relative au dialogue social et à l'emploi）により，労働法典に性差別的言動（les agissements sexistes）禁止規定が新設された。労働法典 L.1142-2-1 条は，「何人も，人の尊厳を侵害する又は脅迫的（intimidant），敵対的（hostile），下劣的（dégradant），屈辱的（humiliant）若しくは不快な（offensant）環境を創り出す目的若しくは効果を有する人の性別に関わるあらゆる言動と定義される性差別的言動を受けてはならない。」と規定する。

その後，労働，社会的対話の現代化及び職業行程の安全化に関する 2016 年 8 月 8 日の法律（Loi no 2016-1088 du 8 août 2016 relative au travail, à la modernisation du dialogue social et à la sécurisation des parcours professionnels. エル・コムリ法）により，これに関連する法改正がなされた[24]。すなわち，労働法典 L.1321-2 条は，「就業規則は，次に掲げる事項を，想起させるものとする。……2　本法典の規定するモラル・ハラスメント及びセクシュアル・ハラスメント並びに性差別的言動に関する規定」と規定する。L.4121-2 条は，「使用者は，次に掲げる一般原則に基づいて，L.4121-1 条に規定する措置〔＊労働者

---

(24)　2016 年 8 月 8 日の法律全体の紹介は，野田進・渋田美羽・阿部理香「フランス『労働法改革』の成立」季労 256 号（2017）126 頁以下が詳しい。

164

の安全を確保し身体的精神的健康を保護する使用者の義務に基づく，防止活動，周知啓発教育活動及び組織方法整備の措置〕をとるものとする。／1　リスク回避／2　回避できないリスクの評価／3　リスク根源への取組み／4　特に，単調労働及び生産速度を制限し，それらの健康への影響を縮減するための，特に，労働ポスト立案，労働設備選択並びに労働方法及び生産方法選択に関する，労働の人への適合／5　技術の発展状況の考慮／6　危険なものの危険でないもの又はより危険でないものによる代替／7　技術，労働組織，労働条件，社会関係，環境的要素の影響，特に，L.1152-1 条及び L.1153-1 条に規定するモラル・ハラスメント及びセクシュアル・ハラスメントに関わるリスク，並びにL.1142-2-1 条に規定する性差別的言動に関わるリスクを調和的に考慮して防止計画を立てること／8　個人的保護措置を優先しつつ集団的保護措置をとること／9　労働者に適切な教育をすること」と規定する。L.4612-3 条は，「労働条件安全衛生委員会は，事業所内の職業的リスクの防止促進に寄与し，そのために有用と思慮する発議をするものとする。同委員会は，特に，モラル・ハラスメント及びセクシュアル・ハラスメント並びに L.1142-2-1 条に規定する性差別的言動の防止活動について提案することができる。」と規定する。

　性差別的言動の例として，「ジュリーちゃん，コーヒーいれて。それくらいできるだろう。」「子供をつくれず，パートで働くこともできず，成功したいとも言えない。」「君が何の役に立つって？　マリー，いいかい，私には興味がない。」「われわれは女性に親切で，楽しいので，お先にどうぞ。」「ローラ，質問がある，なぜ秘書と社長というんだ。」や，「女性を昇進させようとしたんだが，書類が技術的なんだ！」「すばらしい営業担当者を採用した。彼女はホントにかわいいよ！」「この仕事引き受けられる？　配偶者はどう思う。」「水曜日空いていないと思うんだが，君は，もちろん子供の世話をしなければならないだろう……。」などが挙げられている[25]。

　性差別的言動の観念は，EU2006 年 7 月 5 日男女均等待遇原則実施指令（Directive 2006/54/CE du Parlement européen et du Conseil du 5 juillet 2006 relative à la mise en oeuvre du principe de l'égalité des chances et de l'égalité de

---

(25)　Grégoire Loiseau: Les agissements sexistes, D. 2016, nov. 2016, p.2299.; Céline Leborgne-Ingelaere: Harcèlement et sexisme dans la loi ≪travail≫: entre rupture et continuité, Droit ouvrier, 2017, p.110.

第Ⅰ部 差別・平等・ハラスメント法理をめぐる課題

traitement entre hommes et femmes en matière d'emploi et de travail）を国内法化するための，差別に対する闘争の分野における共同体法への適合諸規定を定める 2008 年 5 月 27 日の法律（Loi no 2008-496 du 27 mai 2008 portant diverses dispositions d'adaptation au droit communautaire dans le domaine de la lutte contre les discriminations）制定の際に，同指令から着想を得たものである[26]。すなわち，同指令 2 条 2 項は，「本指令の目的において，差別は，以下に掲げるものを含む。……(b)人に対して性別に基づく差別をする指示」と規定している。

その後，フランスにおいて性差別規制が提起されたのは，男女職業平等政策に関する諮問機関である男女職業平等高等評議会（CSEP・Conseil supérieur de l'égalté professionnelle entre les femmes et les hommes，1983 年創設，女性の権利担当大臣議長，同大臣・労働担当大臣各代理，公施設法人理事，労働者代表，使用者代表，学識経験者で構成）の 2015 年の報告書「職場における性差別」（Le sexisme dans le monde du travail – Rapport du CSEP no 2015-1, publié le 6 mars 2015）によってである。同報告書は，この概念が，1960 年代末のアメリカ合衆国のそれに遡り，フランスでは，性差別の文言は，1970 年代に出現したとし，職場における一般的性差別（Le sexisme ordinaire au travail）として，「性を理由として人又は人の集団に向けられた，外観上はとるに足りないが，意識的又は無意識的に，狡猾すなわち親切に，人を認知せず，過少評価し，その身体的精神的健康を悪化させる目的又は効果を有する，性のステレオタイプに基づく態度，言葉，行動の全体」と定義し，職場における一般的性差別は，性差別的冗談やコメント，母性に関する発言，ネガティブなステレオタイプ，無作法，ぞんざいな取扱い，要請されていない身体的外観に関する賛辞や批判，排除慣行などを通して，日々現れるが，法による性差別規制はほとんどないとして，企業内でのいくつかの防止策や対応策を提案するとともに，職場における男女平等に関する労働法典の改正を提言していた[27]。

この性差別的言動は，わが国の男女雇用機会均等法 11 条 2 項に基づいて定められた「事業主が職場における性的な言動に起因する問題に関して雇用管理

---

(26) G. Loiseau, op.cit., p.2299.

(27) Conseil supérieur de l'égalté professionnelle entre les femmes et les hommes, Synthèse du rapport – Le sexisme dans le monde du travail（CSEP の HP）.

上講ずべき措置についての指針」(平18・10・11厚労省告示615号)にいう，セクシュアル・ハラスメントの発生原因や背景にあるとされる，性別役割分担意識に基づく言動に相応するものであろう。なお，人事院規則10−10(セクシュアル・ハラスメントの防止等)の運用について(通知)(平10・11・13職福442)は，性的な言動(セクシュアル・ハラスメント)とは，性的な関心や欲求に基づく言動をいい，性別により役割を分担すべきとする意識に基づく言動も含まれるとしている[28]。

フランスの上記諸立法は，CSEPの報告書の提言をそのまま立法化したものではない。上記2015年8月17日の法律は，性差別的言動を，性差別の一種とも，セクシュアル・ハラスメントの発現とも考えていない。結局，それは，性差別との境界にあり，セクシュアル・ハラスメントに近いものと考えられている[29]。それは，性差別やセクシュアル・ハラスメントのように刑法典において刑事罰が科されるものではなく，モラル・ハラスメントやセクシュアル・ハラスメントのように労働法典において，訴訟の際に被害者の証明責任が軽減されてもいない(L.1154-1条「L.1152-1条乃至L.1152-3条〔＊モラル・ハラスメント禁止等〕及びL.1153-1条乃至L.1153-4条〔＊セクシュアル・ハラスメント禁止等〕の適用に関する争訟が生じたとき，採用，研修若しくは企業教育期間の応募者又は労働者は，ハラスメントを推認させる要素を提示するものとする。／この要素に鑑み，その言動が，ハラスメントを構成せず，かつ，ハラスメントと関わりない客観的要素により正当化されることを証明するのは，被告の責任である。／裁判官は，必要な場合，有用と思慮する指示措置を講じたのち，心証を形成するものとする。」)。

ただし，被害者は，使用者の不対応等により労働契約の遂行が困難になったときは，上記労働契約の破棄の確認の法理により，安全配慮義務違反を理由として，使用者に損害賠償を求めることができると解されている[30]。

上記2016年8月8日の法律は，防止の観点から，性差別的言動を，セクシュアル・ハラスメントやモラル・ハラスメントと同様に，使用者が安全債務上の防止措置をとる義務を負う職業的リスクとみなし，労働安全衛生の主たるにない手である使用者及び労働条件安全衛生委員会に，その対応を委ねたので

---

(28) 拙著・前掲注(7)71頁以下参照。

(29) G. Loiseau, op.cit., pp.2299 et s.

(30) G. Loiseau, op.cit., p.2303. ; C. Leborgne-Ingelaere, ibid.

ある。使用者は，就業規則において性差別的言動に関する法規定を言及する義務を負うほか，その義務である職業的リスク防止活動，啓発活動及び研修活動の枠内で，性差別的言動に関わるリスクを含む防止計画を策定しなければならない。防止措置のうち，特に啓発活動及び研修活動に重点が置かれている[31]。

2016年8月8日の法律は，労働条件安全衛生委員会に対して，セクシュアル・ハラスメントに関してと同様に，性差別的言動に関する活動を提案する権限を与えている（上記L.4612-3条）。2015年8月17日の法律は，2017年1月1日以降の企業委員会及び従業員代表委員の職業選挙にパリテの要件を定め，候補者名簿に男女比に対応した男女候補者数を含むべきことを規定した。労働条件安全衛生委員会の従業員代表委員は，前述のように，企業委員会の従業員選出委員及び従業員代表委員が構成する団体が指名するが，企業委員会従業員選出委員，従業員代表委員とともに，セクシュアル・ハラスメントや性差別的言動に対して男性より敏感と思われる女性委員選出の増加が期待されている[32]。

2016年8月8日の法律は，性差別的言動を，優先的に排除しなければならないセクシュアル・ハラスメントよりも重要性の低いものと把握しているが，性差別的言動の一般化は，そのセクシュアル・ハラスメントへの移行を容易にする。前者の防止に取組むことは，それが後者になることを阻止することと理解されている[33]。

Ⅳ　む　す　び

フランスは，セクシュアル・ハラスメントに対する刑事制裁を整備し，関連する民事制裁も備える国であるが，その防止については，使用者に対して防止義務を課すだけではなく，性差別的言動防止義務を課したうえで，従業員代表

---

(31)　G. Loiseau, op.cit., pp.2303 et s.
(32)　G. Loiseau, op.cit., p.2304. ただし，労働条件安全衛生委員会がその期待に応える手段・方法を備えているか疑問を呈するものがある（C. Leborgne-Ingelaere, ibid）。なお，従業員300人未満の企業では，2015年8月17日の法律及び2016年8月8日の法律により，従業員単一代表制（délégation unique du personnel）の設置が可能である。同代表制の下で，企業委員会，労働条件安全衛生委員会及び従業員代表委員が各自の職務を遂行するが，同代表制の会議は，2か月に1回開催が義務付けられている（Instances représentatives du personnel, Les Editions de l'Atelier/Les Editions Ouvrières, 2017, pp. 8 et s.）。
(33)　G. Loiseau, op.cit., p.2304.

〔山﨑 文夫〕　**7** フランスにおけるセクシュアル・ハラスメント防止と従業員代表制

制度を活用して，セクシュアル・ハラスメントや性差別的言動の防止を推進している。これは，使用者に，労働組合や従業員代表との協議交渉を経て防止を図ることを勧告する，EC1991 年「職場における男性と女性の尊厳の保護に関する勧告」及びその行動準則の趣旨に沿うものである[34]。

　これは，従業員代表活用への指向が強くないアメリカ合衆国とは[35]，異なる点である。

　わが国でも，現在，従業員代表活用への指向は強くないが，正社員のみならず，契約社員，パート・アルバイト，派遣労働者等雇用形態が多様化する現代において，職場で働くすべての労働者を対象に，セクシュアル・ハラスメント予防から被害者の職場復帰を含めて問題を適切に解決するためには，均等法11 条により使用者にセクシュアル・ハラスメント防止の措置義務を課すだけでは十分ではなく，性差別的言動も含めて，従業員代表制度を活用して適切な防止・解決を図る必要があると思われる[36]。いわゆるパワハラやマタハラ防止についても，同様である。

---

(34)　EC1991 年勧告の意義については，拙稿「セクシュアル・ハラスメント被害者からみた均等法」ジェンダーと法 14 号（2017）30 頁参照。

(35)　オーリー・ローベル，アン・マリー・ロファソ「アメリカの企業における従業員代表制度」労研 630 号（2007）57 頁以下。

(36)　「様々な雇用形態にある者を含む労働者全体の意見集約のための集団的労使関係法制に関する研究会報告書」（日本労働政策研究・研修機構，2013）64 頁は，過半数代表制が，モニタリングや苦情処理等をも行う制度として定着していくことも期待されるとするが，わが国では，セクハラ防止に従業員代表制を活用することは意識されているわけではない。

II

労働契約，企業組織・労使関係
をめぐる課題

8 就業規則の不利益変更における二重構造
——制度変更の合理性と契約変更の合理性

米 津 孝 司

I　はじめに　　　　　　Ⅲ　検　　　討
Ⅱ　リオン事件・東京地裁判決　Ⅳ　ま　と　め
　の概要

I　は じ め に

　法典としての労働契約法（以下，「労契法」と表記）が制定施行されて 10 年
が経過した。本来，就業規則による画一的・統一的な労働条件規制から，合意
と納得に基づく雇用管理への移行の法的基礎を提供することが期待された労契
法制定であったが，立法過程における紆余曲折の結果，むしろ旧態依然たる就
業規則法制の固定化としての性格を色濃くもつ法律が制定されることになった。
法律の理念を定めた総則規定と，具体的な労働条件を規律する条文，とりわけ
就業規則法制との懸隔をいかに埋め合わせるのか，これが労契法制定後に研究
者・実務家が直面した課題であった。判例は，不利益措置に対する労働者の同
意についての「自由な意思」法理をめぐる近時の展開に見られるように，労契
法の理念に則した対応を示す一方，就業規則の不利益変更をめぐっては，未だ
確固たる方向性を示すことができていない。
　本稿は，そうした判例における就業規則不利益変更法理の現状を分析し，交
渉と合意を基軸とする雇用社会の実現という労契法の理念に即した就業規則法
理のあるべき姿を示すことを目的としている。就業規則法理をめぐる議論は，
ともすれば抽象論の空中戦になりがちであるが，本稿においては，サンプル事
例としてリオン事件・東京地裁立川支部判決を取り上げ，具体的な事案分析を
通じて，不利益変更法理のあり方を検討することとしたい。

『現代雇用社会における自由と平等』山田省三先生古稀記念〔信山社，2019 年 3 月〕 *173*

第Ⅱ部 労働契約，企業組織・労使関係をめぐる課題

　我々が敬愛する山田省三先生の退職を記念して出版される本書のタイトルは，「雇用社会における自由と平等」である。戦後日本の雇用社会において，就業規則法理は，ある意味，特殊日本的な「平等」についての暗黙の規範に拘束されて来たように思われる。「みなと同じであること」が日本の雇用社会におけるコンセンサスであった。しかも，そこでは使用者が就業規則を通じて一方的に労働条件を画一的・統一的に決定する「自由」が前提とされていた。しかし，第４次産業革命が進行する 21 世紀，就業規則をコアとする我が国の労働条件決定・変更のあり方は反省を迫られている。日本の雇用社会における「自由と平等」は，根本的な意味転換に直面しているように思われる。本稿は，労働者と使用者が，交渉と納得・合意を通じて，労働条件決定における実質的な「自由と平等」を実現する方途を，就業規則法理の労働契約論的な再構成を通じて模索する試みでもある。

Ⅱ　リオン事件・東京地裁判決[1]の概要

　リオン事件それ自体は，基本的に従来の判例法理に新たな展開をもたらすものではなく事例判断としての域を出るものではない。他方，本判決は，就業規則変更に関する代表的事案について，現時点における裁判所の典型的なスタンスを示すもので，就業規則の不利益変更に関する現行法についての判例及び通説的理解の限界や問題点を浮き彫りするものとなっている。本稿は，従来の判例法理の限界とそれを克服するための労働契約論の必要性，さらに集団的交渉・協議が就業規則の不利益変更法理にとって持つ意味を再考する格好の素材を提供しているとの考慮のもとに同判決を検討する。事実関係と判決内容の紹介が詳細すぎる印象もあるかもしれないが，これは就業規則の不利益変更をめぐる法益の複雑さとそれに見合う契約正義実現の困難さの反映でもあるので，ご海容いただきたい。

1　事 実 関 係

(1)　当事者・請求趣旨

医療機器の製造販売会社 Y（従業員数 484 名）の従業員であった原告 X 1 らが，

---

(1)　東京地裁立川支判平 29・2・9 労働判例 1167 号 20 頁。

家族手当の削減，地域手当の撤廃及び基本給の減額を内容とするYの就業規則（旧賃金規定）の変更は，合理性を欠く違法な不利益変更であり，無効であるとして，Yに対し，労働契約に基づき，就業規則の不利益変更により減額された原告ら及び選定者らの未払い賃金及びこれに対する年6分の割合による遅延損害金の支払を求めた。

(2) 従前の賃金体系

　平成20年9月30日時点のYの基準賃金は，本給，職務手当，特殊作業手当，住宅手当，地域手当，外勤手当，運転手当，家族手当により構成される。昇給の方法は，当時の賃金規定上，4月より翌年3月まで1年間の勤務期間により，各人の人物，能力，技能及び勤務成績を考慮し，原則として毎年1回4月に行うこと，昇給の具体的細目については，その都度定めることと規定されていたところ，実際は，毎年，労使交渉に基づき，全従業員につき一律に定められた額の昇給が行われていた。家族手当は，扶養家族を有する従業員に対し，配偶者につき月3万円，子ども及びその他の扶養家族1人につき月1万5000円が支払われる。地域手当として，勤務地が本社以外の従業員に対し，平成8年3月27日付け労使協定で定められた金額である月9500円が支払われる。

(3) 新人事制度の導入

　Yは，平成20年10月1日付けで，新たに職能資格制度を導入し，人事考課制度を見直した上，賃金規定を以下の通りに変更した。新人事制度においては，新たに職務遂行能力を基準とした資格等級が設けられ，一般職は，S1ないしS4，管理職は，M1ないしM3の等級に区分される。人事考課は，職務遂行能力，姿勢・意欲，業務成果の3項目の観点から，2段階（2名の考課者）にわたり，職能資格等級基準書に照らして絶対考課により行われる。考課結果は，点数化され，昇格・昇給に反映される。

　基準賃金は，基本給，職務手当，家族手当，住宅手当及び運転手当から構成される。このうち基本給は，従業員の年齢に基づき決定される年齢給と，資格等級によって決定される職能給とで構成され，年齢給は，年齢給表により年齢ごとに，職能給は，職能給表により資格等級の号俸ごとに，具体的金額が定められている。年齢給は，50歳以上は一定額となり，職能給は，各資格等級に

第Ⅱ部 労働契約，企業組織・労使関係をめぐる課題

それぞれ上限額が設けられている。新人事制度への移行の際の各従業員の基本給の計算方法については，各従業員の平成20年4月1日当時の年齢及び役職から新賃金規定上の年齢給と資格等級を確定する。この場合，従業員の旧賃金体系における平成20年9月30日当時の本給，職務手当及び特殊作業手当の合計金額（旧賃金体系における基本給）から，上記年齢給の金額を控除した金額を算出した上，上記資格等級内に当該金額と一致する号俸がある場合は，その号俸を当該従業員の号俸とし，一致する号俸がない場合は，①号俸と号俸の間に位置した場合には切り上げて上位の号俸とし，②資格等級内における上限号俸を越えた場合にはその上限号俸とし，これらの号俸に対応する金額を職能給の具体的金額とする。

　昇給は，各人の人物，能力，技能及び勤務成績を考慮し，原則として毎年1回4月に行う。年齢給は，50歳になるまでの間は，年齢給表に基づき，毎年2000円から4800円昇給する。職能給の昇給は，習熟昇給と昇格昇給からなる。習熟昇給の場合，毎年，人事考課により決定された点数の高い順に相対的に定められる昇給幅を基準に，資格等級ごとに設定された上限号俸内で昇給する。昇格昇給は，資格等級が上位等級に昇格した場合になされる。

　家族手当は，扶養家族を有する従業員に対し，配偶者につき月1万6000円，子ども及びその他の扶養家族1人につき月6000円が支払われる。地域手当については，平成20年9月30日で廃止する。

　緩和措置として，旧賃金体系における基本給額が当該従業員の資格等級内の上限号俸を超えることにより生じた差額分については，職能調整給として，平成20年10月1日から平成25年9月30日まで5年間支給する。職能給が昇給となったときは，その昇給額を限度として職能調整給から減じるものとする。平成20年9月30日時点で受給していた家族手当と新賃金規定により支給される家族手当の差額分については，手当調整給として，平成20年10月1日から平成25年9月30日まで5年間支給する。手当調整給の対象となっている扶養家族が減じたときは，手当調整給も減じるものとする。平成20年10月1日以降に家族手当の受給要件を満たすようになった者については，手当調整給を支給しない。

　新賃金規定への変更により影響を受けた全従業員（管理職を含む。）の賃金総原資額は，平成20年9月と比較して，以下のとおり増額した。(ｱ)平成20年

176

〔米津孝司〕

10 月，97 万 0828 円（545 名），（イ）平成 25 年 10 月，1434 万 0460 円（405 名），（ウ）平成 26 年 4 月，1948 万 4500 円（386 名）。

(4)　新人事制度導入までの交渉の経過

　Ｙは，平成 15 年頃から，新人事制度の導入を検討し始め，そのための人事制度改革委員会を発足させた。その後Ｙは，平成 17 年 1 月 31 日，労使協議会において，組合に対し，新人事制度の基本構想案に関する社員向けの説明会を実施する旨伝え，同年 2 月 7 日，同説明会を実施した。平成 19 年 10 月 5 日，労使協議会において，組合に対し，新人事制度の説明を行い，同日以降，平成 20 年 9 月 30 日までの期間，組合との間で，労使協議会及び事務折衝を複数回行った。また，同月 5 日，同月 11 日，同月 17 日及び同月 26 日には，それぞれ団体交渉が開催された。

　Ｙは，当初，平成 20 年 4 月 1 日から新人事制度を実施する予定だったが，最終的に，同年 10 月 1 日まで実施を延期し，組合に対し，同年 6 月 30 日付けで，旧賃金規定における基本給，家族手当及び地域手当に関する労使協定を全て解約する旨の通知を出した。その上でＹは，組合の同意を得られないまま，同年 10 月 1 日から新人事制度を実施した。

(5)　その他の労働条件

　Ｙは平成 20 年 10 月 1 日より，1 子 50 万円の育児支援金，配偶者出産時の公休を，3 日間から 5 日間に拡大する，育児休職期間を，子が「2 歳になるまで」から「3 歳になるまで」に拡張する，子の看護休暇を 5 日から 10 日に拡大する等，育児支援策を拡張した。

　Ｙは，平成 25 年 10 月より，出社時の育児時間の拡大，子が小学校・中学校・高校に入学する際にそれぞれ 10 万円の入学祝金を支給する等の育児支援策を拡張。

(6)　不当労働行為救済申立

　組合は，平成 22 年 5 月，Ｙが新人事制度導入を強行したことや，導入前後の団体交渉等が不当労働行為を構成するとして，東京都労働委員会に対し，不当労働行為救済命令の申立てをした。東京都労働委員会は，平成 25 年 11 月

第Ⅱ部 労働契約，企業組織・労使関係をめぐる課題

19日，同申立てに対し，新人事制度導入前の団体交渉は審査対象外とした上，組合の申立てのうち，Yの人事ニュース等の配布物に組合の内部運営等を問題視する記事を掲載したことが，組合に対する支配介入に当たるとした。Y及び組合は，中央労働委員会に対し，それぞれ再審査申立てを行ったが，中央労働委員会は，平成28年5月11日，双方の申立てをいずれも棄却する命令を下した。

2 判決の要旨

適用されるべき規範について，労働契約法9条及び10条を参照し，本件において周知がなされたことを確認しつつ，組合との間で合意が成立していないのであるから，当該変更が合理性を有するものでなければ，新賃金規定への変更は原告ら及び選定者らに対する関係において効力を生じない，とした上で，合理性の各判断要素について以下のように判断した。

(1) 不利益の程度

(ア) 平成20年10月の時点で本件減額があり，同月以降，昇給のあった従業員

平成20年10月の時点で，本件減額のあった者は53名であり，そのうち，平成20年10月以降に昇給のあった者は，30名で，その月額給与合計額に対する本件減額の割合は，1.9パーセントから9.1パーセントである。これらの原告ら及び選定者らのうち，平成25年10月までの間に基本給の昇給ないし，手当対象から外れて，本件不利益のなくなった者は，23名，残っている者は7名であり，残っている者のうち，最も多い本件不利益の額は，月額1万2300円にとどまる。したがって，これらの者については，平成20年10月1日から平成25年9月30日の，手当調整給が支払われている間に，本件不利益が消失するか，あるいは，残ったとしてもその額は比較的軽微な程度にとどまったと評価することができる。

(イ) 平成20年10月の時点で本件減額があり，同月以降，昇給がなかった従業員

平成20年10月時点で本件減額があり，かつ，同月以降の昇給がなかった者は，23名で，各人の月額給与合計額に対する減額の割合は，0.5パーセントから12.1パーセントである。これらの原告ら及び選定者らは，いずれも平成20

年9月30日の時点で，51歳11か月であった原告X2を除きいずれも52歳を超えており，職能調整給及び手当調整給の支給終了時である平成25年9月30日から60歳の定年退職時までの期間が3年以内にとどまり，また，同人らの中には，同日までの間に扶養家族が減少し，本件不利益が縮小している者もいる。その結果，平成20年10月以降に昇給がなかった者についても，緩和措置を考慮した場合における，同月から各退職日までの期間を通じて平均化して算定した1月当たりの減額割合は，いずれの当事者も2パーセントを超えることはなく，うち17名については1パーセント未満に過ぎないものとなっている。緩和措置を前提に定年までの賃金の総支給額から不利益を考えると，その不利益の程度は軽微なものであった。

(ウ) 平成20年10月の時点で，本件減額がなかった従業員

平成20年10月の時点で，本件減額がない従業員で，その後に旧賃金体系上の手当受給要件を満たすに至った者については，そもそも新賃金規定への変更の時点での不利益はない。規定変更後に生じた事由により，旧賃金体系であれば受給できたはずの手当が受給できなかったことが，不利益だと評価することができるとしても，当該従業員が生活上受ける影響は，現実に受給していた給与が減額される場合と比較して，小さいと評価できるから，このような立場の選定者らの不利益を，前記(ア)及び(イ)の原告ら及び選定者らの不利益より大きいものとして考慮することはできない。以上からすれば，新賃金規定への変更によって，原告ら及び選定者らが受けた賃金減額の不利益については，5年間の緩和措置期間内に消失するか，同緩和措置によって軽微なものとなったものと評価することができる。

旧賃金規定における昇給は，毎年行う旨規定されているものの，その具体的金額や方法については，一切規定されておらず，実際は，毎年の労使交渉により決まった金額により一律に行われていたのであって，制度上一定の昇給がすべての従業員に保証されていたと認めることはできない。したがって，原告ら及び選定者らの不利益の程度を判断するにあたり，旧賃金体系における昇給が，平成20年10月以降も同様になされたことを前提にすることはできない。

(2) 変更の必要性

Yの経営は，概ね黒字経営ではあったものの，新人事制度の導入を検討し始

第Ⅱ部 労働契約, 企業組織・労使関係をめぐる課題

めた平成 15 年ないし同制度を導入した平成 20 年の時点で, 主力の補聴器・関連機器事業について, 国際競争力を高め, その営業利益を向上させる必要があったものと認められる。そして, そのための方策として, 職能資格制度の導入及び生活手当等の削減により個々の従業員の能力や成果等を人事制度及び給与制度に反映させ, 労働生産性を高める経営上の必要性があった。

これに加え, 男女間の賃金格差解消が当時の社会的要請であったことに鑑みれば, 一般的に男性従業員に支払われることの多い家族手当が過大となることは望ましくないから, こうした観点からも, 家族手当の比重の大きかったYにおいて, 同手当を減少させ, その分を, 例えば基本給などの増額に利用する必要性があった。補聴器・関連機器事業の国際競争力を強化する必要性は否定し難いところであって, 新人事制度が賃金総原資額の増大を伴うものであることからすれば, むしろ, 利益が生じている間に新人事制度を導入することは, 経営上合理的な判断であった。

(3) 内容の相当性

基本給については, 旧賃金規定に基づく賃金制度の実体が, 従業員の能力, 技能, 勤務成績等が反映されることなく, 労使交渉に基づき全従業員につき一律に定められた昇給がなされるといった不合理なものであったことと比較して, 基本給に関する新賃金規定は, 全従業員にとって, 個人の能力や成果が適切に反映される公平かつ合理的な賃金制度であると評価することができる。

(家族手当・地域手当について) 旧賃金体系における家族手当の金額が全国的にみても厚遇されていたに過ぎないのであって, 家族手当に関する新賃金規定の内容が不相当であると評価することはできない。

本社以外に勤務する従業員に対しては, 食事補助や福利厚生費補助が付与されており, 本社の食堂やスポーツ施設等の利用ができないことなどの不利益は, これらの補助により一定程度補てんされているものと評価できる。成果主義・能力主義的要素を導入するためには, 労働者個人の職務遂行能力, 成果等を踏まえた賃金の再分配を行うことが不可欠であり, 全ての労働者の賃金を削減することなく賃金の再分配を実現することはおよそ現実的ではなく, 再分配の結果, 組合員全体ないし一定の年齢層の従業員の給与額が減額されたとしても, これのみをもって, 変更内容が不相当であるということはできない。

(4) 緩和措置の内容

基本給及び家族手当の減額分について，5年間全額調整給として支払った措置は，同調整給が支払われている間の昇給により本件減額の影響を軽減し，あるいは，定年までの不利益を軽減する期間として相当であるということができ，十分な緩和措置と評価することができる。

(5) 労使交渉の状況

Yは，制度導入までの約1年の間に，組合に対し，資料等を示して制度の内容を何度も説明するなどして，組合の理解を得るための努力をし，更に，子育て支援策の拡充を提案するなど，組合への一応の配慮をしていたということができ，全一般職から構成される組合との交渉状況が，変更の合理性を否定する事情とまではならない。

(6) 結　論

以上を総合的に検討すると，新賃金規定への変更により，原告ら及び選定者らに及ぶ不利益は，5年間の緩和措置を前提とすれば，軽微なものであったというべきであり，能力主義や成果主義的要素を賃金に反映する経営上の必要性があったこと，新賃金規定が，子育て支援策等と合わせて，経営上の必要性に見合った合理的な内容であることが認められ，Yが組合に対し制度の説明を行い，組合の理解を得ることに努めていたことを併せ考慮すれば，新賃金規定への変更は，合理的な変更であると評価することができる。以上からすれば，新賃金規定への変更は有効であると認められ，その余の争点につき判断するまでもなく，原告の請求は認められない。

Ⅲ　検　討

1　本判決についての学説における批判と問題の所在

本判決をめぐっては，従来から就業規則法理における集団法理のモメントを強調してきた道幸教授の辛辣な判例批評がある[2]。その要点は，多数派組合との間で締結された労働協約が一方的に破棄され，同組合が一貫して反対してい

---

(2)　道幸哲也「協約自治と就業規則の不利益変更の合理性」労判1167号（2018）6頁以下。

第Ⅱ部 労働契約，企業組織・労使関係をめぐる課題

るにも関わらず，合理性審査により不利益変更を適法とする同判決は，労働条件決定・変更における集団法理のモメントをあまりにも軽視するものであり，それは労使交渉自治を形骸化しかねない，という点にある。

同教授は，労契法10条に係る現在の就業規則不利益変更法理が，集団交渉の意義を軽視し，あるべき労使自治，集団自治にとってむしろ障害になっている点を指摘している。本件東京地裁判決を含めて，下級審判例は，労使交渉を重要な判断要素ではあるものの，労契法10条は，労使交渉を合理性審査のあくまで一つの判断ファクターとしているに止まり，また従来の最高裁判例も，労使交渉や集団的合意の存否が，直ちに合理性の存否についての推定を帰結するわけではないとのスタンスに立つものと思われる。この問題は，就業規則の不利益変更において，多数派組合がこれに同意をしていたケースである第四銀行事件最高裁判決以来，学説上も盛んに論じられてきた。学説は，多数派組合の合意を重視する立場と，これを重視しない立場に別れているが，判例は，多数派組合の同意によって合理性が推定されるとの有力学説には必ずしも従っていないと解しうる。今回の判決も，多数派組合の態度について，合理性審査における評価要素のあくまで一つであるとのスタンスを再確認するものである。

この問題は，改めて就業規則の不利益変更における合理性審査とはなんであるのか，特に労働契約法上の意味を明らかにする必要を示している。

道幸教授が指摘する通り，多数派組合と使用者の間において締結された労働協約を，使用者が一方的に破棄し，その上で就業規則を不利益に変更するケースで不利益変更を容易に認めることになれば，労使自治の形骸化の恐れが生じる。しかし他方で，多数派組合の合意に，労働条件不利益変更の適法性を推定させるとすれば，その理論的根拠や実務的妥当性の観点から様々な疑義が生じるところである。この問題を解く鍵は，就業規則の不利益変更をめぐる紛争において，理論的に二つの異なる次元があることを明確に認識することにある。

すなわち，制度としての就業規則の不利益変更を論じる次元と，この就業規則の変更によって，個々の労働者の個別具体的な労働契約条件が不利益に変更される次元の区別である。従来，この両者の区別が曖昧であったことが[3]，問題を複雑にし，集団的交渉・合意が就業規則の不利益変更において有する意義

（3）　道幸哲也「労働法における集団的な視角」西谷古稀（下）（2013）11頁は，この二面性を指摘しつつ，両者の関連について意識的に論じられていない，とする。

〔米津孝司〕 8 就業規則の不利益変更における二重構造

についての理論的な整理を困難にするとともに，この問題の実務的な処理の硬直化を招いて来た側面が大きい。そしてこの問題の検討は，改めて就業規則の法的性質を論じることを意味する。筆者は，労契法が成立して以降も，就業規則の法的性質論はその意義を減じていないばかりか，むしろその後の判例を通じて，その重要性が改めて再確認されたと考えている。そして，最高裁が，近年における一連の判例において，民法における伝統的な法律行為論とは異なる見方をより鮮明にしていることを踏まえて，契約説の立場から改めて就業規則の法的性質論及び不利益変更論を論じる必要があるというのが筆者の基本スタンスである。

2 労契法 10 条と判例法理

就業規則の不利益変更について，下級審判例は，労契法成立後も基本的に従来の最高裁判例を維持するスタンスを示し，これがほぼ定着をみている。この場合，労契法 9 条・10 条に触れつつも，むしろ第四銀行事件やみちのく銀行事件の最高裁判決[4]が示した規範を参照するものも多い。これは，労働契約法が，従来の判例法理を「足しも引きもせず」条文化されたとの建前からすれば不思議なことではないが，むしろ条文化されなかった代償措置・経過措置の重要性と合理性審査の対象とその効力が及ぶ範囲の確定について，この間，下級裁判所が，これらの点について明確な規範を示している最高裁判例に，より意識的に依拠していることを示しているとも理解できる。

この間に出された下級審における就業規則の不利益変更に関する事案は，多くが賃金・人事制度に関わるものであるが，賃金の不利益変更については，「高度の必要性」がなければならないとしつつも，その必要性のグラデーションを認め，必要性の程度と，労働者の被る不利益の程度とのバランスを軸に合理性を審査するという従来の判例の枠組みを維持している[5]。本判決の事案は，経常赤字の累積などはなく，職能資格制度の導入及び生活手当等の削減により個々の従業員の能力や成果等を人事制度及び給与制度に反映させ，労働生産性

---

(4) 第四銀行事件・最二小判平 9・2・28 労判 710 号 12 頁，みちのく銀行事件・最一小判平 12・9・7 労判 787 号 6 頁。

(5) 例えば，社会福祉法人賛育会事件・長野地判平 22・3・26 労判 1014 号 13 頁，学校法人早稲田大阪学園事件・大阪地判平 28・10・25 労判 1155 号 21 頁など。

第Ⅱ部 労働契約, 企業組織・労使関係をめぐる課題

を高めるというかなり一般的な必要性にとどまる事案であったが, 他方で, 労働者が被る不利益変更が, それほどドラスティックなものではないこととのバランスをとりつつ, 利益衡量によって, 「高度の必要性」の不在を埋め合わせるスタンスに立っている。合理性が否定されたこの間における一連の下級審判例の多くは, 賃金の減額が年収換算で10パーセントを超え, あるいは退職金を大幅減額するという, 相当に大きな不利益をもたらすものであり, これを正当化するための「高度の必要性」を要求する事案が多かったのに対して, 本件における不利益の程度は賃金全体に占める割合がせいぜい数パーセントにとどまる比較的小さい事案であった。不利益の程度が相対的に大きくはないこれまでの事例においては, 変更の高度の必要性, ある程度の代償措置・経過措置あるいは労使交渉の実施の認定をもって合理性が肯定されるケースが多かった[6]。本件が他の事案に比較して特徴的であるのは, 使用者との間でユニオンショップ協定を締結する多数派労働組合との労働協約を一方的に破棄し, その反対を押し切って就業規則の不利益変更を強行した事案である点である。

本件判決は, 労使交渉について, 制度導入までの約1年の間に, 資料等を示して制度の内容を何度も説明するなどして, 組合の理解を得るための努力をし, 子育て支援策の拡充を提案するなど, 組合への一応の配慮をしていたとし, 組合との交渉状況が, 変更の合理性を否定する事情とまではならない, と判断している。本件においては, 労働委員会における不当労働行為の審査において, 使用者が発行するニュース記事が組合運営に対する支配介入とされる一方で, 団体交渉の打ち切りそれ自体が団交拒否の不当労働行為と評価されていないことも[7], 裁判所が労使交渉について肯定的評価を下した一つの要因とも考えられる。

就業規則不利益変更における合理性審査に際して, 労使交渉のファクターをどのように位置づけるのかについては, 第四銀行事件判決を契機に学説上も議論されてきた論点である。第四銀行事件最高裁判決を手掛かりとしつつ多数派組合の合意によって合理性が推定されるとの有力説が主張される一方で[8], み

---

(6) 例えば, シオン学園（三共自動車学校・賃金体系等変更）事件・東京高判平26・2・26労判1098号46頁, 紀北川上農協事件・大阪地判平29・4・10労判1165号5頁など。

(7) 別冊中央労働時報1495号175頁。

(8) 菅野和夫「就業規則変更と労使交渉――判例法理の発展のために」労判718号

184

[米津 孝司]　　　　　　　　　　　**8 就業規則の不利益変更における二重構造**

ちのく銀行事件を手掛かりに，多数派労組の同意は，合理性審査のあくまで一
要素にとどまるとの学説も有力である[9]。この点下級審判例は，多数派組合と
の交渉・合意を重視しつつも，そのことから直ちに合理性を推定するという明
確な見地に立つものではなく，有力ではあるが，あくまで一つの判断要素とし
て位置づけるものが多いように思われる。本件判決を含むこうした下級審判例
の状況は，多数派組合の合意・不同意に合理性（不合理性）を推定する役割を
担わせるべきとする立場からすれば批判の対象とされるところとなる。他方，
多数派組合の合意の存否は，合理性判断のあくまで一要素にとどまるとする見
解からすれば，本判決は，論理的に十分にありうるものということになるであ
ろう。筆者は，後述するように，この問題は，不利益を被りその違法を訴える
当該労働者の労働組合への所属の有無，及び，合理性審査の対象を，制度とし
てのそれと（レベルＡ），個別具体的な労働契約条件のそれ（レベルＢ）を明確
に区別することを通じて，上記対立する見解を整合的に位置づけることが可能
であると考えている。

　さて，本判決は，合理性を肯定した上で，「新賃金規定への変更は有効であ
る」と認められ，原告の請求は認められない，と結論づけている。本件のよう
に合理性が肯定されるケースでは明確にはなりにくいが，合理性が否定される
ケースでは，その多くが，みちのく銀行事件最高裁判決において確立した，い
わゆる「相対的無効」（相対的効力論）の考え方を採用している。それらは，不
利益変更の合理性が否定されるケースにおいても，制度としての就業規則自体
を違法・無効とするのではなく，制度としての有効・無効については言及せず，
変更された就業規則の効力が，「原告には及ばない」とするものである[10]。合
理性の肯定例でも，明確にこの相対的無効論に基づく表現をする判例も存在す

　(1997) 6 頁，荒木尚志『雇用システムと労働条件変更法理』（有斐閣，2001）266 頁以下，
　土田・労働契約法 567 頁。
(9)　西谷敏「判例解説」平成 12 年度重要判例解説（ジュリスト増刊）227 頁。
(10)　例えば，機長の管理職長時間手当についての不利益変更が争われた日本航空（機長
　管理職長時間乗務手当）事件・東京地判平 15・10・29 労判 866 号 40 頁において，就業
　規則の不利益変更が従業員を拘束するのは例外的なものであり，本件変更の必要性は認
　められるが，その程度は必ずしも高いものとは言えないとし，「就業規則の不利益変更は，
　原告らに効力は及ばない」と判示している。

第Ⅱ部 労働契約，企業組織・労使関係をめぐる課題

る[11]。このように，就業規則の不利益変更法理における相対的効力論は，労契法成立以降も，下級審判例においてほぼ定着したものと見ることができる。

しかしながら，この相対的無効（相対的効力）論の理論的な意味は，学説上も，必ずしも明確に解明されたものとは言えない状況にある。変更の制度的側面に着目して合理性を審査し，その結果として，一律に違法・無効，あるいは適法・有効とするのではなく，個別労働者の労働条件変更の合理性にも着目して，当該の個別労働条件変更の効力を問題とする点でこの相対的無効論は「契約説への接近」という最高裁判例のトレンドをさらに前進させるものである一方で，就業規則制度それ自体の法的効力を前提に，その効力が及ぶ範囲を限定（確定）するロジックとして読める側面もあることから，未だ法規説を前提にしているとの理解も十分に成り立つ。

当初，最高裁が経営権説を採用したものの支持が得られなかったところ，秋北バス事件大法廷判決[12]は，労働条件が統一的かつ画一的に決定され，労働者は，経営主体が定める契約内容の定型に従って，附従的に契約を締結せざるを得ない地位に立たされる実情にあり，「この労働条件を定型的に定めた就業規則は，一種の社会的規範としての性質を有するだけでなく，それが合理的な労働条件を定めているものであるかぎり，経営主体と労働者との間の労働条件は，その就業規則によるという事実たる慣習が成立しているものとして，その法的規範性が認められるに至っている（民法92条参照）……当該事業場の労働者は，就業規則の存在および内容を現実に知っていると否とにかかわらず，また，これに対して個別的に同意を与えたかどうかを問わず，当然に，その適用を受ける」とし，その後の判例法理の基礎を築いた。同判決は，学説の厳しい批判を浴びたが，その後，普通契約約款の考え方を示したものとの解釈が示さ

---

(11) 紀北川上農協事件・大阪地判平29・4・10労判1165号5頁。就業規則等の変更に高度の必要性がありとまでは認め難いものの，その変更対象が具体的な権利性を欠く賞与や定期昇給に限られるなど変更に伴う不利益の程度が大きいとまではいえないこと，変更後の就業規則等の内容についても不相当であるとまではいえないこと，同内容を理解している労働組合においても反対の意思表示をしておらず，（制度変更後の）スタッフ職制が農協内で一定の定着を見ていること，同変更について一定程度経営上の必要性がうかがえること，などから労契法10条の合理性を有しており，原告労働者らにも「その効力が及ぶ」とされた例。

(12) 最大判昭43・12・25民集22巻13号3459頁。

れ[13]．この理解はさらに定型契約説として肯定的に受容されてゆく[14]。最高裁も，その後，「就業規則の規定内容が合理的なものであるかぎり……労働契約の内容をなしている」[15]として，契約説へと接近する方向での軌道修正を行い[16]，この立場を基本的に今日まで維持してきたのであった。

　そうした中で，みちのく銀行事件最高裁判決は，就業規則の不利益変更の合理性審査について，個別の労働契約条件変更に審査の重点をシフトさせ，就業規則不利益変更の拘束力についてもその相対性を強調し，契約説への接近をさらに強めたのであった[17]。このように，2007年の労働契約法制定に至るまでの最高裁判例は，法規説の残滓を残しつつも，法的性質については契約説に接近する方向で展開してきたと総括することができる。だが，最高裁は就業規則が労働契約の内容になることを拘束力の根拠とするものの，契約説の理論的核心は，労働契約内容化が合意を通じて実現すると主張するところにあり，「なぜ契約内容化するのか」について最高裁判例は明確に述べておらず，化体によって契約内容化するとの法規説の主張も存在する以上，不利益変更の拘束力を，合意とは別次元で把握される合理性に根拠付ける限り，判例のスタンスを安易に契約説として説明することはできないが，他方少なくとも契約説への接近傾向を示していることは否定できないのである。

　このように最高裁判例は，当初の法規説的な色合いの強い表現から，その後，労働契約の内容となることを就業規則の拘束力の根拠として明言し，一貫して法規説から契約説への「接近」の道のりをたどってきた。みちのく銀行事件における相対的効力論は，この契約説への「接近」現象をさらに大きく前進させるものであり，むしろ最高裁判例における理論的な転回としてこれを理解する必要があると言うのが筆者の見方である[18]。

---

(13)　下井隆史「就業規則──〈法的性質〉と〈一方的変更の効力〉の問題をめぐって」恒藤武二編『論争労働法』（世界思想社，1978）286頁。
(14)　菅野和夫『労働法〔第2版〕』（弘文堂，1988）93頁。
(15)　電電公社帯広局事件・最一小判昭61・3・13労判470号6頁，日立製作所事件・最一小判平3・11・28民集45巻8号1270頁。
(16)　王能君『就業規則判例法理の研究』（信山社，2003）98頁。
(17)　みちのく銀行事件・最一小判平12・9・7民集54巻7号2075頁。
(18)　米津孝司「就業規則の法的性質・効力」土田・山川編『労働法の争点(新)』（有斐閣，2014）38頁。

第Ⅱ部 労働契約，企業組織・労使関係をめぐる課題

　上記のように判例の就業規則法理は，学説による厳しい批判に晒されながらも，これに耐えつつ，契約法理との整合性を高める方向で着実に成熟・進化しつつあった。学説や労働契約立法に期待されていたことは，この判例における理論的な転回を契約法理としてさらに徹底させ，就業規則実務に耐える法理として，これを洗練・精緻化することであった。学説においては，こうした方向での一定の成果も見られたが，他方，立法は，むしろこうした「契約説への接近」に逆行しかねない方向に向かうことになった[19]。2007年労契法は，建前として合意原則を強調しつつも，日本における労働条件決定法理の核心に位置する就業規則法理については，むしろ法規説的な残滓を多分に残し，あるいはこれを固定化する条文を置くことになったのである[20]。その最大の問題点は，2007年労働契約法が，少なくとも文理解釈上は，従来の判例における不利益変更における合理性審査を，合意原則から切り離し，あくまで合意がない場合の適用条文として労契法10条を定め，判例が半世紀の間推し進めてきた就業規則法理の契約法理としての進化・成熟を阻害する根拠を提供してしまった点にある。しかも，このことが，「従来の判例法理を足しも引きもしない」という建前の下に行われたことが，一層の理論的混乱を招来させることになった。上記の通り，合理性審査を合意（契約）から切り離す2007年労契法10条は，明らかに判例法理が辿ってきた方向，その進化の流れからは逆行する。その意味において，これが「判例法理を足しも引きもしない」というのは理論的には成立不可能な言説というほかない。

　みちのく銀行事件・最高裁判例の意義についての学説・判例上のコンセンサスが形成されないままに，多分に法規説的な残滓を残した2007年労契法が成立し，しかも「判例法理を足しも引きもしない」という立法における建前が喧伝された結果，その後，就業規則の不利益変更に対する合意をめぐる議論において，就業規則の不利益変更についての法的審査は，あくまで制度（法規）としての就業規則変更の合理性審査であり，この合理性審査を経ないままに労働

---

(19)　労契法と法的性質論をめぐる議論状況については，奥田香子「労働条件決定規範の法的構造と『合意原則』」労働126号（2015）24頁以下。

(20)　2007年労働契約法の問題点については，米津孝司「労働契約法の成立と今後の課題」労旬1669号（2008）7頁以下。西谷敏『労働法の基礎構造』（法律文化社，2016）172頁は，労契法10条について「合意原則をことさら強調する労契法のなかでは際だって異質」とし，理論上の根拠や意味内容は依然として問題にならざるを得ない，とする。

188

契約条件が変更されることはない（9条の反対解釈は認められない），という見方が一部の学説・判例に生じることはある意味自然の成り行きであった。契約説からすれば，制度としての就業規則自体は，労基法所定の手続きを経ることで，制定・変更は完了し，これとは異なる次元において，適法に変更された就業規則が，労働契約条件の変更をもたらすのかを契約法理に基づき審査することになる。すでに契約説への転回を果たしている最高裁は，当然に9条の反対解釈を認めた上で，不利益変更についての個別合意について改めて合理性・客観性のフィルターを通してその適法性を吟味するというスタンスを山梨県民信用組合事件判決[21]において採用したわけである。しかしながら，最高裁における就業規則に関する契約説は，通説的な民法の意思表示理論とは異なり，民法92条を媒介に，意思表示をめぐる客観的な規範的秩序への信頼とそれを基礎とした合理性の評価を内包した法律行為論である。労契法9条の反対解釈，すなわち就業規則の不利益変更に対する個別合意による労働契約条件変更を肯定しつつ，そこに合理性の審査を加味する山梨県民信用組合事件・最高裁判決は，大法廷判決以来，継続形成してきた独自の法律行為論に基づく就業規則法理の進化として示されたものある。

判例の就業規則の不利益変更法理を，契約説的に説明しようとすれば，それは，他律的・客観的な規範（法）秩序への相互信頼を内包した意思自律，規範的な客観的合理性に合致しうる同意・合意の想定をもって初めて可能となる（信頼関係的合意論）。すなわち，「労働者と使用者は，将来的に生じる可能性のある自己の労働条件の不利益変更について，それが，その将来時点において，その不利益の内容・程度，変更をめぐる各種事情，他の従業員の需要の有無・程度，変更をめぐる交渉状況等に照らして，これが合理的なものであるある限りにおいて異議を唱えないとの慣習的規範に依るとことについて，深層レベルの意思の合致，黙示的な相互了解・合意がある。」と理論構成することで合理性と合意をカップリングするのである[22]。ところが，合意がなされない場合の例外法理として位置づけられている労契法10条を，上記のような信頼関係的合意によって根拠づけることは，少なくとも文理解釈上は躊躇を覚える向き

---

(21)　最二小判平28・2・19民集70巻2号123頁。

(22)　米津孝司「労働法における法律行為（下）」法時89巻11号（2017）154頁，同「労働契約の構造と立法化」労働108号（2006）31頁以下。

第Ⅱ部 労働契約，企業組織・労使関係をめぐる課題

もあろう。しかし，山梨県民信用組合事件・最高裁判決をはじめとする諸判例が，就業規則の不利益変更に対する合意について，「自由な意思によると認めるに足る合理的な理由が客観的に存在しているか」を問い，その中で，実体的な不利益の内容・程度，交渉の経緯，代償的措置や経過措置を吟味することで，従来の合理性審査に接近するスタンスを示していることからわかる通り，判例は，2007年労契法が，文理上，合意と合理性審査を区別したにも関わらず，合意と合理性を接合するという，大法廷判決以来の就業規則法理の進化の方向性をなお維持しているとも言いうる。そして，必ずしも条文の文理解釈にとらわれない，労働契約法成立を前後して一貫する最高裁判例におけるこうしたスタンスは，就業規則法理のあるべき方向性として基本的に支持できるものなのである。

3 合理性審査の労働契約論的意味

以上を踏まえて，建前上は「合意がない」ケースについての労契法10条の解釈・適用について以下論じることにしよう。

上記の通り，文理上，「合意」のない場合についてのルールとされる労契法10条は，就業規則法理における契約論的進化・成熟を阻害しかねないものであるが，契約説的には，これを目的論的・歴史的・体系的解釈という，文理解釈以上に重視されるべき法解釈方法論を用いて，可能な限り契約法理・合意論と整合的に解釈・適用すべきということになり，かつそれは可能である。

まず出発点として重要なことは，就業規則による労働条件の不利益変更における，次元の異なる二つのレベルを明確に区別すべきことである[23]。すなわち，制度としての就業規則の不利益変更（レベルA）と，制度としての就業規則の変更に伴う個別の労働契約条件の不利益変更（レベルB）の区別である。みちのく銀行事件をはじめとする相対的効力論は，事実上，この両者の区別の上に成立する立論に他ならない。必要なことは，この相対的無効論＝レベルAとレベルBの区別を徹底させ，合理性審査の内容を，この二つのレベルのそれぞれの契約法的意味に即して精緻化することである。

---

(23) 学説上の嚆矢として，菅野和夫＝諏訪康雄『判例で学ぶ雇用関係の法理』（総合労働研究所，1994）77頁以下。その後さらに，青野覚「判例における合理性判断法理の到達点と課題」労働92号（1992）136頁以下。

下級審判例の多くは，相対的無効論を採用しつつも，なお法規説的な理解の残滓を引きずり，この二つのレベルの区別が徹底できておらず，それぞれにふさわしい内実を持った合理性審査が十分行われているとは言い難い状況にある。一応のところ個別労働者における個別の労働条件の不利益の内容・程度を検討しているものの，それは制度としての就業規則不利益変更（レベルA）の審査の一環に位置付けられている場合が多い。その結果，内容の相当性，変更の必要性，緩和措置の内容，交渉の状況をめぐる審査においては，個別の労働契約条件の変更の合理性審査（レベルB）とその契約論的な意味合いを踏まえた検討にまでは及びにくい。

個別的労働紛争としての就業規則の不利益変更事案では，これを争う個々人の個別的具体的な労働契約条件の不利益変更の効力が争われる。原告労働者が争っているのは，変更された制度としての新就業規則の効力（レベルA）ではない。従って当該の判断において，裁判所は，制度としての就業規則の変更の厳格な合理性審査によってその効力について判断を下す必要はないのである。レベルBにおける個別労働契約条件の不利益変更の効力こそが問われているのであり，制度としての就業規則の有効性は基本的に問題にする必要はない。したがって，合理性審査を行う場合も，そこでの合理性は，制度的な合理性ではなく，当該労働者の個別的な労働契約条件の変更の合理性が問われることになるのである。学説・判例は，労働契約法9条及び10条の規定にも影響され，また未だ契約説として徹底できていないことの結果として，上記レベルAとBの区別が曖昧であり，合理性審査の対象も，それが制度として変更の合理性と個別労働契約条件の変更の合理性なのかが判然としていないケースが少なくないのである。

本件のような，賃金規定の不利益変更において判例は「高度の必要性」を要求するが，それは，制度変更（レベルA）においてではなく，個別的な労働契約条件の変更（レベルB）において要求されるものなのである。制度変更の必要性それ自体については，例えば経常赤字の累積などの「高度の必要性」を要求する根拠は乏しい。レベルBにおいては，本件のように，わずかの賃金原資を持って実現できたはずの原告らの不利益変更の補填（代償）をあえてしなかったことに「高度の必要性」があったかが厳しく問われることになるのである。

第Ⅱ部 労働契約，企業組織・労使関係をめぐる課題

　一般に，経営困難に伴う賃金の一律カットという例外ケースを除いて，賃金カーブのフラット化，職能資格制度や仕事給制度の導入などの賃金・人事制度の変更においては，全ての労働者が一律に同じ不利益を被ることは多くはなく，むしろ比較的高い高年層労働者の不利益の割合が大きいケースが少なくない。リオン事件においても，家族手当等が廃止される一方で，育児支援策が拡充され，また従業員全体の賃金原資はむしろ増加している。この場合，こうした就業規則の制度としての変更については合理性が肯定されるのが通常であり，これを司法審査としての合理性審査の対象にする意味は乏しい。ここで問われるべきは，不利益が大きく，それゆえに裁判に訴えた原告労働者の労働契約条件としての賃金変更に合理性があるか否かである。就業規則の不利益変更は，その及ぼす影響力は労働者によって区々であり，制度変更レベルの合理性を主要な審査対象とするのは，就業規則不利益変更をめぐる紛争解決の趣旨に必ずしも合致しない。

　判例は，不利益を被った労働者を集団として捉え，その集団的属性に即した合理性審査を行う場合が少なくないが，契約論的に合理性審査を理解する立場からすれば，これは適切なものとはいいがたい。あくまでも一人一人の労働者における労働契約条件変更の契約的拘束力が問題となるのであり，個別労働者の契約正義が実現されているか否かが検討されなければならないのである。そこでは，労働契約成立からその後の展開過程の全体が審査対象となり，成立時およびその後における労働契約条件内容の特定具体化の存否，当該労働者の労働契約条件に対する信頼の要保護性が，吟味されることになる。原告が複数いる場合も，その各々の労働契約条件変更について個別に検討がなされなければならないのである。

　労契法 10 条は，但し書きにおいて，就業規則の変更によっては変更されない労働条件として合意していた部分については，合理性があっても変更できない旨を定めている。この規定は，合意と合理性を完全に分離し，合意とは無関係に行われる合理性審査による不都合を回避するために，高い強度を持つ合意について，合理性審査の埒外に置く，という意味を持つ。この合意の強度（熟度・深度）のグラデーションに応じて拘束力に強弱をつけるという法思考それ自体は共感できるものであるが，契約論的・法律行為論的な吟味・彫琢がなされないままにこれが立法化されてしまった感が強い。すなわち，労働者の合意

〔米津孝司〕　　　　　　　　*8* 就業規則の不利益変更における二重構造

なく就業規則を変更することで労働契約条件を変更できない，という原則規定たる9条が存在し，その例外規定としての10条は，合意のない場合もなお合理性を要件に労働契約条件の変更を許容しつつ，さらにその不都合を回避するために，一部の労働契約条件を合理性審査から除外する（例外の例外）という，技巧的でわかりにくい条文構造であり，行為規範としての分かり易さが求められる労働契約法としては，本来回避すべきかたちの条文となってしまっている。別稿で詳論した通り，今日の法律行為論は，契約成立の経緯や交渉過程を踏まえた合意の強度についてのグラデーションをその理論射程に入れた法理を発展させつつあり，労働契約法も，その理論的な成熟を十分踏まえたものでなければならないが，残念ながら労契法における就業規則に係る諸規定は，個別化と法益状況の複雑化がますます進行する今後の労働関係の現場，実務的な要請に十分耐えうるものとは言い難いのである。

　契約法理としては，やはり合意と合理性についてそれぞれの強度・グラデーションと両者のカップリングを正面から認め，利益衡量を通じて，最終的にその適法性を判断するというプロセスを可能とする条文が必要であり，そのことによって契約当事者の自主的な交渉と合意による契約条件の決定・変更が可能となるのである。法律実務においては法律条文が存在する以上，これを無視するわけにはいかないが，その解釈・適用においては，右に述べた法原理的な規範構造に可能な限り適合的なものとしてこれを行うことが必要である。そして，判例の展開がある程度の成熟を見た段階で，改めて労契法における就業規則に係る規定の改正を検討するべきであろう。この場合，それはあるべき従業員代表法制と整合性のあるものである必要がある。

4　合理性審査における集団的交渉の意味

　リオン事件の本判決は，多数組合の反対を押し切り協約破棄した上で一方的に行われた不利益変更であったにも関わらず，合理性を肯定した。これは，多数派労働組合の合意・不同意を合理性・不合理性の推定に直結させないみちのく銀行事件最高裁判決以降の多くの判例を踏襲するものである。それ自体，本件地裁判決が，特異なスタンスに立っているわけではない。だが，上に述べてきた合理性審査における制度レベルと契約条件レベルの区別を重視する本稿のスタンスからすれば，以上のとおりより慎重な検討が必要である。

第Ⅱ部 労働契約，企業組織・労使関係をめぐる課題

　周知の通り，第四銀行事件の最高裁判決は，従業員の90パーセント以上を組織する組合との交渉・合意を経て労働協約が締結され，これに基づく就業規則の変更は，労使間の利益調整がされた結果として合理的なものであると一応推測することができるとし，合理性を肯定した。これに対して，みちのく銀行事件においては，73パーセントを組織する組合の同意を得た就業規則の不利益変更についての合理性を否定している。

　既述の通り，学説もまた，第四銀行判決を援用しつつ多数派組合の同意（不同意）を合理性判断において重視する立場と，あくまでそれを一判断要素に止まるとする立場に分かれるが，実は，この問題をめぐるスタンスの相違は，就業規則の不利益変更における合理性審査の法的な意味，その法的性質についての理解の相違に起因している部分が大きい。多数派組合の同意を合理性の推定に連結させる見解は，合理性審査の対象を制度としてのそれとして把握しているのに対して，一判断要素に止める見解は，合理性審査の対象を制度としてのそれではなく，むしろ制度変更の結果として現実に不利益に変更される個々の労働者における労働契約条件変更の合理性に着目している可能性が高い[24]。そして，この両者は，制度としての変更と，個別の労働契約条件の変更を明確に区別する本稿のスタンスからすれば，必ずしも二律背反の関係にはないことになる。すなわち，制度レベルにおいて多数派の合意・集団交渉を重視し，個別の契約条件レベルにおいて多数派の合意・集団交渉をあくまで一考慮要素に止めるというスタンスがありうるのである。もっとも，法規説の残滓を残す少なからぬ学説・判例は，制度変更の合理性と個別の労働契約条件変更の適法性を明確に区別することなく，両者を直結させる傾向にあった。そのため，従来の判例・学説は，多数派組合が合意し，制度としては合理性が肯定できるが，特定労働者の不利益が大きすぎるなどの理由で，司法審査において合理性が否定されるケースにおいて，トータルに制度変更自体を不合理なものと理解する傾向にある。そして，本件リオン事件東京地裁判決のように，制度としてはむ

（24）　多数派組合の交渉・合意に合理性推定の機能を付与すべきとする学説は，就業規則の不利益変更問題は利益紛争であり，本来，集団的労使関係を通じて解決されるべきとの理解に立つものと思われる。確かに制度としての就業規則の不利益変更問題については，そのように言うことは可能であろう。しかしながら，変更された就業規則により不利益に変更される個別の労働契約条件をめぐる問題は，紛うことなき権利紛争である。

しろ合理性が肯定でき，また個別の労働者における不利益も比較的小さいケースにおいては，多数派組合の同意・不同意が労契法的にいかなる意味を持ちうるかの検討を全く行うことなく，不利益を被る個々の労働者の労働契約条件変更の合理性・適法性を肯定することになりがちである。

多数派組合の同意・不同意は，制度としての変更の合理性審査において意味を持ちうるが，加えてそれは，個々の労働者における労働契約条件の不利益変更の合理性審査にも，重要な意味を持つ。

先述の通り，筆者は，労働契約関係における合意の本質を，信頼関係に基づく合意として理解しており，就業規則の不利益変更の合理性審査も，この信頼関係的な合意に包摂されると考えている。この場合，自己が所属する，しかも多数派の労働組合が締結した労働協約が一方的に破棄され，その上で就業規則の制度的な変更があり，その結果として，最も重要な労働契約条件たる自己の賃金が不利益に変更された時に，これを右の意味における信頼関係的な合意の範囲内のものと想定することが可能かどうか慎重に検討されなければならないのである。リオン判決における就業規則変更は，既述の通り，制度的には相当程度に合理性のあるものであるとの評価が可能であろう。しかしながら，一定の経過措置が取られて，個々の労働者の不利益がかなりの程度に減じられたとはいえ，なお不利益が残っており，自己の所属する多数派組合が強くその不利益の解消を要求しており，しかもそれは，比較的わずかの原資による個別措置によって可能である時に，その要求を退けてなされた一方的な不利益変更を合理性のあるもの（信頼関係的合意の範囲内のもの）ということができるのであろうか。一般論としていえば，多数組合ならずとも，およそ自己の属する組合の同意の存否は，信頼関係的合意による不利益変更の正当化の可否の判断において重要な要素となると考えられる。

上記の議論は，最高裁判例による就業規則の不利益変更法理の筆者なりの契約説（合意論）的な理解を前提にした立論ではあるが，こうした契約論的・合意論的な理解に立たず，もっぱら労契法10条の文言に忠実にこれを解釈・適用するスタンスに立ちつつ，合理性審査の対象について，制度レベルとは区別される個別の労働契約条件レベルに焦点を当て，集団的合意の存否を重視しながら合理性審査を厳密に行う場合にも，ほぼ同様の結論を導くことは不可能ではない。もっともこの場合，法原理的な説明に困難をきたすことになり，法的

第Ⅱ部 労働契約，企業組織・労使関係をめぐる課題

議論としての脆弱性は否定できず，将来，より多様で複雑な法益状況に直面したときには理論的な破綻をきたす可能性が高いが，さしあたり法実務上の差し障りは生じまい。

以上の議論に対しては，個別の労働契約条件の不利益変更への対処としては適切かもしれないが，制度的な変更について，これを安易に肯定することに繋がりはしないか，との疑問が寄せられるかもしれない。筆者は，制度レベルの就業規則変更については，これに厳格な合理性審査をかける法律上の根拠を欠いていると考えるので，現行法の解釈論としては，ある程度やむを得ないと言わざるを得ない。もっとも，制度レベルの司法審査がなされ得ないわけではなく，一方的に策定された就業規則については，禁反言の原則が働き，制度レベルの変更についても信義則上の法的な縛りとして一定の合理性審査は及ぶものと考えており，その際，多数派労働組合との交渉・合意は一定の意味をもつものと考える。ただそれは，通常行われるような厳密な合理性審査ではなく，手続面の審査を中心とするもので，例えば，交渉過程における誠実交渉義務違反等の不当労働行為は，制度としての合理性審査にも大きく影響すると考えるべきであろう。このように制度レベルでの司法審査において多数派労働組合との交渉・合意は法的な意味を有するものの，他方で，多数組合の合意のない就業規則の制度的な変更が，直ちに違法である，ということにもならない。

以上のように，多数派組合との交渉経緯を組み込んだ，禁反言による司法審査は可能であるとはいえ，日本では，組合が存在しない職場が大部分をしめ，事実上，一方的に就業規則が変更されてしまう我が国の企業社会において，現行の法的な枠組みが，本当に適切であると言えるのか，第4次産業革命時代に突入したとされる21世紀の雇用社会に適合的なものと言えるかどうかは別途検討が必要であり，むしろ，筆者は，日本においても，集団的労働法としての従業員代表法制の整備が必要であると考えているが，詳論は他日を期する他ない。

Ⅳ ま と め

以上，就業規則の不利益変更の問題を，制度レベルのそれと個々の労働者の労働契約条件変更のレベルに区別し，合理性審査の重点を後者にシフトさせつつ，不利益変更される個別の労働契約内容を，契約成立時及びその後の交渉経

〔米津孝司〕　　　　　　　　　*8* 就業規則の不利益変更における二重構造

緯に即してきめ細かに確定してゆく作業行うこと，このことを通じて，原則と
して個々の労働者の同意なく行うことができない就業規則変更による労働契約
条件の変更について，使用者のより慎重な対応を促すとともに，不利益変更に
おける集団的及び個別的な交渉において，一人一人の労働者の個別事情を踏ま
えた，きめ細かな対応を促し，等身大の契約正義を実現することが可能となる。
そして，こうした解釈論に確たる実定法上の根拠を与えるための労契法7条以
下の改正がいずれ必要となる，これが本稿の主張であり，結論である。

9 成果主義賃金制度を背景とした
降格の法的理解に関する覚書

石 井 保 雄

Ⅰ 考察対象と本稿の課題　　　　　　降格の法理
Ⅱ 降格をめぐる紛争と法的対　　　Ⅳ 降格に関する新たな法理形
　応　　　　　　　　　　　　　　成の可能性
Ⅲ 成果主義賃金制度の普及と

Ⅰ　考察対象と本稿の課題

1　二つの「降格」

　降格とは，何だろうか。それには，一般に二つのものが含まれる。一方は「昇進」とは逆に，従業員としての地位や職位が引き下げられることであり，もう一方は，賃金等級表上の格付けを下位の資格・等級へと下降的に変更される場合，つまり「昇格」の反対概念である。また職位の引下げや職務の変更と賃金等級の降下とが同時に実施されることもありえよう。労働者は昇進ないし昇格について，多くの場合，社内における地位が上昇することにより，職務遂行に際しての権限（・責任）範囲も拡大し，また賃金格付けが上昇したことを自らの職業能力が向上したことの，いわば証しとして認識することになろう。これに対し降格については，役職・地位の引き下げであれ，賃金等級表上の資格・等級の下位変更であれ，役職手当の減額や基本給の低下などの経済的不利益が生じよう。さらにそれにより，労働者が，その職業的能力の低評価という意味で，名誉感情を傷つけられ，ときには屈辱感すら覚え，その結果，勤労意欲を減退させることになるかもしれない[1]。その現実が意味するところは，まさに昇進や昇格とはいわば正反対のものとなる。このような二つの「降格」は，

（1）　新谷真人「降格と労働者の人格権」角田古稀（上）378 頁。

第Ⅱ部 労働契約，企業組織・労使関係をめぐる課題

法的には懲戒処分としてなされる場合と自ずと区別される。懲戒処分としての
それは，企業秩序違反に対する制裁として，就業規則に定められた懲戒事由に
該当するとき，就業規則上の懲戒規定に即した手続にしたがって処理される。
ただし現実にそれがもたらす機能・役割という点では，両者のあいだに共通す
る側面もあろう[2]。また同じく「降格」と表現されることや，従業員としての
地位や職位の低下と併せて，基本的労働条件である賃金格付けの下方変更がな
されることもある（降格配転の場合）ことから，いささか紛らわしく，混同さ
れる懼れもある[3]。

2　本稿の課題──降格の法的意義関する理解のありかた

　1990 年代わが国では，経済のグローバル化や産業構造の変化，景気の低迷
などを背景に，集団的かつ年功的な運用のもとにあった職能資格制度に基づく
職能給から，個別労働者の短期的な成果や実績の達成度を重視した成果主義賃
金制度への移行が提案され，それぞれの企業で様々な対応がなされた。このこ
とを背景に人事労務管理論では，多くの実務解説書が刊行され，労働法学にお
いても議論の対象となった。それからすでに四半世紀の時間が経過し，一時ほ
どには強調されなくなっている。しかし実際上，日本的にアレンジされた成果
主義賃金制度が定着している。これら二つの賃金制度における重要な相違点の
一つが職能給では通常ありえないとされた賃金等級の引下げ，すなわち降格が
成果主義制度のもとでは，本来的に想定されているということではなかろうか。
またそこでは役職上の地位が引き下げられ，それにともない賃金が減額される

---

(2)　山川隆一「成果主義人事と減給・降格」土田道夫＝山川隆一編『成果主義人事と労
　　働法』（日本労働研究機構，2003）134-135 頁によれば，当該降格が人事上の措置として
　　の降格か，それとも懲戒処分としてのそれか，何れに該当するかの判断は，事実認定の
　　問題であるとしている。すなわち同前所（注 18）は，就業規則中に懲戒規定が設けられ
　　ておらず，当該降格が制裁としてなされたことを明示しなかった医療法人財団東京厚生
　　会（大森記念病院事件）事件・東京地判平 9・11・18 労判 728 号 36 頁）を具体例とし
　　てあげている。同事件では，記録紛失を理由とする婦長から平看護婦への二段階降格の
　　有効性が問われた。
(3)　山川・同前論文 135 頁によれば，懲戒処分としての職位の引下げについては「降
　　職」と呼ばれることがあるという。また川口美貴『労働法〔第 2 版〕』（信山社，2018）
　　489-490 頁は職位の引下げを「降職」と表わし，賃金等級の格付けの低下と区別するが，
　　やはり，それは相対的なもので区別が困難な場合もあるとのべている。

〔石井保雄〕 *9* 成果主義賃金制度を背景とした降格の法的理解に関する覚書

ことも，かつてとは異なり，少なくなかろう。ところが，このような新たな賃金処遇の動向への労働法学の関心が，新世紀当初のころとくらべて，高くないように思われる[4]。本稿では，このような成果主義賃金制度のもとでの降格の法的意義について検討する[5]。

Ⅱ 降格をめぐる紛争と法的対応

かつて賃金紛争は，昇進・昇格・昇給に関わる集団的な組合間差別として，争われる例が多かった[6]。これに対し前世期の終わり，使用者が従来の賃金制度を労働者の潜在的能力や可能性ではなく，担当職における実績・成果を反映させるものに改めたり，新たな評価制度を導入したことに対し，個別の労働者が労働条件の不利益変更に該当するかどうかや，職位や賃金格付けの下位への変更決定の有効性などを裁判上問うことが見られた。すなわち成果主義のもとでの降格を論じようとするとき，まずはそれが多くは就業規則規定の新設・改正により実現されることから，議論は労働条件の不利益変更の「合理性」の有無と，制度導入後の運営・適用の適否が問題となった[7]。そこで，二つの降格に関する紛争について，裁判所はいかなる対応をしたのか見てみよう[8]。

---

(4) このことは，日本労働研究雑誌が他の隣接学問分野と交互に3年おきに掲載する労働法に関する近時の「学界展望」(572 (2008)，608 (2011)，644 (2014) および680 (2017) の各号掲載) の文献一覧中「労働契約」「賃金・福利厚生等」欄に掲載されているもののタイトル群を見れば，容易に理解できよう。

(5) 本稿は，拙稿「労働と法／私の論点／近時の賃金制度の動向と労働法に関する雑感」労旬1909号 (2018) 4-5頁を改稿したものである。

(6) ただし賃金差別といっても，人事考課・評価に関連して男女差別や思想・信条に係わる紛争例は，多くなく，ほとんどは組合間差別であった (拙稿後掲注(8)①88頁および同④9頁)。

(7) 成果主義人事制度の導入，とくに就業規則における導入・変更問題については，道幸哲也「成果主義人事制度導入の法的問題」(1)(2)(3)労判938号 (2007) 5-13頁，939号5-11頁および940号 (2007) 5-10頁を参照。

(8) 筆者は従来，賃金処遇をめぐる法的課題について，以下のような論稿を発表した (刊行順)。

①「最近の賃金処遇の動向と人事考課をめぐる法的課題」労働89号 (1997) 85-103頁

②「人事考課・評価制度と賃金処遇」講座21世紀の労働法(5)124-141頁

③「成果主義人事と昇格・昇給」土田＝山川編・前掲注(2)91-123頁

④「成果主義賃金制度と労働法(学)の10年」労研554号 (2006) 5-17頁

第Ⅱ部 労働契約，企業組織・労使関係をめぐる課題

1 「昇進」の反対概念としての降格法理

まず裁判所が昇進とは反対の社員・従業員としての役職の引下げに関わる紛争をいかに処理しているのか，検討したい。

(1) 使用者の降格命令権の法的根拠とは何か
　　——なぜ使用者は職位の引下げを命じることができるのか

使用者による人事権行使としての降格については，懲戒処分の場合とは異なり，就業規則において「会社は業務上の必要によって社員を降格することがある」などという規定を設けることは必要ないとされる。すなわち特定の目的・事業を遂行するために設立された法人（企業）は，そのような目的を実現するために「雇用関係にある労働者に対し，その者の能力，資質に応じて，組織の中で労働者の位置付け役割を定める人事権があ」り，「被用者の能力資質が，現在の地位にふさわしいくないと判断される場合には，業務遂行のため，労働者をその地位から解く（降格する）ことも人事権の行使として当然に認められる」とされる（アメリカン・スクール事件・東京地判平 13・8・31 労判 820 号 62 頁，70 頁）。すなわち使用者にとって，いかに人材を適材・適所に配置すべきかの判断は，均等待遇（労基法 3 条）や男女同一賃金（同法 4 条），男女均等取扱い（雇用機会均等法 6 条 1 号）そして不当労働行為（労組法 7 条 1 号，3 号）などの法規定に違反しないかぎり，就業規則規定の有無に関係なく，当然にできるとされている[9]。そこでは，労働者の基本給は職能資格等級により定まり，配転等により労働義務の内容が変わっても，同一等級に留まるかぎり基本給の額は変化しない（デイエフアイ西友事件・東京地判平 9・1・24 判時 1592 号 137 頁）という事情も，重要な前提であったかもしれない。しかし使用者に労働契約上「広汎な人事権の行使」権限を肯定しながらも，日本レストランシステム事件・大阪高判平 17・1・25 労判 890 号 27 頁，32 頁は，つぎのように判示した。すなわち，「かかる人事権の行使も，就業規則その他の労働者との合意の枠内で行使されるべきものであること，本件降格処分は減給を伴うものであり，懲戒処分と同様の不利益を与えるものであることから……『職務遂行上において，

---

(9)　菅野・労働法 680 頁および土田・労働契約法 404 頁。裁判例では，ほかにたとえばエクイタブル生命保険事件（東京地決平 2・4・27 労判 565 号 79 頁，星電社事件（神戸地判平 3・3・14 労判 584 号 61 頁）が同旨のことをのべている。

再三の指示・命令にもかかわらず改善がなされず，会社から要求された職務遂行が行われない場合，降格することがある』との」就業規則上の「要件が満たされる場合に限り，降格が命じることができると解すべきである」とした。ただし多くの場合，就業規則中に降格を含む人事異動に関する規定が設けられていることから，「実際上は殆ど差がない」[10]といわれている。

(2) 降格命令の有効性判断

　こうして昇進の反対である降格について，裁判所は(1)「使用者側の人事権行使についての業務上の必要性の有無・程度」，(2)「労働者がその職務・地位にふさわしい能力・適性を有するか否か」，そして(3)「労働者がそれ（職位の引下げ）により被る不利益の性質・程度」等を勘案して，その有効性を判断している（バンク・オブ・イリノイ事件・東京地判平7・12・4労判685号17頁，26頁）。同事件では，33年間銀行に勤務し，課長職にあった労働者を機構改革の一環として課長補佐職に降格（職）させたことを「裁量権を逸脱した濫用」には当たらないとしつつも，その後総務課に配転させ，受付業務に従事させたことを「退職に追いやる意図をもってなされた」もので，不法行為（民法709条）に該当するとした（同前事件・前掲27頁）。裁判例のなかには上記の判断要素に加えて，「当該企業体における昇進・降格の運用状況等」も，「総合考慮すべき」事情としてあげた例（医療法人財団東京厚生会事件・前掲42頁）もあった。それは当該企業では職位や役職の引下げがまれにしかなされないか，頻繁に行なわれているのか，また昇進・降格の程度・幅の大きさも考慮されるべきだということであろう。たとえば部長職から一般職へ5ランク降格された星電社事件（前掲）は「降格処分は比較的頻繁になされていること，また一度降格された者が再度昇格することもまれなことではない」（68頁）という事案に関するものであった。そのような事情を考慮したのか，裁判所は部長職から一般職への降格を，人事権の濫用にはあたらないとした。

　このように見てくると，昇進の反対概念としての降格は配置転換（配転）のアナロジーとして理解され，処理されていることがわかった[11]。すなわち当

---

(10)　山川・前掲注(2)136-137頁。

(11)　土田道夫「職務給・職務等級制度をめぐる法律問題」安西古稀189-190頁。なお医療法人財団東京厚生会事件・前掲注(2)42頁は，「業務上必要あるときは配置転換・職

第Ⅱ部 労働契約，企業組織・労使関係をめぐる課題

該降格の有効性は，東亜ペイント事件・最2小判昭和61・7・14労判477号6頁の判断枠組みのもと処理されている[12]。ただし昇進の反対である降格の場合，配転とは異なり，労働者の能力・適性の有無が考慮要素として加えられている。要するに，これは使用者には人事権に基づき職務配置に関する命令権限があり，あとは，退職強要などの不当な動機や目的の有無を検討して権利濫用法理（労契法3条5項）の適用可能性を判断すれば足りるという発想によるものであろう。学説も，このような裁判所の対応を支持している[13]。

2 「昇格」の反対概念としての降格に関する紛争処理

つぎに1990年代以降の裁判例を通して，職能資格制度と職能給に関する降格紛争のあり様と裁判所の対応をみてみよう。

(1) 使用者の降格命令権の法的根拠とは何か
——なぜ使用者は賃金等級の引下げを命じることができるのか

賃金等級の引き下げである「降格」の可否は，自ずとその制度設計のありかた如何に関係することになろう。1970年代以降本格的に普及していった職能給は労働者の職業能力やその習熟度に応じた秩序付けを行なう職能資格制度を前提としていた。従業員の「職務遂行能力」に着目して，人事考課がなされた。そこでは労働者の職業能力が社内における様ざまな職務や異なる職場での勤務経験を通じて発展・蓄積することを想定し，一旦格付けされた等級が下がることは予定していなかった。すなわち職能給制度のもと，当該企業内での勤務継続のなかで蓄積され，異なる部署にあっても，発揮される職業能力の発現のあり様が重視され，それが減退することはないと考えられていた。したがって，降格は想定外のことであった。昇進や昇格を前に等級の"足踏み"＝滞留する

種変更を命ずる」旨の規定を職位引下げの根拠としていた。

(12) 石田信平「人事システム改革と配転・降格の法理」季労207号（2004）188-189頁。ただし東亜ペイント事件・前掲9頁では，当該配転命令が有効と判断されるに際し，①使用者の配転命令権限が就業規則や労働協約により，労働契約上根拠づけられること，②業務上の必要性がない場合，またはあっても，不当な動機・目的があるときや，労働者に「通常甘受すべき程度を著しく超える不利益を負わせる」などの「特段の事情」がある場合，当該配転命令は権利濫用となるとした。

(13) 菅野・前掲注(9)682-683頁および土田・前掲注(9)404-406頁。

〔石井保雄〕　　　　　9 成果主義賃金制度を背景とした降格の法的理解に関する覚書

ことはあっても，下がることはないというのが，議論の前提であった。それゆ
えに証券会社の不況による給与システム変更による減給措置について，アーク
証券事件（第一次仮処分・東京地決平8・12・11労判711号57頁，67-68頁）は，
つぎのように判示していた。「使用者が，従業員の職能資格や等級を見直し，
能力以上に格付けされていると認められる者の資格・等級を一方的に引き下げ
る措置を実施するに当たっては，就業規則等における職能資格制度の定めにお
いて，資格等級の見直しによる降格が予定され，使用者にその権限が根拠づけ
られていることが必要である」。すなわち賃金格付けの引き下げの場合は，職
位の格下げとは異なり，直接的に賃金という基本的労働条件を低下させるもの
であることから，それを実現するには，労働者との合意ないしは就業規則の法
的根拠がないかぎりできないとの立場である。こうして業績悪化による経営危
機を回避するためになされた，明文規定のない賃金調整＝一方的切り下げにつ
いて，「労働契約において賃金は最も重要な労働条件としての契約要素であ」
り，「これを従業員の同意を得ることなく〔使用者が〕一方的に不利益に変更
することはでき」ず，「何等の効力をも有しない」とされた（チェース・マン
ハッタン銀行事件・東京地判平6・9・14労判656号17頁，22頁）[14]。ここに示さ
れた考え方の前提には，職能資格制度＝職能給のもとでは，たとえ降格があり
えるとしても，それはあくまでも例外的なものであるとの理解があった。それ
ゆえに従来は，労働者間の昇格に関する差別があった（不当な同一職務等級で
の長期滞留＝足踏み状態）として，その賃金差額を損害賠償（民法709条）とし
て請求がなされた。さらには労働者が差別を受けなければ，就いていたであろ
う地位や格付けの確認を求めた例もあった（芝信用金庫事件・東京高判平12・
12・22労判796号5頁。ただし同事件以外で労働者の請求が認容された例はない）[15]。

(2)　不利益処遇としての賃金等級引下げ問題の処理

降格は，就業規則上の明文規定があれば，その減額幅がどのようなものであ
れ，許容されるというのではなく，それが著しく不合理なものであるとき，そ
の有効性が否定される。従来の年功的な運営になりがちな職能給制度を成果主

---

(14)　同旨：マルマン事件・大阪地判平12・5・8労判787号18頁，フジシール事件・大
　　　阪地判平12・8・28労判793号13頁。

(15)　詳しくは，拙稿・前掲注(8)③91頁以下を参照。

第Ⅱ部 労働契約，企業組織・労使関係をめぐる課題

義的なそれへと変更した場合の紛争例として，ハクスイテック事件・大阪地判平 12・2・28 労判 781 号 43 頁がある。そこでは，従来の年功型賃金制度（年功部分 80%，職能部分 20%）を改訂し，職能型賃金制度（年功部分 20%，職能部分 80%）を導入し，退職金についてもポイント制を導入した。判決は「変更が，その必要性及び内容からみて，労働者が受ける不利益の程度を考慮してもなお合理性を有すると判断される場合には，労働条件の集合的処理の観点に照らし，使用者は個々の労働者の合意を経なくとも有効にかかる変更をなしうるとするのが相当である」（同前 50 頁）とした。その上で，判決は新規定により賃金が減額されるとした上で，その実施にともない当初は調整給を設定し，その後も賃金減額分の補償措置を設けるなどしたとし，成果主義賃金制度により低評価の者には不利益となるが，普通程度の評価の者には補償制度もあり，不利益の程度も小さい一方，会社は収支改善措置を実施する必要があったことから，労働生産性を重視した賃金制度を導入する必要があったこと，合意にはいたらなかったが，十数回に及ぶ労働組合との団交がなされたことなどから，新給与規定への変更に高度の必要性に基づく合理性があったとした（同前 51 頁。控訴審〔大阪高判平 13・8・30 労判 816 号 23 頁〕も原判決を維持した）。これに対しほぼ同時期に示されたアーク証券〔本訴〕事件・東京地判平 12・1・31 労判 785 号 45 頁，74 頁では，従来心身の障害等の特別な事情がある場合をのぞき，人事考課による降格が予定されていなかった賃金制度が，就業規則を変更して変動賃金制（能力評価制）を導入し，諸手当を減額したことから，平成 4 年から 11 年までの低査定の結果，10 回にわたる降格または号俸の引き下げにより大幅な賃金減額を受け，月収 60 万円だったのが，大卒初任給とほぼ同じ 22 万円と 3 分の 1 程度になった者もいた。判決は，本件賃金制度の導入が会社の業績悪化に対応するものとしての必要性を肯定しながらも，「代償措置その他関連する労働条件の改善がなされておらず，あるいは既存の労働者のために適切な経過措置が採られているとはいえず，あるいは不利益を緩和する措置が何ら執られていないとしても，現に雇用されている従業員が以後の安定した雇用の確保のためにはそのような不利益を受けてもやむを得ない変更であると納得できる等，被告の業績悪化の中で労使間の利益調整がなされた結果としての合理的な内容と認めることはできない」としている。すなわち，いずれも賃金格付けの下方変更について，裁判所は，就業規則の不利益変更に関する「合理性」判断

〔石 井 保 雄〕　　　　*9*　成果主義賃金制度を背景とした降格の法的理解に関する覚書

の判断枠組みを踏襲して問題を処理している[16]。

3　降格と職務の変更の重複する場合

　企業内における人事処遇には，既述のように役職の引下げと賃金等級の格下げとがいわば重複してなされることもあろう。業務成績の不振を理由に営業職係長から営業事務職に配置換えされ，それにともない賃金が半減した，日本ガイダント仙台営業所事件・仙台地決平 14・11・14 労判 842 号 56 頁，62-63 頁は，つぎのようにのべている。「従前の賃金を大幅に切り下げる場合の配転命令の効力を判断するにあたっては，賃金が労働条件中最も重要な要素であり，賃金減少が労働者の経済生活に直接かつ重大な影響を与えることから，配転の側面における使用者の人事権の裁量を重視することはできず，労働者の適性，能力，実績等の労働者の帰責性の有無及びその程度，降格の動機および目的，使用者側の業務上の必要性の有無及びその程度，降格の運用状況等を総合考慮し，従前の賃金からの減少を相当とする客観的合理性がない限り，当該降格は無効と解すべきである」。ここで示された発想は，二つの降格を同じく人事異動として捉えて，配置転換法理の応用ないし準用して解決を図ろうとするものであろう。

4　使用者の降格命令権限の法的根拠
——なぜ使用者は降格を命じることができるのか

　以上のように，裁判所も学説も，一方では昇進とは逆の，職位引下げである降格を人事権行使の一類型として捉えて，配転法理にしたがって問題を処理している。他方，昇格の反対概念たる降格については労働条件の不利益変更として位置付けながらも，賃金格付けの下方変更は，職位の引下げとは異なり，賃金という基本的労働条件に係わることから，労働者の同意ないし就業規則規定がなければならないとする。要するに，そのような賃金格付けの引き下げの私法上の効力は，就業規則の不利益変更問題のヴァリエーションとして理解し，問題処理がなされている。このように同じく降格といっても，それぞれ問題処理の法的枠組みは異なるものとなっていることがわかった。

---

(16)　梶川敦子「賃金の弾力的調整をめぐる法的問題」労研 611 号（2011）49 頁以下，とくに 53-55 頁は，表題に示された問題関心から，これを肯定的に紹介している。

第Ⅱ部 労働契約，企業組織・労使関係をめぐる課題

(1) 二つの降格命令権限の法的根拠——使用者の裁量判断——

しかしいずれの場合も，なぜ使用者は労働者の職位の降下決定や賃金等級表上の格付けを引き下げることができるのかという点については，ある共通の理解によっている。すなわち，いずれの場合も，使用者が有する人事権に基づく裁量権行使として捉えている。上州屋事件・東京地判平11・10・29労判774号12頁は，金銭管理や接客態度不良などを理由に店長に対し流通センター流通部への異動を命じ，併せて職務等級を5等級から4等級に格下げしたものであった。同判決は，使用者の人事権限について，つぎのように説明している（同前20頁）。すなわち「使用者には，労働者を企業組織の中で位置付け，その役割を定める権限（人事権）があることが予定されている……人事権の行使は，労働者の同意の有無とは直接かかわらず，基本的に使用者の経営上の裁量判断に属し，社会通念上著しく妥当性を欠き，権利の濫用に当たると認められない限り違法とはならないと解せられる」。このように裁判所は昇進の反対である降格であれ，昇格に対応する降格であれ，いずれも使用者における裁量判断によるものと捉えている[17]。この点に関する学説の理解も，同じものであろう。

では，何故に使用者には，そのような幅広い裁量権限が肯定されるのであろうか。裁判所も，学説も，このことをあたかも自明のこととして扱い，その法的根拠についてとくに説示するものはない。ただし，この点について，東京都自動車整備振興会事件・東京高判平21・11・4労判996号13頁，23頁は，つぎのように判示しているので，紹介しよう（下線は引用者）。

「人事権は，労働者を特定の職務やポストのために雇い入れるのではなく，職業能力の発展に応じて各種の職務やポストに配置していく<u>長期的システムの下においては，労働契約上，使用者の権限として当然に予定されている</u>……その権限の行使については使用者に広範な裁量権が認められる」。

ただし，これは同事件における固有の見解というべきものではなく，すでに

---

(17) ハネウェルジャパン事件（東京高判平17・1・19労判889号12頁）4次にわたる降格・減給処分を無効として，差額賃金等の請求が容認された。また国際観光振興機構事件（東京地判平19・5・17労判949号66頁）では，海外事務所勤務に関する批評価を理由とする職能資格の引下げが無効とされた。これらは評定者の評価が主観的・恣意的で，合理性を欠く人事権濫用と法的に評価されたものであった。

208

以前から学説によって提示されていたものであった。それによれば、「職業能力の発展に応じて諸種の職務やポストに配置していく長期的雇用システムにおいては、労働契約上当然に使用者の権限として予定されている」と説明されている[18]。すなわち、いわゆる終身雇用といわれた、わが国の長期的かつ安定的な雇用関係が継続される雇用慣行のもとでは、労働者の能力や適性を適確に判断して、当該企業組織のなかでそれに見合った職務や職位に労働者を配置する権限が使用者には、労働契約上付与されているとの理解に立っている[19]。確かに、わが国では新規事業の展開に際して外部から人材を導入する場合などをのぞき、労働契約締結に際して、あらかじめ職位や職務が特定されることは少ないかもしれない。それはまた従来、労働者にとって、長期的な安定的雇用の存続と「トレードオフ trade off（交換）」の関係にあるとも説明されていた[20]。

---

(18) 菅野・前掲注(9)682頁。このような見解がまとまった形で初めて示されたのは、同『雇用社会の法』（有斐閣，1996）85頁以下，とくに100頁においてであったのではなかろうか。同書は，その後『新・雇用社会と法』（同，2002），そして同前〔補訂〕版（同，2004）として刊行された。なお菅野がそのような理解にいたったのは，1980年代半ば以降，労働社会学者との交流や海外での講義経験を通じて，労働法を社会システムの一環として捉え，その労働市場・雇用システム内での役割や，システム間の相互作用いかんについて考察・検討したことよるものであると説明している（同前「私の労働法遍歴──労働法の専門性を求めて」法協121巻7号（2004）874-875頁）。

(19) 伊藤昌毅「降格・降級」ジュリ増刊『実務に効く労働判例精選』（2014）66頁。

(20) 土田道夫「成果主義人事と人事考課・査定」土田・山川編・前掲書注(2)収録86頁。ただし土田・前掲注(9)394-395頁においては，「トレードオフ」の関係にあるとの記述は見られない。このような議論が成り立つとしても，降格にとどまらず，使用者の広く人事異動に関する裁量権限を肯定する前提として考慮されているのは，社会的事実としての日本企業における雇用慣行であろう。しかし，そのような事実の指摘がなぜ法的論拠となるのであろうか。使用者にとって，労働力の企業内配置が必要であるとすれば，そのことを法的論理と表現をもって説明することが求められているのではなかろうか。いくら現実に必要であっても，ただちにそのことから，使用者の人事に関する幅広い裁量権限が法的に肯定されることにはならないでのではないか。かつて札幌運転区事件（最3小判昭54・10・30民集33巻6号647頁）は，労働組合の，使用者の許諾をえない企業内施設を利用した組合活動＝ビラ貼付活動の正当性を否定するに際し，企業の物的施設「利用の必要性が大きいことのゆえに，労働組合又はその組合員において企業の物的施設を組合活動のために利用しうる権限を取得」するものではないと判示したことがある。同じ論理は使用者の人事権限行使の場合にも，あてはまるのではなかろうか。

　敗戦直後，吾妻光俊『労働法の基本問題』（有斐閣，1947）9頁は，つぎのようにのべて，隣接する関連学問と法律学との安易な連結に注意を喚起していた。

　「労働法学は労働問題の学としての責務を果すためには，同じく労働問題を別の方

第Ⅱ部 労働契約，企業組織・労使関係をめぐる課題

すなわち，その意味するところは，労働者は一方で長期の労働契約関係が維持されるメリットを享受しながらも，他方では使用者の主導権のもと，勤務場所や職務内容の変更を受け入れざるをえないということであろう。

(2) 配転命令に関する東亜ペイント事件以前の理論状況

昇進とその反対の降格を人事異動の一種として捉えたとき，配置転換については，周知のように，かつて使用者はなぜ労働者に配転を命じることができるのか，その法的根拠と限界をいかに理解すべきかをめぐって議論がなされた。すなわち最高裁による東亜ペイント事件判決（前掲）が示される前，何故に使用者は労働者に対し，日常的な労務提供の種類・態様や場所の変更を命じることができるのか論じられた。学説上，当初主張された「包括的合意説」に対し，「労働契約説」「特約説」「否認説」などの主張がみられた。それは配転が労働者にとって，担当する職務や勤務すべき場所が重要な労働契約内容の変更であるがゆえであった[21]。これに対し企業内における縦の異動とも表現できる昇進・降格について，使用者は労働者に対し，なぜ従事すべき職位の上位ないし下方変更を命じることができるのか，問われることはなかった。昇進が当該労働者にとって，本稿冒頭でも言及したように，労働者としての社会生活を営むにあたり，基本給額の上昇や職務遂行に係る裁量範囲が拡大することから，あ

向からとらえようとする諸科学との関連を問い，その成果を充分摂取して，その法理論を反省することがその第一歩である。しかし更に進んで社会学の領域にまで進出し，さては哲学の分野にさえ及んで，諸科学の総合的な体系を樹立しなければならない。しかし，さればといって労働法学それみずからは，他の諸科学とは異なった法学としての方法を以て，またそれ独自の対象に向って，吟味を行うべきものであり，また社会学，哲学等に対しても，個別科学としての特殊性に於て区別されなければならない」。吾妻にとっては，法が働きかける対象の具体的な歴史的・社会的事実の特性を踏まえながらも，あくまでも法律学の立場からの分析および理解がなされねばならないとした。これが法律学と他の社会科学——具体的には，当時隆盛をきわめた法社会学を念頭においていたものと思われる——との混淆を戒めた「法社会史的研究方法」であった。これについては，拙稿「吾妻光俊の戦後労働法学——ある近代主義者の肖像」獨協法学69号（2006）29-111頁を参照。

(21) 下井・労働基準法116-126頁。論争の経緯については，渡辺裕「配置転換・転勤と出向の法理」労働法文献研究会『文献研究労働法学』（総合労働研究所，1978）15-27頁を参照。

えて社内における地位上昇を拒否することは通常は，ないだろう[22]。近時，配転は勤務場所や従事すべき職務内容が変更されても，降格とは異なり，給与等級の引下げは予定されていない点で，両者は異なるのではないかと指摘されている[23]。しかしそのような処遇上の差異に着目する前に，何故に使用者は従業員が地位や資格等級の下方変更を命じることができるのかを問う発想が，従来の議論にあっただろうか。それは労働者にとって，配転以上に重大な契約要素の変更となろう。それにもかかわらず，そのような議論がなされることはなかったように思われる。

つぎに降格法理の基礎をなす配転命令権限に関する包括的合意説の淵源は，戦前の末弘厳太郎の「身分契約説」（「労働契約」末弘＝田中耕太郎〔編〕『法律学辞典Ⅳ』〔岩波書店，1936〕2777-2778 頁に収録）に遡るのではないかと指摘されていた。すなわち，そこでは労働契約の意義と性質について，つぎのように論じていた（同前稿 2777 頁）。

　　「労働契約直接の目的は当該企業に於ける労働者の地位の取得に在る。従つて単純なる債務的契約にあらずして一種の身分的契約である。／……権利義務の内容は当該企業に於ける労働関係に付き一般的に定まつてゐるのであつて，個々の労働者は自らこれを定める力をもたない。労働者の地位を取得した結果として其の一般的に定まつてゐる労働関係規範の適用を受けるに過ぎない」。

末弘によれば，労働者にとって労働契約とは当該企業の「従業員」としての「一種の身分」を取得することであり，労働者の権利義務は労働契約の締結から導かれる直接的効果ではない。それは労働協約や就業規則という「労働関係規範」により，外部的に定められる。このような理解によれば，労働者が提供すべき労働義務の内容は使用者の一方的な決定に委ねられることを承認する。配転法理の展開を追跡した学説は，これについて「労働者の労働提供義務のあらゆる内容を使用者が一方的に労働指揮し決定することを容認する『包括的合意』観は，戦前の身分契約説の潮流に位置するものであり〔使用者の包括的人

---

(22)　労働者が昇進を拒否した場合，それは業務命令違反ということになるのであろうか。かつて「栄転」が不当労働行為（労組法 7 条）に該当するか否か議論されたことがあった（関東醸造事件〔東京高判昭 34・4・28 労民集 10 巻 2 号 257 頁〕を参照）。

(23)　石田信平「職務等級制度における降級の効力──L 産業事件」ジュリ増刊『平成 28 年度重要判例解説』（2017）227 頁および野田進・奥田香子「ディアローグ労働判例この 1 年の争点」労研 688 号（2017）46 頁（奥田）。

第Ⅱ部 労働契約，企業組織・労使関係をめぐる課題

事権限を肯定する——引用者〕経営人事観と同一の基盤に立っている」と批判していた[24]。しかし，このような指摘が注視されることはなかったように思われる。最高裁が東亜ペイント事件（前掲9頁）で就業規則・労働協約上の配転条項や当該企業の人事異動の実情に着目して配転命令権限を肯定して以降，学説・裁判所の関心は配転命令権の法的根拠如何ではなく，具体的事案への権利濫用論（民法旧1条2項）適用の判定基準をいかに定立し，それをどのように適用するのかの方へと移行していった[25]。その結果，使用者の配転命令権限に関する理解は「否認説」をのぞき，ほとんど差異がなくなり，包括的合意説のみならず，契約説や特約説も，就業規則や労働協約中の配転条項を通して事実上使用者の一方的な決定権限を肯定することになっていった。そのことがひいては企業内の縦の「異動」である昇進・昇格および降格について，使用者の裁量権を当然のこととして肯定することにつながっていったのかもしれない。

Ⅲ　成果主義賃金制度の普及と降格の法理

1　成果主義賃金制度の実情

わが国における賃金制度が大きく変更されていったのは，1990年代以降であった。従来の「年功主義」に代わる「能力主義」「実力主義」「成果主義」ということが盛んに強調された。

成果主義制度導入の功罪の評価はともかく，長期的な能力の蓄積が重視された職能給制度は2000年をピークに低下し，それに替わる新たな賃金制度が普及していった。そこでは，短期的な市場価値が重視され，年齢や勤続年数は考慮外とされた。ただし，わが国では1960年代に導入が試みられた職務給が普及しなかった歴史的経験を踏まえて，経営戦略から導出されたのは「職務等級」制度と「役割給」制度であった。前者は職務の内容・重さにより等級によって賃金枠組を分類・序列化し，等級ごとに賃金幅を設定するものである。一方，後者は「役割の重要度により等級区分し，役割を具体的に展開した目標達成度（成果）も含めて処遇に反映する制度である」と説明されている。そこ

---

(24)　以上，渡辺・前掲注(21)19頁。なお拙稿「戦前わが国における労働関係の法的把握」毛塚古稀219-223頁で，末弘の「労働契約」論について，言及した。

(25)　和田肇「〔第二次〕文献研究(4)人事異動」季労164号（1992）189-192頁および下井・前掲注(21)120-121頁参照。

〔石井保雄〕　　　*9* 成果主義賃金制度を背景とした降格の法的理解に関する覚書

では担当する職務や役割の評価に応じて，個人に格付けられる職務・役割等級内のレンジ幅のなかで上下に変動し，それにともない役割給も上昇したり，下降したりすることになろう[26]。欧米における「職務給」では，具体的な職務内容やポストに応じて基本給額が決定されるので，職務が変われば，基本給額も当然に変更される。これに対して「職務等級」や「役割」に基づく賃金決定は，職能給と欧米的職務給との中間に位置するものと理解することができようか。いずれにせよ，そこでは職能給——職能資格制度とは異なり，査定・評価結果は累積されず，年度毎の所定の期間内における業績の達成度如何により，昇進・昇格もあれば，降格もあり，賃金額が毎年変動（増減）することを予定している。

　また労働者の働きぶりを評価する人事考課についても，能力評価を潜在的なものから顕在的なものに変え，インプット input（潜在能力と労働意欲）の評価からアウトプット output（個人業績・職務達成度）のそれに変えたと説明されている[27]。評価期間の期首に労使間で事前の目標を設定し，中間期の評価をへて，期末に達成度について相互評価などを通じて確認される目標管理制度が90年代導入されていった。また能力考課や情意考課から高業績者の行動特性に着目して職務遂行の度合いを測るコンピテンシー competency 評価にシフトしている。これは，労働者の顕在能力伸長を測ることを重視して目標管理制度を補完するものである。すなわち同じく「成果主義賃金」といっても，今世紀に入ってからは，職能給制度を基本にして，それに労働者の短期間の目標達成の程度を反映させたり，管理職を対象とする年俸制を導入するだけでなく，賃金制度それ自体を職能給とその前提である職能資格制度から大きく変更され，職務等級や役割賃金制度を導入するにいたっている[28]。

---

(26)　詳しくは，菅野・前掲注(9)416-421頁。また石田・前掲注(12)196-201頁も併せて参照。

(27)　近時わが国の賃金制度のモデルはアメリカにおけるそれである。この点については，笹島芳雄『アメリカの賃金・評価システム』（日本経団連出版，2001）および同『最新アメリカの賃金・評価制度：日米比較から学ぶもの』（日本経団連事業サービス，2008）を参照。また石田光男・樋口順平『人事制度の日米比較』（ミネルヴァ書房，2009）も併せて参照。

(28)　ただし一般社員については職能資格制度が主流であるが，管理職では職務や役割等級制度との併用する企業が多いとの調査結果もある。これについては，労務行政研究所編集部による「最新実態」（労政時報3873号〔2014〕，3885号〔2015〕および3903号

第Ⅱ部 労働契約，企業組織・労使関係をめぐる課題

2 成果主義賃金制度のもとでの降格紛争

(1) 裁判所の職務資格制度のもとでの降格処分に対する対応

成果主義制度のもとでは，社員の顕在化したそれを反映した賃金制度を実現するものとして，既述のように，賃金が減額される降格は当然のこととして予定されている。近時，降格をめぐる問題が提起された裁判例がいくつか現われているので，紹介しよう。

職務上の等級と賃金が厳密かつ単一に対応しない，わが国の職務等級制度に関する事案として，まずエーシーニールセン・コーポレエーション事件・東京高判平 16・11・16 労判 909 号 77 頁[29]がある。同事件では，典型的成果主義型の職務等級制度のもとでの降格処分の有効性が問われた。同社では基本給について 6 段階の各バンドごとに従業員の処遇，評価，教育等が実施されていた。判旨は「労働契約の内容として，成果主義による給与制度が定められている場合には，人事考課とこれに基づく給与査定は，基本的には使用者の裁量に任されている」（同前事件 82 頁）としている。これに対し L 産業事件・東京地判平 27・10・30 労判 1132 号 20 頁では，職務等級の引下げがなされ，それにともなう職務も変更され，賃金額も引下げられた。本件においては，職務の変更と賃金の減額とを分離することなく，前者に着目しながら，⑴業務上の必要性の有無（肯定），⑵本件人事発令における不当な動機・目的の有無（否定）および⑶不利益の程度（否定）という枠組みの中で判断し，労働者の降級前の等級にあることの確認と差額賃金相当額の損害賠償（民法 709 条）請求が棄却されている。判決はとくに⑶について，「減収不利益をもって通常甘受すべき程度を超えているとみることはできない」としている。本判決は，東亜ペイント事件（前掲）を直接的に引照・適用して，問題処理を図っている点で特徴的ある（31頁）。しかし，この点については職務給制度のもと，職種や勤務場所が変更されても，賃金は変更されなかった（職能給）当時の配転法理を適用したことには，疑問が呈せられている[30]。

〔2016〕に掲載）を参照。

(29)　同事件については，伊藤・前掲注(19)63 頁がとりあげている。

(30)　石田・前掲注(23)227 頁および仲埼「グレード格下げと賃金減額を伴う場合の職務変更命令の有効性——L 産業事件」ジュリ 1513 号（2017）124 頁参照。

〔石井保雄〕　　　*9* 成果主義賃金制度を背景とした降格の法的理解に関する覚書

つぎにファイザー事件・東京高判平28・11・16労経速2298号22頁では，従業員を，労基法41条2号に該当する業務を担当する「専門管理職」と，その他の「一般職」（製造部Technicianグループ，ビジネスサポート職をのぞく）とに区分し，それぞれ担当職務に応じて定めた「等級」（前者）または「ランク」（後者）に分類し，それに対応した職務給を支給していた。専門管理職については，その担当職務により12級〜22級の職務等級が設定されていた。その決定要素は，職務に必要とされる知識と経験，問題解決に対する裁量度，アカウンタビリティーaccountabilityとされ，等級変更は，担当職務（成果責任）の変更により生じることとなっていた。すなわち職務等級が変更されて上位の等級にあがれば職務給は増額し，反対に下位の等級になれば，それにともない職務給も減額とすることになる。これに対し一般社員は職務等級ではなく，行動能力考課によってランクDからランクAの給与等級を決定するコンピテンシー等級であった。管理職であった労働者（X）が職務変更と職務等級の変更をへて，専門管理職14等級から13等級への降給，専門管理職から一般社員職への降格およびこれらにともなう賃金減額が無効であるとして，賃金差額の支払いを求めた。控訴審は，直属上司が「Xに注意改善指導者を交付し，面談において注意するなどの指導を行ったが，改善は見られず，Xは真摯な改善の姿勢を示すことがなかった……。本件降格は，このような経緯を踏まえて行われたものであるから……有効である。本件降格により年金額が減少しても，それはXが従前の職務を遂行する能力を有しないため担当職務がXの能力に見合った水準のものに変更され，賃金も能力に見合った新たな水準のものに減額されたことが反映された結果にすぎず，年金額の減少により本件降格が無効であるとはいえない」とした[31]。

(31)　本件については，野田・奥田「ディアローグ」・前掲注(23)41-47頁がとりあげている。そのほかにChubb損害保険事件（東京地判平29・5・31労判1166号42頁）事件では，就業規則（「給与は従業員の業績，能力，職務の重要性及び困難性等を勘案して決定する」）の定めのまま，「職務給制」——グレード毎に役職や役割（職務要件）が想定され，各グレード（10段階）に応じた±25%の範囲名で基本給が設定され，グレードに応じた手当が支払われる——を導入した。裁判所は「本件降格は最も重要な労働条件の不利益変更であるから「労働者の個別の同意若しくは就業規則や賃金規定上の明確な根拠が必要」であるとし，一方的なグレード引下げは人事権濫用とした。すなわち本件は職務等級の引下げの法的根拠の有無が問われたもので，職務等級制度のもとでの降格の有効性が問われたものではなかった（森戸英幸「労働判例速報／『職務給制度』の

第Ⅱ部 労働契約，企業組織・労使関係をめぐる課題

　このような例をみると，裁判所は成果主義賃金制度としての職務等級制度のもとにおいても，降格の有効性についての判断枠組みは，従来のそれと何らかわらないように思われる。しかし，そのような判断を使用者の「裁量」すなわち一方的決定に委ねられている……と理解することがはたして適切なのであろうか。

(2)　成果主義賃金制度導入の背後にある思想——長期的・安定的雇用の動揺

　上記のような裁判例をみるかぎり，成果主義賃金制度のもとでも，いずれの降格にせよ，使用者による人事権行使としての裁量行為と理解して，配転法理を準用した旧来の考え方が踏襲されていることがわかった。

　確かに従来わが国では，既述のように長期的・安定的な雇用継続が確保される一方，使用者には柔軟な人事配置の権限が肯定されると理解されてきた。その背後には，労働者にとって，企業内の多様な職種や職場を経験することにより，職業能力を伸張させ，急速な職場環境の変化への適応性も養うことができたという利点があったからであろう[32]。しかし今日，そのような雇用慣行は大きく揺らいでいる。先に紹介したように，近時の降格をめぐる賃金紛争は，外資系企業において提起されることが多い。そこでは，はたして人事管理を展開するなかで，長期的な雇用継続を前提とする従業員の職業能力を養成するというシステム，または，あいまいな表現であるが，企業風土があるのであろうか。さらに日本企業の場合でも，終身＝長期かつ安定的な雇用の確保は建前としても，取り得なくなったといわれて，すでに相当の時間が経過している。人事管理論上成果主義のメリットとしては，(1)成果に応じた賃金を支払うことにより，個々人の努力のインセンティブを高めることができる，(2)自己の能力に自信のある労働者を集める＝選別することができる，(3)仕事上の目標を明確にし，従業員がその目標に集中させることができる等があげられている。一方成

　下での降格の可否」ジュリ1511号（2017）4-5頁，山下昇「降格処分に伴う賃金減額の法的根拠とその有効性」法セ759号（2018）124頁および朴孝淑「職能資格制度の下での降格に伴う賃金減額の有効性」ジュリ1521号（2018）138-141頁参照）。

(32)　東亜ペイント事件・前掲9頁は，配転命令権限の濫用性の判断における，一方の判断要素たる「業務上の必要性」について「労働力の適正配置，業務の能率増進……，勤務意欲の昂揚，業務運営の円滑化など」と並んで「労働者の能力開発」ということをあげていた。

〔石井保雄〕　**9**　成果主義賃金制度を背景とした降格の法的理解に関する覚書

果主義には(a)社員が成果に直結する業務にのみ集中し，長期的な視野に立って企業特有の技能を修得するインセンティブを弱める，(b)異動により成果や賃金が変わる場合，柔軟な人事管理を妨げる，(c)生産量や売上高の追求に走り，品質の確保がおろそかになる，などのデメリットがあげられている[33]。要するに，成果主義賃金制度というのは，長期的な従業員の養成をも考慮したものではなく，短期間の結果を示すことが前提としたものである。

　そうであるとすれば，従来の長期的・安定雇用の継続を前提とした使用者の裁量を重視した賃金法理が，なぜそのままに適用されるのであろうか。むしろ，できないと考えるべきではなかろう。

Ⅳ　降格に関する新たな法理形成の可能性

　昇進や昇格であれ，いずれの降格であれ，そのような処置は使用者の発令行為によって，実現する。そのような発令行為がなされる前提として，使用者による人事考課・評価が行なわれる。人事管理論では，これら二つの手続きについて，それぞれを「情報収集」と「決定」として区別する。一方法律学はいずれも裁量行為と捉えている。ただし，両者の関係をいかに理解するかについて言及したものは，ほとんどない[34]。本稿は，発令行為をそれ自体，独自の法的意義をもつものではなく，人事評価に内容を確認するものだと理解したい[35]。

　1980年代の初め，賃金処遇をめぐって学説のなかから，労働者側から昇格請求を肯定すべく，労働条件の労使対等決定原則（労基法2条1項）を重視して，賃金額の一方的決定を使用者に委ねる「特段の事情」がないかぎり，使用者の発令行為を労働条件内容の変更申し込みとして理解すべきではないかと主張されたことがある[36]。しかし当時，賃金は使用者による人事考課を通じて一方

---

(33)　都留康・阿部正浩・久保克行『日本企業の人事改革：人事データによる成果主義の検証』（東洋経済新報社，2005）5頁，16-19頁，108-110頁。

(34)　人事考課・評価問題に関する労働法学と人事管理論の「接近方法・態度」の違いについては，土田道夫・守島基博「人事考課・査定」荒木尚志ほか編『雇用社会の法と経済』（有斐閣，2006）169-199頁および大内伸哉・守島基博『人事と法の対話：新たな融合を目指して』（有斐閣，2013）session03「公正な評価と納得できる賃金」51-75頁を通して知ることができよう。

(35)　詳しくは，拙稿・前掲注(8)②139-140頁を参照。

(36)　林和彦「賃金査定と労働契約の法理」労判333号（1980）17-19頁。

第Ⅱ部 労働契約，企業組織・労使関係をめぐる課題

的に決定されるのが普通であるとして，他の学説は，このような見解に一般的に消極ないし否定的であった。ところが今日，人事考課の主観性を是正し，公正な制度を実現するために，あらかじめ考課項目や規準を公開したり，目標管理制度など被考課者を決定手続に関与させたり，苦情処理制度を設けるなど，賃金決定のあり方について，手続ないしプロセス化が進んでいる。このような近時の人事労務管理のあり方を考慮すれば，労働条件の変更「申込」「承諾」との法的構成が妥当すると考えることもできるかもしれない。だが，このような制度のもとでも，上司と被考課者との間のやり取りのなかで，両者の話し合いがまとまらなかったとき，当該処遇の最終的な決定権限は使用者に留保されているのが一般的であろう。契約内容について，当事者双方の合意が成立しないときには，その関係を解消する（変更解約告知）というのが法の本来予定した姿かもしれない。しかし使用者側の自らに対する評価内容に不満であったり，合意にいたらなかったとき，労働者のなかで労働契約関係を解消し，転職するという選択肢を有する者が実際上いったいどれだけいるのだろうか。かりにいたとしても，それはわずかでしかなかろう。このような事実を踏まえれば，契約変更の「申込み」「承諾」構成という考え方は，やはり技巧的で，現実性に欠けるように思われる[37]。

今日，経済のグローバル化や近時流行の“AI”（人口知能 artificial intelligence）という言葉に示される産業の高度化の進展可能性を考慮したとき，企業は永続的に存続し，労働者（従業員）は会社に忠誠を尽くせば本人が満足する処遇と収入が保障されるなどと楽観的に考えている者はなかろう。このことを端的に示すものが，近時の裁判例に現われた，個別の労働者により提起された降格および，それにともなう賃金減額の是非をめぐる紛争なのかもしれない。労働者は使用者の降格措置を不服として，裁判所に降格される前の地位にあることの確認や，減額された賃金相当額を損害賠償として請求する。降格が昇進・昇格とは異なり，経済的不利益や名誉感情を害せざるを得ないことを考慮すれば，それは経済的問題にとどまらないということなのかもしれない。そのことも重視されるべきであろう。そうであるならば，職位や賃金処遇にあたって，その職業的能力や達成した業績や成果について，労働者が他者との関係では衡平・

---

(37) 拙稿・前掲注(8)②138-139頁および同④10-11頁。

〔石井保雄〕 **9 成果主義賃金制度を背景とした降格の法的理解に関する覚書**

公正（公正評価）に，かつ被評価者本人自身の職務や役割の達成具合について
は適正に評価してもらいたい（適正評価）と思うのも当然であるように思われ
る[38]。

このような状況を出発点として考えたとき，使用者には，人事評価のみなら
ず，労働者を配置すべき，幅広い裁量権限を有するとの理解は，はたして適
切・妥当なのであろうか。時代状況はむしろ，これを労働契約上の義務である
と捉えるべきことを求めているのではなかろうか[39]。労働者の労働「能力」
は日常的な労働契約上の義務の履行過程のなかで発揮される。それは，法的に
も保護され，尊重されねばならないものであろう[40]。労働条件が労使の対等
決定により実現されるべきである（労基法2条1項および労働契約法3条1項）
との法理念を重視すれば，繰り返すが，人事の発令に先だつ人事考課を裁量権
の行使ではなく，使用者からの労働者の職業的能力の尊重を実現すべき義務的
行為と理解すべきではないのか。すなわち，使用者の従業員の働きぶりを衡
平・公正かつ適正に評価することは，裁量権の行使ではなく，むしろ反対に，
信義則上労働契約の付随義務としての履行として求められていると理解す
る[41]方が最近の賃金処遇，成果主義賃金制度に対応しているのではなかろう
か[42]。

---

(38) 小畑史子「使用者の人事権と労働者の職業キャリア・個人の生活および事情」講座
労働法の再生② 190-196 頁，とくに 195-196 頁を参照。

(39) 以上については，すでに拙稿・前掲注(8)② 136-140 頁および同④ 11-12 頁で言及
した。

(40) 労働者にとって「能力」とはいったい何かという点については，労研 681 号（2017）
34-48 頁に掲載されている拙稿（「法学の観点から」）を含む「この概念の意味するとこ
ろ／能力とは」における法学・労使関係・経済学・心理学および社会学の各「観点か
ら」の説明を参照。

(41) 毛塚勝利「賃金制度の変化と労働法学の課題」労働 89 号（1997）18-22 頁参照。

(42) マッキャンエリクソン事件・東京高判平 19・2・22 労判 937 号 175 頁，176 頁は，
新らたに導入された賃金規定で降級の基準として『本人の顕在的能力と業績が属する資
格（＝給与等級）に期待されるものと比べ著しく劣っていること』と定めるとともに，
『降級はあくまで例外的なケースに備えての制度』であるとしているとき，それらは使
用者の裁量権を制約するものとして定められており，使用者はそのことを主張・立証で
きなければ，当該降級は人事権を逸脱したものであると判示している。これは従来の，
人事に関わる裁量権を肯定して，その濫用の有無を問うとの発想とは異なるものである
ように思われる。

10 掲示物撤去行為の支配介入の不当労働行為性

森 井 利 和

I　はじめに
II　一連の東京高裁判決の判断
III　掲示板からの掲示物の撤去
　　と支配介入の不当労働行為

IV　静岡県・県労委（JR東海
　　［組合掲示物撤去］）事件東京
　　高裁判決について
V　ま　と　め

I　は じ め に

　この数年，組合掲示板から使用者が掲示物を撤去する行為の不当労働行為性
が問題となる裁判例がいくつか出されている。これらの事件は，労働協約で，
組合掲示板の貸与を認め，しかし，掲示物が会社の信用を毀損しあるいは個人
の誹謗をする場合などの掲示はできないなどの利用条件が付され，この利用条
件に反した掲示物を使用者が撤去することができるとの自力撤去権限を使用者
に与えている労働協約条項があるとの事実関係の下での事件である。
　一般に，労働組合に貸与した掲示板の使用は労働組合の自主的判断に委ねら
れ，使用者の介入を許さないのが原則である[1]。他方で，職場外でのビラ配布
について，内容次第では正当な組合活動ではないと評価され，組合役員らに対
する懲戒処分（懲戒休職等）が有効と判断される事例もある[2]。これは，施設

（1）　塚本重頼『不当労働行為の認定基準』（総合労働研究所，1989）299頁，西谷・労働
　　組合法 278 頁。
（2）　中国電力事件，最三小判平 4・3・3 労判 609 号 10 頁（原判決は，広島高判平 1・
　　10・23 労判 583 号 49 頁）。この最高裁判決は，配布されたビラの内容について，「虚偽
　　の事実や誤解を与えかねない事実を記載して，会社の利益を不当に侵害したり，名誉，
　　信用を毀損，失墜させたり，あるいは企業の円滑な運営に支障を来たしたりするような
　　場合には，組合活動としての正当性の範囲を逸脱する」としたうえで当該のビラについ
　　ては組合活動の正当性の範囲を逸脱していると判断し，就業規則所定の懲戒事由である

『現代雇用社会における自由と平等』山田省三先生古稀記念〔信山社，2019 年 3 月〕　*221*

第Ⅱ部 労働契約, 企業組織・労使関係をめぐる課題

管理権との抵触が問題とならないビラ配布であっても, 配布したビラの内容によっては, 正当な組合活動とはならない場合のあることを示している。そうすると, 貸与された掲示板への掲示であっても, 掲示物の内容次第によっては, 当該ビラの掲示が正当な組合活動とはならない場合があることになる。では, 一定の場合に掲示を禁止するとの労働協約条項のあった場合に, その条項の効力の範囲がどうなるかが問題となる。

ただし, 貸与された掲示板への掲示物の内容がその禁止条項にあたるとしても, それを使用者が一方的に撤去できるのかが問題となる。上記の一連の裁判例は, 一定の場合には使用者が一方的に撤去できるとの労働協約があったという事例に関するものであるが, そのような労働協約条項がなかった場合, 使用者が, 禁止条項にあたると判断した掲示物を, 組合掲示板から当然に撤去できるわけではない。組合掲示板を貸与した以上は, その掲示板の管理権は組合に属するからである。また, そのように解釈しないと, 使用者がその禁止条項にあたると判断したものの, それが後に訴訟等となって, その禁止条項にはあたらないとか, 正当な組合活動であると判断された場合, 支配介入の不当労働行為や損害賠償請求の問題とはなるが, 撤去時点での組合活動への阻害は回復されないままであるからである。

さらに, 労働協約で一定の要件に該当した場合には使用者が撤去できるとの定めがあった場合に, 使用者が撤去要件に該当すると判断したときに, それを撤去する行為は支配介入の不当労働行為となるかが問題となる。とりわけ, 撤去要件に該当するとはいえるものの, 掲示板への掲示が正当な組合活動と評価される場合に, それは支配介入の不当労働行為となるのではないかが問題となる。

Ⅱ 一連の東京高裁判決の判断

1 掲示板からの掲示物の撤去に関する東京高裁判決

会社が掲示板の利用を認めるが, 「会社の信用を傷つけ」, あるいは「職場規律を乱す」ものなどを掲示しないこと, これらの禁止規定に違反をした場合に

「会社の体面をけがした」「故意または重過失によって会社に不利益を及ぼした」に該当するとして, 懲戒処分(懲戒休職等)を有効と判断した広島高裁の判断を, 「正当として是認することができる。」と判断したものである。

222

〔森井利和〕 *10* 掲示物撤去行為の支配介入の不当労働行為性

は会社がこれを撤去できるとの条件（以下，労働協約上掲示が禁止される場合を定めた労働協約上の要件のことを，「禁止要件」といい，掲示物を会社が撤去できる場合を定めた労働協約上の要件のことを，「撤去要件」という）の下で会社が組合掲示板を貸与するとの労働協約を締結していた場合に，会社が，「職場規律を乱す」などの撤去要件にあたるとして掲示物を撤去する行為が支配介入の不当労働行為にあたるかどうかが問題となった事件として，東京高裁で次のような一連の判決が出されている。

- 東海旅客鉄道（東海労掲示物撤去）事件（JR 東海［大一両・掲示物撤去第 2 事件］）東京高判平 19・5・30 労判 949 号 83 頁（以下「19 年 5 月判決」と略称する）。最三小決平 20・12・25 により上告棄却，不受理。
- JR 東海（大一両・掲示物撤去第 1）事件，東京高判平 19.8.28 労判 949 号 35 頁（以下「19 年 8 月判決」と略称する）。平 20・11・25 最三小決平 20・11・25 により上告棄却・不受理。
- 国・中労委（JR 東海［大阪第 2 運輸所］事件　東京高判平 21.9.29 労判 1014 号 63 頁（以下「21 年判決」と略称する）。最三小決平 22.3.16 で上告棄却，不受理。
- JR 東海（新幹線関西地本掲示物撤去）事件　東京高判平 25.10.2 中労委 DB（以下「25 年判決」と略称する）。最二小決平 26・10・15 で不受理。
- 静岡県・県労委（JR 東海［組合掲示物撤去］）事件　東京高判平 29.3.9 労経速 2331 号 19 頁，労判 1173 号 71 頁（以下「29 年判決」と略称する）。最 3 小決平 29・9・12 で不受理。

そのほか，掲示板の掲示物の撤去が問題となった事件として，国・中労委（西日本旅客鉄道）事件の東京高裁判決（東京高判平 25・1・29 中労委 DB）があるが（この原審は東京地判平 24・9・19。上告審は最一小決平 25・9・5 で上告申立不受理。命令は中労委平 23・9・7。いずれも中労委 DB），この東京高裁判決は地裁の判断を是認したものであり，地裁の判断は「撤去要件に該当しない」とする点にあり，判断の枠組みをそれとして示していないので，ここでは検討の対象とはしない。

上記の東京高裁の一連の判決の対象となった事件では，会社と労働組合との間には，「掲示類は，会社の信用を傷つけ，政治活動を目的とし，個人を誹謗

223

第Ⅱ部 労働契約，企業組織・労使関係をめぐる課題

し，事実に反し，または職場規律を乱すものであってはならない。」「会社は組合が，前2条の規定に違反した場合は，掲示物を撤去」することができるとの，会社による撤去の許容と，会社が撤去できる「撤去要件」が定められていた。この撤去要件に該当するかどうかの判断の方法について，平成29年判決は，これまでの裁判例を集大成したものということができる。

2 東京高裁判決の判旨

これらの東京高裁判決の判断枠組みは，それぞれ多少の相違はあるとはいえ，ほぼ共通している。

(1) 19年5月判決の判断枠組みは次のとおりである（なお，判決によって，判断の順序が異なっているものもあるが，類似要件を判断する部分では番号を維持したため，以下では番号の順番が異なっていることがある）。

① 掲示物撤去の不当労働行為性と撤去要件

掲示物の撤去が不当労働行為に該当するかの判断に当たっては，まず，当該掲示物が本件撤去要件に該当するかを検討すべきであり，掲示物が撤去要件に該当しない場合にこれを原告（注 会社）が撤去する行為は，支配介入として不当労働行為に当たり，逆に掲示物が撤去要件に該当する場合には，これを撤去した場合には不当労働行為に当たらない。

② 撤去要件の判断方法

もっとも，撤去要件に該当するかどうかを検討するに当たっては，当該掲示物が全体として何を訴えようとしているかを考慮すべきであって，当該掲示物の記載内容のうち細部の記載内容のみにとらわれることがあってはならない。

③ 撤去要件を定めた趣旨

本件協約で掲示物の撤去要件を定めた趣旨は，原告（注 会社）は補助参加人らの組合活動のために掲示板の使用を許可するが，掲示物が本件撤去要件に該当する場合には，原則として正当な組合活動のために掲示板を使用する場合に当たらないことから，掲示板の使用を許さず，掲示物を撤去することができる旨を明示したものと解される。

④ 撤去要件に該当した場合であっても支配介入は成立するか

掲示物を撤去することが組合活動に対する妨害行為として支配介入の不当労

〔森井利和〕　　　　　**10** 掲示物撤去行為の支配介入の不当労働行為性

働行為に当たるかどうかを判断するに当たっては，形式的に撤去要件に該当する場合であっても，当該掲示物の掲示が実質的に会社の運営等に与える支障の内容，程度，さらには事実内容が真実であるかどうかなどの事情に照らし，当該掲示物が全体として正当な組合活動として許される範囲を逸脱していないと認められるときは，この掲示物を撤去する行為は不当労働行為に当たるというべきである。

　この判決は，まずは撤去要件に該当するかどうかを実質的に判断すべきことを①②で述べ，さらに，撤去要件を定めた趣旨を正当な組合活動のために掲示板を使用するに当たらない場合を定めたという趣旨と理解し，正当な組合活動として許される範囲を逸脱していない場合には，これを撤去する行為は不当労働行為に当たると③④で述べている。ここで特徴的なのは，撤去要件に該当する掲示物を使用者が撤去することは原則として支配介入に当たらないが，撤去要件に該当した場合であっても正当な組合活動として許容される範囲を逸脱していない場合には支配介入に当たると判断していることである。

　この事件の1審判決[3]は，掲示板の「自由な使用は合意により許容された範囲内にとどま」り，会社が撤去要件に該当する掲示物を撤去する行為は，特段の事情がある場合（筆者注，判決文では後に判断されているが，「撤去行為をすることが権利の濫用であると認められるような特段の事情」と表現されている）がある場合を除いては，不当労働行為には当たらないと判断していたのを，控訴審では上記の枠組みに変更している。この1審判決は，許諾説[4]に基づき，権利濫用等の「特段の事情」がある場合にのみ支配介入には当たらないと判断しているということができる。これに対し，高裁判決は，当該掲示物の掲示が「正

（3）　東京地判平 18・10・5 労判 949 号 86 頁。

（4）　ここで，「許諾説」とは，国鉄札幌運転区事件の最高裁判決（最三小判昭 54・10・30 労判 329 号 12 頁）で示された，「労働組合又はその組合員が使用者の所有し管理する物的施設であって定立された企業秩序の下に事業の運営の用に供されているものを使用者の許諾を得ることなく組合活動のために利用することは許されないものというべきであるから，労働組合又はその組合員が使用者の許諾を得ないで叙上のような企業の物的施設を利用して組合活動を行うことは，これらの物に対しその利用を許さないことが当該物的施設につき使用者が有する権利の濫用であると認められるような特段の事情がある場合を除いては，……正当な組合活動として許容されるところであるということはできない。」との考え方を指す。

第Ⅱ部 労働契約，企業組織・労使関係をめぐる課題

当な組合活動」であれば，この撤去行為は支配介入となるとして，正当性の判断の幅を広げている。

(2) 19年8月判決の判断枠組みは次のとおりである。

③ 撤去要件を定めた趣旨

本件基本協約が掲示物に関し上記撤去要件を規定した趣旨は，会社は組合の組合活動のために掲示板の使用を許可するが，掲示物が撤去要件に該当する場合には，当該掲示物の掲示が正当な組合活動のために掲示板を使用するものということができないことから，これを撤去することが可能であることを明示したものと解される。

① 掲示物撤去の不労働行為性と撤去要件

掲示物の撤去が不当労働行為に該当するか否かの判断に際しては，撤去要件に該当するか否かをまず検討すべきであり，会社が撤去要件に該当しない掲示物を撤去した場合には，組合活動に対する支配介入として不当労働行為に当たるというべきであるが，会社が撤去要件に該当する掲示物を撤去した場合には，不当労働行為には該当しない。

② 撤去要件の判断方法

撤去要件の該当性を判断するに際しては，当該掲示物が全体として何を伝えようとし，訴えようとしているかを中心として，実質的に撤去要件を充足するか否かを考慮すべきであり，掲示物の記載内容のうち，細部もしくは個々の記述又は表現のみを取り上げ，あるいは撤去要件に当たる箇所の分量だけから全体的な撤去要件の充足性を判断すべきものではないというべきである。

④ 撤去要件に該当した場合であっても支配介入は成立するか

掲示物の記載内容の一部が形式的に上記各要件に該当すると見られる場合であっても，そのことの一事をもって当該掲示物全体として上記撤去要件を充足するものというべきではなく，正当な組合活動として許容される範囲を逸脱し，会社の運営等に支障を与え，あるいは個人の名誉を著しく傷つけたか否か等々について，その内容，程度，記載内容の真実性等の事情が実質的かつ総合的に検討されるべきであり，その結果，正当な組合活動として許容される範囲を逸脱していないと認められる場合には，会社による掲示物の撤去は実質的に組合活動に対する妨害行為として不当労働行為（支配介入）に該当するというべき

〔森井利和〕 **10** 掲示物撤去行為の支配介入の不当労働行為性

である。

⑤ 組合活動の正当性の判断

当該掲示物の掲示が補助参加人らの正当な組合活動として許容される範囲を逸脱したか否かを検討するに当たっては，まず，当該掲示物が掲示された当時の会社と組合との全社もしくは職場での労使関係の状況，掲示物が掲示された経緯に加え，掲示物の記載内容が会社の安全性，顧客へのサービスその他の会社の中心的業務自体の信用に関わる性質のものか，対組合との関係において問題となる性質のものか，社外の第三者又は社会全般との関係において問題となる性質のものか，会社内の職員の信用，名誉に関わるものか，当該記載内容が上記の信用又は名誉をどの程度侵害するものか等々の具体的な事情が考慮されるべきである。

⑥ 撤去の手続

本件基本協約には，撤去の手順又は手続についての定めはなく，掲示物が撤去要件に該当する場合は正当な組合活動のために掲示板を使用するものではないから，会社は，原則として，直ちに掲示物を撤去できるものといわざるを得ないが，撤去に先立ち，会社側から組合に通告し，自主的な撤去を求め，あるいは撤去要件に該当する部分の削除を求め，その対応に係る時間的余裕を配慮する等の措置を事実上講ずることは，掲示板貸与に係る本件基本協約の円滑な運用を図り，現場における混乱を回避するための工夫として一定の効用を果たしていたことが認められる。

この判決では，正当な組合活動かどうかを，労働協約の撤去要件設定の趣旨に読み込んでいる。そうすると，掲示行為の組合活動としての正当性が，その掲示物の撤去が支配介入かどうかの判断を左右することになる。

(3) 東京高裁の一連の裁判例のまとめ

21 年判決，25 年判決，29 年判決の判断枠組みも 19 年 8 月判決と同旨である。こうして，東京高裁の一連の裁判例は，労働協約に撤去条項がある場合，撤去要件に当たるかどうかはその言葉の一般的かつ社会通念上から判断がされるべき実質的判断であるし，仮に撤去要件があることが認められるとしてもなおそれだけでは撤去行為を支配介入ではないと判断することができず，それとは別

第Ⅱ部 労働契約，企業組織・労使関係をめぐる課題

に，掲示が正当な組合活動としての範囲を逸脱していないかどうかを個別具体的事情を考慮して実質的に判断し，正当な組合活動としての範囲を逸脱していない場合には，撤去行為を支配介入とすると言っていると考えることができる。

Ⅲ 掲示板からの掲示物の撤去と支配介入の不当労働行為

1 掲示物の撤去をめぐる支配介入の不当労働行為

(1) 問 題 点

利用を許諾された掲示板に組合が掲示した掲示物の撤去をめぐる東京高裁の一連の裁判例は，掲示を許容されていない場所への掲示行為を理由とする懲戒処分について争われた国鉄札幌運転区事件[5]とは本来は，事案類型が異なる。また，オリエンタル・モーター事件[6]とも事案類型を異にする。この事件では，集会等への食堂利用の拒否が支配介入に当たるかどうかが問題となり，集会への食堂利用がそもそも許容されていないという事実関係の下でその許容しないことが不当労働行為かどうかが争われたものである。

これに対し，掲示板からの掲示物の撤去で問題となっているのは，利用を許諾された掲示板への掲示物を使用者が撤去することが支配介入となるかどうかの問題である。

利用を許諾された掲示板にどのような掲示物を掲示するかは，労働組合の自由であって，使用者の干渉を許容するものではないはずである[7]。

しかし，許諾に利用条件があり，その利用条件に反する掲示がなされた場合，その許諾の範囲外のものであり，その場合には使用者が撤去することを労働組合が承認しているのであるから，撤去をしても不当労働行為とはならないと考える余地もある。現実に，平成19年5月判決の第1審判決がそうであった。そうすると，労働組合や組合員が使用者の許諾を得ないで企業の物的施設を使用して組合活動を行うことは，それの利用を許さないことが使用者の施設権利権の濫用があると認められる特段の事情がある場合を除いては，組合活動としての正当性を有しないとする国鉄札幌運転区事件の最高裁判決や，この論理を集会への食堂利用排除についての支配介入事件に及ぼし，食堂の使用の禁止が，

---

(5) 前掲注(4)判決。

(6) オリエンタル・モーター事件・最2小判平7・9・8労判679号11頁。

(7) 西谷・前掲注(1)278頁。

使用者の施設管理権の「濫用であると認められるような特段の事情がある場合を除いて」は，支配介入の不当労働行為の成立を否定したオリエンタル・モーター事件の最高裁判決で示された，「許諾説」に形式的に従えば，「特段の事情がある場合を除いて」，許可された掲示板の使用条件に反する掲示物の掲示は正当な組合活動ではなく，その撤去行為は支配介入とはならないことになってしまう。

　他方，保護法益を考えれば，許可されていない場所へのビラ貼りや許可されていない企業施設の使用に関する使用者の保護法益は，施設管理権である。これに対し，使用を許容された掲示板からの掲示物の撤去に関する事件における使用者の保護法益は，上記平成29年判決にあるように，会社の人事上の秘匿性，プライバシー，苦情処理会議の運営といったものであり，撤去の理由は掲示物の内容であって，掲示自体が問題となっているのではない。すなわち，施設管理権が会社の保護法益なのではない。そうすると，組合掲示板からの掲示物の撤去が支配介入の不当労働行為にあたるかどうかは，施設管理権とは別に考える必要がある。

　さらに言えば，仮に掲示板に禁止条項に反する掲示がされていたとしても，それを使用者が撤去できるかどうかは，別の問題である。その場合，使用者は労働組合に対してその撤去を請求することは可能である。しかし，だからといって，使用者が自力撤去する権限が当然に発生するわけではない[8]。従って，労使関係において，使用者が掲示物を撤去できるとの労働協約条項は，それだけの重要性を持つ条項であり，その文言が形式的に判断されるべきものではなく，保護法益との関係で撤去条項が解釈されるべきことになる。

(2)　組合との合意の評価
　また，労働組合が当該の使用者の行為を承認していても，使用者の行為が支

---

(8)　不動産の賃貸借で，賃借人が当該不動産に持ち込みを禁止されている物を持ち込んだ（例えば，ピアノなど通常の生活で発生する音量とは異なる音量の出る物を持ち込むことが禁止されている賃貸借契約において，賃借人がピアノを持ち込んだ）としても，賃貸人がそのピアノを自力で撤去できるわけではない。賃借人がピアノの撤去請求に応ぜず，これを撤去しない場合，賃貸人はその撤去を命ずる判決を得て強制執行することはできるが，自力救済が許容されるわけではない。また，そもそもピアノの持ち込み禁止の契約条項の効力は，合理的範囲において制限されるだろう。

第Ⅱ部 労働契約，企業組織・労使関係をめぐる課題

配介入と評価されることはあり得ることである。例えば，組合の執行部の許容の下に，特定の候補を応援する意思で，使用者が組合役員選挙に介入した場合，労働組合がそれを許容したとしても，支配介入の不当労働行為である[9]。同様に，組合掲示板への掲示物については，会社に民事上撤去請求権があって，しかも労働協約で労働組合が承諾した範囲において自力撤去権限があったとしても，現実の撤去行為が労組法7条3号の支配介入になることはあり得る。それは，労組法7条が強行規定だからである[10]。つまり，労働組合が掲示板からの掲示物の撤去を許容する労働協約を締結していたとしても，その労働協約は支配介入を許容する部分については無効のはずである[11]。

さらに，労組法7条3号が民事上の強行規定ではないとの立場に立ったとしても，掲示物の撤去行為が支配介入であると評価されることはありうる。例えば，掲示板設置は認めるが使用者が相当ではないと判断した場合には撤去できるとの労働協約があったとしても，使用者のよしとする見解の掲示物は撤去せず使用者のよしとしない見解の掲示物を撤去するなどの場合，撤去行為はやはり支配介入の不当労働行為となろう[12]。仮に，掲示板貸与の労働協約に，「会社を批判する掲示物は掲示してはならない」との条項及びこの禁止規定に反する掲示物を会社が撤去できるとの条項があってそれが文字通りの意味を持ったとしよう。この場合に，例えば，労働組合が賃金交渉についての会社の回答を示して「会社の回答は労働者の生活実態を考えておらず，不当である」と批判する掲示物を掲示板に貼付したとすると，この協約規定を文字どおり読めば，これも会社は撤去できることになってしまう。このように解釈した場合，その協約条項は労組法7条3号に違反して無効となるだろうし，仮にこれが強行規

---

(9) なお，支配介入について労働組合のほか労働者も申立人適格があることを判示したものとして，京都市交通局事件・最二小判平16・7・12労判875号5頁がある。

(10) 1号につき，医療法人新光会事件・最三小判昭43・4・9判時515号29頁。3号につき，横浜税関事件・最一小判平13・10・25労判814号34頁があるが，支配介入であると判断された行為について，国家賠償法上の責任が認められたもので，法律行為の効力が判断されたものではない。支配介入に当たるとして解雇を無効とした裁判例として，東京測器研究所事件・東京地決平26・2・28労判1094号62頁がある。

(11) 例えば，組合役員となるには会社の承認を要するとの労働協約があった場合，その労働協約条項は無効であり，そのような労働協約を締結していること自体が支配介入の不当労働行為となろう。

(12) 塚本・前掲注(1)298頁。

〔森井利和〕　　　　　　　*10*　掲示物撤去行為の支配介入の不当労働行為性

定ではないとしても，それとは別にこの撤去行為は支配介入となるだろう。

(3)　許諾説との関係

　従来，判例上では，使用者の許諾を得ないで企業施設を使用しての組合活動を行うことは原則として正当な組合活動ではなく，使用者が組合活動のために施設の許諾をしないとしてもそれは原則として支配介入ではないと判断されてきた（上記国鉄札幌運転区事件最高裁判決及びオリエンタル・モーター事件最高裁判決）。しかし，これらの判例においても，「その利用を許さないことが当該物的施設につき使用者が有する権利の濫用であると認められるような特段の事情がある場合を除いては」（国鉄札幌運転区事件），「右の権利の濫用であると認められるような特段の事情がある場合を除いては」（オリエンタル・モーター事件最高裁判決）という例外が存在し，使用者の権利の濫用等の特段の事情（権利の濫用に限定されるわけではない）のある場合には，企業施設を利用しての組合活動が正当なものとなり，あるいは企業施設の使用拒否が支配介入となるとしてきた。これらは，そもそも労働組合には企業施設を使用するについての民事上の利用権が存在しない場合についての判断である。出発点が民事上の利用権限がないところから，当然には労働組合は企業施設を組合活動のために使用することができず，企業施設を使用しての組合活動が正当なものとなったり，企業施設を利用させないことが支配介入となったりするためには「権利濫用等の特段の事情」を必要としてきたのである。支配介入について言えば，許諾説によれば，企業施設を利用させないことは，原則として支配介入不成立，例外として支配介入成立である。

　これに対して，貸与された組合掲示板については，掲示板の利用権を組合が持っている。そこに掲示された掲示物が撤去条項に該当するものであったとしても，それは，職場秩序との関係で問題はあり得ても，使用者の施設管理権との衝突は本来生じない性格のものである。そうすると，使用者の施設管理権との衝突が問題となった上記の国鉄札幌運転区事件最高裁判決及びオリエンタル・モーター事件最高裁判決の判断基準は及ばないはずある。

(4)　支配介入の不当労働行為の判断

(i)　支配介入の不当労働行為の成否は，集団的労使関係秩序に関連する諸般

第Ⅱ部 労働契約，企業組織・労使関係をめぐる課題

の事情を総合的に考慮したうえで，使用者の行為が労働組合を弱体化させるおそれのある不当な行為に該当するか否かによって決するものであるから，掲示物の掲出が民事上違法であるか否かのみの観点から結論を導き出すことはできず[13]，仮に民事上違法（協約との関係で許容されない掲示）であったとしても，その掲示物の撤去が組合を弱体化する不法な行為であるとなれば，支配介入の不当労働行為となる。そして，掲示板の利用権が設定されている掲示板から使用者が掲示物を撤去できるかどうかについては，労組法7条が強行規定であることから，労働協約で撤去要件を定めて使用者の自力撤去を容認する協約内容であったとしても，その労働協約の撤去要件は，それに基づく撤去が支配介入とならないように，限定して解釈されるべきこととなる。

(ii) そこで，利用権の設定された掲示板の掲示物を使用者が一定の要件（撤去要件）の下に撤去できるとの協約規定がある場合に掲示物の撤去が支配介入にあたるかどうかの問題について，中労委が上記平19・12・19命令で出した判断基準は，次のようなものであった。

① 掲示板の貸与協定が締結されている場合に使用者が掲示物を撤去する行為は，それ自体で，原則として組合の弱体化を招くおそれがある不当な行為として支配介入に該当する。

② 協約に掲示物の記載内容が事実に反し，会社の信用を毀損するときには使用者が掲示物を撤去できるなどの規定が置かれている場合には，当該掲示物が撤去要件に該当すれば，使用者の撤去行為は，原則として支配介入にはならない。

③ 掲示物の記載内容が撤去要件に該当するかどうかは，当該掲示物が労働組合に掲示板を貸与した労働協約の趣旨・目的に反するものといえるか否かによって判断されるが，組合掲示物の特色（労使関係上の事象発生後緊急に伝達する必要性など）から，「組合掲示物が撤去要件に該当するか否かを判断するに当たっては，当該掲示物が全体として何を伝えようとし，訴えようとしているかを中心として，実質的に撤去要件を満たすか否かを検討すべきであり，当該掲示物の記載内容のうち細部若しくは個々の記述又は表現のみを取り上げ，これをもって『事実に反する』とか『会社の信用を傷つける』等と判断することは

――――――――――――――

(13) JR東海（大阪第2運輸所）事件・中労委平19・12・19命令78頁冒頭。

232

相当ではないというべきである。」

④　支配介入の成否は，使用者の行為が組合弱体化のおそれがある不当な行為といえるか否かの点にかかっているので，そうした行為といえるかについては，掲示物の撤去要件該当性のみならず，その他の労使関係等諸般の事情も踏まえて判断すべき場合がある（状況に応じて表現の訂正や一部削除等撤去以外の方法を含めて組合に弾力的な対応を求めるなど）。

ここに見られるように，中労委の判断は，終始支配介入かどうかを問題としていて，「組合活動の正当性」にはふれていない。

「掲示物掲出行為が民事上違法であるか否かのみの観点から結論を導くことはできず」との判断がされていることからすれば，仮に掲出行為が労働協約の禁止規定に反するという意味で違法であったとしても，上記の観点から支配介入は成立するのであり，掲示物を制限して自力撤去を許容する労働協約があったとしても，支配介入は成り立ちうることを判断しているといえる。

(5)　東京高裁裁判例の不当労働行為性の判断

(i)　これに対して，東京高裁の一連の裁判例が提示した判断基準は，上述のように，「掲示板の貸与を定める労働協約で撤去要件を定めた趣旨は，組合活動のために掲示板の使用を許可するが，撤去要件に該当する場合には正当な組合活動のために掲示板を使用する場合に当たらないので，撤去できる旨を明示したものである。」ことから出発して，まずは撤去要件に該当するかどうかを判断し，そして，その撤去要件該当性の判断は実質的に行われるべきであり，なおかつ「正当な組合活動として許容される範囲を逸脱していない」場合には，実質的に撤去要件に該当しないというように，「組合活動の正当性の範囲を逸脱したかどうか」が支配介入かどうかを分かつ基準となっている。国鉄札幌運転区事件最高裁判決の述べる許諾説を意識した判断とも考えられるが，同事件は，そもそも掲示を許容されていない場所へのビラ貼付であるから，貸与された掲示板への掲示についても許諾説を一貫すれば，掲示物の撤去行為が不当労働行為責任を免責させるかどうかは，「撤去要件」に実質的に該当するかどうかの判断を行えば足りるはずであるが，撤去要件に該当したとしても，「正当な組合活動として許容される範囲を逸脱していない」場合には支配介入となる

第Ⅱ部 労働契約，企業組織・労使関係をめぐる課題

としている。

しかも，上記の中労委命令の実質的内容も，掲示物の記載内容が撤去要件に該当するかの判断を慎重に行ったうえで（ここで，当該掲示物の掲示が正当な組合活動かどうかと同じ内容の判断がされる），当該掲示物が撤去要件に該当すれば，使用者の撤去行為は，原則として支配介入にはならないというのであるから，結局は同旨を述べていると評価できる。

そうすると，一連の東京高裁の裁判例は，第一段階で撤去要件該当性の実質的判断を行ったうえ，それで撤去要件該当とされても，第二段階の判断として，「掲示物が全体として正当な組合活動として許される範囲を逸脱していない」場合には，なお撤去要件には該当しないというように，中労委命令における「撤去要件に該当するかどうかの判断は実質的に行われる」との判断を二重化したものと評価することもできる。そうであれば，中労委の命令例の判断と実質的相違はない。

(ⅱ) 言い換えれば，貸与されている組合掲示板からの掲示物の撤去をめぐる東京高裁の一連の裁判例は，労働協約における撤去権限の規定を形式的に判断すれば，その労働協約は組合の運営や正当な組合活動を保護する労組法7条に違反して無効となりかねないことから，支配介入かどうかの判断に当たっては，「組合活動の正当性の範囲を逸脱したものであるかどうか」を，禁止要件や撤去要件該当性の判断の基準とし，その禁止要件や撤去要件は一般常識や社会通念に従って実質的に判断すべきとするものである。「一般常識や社会通念に従って実質的に判断」するとき，「会社の信用を傷つけ」などの禁止要件に該当する場合には会社が撤去できるとの協約規定の意味は，禁止要件に該当するような場合にはそもそも正当な組合活動のために掲示板を使用する場合にあたらないことから撤去できるというものであって，そこでいう「禁止要件」に該当する場合とは，禁止条項の有無にかかわらず，正当な組合活動の範囲を超える内容の掲示である場合のことになる。このような協約条項がない場合，正当な組合活動の範囲を超える掲示物の掲示に対して，会社が民事上の撤去請求権を持つことがありうるが，当然に自力撤去権限を有するわけではない。禁止条項があって，禁止条項に該当する掲示物があっても，本来は撤去を命ずる判決に基づいて強制執行を行ってようやく撤去が可能である。これに対して，禁止要件に該当すれば会社において撤去できるとの協約条項（撤去条項）がある場

〔森井利和〕 **10 掲示物撤去行為の支配介入の不当労働行為性**

合には，正当な組合活動としての範囲を超える掲示物を会社が自力で撤去できることになる。しかし，禁止条項や撤去条項があることによって，それがない場合に比べて，掲示物の掲示という形態での組合活動の正当性の範囲が狭まるわけではない。組合に利用権のある掲示板について，正当な組合活動である掲示物の掲示までを禁ずる労働協約条項なのであれば，その労働協約条項は労組法7条に違反して無効となってしまう。したがって，「撤去要件」に該当するとは，特段の禁止条項がなくても，一般的には正当な組合活動ではないと考えられているような程度の「会社の信用を傷つけ」などをする掲示物のことを意味する。一連のJR関係の事件における，基本協約における撤去要件に該当するかどうかを判断するにあたっての，一般常識や社会通念に従って実質的に行うべきとの判断部分は，そのような意味である。そうすると，この撤去要件も労組法7条に違反しないように限定して考えられることになる。

(ⅲ)　この点は，上記の東京高裁の裁判例における③の点，すなわち掲示板の貸与を定める労働協約で撤去要件を定めた趣旨は，「組合活動のために掲示板の使用を許可するが，掲示物が撤去要件に該当する場合には，当該掲示物の掲示が正当な組合活動のために掲示板を使用するものということができないことから，これを撤去することが可能であることを明示したものである。」との判断を分析してみればわかる。すなわち，撤去要件である「会社の信用を傷つけ，政治活動を目的とし，個人を誹謗し，事実に反し，または職場規律を乱す」掲示は，争議行為時を別として，事業場内にある組合掲示板に掲示物を掲示するという形態の組合活動としては，このような労働協約があろうとなかろうと，正当な組合活動ではない可能性がある(14)。ここでいう，「会社の信用を傷つ

──────────

(14)　ただ，労働協約上のこれらの文言を文字どおり読むと，正当な組合活動についても制約を設けているかに読める。たとえば，労働組合が行う「政治活動」であっても，「労働者の権利利益に直接関係する立法や行政措置の促進又は反対のためにする活動」（国労広島地本事件・最三小判昭50・11・28労判240号22頁）として，組合がこれらについての見解を示す掲示物を掲示した場合，それが，「正当な組合活動ではない」とは思えない。これを掲示することをも禁止する趣旨のものであれば，その労働協約は正当な組合活動を制約しており，その条項はその限度で無効と考えられる。つまり，組合掲示板への掲示が禁止される「政治活動」の禁止は，正当な組合活動を阻害しない範囲で意味を持つと考えるべきである。また，仮にこれが撤去要件に該当するとしても，「正当な組合活動として許される範囲を逸脱していないと認められる客観的事情」に関する第2段階の判断で，撤去は不当労働行為となる。このように，この労働協約の表現は，正

第Ⅱ部 労働契約，企業組織・労使関係をめぐる課題

け」「政治活動」「個人を誹謗」「事実に反し」「職場規律を乱し」は相対的概念（「事実に反し」を除けば，規範的概念であり，事実に反するかどうかも程度問題がある）である。だからこそ，②で，撤去要件該当性は「一般常識や社会通念に従って」「文言の一般的意味に即して判断すべきであるが，」（21年判決の判旨）「当該掲示物が全体として何を伝えようとし，何を訴えようとしているかを中心として，撤去要件を実質的に充足するかどうかを考慮すべき」（19年8月判決）としているのである。そして，それに加えて，④「掲示物の記載内容の一部が形式的に撤去要件に該当する場合であっても，」当該掲示物の掲示が「正当な組合活動として許容される範囲を逸脱していないと認めるに足りる場合には，」会社による「掲示物の撤去が実質的に組合活動に対する妨害行為として不当労働行為（支配介入）に該当するというべきである。」とするのである。

　このように考えないと，掲示板への掲示行為が正当な組合活動であっても，それが労働協約で禁止をされることになってしまい，当該労働協約条項が支配介入を許容するものとして労組法7条3号に違反してしまうからである。

　すなわち，組合が利用権を有している掲示板に，一定の掲示物の掲示を禁止する禁止条項があったとしても，その禁止条項は，正当な組合活動ではない掲示物の掲示を禁止したというものであり，この禁止条項の有無にかかわらず，正当な組合活動である掲示物の掲示を禁止していないのである。この協約条項が，正当な組合活動としての掲示までをも禁止し，それを使用者が撤去できるとの趣旨であれば，労組法7条3号違反として無効となってしまうからである。そして，労働協約の禁止条項・撤去条項の存在を前提として，労組法7条3号に違反することのないように，撤去条項を運用する場合の判断枠組みとして，第1段階でこのように制限解釈を施された撤去条項に該当するかどうかを判断し，それでも撤去条項に該当してしまう正当な組合活動としての掲示行為を保護するために，第2段階で「正当な組合活動として許される範囲を逸脱していないと認められる客観的事情」があるかどうかが判断されるのである。そして，この2段階の判断は，いずれも実質的判断であって，その保護法益の性格やその侵害の程度を具体的に考えるというのが，東京高裁の一連の裁判例の趣旨である。そうであれば，「会社の信用を傷つけ」「政治活動」「個人を誹謗」「事実

　当な組合活動を阻害しない限度で，理解される。

に反し」「職場規律を乱し」に該当する掲示は，禁止・撤去条項がなくとも，「正当な組合活動」の範囲を超える程度の法益侵害性を持つものであって，その場合に初めてこれらの撤去要件に該当するということができる。

(iv)　このように，利用権が設定された組合掲示板の利用について「会社の信用を傷つける」ものなどの掲示をしてはならないとの条件が付けられ，この禁止要件に該当した場合に使用者が撤去できるとの条項のある場合に，掲示物の撤去行為が支配介入に当たるかどうかに関する中労委や東京高裁の一連の裁判例の判断基準は，当該労働協約が強行法規である労組法7条に違反しないための判断基準でもあるということができる。

静岡県・県労委（JR東海〔組合掲示物撤去〕）事件の原判決である静岡地裁判決[15]が，問題となった掲示物が「職場規律を乱す」ものかどうかを判断するに当たって，その保護法益を具体的に検討することなく，減率適用事由が公表されたこと，苦情処理会議での議論が公表されたという，形式的判断によって，「職場規律を乱すもの」といえると判断したのは，上記のような労組法7条と当該の基本協約の関係を意識しなかったためであると思われる。

(6)　支配介入と正当な組合活動

一連の東京高裁判決が「組合活動としての正当性」を撤去行為の支配介入該当性の判断基準にあげたのは，これらの事件において，労働協約の撤去要件の趣旨を，組合活動のために掲示板の使用を許可するが，撤去要件に該当する場合には正当な組合活動のために掲示板を使用する場合に当たらないので，撤去できる旨を明示した点にあるとしたためである。そうすると，組合掲示板からの掲示物の撤去行為は，当該掲示が正当な組合活動かどうかによって，支配介入かどうかが判断できることになる。正確に言えば，正当な組合活動であれば，禁止条項に該当せず，撤去条項にも該当しないことになる。そうでないと，正当な組合活動までが制約されることになり，その労働協約は，強行規定である労組法7条1項または3項に反して無効となってしまうからである。すなわち，撤去条項は，労組法7条に反しない範囲に限定的に解釈されることになる。そ

─────────

(15)　静岡地判平28・1・28労判1173号83頁。なお，この判決の解説として，野田進「協約に基づき設置した組合掲示板の掲示物を使用者が撤去した行為の支配介入該当性」中労時1209号（2016）12頁。

第Ⅱ部 労働契約，企業組織・労使関係をめぐる課題

のように考えれば，掲示板に条件が付けられているのはその条件付きで掲示板の使用を許諾されただけであって，その許諾の範囲を逸脱した場合，撤去条項に従って撤去することも掲示板貸与の条件であるのではないかとの疑問もあたらないことになる[16]。

Ⅳ 静岡県・県労委（JR東海［組合掲示物撤去］）事件東京高裁判決について

1 静岡県・県労委（JR東海［組合掲示物撤去］）事件における東京高裁の判断

この事件は，組合員の期末手当の減額について，苦情処理会議で開示された減率適用事由（減率適用に該当するとされた具体的事実という意味での減率適用事由）を組合掲示板に掲示した掲示物が，「会社の信用を傷つける」ものといえるか，「職場規律を乱す」ものといえるかが問題となった事件である。冒頭にあげた他のJR関係の事件と同じく，掲示板貸与について掲示物の禁止要件と撤去要件が定められており，当該掲示物がその要件に該当するかどうか，その撤去行為が支配介入の不当労働行為に当たるかが問題となっている。

静岡県労委は，禁止要件にも撤去要件にも該当せず，掲示物の撤去行為が支配介入に当たるとして救済命令を出した[17]が，会社はこの救済命令の取消しを求める訴えを提起し，原審静岡地裁は，この救済命令を取り消した。これに対して，静岡県労委が控訴し，東京高裁は原判決を取消し，会社の請求を棄却した。

---

(16) このように解すれば，この判断は，「許諾説」とも整合性を持つ。すなわち，掲示板に掲示することを許容されている掲示物は，禁止要件に該当しない掲示物だけであると考えたとしても，正当な組合活動としての掲示物の掲示まで禁止しているのではないとするのであれば，その範囲において「許諾」があるからである。また，当該掲示物が全体として正当な組合活動として許される範囲を逸脱していないと認められるときは，この掲示物を撤去する行為は不当労働行為に当たるというべきであるとの判断は，「当該掲示物が全体として正当な組合活動として許される範囲を逸脱していないと認められるとき」が，許諾説における「権利濫用等の特段の事情」に対応するものと理解することもできる。このように考えれば，東京高裁の裁判例の判断は，労働協約上の禁止要件・撤去要件の趣旨を，正当な組合活動ではない掲示物の撤去に限定することによって，許諾説との整合性をとったと評価することもできる。

(17) 静岡県労委命令平26・8・28中労委DB。

238

〔森井利和〕　　　　　　*10* 掲示物撤去行為の支配介入の不当労働行為性

　この事件の原判決も，高裁判決も，「会社の信用を傷つける」掲示物には当たらないと判断しているが，原判決が「職場規律を乱す」ものと判断したのに対し，高裁判決はこれには当たらないと判断した。この点を以下検討する。

　(1)　高裁判決は，苦情処理会議制度が原則非公開及び秘密の保持を定めているところから，ここで開示された減率適用事由を掲示することが秘密保持に関する規律（労働協約の 291 条，292 条）に違反するとした上で，苦情処理会議で明らかにされた減率適用事由等が秘密とされる理由を，「A　個別の社員の評価や査定項目に関わる会社の人事管理上秘匿すべき事項であること，B　当該社員のプライバシーに関する情報であること，C　苦情処理会議の委員や関係者が上記情報の漏えいのおそれを危惧して自由な発言を差し控える等の事態を防止して，同会議で建設的な議論が行われることにあると解される」として，それぞれの保護法益の侵害の有無及び程度から，検討をしている。

　まず，Aの点については，この事件では，「具体的な減率適用事由につき人事管理上秘匿すべき事項としてこれを非公開とする利益を有しているものの，本件のような場合に，これが公開されることにより生じる具体的な不利益の程度はさほど大きなものとはいえない。」と判断し，Bの点については，そもそも減率適用の事実の対象者は掲示の責任者であること，さらに組合員のプライバシーに属する情報を当該組合員に無断で公開することは通常考えられないことなどから，「本件掲示物を見た社員がプライバシーを侵害されるとの危惧を抱いて苦情申告をすることちゅうちょするおそれがあるとまでは直ちに認めることはできず，これにより苦情処理会議の運用が阻害される具体的なおそれは小さいものというべきである。」としている。さらに，Cの点については，掲示物に記載された事項は「秘密」としての保護の必要性の程度は高いとは言えるものの，「本件掲示物における減率適用事由の一部とその関連で言及された周辺事象の記載の仕方は，時期や場所を特定して具体的な作業ミスの内容を明らかにするようなものではなく，簡潔な項目的記載であって，かつ，当該組合員からの問題提起ないし意見表明の形をとっている（もとより，本件会議におけるやり取りを具体的に生々しく再現しているものでもない。）」こと，「本件掲示物に記載された減率適用事由等は，その内容等に照らし，本件掲示物を見た管理者を含む社員において，減率適用事由ないしその周辺事情として勤務成績の評

第Ⅱ部 労働契約，企業組織・労使関係をめぐる課題

定において考慮され得べき事情であるとの受け止め方をされるものである。」ことなどから，「本件掲示物が掲出されることによる苦情処理会議の委員や関係者に対する具体的な萎縮的効果の程度は必ずしも大きいものとはいえない。」と判断している。

(2)　また，「組合員に対する差別的取扱いが実際にあったかどうかは別にして，補助参加人ら（注　申立人組合）が不当な差別があると受け止めて抗議運動をすること自体には組合活動としての正当性が認められ」，「不当な期末手当の減額を訴えて補助参加人らの組合員その他の社員の理解と共感を得るためには，その不当性を具体的に示すために減率適用事由を明らかにすることには一定の必要性があるということができる。」と判断している。

(3)　そのうえで，「本件掲示物については，『職場規律を乱す』ものという本件撤去要件を充足するものとまでは断じ難く，仮にその記載内容の一部がこれに該当するとしても，これを掲出する行為を全体として見てみれば，補助参加人らの正当な組合活動として許容され得る範囲を逸脱するものではないと解するのが相当である。」として，会社による掲示物撤去行為を不当労働行為とした静岡県労委の命令に誤りはないとの結論を示している。

2　静岡県・県労委（JR 東海［組合掲示物撤去］）事件東京高裁判決の評価

(1)　この判決は，組合活動の利益と掲示物の内容によって侵害される会社の利益を比較考量して，丁寧な判断を行っている。原判決が抽象的危険性のみから撤去要件該当性の判断をした[18]のに対し，掲示物に掲載された事項が秘匿されることによる保護法益を具体的に検討している。原判決が「職場規律を乱す」との撤去要件について，「当該掲示物によって現実に職場規律を乱したことまでの立証を要するものではない」として，「減率適用事由の公開が，管理者と社員との間に軋轢や不都合が生じ，その信頼関係に影響を与えることは通常生じ得ること」をもって「職場規律を乱す」との要件を肯定したのに対し，東京高裁判決は，「職場規律を乱す」について，「『掲示類』によって現実に職

(18)　野田・前掲注(15)19 頁。

〔森井利和〕　　　　　　　*10* 掲示物撤去行為の支配介入の不当労働行為性

場規律が乱されたことまでを必要とするものではなく，その具体的なおそれが
あれば足りると解される。」としたうえで，具体的なおそれを３つの側面（A
～C）から検討して，そのおそれがそれほど大きくはないと判断をしている。
この判断手法は妥当と考えられる。また，具体的危険説をとったからこそ法益
の権衡の評価が可能となっている。
　以下では，この事案について，当該掲示物が「職場規律を乱す」ものである
かどうかを，東京高裁判決の一連の裁判例の判断に沿って検討してみよう。

(2)　被侵害利益の性質，程度について

　この事件で，減率適用事由の掲示によって問題となる保護法益は，人事管理
上の利益，プライバシー，苦情処理会議の内容の秘匿性である。
　(i)　被侵害利益の性質，程度がどうであったかを検討するにあたって，減率
適用事由の意味を区別する必要がある。どのような場合に減率適用がされるの
かの規範の問題であれば，それは，査定基準の問題であって，秘匿すべきもの
ではなく，むしろ可能な限り積極的に開示すべきものである。しかも，期末手
当については賃金規定第145条で勤務成績により増減する旨の規定があり，こ
の勤務成績が，勤務実績，勤務態度等によることも周知の事実である。この
「勤務実績」や「勤務態度」を判断する要素の一つとして，この事件で問題と
なっている早発や徐行抜粋失念があって，それが否定的評価を受けることは容
易に推測できることである。そのうえ，勤務成績の評価についての細則という
べき具体的規範が示されることは，むしろ望ましいことであって，秘匿すべき
ものではない[19]。逆に，規範としての減率適用事由が公になったからといって，
管理者と社員との間の軋轢等が生じて職場規律が乱れることはあり得ない[20]。
　(ii)　問題なのは，それに該当する具体的事実としての減率該当事実であるが，

---

(19)　土田・労働契約法294頁。これは，成果主義人事の人事考課についての記載である
　　が，査定一般に当てはまることである。この事件では，期末手当が勤務成績によって増
　　減する旨の規定があり，その勤務成績の規範としての具体的基準を公表することは，望
　　ましいことであれ，否定すべきものではない。
(20)　その規範としての具体的基準の公表によって職場規律が乱れるとした場合，それは
　　規範としての人事考課基準を公表していないことによるものであり，これを公表したか
　　らではない。規範としての人事考課基準を秘匿することを内容とする「職場規律」を保
　　護すべき程度は低いというべきであろう。

第Ⅱ部 労働契約，企業組織・労使関係をめぐる課題

プライバシーの側面でいえば，本件の掲示物の発行責任者は減率適用が不当であると掲示板で表明している本人であり，当該具体的事実に該当する者が既にプライバシーを放棄している。そこから，既に組合は同人の同意を得ていることを見てとることができる。また，掲示物に「当該のある組合員」の意見として，減率適用が納得できないと掲載して，その意見の中で早発や徐行抜粋失念の事実があったことが記載されている。つまり，当該組合員の意見の引用として早発や徐行抜粋失念が触れられているのであるから，早発及び徐行抜粋失念の事実を公表することに当該組合員の同意が得られていることは，文面上も明らかである。また，早発や徐行抜粋失念の事実が公表されたとしても，それは機微にわたる人事事項でもなく，それが驚きをもって迎えられたり，人事上の秘密の暴露という意味をもつものではなく，むしろ当然として理解されるものであり，管理者がこれを報告することをためらうような内容でもない。

(iii) また，この事件では，誰がいつどのような行為をして減率適用となったのかを公表しているのではなく，個人が特定されているわけでもない。そのうえ，45秒早発の事実のあったことは業務用掲示板に掲示されている事実であり，徐行抜粋失念が2時間の日勤教育の対象となることも業務用掲示板に掲示されており，これに該当する事実があった場合には期末手当の減率適用の対象となりうることは当然予想されることである。従って，早発や徐行抜粋失念の事実が苦情処理会議で減率適用事由（事実としての減率該当事実）として説明されたことを知った労働者が，これが減率適用事実となることを知って驚くわけのものではないし，これを報告した管理者が労働者から報告の掣肘を受けるとも考えられない。

しかも，この掲示の趣旨は，「苦情申立をした」「当該のある組合員」について，減率適用が不当であり，専任社員制度において不利益な取扱いを受けるのではないか，このような不当な取扱が他の社員にも適用されるのではないかと危惧し，これに抗議をするものであって，苦情処理会議の内容をことさら公表する意図に基づくものでもなく，そのような内容をもつものでもない。したがって，苦情処理会議での議論や苦情処理申立人の苦情処理申立の事実が一般的に公開されるなどという誤解を招かないものである。

(iv) この事件では，苦情処理会議で説明された内容を掲出したことが問題と

〔森井利和〕　　　　　　**10**　掲示物撤去行為の支配介入の不当労働行為性

なっているが，苦情処理会議が実際に機能しているかどうかは別として[21]，「職場規律を乱すもの」かどうかを判断するに当たっては，単に苦情処理会議で出されたかどうかの形式的基準ではなく，その内容に即して判断されなければならないが，この事件では，苦情処理会議で説明された具体的な減率該当事実が公表されたとしても，その秘匿の実益は少なく，また，掲示板に公表されたという減率該当事実についての発言も，個人名をあげず，具体的時期や場所の特定もないため[22]，苦情処理会議の秘密性の法益を侵害する程度も低い。

原判決では，減率適用事由は全て苦情処理会議で議論するとの規律に違反するとも判断されているが，苦情処理会議で出た議論は全て秘匿すべき事項なのではない。苦情処理会議で議論された事項のうちプライバシーや人事の機微にわたる事項が公表されれば職場規律に違反するとも評価できるが，この事件の減率該当事実はもし団体交渉で議題として持ち出されたとすれば団体交渉事項でもあり，減率該当事実を質問された場合，会社はその事実を回答せざるを得ない立場にある。当該の該当労働者について減率が適用された減率該当事実としての早発や徐行抜粋失念といった事項は，回答されるべき事項である。

そうすると，苦情処理会議で説明された事項であるからといって，直ちに公表を差し控えるべき事項であるのではなく，その内容の検討が不可欠である。例えば，苦情処理会議で出された事項は，その内容のいかんにかかわらず，すべて公表が禁止されるとすれば，当該本人が公表に同意しているときであっても，苦情処理会議に申告がされたこと，苦情処理会議が開催されたことすら秘匿すべきことになってしまう。苦情処理会議で議論されたことであっても，その内容によって秘匿の程度が異なるのであり，早発や徐行抜粋失念といった具体的な減率該当事実を，日時等の具体的状況にふれず，固有名詞を出さないで，

---

(21)　JRにおける苦情処理会議について判断したものとして，西日本旅客鉄道事件（中労委平23・9・7中労委DB）がある。この命令は，裁判所でも維持されている（東京地判平24・9・19，東京高判平25・1・29，最一小決平25・9・5，いずれも中労委DB）。

(22)　掲示物の撤去を支配介入ではないとしたものとして，JR東海（組合掲示物撤去等）事件・中労委命令平28・7・6別冊中労時1508号12頁）があるが，詳細さの程度が異なる。なお，この中労委命令について，石田・後掲注(23)26頁は，この中労委命令は苦情処理会議の内容を公開することに関する「労使の共通認識」が存在しており，これに違反している点を職場規律と関係づけているが，この関係のより説得的な説明が必要であったとする。

第Ⅱ部 労働契約，企業組織・労使関係をめぐる課題

かつ本人の同意を得た場合，秘匿性を侵害する程度は低いというべきである。また，この事件の掲示物によって，苦情処理会議で出された議論が全部組合掲示板で公表されるなどと誤解をする社員がいるとは考えられない。

(v) また，この事件で，掲示板が設置されているのは通常部外者が立ち入らない場所であり社員以外の者が本件掲示を見る機会は少なく，この掲示物が対象としている読者は，一義的には組合員であり，次いでその他の社員である。そこで，この掲示は，45秒の早発及び徐行抜粋失念という減率該当事実を記載しているが，これは他の社員にとって意外なものではないし，早発や徐行抜粋失念の行為がマイナス評価を受けることは，既に業務用掲示板に掲示されている事項でもある。従って，これに当てはまる事実が掲示物で記載されたからといって，管理者が報告を怠るとか社員との間に軋轢が生ずることはありえない。社員との間に軋轢が生じるとすれば，減率が適用されたこと及びその際の評価の基となる情報を管理者がその上司に報告しているという事態から生ずるのであって，規範としての減率適用事由や事実としての減率該当事実の公表によって生ずるのではない。

(vi) さらに，この事件で，減率該当事実の公表によって信用，名誉にかかわると言えば，減率適用対象となったことがおかしいと主張している組合員の信用，名誉であるが，当該組合員が掲示物の掲示責任者本人なのであり，これを掲示することには同意をしていることは明白である。

(3) 労使関係の状況

さらに，掲示物掲出における労使関係の状況としては，組合は，一定回数以上の期末手当が減額となった社員について定年後の再雇用が不利益となる専任社員制度の導入に反対し，不当な期末手当減額を阻止する運動に取り組んでいた。他方で，平成24年8月から9月にかけて基本協約の改定交渉において，「苦情処理会議の委員や関係者が苦情処理に関して知り得た秘密」の範囲について労使双方に意見の相違があることが明らかになった。

このような経過の中で，平成24年12月，組合員（掲示責任者である地本執行委員長）に対して年末手当支給の際に成績率について5％の減率適用があり，それを不当とする組合が本件掲示を行ったが，この掲示物は，全体として組合が，組合員が受けた年末手当の減率適用が不当なものであるとして訴え，当該

244

組合員が専任社員制度において差別的取扱いを受けることや，このような理不尽な取扱いが他の社員にも適用されるのではないかと危惧し，組合活動の一環としてこれに抗議するものであって，組合に対してその使用により組合活動に必要な宣伝，報道，告知を行うという，組合に掲示板を貸与した労働協約の趣旨・目的に反するものとはいえないであろう。

(4) 組合活動としての正当性

さらに，仮に形式的に撤去要件に該当した部分があったとしても，この事件では，掲示物は正当な組合活動の範囲を逸脱していないと考えられる。

(i) 使用を許容された掲示板による組合員への周知や呼びかけは，それ自体としては正当な組合活動である。組合掲示板による組合員への情宣活動は，組合としての基本的活動である。記載内容も，年末手当の減率適用事由及び定年退職後の専任社員制度の適用に関するものであって，目的において正当性を持つことは明白である。

(ii) 他方，この掲示物を掲示するという組合活動による被侵害利益の関係では，規範としての減率適用事由は，秘匿すべき事項ではなく，これを公表したからといって職場規律を乱すものではない。具体的事実としての減率該当事実の公表が職場規律に影響を及ぼすことはありうるが，それは個人のプライバシーにわたったり，人事上の機微にわたる事項についてであって，減率該当事実一般についてではない。この事件では，個人名はあげられておらず，掲示物で問題となった減率該当事実は，45秒の早発，徐行抜粋失念であり，これらの減率該当事実が公表されても意外として受け取られるものでもなく，減率適用事由に該当する具体的事例として，会社にとって秘匿すべき程度が高いわけでもない。

(iii) 判決が述べるように，不当な年末手当の減額を訴えて組合員やその他の社員の理解と共感を得るため，減率適用事実を明らかにすることは，情宣活動のために必要性があり，この掲示物の記載の程度は，その必要性の枠を超えてはいない。

(iv) このように考えれば，この事件の掲示物が仮に撤去要件に該当するところがあるとしても，組合の正当な活動として許容される範囲を逸脱しているものではないことがわかる。

第Ⅱ部 労働契約，企業組織・労使関係をめぐる課題

(5) 東京高裁判決の判断について

この事件で問題となった掲示物が，一般的な社会通念上判断して，実質的に撤去要件には該当せず，仮に撤去要件に該当する部分があるとしても，正当な組合活動としての範囲を逸脱していないとする，この判決の判断は妥当なものである。これを撤去する行為が許容される労働協約なのであれば，支配介入を許容する労働協約としてその限度において無効というべきであり，撤去要件は労組法7条に違反しないように解釈される。そうすると，本件の撤去行為は，撤去要件に該当しないのに，利用権の設定された掲示板から掲示物を撤去したものとして，あるいは正当な組合活動の範囲を逸脱していない掲示行為であるのに掲示物を撤去したものとして，原則に戻り，組合活動を弱体化させるおそれのある不当な行為であって，労組法7条3号に該当する支配介入の不当労働行為と判断されたのは，当然のことである[23]。

Ⅴ ま と め

労組法7条は強行規定であって，これに反する労働協約があっても，その条項は無効である。労働協約に禁止条項や撤去条項があったとしても，撤去条項は，正当な組合活動ではないものについてのみ及ぶものであって，貸与された組合掲示板から使用者が掲示物を撤去する行為は，その掲示が正当な組合活動である限り，支配介入の不当労働行為となる。これが一連の東京高裁判決の意味であり，平成29年の東京高裁判決は，これを確認した判決であるということができる。

---

(23) この裁判例の解説として，石田眞「組合掲示板からの掲示物の撤去と不当労働行為の成否」中労時1228号（2018）18頁がある。

11 ドイツにおける労働契約の
司法的コントロールの根拠
―― 債務法改正以前

小 俣 勝 治

I はじめに	III 学説による評価
II 2001 年までの労働契約の司	IV まとめに代えて
法的コントロールに関する判	――わが国法との関連を含
例の展開	めて

I　は じ め に

　周知のように，ドイツでは労働条件の形成はその基底的部分については産業別の労使間の労働協約及び企業内における事業所レベルにおける使用者と事業所委員会との事業所協定によってなされる。最近では最低賃金法の制定によって最低レベルでの法律による直接形成の部分も生まれている。しかし，これら最低基準（ないし中核的部分）を超える事業所内の（いわゆる実質的）労働条件の形成において事業所委員会の役割に限界がある以上，少なくとも形式上は使用者と被用者との個別の労働契約がその役割を引き受けることになる。

　そのため様々な労働条件がこの労働契約によって形成されるといっても，企業経営サイドとしては経営環境その他からなるべくその労働条件を柔軟に形成できる環境を整える必要がある。そのため，その多くの部分が事実上使用者による一方的決定が許される形式をとっている。したがって，このような措置によって労働条件が不利益に変更されるケースもまま出現する。もとより労働条件の引き下げ・不利益変更の手段には変更解約告知のような厳しい措置もありうるが，契約上のそれは当該条件の引き下げに留まる点で労働関係が存続していく中での条件変更の許容性・合法性が問題となる。

　従来からこれらの問題に対してドイツの連邦労働裁判所（BAG）は，使用

第Ⅱ部 労働契約，企業組織・労使関係をめぐる課題

者の決定権行使あるいはさらにそのような可能性を用意した労働契約の内容規制（本稿では主に「コントロール」の用語を用いる。）によって契約内容を修正することがしばしばであった。とりわけ事前に使用者によって作成された書式等を利用する労働契約（契約による統一的規律）は一般的労働条件（Allgemeine Arbeitsbedingungen）と呼ばれ，その名称からも約款（Allgemeine Geschäftsbedingungen）に類比されていたが，労働関係の特殊性から約款規制法の適用からは除外されていた。したがってそこでの判例の形成は，いわゆる裁判官法（いわゆる裁判官による法の継続形成）の形を採っていた。

2002年からは債務法現代化法により約款規制法が民法典の中に組み入れられ，しかもその規制対象に労働契約も含まれることになったことから，以前からの労働契約に対する司法的規制は裁判官法としてではなく，改めてその法律の適用の形になり，現在に至っている。

本稿は，2010年に出版されたドクター論文である，ドローテア・ケーニヒ著「ドイツ，イギリスおよびフランスにおける労働契約の内容コントロール」[1]の一部（2001年までの法律状況の部分）を参考に，判例の展開と学説による評価を検討し，若干ながら日本法との比較を行うものである。

Ⅱ 2001年までの労働契約の司法的コントロールに関する判例の展開

1 一般私法における契約の内容コントロール

債務法改正前の2001年までにも，ドイツの判例は労働契約について裁判官による内容コントロールを実施してきた。これに関する最初の端緒は既に1960年代に見出すことができる。ただし，内容コントロールのこの形式は労働裁判所に限られるものではない。

一般私法における諸契約の内容コントロールに関する裁判官による法の継続形成の始まりは19世紀の末まで遡る。それはその後の労働契約の内容コントロールの考察にとっての背景をなす。労働裁判所の判例と文献によるその批判は私法契約の内容コントロールの文脈の中で見ることができる。ドイツでは契約自由に対する司法による介入の引き金は19世紀における大企業とカルテルの出現であった，といわれる。ライヒ裁判所（Reichsgericht）は約款コント

---

(1) Dorothea König, Die Inhaltskontorolle von Arbeitsvertägen in Deutschland, England und Frankreich, Freiburger Disseratationsreihe Band 23, 2010, Freiburg.

248

ロールのための最初の判決において「善良の風俗」への違反に依拠していた。すなわち，ある独占的保有者が他方の側（相手方）に不相当（unverhältnismäßig）かつ不衡平な条件を定める場合には善良の風俗に違反する[2]。

他方，当時の代表的研究者であるライザー（Ludwig Raiser）によれば，「法律は生活関係を規範化することによって言い表された価値から出発すべきである。もしそれが強行法規によってなされるならば，同時に限界が設定され，自由は終了する。われわれにとってはそれから逸脱する余地を残す任意法規のみが重要である。この任意法規はなるほどそれ自体では契約秩序の背後に位置する第二次的な妥当（力）しか認められない。しかしそれは好き勝手な秩序では全くなく，全法的共同体による法理念の客観化という特別の意味における『法』である。それは一般的には——法的確信の変転する場合を除いて——抵抗する当事者の利益と優越的な共同体の利益の適切な自然の調整として，言い換えれば，関係する生活関係の『標準的な』秩序とみられる。この性格が任意の規範に，契約秩序に対しても常に自己を貫徹する傾向を与える。すなわち，任意法規からの約款の逸脱を厳格に取り扱うという上記の解釈実務，及び約款への示唆またはある条項の意味が疑わしい場合における合法的秩序への復帰を想起せよ。この任意法規の質は任意法規を逸脱の限界〔設定〕に関する基準に高めるものであり，たとえこの限界が法律自体によって言い表されていなくとも，である」[3]。

そして 1956 年以降になると，書式契約及び個別契約の内容コントロールのための基礎としての私法判例においては BGB242 条[4]が着目されるに至る。この文言に従えば BGB242 条は契約の実施のみをとらえている。したがってその条文（信義則）を諸契約に対する内容制約としても投入することが迫られているわけではない。しかし BGH（連邦通常裁判所）は BGB242 条が諸契約の内容の制約として適用されることを決定した[5]。

（2）　Vergl. RG v.27.6.1913, RGZ83,9,14., König, a.a.O., S.39.
（3）　Ludwig Raiser, Das Recht der Allgemeinen Geschäftsbedingungen, 1935(1961), Hermann Gentner Verlag. S.293.
　　　なお，BGB138 条 1 項「善良の風俗に反する法律行為は無効とする。」
（4）　BGB242 条「債務者は取引慣行を考慮して信義則が要求するようにその給付をなさしめる義務を負う。」
（5）　König, a.a.O., S.40.

第Ⅱ部 労働契約，企業組織・労使関係をめぐる課題

すなわち，「総合すると以上のことから，製造したばかりの家具の購入に当たっての買主に保障請求権（Gewährleistungsanspruch）に代わって修繕権が認容される場合，なるほど買主の一般的な引渡条件【約款】によって保障請求権の排除が一般的に規定されうるが，しかしその修繕権が何らかの理由で現実化しえない場合には，買主の保障請求権が復活することが帰結される。これ以外の引渡し条件の形成は信義誠実の原則に合致し得ない。なぜならば，そうなると買主にとっては法的に不衡平なるが故に法的に維持しえない，甘受し難い負担を結果するであろうからである」(6)。ここでは契約内容の規制に信義則が適用されている。

約款については，以下のように判示された。すなわち，「商議された個別契約では一般的に（個別事例の特別の事情に基づく検討が留保されるが）法律の任意規範から逸脱する証明負担に関する取決めを取り結ぶことになんら疑念は存在しない。法律の場合に類似した法適用に至る約款にあっては事情が異なる。約款はその法的有効性（Rechtswirksamkeit）を（存在しない）私的自治から引き出すことはできず，むしろ他方の契約当事者の服従（Unterwerfung）からのみ引き出すことができるので，約款によって無数の個別事例について定立された規則（原則）が信義誠実の原則に合致しえない限り，その約款は承認してはならない」(7)。

さらに，「任意法規の諸規定がその成立を，目的合理性だけでなく，事柄の性質上生ずる正義の要請（Gerechtigkeitsgebot）のおかげをこうむっている限り，約款によって任意法規から逸脱する（異なる）定めをする場合には，その約款によって規律されるべき事例については任意法規の基礎になっている正義の要請を疑問視させ，かつ逸脱する定め〔の方〕が法と衡平に合致しうるものとして現出させるような諸理由が存在しなければならない。立法者によって定立された任意規範の正義の内容は様々な大きさでありうる。約款における（任意法規からの）逸脱の信義則との合致の可能性に対しては，正義の要素が強ければ強いほどそれだけ一層厳格な基準が措定されていなければならない」(8)。

このように一般民法においては先述のライザーの見解がBGHの判例に採用

（6） BGH v.29.10.1956, BGHZ 22, S.90f. S.100.

（7） BGH v.17.2.1964, BGHZ 41., S.151f., S.154.

（8） BGH v.17.2.1964, BGHZ 41., S.151f., S.154.

250

されて，約款規制について任意法規を基準としてその逸脱の正当化理由を求めるという方式になっている。そして BGB242 条による諸契約の内容コントロールは 1977 年 4 月 1 日の約款の法の規制法の発効に至るまで BGH の恒常的な判例に一致していた。この時点から約款規制法が一般民法における約款の内容コントロールのための優先的な法律上の基礎となった。約款規制法 8 条の「上書き」には「内容コントロール」の概念が初めて法典化された法の中に入った。労働契約はこれに反して，約款規制法 23 条 1 項においてこの適用範囲から除外された。このことはしかしながら立法者並びに判例からもまた文献においても労働契約の相当性コントロールのための障害として考察されることはなかった[9]。

2　労働契約の内容コントロールの展開

(1)　序　　説

2001 年までの労働契約の内容コントロールは，裁判官による法の継続形成に依拠する法律状態である。ケーニヒは，原則的に年代順で法の継続形成を最初から後期の時期まで明らかにすることによって，その状況を評価している。そこでは，法原則の具体化がなされる。労働契約の内容コントロールの法的基礎にとっての根本的な基準は，それが「被用者保護の思想」に配慮しているかどうかである，とされる。議論の重点は，労働契約の内容コントロールがどのような位置を占めるべきか，判決が出された当時労働契約の内容コントロールとして何が実施されていたかに集中される[10]。

(2)　労働契約の内容コントロールに向けた法の継続形成の第一歩

(a)　法律回避の原則

(i)　法律回避の原則の展開

1960 年に連邦労働裁判所は初めて被用者保護の視点の下で労働契約の内容の検討に従事した。その際それは，法的な形成の可能性の濫用的利用によって強行的法の基礎の目的が崩壊せしめられる場合には，法律の回避が存在すると

---

(9)　König, a.a.O., S.41.
(10)　König, a.a.O., S.41〜42.

第Ⅱ部 労働契約，企業組織・労使関係をめぐる課題

いう解釈学的な原則を展開した。法律回避に至る契約上の定めは BGB134 条[11]により無効であった。強行法として裁判所が引き合いに出したのは解雇保護法である[12]。

先ず，いかなる理由も有期化を支持しない場合には，有期労働契約は法的に無効といえるかが争点となった事案[13]を取り上げる。

すなわち，Ⅱ－C「大法廷はこの問題の判断と解決のために法律回避の法概念の適用を適切とみなした。というのは，事案の状況により，契約当事者は契約自由の基本原則に依拠する有期労働契約の法形式を，そのことを通じて解雇〔保護〕法の強行規定が回避される場合に，適用して差し支えないかが，問題だからである。」

Ⅱ.C.－1 「ある強行規定の目的が別の法的形成可能性の濫用的利用によって無に帰せしめられる場合には，法律回避が存在する。解雇保護の強行規範の意味と目的は，有期の労働契約がこの保護の回避を意味するかどうかの観点で検討されることを要求する。」しかも「不可変的に形成された法規範の意味と目的の貫徹は，回避の意図又は回避の意識がないところでもその回避を挫折させることを要求する。」

Ⅱ.C.－2 「しかるに BGB620[14]条1項）の原則及び契約自由の基本原則は，ここでは労働関係の存続保護の発展との関係で諸制限を甘受する。有期労働契約は決して許されないものではない。しかしそれはドイツ労働法の根本原理の構造上説得力のある客観的に正当化された理由を必要とする。諸当事者又はいずれにせよ一方の当事者の経済的または社会的な関係がこの契約を支持しなければならない。この〔有期労働〕契約は正しいもっともな理由に基づき解雇保

---

(11) BGB134 条「法律の禁止に違反する法律行為は，法律から別のことが生じない限り，無効である。」

(12) König, a.a.O., S43.

(13) BAG v.12.10.1960, AP Nr.16 zu § 620 BGB.（判例①）

(14) BGB620 条
「(1) 雇用関係はそれについて締結された期間の経過をもって終了する。
 (2) 雇用関係の期間が確定されておらず，雇用（役務）の性質又は目的からこれを推知することができないときは，各当事者は雇用関係を 621 条ないし 623 条の基準に従い解約することができる。
 (3) 一定の期間に対して締結された労働契約についてはパートタイム及び有期労働法が適用される。」

護規定が問題にならないほどの客観的正当化をそれ自体の中に含有しなければならない。

　これに反して，有期化のための客観的理由が欠如するかまたはその理由が口実とされているにすぎない場合には，これら契約の締結に対する保護に値する利益は存在しない。その場合には当該契約の客観的機能違反（矛盾）が暴露される，なぜなら，その契約は被用者から労働契約に対する存続保護を奪うからである。〔ここには〕法律回避の要件事実が存在する。この場合には有期契約は法的な形成の可能性の濫用とみなされるべきである。労働契約に期間を設定する形式的な権利は，説得力のある，客観的で，法秩序の一般的目的に合致する仕方でのその利用のなかにその内在的制約が見いだされるべきである。もしそれが欠如するのであれば，〔しかも〕その有期化が被用者から強行的解雇保護規定による保護を奪う場合には，使用者は被用者に対してそれを引き合いに出すことができない。」

　次に，どのような場合に強行的解雇保護の回避が成立するかについて，一部解約の判決(15)を取り上げる。すなわち，

Ⅲ1.a　「労働関係のいかなる部分にせよ，一部解約の決定的なメルクマールは，契約の他方当事者の意思に反する契約条件の一方的変更である。解約告知（解雇）に対する一部解約の相違は解雇が労働関係をその全体的な存在において把握する点だけであり，一部解約では契約当事者は他の労働関係の維持の下にそこから個別的な権利または義務についてのみ分離しようとするものである。そのような一部解約は原則として許されない。なぜなら，一部解約によって当事者が合意した等価（Äquivalenz）構造及び秩序構造が破壊せしめられる。また，一部解約は当事者の諸権利及び義務が幾層倍の内部的な関連の中に存在するものであることに対する配慮をしていないからでもある。すなわち，一部解約によって契約の一方の当事者は契約拘束から免れる，しかも同時に他方の当事者の拘束から生ずる彼らの諸権利を放棄させないのである。」

Ⅲ1.b　「これに反して一方の契約当事者に個別の契約条件を一方的に変更する権利が容認される場合には，選ばれた表示に関わらず，撤回の留保が問題となる。これはその法的基礎を労働契約自体に，しかしまた事業所協定または

---

(15)　BAG v.7.10.1982. AP Nr.5 zu§620BGB Teilkündigung.（判例②）

第Ⅱ部 労働契約，企業組織・労使関係をめぐる課題

労働協約に持つことができる。そのような撤回の留保すなわち個別の契約条件の一方的な変更に関する権利〔変更権〕の約定は，原則として許される。それは，強行的解雇保護の回避を結果する場合にのみ，BGB134条に基づき無効である。労働契約の重要な要素が，それによって給付と反対給付の間の均衡が根本的に崩壊せしめられる一方的な変更に服する場合には，BGB134条に基づき無効となる。合意された撤回の留保の行使はBGB315条[16]に基づき衡平なる裁量に従い行われねばならない。それは事業所委員会の関与，例えば，事業所組織法99条（人事の個別措置における共同決定）によるそれに服することができる。したがって撤回の留保の合意が許されないかまたは合意された撤回の留保が無効であるならば，労働契約の希求された変更は変更解約告知の手段でのみ達成される。」

　この判決からは，「いかなる場合に強行的解雇保護の法律回避が成立するか」に対しては，「労働契約の本質的な要素が一方的な変更にさらされている場合」と答えることになる。その理由は，そのことによって給付と反対給付の間の均衡が根本的に崩壊せしめられるからである。ただし，その他の判例も考慮に入れると，一方的変更権が全賃金の25ないし30％にまで及ぶにすぎない場合には根本的な崩壊は承認されない[17]。ちなみに，上記判決では，「原告によって獲得された1974年から1979年までの年額の給与を比較しかつそれにその時々得たプロビジョンと対比すると，原告の収入は約20％がプロビジョンからのものであるにすぎないことがわかった。」（Ⅳ.2.a）)として，法律の回避が否定されている。

　(ⅱ)　法律回避の原則の拡大

　もともとは法律回避の法原則は解雇保護法の規範にのみ関連付けられた。後

---

(16)　BGB315条（一方当事者による給付の決定）

「(1)　給付が契約締結当事者の一方によって決定されるべきときは，疑いあるときは，その決定は衡平な裁量によりなされるべきことが承認される。

　(2)　その決定（確定）は他方当事者に対する表示行為によってなされる。

　(3)　その決定が衡平な裁量によりなされるべきときは，なされた決定は他方当事者にとっては，それが衡平性に対応する場合にのみ，拘束力を有する。それが衡平性に合致しないときは，その決定は判決によってなされる。同じことはその決定が遅滞する場合に，適用される。」

(17)　König, a.a.O., S.43～44.

〔小俣　勝治〕　　　***11*** ドイツにおける労働契約の司法的コントロールの根拠

年にはしかるに他の法律上の規定が引き合いに出されて，その回避が裁判官による内容コントロールを導いている。

　まず，賃金加給が有効に撤回されたかが争われた事件[18]でBAGは以下のように述べる。

　II．「被告はこの撤回をする権利を有しなかった。これについて被告は労働契約の附則に留保された撤回にもまた1985年4月1日の事業所協定にも依拠することができない。」

　II．「1「当事者は，労働契約の附則において『賃金労働協約を補完する』以下のことに合意している。すなわち，『これら協約を超える収入の構成要素にあっては任意の，いつでも自由な裁量により撤回できる業績が問題となっているのである。』この撤回の留保を被告は1985年3月1日の事業所協定の中に維持する。これについてはX項にすなわち，協約外の加給は協約上の業績加給（手当）に算入される，そして算入の後に残存している部分は『使用者が留保された撤回権を利用しないという条件のもとで』継続して支払われた。」

　II．2「被告はこれによってしかし撤回権を自由な裁量に基づいて基礎づけることはできず，むしろ衡平な裁量（BGB315条1項）の枠内においてのみ行動できる。自由な裁量に基づく撤回の留保の約定はいずれにせよ，それが継続的収入の構成要素に関係する限りにおいて許されない。被用者は解雇法上の諸規定（解雇保護法2条）の保護と，BGB315条の裁判官による裁量のコントロールの保護を同時に放棄することはできない。撤回の留保の約定（合意）は無制限に許されるものではなく，かつとりわけ解雇法上の諸規定の回避を結果することがあってはならないことは承認されている。さらに判例はこの原則をしかし他の――解雇法上の視点の外にある――契約形成にも適用している。それによって解雇保護が回避されるような諸契約に対して被用者が保護されねばならないのとまったく同様に，使用者にBGB315条1項に反して自由な裁量に基づきまたはまったく随意による一方的な撤回の権利を容認しかつ給付と反対給付の均衡をコントロール不能なほどに変更することを可能にするような諸合意に対しても被用者は保護を必要とする。このことは――本件のように――業績加給が問題となる場合にはいずれにしても妥当しなければならない。」

---

　(18)　BAG v.13.5.1987, AP Nr.4 zu § 305 BGB Billigkeitskontrolle.（判例③）

第Ⅱ部 労働契約，企業組織・労使関係をめぐる課題

Ⅱ.3. 「しかしこの衡平な裁量の限界内においても撤回権は，その中に解雇〔保護〕法上の諸規定の回避が認められない場合にのみ基礎づけられうる。本件はこれに該当しない。2,69マルクの撤回される加給は10,85マルクの協約時間給の25%に少し足らない程度である。その際2,09マルク（約19%）が撤回されたのである。これに反して1980年9月23日の被告の書面及び当時基準となっていた8,78マルクの協約時間給を基礎にするならば，2,69マルクの加給は当時の協約時間給の31%程度である。」

　次に，プロビジョンの請求権に関する判決[19]はある契約条項の，BGB622条6項[20]の不平等な解約告知期間（予告期間）の禁止違反を理由とする内容コントロールを実施している。使用者に対する被用者の解約告知が当該の条項によって困難となっていることを判例は詳述する。BAGの見解によれば当該条項の無効が結果される。審査された契約の規定では1暦年に関与せしめられた予定基準値（Sollvorgaben）を内包する成功報酬規程が問題となっていた。それにもかかわらず労働関係は既に1年の前半の後に終了していた。その労働契約によれば当該外勤職員（Außenmitarbeiter）には何らの成功報酬（Provisionszahlung）も割り当てられていない，なぜなら彼は半年の活動であって1年のための予定基準値には達していなかったからである。被用者は半年分の販売割当に相当する額の成功報酬を要求した[21]。連邦労働裁判所はこれに関して以下のような見解であった。すなわち

　Ⅰ.2　「州労働裁判所はまず正しくも，当事者は原告の年度途中の（unterjährig）就労でのプロビジョン（成功報酬・利益配当）の給付に関する規定を作成してないことを認識している。しかるにそこから生ずる帰結すなわち，労働契約の附録2の報酬規定は販売人の労働関係が暦年の途中に終了する場合にも適用すべきとする帰結は正しくない。控訴審は，労働契約の当事者は通常違法または無効な労働契約条件に至るいかなる約定もなそうとはしないという経験則を考慮していない。被用者が年間の予定基準値の定足数（Quorum）に達しない限り，業績プロビジョンは年度途中での就労では完全に喪失するとし

---

(19)　BAG v.20.8.1996, AP Nr.9 zu §87 HGB（判例④）

(20)　BGB622条6項「被用者による労働関係の解約告知については，使用者による解約告知についてより長い期間が約定（合意）されてはならない。」

(21)　König, a.a.O., S.45.

〔小俣勝治〕　　　***11*** ドイツにおける労働契約の司法的コントロールの根拠

た場合には，しかしそれが争われた。そこには BGB622 条 6 項違反が存在した。この規定によれば，被用者による労働関係の解約については，使用者による解約についてより長い期間を定めてはいけない。この規定に対する違反は，その意味及び目的に従い使用者についてよりも被用者についてより長い解約告知期間又はより不利な解約告知期間が定められる場合のみならず，被用者の解約告知が使用者のそれ対して困難である場合にも，存在する。したがって被用者の負担での解約の制約は違法とみなされるべきである。このことは，プロビジョンの約言に当たっての最低販売限度（Mindestumsatzz grenze）についても妥当する。プロビジョンはその（暦）年に関連してのみ算定されるべきであるとの解釈は，被用者の顕著な不利益取扱を結果した。被用者は重大な収入の損失を計算に入れたくない場合には，年に一度しか解約できない。争いあるときはこのことは特に明らかである。原告は 1992 年には 55,200 マルクの固定給を取得しかつ 7 万マルクのプロビジョンを収入として得た。1993 年に彼は同年の前半の半年で約 480,00 マルクのプロビジョンを獲得できたであろう。したがって原告が期限に合致した解約告知の法律上の権利を利用しようとしたならば，およそその年の収入の半分を放棄しなければならなかったであろう。」

 I 3.　「このことに直面して，ある販売員の労働関係がある暦年の進行中に終了する場合にも当該報酬規定が適用されるべきことから出発することはできない。その限りにおいて完全ではない当事者の労働契約は補充的契約解釈の方法で，それが結論的に当該の法律に合致するように解釈されねばならない。その際判例に従い考慮されるべき事情をすべて考慮して，もし当事者がそれを疑念に思ったならば，誠実な行為を行うに当たってどのように未解決の点を秩序づけようとしたであろうかを考察しなければならない。争いある場合には補充的契約解釈は，年度途中までの就労にあっては当該の年間販売限度はその就労期間に換算されうるとの結論に至る。進行する年における労働関係の期間への年間付与基準及びそれに応じた定足数の適合化以外の視点は認められない。」

　以上のように，無効な条項によって発生した労働契約における欠缺に対して判例は，労働契約当事者が通常，違法又は無効な契約条件を結果するいかなる協定をも結ぶつもりはないことから出発する。その契約は，問題となっている契約の条項が法的に有効であるように，解釈されねばならない。もし完全でない契約が存在するならば，その契約は補充的契約解釈の方法で，それが結果的

257

第Ⅱ部 労働契約，企業組織・労使関係をめぐる課題

に法律に合致するように解釈されねばならない。具体的には，1年以内の雇用（就労）にあっては当該の年間販売限度〔基準値〕が雇用期間に換算される[22]。

文献では本件事案で実施された補充的契約解釈に対してはなんらの反論も提起されてはいない。原則として補充的契約解釈の道具は当時の労働契約の内容コントロールにあってはなんら優越的な意味を与えられていなかった。それにもかかわらずそれはコントロールの道具の全体像の中では，労働契約の内容に対して被用者に有利に作用するための，判例の手段をなしていた[23]。

(iii) 適 用 事 例

法律回避の原則はとりわけ撤回の留保に関する契約規定，契約条件の一方的変更に関する契約規定，そして呼出労働に関する契約規定の内容コントロールを結果した。以下には，法律回避の原則の適用の啓発的な例，すなわち呼出労働に関する条項の内容コントロール[24]が示される。すなわち，ある地方自治体の音楽学校において時間ベースで任用されていた音楽教師の事前に書式化された労働契約は，労働の給付提供は音楽学校の要求に基づいてのみなされるべきであるとの規定を有していた。更にその書式契約は，週の労働時間は最短6時間かつ最長13.5時間になると規定していた。音楽学校はその音楽教師に対して，悪化する財政状況を理由として週の労働時間が削減されると告げた。時間削減の範囲は個々の音楽教師にあっては3時間ないし6時間の間で変動する[25]。判旨は以下のとおりである。

Ⅱ 「労働時間に依存する報酬において使用者に，最初に確定していた労働時間を後で一方的に需要に応じて縮減する権利を与える労働契約上の約定は，解雇法及び解雇保護法という強行的規定の客観的な回避を呈示し，かつそれゆえBGB134条に基づき無効である」。

Ⅱ.3.d.-cc(41) 「本件で行われた労働契約上の約定（合意）は，使用者に労働時間に依存する報酬において労働時間の範囲を時間的な枠内においてまたは時間的な最長限度までにおいて，『ケースバイケースで』決定する権利を付与するものであって，解雇法及び解雇保護法の強行的諸規定の客観的回避を呈

---

(22) König, a.a.O., S.46

(23) König, a.a.O., S.47.

(24) BAG v.12.12.1984, AP Nr.6 zu §2KSchG 1969（判例⑤）

(25) König, a.a.O., S.47.

258

〔小俣 勝治〕　　　　***11*** ドイツにおける労働契約の司法的コントロールの根拠

示しかつそれゆえに BGB134 条により無効である。

（42）　本件において判断されるべき，労働時間の範囲に関する（期間限定の
ない）一方的な給付指定権の個別契約による容認によって，解雇保護法上保護
される労働契約の中核領域が侵害される。本件のように，労働の報酬が時間単
位で測定される場合には，このことはいずれにせよ妥当する。使用者がこの種
の給付指定権を衡平な裁量（BGB315 条 1 項）に基づいてのみ行使してもよい
という事情は，解雇保護法によって保護される被用者にとっては労働法上のな
んら同価値の保護を示すものではない。給付指定が衡平な裁量に合致するのは，
事案（事態）の本質的状況を考量しかつ双方の利益を適切に考慮した場合のこ
とである。それが行われているかどうかは，裁判所のコントロールに服する
（BGB315 条 3 項 2 文）。裁判所の審査基準は，使用者に帰属する一方的給付指
定権にあっては衡平性コントロールに限られている。

Ⅱ.3.d.-cc(43)　「強行的解雇保護法の客観的な回避は以下の論究から生ず
る。すなわち，労働時間の範囲に関する期間の限定されない一方的給付指定権
は，変更解約告知のように，労働関係の内容と存続に影響しかつ時間数の削減
の場合には労働関係を部分的に終了する。この種の給付指定権は通常の変更解
約告知に適用される諸条件に拘束されない。通常の変更解約告知は法律上の
（特に BGB622 条，解雇保護法 1 条 2 項及び 3 項），集団法上及び個別契約上の解
雇（予告）期間を尊重してのみ可能であるが，本件のような（期間の拘束のな
い）一方的給付指定権は使用者に労働時間の範囲についていつでも変更するこ
とができる権利を与える。被用者はこれに対して期間に合致した通常の変更解
約告知を通じてのみ労働時間の短縮に達することができる。」

Ⅱ.3.d.-cc.(43)　「ここに同時に BGB622 条第 5 項[26] の客観的な回避が存
在する。したがって被用者にとっては本件の態様の契約形成はその解雇法上の

---

(26)　BGB622 条第 5 項（同条 1 項の 4 週間の告知期間より短い個別契約上の約定の諸条
件）
「第 1 項に挙げられたもの（4 週間）より短い解約告知期間は，以下の場合にのみ約定す
ることができる。すなわち，
1．被用者が暫定的な補助者を採用する場合。ただし，労働関係が 3 か月の期間を超え
て継続する場合はこの限りでない。
2．使用者が通常職業養成中の就労者を除き 20 人を超えない被用者を就労させかつ 4 週
間の解約告知期間を下回らない場合。」

第Ⅱ部 労働契約，企業組織・労使関係をめぐる課題

地位の大幅な悪化を意味する。使用者はこれに対して解雇法及び解雇保護法の強行的諸規定に拘束されない形成権を獲得するのであって，それは解雇（解約）期間への拘束なしに労働関係の中核に一方的介入する権利を使用者に与えるものである。」

(b) 基本法 12 条違反

(i) 基本法 12 条[27]に関する法原則の展開

被用者保護のために労働契約の内容的検証に至る別の法原則は，基本法 12 条の枠を超える人格の自由な発展の侵害は憲法違反であることである。基本法 12 条に関する法原則の発展のための契機は，労働契約における「職業教育の継続に関する償還条項」の裁判官による検証のケース[28]であった。すなわち，連邦労働裁判所は，継続職業教育の費用に関する償還条項の形式における契約による解約告知の制約は基本法 12 条に合致しうるかついて決定しなければならなかった。使用者は被用者に対して任意で，ある貯蓄銀行が上級学校の職業教育又は継続的職業教育の費用を支払い，かつ当該教育中の給与の支払いを継続した。当該教育の開始前に被用者は，当該教育課程修了後当該貯蓄銀行の役務（業務）から離れる限りにおいて，報酬費用を賠償する義務を負っていた。返還すべき額は，当該課程修了後 1 年ないし 3 年の間の時間的幅における解約にあっては継続的に減額され，当該課程の修了後 3 年後にはいかなる返還義務も存在しなくなるものであった。当該被用者は当該教育課程修了後 1 年半で解約告知した，その結果協定に基づき当該課程中に付与された給与の 60％を返還しなければならなかった[29]。判旨は以下のとおりであった。

Ⅱ.3.b 「労働契約の当事者の法律関係においては，（違法な）国家の介入の防御は問題とならない。むしろ個別の場合において使用者の社会的権力的地位から生じうる介入の防御が問題となる。無期の契約関係に入りそれゆえ解約可能な労働関係の契約当事者が，基本法 12 条によって把握され保護された領域において活動しかつそのような労働関係に本質的な職場選択の自由に触れる規

---

(27) ドイツ基本法 12 条 1 項
　「すべてのドイツ人は，職業，職場及び職業教育場所を自由に選択する権利を有する。職業活動（従事）は法律によって又は法律の基礎に基づいて規律されうる。」

(28) BAG v.29.6.1962 AP Nr.25 zu Art.12GG.（判例⑥）

(29) König, a.a.O., S.49.

〔小俣　勝治〕　　　　**11** ドイツにおける労働契約の司法的コントロールの根拠

律を被用者の負担の方向において行う限りにおいて，契約当事者はこの基本権に最大限の効力を用意しなければならない。これら諸条件の下で当小法廷は，無期の関係に入った労働契約においても自由な職場選択における被用者のその任意で締結した契約によるその制約を基本法12条に合致しうるとみなした。なぜなら，その制約は，個別事例のすべての事情を考慮して信義則に従い被用者にとって期待可能なものであるはずであり，かつ分別のある観察者の立場から使用者の基礎づけられたそして衡平であるべき利益に合致しているからである。これらの条件が存在しない場合には，基本法12条に内含された禁止の違反のゆえに，BGB134条に基づき無効である。」

Ⅱ.4.a-cc　「場合によっては発生しうる被告の給与継続支給に対する個別契約上の請求権は，1959年2月14日の合意の外では基礎づけられえない。……たとえ，いかなる義務付けの表示が話題とならないで，被告が〔職業教育のための〕学校へ通う機会を得るとの口頭の確約が与えられたとの被告の主張が確認された場合でさえ，その教育課程の期間中労働からの解放への被告の請求権に関する拠点は発生してはいないだろう。それは以下の理由から重要ではない，すなわち，原告は労働からの解放を償還義務に結び付けずに，ただそれを超えて原告によって約束された給与の継続支給に結び付けているのである。この給与の継続支給はしかしもっぱら1959年2月14日の合意に依拠している。この合意の中では被告は留保なくしてなされた原告の約言を受け取ってはいない。むしろ給与の継続支払への契約上の請求権は初めから早期の解約の場合の被告の償還義務とともに同時に基礎づけられていた。」

Ⅱ.4.b-aa）「制約された解約権が排除されていた期間は，3年であった。それは非常に大きな期間である。他方においてそれに対して原告がなんらの反対給付を得ない原告の給与支出は大きな額すなわち約3100マルクにまでなっている。

被告には制約なしに多くの解約可能性が存した3年という上記の期間が原告の任意の費用の額と比較されるならば，この長い期間への拘束は高額の費用のゆえにかろうじてなお正当化されるであろう。しかし，高額の償還義務は，少額の支給義務に比較すると，被用者をして解約を思いとどまらせる，したがってその基本権をより強く制約しうることは考慮しないままでよいわけではない。とはいえ，償還義務は1年についてのみ完全（100％）に確定しているが，そ

第Ⅱ部 労働契約，企業組織・労使関係をめぐる課題

の後は半年ごとに軽減され（1年半まで80％，2年まで60％，2年半まで40％，3年未満で20％），それが3年の経過後には完全になくなることによって，この事態に対して当事者は合意の許容性のために十分に配慮している。かくて被告の重大な制約は1年の支持しうる期間についてのみ存在したのであった。」

　これに対して，文献においては基本権の労働関係への直接的適用は判例の偽装された内容コントロールのおそらくもっとも明確な証拠とみなされた。とはいえ，BGB134条の意味における禁止法規としての基本権の直接適用を拒否する場合には，内容コントロールの解釈学的な基礎を何が形成するかの問題が提起される。というのは，BAGによってその際展開された諸原則は現行労働法からはもはや無視してもよいものではないからである。したがって信義則の基準での基本法12条の価値を引き合いに出しつつ使用者の一般的な相当性の拘束が優先的価値のある解釈学的な端緒として見られる[30]。1985年以降しかしながら連邦労働裁判所[31]は直接的な第三者効の学説を廃棄しかつそれ以降「基本権の間接的な効力」の端緒を主張している[32]。

　(c)　崩壊した契約同（対）等性

　(i)　崩壊した契約対等性に関する法原則の展開

　被用者保護に関する他の法原則は，崩壊した契約対等性に関するそれである。これによれば，契約締結の時点で崩壊した契約対等性の事例が存在した場合には，裁判所のコントロールが要求される。連邦労働裁判所は，「当事者間の契約〔作品〕が双方の利益調整の方法ではなく，むしろ実際上使用者ひとりによって確定された場合は，崩壊した契約対等性を肯定」した[33]。連邦労働裁判所は契約内容の単独決定の事例として，任意給付，いわゆる契約上の統一規律及び集団に対する約言並びに使用者の一方的な給付指定権を挙げている[34]。

　より深い言及をしている後者の判決を取り上げる。

---

(30)　Lorenz Fastrich, Richterliche Inhaltskontrolle im Privatsrecht, Beck, München 1992, S.174〜175.

(31)　BAG v.27.2.1985, AP Nr.14 zu §611BGB Beshchäftigungspflicht.

(32)　König, a.a.O., S.49.

(33)　BAG v. 31.10. 1969 AP Nr.1 zu §242BGB Ruhegehalt − Unterstützungskassen.

(34)　BAG v. 22.12. 1970 AP Nr.2 zu §305 Billigkeitskontrolle. 判例⑦──なお，ケーニヒはこの判決に Nr.1 と表示しているが，それはほぼ同一内容の判決であるが，Nr.1 はその前日に出された BAG v. 21.12.1970 である。本稿では 22 日の Nr. 2 を利用する。

Ⅱ-1 「現行の債務法は，契約の正当性（正義）は対（同）等の力をもった契約当事者がその時々商議（Aushandlung）の方法で固有の利益を主張しつつ衡平な（billig）調整を形作ることによって，通常は保障される，との思想に基づいている。それゆえに契約自由が正当化されるのである。弱い契約当事者の『有利』のための法定の最低条件を除外するならば，契約内容に関するその決定はその当事者に委ねられている。すなわち，契約の形成は一般的には裁判所による検証を必要としない。」

Ⅱ-2. 「契約の対等（性）が崩れているか，または一方の契約当事者が別の理由から契約関係の内容を単独で形成しうることを理由として，契約当事者の（力の）均衡が相当な［angemessen］契約内容を保障しない場合には，事情が異なる。この事態は，いわゆる契約による統一的規律（Vertragliche Einheitsregelungen）または集団的約言（Gesamtzusage）において当てはまる，（なぜなら）それらは，実際には使用者と個別被用者の間で合意されるのではなく，使用者によって単独で発せられるからである。更には，使用者による契約上の給付の指〔決〕定（BGB315条）やそこでは使用者が任意の給付（freiwillige Leitsungen）を法的請求権を排除して配分する要件事実などでもこれは当てはまる。

これら３つのすべての事例においては被用者が獲得する諸給付並びに労働関係の内容は，関係者間における契約の自由〔の結果〕として取決め（absprechen）されたのではなく，むしろ使用者によって確定されたのである。したがって契約の対等性が利益調整をなんら保障できないのであるから，使用者がその利益を追求することは許されない。むしろ使用者は被用者の利益をも相当な考慮に入れなければならない。すなわち，その給付指定は衡平かつ正当（gerecht）でなければならない。それがそうなっているか否かは争いある場合には裁判所が検証しなければならない。」

Ⅱ-2 「一方の契約当事者による契約上の給付指定の事例については法律において明示的にこのことが述べられている（BGB315条）。契約上の統一的規律については使用者の拘束と裁判所による衡平性のコントロールが──約款についてと同様に──裁判官法に基づいて一般的に承認されている。法的請求権排除の下での任意給付の配分の事例についてはまったく争いのない見解に従い，使用者は平等取扱い原則に従わなければならない。実はこれは衡平性に従わな

第Ⅱ部 労働契約，企業組織・労使関係をめぐる課題

ければならないとの要請となんら異なるところはない。」

これらの事例のすべてにおいて，判例の見解によれば，衡平性の理由に基づく修正が求められている。衡平性コントロールの正当化はどこから生ずるかは，連邦労働裁判所は最初は実務的な結果に影響しない理論的な問題とみなしていた。考えられる法的基礎としてはBGB315条以下，BGB242条，予約義務の違反を挙げている。後になって連邦労働裁判所は，その見解を次のように精緻化した，すなわち，一方の契約当事者による契約上の給付指定の場合にはBGB315条が裁判官による衡平性コントロールを予定している，と。契約による統一的規律に対しては，約款に対してと同様に裁判官法に基づいて一般的に承認されている[35]。

文献では一般的に承認された裁判官法を引き合いに出すことはそれほど安定的とは見られてはいない。なぜなら，この関連でよく引用される本判決でさえ，約款の内容コントロールに関する判例と文献に対する一般的な示唆で満足しているからである[36]。また，事前に書式化された契約条件にも及んでいる衡平性の検証基準は，文献では以下のような批判的反対論に直面している，すなわち，「一般的労働条件は契約法上のカテゴリーに組み込まれるにもかかわらず実のところ双方的，私的自治的形成の産物ではなく，一方的な，抽象的・一般的な使用者の規律として性格づけられるべきである。……労働法部門の最高裁（BAG）の用語に従えば，「衡平性コントロール」と呼ばれる，個々の点に限定したそして個別事例に方向づけられた裁判官による内容コントロールは，事前に書式化された，類型化された契約条項の抽象的・一般的な規律とは明らかな矛盾関係にある」と批評された[37]。

(ii) 適用事例

崩壊した契約対等性の法原則の適用事例は，既に言及したように，使用者の任意給付，一方的な給付指定権及び契約による統一的規律または集団的約言であった。以下には，契約による統一的規律の内容コントロールの例が引き合い

---

(35) König, a.a.O., S.51.

(36) Götz Hueck, Gleichbehandlung und Billigkeitskontrolle, in Gedächtnisschrift für Rolf Dietz, München 1973, S.241, 246.

(37) Friederich Becker, Zur Inhaltskontrolle von Allgemeinen Arbeitsbedingunen, NJW 1973, S.1913, 1915.

〔小俣 勝治〕　　　*11*　ドイツにおける労働契約の司法的コントロールの根拠

に出される。

　契約罰の取決めの衡平性コントロールが 1984 年の連邦労働裁判所の判決[38]
の対象であった。書式化された労働契約の 15 条は百貨店で販売員として就労
していた被用者をその被用者の有責的な契約違反行為に起因する，使用者によ
る即時解約告知（解雇）の場合には特に，月例総報酬の額における契約罰の支
払いを義務付けている。使用者は労働関係を即時に解約告知した，なぜなら，
その女性販売員は使用者の不利益のために犯罪となりうる行為への濃厚な嫌疑
を引き起こしたからである。契約罰の合意の有効性に関して連邦労働裁判所は，
以下のように詳述する，すなわち，

　「BGB339 条は特別の法制度として契約罰の可能性を予定しているのであり，
しかもそれは労働法上の債務関係においても合意されうるものである。」

　「約款規制法 23 条により労働法領域への適用を除外されているので，同法
11 条 6 号【約款における契約罰を無効とする規定】により，書式労働契約に
おける契約罰が無効となるものではない。しかし，約款法の中にその表現を見
ている一般的な法思想は労働関係に適用することはできる」（Bl.840）。

　「その限りにおいて，契約による統一的規律が問題となるので，契約罰の取
決めの衡平性コントロールが考慮される。しかしこの視点の下では本件の契約
罰の取決めには異論を差し挟む余地はない。というのは，この種の合意に対す
る使用者の正当化された利益が承認されうるからである。契約違反やその他の
重大な被用者の義務違反であって使用者をして即時解雇を正当化ならしめるも
のでは，たとえ通例では使用者の財産的損害が発生しているとしても，使用者
にとって損害の証明は一般的に極めて困難であるかまたはおよそなしえない。」
（Bl.840）

　本件における契約罰の相当性については，以下のとおりである。「原告の見
解に反し，使用者が 100 マルクほどの損害を受けた場合に，制裁として 1 か月
の税込月例給与の支払がその被用者に迫られ，通例では（本件でも）被用者は
さらに職場を失うとしても，契約罰の取決めの包括規定は被用者の不相当な処
罰を結果するわけではない。1 か月の給与の契約罰の招来はなるほど敏感な被
用者の財産罰を結果する。この損失はしかし，彼がそれゆえに貧しくなる，又

---

(38)　BAG v.23.5.1984, AP Nr.9 zu§339 BGB.（判例⑧）

第Ⅱ部 労働契約，企業組織・労使関係をめぐる課題

は長い期間を通じて借金を抱えるほど，強いものではない」(Bl.840)。

「被用者の契約違反があってしかも被用者のこの過失ある契約違反を理由と
する使用者による即時解雇が正当化される場合には，通常使用者は被用者に損
害の賠償を請求できるほどの損害が発生する。この場合にはしかし契約罰は使
用者の損害賠償請求に算入されるべきである。それゆえ一般的には少なくとも
契約罰の一部については被用者は損害賠償として債務を負っている。それゆえ
また1か月の税込給与の合意された額は基本的に被用者の不相当な罰とは見ら
れない」(Bl.840)。

(3) 利益調整の法原則による裁判官の内容コントロールの継続的発展
(a) 利益調整の法原則の展開

連邦労働裁判所は1980年代の末から使用者と被用者の間における均衡のと
れた利益調整の法原則を徐々に増大しつつ引き合いに出している[39]。同裁判
所は，契約当事者の対立する利益を調整する契約形成を樹立することを主張し
ているようである。この法原則についての結束点としては様々な法的基礎が役
立っている。判例はこの場合BGB138条にもまたBGB242，315条[40]並びに
BGB242条[41]にも依拠している[42]。

この裁判官による考察を基礎づけるために，連邦労働裁判所は1990年代の
中ごろ，連邦憲法裁判所のある基本原則の決定[43]に引き寄せられる。これに
よれば，立法者が一定の生活領域並びに特別の契約形式について強行的契約法
を創設することをしない場合には，裁判官は私法の諸道具での，崩壊した契約
対等性の事例における基本権の客観的基本決定に重きを置いた。更に連邦労働
裁判所は次のように説示する，すなわち，契約を修正するためにはいかなる契
約均衡の崩壊でも充分であるということはない，しかし個別労働法においては，
集団法上の規律によっては除去されてない，使用者に対する被用者の構造的劣
位性に基づいて裁判官による内容コントロールが基礎づけられた[44]。

---

(39) BAG 24.3.1988, AP Nr.1 zu §241 BGB.
(40) BAG v.15.2.1990, AP Nr.15. zu §611 BGB Anwesenheitsprämie.
(41) BAG.v.16.3.1994, AP Nr.18 zu §611 BGB Ausbildungsbeihilfe. (判例⑩)
(42) König, a.a.O., S.54.
(43) BverfG v.10 .10. 1993, AP Art.2 GGⅡ. Nr.35. (判例⑨)
(44) König, a.a.O., S.54.

（判例⑨）の判旨は以下のとおりである。

Ⅱ-2-a 「連邦憲法裁判所の恒常的な判例によれば，個人による意思に基づく法律関係の形成は一般的な行動の自由の一部である。基本法2条1項は私的自治を諸『個人の法生活における自己決定』として保障する。」

2-2-b 「契約法においては，事柄を適正に評価した利益調整が契約当事者の合致する意思から生ずる。両当事者は相互に拘束されかつ同時に彼らの個人的な行為の自由を利用する。契約当事者の一方が契約内容を事実上決定しうるほど強い優越性を得ると，このことは他方当事者にとっては他者決定を生み出す。しかしながら交渉≪力≫の均衡が多かれ少なかれ侵害されているすべての状況について，法秩序は配慮することはできない。法的安定性の理由のみに基づいて，どんな交渉力の均衡の崩壊であっても契約が事後的に問題視されまたは修正されてはならない。それにもかかわらず一方の契約当事者の『構造的劣位性』を認識せしめる『類型化可能な事例の形成』が問題となっている場合であって，劣位の契約当事者にとってその契約の帰結が異常なほど負担となる場合には，私法秩序はこれに反応しかつ修正を可能にしなければならない。そのことは基本権に基づく私的自治の保障（基本法2条1項），並びに社会国家原理（基本法20条1項，28条1項）から生ずる。」

Ⅱ-2-c 「現行の契約法はこの要請を満足させている。民法典の創設者はなるほど，法的な取引における弱者のための様々な保護規範を有するとしても，私法上の取引への形式的に平等な参加者のモデルから出発したが，ライヒ裁判所でさえこの考察様式を放棄して社会的責任の実質的な倫理へ復帰した。今日では契約の自由は，ほぼ均衡のとれた当事者の力関係の事例においてのみ適正な利益調整の手段として有用であること，並びに崩壊した契約の対等性の調整は現行私法の主要任務に属することについては広く一致をみるところである。この任務の意味において民法典の大部分が解釈される。」

「この意味において民法典の一般条項が中心的な意義を有する。BGB138条2項の文言はこのことをとりわけ明確に表現している。その中には必然的に一方の契約当事者の交渉≪力≫の劣位性に至る典型的な事情が表示されておりかつそれには一方契約当事者の無経験が属するのであった。優位の契約当事者が自己の利益を顕著な仕方で一方的に貫徹するためにこの弱点を利用するならば，それは契約の無効を結果する。BGB138条1項は全く一般的に良俗違反を無効

に結びつける。これと異なる法律効果は BGB242 条から生ずる。信義則は契約の形成力の内在的な限界を示すものであり契約の裁判官による内容コントロールの権能を基礎づけることについては，私法学説はその結論においては一致をみている。なるほど内容コントロールの条件と強度については法学文献においては争いがある。契約の対等性の構造的な崩壊に対して適切に反応することを可能ならしめる装置を現行法が用意することの確認が憲法上の評価を満足させるものである。」

(b) 適 用 事 例

利益調整の法原則の事例は，除斥期間[45]，特別支給[46]及び償還条項[47]にあっても見出される。以下には，継続的職業養成費用に関する償還条項の内容コントロールに関する連邦労働裁判所のこの判決（判例⑩）が取り上げられる。紛争の対象はある飛行機の操縦士の職業継続形成の費用についての契約上の償還条項であった。この条項は以下のことを規定する，すなわち，操縦士（パイロット）は職業形成の終了後 36 カ月の経過前に退職した場合 5 万マルクを償還すべき義務を負う。被用者が当該の使用者の下で従事している各月については，36 分の 1 が（その支払い義務を）免除する[48]。

II 「一定期間終了する前に退職する被用者について職業教育費用の返還を請求できる約定は原則として認められる。ただ被用者からの解約告知に関係する支給義務は信義則（BGB242 条）違反になりうる。総合的にみてその支給義務は信義則上被用者に期待可能なものでなければならない。被用者にとって甘受しうる拘束は財および利益の衡量に基づいて個別事例の事情を考慮に入れた相当性の原則の基準に従い確定されるべきである。その際考慮されるのは，とりわけ拘束の期間，償還額の高さ及びその清算である。」

II-b-dd. 「上記の基本原則は個別労働法においても妥当する。この個別労働法は個別被用者の個別使用者に対する構造的な劣位性によって特徴づけられ，しかもそれは労働協約や事業所協定によっても除去されないものである。この劣位性は完全雇用の時代においても存在する。これは本件においても現れてい

---

(45)　BAG 24.3.1988, AP Nr.1 zu §241 BGB.
(46)　BAG v.15.2.1990, AP Nr.15 zu §611 BGB Anwesenheitsprämie.
(47)　BAGBAG. v.16.3.1994 AP Nr.18. zu §611 BGB Ausbildungsbeihilfe.（判例⑩）
(48)　König, a.a.O., S.54~55.

る。すなわち，パイロットが希求されている場合でも，償還条項は自由に商議されるものではなく，むしろ被告によって事前に書式化される。

　労働法における裁判官による契約のコントロールは一般私法におけるよりもより大きな役割を果たす。被用者すなわち弱い当事者の要保護性がとりわけ大きくしかも立法者が多くの部門において活動していない。」

　Ⅲ-1　「BAG の判例によれば，償還条項の内容コントロールにとって必要な利益衡量は特に，被用者が一体かついかなる程度において職業教育並びに継続的職業教育で金銭的価値のある利益を得るかに特に方向づけられるべきである。職業教育に結びついた利益が彼にとって大きければ大きいだけそれだけ一層，〔教育〕費用への参加が期待されるべきことになる。償還条項によって発生する拘束に対する反対給付は，被用者が彼に一般的な労働市場においてまたはその今までの使用者の事業所において，以前の自分には閉じられていた職業上の可能性を切り開く職業教育を獲得したことにありうる。継続的な職業教育にあっても，被用者は金銭的価値のある利益を取得するのがしばしばである。今までの使用者のもとでより高い協約グループの諸条件が充足されることであり，また取得した知識はほかの労働関係にとっても利用可能なものにすることでもある。

　償還条項の約定は，被用者が入手した知識と能力を職業教育を行う使用者の事業所の外でも換価することができかつ職業上昇格することもできる場合には，とりわけ考慮される。被用者が実務において承認された能力を取得した場合には，このことが当てはまる。これに反して，職業教育及び継続職業教育が事業所内においてのみ利用されるかまたは現在の知識の更新のみがまたは使用者によって誘発された新たな事業所のチャンスへの被用者の知識の適応のみが問題となるときには，被用者の費用への関与は問題とならない。」

　Ⅲ-2　「当小法廷はさらに償還条項の許容性が継続職業教育と拘束の期間（長さ）に依存すると判示している。両者は適切な関係の中にあらなければならない。というのは，使用者は通例のやり方では継続職業教育の間中報酬を支払い続けかつ生活手当を供与しているので，使用者の支出の額は通例ではその長さに決定的に依存する。継続職業教育の期間は取得した能力の質に関する強力な状況証拠であることは決定的である。個別的には以下のことが妥当する。労務提供の義務なしの２か月までの課程期間では通常はせいぜい１年の拘束が

第Ⅱ部 労働契約，企業組織・労使関係をめぐる課題

合意されうる。労働義務なしの課程期間が6か月から1年まででは通例3年より長い拘束を正当化しない。労働義務なしの2年を超える期間では当小法廷は5年の拘束期間を合法とみなした。したがって3年の拘束期間は通例ではいかなる意味でも疑いのないものである。相当性の原則はむしろほかの段階的差異を必要とする。

しかしながら，呈示された原則は定例についてのみ適用される。個別的には比較的職業教育期間が短い場合にも比較的長い拘束期間が正当化される。例えば，使用者が重大な財産を費消したとか，継続職業教育への参加が被用者に特別の利益をもたらす場合であろう，むしろその限りではまず第一に，どれほどの規模で被用者の職業上のチャンスが継続職業教育の結果として向上するかが重要である。」

Ⅲ-3 「金額に関しては，償還義務は二重の視点で限定される。使用者は実際に支出した額をせいぜい取り返すことができる。そうでなければもはや職業教育の費用の償還は問題とならず，契約罰の問題となる。被用者はせいぜい合意された額を返還するだけである。職業教育の費用が高い場合でもそのことは妥当する。他には償還額の段階づけが時間関与に応じて拘束期間についての期待可能性の審査にとってともに決定すべき視点である。」

連邦労働裁判所がBGB242条を償還条項の内容コントロールのために引き合いに出したこと，そして以前のようにBGB134条を決して引き合いに出していないことは，1985年の労働法における基本権の直接的な第三者効の放棄と関連している[49]。それ以前の判例は内容コントロールを直接基本法12条に支持されていた[50]。

文献では判例における基本権の直接的な第三者効の従来の学説の放棄の後——BGB134条による従来の内容コントロールに代わって——使用者の一般的な相当性拘束（generelle Angemessenheitsbindung）の惹起を支持する。この基礎に基づいて特に基本法12条の条項の価値評価は信義則の基準に内容コントロールへの導入の入口を見出すことができる[51]。それ自体としては無効な条項の効力を維持しつつの縮減は文献では批判的に考察された。「裁判官による

(49) BAG v.27.2.1985, AP Nr.14 zu § 611 BGB Beschäftigungspflicht.
(50) König, a.a.O., S.56.
(51) Lorenz Fastrich, a.a.O., S.173～176.

270

〔小俣勝治〕　　　*11*　ドイツにおける労働契約の司法的コントロールの根拠

効力を維持しつつの契約の修正」と特徴づけることで，当事者は当該条項の無効なことを知るならば何らかの適正かつそれゆえ有効な協定を結んだであろうと想定されるような現象が表現されている[52]。それに加えて判例は適正な契約形成のためのその責任から使用者を開放した。というのは，それ自体無効な契約条項の効力を維持しつつの縮減によって，使用者はある条項の無効に関する限界がどこにあるかを顧みる必要もなく，全面的に自分の利益を追求することができることになる[53]。

(4)　労働法による解釈学的な端緒への総合的な考察

2000年に連邦労働裁判所は，初めて，労働契約の内容コントロールの適切な法的基礎の概観を行った。連邦労働裁判所は労働契約の内容コントロールのための個々の規範または裁判官による基本原則の適用に代わって，個別的な法的基礎の間の関連を樹立したので，このことは特により大きな意義を有する。BAGは労働関係から生ずる諸請求権の裁判官による有効化のための1か月の期限（失権条項）を有効と認める判決[54]で以下のように述べる[55]。

Ⅱ-1　事前に書式化された労働契約の条件（企業内協約として表示）は，当事者間での書面労働契約2条での明示的な参照〔関連付け〕によって労働契約の構成要素となっている。

Ⅱ-1-a　「企業内協約並びにそこに内含された失権条項（Verfallklausel）の有効な参照がなされているかの≪約款規制法2，3条に基づく検討は，約款規制法23条1項が『本法は労働法の領域における諸契約には適用されない』と定めているのでありそのことだけで既に禁止されている。この一義的な法律上の規定は，約款規制法の諸規定の準用の手段を利用しての，有効な合意の問題並びに書式化された労働契約における契約条項の有効性の問題を再検討すること

---

(52)　Ulrich Preis, Grundfragen der Vertragsgestaltung im Arbeitsrecht, Luchterhand 1993 Berlin. S.344ff. 当事者がそのように長い拘束の期待可能性のないことを知るならばより短い期間を選択したに違いないと想定される場合には，裁判所を通じてその契約は，無効な期間に代わって相当とみなされるはずの期間が登場するように補充されうる。S.346.

(53)　König, a.a.O., S.56.

(54)　BAG v.13.12.2000, AP Nr.2 zu §241 BGB.（判例⑪）

(55)　König, a.a.O., S.56~58.

第Ⅱ部 労働契約，企業組織・労使関係をめぐる課題

をも禁止する。」

「約款法の諸規定への類推は，類推の前提条件が現存の法制度における欠缺であることを理由とするために，失敗している。立法者は約款法23条1項において明示的に，この法律は労働法の領域における諸契約には全く適用されない旨規定するので，そのような条件は存在しない。以上によって明らかになったことは立法者は，労働法においても労働契約の多数のための事前に書式化された契約条件で就労しているのであって，しかもその契約条件は一方の契約当事者（通例使用者）が他方の契約当事者（通例被用者）に対して労働契約の締結に当たって提起したものであるというその問題を知っていたのである。立法者はこの事情を知って労働契約に対する約款規制法の適用可能性を排除したとするならば，立法者のこの意思は約款法の諸規定が労働契約に類推的に適用されることによって，回避されてはならない。」

「また約款規制法の類推適用に対する実務上のいかなる必要性も生じない。なぜなら，通例BGB134条,242条，138条,315条に依拠して判例の展開する労働法上の諸原則並びにその他に存在する法律上の諸規定が労働法の被用者保護思想に十分な考慮を払っているからである。」

Ⅱ-2. 失権条項は裁判官による内容コントロールにも堪えられる。

労働契約上の合意はとりわけ，それらが良俗違反（BGB138条）であるか，又は信義則（BGB242条）に反するか，強行法規違反（BGB134条）かあるいは労働法の指導的諸原則に反するか，が検証されねばならない。

Ⅱ-2-b 本件の企業内労働協約の失権条項は法律違反の問題はないし，信義則に反しない（BGB242条），とりわけそれは良俗違反でもない（BGB138条1項）。当該条項が内容的に衡量されていない場合でしかも原告の諸権利が一方的に制限される場合に，これは当てはまるであろう。

Ⅱ-2-b-ee 使用者が被用者の請求を拒否するかまたは2週間請求に対する意思表示をしない場合には，（さらに）1か月の範囲内においてその請求の裁判上の主張を必要とする，そのような企業内協約の失権期間の2段階の許容性に対する法的疑念は存在しない。

「労働契約におけるそのような2段階の除斥期間の合意は判例では原則的に許容されている。

裁判上の主張に関する期限は，それが被用者を不相当な仕方で不利益に取り

扱うほど不相当に短いというわけでもない。なるほど労働協約においては労働契約に関する裁判上の主張に関する期限は通例では1か月より長い，しかるに若干の労働協約には〔これ〕より短い期間が現れている。

　ある被用者が裁判上の彼の請求権の主張に関する期限の短さによって不相当に不利益に取り扱われるかどうかの検証に当たっては，とりわけ，その期限の進行の開始が準備の間もなく被用者を直撃することが考慮されねばならない。彼は使用者に対するその請求権を書面により主張したことを通じて，既に当該問題に従事している。したがって彼は通常使用者の反応を予期していた。使用者がその請求を拒否するかまたは2週間内に態度表明しない場合には，その被用者には，裁判上の主張についてじっくり考えるために，場合によっては法的な助言を入手するためにそして裁判所における手続をとるために，なお1か月が残されている。その際留意されねばならないのは，一方において被用者自身により（労働保護法11条2項1文），他方においてきわめて簡便な形式において——裁判所の書記官の調書に対する訴答書面又は口頭の表明が——なされる，その結果，被用者は特にいかなる弁護士も又はその他の訴訟手続きの全権委任者を介入させる必要がない。したがってある請求の裁判上の主張は被用者にとってはなんら特別の困難をも呈示しない。」

　連邦政府は債務法現代化法のための立法者作業の過程で，この判決を引き合いに出した。それは連邦労働裁判所の不統一の判例の例として，かつそこから生ずる法の不安定性のために役立った。しかもその不統一は約款法の労働契約への拡張によって除去されるべきものであった，と評されている[56]。

Ⅲ　学説による評価

1　ホイニンゲン-ヒューネ[57]

(1)　ホイニンゲン-ヒュウネは，約款や一般的労働条件へのBGB315条の適用に関しては以下のように批判する。すなわち，

　「BGB315条はなるほど契約当事者の一方による一方的規律の事例にかかわる。その〔適用の〕条件は，この一方的給付指定に関する明示の契約上の留保

---

(56)　König, a.a.O., S.57~58.

(57)　Gerrick v. Hoyningen-Huene, Die Billigkeit im Arbeitsrecht（労働法における衡平性）Verlag C. H. Beck Müenchen 1978.

第Ⅱ部 労働契約，企業組織・労使関係をめぐる課題

が存在すること及び，個別的な法律関係のみがかかわることである。この規定
の意義はまさに，契約の対象が双方の当事者によるのではなくその一方の当事
者のみによって確定されるかまたは補充される場合に，各個の契約関係を保護
することに存する。BGB315条の保護思想はしたがってまさに個別の契約当事
者のみにかかわる。なぜなら，彼は他方当事者の一方的な給付指定によって害
されうるからである。一般的労働条件並びに約款は，これに反して，その性質
に従えば，個別の契約当事者を指標とするのではなく，問題となるすべての法
律関係のための一般的な規律を達成すべきでかつそうしようと欲するものであ
る。それはしたがって初めから個別的に形成されるべき法律関係または個別に
締結されるべき契約を念頭においているのではなく，むしろ一般的にそれらす
べてがこの一般的規律または事前に方式化された契約条件に従って（特に平等
に）取り扱われるべき法律関係の多数を念頭に置いている。BGHはしたがって，
不確定の多数が示唆されるものは『将来の』契約当事者の保護に値する利益が
考慮されねばならないと述べている。したがって一般的労働条件および約款は
個別契約のように個別事例について解釈されるべきものではなく，むしろその
『典型的な』意味における客観的基準に従って解釈されるべきである。かくて
根本的差異がある。すなわち，本当に個別的に，個人的に十分に交渉された契
約は——この規定が介入する限りにおいて——BGB315条に服する。一般的な，
初めから個別事例に向けられていない契約条件はBGB315条によっては把握
されえない。なぜなら，それは個別契約についてのみ適切であるからである」(58)。

(2)　これに対し，一般的労働条件並びに約款のコントロールの法的基礎に相
応しいものとして，ホイニンゲン－ヒュウネは「信義誠実の原則」を挙げてい
る。すなわち，

　信義誠実については，その概念はBGB242条において現れており，債務法
を超えてすべての法に適用されることによって各法の適用に当たって考慮され
ねばならないものである。これに反して衡平性の適用は一定の法的要件事実に
限定される。信義誠実は判例や学説によって展開された様々な法制度のための
法的基礎であるが，衡平性はこれには当てはまらない。内容的には正義から導

---

(58)　Hoyningen-Huene, a.a.O., S.155.

274

出される信義則にあっては，客観的で一般的な（allgemeine）基準が一般化（generalisierend）傾向を伴って措定されている。すなわち，一般的に適用される基準であって，それは同列の各事例にさらにまた適用されうるものであろう。衡平性はこれに反して一般化の資格のない個別決定にあたって，客観的に個別化する基準が妥当する場合において，極めて個人的な状況が尊重されるべきである。したがって，衡平性は新たな法制度の形成のために及び複数の人に対する統一的な法律関係によるコントロールのために適切（例えば，約款）でない。しかし他方，まさに信義則がこれに適切である[59]。

2 マンフレット ヴォルフ[60]

1988 年に執筆された論文において，マンフレット ヴォルフは，BAG の労働契約の内容コントロールを厳しく批判している。

(1) 内容コントロールの法的基礎と適用範囲

ヴォルフは，内容コントロールのための法的基礎として連邦通常裁判所は特に BGB242 条にそして連邦労働裁判所は一部 BGB315 条に依拠している，とみている。ヴォルフも，そこでは BGB242 条に関する論拠の方が支持される，としている。というのは，BGB315 条は有効な契約であることを前提としてその決定権を認容するのに反し，内容コントロールにあってはまさにその契約の有効性が問題なのである[61]。さらに BGB315 条は衡平性の基準への〔厳格な〕拘束を強行的には予定していないのであって，むしろ周知の不衡平性の基準又はましてや自由な決定権をも許容する。信義則の基準であれば，それをそのままにしておき，また裁判官の後見なくして適正な利益の主張のために放棄されえないものとしての活動の余地が（BGB315 条では）喪失してしまう。BGB242条の基準は例えば約款規制法 9 条のような内容コントロールの他の法的基礎の基準と合致する。BGB242 条が労働契約上の合意に関して基礎におかれるべきである。しかし BGB242 条はそれに基づいて内容コントロールが許容される

---

(59)　Hoyningen-Huene, a.a.O., S.111.

(60)　Manfred Wolf, Inhatskontorlle von Arbeitsvertägen（労働契約の内容コントロール）RdA, 1988, S.270ff.

(61)　Manfred Wolf, a.a.O., S.271.

第Ⅱ部 労働契約，企業組織・労使関係をめぐる課題

条件についてはなんらの拠点を成すものではない[62]。

(2) 使用者と被用者との間の一般的に崩壊した契約対等性

ドイツの判例の特徴として，契約の司法的規制の正当化のための論拠として，契約対等性の崩壊を挙げる。ヴォルフはこの点に注目して以下のように述べる。先ず，経済的，社会的および知的な「力の不均衡の結果として契約の対等性が崩壊」しかつそれゆえ「優越的な契約当事者が自己の利益を一方的に貫徹」することができるところでは，契約自由は機能しない。これは一般的に承認された基本原則である。力の不均衡は具体的状況における個別的な諸事情だけに依拠するのであるから，崩壊した力の不均衡の確認は困難を用意するため，この認識の解釈学的な精緻化並びにこの認識の直接的な適用は困難である。しかし，ある構造的かつ恒常的な力の不均衡な事態に基づいて市場の一方の側が自らの利益の適切な主張を妨げられておりかつ市場の他方の側の一方的な利益の貫徹に晒されているような生活領域においては，契約対等性の欠如がよりよく確認されうる。このような一般的に流布された不均衡な事態は抽象的な要件事実の要素でより良く把握しうるものでありかつそのことを通じて法的安定性と平等で正しい法適用に配慮することが可能ならしめられる[63]。

この生活領域として労働関係が登場する。すなわち，典型的な一般的な力の不均衡は使用者と被用者との関係において存在する，なぜならば，被用者は自己の生計費のために及びその職業を行使するためには通常「提供された職場」に依存しているのであってかつ不相当と感ぜられる労働条件を拒否するため自らを危険に晒すことはできないのである[64]。

そして，契約の対等性の崩壊は労働契約の新たな締結に当たってのみならず，存続する労働関係における合意に当たっても存在する，なぜなら，被用者は解雇又はその他の不利益取り扱いを恐れるがゆえに，使用者が契約の中に取り入れようとする契約条件を通例では成功裏に拒絶することはできないからである。力の不均衡な事態は一般には経済的並びに社会的な被用者の従属性に依拠する。しかしそれは使用者側の知的な優越性を通じてその経験と法的助言による支持

---

(62)　Manfred Wolf, a.a.O. S.271～272.

(63)　Manfred Wolf, a.a.O. S.272.

(64)　Manfred Wolf, a.a.O. S.272.

〔小俣勝治〕　　　**11**　ドイツにおける労働契約の司法的コントロールの根拠

によって〔さらに〕強化される[65]。

　立法者もまた契約対等性の一般的な崩壊と原則的に存在する被用者の要保護性から出発する。このことは例えば，被用者側に有利にのみ逸脱を予定する多数の片面的強行的な規定において明らかに表れている。また TVG12a 条においては被用者の要保護性が一般的に存在していることを基礎にしている。この法律上の評価に合致して「約款」におけると同様，使用者と被用者との間の労働契約上の合意にあっては，典型的に存在する劣位性の事態から出発されるべきである。使用者と被用者との間の交渉の状況を理由として契約の対等性が一般的に崩壊しているので，個別契約上の合意が問題となるかまたは一般的な労働条件が問題となるかは重要ではない。労働契約に関する内容コントロールは，使用者が被用者にその労働関係との関係において契約条件を提示する場合には，原則として常に介入しなければならない[66]。

(3)　有効に商議された合意の可能性

　ヴォルフは，一般的に崩壊した契約対等性にもかかわらず，被用者が個別事例においては使用者との商議の過程において自己の利益を自己責任で主張しうる状態も認める。この場合には不利益取り扱いにもかかわらず内容コントロールは原則的には正当化されない。しかるに問題なのは，いかなる条件の下で被用者を拘束する商議の合意が承認されうるかでありかつ誰がそのための条件を証明しなければならないかである。

　(a)　その証明負担は，契約対等性の崩壊の基礎としての被用者特性と使用者特性への結合にいかなる意味を帰するかに，依存する。使用者と被用者との契約上の合意にあっては先ず，経験則に従い被用者の典型的な劣位性のゆえに，契約対等性が崩壊しておりかつそれゆえ内容コントロールが正当化されるとの，内容の外観証明（Anscheinsbeweis）が想起されうるだろう。しかしながら単なる外観証明の場合には，使用者が被用者による自己責任的な利益の主張の真摯な可能性を証明するならば，内容コントロールのための諸条件は喪失する。……このたび重なる法律上の評価に基づいて，一般的に「被用者の要保護性の法律上の推定」から出発しかつ，使用者との合意（約定）を裁判官による内容

---

(65)　Manfred Wolf, a.a.O. S.272.

(66)　Manfred Wolf, a.a.O. S.272.

第Ⅱ部 労働契約，企業組織・労使関係をめぐる課題

コントロールの下におくことが正当化されている。結論的には労働契約上の合意については，約款規制法1条2項[67]によるとの同一の出発状況が生ずる。すなわち，使用者が被用者の自己責任による決定に基づき有効な商議の合意を証明しない限り，原則としてそれらは内容コントロールの下におかれる[68]。

（b）被用者が自己の利益の事態にかなった主張のための現実的な可能性を有したので，被用者は保護を必要としないことが確認される場合には，有効な商議の合意の証明がなされたものとみなされる[69]。

　片面的強行的な規定から明らかなように，被用者にとって有利な合意にあってはとりわけ要保護性は喪失する。何らかの有利性が存在するかどうかは，しかし契約の総合評価に基づいてではなく，むしろ各規定について取分けて判断されねばならない。有利な労働の提案，例えば，上位グループへの格付け変更（Höhergruppierung）の有期化は，しかし有利なもののみならず，期限付きによって不利益をも内包する。それゆえ要保護性は有期化の中に存在する不利益のゆえに存続する[70]。

　被用者の自己責任的決定のための状況証拠は，例えば，規律の箇所が被用者の希望や提案に依拠することの中に認められうる。そのような希望または提案はとりわけ，それが被用者の利益に資すると認識される場合にはとりわけ尊重される，例えば，有期化が被用者に新たな職場への変更を可能ならしめることに資する場合である。

　それゆえ，被用者が自己責任的決定に関する現実の可能性を有していたとの証明に使用者が成功しない限り，被用者と使用者との間の契約の対等性が崩壊しかつ被用者にとって不利益な約定に対し内容コントロールが行われるべきとの一般的な出発点が妥当する[71]。

（67）約款規制法1条2項
　　契約当事者間の契約条件が個別的に商議されている場合には，約款は存在しない。
（68）Manfred Wolf, a.a.O. S.272.～273.
（69）Manfred Wolf, a.a.O. S.273.
（70）Manfred Wolf, a.a.O. S.273.
（71）Manfred Wolf, a.a.O. S.273.

3 プライス

(1) 回避判例による労働関係の強行的モデルの違法な固定化

　プライスによれば，不相当と思われる契約形成のコントロールのために解雇保護の「回避」の視点が考慮されるかどうかが，ここでは重要である。

　先ず，解雇保護法（禁止法規）と契約規制法（契約形成）という観点の相違から，プライスは，両者の性格的相違について次のように論ずる。すなわち，解雇保護法は労働関係を前提とするが，それはその契約的内容を定義していない。有効な契約内容はむしろ解雇法上の判断のための基礎である。解雇法は，契約上の主要義務または附随義務や，労働時間の形成，そして賃金の形成がそれぞれどのようになっていなければならないか，そしてどのような就労リスクを使用者が負担しなければならないか，については規定していない。それゆえ，ある特定の契約形成が解雇法上の地位の劣悪化に至ってはならないとの第7小法廷の論証は，その契約形成の無効を基礎づけうるものではない。その理由づけは循環論法になってしまう。（いずれにせよまた）契約の義務の正当な貫徹と制裁に奉仕する法律は，同時に一定の契約義務についての禁止法規としての役割を果たすことはできない。相応の契約義務の有効性は——いずれにせよそれだけではないが——解雇保護法の存在で以て基礎づけられうるのであって，その機能はまさに契約の貫徹である。いかなる——有効な——契約上の主要ないし附随義務も解雇法上の地位の改悪にもまたしかし場合によってはその改善にも至ることがある[72]。

　解雇保護法は被用者を一方的な契約の終了及び契約の変更に対して保護する。それは具体的に合意された契約関係に関連して内容保護及び存続保護を保証する。それはしかし被用者を契約創設の時期にすでに不相当な契約内容に対して保護するものではない。契約締結の時点における一方的な利益の貫徹に対する保護は解雇保護法の任務ではない。それゆえに再度強調されるべきである。解雇保護法は一定の内容を以て創設された労働関係を前提にするのであって，自ら設権的に契約内容に作用することはない。不相当な契約内容の設計に当たっては解雇保護法の回避は問題とならない[73]。

---

(72)　Preis, a.a.O., S.168～169.
(73)　Preis, a.a.O., S.169.

第Ⅱ部 労働契約，企業組織・労使関係をめぐる課題

(2) 労働法におけるいわゆる衡平性コントロールの問題

(a) BAG の衡平性コントロールの否定的評価

プライスは，BAG による衡平性コントロールは，内容コントロールまたは妥当性（相当性）コントロールの現象形式としては認められないとの基本的立場である[74]。

(b) 許されない「契約支援」の現象としての衡平性コントロール

プライスは，BGB315 条による契約コントロールにいわゆる「契約支援」と同じ機能を認める。すなわち，戦時下およびその他の緊急事態においては，債務法上の諸規則（行為基礎の喪失，経済的不能）ではこの社会的な例外事態が十分には克服されえないので，立法者は契約支援の制度（例えば，Vertragshilfegesetz v.26.3.1952）を創設した。それは一定の事案においては裁判官に債務関係を形成的に修正すること並びに債務者の給付の能力に適応することを授権するものである。ひとたび特別法の現象から解き放たれると，裁判官の契約支援または契約の修正は契約法にとって本質的になじみのない制度である。それは契約忠実（Vertragstreu）の原則の制約を意味する。それは法のコントロールではなく，むしろ契約の意思に関係なく改変的に債務関係に介入する裁判官の権能である。それは契約自由と約定されたことに対する当事者の責任を相対化する。それは債務法並びに契約秩序の一般的諸原則と矛盾する，と[75]。

衡平性による修正は裁判官による契約支援または契約修正と異ならないのであって，後者では裁判官は適正な（相当な）規律に関する自己の観念を契約上の合意に代わって設定する。これには，裁判官の固有の任務，すなわち法と法律に基づく契約のコントロールよりも，契約自由の原則に対する本質的により強い介入が結びつく。裁判官が契約当事者に代わって座り，かつ第三者として相当な規定を作成する場合には，裁判官が客観的——規範的な基準に基づく権利のコントロールに限定されていてかつ場合によっては不相当な契約形成を違法として批判を加える場合よりも，契約当事者の自由と責任はより強く規制されることになろう[76]。

---

(74)　Preis, a.a.O., S.193.

(75)　Preis, a.a.O., S.195.

(76)　Preis, a.a.O., S.195~196.

Ⅳ　まとめに代えて──わが国法との関連を含めて

1　ケーニヒによるまとめ

　ケーニヒによれば，2002年における債務法改正前の時期の裁判官法による
労働契約の内容コントロールの展開はほぼ下記のようにまとめられる。すなわ
ち，

　解約告知保護法の強行規定の客観的な回避禁止の原則から始まって，崩壊し
た契約対等性の法原則の展開を経て利益調整の原則に至るまで，内容コント
ロールは裁判官による契約修正の道具として発展してきている。また，その時
どき引き合いに出された法的基礎も，一義的な展開が観察されうる。当初は，
連邦労働裁判所はBGB134条を引き合いに出した。崩壊した契約対等性の法
原則については，適切な法規範の確定は必要ないとした。それに引き続く時代
にはそれに加えて，BGB315条及びBGB138条並びに1990年からはBGB242
条に依拠することになる。労働契約の内容コントロールに対するより包括的な
着手が引き続いて2000年以降示された。連邦労働裁判所はBGB134条，138条，
242条及び315条を一息で裁判官法によって展開された労働法上の諸原則とし
て表示した。約款法の類推適用は必要とされないとみなされた[77]。

　連邦労働裁判所の判例の最も重要なメルクマールをある点に集約しようとす
れば，2001年までは，契約形成と契約自由の主張によって労働関係の中核領
域が侵害されたか否かが，そして崩壊した契約対等性にあっては使用者が被用
者の利益を適切に考慮したかどうかが，問題の中心に位置した。コントロール
の基準が維持される中で引き合いに出された法的基礎の変更が強調されるべき
であった[78]。

　したがって要約すれば，何ら統一的な法的基礎がなく，かつそれに代わって
民法の一般条項（良俗違反のBGB138条及び信義則のBGB242条や禁止法規違反の
BGB134条及び衡平な裁量のBGB315条）が参考にされた。それにもかかわらず
判例は内容コントロールの諸法原則を展開しており，それは特殊的には被用者
保護の思想に方向づけられ，かつこのようにして使用者と被用者の様々な利益

---

(77)　König, a.a.O., S.58.
(78)　König, a.a.O., S.58.

第Ⅱ部 労働契約，企業組織・労使関係をめぐる課題

を正しく評価しようとしていた[79]。

2 取り上げた判例の整理

労働契約への司法介入を正当化する原理を基本に，規制対象となる条項と法的な規制根拠としての法的基礎を整理すると以下のようになる。

(1) 法律回避の原則

　① 有期労働契約 − 解雇保護規定の回避 − BGB134 条

　② プロビジョン給付の撤回 ＝ 一部解約（禁止）

− 個別労働条件の一方的変更権（撤回の留保）としては許容

→強行的解雇保護の回避 − BGB134 条（無効）

＝労働契約の重要な要素が変更（撤回）によって給付と反対給付の間の均衡が崩壊せしめられる場合（正当化根拠）

→撤回の留保の行使→ BGB315 条による衡平性コントロール（無効）

　③ 付加給付（業績加給）の撤回——BGB315 条 1 項

− 契約上の自由な裁量→衡平な裁量の範囲内に限定

（継続的収入の構成要素に関係する限り）

　④ 予定基準値を内包する成功報酬規程（プロビジョン支給）

− BGB622 条 6 項の不平等な解約告知期間禁止違反による内容コントロール

− 補充的契約解釈の方法

　⑤ 呼出労働（週労働時間の範囲の一方的決定）

− 解雇法の強行的規定の客観的回避

労働時間の範囲の決定 − 労働契約の中核領域の侵害

− BGB315 条の衡平性コントロール（労働関係の部分的終了）

BGB622 条 5 項の客観的な回避

(2) 基本法 12 条〔職業選択の自由〕

　① 継続的職業教育に関する償還条項

---

(79)　König, a.a.O., S.59.

〔小俣勝治〕

－国家介入の問題と同列に，社会的権力的地位からの介入への防御を適用
対象

(3) 崩壊した契約対等性
① 契約による統一的規律
② 集団的約言
③ 任意給付
④ 一方的給付指定権
契約による統一的規律の形式での月例賃金の額の契約罰の事例
衡平性コントロールにより相当性の肯定

(4) 利益調整の法原則
① 労働契約による協約上の除斥期間の参照〔関連付け〕
－BGB138条，242条，315条を法的基礎とする
② 出勤手当（欠務時間等によるクリスマス手当の減額）
③ 特別手当
④ 償還条項　－信義則上の期待可能性の範囲内

(5) 労働法特有の解釈学の端緒
① 失権条項
－BGB138条（良俗違反），BGB242条（信義則違反），BGB134条（強行法
規違反）又は労働法の指導原則違反の有無

3　法的基礎のそれぞれの特徴

注目すべき点として，初期には有期契約について解雇保護法上の保護を失わ
せるとして法律回避の原則が利用されるが，その後においては BGB315条を
中心に，労働条件の中核としての賃金の額及び労働時間の範囲（したがって賃
金に影響）の削減に関係する事項について，法律回避に基づき司法による介入
（衡平性の範囲内でのみでの許容）がなされている。

次に，崩壊した契約対等性においては，一般的労働条件（付加的給付）の撤
回等に関する諸問題への司法的規制が行われてきたが，契約対等性の崩壊につ

第Ⅱ部 労働契約，企業組織・労使関係をめぐる課題

いては，契約当事者の社会的経済的地位の評価を確定するという作業がなされる。そこでは，一般的労働条件（その時期でも約款に類比された言葉 Allgemeine Geschäftsbedingungen-Allgemeine Arbeitsbdeingungen）からもわかるように，ほぼ約款としての性格が認められていた。したがって約款規制法の適用ないし類推適用が話題とはなっていた。一方当事者による契約条件の（集団的）一方的決定が前提となって，原則的に司法介入の余地が生じる。

　その後 1990 年代の利益調整の時期には，とりわけ連邦憲法裁判所による定式化，一方当事者の「構造的劣位性」──「類型化可能な事例形成」の場合には劣位当事者に異常な負担が課せられる場合，それに反応しそれを修正することが認められる。これを受けての連邦労働裁判所（判例⑩）の具体的な定式化──「個別労働者の個別使用者に対する構造的劣位性」が特徴であるとしていることから，個別的労働関係全般（個別労働契約関係）に対する内容コントロールの基盤が成立していることとなる。このことが個別労働契約への司法的コントロールの正当化根拠をなしているとみられる。

4　問題となった契約条項の日本法との関連

　継続的職業教育に関する償還条項はわが国では労基法 16 条の賠償予定の禁止に関係するように思える。労働契約の不履行との結びつきはないとして違反は不成立になる。ドイツの場合，期間の拘束と返還額との相関がなされているのが特徴で，判例もそれを有効性の根拠の一つにしている。

　月例賃金の額の契約罰は制裁規定の制限（労基法 91 条）により，1 回の額が平均賃金の 1 日分の半額，総額が一賃金支払期における賃金の総額の十分の 1 をそれぞれ超えてはならないとの規定からすれば，1 回で 1 か月分の賃金は当然これに違反する。ただ，このような規定のないドイツにおいては日本のような懲戒規定・制度があるとも思えず，即時解雇＋1 か月分の賃金が制裁としては最大であるとすれば，これを相当性の範囲内とすることもうなずける。

　プロビジョンの支給条件と類似の条件は，賞与の在籍日支給条項[80]で代表されるように，日本でもその有効性が認められている。当該事案では慣行の制度化という経緯に重きが置かれたが，理論的には賞与の性格（賃金の後払い的

---

(80)　大和銀行事件・最一小判昭 57.10.7 労判 399 号。

284

〔小俣勝治〕　　　　*11*　ドイツにおける労働契約の司法的コントロールの根拠

強行的性格・功労報償的任意的性格）の評価によって判断は分かれる。ドイツの
プロビジョンはその意味では賃金そのものであるため，その企業業績への貢献
度のその割合的部分に応じた額を請求できるとしたのは当然だろう。

5　学説の展開との関連

　ホイニンゲン‐ヒューネによると，「一般的労働条件並びに約款」は，個別
契約当事者を指標とするのではなく，関係するすべての法律関係について一般
的な規律をなすべきものである。それは，個別的に形成される法律関係ではな
くそれらすべてを総合的に一般的な規律または事前に方式化して契約条件を平
等に取り扱うべきところの，法律関係の多数を念頭においたものである。この
見解は約款規制法が民法典に組み入れられたうえで，労働契約もその適用対象
とされるに至ったことから，一般的労働条件＝約款の解釈の仕方において受入
れられている。例えば，BAGのある判決[81]によれば，「約款（一般的労働条件
も現在では約款として表現される）はその客観的内容と典型的な意味に基づいて
統一的に，通常関係している取引領域の利益を考慮しつつそれが思慮ある誠実
な契約当事者によって理解されているように，解釈されなければならない。」
とされている。

　ヴォルフによれば，「構造的かつ恒常的な力の不均衡な事態」したがって
「典型的に一般的な力の不均衡」は使用者と被用者との間の関係において存在
する。したがって，使用者と被用者との間の労働契約上の合意においては，
「典型的に存在する劣位性の事態」から出発すべきである。使用者と被用者の
間の交渉状況から契約対等性の一般的崩壊が帰結されるので，「個別契約上の
合意」か「一般的労働条件【約款】」かの問題は重要ではない。使用者が被用
者にその労働契約との関係において契約条件を提示する場合には，原則として
労働契約に対する内容コントロールが常に介入しなければならない，としてい
る点が注目される。

　以上の立場は，BAGにおいても従前には一般的労働条件【約款】のみが一
方的決定を理由に司法介入されると明言していた（判例⑦）のに対し，その後
においては個別的労働関係全般において内容コントロールが及ぶとの見解に

---

(81)　BAG, Urt. v. 5.3.2013, NZA 2013, S.916ff. S.920.

第Ⅱ部 労働契約，企業組織・労使関係をめぐる課題

なっている（判例⑩）ことからして，興味深い。そうだとすると，ドイツ法においてもその後の展開において約款規制法理が労働契約に適用されることになるとして，約款概念に該当するものはストレートにこれによる規制に服するが，約款を媒介としない労働契約であっても，少なくとも従来型の内容コントロールは適用されると解される点で興味深い。

　以上の展開からすると，労働契約内容の内容コントロールは，典型的には一般的労働条件（＝約款）を呈示する事前に書式化された労働契約（書）に対していたが，現在ではその他のいわゆる個別的契約も原則として規制対象となる。したがってそれが司法介入を要しない商議された労働契約か，それとも内容コントロールを受ける労働契約かの区別が問題となる。これについてもヴォルフは，内容の外観証明（原則的に内容コントロールが正当化）が想定されるので，使用者がそれを反証しない限り，内容コントロールが及ぶとの見解を示している。実際には使用者側が提案したものは原則として内容コントロールの対象となる。このような見方は，現在のわが国の就業規則の変更に対する同意の有無の判断基準に関しては，ある程度参考になるのではないか。ドイツ法理をわが国の就業規則に当てはめると，すなわち，使用者による就業規則の変更（の申入れ）に対する個別労働者の個別の同意があったとしても，そのことに影響されることなく変更された就業規則は合理性コントロールに服することになり[82]，それにとどまらず個別労使間の合意についても独自に内容の相当性コントロールが考えられることになる。

6　ドイツの約款法制とわが国の就業規則法制の相違

　しかしながら，ドイツの一般的労働条件＝約款とある程度類似する現象としてわが国には就業規則が存在するが，存在性格がだいぶ異なり必ずしも十分比較可能とは言いにくい。ドイツの一般的労働条件は企業内労働条件の形成手段として純粋に契約的な存在であるのに対し，就業規則はもともと労基法とい

---

(82)　わが国において，この立場とほぼ同様の見解を主張するものとして，浜村彰「就業規則の法的拘束力と不利益変更に対する個別同意」労旬1837号（2015）30頁以下が挙げられる，すなわち，「使用者が就業規則の画一的・統一的処理の一環として，就業規則の不利益変更に対する個別労働者の同意を求めている以上，9条の反対解釈として労働者の同意がある場合には契約内容を変更できるとしても，その変更内容については，10条による就業規則の不利益変更の場合と同様の合理性審査が求められる」(37頁)。

〔小俣 勝治〕 **11** ドイツにおける労働契約の司法的コントロールの根拠

う労働保護法制における保護基準の実効性を確保するため，各工場等において労基法の基準内容を具現化する機能を有し，国家によるその作成・届出〔・周知〕による労働行政の指導監督の手段たる役割を担うものである。ドイツでもヴァイマール時代より以前はそうであった。日本では第二次大戦前から就業規則の法的性質論が学問的に議論されていた。ただ，戦後になっても主要な労働条件分野において就業規則による形成機能が重要な役割を担うとともに，それによる賃金等の労働条件の引き下げ・不利益変更の私法上の効力をどう判断するかが具体的な法律問題として登場することになる。そこでは，二つの事柄が同時に求められる。一つは言うまでもなく就業規則の規定内容が個別労働契約に対してどのような拘束力を有するかであり，もう一つはかかる就業規則による労働条件の形成（個別契約に対する拘束力）に対して，司法的関与はどのような根拠によって可能かということである。秋北バス事件最高裁判決[83]は，これを前者についてはあまり明確とはいえないながら[84]就業規則の法的規範的性（効力）を認めつつ，他方でそれは合理性の範囲内であることを理由に，いわば合理性コントロールが行われるに至った。これに対し学説も徐々に前者についての議論を徹底することなく，具体的な関心事である後者に議論をシフトしていった。その結果，司法による関与の正当化根拠もいわば前提視された形になって，コントロールの基準や限界に関する論議が中心になっていく。そして労働契約法の成立により，それがさらに定着した。

　ところで，ドイツの一般的労働条件はいわば核心的労働条件ではなく周辺的労働条件について問題となる点では，まさに約款と同じ構造になっている。そしてその中核的部分についてはドイツでは労働協約や事業所協定による集団的規律が今なお機能している。したがって使用者による変更権行使も労働契約の中核的要素に触れた段階で限界に至る。これに対し日本の就業規則は前述のよ

---

(83)　秋北バス事件・最大判昭 43.12.25，民集 22 巻 13 号 3459 頁。

(84)　拙稿「労働と法──私の論点『労働条件の統一的・画一的決定と個別的形成』」労旬 1809 号（2014）4〜5 頁。これに関連して拙稿「労働条件の不利益変更の法的枠組み ──日・独の法比較を通じて」毛塚古稀 161 頁以下（168〜169 頁），他方でこの最高裁の立場はいわゆる定型契約説によって学説的にも承認を受けているだけでなく，理論的にも「民法 92 条説」として肯定的に評価する立場も現れている，米津孝司「就業規則の法的性質・効力」『労働法の争点(新)』（2014），同著「労働契約の構造と立法化」労働 108 号（2006）31 頁以下（42 頁）。

第Ⅱ部 労働契約，企業組織・労使関係をめぐる課題

うに賃金体系全体に関するものまで含めてほぼすべての労働条件を規律しうる
仕組みになっているため，その存在感は極めて大きいものとなっている。

したがって，労働契約法を制定するに当たっても就業規則と（個別）労働契
約の関係をどのように整理するかは大きな問題であったと思われる。現行法上
は，「労働者及び使用者は，その合意により，労働契約の内容である労働条件
を変更することができる」（8条）のに対し，使用者は，労働者と合意すること
なく，就業規則を変更することにより，労働者の不利益に労働契約の内容であ
る労働条件を変更することはできない。（9条）」と定めることによって，労働
契約が優位する形になっている。ただし，変更後の就業規則の「周知」と就業
規則の変更が「合理的」なものであるときは，（いわば例外的に）労働条件は就
業規則の定めるところによるものとする，と定める（9条但書，10条）。たしか
に主要な労働条件を決定する枠組みとして，個別労使の合意する労働契約が，
使用者が一方的に作成・周知するだけでよい就業規則に対し労働条件形成機能
において劣後するような法的枠組みは論理的にはありえないだろう〔労基法
2条1項等参照〕。ただ，日本の場合は就業規則の各条項への同意と労働契約
的合意事項とがいわば並列的な関係にあるとみられているため，就業規則の変
更に対する個別同意が可能となる。そこで，9条の反対解釈により，就業規則
の変更に対し個別同意を与えた労働者について，10条の（合理性の）要件を必
要とせずに，その個別合意の結果としての変更された就業規則が適用されるこ
とになるとの見解が有力に主張されている[85]。ドイツの一般的労働条件につ
いては，使用者の一方的決定によりなるものであるから，それへの個別労働者
の同意によってもその性質は変更を受けず，それによって効力判定の仕方に変
更を加えるものではない，といっても過言ではない[86]。この点がまさに両国
間での取り扱いは極めて対照的である。ドイツ的視点から見れば，わが国では
就業規則による労働条件の決定（労働契約内容の確定）の法的性格を明確にす
ることなく，就業規則によって決定・変更された労働条件の内容ばかりに腐心
してきたためともいえる。ドイツでは契約自由の発揮する世界は「契約対等性
が確保されている場面」に限定されているとの認識があるため，労使自治（協

---

(85)　菅野・労働法 202 頁，荒木・労働法 379 頁。

(86)　拙稿「外国労働判例　事業所の老齢扶助（企業年金）——変更合意・約款規制」労
　　旬 1898 号（2017）38 頁以下（41 頁），拙稿・前掲注(40)194 頁。

〔小俣勝治〕 *11* ドイツにおける労働契約の司法的コントロールの根拠

約自治）や（限定的ではあるが）事業所自治（事業所協定）においてのみ，その条件が存在しうる，とみられる。これに対し個別労使の間では構造的劣位性の認識の基にどうしても対等決定は原則的にありえないとの認識である。かかる認識は，労基法2条1項，労契法3条1項等の存在からすれば，日本では事実上のものにとどまるため，どうしても法律的な枠組み設定においては考慮されない。その意味でわが国では，ドイツのような労働契約ないし労使の個別契約に対する捉え方のパラダイム転換はなされていない。

　最高裁においても「労働契約の内容である労働条件は，労働者と使用者との個別の合意によって変更することができるものであり，このことは，就業規則に定められている労働条件を労働者の不利益に変更する場合であっても，その合意に際して就業規則の変更が必要とされることを除き，異なるものではない」と解されている（労契法8条，9条本文）[87]。尤も，「就業規則に定められた賃金や退職金に関する労働条件の変更に対する労働者の同意の有無については，①当該変更を受け入れる旨の労働者の行為の有無だけでなく，②当該変更により労働者にもたらされる不利益の内容及び程度，③労働者により当該行為に先立つ労働者への情報提供又は説明の内容等照らして，「当該行為が労働者の自由な意思に基づいてされたものと認めるに足りる合理的な理由が客観的に存在する」か否かという観点からも，判断されるべき」である，としている[88]。このように，同意の成立の有無について情報提供などの手続面のみならず内容面をもその審査対象にしていることは内容コントロールの観点からは注目に値する。

---

(87)　山梨県民信用組合事件・最二小判平28.2.19民集70巻2号123頁。

(88)　この点の意義について，西谷敏「労働契約法の性格と課題」西谷敏ほか編『労働契約と法』（旬報社，2010）10～11頁及び19頁。

12 イギリスにおける民営化政策の展開と TUPE の法改正の動向について

松 井 良 和

I　はじめに
II　イギリスにおける民営化の
　　展開
III　TUPE の制定と「サービス供

給主体の変更」概念の導入
IV　「サービス供給主体の変更」の
　　問題点と 2014 年法改正の議論
V　おわりに

I　は じ め に

　1973 年の第 1 次オイルショック以降，先進諸国はそれまでの福祉国家政策の見直しを図るともに，行政の現代化や効率化を目的とした改革に着手した。とりわけ，アングロサクソン系の諸国では新自由主義的な競争原理に基づく改革が行われ，行政コストの削減を目的とする民営化が改革の中心に置かれた。

　我が国においても 1990 年代以降，ニュー・パブリック・マネジメント（以下，「NPM」）と称される改革が本格化[1]し，1996 年から始まる行政改革会議では「国から地方へ」，「官から民へ」という原則が示された[2]。これらの改革において，日本はイギリスを範として国や地方自治体等を企業と同視し，国民や住民を顧客ないし消費者とみて，価格に見合ったサービスの提供を目指した。これを実現する手法として，独立行政法人化や指定管理者制度，官民競争入札制度である市場化テストを次々に導入した。

---

(1)　NPM 改革は，「国・自治体を企業と同視し，国民，住民，企業は顧客ないし消費者，人件費はコストと把握してコストを削減して価格に見合った品質のサービス提供をめざす，新自由主義的な行政経営手法」と説明される。城塚健之「自治体アウトソーシング——地方独立行政法人と指定管理者制度を中心に」西谷敏＝晴山一穂＝行方久生編『公務の民間化と公務労働』（大月書店，2004）154 頁。
(2)　行政改革会議「最終報告」（1997）「はじめに」より。

『現代雇用社会における自由と平等』山田省三先生古稀記念〔信山社，2019 年 3 月〕　*291*

第Ⅱ部 労働契約，企業組織・労使関係をめぐる課題

　こうした公共サービスのアウトソーシングに際し，日本はイギリスの手法を参考にした制度を導入してきたが，その担い手である職員の雇用を確保する措置を十分に図ってこなかったように思われる。その例として，市場化テスト法には，官民競争入札の結果，公共サービスを民間事業者が実施することとなった場合，「定員の範囲内」での職員の配置転換を予定する以外に職員の雇用保障に関する言及がない。すなわち，官民競争入札の結果，職員の廃職又は過員を生じた場合，国家公務員法78条4号又は地方公務員法28条1項4号における分限免職処分が行われる可能性がある。確かに，公共サービスのアウトソーシングに対し，我が国ではこれまで配置転換や新規採用の抑制等による「ソフトな対応」を取ってきた[3]。しかし，公共サービスのアウトソーシングにより退職を余儀なくされる職員が少なからず生じ，公務員の雇用に影響を及ぼすことは否定できない[4]。

　こうした日本の現状に対し，我が国が民営化の範としてきたイギリスでは，事業移転時の労働者保護を目的とする EU 事業移転指令（指令2001/23）を国内法化した TUPE（Transfer of Undertakings（Protection of Employment））が，公共サービスのアウトソーシングを含む民営化の事案にも適用されている。同規則は，労働契約の自動移転をはじめとする様々な法的効果を予定し，これらの法的効果によって公共サービスのアウトソーシングに伴い生じる雇用上の問題から労働者を保護している。

　同規則に関してはすでに，他の論稿においても多くの紹介がなされている[5]。特に，2006年法改正において，業務委託，委託先の変更，インソーシングの事例に同規則の適用を認める「サービス供給主体の変更」の概念を導入する際，我が国においても大きく注目を集めた[6]。しかし，民営化の動向に着目しなが

（3）　清水敏「公的サーヴィスのアウトソーシングと公務員の処遇」季労206号（2004）90頁以下参照。

（4）　晴山一穂・清水敏・榊原秀訓「『市場化テスト法』と公務員の雇用・勤務条件」労旬1636号（2006）7頁。

（5）　後述するものの他，家田愛子「EU（欧州連合）における営業譲渡法──イギリス労働法への EU 労働法の影響」労働94号（1999）167頁，有田謙司「企業再編と労働」労働113号（2009）23頁など。

（6）　「サービス供給主体の変更」を紹介したものとして，長谷川聡「企業譲渡におけるイギリスの労働者保護制度」季労222号（2008）66頁，同「事業の再構築におけるイギリスの労働者保護制度」毛塚勝利編『事業再構築における労働法の役割』（中央経済社，

ら同規則について検討した論稿はそれほど多くなく[7]，また，2006年法改正後のイギリス国内裁判所の判決や2014年法改正時の動向について我が国への紹介は少ないように思われる。

本稿では，イギリスのTUPEが民営化時にどのように適用されてきたかを検討し，同規則が果たす労働者保護としての機能を明らかにすることを第一の目的としたい。また，2006年法改正後のイギリス国内裁判所の判決と2014年法改正時の議論を紹介し，同規則の到達点を確認することをもう1つの目的とする。TUPEの改正は保守党，労働党という2大政党の政策，特に民営化政策に関連性を有することから，以下ではまず，イギリスにおける民営化政策の動向を確認した上で，TUPEが民営化のケースにどのように適用されてきた点について検討していきたい。

II　イギリスにおける民営化の展開

1　戦後における二大政党の動向

TUPE改正の動きは，イギリス国内の民営化政策と密接に関係している。ここでは，サッチャー政権において民営化が本格化していく前段階に当たる，戦後のイギリスの民営化の動きについて確認をしておきたい。というのも，この時期に国有化された企業が後の民営化の対象になるからである。

両大戦の結果，イギリスは「世界の工場」の座から転落した。こうしたことから，戦後に政権を勝ち取った労働党が進めたのは，私企業の国有化であった。労働党は各産業の効率化のため，経済計画の中心に基幹産業の国有化を位置づけ，イングランド銀行，航空，1948年には鉄道，旅客運輸，電力，1949年にはガスと漸進的に産業の国有化を進めていった[8]。

労働党は党の政策綱領第4条に国有化を掲げ，基幹産業の国有化を進めてきたのに対して，保守党は「脱国有化」を提案し，1951年に政権を取った後，

　　2013）479頁。

（7）　特にイギリスの民営化の問題に着目したものとしては，家田愛子「イギリスにおける行政民間化と労働者保護に関する法制度」榊原秀訓・家田愛子・尾林芳匡『イギリスの市場化テストと日本の行政』（自治体研究所，2006）105頁。

（8）　これら産業の国有化については，遠山嘉博『イギリス産業の国有化』（ミネルヴァ書房，1980）57頁以下が詳しい。

第Ⅱ部 労働契約，企業組織・労使関係をめぐる課題

1953 年に鉄鋼業と長距離道路運送の国有化を解除した[9]。しかし，1964 年に労働党が政権に復帰すると，鉄鋼業が再国有化されるなど，労働党，保守党の二大政党間で国有化政策を巡る攻防が目まぐるしく行われた。

こうして，戦後のイギリスでは，公的部門の職員や炭鉱等の労働者を支持基盤とする労働党と，経営者及び中間層を支持基盤とする保守党の両党間の政策理念を巡る対立の中で国有化と脱国有化が交互に行われた。しかし，この時期の民営化は，労働党と保守党の対立下における「政治的フットボール」の結果であり，両党のイデオロギー的対立に過ぎず，サッチャー政権が登場する 30 年の間，民営化は本格化せず[10]，公共サービスの担い手は国営企業が中心であった。

2 サッチャー政権の登場

第 1 次オイルショックを契機に，イギリス国内は景気の後退，インフレ，社会保障費の歳出が膨張し続ける等から，いわゆる「英国病」に陥った。1970 年に政権に就いた保守党のヒース政権は，新自由主義的な政策を打ち出して競争原理を重視し，産業への保護措置を撤廃する計画や公共部門の縮小を構想した。ところが，炭鉱労働者のストを受ける等したため，政権の存続が不可能となった[11]。他方，労働党においても国有化拡大政策を目指すものの，公共支出の削減を行うなどして，労働組合の協力を得られなくなっていった。

こうした中，1979 年総選挙の結果，政権に就いたのがマーガレット・サッチャーだった。サッチャーは徹底的な競争原理に基づいて，「サッチャリズム」と称される新自由主義を経済政策の基本とした一連の政策を展開した。しかし，1979 年当時のマニフェストには「Privatisation」の言葉は用いられておらず[12]，サッチャー政権の初期は穏和な民営化政策にとどまった。民営化の

---

(9) Robert Fraser, Privatisation: The UK experience and international trends, Longman, 1988, p3.

(10) 両党の政策上の動向については，遠山嘉博「民営化の時代背景──国有化の時代から民営化の時代へ」追手門大学経済論集 50 巻 2 号（2016）8 頁。

(11) 野村宗訓『民営化政策と市場経済──イギリスにおける競争促進と政府介入』（税務経理協会，1993）100，101 頁。

(12) Peter M Jackson/Caterine M Price, Privatisation and Regulation-A Review of the Issues, Longman, 1994, p14.

〔松井良和〕 *12* イギリスにおける民営化政策の展開とTUPEの法改正の動向について

方針が明確に示されたのが，当時の財務長官ジョン・ムーアの演説だった。ジョン・ムーアは演説の中で，競争を前面に押し出し民営化を進めていくことを明らかにした[13]。

これを実現するために，サッチャー政権において数々の民営化法案が作成され，ブリティッシュ・エアロスペース，ブリティッシュ・エアーウェイズを初めとして，イギリス国有石油会社，運輸港湾庁，ラジオ，ガス，ブリティッシュ・テレコムと次々に民営化が進められた[14]。これらの民営化の特徴として，政府が「黄金株（Golden Share）」を所有し，定款変更や重要資産の売却等の重要事項に関して他の株主を上回る権限を付与することによって政府のコントロールを可能とする形での「不完全な」民営化が行われた点にある[15]。

法律に基づく国営企業の民営化と併せて，サッチャー政権の時期に行われたのが，地方自治体での民間委託である。地方自治体を中心とする民間委託を対象にした法律が，1980 年地方自治・計画・土地法（Local Government, Planning and Land Act）であり，同法は，建物施設・維持管理行に関する「強制競争入札制度：Compulsory Competitive Tendering（以下，「CCT」）」を導入した。当初，CCT の対象は限定されていたものの，1988 年の地方自治法改正により対象となる業務がごみ収集，公共施設清掃，学校等給食，公用車維持管理，スポーツ・レジャー施設管理へと拡大した[16]。後述するように，こうした CCT の拡大によって当初想定されていた業務の効率化という効果は明らかではなく，むしろ，労働者への影響やサービスの低下という危険性が認識されるようになり，後に CCT は見直しを迫られることになった[17]。

こうして CCT を通じた民間委託が地方自治体において進行する中，サッチャー政権の終盤に当たる 88 年には，各部門の「エージェンシー化」が進め

---

(13) John Moore, The Success of Privatisation in John Kayetal eds., Privatisation & Regulation-the UK Experience, Clarendon, 1986, p96.

(14) 各民営化の概要については，John Vickers/George Yarrow, Privatisation in Britain, Privatisation and State-Owned Enterprises, Organisation for Economic Co-operation and Development, 2003, p211.

(15) 野村・前掲注(11)132，133 頁。

(16) 猪谷実「イギリスの地方自治体における『民営化』――民間委託を中心として」経済と貿易 148 号（1988）89，90 頁。

(17) 以上の CCT の導入と対象範囲の拡大については，榊原秀訓「イギリス自治体における市場化テストの経験」榊原・家田・尾林・前掲注(7)75 頁。

295

第Ⅱ部 労働契約，企業組織・労使関係をめぐる課題

られる。このエージェンシー化はサッチャー政権下ではあまり進まなかったが，サッチャー政権後のメージャー政権において積極的に実施された。

3 イギリスにおける NPM 改革の進展

サッチャー政権において行われた改革は NPM と称され，日本を含む世界各地で実施されることになる。サッチャー政権を継いだメージャー政権においても改革は継続され，特に，国家公務員のうち政策の企画立案以外の執行機関を分離した機関とする「エージェンシー化」が進められていった[18]。また，メージャー政権は 1991 年に「市民憲章（Citizen's Charter）」を定め，国民を「顧客」と位置づけた顧客主義が強調されるようになった[19]。その基準となったのが，経済性・効率性・有効性の3点を指標とする「Value For Money」という考え方であった。

メージャー政権は地方自治体における公共サービスの外部化・市場化にも軸足を置いており，1992 年には地方自治法改正により，人事，行政，情報処理などの管理部門の事務が CCT の対象となった[20]。この法改正により，官民競争入札の対象はブルーカラーの業務からホワイトカラーの業務へと拡大した[21]。

NPM の名の下，サッチャー・メージャー両保守党政権が「小さな政府」路線を継続する間，公共サービスの外部化・市場化は進展し，徐々にその弊害が現れ出した。特に，教育や医療の荒廃が深刻化し，このことが「第三の道」を標榜する労働党のブレアへの政権交代に繋がった。

4 ブレア政権における「第三の道」

保守党政権下で「小さな政府化」が進行し，もはや売るべきものが何も残っ

---

(18) 大住荘四郎『ニュー・パブリック・マネジメント──理念・ビジョン・戦略』（日本評論社，1999）52 頁。

(19) 稲澤克祐「英国自治体における公共サービス改革──市場化テストの実態と課題」自治総研 31 巻 7 号（2005）4，5 頁。

(20) 稲澤克祐「自治体における市場化テストと公共サービス──英国における強制競争入札（CCT）導入の経験から」地方公務員月報 503 号（2005）3 頁。

(21) ただし，ホワイトカラー部門の外部化に関しては，準備期間の短さや保守党から労働党への政権交代が予測される中で，あまり機能しなかったようである。榊原秀訓「ブレア政権のベストバリュー制度とその展開」岡田章宏編『NPM の検証──日本とヨーロッパ』（自治体研究所，2005）110 頁。

〔松 井 良 和〕 *12* イギリスにおける民営化政策の展開とTUPEの法改正の動向について

ていない状況といわれる中，公共サービスの質の低下が問題視され，保守党政権が行ってきた政策に対する国民の不満が募った。その間，労働党の党首となったブレアは，党の魂ともいえる産業国有化を掲げた同党綱領4条を改正するに至った[22]。

1997年総選挙で勝利したブレアは，社会学者アンソニー・デギンズが主張する「第三の道」を政策理念とし[23]，サッチャー・メージャーの基本方針を取り入れつつも，公共サービスの「質」を問題にした。そのためにまず行われたのが，CCTの廃止である。1998年の政策白書では，自治体での良質なサービスは住民生活にとって極めて重要であり，議会はサービスの提供においてベストバリューを保障する義務があることから，CCTは廃止すべきだとされた[24]。廃止に際し，CCTの下でコスト削減方法として労働者の労働条件が切り下げられ，労働条件の悪化が労働者の士気を削ぎ，サービスの質の低下を招いたことが議論された[25]。

これらの指摘を受け，ブレアは1999年地方自治法改正によりCCTを廃止するとともに，ベストバリュー制度を導入した。同制度は自治体のサービスの効率性とともに質を重視するものであり，そのために導入されたのが，官民の競争入札を行う市場化テスト（Market Test）であった。

このように，ブレア政権はサービスの質を問題にしたが，このことは民営化自体を否定するものではない。むしろ，市場化テストの下，「何も売るべきものが残っていない状況」の中で，医療や教育などの公的サービスを対象にした民営化が行われた[26]。1998年の白書『イギリスのための現代的公共サービ

---

(22) ブレアが政権を勝ち取る経緯については，トニー・ブレア著・石坂雅彦訳『ブレア回顧録上』（日本経済新聞出版社，2011）48頁。

(23) 第三の道については，アンソニー・ギデンズ・佐和隆光訳『第三の道——効率と公正の新たな同盟』（日本経済新聞社，1999）55頁。

(24) Department of the Environment, Transport and the Regions, Modern Local Government In Touch with the People(1998) では，「我々は皆，学校及びヘルスケアにおける水準を上げることによる，質の高い公的サービスを望んでいる」とし，CCTはサービスの質を無視しており，不公平で不確かな効果を得ることとなったと指摘されている。

(25) こうした議論の中身については，榊原・前掲注(17)91頁以下。

(26) 梅川正美＝阪野智一＝力久昌幸編『現代イギリス政治（第2版）』（成文堂，2014）191頁。

第Ⅱ部 労働契約，企業組織・労使関係をめぐる課題

ス：改革への投資』によると，「より良いサービス提供のための戦略」として，ベストバリューの観点からサービスが効果的に提供され，そのために，公共サービスは，公的部門，民間部門，ボランティア，これらの部門の協働によって提供されるのだとした[27]。

5　イギリスにおける民営化の手法

以上の経過を辿り，イギリスでは民営化の手法が整備されていった。そして，民営化を実施する際，イギリスでは優先的選択テスト（Prior Options Test）が行われる。このテストはまず，事業の廃止を検討した後，事業の存続が必要だと判断された場合に（本来の意味での）民営化の可能性を検討し，民営化が適さない場合には民間委託，市場化テストを検討し，民間委託や市場化テストにも適さない場合に，エージェンシー化を選択するというものである[28]。最終的にエージェンシー化を検討してもなお，残すべきと判断されたものが公的部門にとどまることになる。

民間への委託に関して，前述のように，自治体における強制競争入札制度は，建物建設・維持管理業務から，ごみ収集，公共施設清掃，学校等給食，公用車維持管理，スポーツ・レジャー施設管理と対象業務を拡大させ，ホワイトカラー部門にも対象業務が広がった。さらに，市場化テストは，省庁及びエージェンシーその他の行政機関における，事務的・執行的運営に関わるものや技術的・専門的技能等の領域も外部委託の対象とするに至っている[29]。最後の選択肢となるエージェンシー化に関して現在では，各省庁の「エージェンシー及びその他の公共機関」の数は 402 にも上っている[30]。

民営化の手法が整備された後，ブレア政権以降においても，教育と医療の2つの領域でも民営化が進行した。教育の領域では「アカデミー」化，すなわ

---

(27)　Modern Public Services for Britain Investing in Reform 1998.

(28)　石見豊「イギリス公務員制度の変容」下條智彦編『イギリス行政のガバナンス』（成文堂，2007）69 頁。

(29)　君村昌『現代の行政改革とエージェンシー——英国におけるエージェンシーの現状と課題』（行政管理研究センター，1998）166 頁。

(30)　Departments, agencies and public bodies,https://www.gov.uk/government/organisations（2018 年 12 月 26 日閲覧）.

ち，運営主体が民間企業である「公設民営型」の学校が広まっているという[31]。医療の領域ではNHSの民営化が進行している。1991年に，NHSから独立した法人としてNHSトラストが設立され，地域の各病院の運営母体となったが，現在では国家から完全に独立し，より自立性の高いファウンデーショントラスト（FT）が設立されるに至っている[32]。

Ⅲ　TUPEの制定と「サービス供給主体の変更」概念の導入

1　制定当初の議論

以上のように，イギリス国内の民営化が進行する中，保守党政権の下で1981年にTUPEが制定された。TUPEはEU事業移転指令を国内法化する義務を履行するために制定されたものだが，イギリスでは同法の制定に消極的な保守党の意向もあって国内法化が大幅に遅れた。このことからも読み取れるように，指令を国内法化したTUPEは，EU事業移転指令及び国内法と上記の民営化政策との矛盾・対抗の中で進展してきた[33]点に大きな特徴の1つがある。

同指令は労働者保護の観点から，事業移転時の労働契約の移転を定めたものだが，そもそも，イギリスではコモンローの原則により，事業移転によって労働契約は譲受人へと移転しないとの立場を採っていた。貴族院はNokes事件において[34]，「（コモンローの）原則は，自由な市民が，その自由を行使する中で，従事することを約する使用者を選ぶ権利があり，そして，その使用者に従事する権利は，その者の同意無く，ある使用者から別の使用者に移転させることは出来ない」との立場を示した。そのため，イギリスではTUPEが施行される以前，コモンローの原則に基づき，被用者の同意がなければ，新たな使用者へと労働契約が移転することはなく，同意のない被用者の移転は無効とされてきた。

---

(31)　久保木匡介「イギリスにおけるキャメロン連立政権下の教育改革の動向 ──『民営化』政策と学校査察改革との関係を中心に」長野大学紀要34巻3号（2013）25頁。

(32)　柏木恵『英国の国営医療改革　ブレア＝ブラウン政権の福祉国家再編政策』（日本評論社，2014）59頁以下参照。

(33)　家田愛子「イギリスにおける市場化テストと労働者保護（上）」自治と分権22号（2006）64頁。

(34)　[1940] AC 1014 HL.

第Ⅱ部 労働契約，企業組織・労使関係をめぐる課題

1981年にTUPEが施行された後[35]も，こうしたコモンローの原則と集団的放任主義の考え方から，保守党政権はTUPEの適用，特に民営化事案への適用に消極的態度を示しており，CCTを導入したことを考慮して，「商業的性質を有しない事業」への同法の適用を排除する規定を設けていた。この規定に基づき，公的部門の民営化へのTUPEの適用は排除されることとなった。ところが，1980年代後半になり，CCTの対象が拡大していく中で，民営化事案へのTUPEの適用の有無が争いになる事例が増えていき，同法の適用を排除することの問題性が表面化した[36]。

「商業的性質を有しない事業」への適用を排除することが問題になったのはまず，慈善事業の性格を有する学校が閉鎖され，Genwise社に売却されたことに伴う教師らに対する解雇の有効性が争いになったWoodcock v Friends School事件においてである[37]。雇用審判所は，学校は「商業的性質を有しない」事業であり，したがって，1981年TUPEの適用が排除されると判断した。控訴院においても，「商業的性質」の辞書的意味について述べた上で，TUPEにいう「商業的という言葉の意味は経済的対価に関わるもの」だとして，TUPEの適用を否定した。

裁判所が辞書的に「商業的性質」の意味を解釈する手法，すなわち，TUPEの忠実な文言解釈によって，民営化事案へのTUPEの適用を排除する傾向は1990年代以降も継続された。Expro Services Ltd v Smith事件[38]では，防衛省が軍隊宿舎における食事及び清掃のサービス提供を入札に出したところ，民間企業であるExpro社が契約を得たため，結果的に，防衛省に雇用されていた職員が解雇されたという事案である。雇用審判所が宿舎での食事や清掃のサービスは商業的性質を有すると判断したのに対し，雇用上訴審判所は，この事件ではExpro社への事業移転によって商業的性質が獲得されたのであって，事業移転の時点で当該事業が商業的性質を得ていなければならない以上，

---

(35) TUPE制定以降の経緯については家田愛子「ヨーロッパ連合（EU）とイギリス労働法の変容(1)1993年の『1981年営業譲渡（雇用保護）規則』修正を中心として」名古屋大学法政論集165巻（1996）197頁以下参照。

(36) Brian Napier, CCT Market Testing and Employment Rights The Effect of TUPE and the Acquired Rights Directive, Butterworths 1993, p5.

(37) [1987] IRLR 98 CA.

(38) [1991] IRLR 156 EAT.

TUPE の適用は否定されるとの判断を示した。

このように，TUPE の制定当初，商業的性質を有しない事業への適用を排除する明文の規定が設けられ，さらに，裁判所がこの規定を辞書的な意味から文言解釈を行うことによって，公的部門が提供するサービスへの同法の適用は否定される傾向にあった。

2 国内裁判所における混乱

公的部門，民営化の事案への TUPE の適用を排除するイギリス国内の状況に対して問題を突きつけたのが，欧州司法裁判所の Redmond 事件であった[39]。同事件では，薬物中毒者への支援を行う基金への EU 事業移転指令の適用可能性が問題となったところ，欧州司法裁判所は非営利事業への指令の適用可能性を肯定した。

同事件において欧州司法裁判所が非営利事業への適用を肯定したため，商業的性質を有しない事業への TUPE の適用を排除する規定は，EU 事業移転指令に矛盾するものとして改正を迫られることとなった。その結果，1993 年改正において，商業的性質を有しない事業への適用を排除する規定が削除されたことに伴い，公的部門や民営化事案への TUPE の適用が争われる事件がさらに増加した。

Kenny v South Manchestetr College 事件は，刑務所での教育に関する業務が地域を管轄する教育局から大学へと移転したというケースである。高等法院は，欧州司法裁判所の Spijkers 事件[40]と Rask 事件[41]を引用しながら，教育局と大学との直接的な関係がない場合であっても，刑務所内の教育に関する部門が事業移転後にその同一性を維持し，事業を継続している以上，TUPE の適用が認められると判断した。

また，競争入札により，自治体の清掃部門が外部委託された Wren v Eastbourne Borough Council 事件[42]において，雇用審判所が事業移転は存在しないとして TUPE の適用を否定したのに対し，雇用上訴審判所は，自治体

---

(39)　[1992] IRLR 366 ECJ.
(40)　[1986] 2 CMLR 296 ECJ.
(41)　[1993] IRLR 133 ECJ.
(42)　[1993] IRLR 425 EAT.

第Ⅱ部 労働契約，企業組織・労使関係をめぐる課題

の清掃サービスの移転も TUPE の射程範囲であるとし，また，清掃業務のように，事業移転にあたって承継されるものが何もないという事実は検討すべき要素であるが，決定的要素ではないとして，事業移転の存在を妨げるものではないと判断した。

このように CCT を通じた民間委託の増加に対し，欧州司法裁判所の Redmond 事件を受けてイギリス国内裁判所が，これらの事案への TUPE の適用を認める事例が増えてきた。しかし，裁判所が一致して，民間委託の事案に TUPE の適用を肯定したわけではなかった。前述した Wren 事件のように，雇用審判所と雇用上訴審判所の判断が分かれるケースがいくつか存在する。TUPE の適用が雇用審判所に否定された例として，Birch v Nuneation Redworth Borough Council 事件がある[43]。この事件では議会が所有するスポーツ・レジャーセンターの運営に関する契約が競争入札に出され，SLM 社が契約を得たところ，議会がレジャー部門で雇用されていた被用者らを解雇した。民間委託化されたレジャーセンターの運営は，「事業」ではなく単にその運営であり，事業移転にはなりえないことを理由に，雇用審判所が TUPE の適用を否定したのに対し，雇用上訴審判所は，レジャーセンターの運営も事業移転を構成するとし，同様の活動が異なる主体において継続される場合，事業の一体は維持されていると判断した。

こうした事案にみられるように，民間委託の事案に TUPE の適用があるのか裁判所でも判断が分かれている。そして，TUPE の適用が不明確であるという法的不安定性によって，保守党が地方自治体において推し進めてきた CCT も十分な効果を得られなかったと指摘される[44]。こうした事実も，CCT の廃止に繋がったように思われる。

TUPE の適用に際して法的不安定性をもたらした原因の1つと考えられるのは，EU 事業移転指令の適用要件となる，譲受人の下での「経済的一体の同一性維持」を外部委託の事案にそのまま当てはめたことによるものと考えられる。すなわち，欧州司法裁判所が労働者保護という目的論的解釈を通じて，外部委託のの事案である Schmidt 事件[45]や委託先変更の事案である Süzen 事

(43) ［1995］IRLR 518 EAT.
(44) 榊原・家田・尾林・前掲注(7)111 頁。
(45) ［1994］IRLR 302 ECJ.

件[46]に指令の適用可能性を認める一方，Wren 事件に代表される清掃業務のような，必ずしも財産の移転を伴わない労働集約型の業務の移転に，「人及び物の組織的総体」である経済的一体が事業の譲受人の下でその同一性が維持されていることを要求したことから，イギリス国内の裁判所にも混乱を生じる結果となった。具体的には，労働集約型の事業においては，「物」の移転はないことから，「人」の移転が重要であるところ，譲受人が被用者を承継しないことにより，TUPE の適用を容易に排除できるという問題が生じた。

その例として，石油リグでのヘリコプター輸送サービスの契約のうち１つが Brintel 社から KLM 社に移った場合に TUPE の適用が争われた Betts v Brintel Helicopter Ltd and KLM Era Helicopters 事件[47]で，控訴院は Schmidt 事件と Süzen 事件に依拠し，Brintel 社の事業は，KLM 社の下でその同一性を維持しておらず，事業移転は存在しないとして TUPE の適用が否定された。

3　イギリス国内裁判所の「労働法的アプローチ」

1980 年代から 1990 年代後半にかけて政権を維持した保守党が TUPE の適用に否定的であったのに対し，1997 年に政権を獲得したブレア労働党は民営化の事案についても積極的に TUPE を適用するとの立場を表明した。労働党がこうした立場を表明したのは，民営化事案への TUPE の適用が不明確であるとの不満が労使双方から出ていたことによる。

1998 年に Staffordshire 大学の産業・商業研究所が行った調査によると，使用者側から TUPE の適用に関する法的混乱が予期しないコストを生じさせていること，労働者側からは，組合役員にとっても TUPE の適用の有無について確信がなく，法的地位が不明確であることが指摘されていた[48]。

イギリスにおいても，EU 事業移転指令及び欧州司法裁判所にいう経済的一体の同一性維持の要件を，労働集約型の民間委託の事案に適用することによる問題に直面していたところ，国内裁判所はすでに，同指令から逸脱するような判断を行っていた。前述した Betts 事件が欧州司法裁判所の先決裁定に依拠し

---

(46)　[1997] ICR 662 EAT.

(47)　[1997] IRLR 361 CA.

(48)　Stephen T. Hardy/Nick J. Adnett, TUPE and CCT Business Transfer Survey Report: UK Labour Market Views, Staffordshire University, 1998, p21.

第Ⅱ部 労働契約，企業組織・労使関係をめぐる課題

て TUPE の適用を否定したのに対し，ECM Ltd. v Cox 事件[49]で雇用上訴審判所は，イギリスに輸入された外国車の配送を行う運転手が，Axial 社から ECM 社への委託先変更によって解雇された場合について，ECM 社が TUPE の適用を回避することを企図して Axial 社の従業員を承継しなかったことを考慮し，顧客が本質的に同じであり，労働が本質的に以前と同様に行われているとして事業移転の存在を肯定し TUPE の適用を認めた。

ECM 事件と同様，TUPE の適用が肯定された ADI(UK) Ltd. v Willer 事件[50]において，イギリスの国内裁判所が考慮したのは譲受人の動機である。この事件でも，ADI 社が委託していた警備業務の委託先が，Hillier Parker 社から Firm Security 社へと変更された場合につき，控訴院は，新受託先である譲受人の意図に着目し，TUPE の適用を排除する企図があれば労働者の承継を肯定する見解を示した。

イギリス国内裁判所が譲受人の意図に着目し TUPE の適用を認める立場は，Paul Davies によると，「活動（Activity）的」又は「労働法的」アプローチだという[51]。Süzen 事件における欧州司法裁判所の判断は，「組織（Organisation）的」又は「商法的」アプローチであり，ADI 事件によって裁判所は，「活動的」又は「労働法的」アプローチに立ち返ったと指摘されている[52]。欧州司法裁判所が経済的一体という組織に着目した商法的発想を採るのに対し，ここにいう「活動的」とは遂行される活動の継続性をいい，また「労働法的」とは，労働者保護を目的とする TUPE の適用を回避しようとする譲受人の意図を認めず，同法を出来るだけ適用可能にするとの意図があるように思われる。

イギリス国内裁判所がその傾向をさらに強めたのが，RCO SUPPORT SERVICES and another v UNISON and others 事件である[53]。控訴院は，本件のような清掃業務といった労働集約型の事業においても，「被用者の大多数が新使用者に承継されたか否かは，移転を特徴づける事実の総合考慮において考慮されなければならない事実の一つである」としながら，新使用者が被用者

(49)　[1999] IRLR 559 CA.
(50)　[2001] IRLR 542 CA.
(51)　Paul Davies, Transfers − The UK Will Have to Make Up Its Own Mind, [2001] ILJ 231.
(52)　John McMULLEN, TUPE Transfers : The Cracks Still Show, [2001] ILJ 396.
(53)　[2002] IRLR 401（CA）.

304

を承継しなかったという事実，TUPE の適用を回避するという譲受人の動機
に着目して，結論的には，法適用を回避するという譲受人の動機を認め，
TUPE の適用を肯定している。

　このように，イギリス国内裁判所は欧州司法裁判所の Süzen 事件の射程を
大幅に限定しながら独自の解釈を展開し，外部委託，委託先の変更を含む業務
移転の事案に TUPE の適用を認めるに至った。イギリス国内裁判所の集大成
に当たるのが Cheesman and others v Brewer Contracts Ltd 事件[54]であり，
雇用上訴審判所は，欧州司法裁判所の先決裁定及び ECM 事件に依拠しながら，
TUPE の適用が認められるための５つの判断要素を示し，これらの要素を総
合的に判断する「多面的アプローチ（Multi-factorial Approach）」を採用するこ
とを明らかにした[55]。

4　2006 年法改正と「サービス供給主体の変更」概念の導入

　このように，イギリス国内裁判所はすでに，事業移転指令や欧州司法裁判所
の先決裁定とは異なる判断枠組みを示してきた。その一方で，1998 年に指令
が改正されたことに伴い，各加盟国は遅くとも 2001 年７月までに改正指令を
国内法化しなければならなかった。しかし，TUPE の制定当時と同様，この
ときにもイギリスでは指令の国内法化が遅れた。

---

(54)　[2001] IRLR 144 EAT. 同事件では，議会が所有する在庫品のメンテナンス業務を
　　　議会が自ら行っていたところ，入札の結果，Onyx 社が契約を得て，議会の被用者の大
　　　部分である 14 名を承継した。その後，再入札の結果，Onyx 社から Brewer 社に契約が
　　　移転したところ，TUPE が適用されないと考えた Brewer 社は被用者を誰も承継しな
　　　かったため，TUPE に基づく Brewer 社への事業移転を争ったという事案である。

(55)　５つの判断要素の一点目は，ある１つの特定の労働を提供する契約にその活動が限
　　　定されない，安定した経済的一体を必要とすること──すなわち，特定の目的を追求する，
　　　経済的一体を行使することを可能とする（又は容易にする）組織化された人及び物の総体
　　　である。二点目として，そうした一体であるために，十分に構築され，独立したもので
　　　なければならないが，必ずしも十分な財産，物的財産又は非物的財産である必要は無い
　　　ことである。三点目は，清掃や警備といったいくつかの部門においては，財産はそれら
　　　の部門の土台とはならず，本質的にそれらの活動は人的労働力に基づくことである。四
　　　点目は，明確かつ恒常的に日常的な業務に配置された賃金労働者の組織化された総体は，
　　　他の生産要素を欠いても，経済的一体となることである。最後の五点目が，活動それ自
　　　体は，一体ではない──適切で，運用可能なリソースを利用可能な場合，労働力やマネ
　　　ジメント・スタッフ，労働の組織化といった方法，運営方法といった他の要素から一体
　　　の同一性は生じることである。

第Ⅱ部 労働契約，企業組織・労使関係をめぐる課題

旧貿易産業省（現ビジネス・エネルギー・産業戦略省）は 2001 年 12 月に，改正案を公表した[56]。その中で TUPE は，被用者に対する公正さとビジネスの柔軟化を結びつけるという原則を基礎とすることが明らかにされたものの，改正 TUPE の草案が公表されるのはさらに遅れ，公表されたのは 2005 年になってからであった。

2005 年に公表された「改正 TUPE 草案（DRAFT REVISED REGULATIONS[57]」では，政府は，TUPE を被用者・使用者双方にとって積極的な利益があるものとしてポジティブに捉える一方，現行の規則は効果的ではない側面があると指摘した[58]。イギリス政府は，TUPE を適用する際に 2 つの場面で不確実性が生じているとし，一点目として公的部門での移転の場面を挙げた。そして，二点目が，「サービス供給主体の変更」の場面だと指摘している。

前者の公的部門への適用に関しては，2006 年法改正をする際，同法の 3 条 4 項 a 号に「営利目的で運営されるかどうかにかかわらず，経済的活動に従事する公的及び民間の事業」に TUPE が適用されることを明確に規定した。他方で，同条 5 項は，「行政組織間における組織再編又は行政機能の移転は事業移転に該当しない」とし，欧州司法裁判所の Henke 事件[59]の判断を反映した規定を設けた[60]。

後者の「サービス供給主体の変更」の基本的な考え方として，外部委託，委託先変更，インソーシングの事例に TUPE を包括的に適用することとした。そして，TUPE の適用の有無を明確にすることによって，被用者の雇用権を保障するという観点に加え，移転時のリスクやコストを減らすという商業的なメリットがあること，また，サービス提供契約に関する請負人らの競争に関し，「活動領域（Level Playing Field）」を明確にする意味があることを指摘した。

---

(56)　Charles Wynn-Evans, The Law of TUPE Transfers, Oxford University Press, 2016, p78.

(57)　TUPE, Draft Revised Regulations, Public Consultation Document, Employment Relations Directorate, Department of Trade and Industry, March 2005, URN 05/926 (2005 Consultation).

(58)　2005 Consultation, para.10.

(59)　[1996] IRLR 701 ECJ.

(60)　ただし，内閣府の行為準則（Code of Practice）の中で行政組織の再編や行政組織間の行政事務の移転にも TUPE の適用が肯定されている。

306

〔松井良和〕 *12* イギリスにおける民営化政策の展開とTUPEの法改正の動向について

TUPEの適用によって条件を平等にし，公平な競争を促す具体例として念頭に置かれていたのは，地方自治体が提供する公的サービスであった[61]。

こうした考えの下で2006年にTUPEが改正され，貿易産業省の法案をもとに「サービス供給主体の変更」の概念が導入された。TUPE第3条1項b号は①外部委託，②委託先変更，③インソーシングの3つの場面にTUPEが適用されるとしている[62]。そして，TUPEの適用に当たっては，事業移転指令や欧州司法裁判所が適用要件とする，譲受人の下での経済的一体の同一性維持を必要としない点が大きな特徴になっている。

Ⅳ 「サービス供給主体の変更」の問題点と2014年法改正の議論

1 サービス供給主体の変更に関する基準

TUPEは経済的一体の同一性維持を要件としない「サービス供給主体の変更」という概念を導入したものの，これに該当するためにはいくつかの基準をクリアしなければならない。その1つが，①移転前に当該契約又は活動に主に従事する組織された被用者のグループが存在しなければならないことである（TUPE第3条3項a号）。ここにいう組織された被用者のグループの存在は，政府のガイダンスによると，TUPEの射程を画定するためのものだと説明される[63]。

TUPE第2条1項の用語の定義によると，「被用者のグループとは，たった一人の被用者を含む」されており，重要なことは，被用者のグループが「特定の顧客のニーズに応えることを目的とする」点にある。ある特定の顧客のために，被用者のグループがサービスを提供していたことが，サービス供給主体の変更以前に存在していなければならないとされている[64]。

---

(61) 2005 Consultation, para.15.
(62) 具体的には，①依頼人（Client）が自身のために行っていた活動が行われなくなり，代わって，依頼人のために他の者（請負人）によって行われる場合（外部委託），②依頼人のために請負人が行っていた活動が行われなくなり（かつて，依頼人が自ら行っていたかどうかは問わない），依頼人のために他の者（その後の請負人）によって行われる場合（委託先変更），③依頼人のために請負人又はその次の請負人によって行われていた活動が行われなくなり，代わって，依頼人自身によって行われる場合（インソーシング）という3つが「サービス供給主体の変更」に該当する。
(63) 2006 Guidance, p16.
(64) 2005 Consultation, para.23.

第Ⅱ部 労働契約，企業組織・労使関係をめぐる課題

次に，②問題となる活動が，予定される移転後も本質的には同じでなければ
ならないことが要求される。この点は，2006年以降の判例法によって確立さ
れた基準である。

Metropolitan Resources Ltd v Churchill Dulwich Ltd 事件[65]において雇用
上訴審判所は，「審判所は，申し立てられた譲受人によって行われた活動が本
質的又は基本的に，譲受人によって行われたものと同じかどうかを問う必要が
ある。」とし，その後の判決にもこの点が要求されてきた。例えば，OCS
Group UK Ltd v Jones 事件[66]で雇用上訴審判所は，BMW の工場でのケータ
リングサービスの委託が問題になった事案につき，Metropolitan Resources 事
件のアプローチを採用して，メニューと食事提供のスタイルにほとんど変更が
ないことから，TUPE の適用を肯定している。

他方で，Ward Hadaway Solicitors v Love 事件[67]では，法律事務所による
調査，下調べ，弁護の業務が別の法律事務所に移転された場合につき，新たな
委託先での業務は従前よりも減ったとしてサービス供給主体の変更を否定して
いる。

このように，雇用上訴審判所は2006年以降，サービス供給主体の変更に該
当するか否かを判断する際，問題となる活動が同一であることを要求し，判例
法を反映したものとして2014年に法改正時に現行法の3条2A項に定められ
た。

この他，サービス供給主体の変更を判断する基準としては，③新たなサービ
ス提供者が，一時的及び短期間というより継続して維持されていなければなら
ないこと，④活動は物の供給に関係するものではないことが挙げられる。これ
らの基準をクリアした場合に，サービス供給主体の変更が存在し，TUPE の
適用が認められることとなる。

2 「サービス供給主体の変更」の問題点

本来，サービス供給主体の変更という概念は，外部委託や委託先変更等の業
務移転の事案に経済的一体の同一性維持を要求する事業移転の枠組みを当ては

---

(65) ［2009］IRLR 700 EAT.
(66) UKEAT/0038/09.
(67) UKEAT/0471/09.

〔松 井 良 和〕 *12* イギリスにおける民営化政策の展開とTUPEの法改正の動向について

めることによって，法的不安定性がもたらされるという事業移転指令の弱点を補うはずのものだった。しかし，実際には，事業移転の枠組みとサービス供給主体の変更に関する枠組みはそれほど変わらないとの指摘もみられた。

　問題として指摘されるのは，サービス供給主体の変更後に行われる活動が，変更前と本質的に同じ活動でなければならないとの基準である。この基準をクリアしなければならないと判例法が要求してきたことにより，事業移転とサービス供給主体の変更との違いを狭められてきたという[68]。また，組織された被用者のグループの存在が求められている点についても，労働集約型の事業の移転の場合に経済的一体として労働者の組織的総体が要求されている点とそれほど大きな違いはないと考えられる。

　このように，サービス供給主体の変更の範囲を画するために4つの基準が設けられたのであるが，この基準を要求することがTUPEの適用範囲を狭めてしまうことになった。そして，TUPEの適用範囲が狭められてきたことは，イギリス国内裁判所の条文解釈の手法も関係している。サービス供給主体の変更を判断するに当たって，イギリスの裁判所が採るのは，条文に忠実な文言解釈である。前掲 Metropolitan Resources 事件において雇用審判所は，欧州裁判所が採る「労働者保護」に基づく目的論的解釈も採らず，あくまで条文に忠実な文言解釈を行うことを明らかにし，雇用上訴審判所も TUPE に定められた上記の条件をクリアしているかどうかを問うべきだとした。

　このことは，他の事件でも維持されており，McCririck v Hunter 事件[69]では，サービス供給主体の変更について定めた TUPE 第3条1項b号の射程に関しては目的論的解釈の余地はなく，「サービス供給主体の変更の概念は複雑ではなく，法案の起草者が保護の射程にあると意図した状況の範囲を，法の文言が正確に定義していないと考える理由は無い」として文言解釈によるアプローチを採用することを明らかにしている。

　Metropolitan Resources 事件等では文言解釈アプローチを採り，サービス供給主体の変更に該当するか，TUPE の条文の文言に忠実な解釈手法を採る一方，裁判所が目的論的解釈を採ったものとされる事件も存在する。その例に挙げら

(68)　Charles Wynn-Evans, The Law of TUPE Transfers, Oxford University Press, 2016, p85.
(69)　[2013] IRLR 26 EAT.

第Ⅱ部 労働契約, 企業組織・労使関係をめぐる課題

れるのが, Jinks v London Borough Of Havaering 事件[70]である。同事件では, 議会がアイスリンクと駐車場のある敷地の管理を民間委託し, 委託先の会社がその管理をさらに別の会社に再委託していたところ, 議会が当該業務をインソーシングしたという場合に, 下請人 (Sub-contractor) も TUPE 第3条1項 b 号にいう請負人 (Contractor) といえるのかが問題になった。この点につき, 条文に忠実な文言解釈を行うならば, 再委託先は委託先には当たらないはずである。しかし, 雇用上訴審判所は, TUPE にいう委託先は再委託先も含むという見解を示した。

また, Inex Home Improvement Limited v Hodgkins 事件[71]では, サービス供給主体の変更の直前に, 一時的に解雇されていた被用者は, 「組織された被用者のグループ」という要件を充足するかどうかが問題になった。雇用審判所が被用者は働いていないのだから, 「組織された被用者のグループ」の一部とはいえないとしたのに対し, 雇用上訴審判所は, 一時的に労働から離れても組織された被用者のグループに当たるという判断をした。

このように, 裁判所の中には文言解釈ではなく, 欧州司法裁判所と同様, 目的論的解釈を採るものがある点について, 学説の中には「Jinks 事件で雇用上訴審判所が我々に思い出させてくれたように, 最も重要なことは, TUPE の規定がその目的として, 被用者を保護する法律の1つであることだ。」とし, 厳格な文言解釈を批判し, 労働者保護に基づく目的論的解釈を支持する見解も見られる[72]。

裁判所が採る解釈手法に関して, McCririck v Hunter 事件判決の中で雇用上訴審判所は, サービス提供主体の変更の概念は複雑では無いとして文言解釈を採用するが, 実際には, TUPE の適用を排除する基準を巡って争いが生じている。サービス供給主体の変更をめぐる争いが, 次にみる 2014 年法改正の議論に繋がったように思われる。

---

(70) UKEAT/0157/14.
(71) UKEAT/0329/14.
(72) JOHN McMULLEN, The Developing Case Law on TUPE and Service Provision Change, [2016] ILJ 230.

3 2014年法改正時の議論

サービス供給主体の変更はもともと，経済的一体の同一性維持が抱える問題点を解消して，TUPEの適用を確実にし，被用者の保護を図ることが目的にあった。しかし，判例法が展開する中，サービス供給主体の変更においても，組織された被用者のグループが存在することが求められる結果，「2006年以降のサービス供給主体の変更に関する判例法はおそらく，現実に，そして感覚的に，『伝統的な事業移転』との違いを狭めていった[73]」と指摘されるに至った。

こうした学説からの指摘がある中，ビジネス・イノベーション・技能省は，「根拠に基づく情報提供の照会（Call for Evidence）」により，「2006年改正は，TUPEのルールを適用する点で明確性と透明性をもたらしましたか？」という問いを出した[74]。この問いに対する回答結果として，2006年のサービス供給主体の変更の導入は，透明性の向上やビジネスの負担軽減という点でメリットがあるとする意見はおよそ38%にとどまり，適用には不確実性がまだ残っているので，サービス供給主体の変更に関するガイダンスを要求する声が多くあった[75]。この結果を受け，保守党・自由民主党連立政権下のイギリス政府は，サービス供給主体の変更に関してもともと期待されていた利益をもたらしているのか疑問であると判断し，2013年にTUPEの改正案を出すに至った。

政治的・商業的圧力から，2014年のTUPE改正に至った[76]と述べられるように，2013年に公表されたビジネス・イノベーション・技能省の改正案には，経営側の思惑を反映して，2006年改正で設けられた労働者保護の規定を削除する内容が含まれていた。2013年の改正案で度々強調されていたのは，「柔軟性」と「労働市場の効率性及び公正性」である。2013年改正案の中でサービス供給主体の変更に関する議論の中では，サービス供給主体の変更によって「競争に反する効果（Anti-competitive Effect）がもたらされたとの指摘があり，これらのことが，2006年改正で強調されていた，TUPE適用の確実性や受託

---

(73) Charles Wynn-Evans, In Defence of Service Provision Change?, [2013] ILJ 166.
(74) 2011 Call for Evidence: Effectiveness of Transfer of Undertakings (Protection of Employment) Regulations 2006.
(75) 2013 Consultation, p24.
(76) Charles Wynn-Evans, The Law of TUPE Transfers, Oxford University Press, 2016, p14.

第Ⅱ部 労働契約，企業組織・労使関係をめぐる課題

者間の公平性や被用者の保護に優越するという見方が現れていたという[77]。こうした見方に基づき，サービス供給主体の変更を廃止する案が示された。

2006年改正においてサービス供給主体の変更に関する新たな規定を設けたことについて，労働側が好意的に受け止めていたのに対し，経営側からは，サービス供給主体の変更は指令の保護水準を超える「金めっき（Gold-Plating）」であるとして，批判が根強くあった[78]。こうした経営側からの不満が出る一方で，サービス供給主体の変更は，指令が抱える不確実性を取り除くものであり，入札時の透明性や平等をもたらし，コストの削減にも繋がるとの指摘もあった[79]。しかし，前述のように，保守党・自由民主党連立のキャメロン政権にある政府の考えとしては，サービス供給主体の変更を導入することで企図されていたメリットが実現したか明確ではないことを理由に，サービス供給主体の変更を廃止することを提案していた。

ただし，単にサービス供給主体の変更を廃止するのではなく，再構築する案が政府から示されており，代案として示されていたのは，第一段階のアウトソーシング，すなわち委託先の変更やインソーシングを除く外部委託の事案のみに TUPE を適用するものだった[80]。

しかし，結局のところ，こうしたサービス供給主体の変更を廃止するという政府案に対する反対は大きかったため，政府はサービス供給主体の変更の廃止を取り止めた。「サービス供給主体の変更に関する2006年改正を廃止する政府案に賛成ですか？　はい／いいえ」という質問に対し，廃止に反対が67%に上った。2011年時点と異なり，反対とした意見に共通するのが，現行法は使用者と被用者双方に明確さをもたらし，雇用審判所への訴えを減らしたという見解であった[81]。2006年改正は期待されたほどの透明性と確実性をもたらしていないとの指摘もある一方，出された意見の多くはサービス供給主体の変更によってもたらされる利益を感じている者が多かったことを受け，「サービス供給主体の変更のルールを廃止することは，労働市場又は経済に大きな利益を

---

(77)　Charles Wynn-Evans, In Defence of Service Provision Change?, [2013] ILJ 169.

(78)　2013 Consultation, pp16-17.

(79)　2013 Consultation, p18.

(80)　2013 Consultation, p26.

(81)　2013 Consultation Response, p8.

もたらすことにはならない。したがって，政府は，2006年に加えられたサービス供給主体の変更のルールを修正しないと決めた[82]。」

サービス供給主体の変更に関する改正としては，判例法を反映して，サービス供給主体の変更後に遂行される活動は，変更以前に遂行されていたものと「本質的に」同じでなければならないとするルールをTUPE第3条2A項に定めた。

4　今後のTUPEの課題

2006年法改正においてサービス供給主体の変更という概念が導入されて10年以上が経過した。その間，雇用上訴審判所では，サービス供給主体の変更としてTUPEを適用するために鍵となるポイントを整理した判決も登場した。Enterprise Management Services Ltd v Connect-UP Ltd事件[83]は，サービス供給主体の変更を判断するポイントとして，①「活動」という表現はTUPEでは定義されていないので，雇用審判所の最初の仕事は，元の請負人によって行われていた活動の特定であること，②事業移転の日以降，新しい請負人によって行われた活動が，元の請負人によって行われたものと本質的には同じかどうかが次の問題であること，③たとえ活動が移転の前後で本質的に同じであっても，さらに他の要件を満たした場合に限ってサービス供給主体の変更が生じること，④依頼人のために活動を行うことを主たる目的とした組織された被用者の総体が存在すること，⑤譲受人が短期間の仕事又は単発のイベントに関係する活動を行うものではないこと，⑥活動が全般的に又は主として物の提供をするものではないこと，⑦雇用審判所は，各被用者が組織された被用者のグループに属しているかを判断すること等の基準によって，サービス供給主体の変更があったかを判断するとしている。

このように，サービス供給主体の変更の概念は，業務移転の事案に経済的一体の同一性維持という要件を課すことによる法適用の不明確性とこれによってもたらされる法的不安定性という問題を解決するために導入されたものであったが，上記の詳細な基準を充足することが求められる結果，事業移転の場合に要求されるものと異ならない状況となっている。

---

(82)　2013 Consultation Response, p11.

(83)　[2012] IRLR 190 EAT.

第Ⅱ部 労働契約, 企業組織・労使関係をめぐる課題

サービス供給主体の変更と事業移転のケースが接近しつつある問題について，高速道路のメンテナンスサービスの委託先変更が問題となった，Mustafa and Steen v Trek Highways Services Ltd 事件[84]において，雇用上訴審判所は，事業移転とサービス供給主体の変更の問題はある程度オーバーラップする部分もあるが，別の問題として分けて審判所は事案を扱うべきであるとした。そのため，TUPE の適用を主張する労働者はまず，個別事案の中で両者のどちらが問題になるかを判断し，それぞれの要件に照らして主張・立証を行わなければならないことになってしまう。

この他にも，前述したように，裁判所が採る条文の解釈アプローチによって，TUPE の適用の有無に関して結論が異なってくる可能性があり，裁判所が従来どおり，条文の文言に忠実な文言解釈を行うのか，それとも欧州司法裁判所と同様，労働者保護の立場から目的論的解釈を展開するのか注視しておく必要がある。

Ⅴ　おわりに

これまで，イギリスの民営化政策と TUPE の法改正の動きについてみてきた。筆者がこれまで比較法研究の対象としてきたドイツ法と比べ，TUPE に関して特徴的だと思われるのは，法改正の動きと民営化政策が密接にリンクしながら展開していることである。

TUPE については，事業移転指令において強調されるような労働者保護という観点からではなく，公正な競争という点も立法の趣旨として挙げられていたところである。我が国の民営化の手法はイギリスを下敷きにしていることからしても，民営化の手法だけではなく，労働者の保護と公正な競争の実現のため，TUPE のようなルールを日本にも導入することを検討する必要があるように思われる。こうすることによって，公正な競争を実現し，官民のより緊密な連携，協調を促進するため，TUPE を参考にした規定を設け，民営化時の雇用関係移転のルールを設けることは非常に有益だと思われる。

NPM 改革の中では，官民協調を促すことが強調されているところ，イギリスにおいても公的部門と民間部門の労働者との間の溝は深いことが指摘されて

---

(84)　[2016] IRLR 326 EAT.

〔松 井 良 和〕 *12* イギリスにおける民営化政策の展開とTUPEの法改正の動向について

いた[85]。しかし，TUPE のような法的ルールを設けることで，こうした公的部門と民間部門の労働者間の溝を埋めることが期待されるように思われる。実際にイギリスでは，NPM 改革の中で TUPE が活用された結果，2010 年に憲法改正・ガバナンス法によって初めて，イギリスにおいて公務員法が制定された。同法及び同法に基づいて作成された公務員準則の中では，公務員は労働契約上の関係だということが明らかにされており，このことは，TUPE によって官民協調が促進されてきた結果と見ることが出来よう。

　イギリスと比べても，我が国における公的部門と民間部門との溝は一層深いように思われるが，民営化政策の展開に併せて TUPE を発展させてきたイギリスの経験は我が国にも参考になるだろう。

---

(85) Lisa Rodgers, Public Employment and Access to Justice in Employment Law, [2014] ILJ 376.

13 ニュージーランド労働法の変化と労使関係の変容

廣 石 忠 司

I　はじめに
II　ニュージーランドの特殊性
III　NZ 労使関係法制史概観
IV　ECA の内容
V　ECA の影響と ERA の制定
VI　ECA, ERA に対する労使の

姿勢
VII　労働組合の影響力低下の根本的原因
VIII　充実した社会保障
IX　日本に対する示唆

I　は じ め に

　企業における人事労務の実務では労働法制の改正・変化に対応すべく，それまでの制度や運用を変えることは当然ともいえる。しかしながら，諸制度や運用にはそれなりの背景があり，またそれらが組織風土を形成していると，法律の改正による制度や運用の変更には大きな困難が生じることも少なくない。

　一例が男女雇用機会均等法（以下，雇用機会均等法）制定に対する企業の対応である。1985 年制定，1986 年施行のこの法律はそれまでの男性社会と言える日本企業に対応の転換を迫るものであった。努力義務規定とはいえ，募集・採用・配置・昇進といった雇用管理全体において女性に男性と同等の機会を与えるよう努めねばならない，としたものだからである。

　それまでの日本企業では男性（特に大卒男性）は幹部候補社員，女性は大卒であっても補助職として位置づけられていた。その理由として女性は結婚したら退職するものであり，その「結婚適齢期」は 24 歳から 25 歳である。従って 22〜23 歳で卒業・就職する大卒の女性は 2〜3 年しか勤務期間がなく，採用する必要がない，というものであった。これは労働経済学でいう統計的差別理

『現代雇用社会における自由と平等』山田省三先生古稀記念〔信山社，2019 年 3 月〕　*317*

第Ⅱ部 労働契約，企業組織・労使関係をめぐる課題

論[1]に基づくものといえ，仮に多数の者が結婚退職するとしても，中には意欲と能力ある女性がおり，そういった女性の就労意欲を削ぐものとの批判がなされていた。

この前提に基づく人事制度においては当然ながら女性の管理職昇進や管理職候補者としての教育訓練はなされず，また長期勤続も予定されていなかった。そして組織風土としても結婚退職制度を無効とした住友セメント事件東京地裁判決[2]はすでに下されていたが，実質的には慣行として強く結婚退職を迫ることは広く行われていたであろう[3]。

このような風土の中では，雇用機会均等法が制定されたからといって，直ちにそれまでの人事制度・運用を変えることには無理があるとして，大手企業では弥縫策をとった。いわゆるコース別雇用管理がそれである。

コース別雇用管理について簡単に述べると，総合職（＝幹部候補）と一般職（＝補助職）とに社員の「コース」を設定し，総合職は転勤あり，企画判断業務に従事，昇進限度は定めず，賃金は相対的に高い，とし，一般職は転勤なし，単純定型業務に従事，管理職に任用することは予定されておらず，賃金は相対的に安い，とするものであった。企業の中にはこの中間的なコースを設定するところも多くみられた。

つまり従来の男性に対する雇用管理を「総合職」と，従来の女性に対する雇用管理を「一般職」と名をかえただけの制度を設けたのである。現実に筆者が新聞報道をもとに調査したところ，1991年新規大学卒採用者のうち総合職の96％は男性であり，女性は4％にすぎなかった[4]。もっとも志願者に対する入社者の割合をみなければ断定的なことはいえないが，女性の幹部候補者は極めて少なかったことは確かであろう。

このように法律は完全には企業を動かすには至らなかったのである。年月がたち，雇用機会均等法施行から30年を経た今日でも課長以上の管理職に占める女性の割合はいまだ10％に達していない。平成29年度男女共同参画白書では厚生労働省の賃金構造基本統計調査を引用し，「長期的には上昇傾向にある

---

(1)　脇坂（1984），内藤（2015）など参照。
(2)　東京地判昭41・12・20労民集17巻6号1407頁。
(3)　前掲注(1)参照。
(4)　廣石（1995）。

〔廣石忠司〕 **13 ニュージーランド労働法の変化と労使関係の変容**

が，上位の役職ほど女性の割合が低く，平成28年は，係長級18.6％，課長級10.3％，部長級6.6％となっている」とまとめている。

一方で法律の制定が企業実務（＝社会）に影響を及ぼしたことも事実であろう。雇用機会均等法を例にとれば，ハラスメント関連の事例をあげることができる。雇用機会均等法に事業主に対するセクシャル・ハラスメント防止義務条項が入ったことにより，「ハラスメント」という言葉が人口に膾炙し，ハラスメントが不当な行為であることが広く認識されるように至ったことは，明確なエビデンスは存在しないものの，おそらく事実であろう。ただし，かかる成果はみられたものの，制度・風土の根幹がゆらぐことはなかったのではなかろうか。変化が見られないため，雇用機会均等法は何回も大改正を行い，次第に企業への締め付けが厳しくなっていったととらえることができるように思われるのである。

このような問題意識から法律，特に労働法と人事労務の実務との間には相互作用が存在している，という仮説を筆者は立てているが，実証するに至ってはいない[5]。

こうした労働法と人事労務との関係は日本ならではの事象なのだろうか。外国においてはどのような状況であるのかを調査し，その知見をもとに日本の事象を検討することは有益な示唆を得ることができるのではないか。この観点から比較対象の国をニュージーランドとし，日本と対比させ考察をおこなうことが本稿の目的である。ニュージーランドを選択した理由は次項で述べる。

Ⅱ　ニュージーランドの特殊性

ニュージーランド（以下NZと略す）は後述する通り，約100年にわたる安定した労使関係法のもとで労使関係が展開されていた。ところが1980年代後半の経済危機に際し，大胆な経済改革が行われ，その一環として1991年に従来と180度異なる労使関係法が制定された。そして10年ほど経過したのち議会の与野党逆転が生じ，2000年に新政府はその労使関係法を廃止，新たな法律を制定したという経緯がある。

このような法制度の急激な変化が企業の実務にどのような影響をもたらした

（5）　廣石（2001），廣石（2015）。

第Ⅱ部 労働契約，企業組織・労使関係をめぐる課題

のか，あるいはもたらさなかったのか，一つの国家的実験ともいえる改革であった。日本とNZを対比させる意味はここにある。他にも労使関係政策の転換を行った国としてはイギリスがあるが，サッチャー政権の下であり，かなり過去のことになってしまい，またその後の「揺り戻し」もNZほど明確ではない[6]。従って，労働法の改廃が実務に影響を与えるという，労働法と人事労務の実務との相互作用を論じるにはNZの例が最適と考えた理由である。

Ⅲ NZ労使関係法制史概観[7]

1 1894年以前のNZ労働法

まず大前提としてNZはブリティッシュコモンウェルスの一国であり，英米法体系のコモンローやエクィティが法制度の基本となっていたことをおさえておかねばならない。すなわち判例法国家であり，制定法は例外的だったのである。そのため現在においても日本における「労働基準法」のような労働条件に関する一般的な法制は存在せず，休日法（Holiday Act）のような個別法，あるいは個別の労働契約で労働条件が決められている。

そうした中，1890年に港湾労働争議が勃発した。NZは周知のとおり島国であり，そのため貿易の手段として海運しか存在しなかった当時では，港湾作業がストップすると自国で生産できない物資は入手できなくなり，社会に多大な影響を与えることになる。しかもこの争議はオーストラリアの労働組合に連帯して行われたものであり，NZ国内で解決することができなかった。つまり現在の日本法では違法とされる，いわゆる同情スト，支援ストに該当するものであった。その結果，56日間にわたるこの争議は社会に対して大きな負のインパクトをもたらし，しかもNZの使用者が葬儀解決に際し当事者能力を持たないという特殊事情があったため，ストライキに対する国民のマイナスイメージを持たせたという。

本港湾争議は労働争議一般に対して，いかなる解決方法が適切かを時の政府に突きつけるものとなった。またこの争議は社会全体に労働争議に対するマイナスイメージを与えてしまった。このような流れの中で労働争議を適切に解決する手段が模索された。労働争議の解決は新しい分野であり，当時の裁判所な

---

(6) 有田（2009）。

(7) 本節はAnderson（2011a）による。

〔廣石忠司〕　*13* ニュージーランド労働法の変化と労使関係の変容

り法システムなりでは解決できないものだったからである。その結果1894年労働調整仲裁法（Industrial Conciliation and Arbitration Act 1894，以下 ICA と略す）が制定されることとなった。

2 ICA のポイント

この法律のポイントは以下のようなものであった。

① 労使交渉がこじれた場合でも争議行為に至らないよう，第三者機関である仲裁裁判所の裁定（以下原文に従い，Award と表す）に労使が従うこととされた。仲裁裁判所の構成メンバーは裁判官プラス労使交渉経験者（実務家）。

② 仲裁裁判所には労使の一方からでも申し立てを行うことができる。

③ 1925年の改正で Award では日本でいう労働協約の地域的一般的拘束力をもち，当該労働組合が関係している地域，職種（NZ では職能別組合が通常）に適用されることとされた。つまりある企業の特定の職種において時給3％の引き上げが Award により認められれば，その企業が存在する地域におけるその職種の労働者は全員時給が3％引き上げられることになる。

④ Award の中に労働組合強制加入条項を入れることもできる。そのため多くの労働組合が Award によりユニオンショップと同様の状況になっていった。このような Award の適用がある地域・職種が広がり，実質的には国家的ユニオンショップといえるような状況が現出した。

⑤ 発せられた Award に関連する問題での争議行為の禁止。その後の改正ですべての争議行為が禁止された。

3 1973年からの経済的変動と労働問題を取り巻く環境の変化

ここで NZ の経済的環境に触れておこう。NZ の貿易はもともと畜産，特に羊毛の原毛をイギリスに輸出することで成り立っていた。イギリスでそれを加工し，ウール製品として販売していたのである。オタワ協定によってイギリスはコモンウェルス（イギリス連邦各国）には特恵関税制度を設けていたこともあり，その他の物品に関する貿易も対イギリスの比率が大きかった。

ところが1973年，イギリスの EEC（当時）加入によってイギリスが特恵関税を NZ に与えていたメリットがなくなり，NZ 経済は市場競争にさらされる

321

ことになる。畜産業以外に国際的競争力がある産業に乏しいNZの経済状況は徐々に悪化していくが、上記ICAは改正を続けつつも存続していった。

こうした中で業績不振の業界においては賃金交渉においてゼロAwardが言い渡されることもあった。つまり賃上げのゼロ回答である。国際水準の人件費コストに対応するための措置とはいえ、これにより仲裁裁判所への強い不満がもたらされることにもなった。そして1982年には賃金凍結令が発布されるに至った（2年後廃止）。

一方で高福祉路線を維持していたNZ政府は財政危機に陥った。様々な社会保障制度は税金から拠出され、一方で税率を上げるなどの措置には限界があったからである。ここに至ってデビット・ロンギ率いる労働党が政権を握り、財務大臣となったロジャー・ダグラスは財政改革に乗り出した。徹底した公共部門の民営化、消費税の導入をはじめとする「ロジャーノミクス」と後に言われる一連の経済政策がそれである[8]。その一環としてICAを廃止し、1987年労働関係法（Labour Relations Act　LRAと略す）が制定され、Awardは労働組合と使用者との団交によって排除されることもできるようになった。ただし実態としては労働組合を重視するAward制度が引き続き維持されていたといえる。

ところが、労働党政権とはいえ、国家財政の再建は喫緊の課題であったため、このロジャーノミクスでは公共部門の民営化により失業率が6％程度から13％へと倍増するなど経済運営は混迷を深めた。そして国家財政の赤字は逆に増加していった。その結果、1990年総選挙で政権を国民党に譲ることになった。

4　国民党による雇用契約法（ECA）の制定

国民党政権はロジャーノミクスを否定するのではなく、行財政改革を推進する立場に立った。それにより改革路線は一層進み、労働党政府が聖域として手を付けなかった労働法制の改革に着手した。その第一歩としてただちにLRAを廃止。従って100年近く存続してきたAward制度も廃止された。それに代わり条文上も"Trade Union"という言葉を排除したEmployment Contract Act 1991（雇用契約法、以下ECAと略す）を制定したのである。この法律の内

（8）　佐島（2012）が詳しく述べている。

〔廣 石 忠 司〕　　　　　　*13*　ニュージーランド労働法の変化と労使関係の変容

容については項を改めて吟味する。

Ⅳ　ECA の内容

ECA はその名の通り，基本的には労働契約（つまり労働条件）は個人と使用者が締結するものであり，労働組合はその「代理人」(agent) となることができる，という位置づけとしたものである。Award が労働組合を前提としていたことと対比すると 180 度転換したものといえよう。なお「代理人」になることができるのは労働組合だけでないため，個別組合員のみならず非組合員まで含めた労働者の労働条件決定に関与する労働組合の特権はなくなったといえる。

また複数の使用者を相手とするストライキは禁止され，労働組合は一つの"Corporation" と位置付けられた。一言でいえば 100 年来の労働組合の特権を剥奪し，「市民法から社会法へ」という流れの逆に向かい，労働契約を個別に締結するという古典的な市民法ルールを復活させたものであった。

Ⅴ　ECA の影響と ERA の制定

労働組合の特権がなくなった結果，組織率が 1989 年には 45％ だったものが急落，1999 年には 18％ となった。1990 年代の保守党政権時代も含めると労働党は三つ（新労働党，新党 ACT──Associations of Consumers and Taxpayers──，アライアンス党）に分裂して，政治力も弱くなり，労働党にとり雌伏の 10 年となった。

2000 年，労働党は緑の党と連立政権を構築，ECA を廃止し，雇用関係法（Employment Relations Act 2000）を制定した。ここではスト権の復活，"Trade Union" の文言の復活がなされたが，Award の復活はなされなかった。国家で統一した労働条件を決定するのは硬直化に過ぎる，という意見もあったようだ。そして何より労働党政権は法案成立のため野党国民党との協議を行ったことにより，国民党の意見もかなり取り入れたようである。結果として労働組合の観点からすれば大変中途半端な法律となった。

それではこの ERA で労働組合は復活したか。そうはならなかった。組合組織率は 18％ から 20％ へと微増したものの，新規結成はなかなか困難であるようだ。そもそも労働組合が存在する組織は公的部門か，大企業に限られており，多くの労働者は労働組合がない中小・零細企業に属している。

323

第Ⅱ部 労働契約，企業組織・労使関係をめぐる課題

一方で労働条件が低い状況もあらわれている。Zero Hour Contract がその好例である。労働契約は締結し，時給も決められているものの，「使用者の必要があれば呼び出しをかけ，労働者はその間待機する。実働に応じて賃金が支給される」という契約である[9]。おそらくこの雇用契約を締結した者は失業者には入らないのだろうが，ディーセントワークの議論からすると問題が多い。その時間拘束され，実働がない限り賃金が支払われないというものだからである。労働組合の担当者に聞くと，現実にも待機したものの，使用者から呼び出しがかからず，無収入だったということも珍しくないとのことであった。これも労働組合の保護が及ばない労働者の一例であろう。

Ⅵ　ECA，ERA に対する労使の姿勢

それでは企業実務ではこれらの法律がいかなる影響を及ぼしたのか，また現在及ぼしているのか，筆者は労使の実務担当者にインタビューを試みた。以下はその内容の概略である。

1　企業経営者の立場からの観点

企業としては日系企業3社を選定した。匿名を条件にしたので，以下 A 社，B 社，C 社と略す。日系企業を選択した理由はインタビューの際の言葉の問題が大きいが，当然日系企業においても NZ で企業活動を行っている以上，NZ 法の適用を受けているため，その対応については NZ の現地企業と異なるところがないと考えたからである。また，現地の法制度についてどの程度日本人経営者が理解，意識しているかを聴取する意味合いもあった。なおいずれもインタビュー対象は全員日本本社から出向している日本人 CEO である。

A 社：従業員40名　日本本社の消費者向け化学製品を小売業に卸している販売会社である。

日本からの出向者は Managing Director のみであるが，現地採用の日本人女性がいる。労働組合はない。インタビュイー（interviewee）は Managing Director である。

・労働法制への対応

（9）　NZCTU リーフレットより。

〔廣石忠司〕　　　*13*　ニュージーランド労働法の変化と労使関係の変容

　ECA からのいきさつは一応承知している。そのため労働契約は個人的に契約を締結する形をとっている。最初はとまどったが，今は慣れた。なお全体の Regulation（就業規則であろう。ただし個別労働契約が優先されている）も存在している。

・労働組合結成の働きかけや動き

　承知していない。人事担当者（NZ 人）も特に把握していないようである。もっとも 10 年ほど前には工場を有していたので，その工場を閉鎖する際には若干トラブルがあったように聞いている。もちろん労働組合が結成されたら対応するつもりである。

・無組合企業における労使コミュニケーション

　当社は大企業でもないので，個人別に対応することで問題なく行っている。MBO をおこなっているので，管理職と部下との間では年 2 回半ば強制的にコミュニケーションをとらせていることになる。

・ERA 改正の要望

　特に不都合は感じていない。

・他社の動向など

　労働組合活動は盛んではないと聞いている。労働争議で困ったという情報は得ていない。

・人事労務の問題点

　転職が多いことは NZ 独特の問題ではないが，やはり頭を痛めている。もっとも，退職した者がいても，すぐに補充できる。名門のオークランド大学出身者も新卒で採用できるが，やはり辞める者が多い。日本の公共職業安定所のようなシステムはないので，HP への掲載やエージェントを活用している。

B 社：従業員 136 名（うちホワイトカラーが 20 名）　160 年以上続いた食品メーカーを日本資本が買収した。本社はオークランド。マンガヌイとクライストチャーチに工場をもつ。日本からの出向者も数名いるが，本社スタッフである。経営会議のメンバーは CEO を除いて NZ 人である。労働組合として工場にそれぞれ別の組合が二つ存在している。

　　　インタビュイーは CEO である。

・異なる労働組合が存在する理由

第Ⅱ部 労働契約，企業組織・労使関係をめぐる課題

工場の一つは港の近くにあり，鉄道・海上・輸送労働組合（Rail, Maritime and Transportation Union）が以前から存在している。この工場では80％から90％が組織化されている。しかしこの労働組合は使用者の姿勢をよく理解しており，労使協調路線を維持している。

もう一つの工場では日本でいう合同労働組合であるファーストユニオンが組織されている。この労働組合は2012年に設立されたので新しい組合である。この年に日本資本が当社を買収するという話がでたので労働者間に混乱がみられた。それに乗じて労働組合が結成されたものである。しかしこの工場では労働組合員は当初10名であり，今日では6名に減少した。減少した理由としては彼らが他の労働者から信頼されていないことと，会社として組合員と非組合員に差をつけずに労働条件を設定しているからではないかと推測している。設立当初は組合オルグが「要求をのまないとピケッティングを行う」と表明してきたので弁護士に相談したこともあるが，最近では組合自体が労使交渉に情熱を失ったような感がある。会社側から労使協議会の提案をしても回答がない。

労働条件について土曜出勤の賃金や休憩時間には工場間に若干の差は存在する。これは日本本社が当社を買収する前から存在していた差異なので仕方がない面もある。ただし現在では基本給には差がないし，工場間に格差をつけないように気をつかっている。

・労使コミュニケーション

会社として年2回全従業員に対し会社の業績や姿勢についての説明会を開催している。労働組合も同じように組合員に会社の状況につき説明をしているが，結果として同じ内容を話しているので，会社に対する信頼感を醸成することにつながっている。

・労働法制への対応

歴史が古い会社だけに労働組合が昔から存在し，ECAからのいきさつは一応承知しているが，労働組合が衰退したというようなことはないのではないかと考えている。労働契約は個人的に契約を締結する形をとっている。労働争議がおこると困るので，労働関係に詳しい弁護士を顧問としている。ただ，2014年に買収したばかりなのでまだ慣れないことも多い。

・ERA改正の要望

特に不都合は感じていない。

326

〔廣石忠司〕　　　　　　*13* ニュージーランド労働法の変化と労使関係の変容

・人事労務の問題点

　全社的な転職率は3%程度と他社に比べると低いと思う。当社の以前の経営者が大規模な整理解雇をしたことを多くの従業員が知っており，現在の状況に満足している面が大きいのではないか。ホワイトカラーも20名しかいないので大きな問題にはなっていないが，かれらの動機付けには困難な面もある。たとえば，NZでトップクラスのオークランド大学の夜間コースに通学してMBAを取得したManagerがいるが，彼の上にはDirectorがおり，昇進させるポストがない。今は多少の手当を支給することで対応しているが，それで満足しているかどうかはわからない。なお経営会議のメンバーでもあるそのDirectorと面談した際，次のキャリアプランを聞くと，私（インタビュイー）のポストである「CEO」と答えた。返事につまったが，こればかりは約束できない。日本本社の意向もあり，また私の人事権は日本本社にあるからである。現地スタッフをトップに据えることは必要だと思っているが，私の一存ではどうすることもできない。

　これらのような場合，昇進できないと考えたら彼等は他企業に転じるであろう。もっとも，リテンションはどこの国，どこの企業でも同じ問題を抱えているかもしれない。

C社：従業員840名（ホワイトカラーは110名）　日本からの進出企業としては
　　最大規模。20年前に設立し現在では4工場を有し，木材の製材加工を行っ
　　ている。CEOは日本本社からの出向。労働組合は3組合が存在している。
　　インタビュイーはCEOである。

・3労働組合が併存している理由

　当社では歴史的経緯から3労働組合が併存している。仮にA，B，Cと名付ける。まずA労働組合である。ある工場を買収した際，従業員も引き継いだが，そこにA労働組合が存在していた。もちろんAwardも存在していたが，新入社員は組合に加入することを義務付け，労働条件としてこのAwardを会社は遵守すること，労働条件変更にあたって労使協議事項を挿入したことで労働組合と合意した。個別労働契約を行うと労働組合のパワーが落ちるという話もあるが，労働組合を尊重するという，他社とは異なった対応をしたことになるだろう。これが当社の労使関係の原型となった。

第Ⅱ部 労働契約，企業組織・労使関係をめぐる課題

それ以外の工場は当社が開設したものであるが，労働組合結成のきっかけなどは承知していない。B，C労働組合は同じ工場に存在し，組合員数はほぼ同数である。職能別組合ではない。労働組合間での労働条件は同一であり，労働者はどちらの労働組合を選択してもよいことになっている。もっとも職務給制度をとっており，工場間では職務構成は異なるので，平均賃金などは異なっている。つまりA労働組合とB，C労働組合とでは工場が違うので，結果として平均賃金も異なることになる。そのため不満がでないように最大労働組合のA労働組合とまず団体交渉を行うことにしている。その結果にB，C労働組合は従うのが通例である。

たしかにA労働組合との交渉はタフであり，かつては交渉に3〜4か月かかったこともある。しかし現在では労働組合を尊重する会社の姿勢が理解されたのか，今年度は会社の業績も芳しくなかったので賃金引き下げを了解してくれた。もっとも引き下げ対象となった組合員には事前に警告を数回しており，賃金引き下げを労働組合に事前に相談していたという背景もある。

・労働法制への対応

日本にいたときには労務や法律問題に携わっていなかったが，現在はNZの法律事務所を顧問とし，様々な事案にあたり相談しながら対処している。日本とは法制度が違うので，現地の弁護士でないと意味がない。

・ERAへの対応

特に不都合は感じていない。

・人事労務の問題点

日本と組織風土が違うというのが一番とまどう点であろう。転職が多いことはもちろんだが，危険・きたないと思われる仕事にはNZ人は就こうとしない。結局間伐，枝打ちなど森林管理業務はアイランダー（ポリネシア人，特にトンガ，サモアなどからの移住民）が担当することになる。その意味では採用は難しくなっている面もある。

2　使用者団体の見解

使用者団体としてILOに使用者代表を送っているBusinessNZにインタビューを行った。日本でいえば日本経団連に相当する。インタビュイーはPaul Mackay氏（Manager, Employment Relations Policy）である。

・ECA 以前の人事部門の仕事

　労働条件をすべて労働仲裁裁判所が発した Award が決めているということであるから，人事部門は採用から退職までのいわゆる雇用管理の分野だけを考えればよかったことになる。ある意味業務は狭く限定されていた。その当時 Carter Holt Harvey 社の人事スタッフをしていたが，この会社には職能別に 13 労働組合があった。つまり 13 の Award が存在したので 13 通りの労働条件が存在した。その意味では若干面倒なこともあった。

・ECA 下の人事労務管理

　それまで労働条件の決定について労使とも Award に頼っていたわけだから，個別労働契約で労働条件を決定することになったので混乱が起きた。労働者と直接接し，労働条件を決定する責任を有する管理職は面接に慣れていなかったのだ。人事スタッフは管理職たちを支援する業務にあたり，面接への対応サポートや労働条件の統一性を図っていった。

　こうした状況に対して労働組合からの抵抗は正面からはなかった。争議行為が急減したことがその証左である。なぜなら規制緩和の動きは労働党政権が始めたものだからだ。国民党政権は労働党が聖域としていた労働分野に規制緩和をおこなったものといえる。

　ただ，国民が皆 ECA を支持していたかはわからない。ECA や今日の ERA も国民はそもそも知らないからだ。労働法自体に国民は無関心だ。選挙にあたっても争点にならない。

・労働組合の存在意義

　このように労働組合のパワーが小さくなったとしても，その存在意義は変わらない。労働者にとって自分たちの意思を伝えるツールであるからだ。ただしメリットが組合費を下回ると労働者に思われたら，それは組織率の低下につながるだろう。

・ERA の意義

　ERA は労働党政権が制定したものだが，ECA によって衰退化した労働組合のパワーを取り戻すという意図が労働党政権にはあっただろう。しかし，その意図は実現しなかった。その理由は国民の労働組合に対する無関心を打破するだけの政治的パワーが政権になかったからだ。労働党は 1990 年代に分裂して議席を大きく失い，2000 年の選挙でも連立政権を組まねば政権を取れなかった。

第Ⅱ部 労働契約，企業組織・労使関係をめぐる課題

そのため法案成立のためには国民党と協議し，双方が妥協する必要があったのだ。

・ERA に対する評価

ERA は労働党と国民党との協議の産物だったので，われわれ使用者は ERA に対しバランスのとれた法律だと満足している。労働組合が未組織労働者を組織化するのは難しいだろうし，またわれわれは常に労働組合と対話しているから問題は生じないと考えている。

3 労働組合 (NZCTU) の見解

NZ における労働組合のナショナルセンターである NZCTU の見解として Richard Wagstaff 氏 (President)，Bill Rosenberg 博士 (Policy Director)，Jeff Sissons 氏 (General Counsel) にインタビューを行った。下記は 3 名の意見を混在させているが，他の出席者から特にコメントがなかったため労働組合の一致した見解ととらえてよいと思われる。

・ECA の労働組合への影響

ECA が個別労働契約を推進したため，労働党の中にはかつての Award 時代に回帰することを望んでいるものもいるだろう。しかし労働党は分裂したため政治的なパワーを減退させてしまったのでそのような動きはできなくなった。労働組合の力も弱くなってしまったことも要因の一つである。1980 年代後半の規制緩和，いわゆるロジャーノミクスの衝撃はわれわれにとって非常に強いものだった。このために労働党は国民からの信頼を失ったのだ。結果として労働党に代わった国民党と使用者たちは労働組合の基盤を掘り崩してしまったことになる。

・労働組合のパワー衰退の要因

労働組合の力が弱くなった例として，労働組合リーダーの交渉力と組織力の低下をあげることができる。これによりパワーバランスが使用者に傾くことになった。Award 時代に国家的ユニオンショップ制になっていたことが組織力低下の一因ともいえよう。Award があるため，積極的に労働組合を組織化し，組合員を拡大する必要がなかったのである。また団体交渉も早々に打ち切り，労働仲裁裁判所に労働条件の決定を委ねたため，使用者と交渉する必要も能力も組合幹部に求められなかったのである。

〔廣石忠司〕　　　　　**13** ニュージーランド労働法の変化と労使関係の変容

・組織率向上への障害

　労働組合組織率の向上にあたってはリーダーの組織力低下以外にも障害がある。①法律上未組織労働者に対し，使用者の許可なくして労働組合が接近できないこと，②マスメディアの影響もあるが若者には労働組合に対するステレオタイプ的な見方が強いこと，つまり「時代遅れ」とみられていること，③会社に不満があった場合，他社への転職も容易なこと，④使用者に組合忌避の感覚が強いこと，などがあげられる。

・個別労働契約の限界

　個別労働契約で労働条件を決めることになるが，これは労働者本人の同意なくして決定できないのが本来である。しかし労働者のパワーが使用者のパワーより弱いことは自明の理だ。それを救うべき裁判所もコモンロー裁判所であり，判例法主体である。ここでは契約自由の原則が貫かれている。「いやなら契約しなくてよい」という論法がまかり通ると労働条件の向上は望めなくなる。こうした個別労働契約が主流になってきたため，労働条件向上への要求は非常に難しくなった。

・ERA への評価

　基本的にわれわれは ERA の趣旨は使用者の利益のためと考えている。BusinessNZ が ERA に満足していることは当然のことだろう。

・労働組合の存在意義

　労働組合は力が衰えたといっても，NZ 最大の民主的組織である。そのために様々な社会的問題に対して発言している。教育・医療部門をはじめとする公共部門では組織率も高く維持されているので発言力が大きい。また労災問題や平等賃金問題にも発言しているし，最低賃金も重要な課題である。

・ERA が労使関係に及ぼす影響について

　ERA においては Good Faith がキーワードとなっている[10]。これは主として団体交渉の際に問題となる。具体的には①合意に達するために労使双方が努力すること，②労使が情報を公開すること，③オープンコミュニケーションの義務，つまり水面下で妥協するようなことがなく，すべての情報を組合員レベルまで周知させること，である。これは理解できるが，労使関係に対する影響

---

(10) この理念は解雇においても広く理解されている。詳細は田中（2007）参照。信義誠実の原則と近い概念のように思われる。

第Ⅱ部 労働契約，企業組織・労使関係をめぐる課題

として整理解雇の場合，35日前に通知すれば理由なしに解雇できるとされていることは問題である。

・その他の労使関係上の問題

たくさん労使関係上の問題はあり，例として三角労働契約（日本でいう派遣・出向）や非正規労働者の労働条件の問題があげられる。労働者の権利が守られていない人たちの問題だ。こうした問題が生じるのも，労働法の知識が労働者にないことが根本の原因だと考えている。

また，同一価値労働同一賃金論運動も行っているが，これらは法改正が必要なので労使関係の変化は当分望めないだろう

Ⅶ　労働組合の影響力低下の根本的原因

以上のインタビュー結果からNZの状況として次のことがいえるように思われる。

①労働組合への過保護が組織力低下につながった

立法当事者が意図したか否かは別として，Awardシステムが労働組合の交渉力と組織力の低下につながったことは否めないであろう。労使交渉を行わなくともよい環境，組織化をせずとも半ば自動的に労働者が労働組合に加入するという状況ではやむを得ない面もある。その状況に適応してしまった労働組合は環境が変わるとあっけなく衰退したのである。

②ECAが労働組合の団結力を破壊した

なぜ労働者は労働組合を結成して労働条件の向上に向かわないのか。その根源はECAにあるように思われる。ECAが労働組合の特権を剥奪し，労働条件の決定を個人契約に収斂させてしまったため，労働組合に対するApathyが生まれてしまったという見方である。ECAが労働組合の基盤である「団結」を壊してしまったといってもよいだろう。これらの二点からは企業だけでなく労働組合も状況対応力がないと生き残ることができないと結論付けてよいのではなかろうか。特に法律制定による影響は絶大なものがあった。

③不十分なERA

労働党・労働組合のパワーが落ちたことに対し，それを回復すべき時点（労働党が政権に返り咲いた2000年）は法律改正の好機であった。実際に労働党はECAを撤廃し，ERAを制定したが，政治的パワーの衰退により野党国民党や

〔廣 石 忠 司〕　　　　**13**　ニュージーランド労働法の変化と労使関係の変容

使用者側の意見を取り入れた妥協的なものになってしまい，新法の制定も労働組合のパワー回復にはつながらなかった。

Ⅷ　充実した社会保障

また労働に対する考え方として，「働かなくとも生活できる」という社会保障制度の存在が根底にあるようだ。生活保護ならぬ Un Employment Benefit という制度が存在し（失業給付は別に存在する），生きていくだけなら問題ない環境がある。なお 20 代前半独身者，単身生活で週 \$171.84，13000 円弱，4 週で 5 万円。これに住宅手当が安いところで週 65 ドル，4 週 2 万円。25 歳以上だと \$206.21，4 週 6 万円強。結婚していれば 20 代前半層の金額が夫婦それぞれに支払われる。子供がいたらさらに手当がつくので「5 人も子供がいたら働かなくとも生活できる」そうである。ちなみにこれらはすべて税金から支出される（2016 年 3 月現在）。

このような社会保障の内容であれば労働条件の向上を無理に目指そうという労働者は多くないことも推測できる。

Ⅸ　日本に対する示唆

1　労働法の持つ影響力

NZ は 1980 年代後半の「ロジャーノミクス」，ECA の制定といった大転換を行うという，実験国家的な色彩も強いことは前述した。一院制であり，法律の改正が容易であることも隠れた要因である。日本とは大きく異なる国情のため安易な比較はできないが，労働法制の転換によって現場が大きく変化することは一見して把握できた。日本ではたとえば雇用機会均等法によってその場で大きく転換したかといえば，そうとはいえない。労働法の「網をかいくぐって」従来の方針を維持しようとするベクトルが大きく働いているように思われる。ところが NZ では ECA に対する労働組合の抵抗は大きくなく大胆な改革がなしとげられた。労働法制が規範として機能しているか否か，という点では ECA の試みはイエス，という答えになろう。この一件をもって労働法が企業実務に対してもつ意味合いを論じることは困難だが，労働法の大きな改革が企業の現場を動かすこともある一例として検討するに値するものといえよう。近時における一連の「働き方改革関連法」が社会にいかなるインパクトをもたら

第Ⅱ部 労働契約，企業組織・労使関係をめぐる課題

すのか，注視に値する。

2 日本の労働組合から見た「教訓」

さて，このNZの経験は日本の労働組合にいかなる教訓となるのであろうか。
一つは交渉力の問題である。NZの労働組合はAward制度のため，その制度
に順応してしまったことにより労働組合の使用者にたいする交渉力が低下して
しまった。これは現在の日本の労働組合にも一脈相通じるところがある。たと
えば，春季賃金交渉においてはここ数年，内閣総理大臣自らベースアップの促
進を経済界に求め，それに対して大手企業もベースアップを行うというマスコ
ミから「官製春闘」と揶揄されている状況がある[11]。このような状況に慣れ
てしまうと，労働組合自体の交渉力，存在価値が問われることにもなりかねな
い。「官製春闘」が終了してしまったら，賃金交渉はいかなる様相を呈するこ
とになるのか，労働組合の地力が問われるところである。

第二に労働組合の「闘争力」である。かつて筆者がある単産の賃金研修会に
出席した際，ストライキを実施する手順について問うたところ，知識が十分な
単組役員は数少なかったことが印象に残っている。NZの状況においても，公
共部門を除き，労働組合がストライキを行って要求を通すという姿勢はあまり
ない（公共部門においては，2018年7月にInland Revenue Department, Ministry
of Business, Innovation and Employmentが，また公共病院の看護師も同時期にスト
ライキを行っている）。私的部門（Private Sector）では労働組合の組織がECA
によって「破壊」され，ストライキを行うことができなくなったと評価できる
ように思われるが，日本でも同様のことがおこる（あるいはおこっている）の
ではないか。「平成29年労働争議統計調査の概況」によると総争議件数の低下
傾向は変わらず，争議行為を伴う争議は68件と，平成23年の57件よりも多
くなってはいるが，この懸念があたっているかもしれない。

3 労働法への無関心（Apathy）

昨今「働き方改革」など労働法への関心が高まっているように見えるが，実
際に労働法に関する知識が浸透しているかといえば，心許ない。年次有給休暇

---

(11) たとえば毎日新聞「官製春闘 賃上げ要請6年目「慣例化」に経済界嫌悪感も」
（https://mainichi.jp/articles/20181020/k00/00m/020/103000c（2018年10月31日閲覧））。

334

〔廣 石 忠 司〕 **13** ニュージーランド労働法の変化と労使関係の変容

の取得率やいわゆるブラック企業報道[12]がそれを物語る。労働組合の存在意義が社会に浸透していないと，労働法に関する社会の認知度も低くなるのではないだろうか。学校教育において労働法を学ぶ機会は大学において選択科目として履修するまで存在しない。中学卒業で社会に出る者もいるにもかかわらす，この状況である。

それでは学校教育以外に労働法を学ぶ機会はあるのだろうか。筆者はその機会を労働組合に求めたい。使用者には積極的に労働法を労働者に教えようとする動機づけがない。労働者を守るべき労働法の教育は労働組合のみが行いうるものと考えられる。しかしながら労働組合の活動が活発でないと，このような啓蒙活動もなしえなくなることは容易に想像ができる。労働組合の社会的存在感と労働法の社会（労働者）への浸透度合いは相関があるように思われるのである。この点は実証が困難であるが，労働組合の存在感が薄れた NZ において「労働法は選挙の争点にならない」「社会において労働法に関心がない」という言葉は BusinessNZ，NZCTU という労使双方から聞かれたところであることが一つの証左になるのではないだろうか。

ひるがえって，日本ではどうだろうか。「ブラック企業」という言葉がマスコミをにぎわしても，労働法教育が盛んになっているとは思われない。また一連の「働き方改革関連法」によって大企業は少なくとも法律の規定に沿った形を導入するであろうが，その運用はどのようなものになるのか，危惧されるところである。また中小企業では導入自体行われていくのかという懸念を払拭できない。そして労働者自身が労働法の知識を求めるようになってきているのだろうか。

労働法，労使関係は様々な要因で変化していく。NZ の「実験」から日本が学ぶべきことは多いように思われる。今後日本の労働法がいかに変化し，また社会に浸透していくのか（あるいは浸透していかないのか）は，企業経営を研究する観点からも重要な論点なのである。

---

(12)　朝日新聞デジタルによれば，「違法または悪質な労働条件で働かせる会社」をいい，2008 年頃からインターネットで用いられたという（https://www.asahi.com/topics/word/ブラック企業.html（2018 年 10 月 31 日閲覧））。

第Ⅱ部 労働契約，企業組織・労使関係をめぐる課題

【参考文献】

Anderson, G.J (2011a) Labour Law in New Zealand, Wolters Kluwer
—— (2011b) Reconstructing New Zealand's labour law, Victoria University Press

有田謙司（2009）「EU 労働法とイギリス労働法制」日本労働研究雑誌 590 号 17-24 頁

オークランド日本経済懇談会（2013）『ニュージーランド概要 2013-2014』Gekkan NZ

Freeman, R.B, Boxall, P.F and Haynes, P (ed.)（2007）What Workers Say, Cornell University Press

深山喜一郎（1969）「ニュージーランドの労働争議調整制度」九州大学教養部社会科学論集 9 号 1-20 頁

林　和彦（2009）「ニュージーランドにおける労働市場の規制緩和：1991 年雇用契約法の研究(1)(2)」日本法学 75 巻 1 号 41-74 頁，同巻 2 号 19-56 頁

廣石忠司（1995）「企業における女性雇用管理の実態」ジュリスト 1079 号 23-30 頁
—— (2001)「企業の法意識測定の試み」専修大学経営研究所報 139 号
—— (2015)「労働法と企業実務の相互作用」毛塚古希所収

久村　研（2001）『オーストラリアとニュージーランド』三修社

宮島尚史（1955）「ニュージーランドの強制仲裁制度」レファレンス 49 号 94-113 頁

長渕満男（2001）「ニュージーランドの労働法改正」甲南法学 42 巻 1・2 号 147-161 頁

New Zealand. Dept. of Labour and Employment（1923）The Labour Laws of New Zealand reprinted by Amazon Japan

日本ニュージーランド学会編（1998）『ニュージーランド入門』慶應義塾大学出版会
——編（2012）『「小さな大国」ニュージーランドの教えるもの』論創社

日本労働研究機構編（2007）『仕事と生活』日本労働研究機構

Rudman, R.（2010）Human Resources Management in New Zealand (5th ed.), Pearson

佐島直子（2012）「変化するニュージーランド：『改革』の光と影」専修大学社会関係資本論集 3 号 109-138 頁

Stewart, A.（2015）Stewart's Guide to Employment Law (5th ed.), The Federation Press

高橋文利（2002）『21 世紀日本の構築——ニュージーランドに学ぶ』晃洋書房

田中達也（2007）「雇用関係におけるフェアネスの原理——ニュージーランド解雇法理の基準」筑波大学博士学位論文（https://tsukuba.repo.nii.ac.jp/?action=

336

〔廣 石 忠 司〕　　　　　　　***13*** ニュージーランド労働法の変化と労使関係の変容

repository_action_common_download&item_id=20757&item_no=1&attribute_
　id=17&file_no=2）
和田明子（2000）『ニュージーランドの市民と政治』明石書店
　——（2007）『ニュージーランドの公的部門改革』第一法規
脇坂　明（1984）『会社型女性』同文館
山邊達彦（2013）「政権や政党が与える労使関係への影響」早稲田政治公法研究
　103 号 1-18 頁，104 号 15-25 頁

謝　　辞
　山田省三先生には，1995 年，労働法学会で報告する際の研究会から始まり，20
年以上に及ぶご指導を賜った。その学恩に深く御礼申し上げるとともに，今後ま
すますのご健勝をお祈りいたす次第である。

　（本稿は「労働法の変化が企業と労働組合に与えた影響」専修大学経営論集 103 号 25-37
頁（2017）を改稿したものである）

III

雇用・労働政策をめぐる課題

14 無期転換ルールに対抗する合意の効力

川 田 知 子

I　はじめに　　　　　　　　　　Ⅲ　無期転換ルールと不更新・
Ⅱ　無期転換申込権の放棄又は　　　　更新限度条項
　　不行使の合意　　　　　　　　Ⅳ　おわりに

I　は じ め に

　平成 24(2012)年に労働契約法（以下「労契法」という）が改正され，「無期転換ルール（18 条）」が創設された。無期転換ルールは，有期労働契約が 5 年を超えて反復更新された場合に，有期契約労働者の申込みにより，期間の定めのない労働契約（無期労働契約）への転換を認めたものである。通算 5 年のカウントは平成 25(2013)年 4 月 1 日以降に開始した有期労働契約が対象となるため，平成 30(2018)年 4 月 1 日以降に無期転換申込権の行使が本格化した[1]。

　無期転換ルールは形式的には申込みと承諾みなしという構造になっているが，申込みの意思表示があれば，相手方の承諾なくして承諾があったと同一の効果を認めようとする「形成権」を付与したものである。5 年を超えれば使用者の承諾なく（使用者が望んでいなくても）有期労働契約を無期労働契約に転換させ

---

(1)　日本労働組合総連合会が行った「有期契約労働者に関する調査 2018」（2018 年 5 月 16 日〜5 月 17 日実施。2018 年 6 月 28 日公表）によると，2018 年 4 月以降の無期転換申込権発生状況について，「無期転換申込権対象者となっている」は 17.5%，「無期転換申込権はまだ発生していない」が 36.2%，「無期転換申込権があるか，ないか，わからない」が 46.3%となり，自身に無期転換申込権があるかどうかが分からないという人が多いことが明らかになった。また，無期転換申込権を持っている 175 名について，無期転換の申し込み状況をみると，「無期転換を申し込んだ」が 26.9%，「無期転換を申し込んでいない」が 73.1%となり，無期転換申込権を持っている人の 4 人に 1 人が申し込みを行ったという。

『現代雇用社会における自由と平等』山田省三先生古稀記念〔信山社，2019 年 3 月〕　*341*

第Ⅲ部 雇用・労働政策をめぐる課題

るものであることから，広義の契約強制ということができる[2]。

これを回避するために，無期転換申込みが本格化する平成 30 年 4 月 1 日直前に有期契約労働者を雇止めするケースが多発した。また，多くの企業は，「不更新条項」（「今回の更新が最後で，次回は更新しない」という文言）や，「更新限度条項」（「有期労働契約の更新は○回まで」とか，「契約更新は通算して○年まで」という文言）を契約書に記入し，労働者に合意させることによって，無期転換権の発生を回避する対策をしている。

労契法 18 条の無期転換ルールは，有期労働契約を反復更新して労働者を長期間継続雇用するという有期労働契約の濫用的利用を防ぎ，有期契約労働者の雇用の安定を図ることを目的とするものである。無期転換権の発生を回避するための合意は，労契法 18 条の本来の制度趣旨を逸脱するものであると言わざるを得ない。

本稿では，無期転換ルールに対抗する合意，特に，無期転換申込権の放棄又は不行使の合意と不更新・更新限度条項について検討する[3]。

---

(2)　拙稿「無期転換申込権の法的性格に関する一考察」東洋法学 61 巻 3 号（2018）269 頁以下参照。

(3)　不更新・更新限度条項については，橋本陽子「有期労働契約の雇止めに関する判例法理の意義と不更新条項の効力」学習院法務研究 4 号（2011）59 頁以下，龔敏「法定化された雇止め法理（法 19 条）の解釈論上の課題」ジュリ 1448 号（2012）49 頁以下，新基本法コメ労基法・労契法〔山川隆一執筆〕428 頁，毛塚勝利「改正労働契約法・有期労働契約法制をめぐる解釈論的課題」労旬 1783・84 号（2013）18 頁，唐津博「改正労働契約法第 19 条の意義と解釈」季労 241 号（2013）2 頁，荒木尚志「有期労働契約法理における基本概念——更新・雇止め・雇用継続の合理的期待」根本到・奥田香子・緒方桂子・米津孝司編『労働法と現代法の理論（上）』（日本評論社，2013）410 頁，池田悠「労働契約法 19 条」荒木尚志編『有期雇用法制ベーシックス』（有斐閣，2014）81 頁，大内伸哉「有期労働契約の不更新条項と雇止め制限法理」季労 244 号（2014）121 頁以下，篠原信貴「労働法——〔1〕雇止め制限」大内伸也編『有期労働契約の法理と政策』（弘文堂，2014），紺屋博昭「使用者と期間契約社員との間で締結された〈次回不更新〉契約の効力と雇止めの当否」法時 86 巻 6 号（2014）122 頁以下，鈴木俊晴「無期転換権不行使の合意と有期契約不更新条項」労旬 1815 号（2014）35 頁，細川良「労働契約法 19 条——有期労働契約の更新等」労旬 1815 号（2014）51 頁，金井幸子「労働契約法 19 条と不更新条項の効力」愛知大学法学部法経論集 205 号（2016）1 頁以下，高橋賢司「無期転換申込権の逸脱・濫用はありうるのか」季刊・労働者の権利 319 号（2017）57 頁以下などがある。

II　無期転換申込権の放棄又は不行使の合意

1　無期転換申込権「発生前」の放棄又は不行使の合意

　無期転換ルールは，有期労働契約の通算期間が5年を超えるときに無期契約への転換が認められるものであり，有期労働契約の濫用的利用を抑制し，安定的な無期契約への転換を図ることを目的としている。しかし，この目的に反して，無期転換ルールが創設された当初から，申込権が発生する5年手前での雇止めを誘発するという副作用が指摘されていた。具体的には，無期転換申込権が発生する前に，使用者と有期契約労働者がそれを放棄する合意又は行使しない合意をすることが懸念されていた。「合意」といっても，使用者が契約締結時あるいは更新時に，無期転換権の放棄又は不行使の合意を労働者に求める方法によって行われるため，それが労働者の真の意思によるものかは疑わしい。

　施行通達は，無期転換申込権「発生前」の放棄又は不行使の合意について，「無期転換申込権が発生する有期労働契約の締結以前に，無期転換申込権を行使しないことを更新の条件とする等有期契約労働者にあらかじめ無期転換申込権を放棄させることを認めることは，雇止めによって雇用を失うことを恐れる労働者に対して，使用者が無期転換申込権の放棄を強要する状況を招きかねず，法第18条の趣旨を没却するものであり，こうした有期契約労働者の意思表示は，公序良俗に反し無効と解される」（施行通達第5-4⑵オ）としている。

　学説の中には，無期転換申込権は労働者個々人の選択権であるので，合理的な理由があってそれが本人の真意に出ていると認められれば，放棄できると考えられるとするものがある。この見解は，例えば，高度の技術や専門的能力をもっており，それゆえに有期プレミアムを得る交渉力のある有期契約労働者が，「無期転換申込権が発生する前の時点での交渉」によって，無期転換申込権を放棄する代わりに自分が納得できるプレミアムを獲得したいという場合には，放棄の意思表示は合理的な理由があり真意に出た意思表示として，有効とする(4)。また，金銭債権の放棄に関する最高裁判決を挙げて，労契法上の権利や

---

(4)　菅野・労働法317頁。もっとも，この見解も，労働者による無期転換権放棄の意思表示につき，「雇止めによって雇用を失うことを恐れる労働者に対して，使用者が無期転換申込権の放棄を強要した」と評価される状況が認められれば，当該意思表示は自由で合理的な意思表示とは認められず，無効と解されるとする。

第Ⅲ部 雇用・労働政策をめぐる課題

期待利益も自由な意思があれば事前に放棄可能であるとして，無期転換申込権発生前の放棄の合意の一部を認める見解もある[5]。

しかし，有期契約労働者は一般に交渉力が弱く，また，雇止めによって雇用を失うかもしれないという不安からやむなく無期転換申込権の放棄又は不行使の合意をしてしまうことが考えられる。労働者の不安に乗じた放棄又は不行使の合意は，労契法18条の趣旨を没却するものであり，公序良俗に反し無効と考えるのが妥当であろう[6]。

2　無期転換申込権「発生後」の放棄又は不行使の合意

無期転換申込権「発生後」の放棄又は不行使の合意も問題になるが，これについて施行通達は言及していない。

この点，無期転換申込権の事後の放棄の場合には，労働者が無期転換申込権をすでに有していることを知っている限り，使用者による更新拒否を恐れる必要がなく，したがって自由な意思表示と認められやすくなるとする見解がある[7]。また，無期転換申込権も権利である以上，自由意思による放棄は可能であるが，自由な意思表示に基づくものであることが認められる客観的に合理的な理由が存在する状況下でなされたものであることが必要であるとする見解もある[8]。

これに対して，無期転換申込権「発生後」の放棄又は不行使の合意を無効とする説は[9]，その理由として，①無期転換申込権を放棄する約定は，労契法18条の趣旨を没却すること，②合意とはいえ，無期転換申込権の放棄又は不行使の約定は使用者の発意によるところが大きく，労働者は雇止めされるか合意するかの二者択一を迫られることになること，③無期転換申込権は量的に交換可能なものではないので，自由意思による放棄や不行使の合意を安易に認めるべきではないこと，④無期転換申込権を財産的権利として取引の対象とすることは，事実上，金銭的補償による無期転換の例外を認めことにほかならず，

---

(5)　原昌登「有期労働契約の無期化」ジュリスト1448号（2012）52頁以下。

(6)　毛塚・前掲注(3)20頁。

(7)　菅野・前掲注(4)318頁。

(8)　荒木・労働法462頁。

(9)　毛塚・前掲注(3)20頁，西谷・労働法447頁。

〔川田知子〕

法の趣旨に反することなどを指摘する。

労働者本人から無期転換申込権の放棄又は不行使の合意を提案することは考え難く，使用者から放棄又は不行使の内容を記した契約書が提示され，労働者がそれに署名・押印することが予想される。もちろん，労働者は使用者からの放棄又は不行使の提案を拒否することもできるだろう。しかし，今後も当該使用者の下で働き続けることを希望する労働者が，使用者からの提案を拒否することは難しく，現実的ではない。無期転換申込権「発生後」の放棄又は不行使の合意や，金銭的補償による無期転換の例外を認めることは，法の趣旨に反するもので容認できない。

Ⅲ　無期転換ルールと不更新・更新限度条項

1　無期転換を回避するための不更新・更新限度条項

無期転換申込権の発生を回避するために，不更新・更新限度条項付きの新たな契約書を取り交わして対応する企業が増えている。

日本には，有期労働契約を締結・更新できる自由を制限する，いわゆる入口規制は存在しない。労使は有期労働契約を締結し，更新限度期間や回数について自由に決めることができる。そのため，不更新・更新限度条項付きの契約を締結すると，基本的には，次回の契約更新時，あるいは，更新限度期間や回数に達した時に，労働契約は終了する。使用者は，労働者に雇用継続への合理的期待を生じさせることなく，労働者の無期転換申込権の発生を回避することができる。

実際に，国立大学や私立大学において，無期転換ルールを回避するために，就業規則などに不更新・更新限度条項を設けるケースが問題になっている。ある大学では，従来から就業規則に有期契約の「5年上限」を設定し，5年勤務後は3カ月間のクーリング期間（雇用中断）を置いていたが，平成24年の労契法改正の際に，クーリング期間を「最低6ヵ月」と定めた。この就業規則では1年契約で4回までしか更新できず，無期転換ルールが適用されないため，文部科学省が調査の上，労契法の趣旨にそぐわないとして「慎重な対応」を要請したという。

このように，無期転換申込権の発生を回避する目的で，有期労働契約の締結時あるいは契約更新時に不更新・更新限度条項を設定することに問題はないの

だろうか。不更新条項をめぐる従来の裁判例は，①不更新条項への労働者の合意の有効性（合意の真意性）と，②雇用継続に対する合理的期待について判断している。そこで，以下では，合意の有効性（後述2）と雇用継続に対する合理的期待（後述3）について検討したうえで，無期転換申込権の発生を回避するための不更新・更新限度条項について考えてみたい。

2 労働者の合意の有効性

　労働者が不更新・更新限度条項に「合意」していれば，基本的に，契約期間満了時あるいは更新限度期間や回数に達した時に，労働契約は終了する。そのため，使用者は不更新・更新限度条項を労働者に合意させ，労働者の雇用継続への合理的期待を消滅させることによって，雇止めを有効に行おうとする。特に，最初の契約時点で更新上限の設定があれば，労働者は当初からこれを認識できるので，上限を超えた更新の期待は発生しにくいとされている[10]。そのため，初回契約時から更新限度期間や回数等に上限が設定され，当該上限で雇止めがなされる場合には，その定めを尊重して，更新の合理的期待を認めない傾向にある[11]。

　学説は，不更新条項について，①契約解約についての事前の合意であり，契約は期間満了時にその合意によって終了するため，雇止めの問題にはならないとする見解，②労働者が不更新条項に合意することにより，発生していた雇用継続の合理的期待が消滅するので，解雇法理を類推適用して雇止めの有効性の判断に至らずに，雇止めを有効とする見解（雇用継続の合理的期待が認められれば，雇止めの判断をする），③不更新条項に労働者が合意することによって直ちに雇用継続の合理的期待が消滅するのではなく，これが減殺され，不更新条項が付加される以前の状況や不更新条項が挿入された際の経緯，挿入後に生じた事情によって雇用継続の期待が認められる場合には，雇止めの効力審査を行うとする見解など，不更新条項を合意の効力問題として捉えるものがある[12]。

---

(10)　篠原信貴「50歳不更新制度に基づく雇止めの有効性」TKCローライブラリー「新判例解説Watch 労働法 No.94」(2017) 2頁。

(11)　北海道大学（契約職員雇止め）事件・札幌高判平26・2・20労判1099号78頁。

(12)　不更新条項をめぐる学説の議論状況については，鈴木・前掲注(3)35頁以下，金井・前掲注(3)7頁以下参照。

〔川田知子〕　　　　　　　　　**14　無期転換ルールに対抗する合意の効力**

　有期労働契約の締結・更新が不更新・更新限度条項への合意を条件としている場合，それを拒絶すれば契約の締結・更新をしてもらえない可能性があるため，労働者は不本意ながら不更新・更新限度条項付きの契約を締結・更新しなければならない。この場合にも，契約期間満了時あるいは更新限度期間や更新回数に達した時に，労働契約は当然に終了することになるのだろうか。

　裁判例の中には，不更新条項付きの契約書に労働者が合意し，期間満了後に雇止めされた事案について，「雇用契約を終了させる旨の合意が成立」しており，これに基づいて契約は終了し，雇用継続の期待は生じていないから，解雇法理を類推適用する余地はないと判断したものがある（近畿コカ・コーラボトリング事件・大阪地判平17・1・13労判893号150頁）。ただし，この判決では，契約を反復して継続勤務してきた労働者が，最後の契約更新に先立ち説明会等での説明を受けるなどして不更新条項の内容について理解・認識した上で，特段の異議なく不更新条項が付された契約書に押印したという事実を認めたうえで，同条項を含む契約の締結が労働者の真意に基づかないとはいえず，そのような状況下では労働者の雇用継続が期待されていたということはできないから，解雇に関する法理を類推適用する余地はないと判断している。また，契約社員に対して不更新条項についての説明会が開催されていること，労働者が契約書に拇印して提出し退職届も出し，その後も異議を述べていないこと等から，雇用契約の継続に対する期待利益は確定的に放棄され，これにより解雇権濫用法理の類推適用が否定され，雇止めを有効と判断したもの（本田技研工業事件・東京地判平24・2・17労経速2140号3頁，同控訴事件・東京高判平24・9・20労経速2162号3頁）がある。このように，裁判所は，不更新・更新限度条項付きの契約に単に署名・押印しただけで合意の有効性を認めているわけではなく，使用者が労働者に対して更新を行わないことについて事前に十分明確に説明していたことや，労働者が特に異議を述べなかったことなども踏まえて，雇用継続の合理的期待の有無を判断しているように思われる。

　労働者が不更新・更新限度条項付きの有期労働契約に署名・押印すれば，形式的には「合意」したことになる。しかし，労働者が形式的に不更新・更新限度条項に合意したとしても，労働者が真に労働契約の終了まで合意したといえるかは疑問である。労働者の真の合意は内心の問題であるため，それを判断することは難しい。

347

第Ⅲ部 雇用・労働政策をめぐる課題

　重要なことは，不更新・更新限度条項は使用者の発意によるものであるという点である。不更新・更新限度条項を設定することは自由であるとはいえ，それは有期契約労働者の雇用の安定を損なうことを意味する。労使は対等ではなく，労使間には情報量や交渉力の格差がある。特に，有期契約労働者は常に雇止めの不安に晒されている。そのため，使用者が不更新・更新限度条項付きの契約を提案した場合，労働者は不更新・更新限度条項に異を述べて契約不更新の危険を冒すか，一度だけ更新して契約関係を終了することに同意するかという，二者択一を迫られることになる。雇用の維持・継続を希望する有期契約労働者は，不本意ながら不更新・更新限度条項付きの有期労働契約に合意せざるを得ない。このような不更新・更新限度条項の本質を踏まえると，労働者の合意の真意性は慎重に判断する必要があるだろう。

　仮に労働者が不更新・更新限度条項に合意したとしても，その合意に反して例外的に更新されたり，更新限度を超えて更新されたりすることがしばしが行われている場合には，労働者の雇用継続の合理的期待が失われるわけではないといえよう。

3　雇用継続の合理的期待

　上記のように，裁判所は，不更新・更新限度条項の合意の真意性を慎重に判断しているように思われるが，労働者の合意が認められると，一切，労働者に雇用継続への合理的期待が発生しないといえるのだろうか。契約締結時から不更新・更新限度条項を明示している場合と，最後の契約更新時に不更新条項が盛り込まれた場合について検討する。

　まず，契約締結時から不更新・更新限度条項を明示的に付している場合である。裁判例は，新規に有期労働契約を締結する際に不更新・更新限度条項が明示されていた場合には，雇用継続への合理的期待は否定され，雇止めも可能であるとする（近畿建設協会（雇止め）事件・京都地判平 18・4・13 労判 917 号 59 頁）。また，契約締結時に雇用期間や更新上限について労働者が使用者から十分な説明を受け，書面等が配布され，就業規則にもその旨の規定が設けられていれば，更新限度を超えて更新されることに対する合理的期待はなかったと判断したものがある（ダイキン工業事件・大阪地判平 24・11・1 労判 1070 号 142 頁）。これに対して，契約時に契約更新期間が 5 年と定められていたにもかかわらず，その

348

〔川田知子〕　　　　　　　　　　**14　無期転換ルールに対抗する合意の効力**

後，使用者から期間満了後も雇用を継続させる旨の言動があったことから，雇用継続中の新たに生じた雇用継続への期待から合理的期待が発生したことを認め，雇止めの効力を否定したものがある（カンタス航空事件・東京地判平成12・3・30労判784号18頁，東京高判平成13・6・27労判810号21頁）。

　また，最後の契約更新時に不更新条項が設けられ雇止めされた事案について，裁判所は，契約更新限度に関する説明が不十分であり，それまでの契約期間・更新回数や業務内容等から更新の期待に合理性があると判断したもの（京都新聞COM事件・京都地判平22・5・18労判1004号160頁）や，雇用継続に合理的期待を有していた労働者が，最後の契約更新時に不更新条項が盛り込まれた契約書に不本意ながら署名・押印したことによって，解雇権濫用法理の類推適用が排除されることにならず，不更新条項を付したことは解雇権濫用法理の類推適用（現在の労契法19条の適用）にあたって評価障害事実（権利濫用という評価を否定する方向に働く1つの要素）にとどまるとして雇止めを認めなかったもの（明石書店事件・東京地決平22・7・30労判1014号83頁）がある。

　通達（平24・8・10基発0810第2号）は，「法第19条第2号の「満了時に」は，雇止めに関する裁判例における判断と同様，「満了時」における合理的期待の有無は，最初の有期労働契約の締結時から雇止めされた有期労働契約の満了時までの間におけるあらゆる事情が総合的に勘案されることを明らかにするために規定したものであること。したがって，いったん，労働者が雇用継続への合理的な期待を抱いていたにもかかわらず，当該有期労働契約の契約期間の満了前に使用者が更新年数や更新回数の上限などを一方的に宣言したとしても，そのことのみをもって直ちに同号の該当性が否定されることにはならないと解される」としている（第5の5⑵ウ）。したがって，雇用継続の合理的期待は，期間満了時にその有無が判断されるものであり，またそれは，最初の有期労働契約の締結時から雇止めされた有期労働契約の満了時までの間におけるあらゆる事情が総合的に勘案される。そのため，契約締結時の不更新・更新限度条項が存在するとしても，その後の契約の履行過程において雇用継続の合理的期待はまったく発生しないとはいえず，不更新・更新限度条項は契約期間満了時に契約更新の合理的期待を判断する際の一要素となるにすぎないといえる[13]。

---

(13)　池田・前掲注⑶81頁，金井・前掲注⑶6頁。

第Ⅲ部 雇用・労働政策をめぐる課題

4 無期転換を回避する不更新・更新限度条項

不更新・更新限度条項の本質的問題は，それが使用者の発意によるものであり，不行使・更新限度条項への労働者の合意によって，本来であれば雇止めができないケースであるにもかかわらず，使用者は労契法19条の雇止めの客観的合理性・社会的相当性の審査を免れうる点にある。

そのため，不更新条項に対する労働者の合意があっても雇用継続の合理的期待は消滅せず，これを雇止めの有効性の問題として捉え，客観的合理的理由・社会的相当性の判断における考慮事情として取り扱うべきとする見解が主張されている。無期転換を回避する不更新・更新限度条項も，結局は労契法19条の雇止めの客観的合理性・社会的相当性の審査を免れ，有効に雇止めを行おうとするものである。このような不更新・更新限度条項の本質を踏まえると，労働者の合意が存在する場合でも，労契法19条の雇止めの客観的合理性・社会的相当性の審査が必要である。

また，不更新・更新限度条項は労働者の雇用の安定を損なうものであるため，雇用の維持・継続を希望する労働者は，不本意ながら不更新・更新限度条項付きの有期労働契約に合意せざるを得ない。筆者は，不更新・更新限度条項が，無期転換申込権の発生を回避するものとして機能する場合には，強行規定である労契法18条の潜脱を図るもので公序良俗に反し無効になると考える。労契法18条の無期転換ルールは，有期労働契約を反復更新して労働者を長期間継続雇用するという有期労働契約の濫用を防ぎ，有期契約労働者の雇用の安定を図ることを目的とするものである。無期転換ルールは形成権であり，契約締結強制という性格を有するものであるため，それを望まない使用者は，不更新・更新限度条項によって無期転換を回避しようとする。「通算契約期間は5年を超えないものとする」あるいは「1年の有期雇用契約の更新は最大4年までとする」など，露骨な無期転換逃れは，労契法18条の趣旨を没却するものと言わざるをえない。

もっとも，無期転換を回避する目的を有しているか否かの判断は困難である。そのため，不更新・更新限度条項自体の合理性審査が必要である。使用者がどのような目的で不更新条項を設定したのか，そもそも不更新条項を付す必要が本当にあったのか等について慎重に検討しなければならない[14]。具体的には，

___

(14) 金井・前掲注(3)17頁。

①有期労働契約の不更新・更新限度条項を設けた経緯・趣旨，②かかる規定の使用者による労働組合や労働者への説明の有無と内容，③業務の一回性・臨時性の有無（恒常的ないし長期の業務か，あるいは短期の業務か），④更新上限の限度（何年を上限としたか）等の要素を考慮して，労契法18条の潜脱・脱法を判断する必要があるだろう[15]。

Ⅳ　お わ り に

　不更新・更新限度条項の本質的問題は，それが使用者の発意によるものであること，有期契約労働者は雇止めの不安からそれに応じざるを得ない立場にあること，不行使・更新限度条項への労働者の合意によって，本来であれば雇止めができないケースであるにもかかわらず，使用者は労契法19条の雇止めの客観的合理性・社会的相当性の審査を免れうることにある。

　無期転換申込権は形成権である。有期労働契約の通算期間が5年を超え，労働者から申込みの意思表示があれば，使用者がそれを望んでいなくても，有期労働契約を無期労働契約に転換させるものである。しかし，無期転換申込権の発生を回避しようとする使用者が不更新・更新限度条項付きの契約を提案し，有期契約労働者がそれに合意すれば，雇用継続への合理的期待を消滅させ，雇止めを有効に行うことができる。これでは労契法18条の無期転換ルールは画餅になってしまう。

　無期転換ルールの目的は，有期労働契約を反復更新して労働者を長期間継続雇用するという有期労働契約の濫用的利用を防ぎ，有期契約労働者の雇用の安定を図ることにある。無期転換ルールは，有期契約労働者の雇用の安定という労働権（憲法27条）の規範的要請に応えるために導入された，広義の雇用強制制度であると筆者は考える。ただし，雇用強制といっても無期労働契約を新たに成立させるものではない。無期転換ルールは，使用者と労働者との間に5年もの継続的法律関係があり，そのような継続的関係を切断することなく，期間の定めを変更して，有期から無期への円滑な移行と雇用の継続を確保する手段として設けられた制度である[16]。無期転換ルールを画餅に終わらせないためにも，制度の趣旨や目的に適った運用と解釈が求められる。

---

(15)　高橋・前掲注(3)66頁。
(16)　拙稿・前掲注(2)269頁以下。

15 日本の非典型雇用政策はいかにあるべきか

高 橋 賢 司

I 問 題 意 識　　　　　　　　連性があるのか
II 日本の有期雇用法制　　　IV 有期労働法制の政策的課題
III 有期労働法制は失業率と関　V 結びに代えて

I 問 題 意 識

　かつて OECD の調査において労働法上の保護の水準が雇用にマイナスの影響があると指摘された[1]。解雇法制や有期労働法制が厳格であればあるほど，雇用を守るのでなく，かえって，雇用を喪失させ，そして，失業率が高くなるというものである。かつて，労働法が労働者を擁護・保護し，雇用を守るというのとは反対の論理構造をなしている。日本でも，OECD の議論が波及したため，有期労働法制を厳格にし，とりわけ，有期労働契約の締結にあたって，入口規制，正当事由を設けるのは，望ましくないと主張される。例えば，荒木教授は，有期労働契約の利用を原則的に禁止し，無期雇用で雇用すべきとの立場を採った場合の雇用政策上の効果を配慮し，「その雇用に際して原則無期契約によるべきことを使用者に要求しても，雇用のハードルを高くするだけで雇用創出効果は望めない」と説く[2]。

　しかし，解雇法制が厳格であればあるほど，雇用を喪失させ，その結果，失業率が高くなるという点も，実証されたものではなかった。反対に，解雇法制は，労働契約の存続を保護し，使用者による一方的な解約から保護する法制であるが，その副次的な効果として失業を防止している。有期労働法制も，雇止

---

(1)　OECD, employment outlook 1999.
(2)　荒木尚志「有期労働契約規制の立法政策」菅野古稀 163 頁，180 頁。

『現代雇用社会における自由と平等』山田省三先生古稀記念〔信山社，2019 年 3 月〕　*353*

第Ⅲ部 雇用・労働政策をめぐる課題

め法理は，労働契約の存続を保護し，そして，労働契約の終了を阻止する効果を持つ。入口規制を含めて，有期労働法制の保護水準の高さが，本当に失業率を高めているのだろうか。こうした効果が十分示されないのに，有期労働法制の厳格化，とりわけ入口規制に反対するとすれば，実証なき主張となってしまう。

これに対して，入口規制の必要性を説く見解も以前から存在する[3]。しかし，こうした重要な指摘にもかかわらず，失業率と入口規制の関連性が未解明のまま，政府は入口規制に踏み込めていない。入口規制のかかる欠陥の不存在を説かない限り，万人を説得することはできない。例えば，根本教授は，有期雇用の割合が高いわが国では，その「総数の削減のため」，入口規制の必要性を説くが[4]，失業率と入口規制の関連性が未解明のままである。日本において，有期労働契約の締結にあたって，正当事由を設けることが必要であると説かれながら，ドイツやフランスと異なり，政策上有期労働契約の締結にあたって正当事由を要求できないのは[5]，上のような配慮による。

つまり，問題の核心は，入口規制を含めて，有期労働法制の保護水準の高さが，真に失業率を高めるかにある。これが明らかにされることなく，この論争が終結することはないし，また，入口規制が必要であるとの主張も，入口規制に反対する人を納得させるだけの説得力ももたない。

本稿では，こうした問題意識から，入口規制を含めて，有期労働法制の保護水準の高さが失業率を高めるのか，という政策的効果を解明しようと試みる。有期労働法制の保護水準の高さと失業率との関連性の有無が明らかになれば，日本の有期労働法制の入口規制を含めて厳格化を抑えようとする「足かせ」はなくなる。そこで，本稿では，OECD の employment outlook を用いて，この政策的な効果を検証する。さらに，OECD の一国であり，フランスとともに，日本の労働政策上重視される，ドイツの有期労働法制の効果も，探究する。ド

---

(3) 中山和久・籾井常喜・西谷敏・毛塚勝利「戦後労働法学の五〇年を問う④」労旬1357号（1995）6頁，22頁（毛塚教授，西谷教授発言），根本到「有期雇用をめぐる法的課題」労旬1735号（2011）7頁，川田知子「有期労働法制の新動向」季労237号（2016）2頁（13頁）。

(4) 根本・前掲注（3）9頁。

(5) イギリスでは，事前の規制を行っていないとする指摘に，山田省三「イギリスにおける有期労雇用契約をめぐる法理」新報119号5・6号（2013）587頁，615頁。

〔高橋賢司〕　　　　　　　　　　　*15* 日本の非典型雇用政策はいかにあるべきか

イツは，有期労働契約の締結にあたって，正当化事由を要求する政策を採り続けてきたが，2000 年に正当化事由を不要とする規定を導入した。正当化事由を不要とする規制の導入という，この規制緩和が失業率の低下にポジティブな影響があれば，有期労働契約の入口規制が雇用にマイナスであることになる。これらの政策的効果を検証する。

　その上，本稿では，雇用の質を確保するためには，いかなる措置が必要なのかを考究する。不安定雇用といわれる，わが国における非正規雇用の改善のため，何が必要なのかを明らかにしたいと考えている。

II　日本の有期雇用法制

1　日本の有期雇用法制の概観

　日本法では，①入口規制（締結事由規制），②更新回数や利用可能期間等に関して規制がとられていない。ヨーロッパ型ではなく，アメリカ型の規制をとっているといわれる[6]。

　労基法が制定された当時は，期間の定めのある労働契約に関する期間制限は，1 年に限られていた。これは，身分的な拘束関係が強いと理解されていたからである。

　これに対し，平成 15 年の労基法改正により，契約期間は，原則として，3 年までと延長された。例外として，①厚生労働大臣の定める基準に該当する専門的知識等を有する労働者，②満 60 歳以上の労働者と締結する労働者については，5 年とされた（労基法 14 条 1 項）このうち，①については，博士の学位を有する者，公認会計士・医師・弁護士・税理士などが指定されている（平成 15.10.22 厚労告 354 号）。

　平成 24 年に改正された労働契約法は，有期労働契約が 5 年を超えて反復更新された場合は，有期契約労働者の申込みにより期間の定めのない労働契約に転換させる仕組み（以下「無期転換申込権」という）を設けている。例えば，パート社員，契約社員，場合によっては，派遣労働者は，使用者と期間の定めのある（つまり，有期の）労働契約を締結する。半年や一年などの有期契約が，連続して更新されることがあるが，その期間が通算 5 年を超えて，かつ，労働

---

(6)　荒木・前掲注(2)170 頁。

第Ⅲ部 雇用・労働政策をめぐる課題

者が無期の労働契約の申込みをすると，使用者が申込みを承諾したものとみなされる。これにより，期間の定めのない（つまり，無期の）労働契約がその時点で成立する，というものである。無期転換申込権の創設により，有期労働法制は，理論上も実務上も，「ルビコン河を渡ったことを意味する[7]」と評される。

労働契約法の特例として，改正研究開発力強化法が公布され，科学技術（人文科学を含む）研究者・技術者（研究補助を含む），科学技術研究支援専門業務従事者等については，無期転換申込権発生までの期間（原則）5年を10年とする特例が設けられた。さらに，任期法の改正により，大学等の教員等については，無期転換申込権発生までの期間（原則）5年を10年とする特例が設けられた。

2　労働者派遣法の概要

戦前，労働者供給事業者から労働者の供給を受け，労働者に就職をあっせんするにあたっては，賃金の一部を「中間搾取」（ピンハネ）する例も見られた。また，労働ボスによる労働者に対する封建的支配もあった。

戦後，1947年に，民主化の一環として，職業安定法を制定し，業としての労働者供給事業を禁止した。立法の趣旨としては，「職業関係における封建制を打破することに努め」，「基本的人権の尊重」，特に，「職業選択の自由の尊重」を掲げた（第一類第八号　衆議院労働委員会会議録第八号　昭和二十二年一〇月三〇日）。こうした趣旨によって，業としての労働者供給事業を職業安定法44条は禁止した。但し，同法施行規則第4条における要件（当時）を備え「請負」といえれば，かかる禁止に触れないとした。

これにより，事業場内下請の形式で，直接雇用でない労働者が企業に多数受け入れられることになった。「建物の保守管理，保安，清掃，エレベーターの運行，あるいは情報基礎操作，ソフトウエア開発」等の独立した業務処理を請負うものから，「タイプ，経理事務，秘書」等独立した業務とはいえないものまであり，派遣先の事業所で業務を処理させるという共通点があった[8]。

しかし，違法な労働者供給事業もみられるようになり，また，労働者供給事業の場合，法的な責任の所在が不明確になりがちであったといわれる。

(7)　野田進「有期・派遣労働契約の成立論的考察」菅野古稀191頁，219頁。
(8)　高梨昌『労働者派遣法〔第三版〕』（総合労働研究所，2007）130頁。

〔高橋賢司〕　　　　　　***15*** 日本の非典型雇用政策はいかにあるべきか

　そこで，労働力需給システムの一つとして位置づけ，労働者保護の観点から必要な規制をしつつ，制度化するという意図から，労働者派遣法を制定した[9]。

　現在でも，他企業の労働者の労働力を利用する形態には，労働者派遣，業務請負，出向が可能となっている。

　労働者派遣とは，「自己の雇用する労働者を，当該雇用関係の下に，かつ，他人の指揮命令を受けて，当該他人のために労働に従事させることをいい，当該他人に対し当該労働者を当該他人に雇用させることを約してするものを含まない」ものをいう（労働者派遣法2条1号）。

　①「自己の雇用する労働者を，当該雇用関係の下に」労働させるものであるから，まず労働者供給とは区別される。②「他人の指揮命令を受けて，当該他人のために労働に従事させる」ものではないとして，請負は労働者派遣事業に該当しない[10]。

　③「当該他人に対し当該労働者を当該他人に雇用させることを約してするものを含まない」から出向とは区別される。

　1985年の労働者派遣法制定当初は，労働者派遣の対象業務を，専門職業務13業務（ソフトウエア開発等）と（施行後直ちに追加された）特別の雇用管理を必要とする3業務（機械設計等）の合わせて16業務に限定された。1号業務（コンピューターによるシステム設計等）については派遣期間が1年，2ないし10号業務については派遣期間が9ヶ月と制限された（告示38号）。

　1999年改正により，これらの対象業務は原則自由化された。例外的に禁止される業務のみを列挙する方式（いわゆるネガティブリスト方式）に転換した。一般業務に関わる派遣が「臨時的，一時的な労働力の需給に関する対策」と位置付けられる上に，常用代替となることを防止する観点から，「同一の業務について」は派遣可能期間が1年と改められた[11]。

　2003年改正により，1999年改正で自由化された派遣（専門業務型26業務以外の1年短期のテンポラリーワーク型派遣）について，派遣先における過半数労

---

(9)　高梨・前掲注(8)134頁。

(10)　請負と労働者派遣の区別については，昭和61年4月17日労告第37号「労働者派遣事業と請負により行われる事業との区分に関する基準」参照。

(11)　政令26業務，産休を取得する労働者の代替等については適用除外とされた（40条の2）。26条1項4号は存続しており，厚労省は通達によって，政令26業務等についても建築物の清掃，テレマーケティング営業等を除き，契約期間は3年と定めている。

第Ⅲ部 雇用・労働政策をめぐる課題

働組合または過半数代表者からの意見聴取を条件に最長3年までの期間を定め
うるとした。この期間を定めないときは，1年を限度となる。いわゆる専門26
業務については，3年とする行政指導がおこなわれていたが，2004年2月以来，
派遣可能期間の制限のない業務とされた。これについては，派遣の継続化の容
認を意味し，労働者派遣は一時的臨時的労働需要のためのものという法の趣旨
に乖離するものであるとの批判があった[12]。

　その上，平成27年改正では，派遣期間に関する法規定が再び改められる。
まず，①専門26業務という区分及び業務単位での期間制限を撤廃した。また，
②派遣先は，一定の例外を除き，同一の事業所において3年を超えて継続して
派遣の提供を受け入れてはならないものとするとしながら，派遣先が，派遣労
働者の受入開始から3年を経過するときまでに，当該事業所における過半数労
働組合（過半数労働組合がない場合には民主的な手続により選出された過半数代表
者）から意見を聴取した場合には，さらに3年間別の派遣労働者の受入れがで
きるものとする。その後さらに3年が経過したときも改正法は同様とする。そ
の上，③例外を除き，派遣先の同一の組織単位における同一の派遣労働者の継
続した受入は3年を上限とする。但し，派遣労働者を組織単位を変更して異動
した場合には，同一の派遣労働者のさらなる受入れが可能になる。この結果，
異なる組織単位（「課」を想定）を異動すれば，続けて同じ企業への派遣が可能
となってしまう。④（③の原則の例外として）1．無期雇用の派遣労働者，2．
60歳以上の高齢者，3．現行制度で期間制限の例外となっている日数限定業務，
有期プロジェクト業務，育児介護休業の代替要員等の業務への派遣の3つの場
合については，派遣可能期間が撤廃される。これらは，無期限に派遣の提供を
受けることができるため，派遣期間の撤廃につながるとの批判が根強い[13]。

---

(12)　萬井隆令「派遣期間の制限と直接雇用申込義務」和田肇・脇田滋・矢野昌浩編『労
　　働者派遣と法』（日本評論社，2013）112頁，115頁。

(13)　棗一郎「再び労働者派遣法の規制緩和は許されない」労旬1805号（2013）20頁，
　　22頁，沼田雅之「『今後の労働者派遣制度の在り方に関する研究会』報告書の評価と課
　　題」労旬1805号（2013）6頁（9頁），西谷敏・五十嵐仁・和田肇・田端博邦・野田進・
　　萬井隆令・脇田滋・深谷信夫『日本の雇用が危ない』（旬報社，2014）所収の各論文，
　　特に西谷敏「全面的な規制緩和攻勢と労働法の危機」17頁，31頁，萬井隆令「労働法
　　理への叛旗」前掲書131頁以下，脇田滋「『ブラック企業型労使関係』ではなく働く者
　　にやさしい労働政策を」前掲書143頁（147頁）。新谷信幸「労働者派遣法改正に向け
　　て」労旬1805号（2013）14頁。

3 有期労働法制の議論

荒木教授は,「日本の労働市場は正規従業員については,量的柔軟性を制限する代わりに,労働条件調整を柔軟に行うという質的（内的）柔軟性によって補完するという内部市場型 flexicurity を採用してきたといえるが,このシステムは,有期契約を自由に利用することにより量的柔軟性を補完することが可能であったこととセットで成り立ってきた[14]」と述べておられる。有期労働契約を利用すること自体,日本における産業の空洞化を招くであろうと説かれる[15]。

続けて,荒木教授は,「有期契約利用を原則禁止し,雇用する以上は無期雇用で雇用すべきとの立場を採った場合の雇用政策上の効果である。雇用の場を求めている無業・失業状態にある者を雇用に結びつけることが喫緊の課題であるが,その雇用に際して原則無期契約によるべきことを使用者に要求しても,雇用のハードルを高くするだけで雇用創出効果は望めない。むしろ,無業・失業状態から雇用への入口は敷居を低くし,有期契約を積極的に利用させ,有期契約で雇用されている間に,本人の職業能力を発展させて,不安定雇用から安定雇用へと誘導することが政策的には望ましい[16]」と述べている。

但し,荒木教授は,無期転換申込権については,交渉力に格差のある労働者を5年以上も使用し続けるのは,もはや有期労働契約が濫用的に利用したものと評価している[17]。有期労働契約の利用期間を5年という比較的長い期間を立法上設定された。荒木教授は,「無期化のハードルを低くして,有期から無期への転換を誘導しようとした[18]」と理解している。「5年にわたり雇用可能であった労働者であれば,無期化しても問題なく雇い続けることができるとの判断が十分に可能であろう[19]」と指摘なさる。また,上述の通り,「有期契約を積極的に利用させ,有期契約で雇用されている間に,本人の職業能力を発展させて,不安定雇用から安定雇用へと誘導することが政策的には望ましいと考

---

(14) 荒木・前掲注(2)180頁。
(15) 荒木・前掲注(2)180頁。
(16) 荒木・労働法 489頁。
(17) 荒木・前掲注(2)174頁。
(18) 荒木・前掲注(2)175頁。
(19) 荒木・前掲注(2)175頁。

第Ⅲ部 雇用・労働政策をめぐる課題

えられる[20]」とする。

さらに，大内教授は，「無期労働契約が原則であり，有期労働契約は例外にすぎない（無期雇用原則主義），あるいは，有期労働契約の利用を解雇規制（労契法16条）の潜脱であるとみており，そうした観点から入口規制が必要であると主張する」論者を「禁圧型の規制を求める論者[21]」と位置づける。その上で，無期転換申込権による「有期労働契約の『踏み石』効果（安定雇用への移行の基礎となる効果）に着目すべきである」とし，「禁圧型の規制を求める論者とは異なり，『踏み石』効果が十分に発揮されれば，望ましい契約形態になりうる可能性がある[22]」と説く。両者の見解とも，有期労働契約の客観的理由（入口規制）の導入には慎重であるところに特徴がある。日本の有期雇用法制では，無期転換申込権による「踏み石効果」を期待するにとどまり，客観的理由（入口規制）までは要求していない。

現在，期間の定めのある労働契約を結ぶ労働者は増加している。アルバイト（ニート・フリーターを含む），契約社員，パートタイマー，派遣社員（の一部）は，全体で次の表のとおり，37.3％程度（平成29年度）である。

---

(20)　荒木・前掲注(2)180頁。
(21)　大内伸哉編『有期労働契約の法理と政策』（弘文堂・2014）299頁以下（第四章「考察」大内執筆部分）。
(22)　大内・前掲注(21)300頁。
(23)　http://www.mhlw.go.jp/file/06-Seisakujouhou-11650000-Shokugyouanteikyokuha kenyukiroudoutaisakubu/0000120286.pdf

〔高橋賢司〕　15　日本の非典型雇用政策はいかにあるべきか

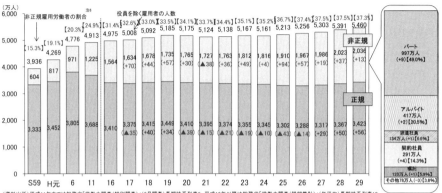

厚生労働省「正規雇用と非正規雇用労働者の推移」[23]

　「就業形態の多様化に関する総合実態調査」（平成26年度）によると，正社員以外の労働者がいる事業所について，正社員以外の労働者を活用する理由（複数回答）をみると，「賃金の節約のため」とする事業所割合が38.6％と最も高く，次いで「1日，週の中の仕事の繁閑に対応するため」が32.9％，「即戦力・能力のある人材を確保するため」が30.7％などとなっている。デフレが本格化した1999年からで，2004年の賃金コストの低下率は12.9％とされる[24]。これによれば，「その間，日本経済全体の賃金コスト（投入労働時間当たり雇用者報酬／投入労働時間当たり実質GDP，国民経済計算）は94年から04年の間，13.6％低下している」。

　現在，日本経済においては，GDPの増加が伸び悩んでいるにもかかわらず，就業者が増加している。この結果，「実質GDP÷就業者数」で算出される労働生産性（≒1人当たりGDP）が大きく低下しており，「GDPへの貢献が小さい就業者が増えた」が，その原因は，労働時間の減少と非正規雇用労働者の増加にあるとみられている[25]。

---

(24)　太田清「非正規雇用と労働所得格差」労研557号（2006）41頁，46頁。
(25)　唐鎌大輔「完全雇用なのにGDPが伸びないのはなぜ？」東洋経済ONLINE（2016

361

第Ⅲ部 雇用・労働政策をめぐる課題

　非正規雇用や派遣労働者は，働きながら貧困にある，いわゆるワーキング・
プアとなりやすい。同時に，若者が非正規雇用に入りやすいため，これらの問
題は若者の雇用のあり方の問題でもある。若者が社会的に排除されているとい
えるが，日本の雇用社会における社会的排除の特色は，「正社員社会からの排
除」である。そこで，これらの者の社会的包摂が必要である[26]。

　まず，非正規雇用者を失業者に陥れないためには，雇止めや解雇を制約する
法理・法規制が重要となる。雇用の質を確保する労働法制が構築される必要が
あるのである。不安定な雇用のあり方について，次のⅢ，Ⅳ以降で考察する。

Ⅲ　有期労働法制は失業率と関連性があるのか

1　規制の厳格さと失業率の関連性〜OECD の調査を再検証する

　有期労働法制の厳しいとされている国では，本当に失業率は高いのであろう
か。失業率は，OECD の労働力統計（Labour Force Statistics）2000 を用いて，
1999 年時点の率を示す[27]。有期雇用の法制の強さを「保護規制の雇用のスト
レス・インディケーター」と呼ばれる数値で表している。

　まず，日本は，有期労働法制の程度は，中程度（2.1），パートタイマーの割
合が 24.1%，失業率が 4.7% とされている。

　有期労働法制の緩いとされるオランダ（1.2），アイルランド（0.3），オース
トリア（1.8），イギリス（0.3）である。

　フランス（3.6），イタリア（3.8），スペイン（3.5），ギリシャ（4.8）の有期
労働法制は厳格とされている。

　これに対して，北ヨーロッパの国々は，有期労働法制が緩いとされており，
デンマーク（0.9），フィンランド（1.9），スウェーデン（1.6）とされている。

　年 01 月 07 日）http://toyokeizai.net/articles/-/99266

(26)　高橋賢司「労働法学における新たな法思想『社会的包摂』の可能性」角田古稀(上)
　　（信山社，2011）25 頁以下，有田謙司「『就労価値』論の意義と課題」労働 124 号（2014）
　　111 頁，117 頁。

(27)　OECD, Labour Force Statistics, 2000. OECD の outlook は現在のものではなく，
　　1999 年の OECD の outlook を用いる。有期労働法制の厳格さと失業率の関連性を示し
　　わが国でなお引用されるので，これを検証するのがふさわしいと考える。有期労働法制
　　の厳格さと失業率の関連性を考察した OECD の outlook を検証するため，OECD が考
　　慮した当時の失業率をあえて示す。現在の失業率は脚注において示す。

〔高橋賢司〕　　　　　　　***15*** 日本の非典型雇用政策はいかにあるべきか

　有期労働法制が中程度に厳しいのは，ドイツ（2.3），ノルウェイ（2.8），ベルギー（2.8），ポルトガル（3.0）と理解している（なお，日本では，ドイツの有期労働法制は，厳しいといわれるが，OECDではさほど厳格であるとは思われていないようである）。

　では，有期労働法制の厳格さと失業率との関連性はあるのであろうか。

　フランスの失業率は11.3％，スペインの失業率は15.9％，イタリアの失業率が11.5％となっている（ギリシャ：失業率が未記載）[28]。有期労働法制の強さと失業率の高さは関連性があるように思える。しかし，鮮やかに説明できたのは，ここまでである。

　規制が中程度に厳しいと指摘されるドイツも，当時，失業率8.7％であり，ほかに，ベルギーの失業率が11.7％，ポルトガルの失業率が4.7％である。ノルウェイの失業率が3.2％，ポルトガルの失業率が4.7％である[29]。興味深いのは，これらのグループにおける国々のその後の発展である。同じOECDの労働力統計で，2015年の失業率は，ノルウェイ4.4％，ポルトガル12.5％，アイルランド9.8％，ドイツ4.6％である。失業率の高さはまちまちである。この間，ドイツの失業率は下がっている。

　さらに，この時点で，規制が緩いとされているはずのスウェーデンの失業率が7.1％，アイルランドの失業率が5.8％，デンマークの失業率が5.6％，フィンランドの失業率が10.2％である[30]。規制が緩いとされているはずの国々での失業率は低くなければならないはずであるが，これらの国々での失業率は高い。

　これらの国々の失業率に注目すると，規制の緩さと失業率の低さが関連性があるとはいえない。つまり，有期労働法制が緩い規制をとっていれば，失業率が低く保てるということではないと思われる。

　失業率は，有期労働法制との関連だけではなく，経済成長率，物価，賃金額などとの別の要素との関連性もあるはずである。失業の原因には，さまざまな

---

(28)　2015年の失業率は，スペイン7.7％，イタリア12％，フランス未記載（2014年：9.7％），ギリシャ24.6％である（OECD, Labour Force Statistics, 2016）。

(29)　OECD, Labour Force Statistics, 2016.

(30)　スウェーデンでは，4.2％，アイルランドは，9.8％，デンマーク6.2％，フィンランド未記載（2014年：9.7％）である（OECD, Labour Force Statistics, 2016）。

363

第Ⅲ部 雇用・労働政策をめぐる課題

理由がありうる。マクロ経済学の教科書では，賃金の下方硬直性，フィリップ曲線による説明，自然失業率仮説，貨幣錯覚，実物景気循環理論という理論的な説明のほか，景気循環による総需要の変動，摩擦失業や構造的失業も示唆されている[31]。90年代からの日本の不況には総需要の低下が指摘されている[32]。これら労働市場の需要の変動に対して，労働法の有期労働規制が役立つとは思いがたい。

2　ドイツ法における有期雇用法制の展開[33]

　ドイツは，上のように，OECD の outlook（1999）では，規制の強さは中程度とされているが，これが失業率に影響を与えているのであろうか。これを検証する前提として，ドイツの有期労働法制を俯瞰する。

　ドイツ法では，期間の定めのある労働契約が解雇の通知なく終了すれば，これに対して解雇制限の規定は適用がないとされていた。しかし，判例は，これに制限を加えていく。1960年10月12日の連邦労働裁判所の大法廷決定は，有期労働契約の締結には客観的な理由を要すると判断した[34]。

　その後，判例の影響もあり，客観的理由を一定の要件の下で不要とする法律を制定した。有期雇用に関する規制の緩和である。

　1985年4月26日の就業促進法では，一回限りの期間の定めのある労働契約は，18か月まで客観的理由の存在を要することなく，許容された[35]。

　その後も，ドイツの有期雇用法制は，雇用政策として，規制緩和の道をたどる。

---

(31)　福田慎一・照山博司『マクロ経済学入門（第5版）』（有斐閣，2016）292頁以下。

(32)　福田・照山・前掲注(31)326頁。

(33)　ドイツの有期労働契約規制に関する邦語文献としては，藤原稔弘「ドイツにおける有期労働契約の法理」新報101巻9-10号（1995）357頁，石崎由希子「ドイツにおける有期労働契約規制」労働問題リサーチセンター編「非正規雇用問題に関する労働法政策の方向」（2010）176頁，橋本陽子「ドイツ」労働政策研究・研修機構「ドイツ，フランスの有期労働契約法制調査研究報告」（2004）11頁以下，根本到「ドイツ有期労働契約法制について」季刊労働者の権利288号（2011）47頁，水町勇一郎『パートタイム労働の法律政策』（有斐閣，1997）106頁以下，本庄淳志「ドイツ」大内伸哉編『有期労働契約の法理と政策』（弘文堂，2014）126頁以下，川田知子「ドイツにおけるパートタイム労働並びに有期労働契約をめぐる新動向」中央学院15巻1・2号（2002）161頁。

(34)　BAG Beschluß vom 12.10.1960, AP Nr. 16 zu BGB § 620 Befristeter Arbeitsvertrag.

(35)　BGBl. I. S. 710.

〔高橋賢司〕　　　**15**　日本の非典型雇用政策はいかにあるべきか

　1996年9月25日の「成長と雇用のための労働法」（就労促進法の改正）は,
客観的理由を必要としない期間を18か月から2年まで延長する[36]。

　さらに，2000年12月21日のパートタイム労働と期間の定めのある労働契
約に関する法律（いわゆるパートタイム労働と期間設定法）[37]によれば，期間の
定めのない労働契約は，客観的理由を必要とせず，2年・更新回数3回まで許
容する。

　さらに，1996年9月25日の上記の法改正では，客観的な理由を必要とする
ことなく，60歳になった労働者と使用者との間の期間の定めのある労働契約
を締結することができると規定されていた（当時の就労促進法1条2項）。上述
の2000年のパートタイム労働・期間設定法において，58歳以上の者との労働
契約を締結する場合に，パートタイム労働・期間設定法14条1項でいう客観
的な理由が不要とされた。

　その上，2002年12月23日の現代の労働市場での雇用提供のための第一法
（いわゆるハルツ改革の一つ）により，客観的な理由が不要とされる年齢が，上
記の58歳から52歳に改められた（同法旧14条3項）[38]。この規定は改められ,
2007年4月19日の改正[39]を経て，2011年12月27日のパートタイム労働・
期間設定法改正法[40]は，要件が加重されている。

　また，2003年12月24日の「労働市場改革法」により，起業の後最初の4
年は，労働契約の期間設定が，客観的な理由がなくても，許容されるように
なった（パートタイム労働・期間設定法14条2a条）[41]

3　ドイツの有期労働法制と失業率の関連性
　ドイツでは，有期労働契約を締結するために，このように，客観的理由が必

---

(36)　5 BGBl. I S.1476.　就労促進法は，改正され，次のように定められる。
　　「⑴　労働契約の期間は，2年までの期間までは適法である。2年の全体の期間までは,
　最長3回までの期間の定めのある労働契約の延長は，適法である。
　　⑵　期間の定めのある労働関係の開始にあたって，労働者が，60歳に達した場合には,
　1項に列挙された制限なく，労働契約の期間設定は，適法である」と定められる（1条）。
(37)　BGBl. I S.1966.
(38)　BGBl. I S.4607.
(39)　BGBl. I S.538.
(40)　BGBl. I S.2854.
(41)　BGBl. I S.3002.

第Ⅲ部 雇用・労働政策をめぐる課題

要とする法制度の改正を続けたうえ，2000年法でついに客観的理由を不要と
した期間雇用の制度をも導入したのは，失業率を引き下げるための雇用政策で
ある。この雇用政策の効果が実証されたかどうかは，客観的理由を要しないと
する有期労働も可能にする法制へ変更された結果，失業率が下降したかどうか
によって，確かめられるはずである。

　ゲーベル／ギーゼック両氏は，期間の定めのある雇用に関する法的な規制が
緩和されたのを背景に，期間の定めのある雇用のタイプへの需要が落ち，これ
によって，外部へのフレキシビリティへの需要が減少したと分析している[42]。
これに対して，ケラー／ザイフェルト両氏は，非典型雇用により期間の定めの
ない雇用を押しのけまたはこれに代替するかという問題は，一般的には解答で
きないと述べる[43]。生産性，労働コスト，経済全体への影響が，考察から除
外されているとする[44]。

　さらに，ホーヘンダナー／バルバイも，非典型雇用が，雇用と労働市場に影
響を与えているのかについては，明確な結果がみられないと述べている[45]。

　また，期間の定めのない雇用の代わりに，期間の定めのある労働契約で雇用
される可能性が，一定のグループで増大したと指摘する[46]。特に，若い労働
者に妥当するとする。16歳から25歳までの期間の定めの労働契約が，他と比
べて2倍であるとする[47]。さらに，中・低程度の教育水準の者は，期間雇用
となる可能性が高い[48]。

　期間の定めのある労働契約の規制緩和（2000年）を行った後の2002年のハ
ルツ改革が，失業率低下，経済的な繁栄の原因であると指摘される[49]。

---

(42)　Gebel/ Giesecke, Labour market flexibility and inequality: the changing risk
　　patterns of temporary employment in West Germany, ZAF, 2009, S. 234, 249.
(43)　Keller/ Seifert, Atypische Beschäftigung zwischen Prekarität und Normalität,
　　Berlin, 2013, S.76.
(44)　Keller/ Seifert, a.a.O., S. 76.
(45)　Hohendanner/Walwei, Arbeitsmarktteffekt atypischer Beschäftigung, WSI-
　　Mitteilung 4/2013, S.239(245).
(46)　Gebel/ Giesecke, a.a.O., S. 249.
(47)　Gebel/ Giesecke, a.a.O., S. 249.
(48)　Gebel/ Giesecke, a.a.O., S. 249.
(49)　Tirole, Frankfurter Allgemeine Zeitung, 16.10.2014; Klinger,Rothe u.Weber, Die
　　Vorteile überwiegen, IAB-Kurzbericht 11/2013, S.1,4.

これに対して，経済成長により，失業率が低下したとも分析し，ハルツ改革の成果だとする上の見解に疑問を呈する見解もある[50]。労働への需要が増え，解雇が減少したというものである。GDP の成長率が，連邦統計庁（Bruttoinlandsprodukt 2017 für Deutschland）によると，3.7％（2006 年），3.3％（2007 年），リーマンショック（1.1％（2008 年），−5.6％（2009 年））を経て，4.1％（2010 年），3.7％（2011 年）となっている。連邦雇用庁によると，10.8％（2006 年）あった失業率が，9％（2007 年），7.8％（2008 年），8.1％（2009 年），7.7％（2010 年），7.1％（2011 年）にまで下がっている（Bundesagentur für Arbeit, Arbeitslosigkeit im Zeitverlauf(2016)＊）。このほか，就業確保のための労働協約，旧東独の高齢労働者（技術水準が西側の水準ではない）の引退も，失業率低下に資する面がある。

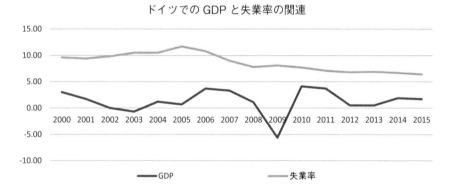

ドイツでの GDP と失業率の関連

失業率を低下させる要因には，ハルツ法の影響，経済成長の影響の指摘が一番多く指摘されている。これに対して，有期労働政策の影響とする見解はわずかである[51]。2002 年・03 年，リーマン・ショック時の 2009 年を除いて，GDP は成長しているのがわかる。経済成長が続くなか，この間の失業率は低

---

(50) Adamy, Soziale Sicherheit, 2/ 2012, S. 85(88); Knuth, Rosige Zeiten am Arbeitsmarkt? WISO Diskurs, Juli 2014, S. 65,67.
＊ すべての稼得者に関連した失業率（Arbeitslosenquote bezogen auf alle zivilen Erwerbspersonen）
(51) Hohendanner/ Walwei, Arbeitsmarkteffekte atypischer Beschäftigung, WSI Mitteilungen 4/2013, S.239(240).

第Ⅲ部 雇用・労働政策をめぐる課題

下している。経済成長率と失業率が関連しあっているという見方も可能である。

　複数の要因があるうちで，有期雇用法制に関するたった一つの条文の変更が，失業率改善の決定打になったとの断定は困難である[52]。むしろ，OECD の示す規制の強さと失業率の関連性さえ疑わしいのに，そうした OECD の単純なモデルによって，有期労働法制と失業率の関連性を指摘し，規制の緩さの重要性を強調することのほうが，不自然であると思われる。失業率の高さには，各国において，固有の事情があると思われる。

　さらに，注目に値するのは，ドイツでは，期間の定めのある労働契約が比較的良好な確率で期間の定めのない労働契約に転換していることである[53]。ゲンジネック氏／シュタイン氏／ザイフェルト氏／チェージッヒ氏の共同研究は，パートタイムと有期労働から無期労働への移行率を 44％ としている[54]。労働者派遣から無期労働への移行率も 34％ と比較的高い[55]。つまり，期間の定めのある労働契約は，労働者とポストのマッチングを一層良好にする「試用期間機能（Probezeitfunktion）」を有しているといえる[56]。このいわゆる「試用期間機能」により，期間の定めのある契約や派遣労働で就労させ，非典型雇用労働者を選別する。つまり，期間の定めのない雇用に橋渡しする機能（ブリッジ機能）があるというものである。有期労働や労働者派遣には正規労働への「踏み石」的機能があると捉えられているのである。

---

(52)　高橋賢司「ドイツ法における有期労働政策とその効果」季労 258 号（2017）158 頁，165 頁。

(53)　Gensicke, M./Herzog-Stein, A./Seifert, H./Tschersich, N. (2010): Einmal atypisch – immer atypisch beschaftigt?, in: WSI-Mitteilungen 4/2010, S. 179（183）は，この無期転換率を 44％ と指摘している；Keller/ Seifert, Atypische Beschäftigung zwischen Prekarität und Normalität, Berlin, 2013, S. 71）は，この率を 41％ と指摘している。

　これに対して，Boockmann/Hagen, Befristete und andere „atypische" Beschäftigungsverhältnisse: Wird der Arbeitsmarkt funktionsfähiger?, ZAF, S.305（311）は，旧東ドイツで 8.1％，17％ と指摘している。

(54)　Gensicke, M./Herzog-Stein, A./Seifert, H./Tschersich, N. (2010): Einmal atypisch – immer atypisch beschaftigt?, in: WSI-Mitteilungen 4/2010, S. 179(183).

(55)　Gensicke, M./Herzog-Stein, A./Seifert, H./Tschersich, N. (2010), a.a.O., S. 183. これによると，ミニ・ジョブからは，9％が移行している。

(56)　Boockmann/Hagen, a.a.O., S. 320.

〔高橋賢司〕　　　　**15　日本の非典型雇用政策はいかにあるべきか**

Ⅳ　有期労働法制の政策的課題

1　経済成長と非正規雇用

　国際労働機関（ILO）は，2015年版の「世界の雇用・社会見通し」は，正規
雇用と非正規雇用の賃金格差を是正すれば，経済成長が見込まれることを示
す[57]。非正規雇用拡大が「不安定性の広がりの反映」であることも指摘し，
非正規雇用拡大等，非標準的な就業形態が，世界において不平等と貧困率の上
昇と関連しており，さらに，この傾向が雇用成長鈍化を生み出すリスクをはら
むと述べる[58]。もともと，フリーターや無業者の存在は，名目GDPを1.7%
から1.9%下げるとの報告は日本においても存在していた[59]。

　有期労働者の積極活用を念頭に置いたフレキシビリティー論が重要であると
されてきたが，それが実は経済成長の発展を阻害している可能性がある。雇用
法制の保護機能を弱める方向に政策を進めると，経済成長を弱め，短期的にも
長期的にも雇用の面では逆効果となる可能性もある。

　物価や賃金が下がれば，雇用も回復するはずである。そのためには，物流の
合理化，雇用の柔軟化が重要であるため，規制改革による非正規労働の増加と
いう方法があり得る。しかし，物価と賃金の低下が10年以上おさまらない。
2017年現在，景気回復も十分進んでいないとされる[60]。ブラック企業が横行
し，安価な賃金で雇える非正規雇用労働者が増加しているが，生産実績が伸び
ていない[61]。契約社員やパートタイマー，アルバイト，派遣社員のような非
正規社員が増加し，若年層で転職者が増加することにより，摩擦的失業や構造
的失業の増加がかえって失業率を増加させているとも指摘されている[62]。有
期労働活用によるフレキシビリティーの確保が説かれてきたが，これによって，
失業率を下げたとは言いがたく，また，経済成長も促していないことに経済学

---

(57)　ILO, World employment social outlook, 2015, S.52,53.
(58)　http://www.ilo.org/tokyo/information/pr/WCMS_369779/lang--ja/index.htm（ガ
　　　イ・ライダー ILO事務局長）
(59)　UFJ総合研究所「フリーター人口の長期予測とその経済的影響の試算」（2004）13
　　　頁，19頁。
(60)　小野善康・朝日新聞朝刊2017年3月3日（大阪本社）。
(61)　同上。
(62)　福田・照山・前掲注(31)327頁。

369

者から疑問が投げかけられている。

正社員ではないフリーターや無業者の存在は，税にも影響を与える。税収に関して，正社員ではないフリーター及び無業者の存在は，年間所得税6300億円，消費税4400億円，住民税2400億円の税収が失われるという試算があり，そして，これらを合計すると1.21兆円の税収が失われるとの指摘もある[63]。彼らは，所得が少ないために，消費も少なく，また，貯蓄もできない[64]。これらは，国家財政，社会保険給付にも影響を与えていくものと思われる。

労働者派遣，請負労働，個人請負・委託，非正規労働による企業による低コストへのあくなき追求がなされてきた。このような経過の下では，反対に，雇用の質の確保なくして経済社会の発展はないという観点こそ，改めて考慮されるべきである。雇用の質を確保する雇用法制とは何かという問いを発しなければならないのである。

2 雇用の質の確保

日本の有期労働法制には，有期雇用の質を確保し，連続して更新して有期労働契約の濫用を防止するという観点を欠いている。これは，欧州経団連，欧州公共企業体センター及び欧州労連の期間の定めのある労働契約についての枠組み合意に関する1999年6月28日の理事会EC1999/70指令（以下EU1999/70指令と称する）の目的に相当している。この目的を達成するための同指令の主な手段は，第一に，反差別原則である。これは，均衡処遇原則というのとも異なっているように思われる。第二に，1.a）客観的な理由，b）連続する労働契約全体の最長適法期間，c）かかる契約又は関係の更新の適法な数，2.加盟国は，社会的パートナーの協議の後，または，場合によっては，社会的パートナーは，いかなる条件で，期間の定めのある労働契約又は就労関係が，a）連続しているとみなされるか，b）期間の定めのない契約ないし関係としてみなされるべきであると定めている[65]。これに対して，日本の有期労働政策では労働関係

（63）　三菱UFJリサーチ＆コンサルティング・前掲調査12頁。

（64）　三菱UFJリサーチ＆コンサルティング・前掲調査14頁。

（65）　欧州経団連，欧州公共企業体センター及び欧州労連の期間の定めのある労働契約についての枠組み合意に関する1999年6月28日の理事会EC1999/70指令（Official Journal of the European Communities, L175/43）では，5条において，次のように定められる。

370

〔高橋賢司〕　　　**15 日本の非典型雇用政策はいかにあるべきか**

のフレキシビリティーが高められるべきであると説かれ，また，有期労働契約の活用が強調された。この結果，規制緩和が進められてきた。しかし，その反面で，雇用の質を確保しようとする視点が希薄である。

　他方で，OECD の outlook でかつて強調された観点，有期雇用をめぐる法制が厳格すぎると，失業率を高めると強調され，そのため，保護の高さが雇用にマイナスの影響があるという観点が[66]，日本でも強調されたのは，すでに述べたとおりである。これは，法思想と呼べるものではなく，また，法的な原則でもない。いまだに日本で引用される，20 年近く前の OECD の outlook では，上のような観点が説かれるが，これには雇用を安定化させ，雇用の質を確保しようとする政策的な観点は欠く。ちなみに，ドイツでは，雇用の質を確保するために，法政策を転換させ，労働者派遣法は，労働者派遣や請負労働に関する制限を 2017 年に新たに導入している[67]。

　結局のところ，「失業率に影響を与えるから，有期労働法制の入口規制を設けない」という主張は，失業率と有期労働法制への影響の検証に基づいた提案といえるのであろうか。もともと，日経連「新時代の『日本的経営』」（1995 年）というレポートをふまえ，有期労働を積極的に活用するという論調が目立っていた。労働法学としても，雇用の質を確保するという観点から，有期労働法制を（以下のような点について）見直しが必要であると考える。

　　「連続する期間の定めのある労働契約又は労働関係の濫用を回避するため，濫用回避のための法的に同等の措置がない場合には，特定の部門又は労働者のカテゴリーの必要性を考慮して，加盟国は，国内法，集団的な協定で定められ，また，加盟国で通例の社会的パートナーとの協議の後，ならびに，社会的パートナーは，一つ又は複数の次のような措置をとる。
　　　a）かかる契約又は関係の更新を正当化する客観的な理由
　　　b）連続する労働契約全体の最長適法期間
　　　c）かかる契約又は関係の更新の適法な数
　(2)　加盟国は，社会的パートナーの協議の後，または，場合によっては，社会的パートナーは，いかなる条件で，期間の定めのある労働契約又は就労関係が，
　　　a）連続しているとみなされるか，
　　　b）期間の定めのない契約ないし関係としてみなされるべきか
　　を定める」
(66)　OECD, employment outlook 1999.
(67)　高橋賢司「2017 年におけるドイツ労働者派遣法の改正」世界の労働 2017 年第 5 号
　　（2017）2 頁。

371

第Ⅲ部 雇用・労働政策をめぐる課題

3 有期労働と一時的な労働

さらに，期間の定めのない労働契約が原則であり，期間の定めのある労働契約が例外であるという，政策的観点を欠いている。解雇規制を回避しているという観点が考慮されていない。こうした観点を欠いたまま，無期転換申込権が認められるのも，連続更新された有期労働契約が通算5年を経過したときとなっている。無期転換するまでに，5年という期間は長い。また，連続更新された有期労働契約が全体として5年を経過する前の雇止めを無効にする規定を欠いている。これらには，有期労働契約を例外的に認めるものにすぎないという観点が欠如していることが影響しているように思われる。

労働政策研究・研修機構の「改正労働契約法とその特例への対応状況等に関するアンケート調査」（平成29年5月）によれば，「通算五年を超える有期契約労働者から，申込みがなされた段階で無期契約に切り換えていく」（パート40%）が最も多く，何らかの形で無期契約にしていく企業が，パートタイム契約労働者でも計58.9%にのぼっている。しかし，これに「対応方針・分からない」（同順に23.9%，26.9%），「有期契約が更新を含めて通算5年を超えないように運用していく」（6.0%，5.8%）などが続く。有期労働契約を無期転換させない場合が十分ありうることになる。

その雇用に際して無期転換の制度を設けても，結局，無期化せず，雇用が安定化しないことが十分にありうる。さらに，無期転換申込権が発生する前の雇止めについては，「強行的な介入をしていない」と説明される[68]。無期転換申込権が発生する前には，強行的に介入しないとなると，連続更新5年経過前の雇止めがありえて，それが許されると解する余地さえある。こうした制度設計では，十分に雇用の質は改善しないのではという懸念がある。

これに対して，有期労働契約を一時的な労働に限定することが，踏み石的な効果を生み出すことが知られている。例えば，ポルトガルでは，3年の無期転換の制度になっているが，1年から2年で無期転換していくのが最も多いとさ

---

(68) 荒木尚志・菅野和夫・山川隆一『詳説・労働契約法〔第2版〕』（弘文堂，2014）177頁。そこで，有期労働契約を5年以内の上限を付して利用することは，「本条の脱法行為ないし公序良俗とみるべき特段の事情がない限り，違法無効と解すべき理由はない」と説かれる（同書177頁）。これによれば，「法の潜脱を意図したとしかいえないような，異常な（ないし不自然な）態様（時期・方法）によって法を免れる結果をもたらしている場合」をいうとされる。

〔高橋賢司〕　　　　　　**15** 日本の非典型雇用政策はいかにあるべきか

れる[69]。その観点を貫徹することで，企業の有期雇用の長期的な利用を妨げ，これによって，企業での無期雇用が進行していくというものである。むしろ，「有期労働契約の一時的な労働への限定」と「無期転換申込権」の組み合わせにより，有期労働契約の無期転換が促進されると思われる。

　また，有期労働契約が広範に許される現行法制度の見直しも要求されると思われる。日本法では，無期雇用原則がないまま，無期転換申込権のみ創設されているが，全体としては，日本法は，労働市場政策全体で，有期労働とパートタイム労働をフレキシブルに利用させる建前をとり続けている。フランスには，無期雇用原則があることは知られているし，また，ドイツにおいても，「期限の定めのない労働契約が原則で，期限の定めのある労働契約が例外である[70]」。そこで，法政策上も，解雇権濫用法理の潜脱を防ぐという観点から，有期労働とパートタイム労働を位置づけ，かつ，ドイツやフランス法のように，原則として，期間の定めのある労働契約を一定の事由に制限する法政策を構想すべきであると考える。失業率にマイナスの影響がない限りでは，政策的には有用であると思われる。いかなる事由に制限するかは，ドイツ[71]，フランス[72]等，

---

(69)　Portugal and Varejão, Why Do Firms Use Fixed-Term Contracts?, IZA DP No. 4380(2009), S. 24.

(70)　BAG Urt.v. 15.8.2012, NZA 2013, S. 45.

(71)　ドイツでは，使用者と労働者との間の労働契約には，原則として客観的な理由が必要とされる（パートタイム労働・期間設定法14条1項）。つまり，
　　「労働契約の期間設定は，客観的な理由により正当化される場合にのみ，適法である。客観的理由は，特に，次のような場合に存する。
　　1. 事業所での労働提供に関する需要が一時的にのみ存する場合
　　2. 労働者の雇用へ移行するため，職業訓練あるいは大学に続いて，期間設定が行われる場合
　　3. 他の労働者の代理のため雇用される場合
　　4. 労働の提供に特質がある場合
　　5. 試用期間の場合
　　6. 労働者に個人的事情がある場合
　　7. 財政的手段から労働者が報酬を受け，財政法上一定の期間雇用が定められ，これに応じて就労する場合
　　8. 期間設定が裁判上の和解に拠る場合」と
　　14条2項においては，客観的な理由のない期間設定が，2年に限られる。
　　52歳になった労働者との期間の定めのある労働契約を客観的理由なく一定の要件の下に設定することができると規定されている（パートタイム労働・期間設定法14条3項）。

(72)　野田・前掲注(7)196頁によると，フランス法は，

第Ⅲ部 雇用・労働政策をめぐる課題

他国の法制を比較することが有用である。

4　一時的な労働と労働者派遣

　労働者派遣の雇用の質を考える上でも，重要なのは，「一時的な労働」ない
し「一時的な就労」という概念である[73]。この概念を導入し，その観点を貫
徹することで，長期派遣を妨げ，企業での直接雇用は進行していくと思われる。
つまり，ブリッジ効果ないし踏み石効果である。

　もともと労働者派遣の経済的な機能として，一時的な雇用の需要に合わせる
という機能がある。派遣先において雇用の需要が一時的に発生した場合に，派
遣先が迅速に労働力を見出すことができないため，労働者派遣のような第三者
利用を図るというものである。これを事業場のレベルではなく，労働政策的に
みれば，長期の雇用の需要がある場合に，労働者派遣が一時的な労働に限ると
いう制限を受ければ，派遣先は，派遣労働者を直接雇用するか，あるいは，外
部労働市場から失業者を直接に雇用するしかなくなる。これにより，一時的な
労働という概念が，派遣先での直接雇用へ橋渡し（ブリッジ）しうるというこ
とにもつながりうるのである。つまり，「一時的な労働」の概念が導入される
ことにより，「橋渡し機能」が発揮され，直接雇用を推進させる注目されるべ
き効果を生み出しうるのである[74]。日本の法政策は，労働力需給システムと
して労働者派遣制度を構築してきたものの，いかなる方向へ労働市場政策を進
めるのかは，現在はやや見定め難い面があったが，こうした一時的な労働によ
る直接雇用への「踏み石効果」，ブリッジ機能を促進していくことが重要であ

---

　　①　「各種の休暇・休業による長帰欠務と労働契約の停止の場合の業務の代行」の場合，
　　②　「企業活動の変動に対応する場合で，『企業活動の一時的増加』と季節的労働」の場
　　　　合，「業務の性質により雇用が本来一時的性格をもつために無期契約によることが
　　　　できない場合」ものとして，命令や拡張協約で定める雇用も含まれる
　　③　「特定の目的の完成のものとして18ヶ月から36ヶ月の範囲内で，……技術者や幹部
　　　　職員の採用のために」用いる場合
　　④　「一定の失業者の雇用対策として用いる場合」である。

(73)　高橋賢司『労働者派遣法の研究』（中央経済社，2015）93頁以下，283頁，同「平
　　　成二七年改正労働者派遣法の検討」季労251号（2015）58頁，77頁以下。本久洋一「労
　　　働者派遣法の原理的考察」労働129号（2017）150頁。
(74)　高橋・前掲注(73)77頁，同「ドイツの労働者派遣法」労働128号17頁（25頁以
　　　下）（2016）。

〔高橋賢司〕　　　　　　　　**15**　日本の非典型雇用政策はいかにあるべきか

ると思われる。

　こうした「踏み石効果」，橋渡し機能は，ドイツ[75]，フィンランド[76]で報告
されている。教育訓練費用のかかる正規労働者について，解雇にコストがかか
るものとされるため，まず，非典型雇用によりスクーリングを行うことで[77]，
踏み石効果，ブリッジ効果が生じることになる。踏み石効果は，失業率が低い
場合に，最も高いものとなる[78]。

　この踏み石効果により，積極的労働市場政策のための労働者派遣は，雇用政
策上重要なツールになるといえる。

　一時的な就労という観点からは，労働者派遣の派遣期間はより制限的でなけ
ればならず，現行の3年という派遣期間は長すぎると思われる。また，現行法
における人単位の派遣期間の制限により，3年の派遣期間の経過後は，同じ派
遣労働者を同一の企業での他の組織単位（例えば，「課」）への派遣が可能となっ
ているが，これは「一生派遣」につながるおそれがあり，派遣労働者の同一企
業での固定化を招きかねない。これに対する処方箋としては，労働者派遣が一
時的な労働ないし就労に限るという観点を貫けば，派遣期間の制限は，企業単
位に改めることも考えてもよいと思われる[79]。企業単位に改めることにより，
企業単位での派遣期間が経過すれば，同一企業への同一派遣労働者の派遣の継
続就労は許されないことになる。

---

(75)　ドイツの労働者派遣法の改正により，一時的な労働に限られるとされた2011年，
　　88万1728人であり，好景気であるにもかかわらず，景気がピークを迎えた労働者派
　　遣者数は，2013年には，85万2000人にまで落ち込んでいく（Elfter Bericht der
　　Bundesregierung über Erfahrung bei der Anwendung des
　　Arbeitnehmerüberlassungsgesetzes -AÜG-.）。これに対して，社会保険義務のある雇用，
　　つまり，直接雇用が増加している（31,327,000人（2016年）まで伸びている（http://
　　statistik.arbeitsagentur.de））。連邦雇用エイジェンシー（行政）によれば，景気が良く
　　なる最初の段階のみ，労働者派遣と時間外労働を用いるが，景気好調が長引けば，「一
　　時的な労働」でしか活用できない労働者派遣を用いるのをやめ，直接雇用に切り替える
　　と説明している（Bundesargentur für Arbeit, Der Arbeitsmarkt in Deutschland-
　　Zeitarbeit- aktuelle Entwicklung, 2015）。
(76)　Jahn/Rosholm, Looking Beyond the Bridge, IZA DP No. 4973, S. 25.
(77)　Jahn/Rosholm, a.a.O., S.25.
(78)　Jahn/Rosholm, a.a.O., S.25.
(79)　ドイツの改正労働者派遣法では，企業単位の派遣期間として，18ヶ月を上限とされ
　　ている（高橋・前掲注(67)4頁）。

第Ⅲ部 雇用・労働政策をめぐる課題

これにあわせて，一時的な就労の観点を促進・保護し，派遣先での直接雇用を促進する労働者派遣法政策を促進するためには，集団法的な法整備が不可欠である。「一時的な就労」であるはずの派遣期間が経過するにあたり，集団法的な参加（労働組合関与）の仕組みが重要である。従来も，労働者派遣法違反のうち，派遣期間違反が多かったのを考えると，こうした場合に，単に，日本の労働者派遣法 40 条の 6 の規定により，労働契約の申込みみなしの効果が発生するということにとどまらず，集団法的に，労働組合が派遣先での労働者の直接雇用について交渉できる仕組みが不可欠である（その意味では，事業場単位での派遣期間の延長にあたって，現行法での過半数組合ないし過半数代表者の意見聴取の手続というのは，十分なものではない）。

V 結びに代えて

本稿では，雇用の質確保の観点からは，有期雇用での入口規制，とりわけ正当化事由の存在が労働市場での失業率への必ずしもマイナスの影響が確認できないのではないかと説いた。また，雇用の質を確保する観点からは，有期雇用が一時的な利用に限られ，有期労働契約の設定に正当化事由が必要ではないかと述べている。正当化事由を法定化することにより，踏み石効果が期待できるのではないかと説いた。

荒木教授は，前述の通り，「有期労働契約の『踏み石』効果（安定雇用への以降の基礎となる効果）に着目すべきである[80]」とし，大内教授も，「禁圧型の規制を求める論者とは異なり，『踏み石』効果が十分に発揮されれば，望ましい契約形態になりうる可能性がある[81]」と説かれる。

但し，無期転換申込権にのみ，踏み石効果を期待するのは，期待過剰である可能性がある。そもそも，わが国の無期転換申込権は，原則無期労働契約という立場と結びついていない。しかし，無期労働契約が原則であり，有期労働契約は正当化事由を要し一時的な利用に限られるという立場に立つのが本来論理的には正当である。つまり，無期労働契約が原則であり，一時的な利用に限られる有期労働契約が例外に認められるものにすぎないからこそ，無期転換申込権によって，有期労働契約の一時的な利用が終了すれば（有期労働者の申込み

(80) 荒木・前掲注(16)489 頁。
(81) 大内・前掲注(21)300 頁。

〔高橋賢司〕　　　　　*15* 日本の非典型雇用政策はいかにあるべきか

により）, 無期労働契約に転換すべきということになるはずである。わが国は,
有期労働法制に関するそうした「原則」があいまいなまま, 無期転換申込権だ
けが創設されたことになる。

　また, 無期労働契約が原則であるからこそ, 有期労働契約は正当化事由を要
することになり, 一時的な利用に限られることとなるはずである。その上, 有
期労働契約の一時的な利用が終了すれば（有期労働者の申込みにより）無期労働
契約に転換すべきとなっているとすれば, そうであればこそ, 無期労働契約へ
有期労働契約が転換していくことになる。つまり, 有期労働契約の無期労働契
約への踏み石効果は, 有期労働契約の「一時的な利用への制限」（正当化事由の
要求）と「無期転換申込権」が結び付けられて初めて, より効果的になるので
はないかと思われる。

　同じようなことは, 労働者派遣についてもいえる。労働者派遣を一時的な就
労に限定する立場を厳格に徹底すれば, 長期の就労を考える場合に, 派遣先は,
労働者派遣の利用ではなく, 直接雇用された労働者の就労利用を考えざるを得
ない。このため, 労働者派遣を一時的な就労に限定されてこそ, 直接雇用への
踏み石的な効果が促進されることになる[82]。この場合には, 直接雇用への踏
み石的な効果もより期待しうるものになるのではないかと思われる。本論文は,
有期労働と労働者派遣を一時的な労働に限り,「踏み石的効果」を生じさせる
と説くものである。

---

(82)　この場合, 派遣元と派遣労働者との間の派遣労働契約に正当化事由を要するという
　　法政策も将来的にはありうる（脇田滋「労働者派遣法改定の意義と法見直しに向けた検
　　討課題」労働 96 号（2000）71 頁, 85 頁以下, 本久洋一・前掲注(73)150 頁）。

16 CSR（企業の社会的責任）の「法化」と労働法政策
―― ワーク・ライフ・バランス法理への影響を素材として

河　合　　　塁

Ⅰ　は じ め に
Ⅱ　CSR の法化現象とは
Ⅲ　労働法政策および CSR にお
　けるワーク・ライフ・バランス

　の位置づけと交錯
Ⅳ　CSR の法化現象と WLB（法
　理）への影響
Ⅴ　お わ り に

Ⅰ　は じ め に

　わが国で CSR（Corporate Social Responsibility，企業の社会的責任）[1]の取組み
がスタートしたのは 2003 年頃とされる[2]が，近年，CSR に関する基準[3]がグ
ローバルレベルで急速に整備されてきているほか，わが国の代表的な公的機関
投資家が PRI（責任投資原則）に署名[4]するなど，CSR に関して新たな動きが

（1）　CSR の定義は多様で明確ではない（谷本寛治『CSR　企業と社会を考える』（NTT
　　出版，2006）58 頁参照）が，本稿ではさしあたり「企業が，さまざまな社会的課題に対
　　して，経営上積極的に取り組むべき責任ないし取り組むこと」と理解しておく。
（2）　熊谷謙一「"CSR" の新しい展開と "CSV" 等の動向について」電機連合 NAV I54 号
　　（2015）23 頁以下。
（3）　さしあたり，国際標準化機構（ISO）による「ISO26000」（組織の社会的責任にかか
　　る国際規格。制定過程については，熊谷謙一「ISO26000（組織の社会的責任）の動向と
　　課題」季労 234 号（2011）71 頁以下参照。）の発行（2010），国連サミットでの「持続可
　　能な開発目標（Sustainable Development Goals, SDGs）」採択（2015），GRI（Global
　　Reporting Initiative）による「GRI スタンダード」の発行（2016）などがあげられよう。
（4）　責任投資原則（Principles for Responsible Investment, PRI）とは，国際連合が
　　2005 年に打ち出した原則であり，署名する機関投資家が投資の際に，企業の ESG（環
　　境（Environment），社会（Social），ガバナンス（Governance）にかかる取組みを可能
　　な限り反映する，というものである。特にこのうちの「S」は，ダイバーシティやワー
　　ク・ライフ・バランスといった取組みが含まれ，その点で CSR と密接に関わっている
　　といえる。具体的には年金積立金管理運用独立行政法人（GPIF）および企業年金連合

『現代雇用社会における自由と平等』山田省三先生古稀記念〔信山社，2019 年 3 月〕　*379*

第Ⅲ部 雇用・労働政策をめぐる課題

見られる。このような状況の中で，わが国企業（特に上場企業）も，それぞれ
自社の CSR の「質」を問われる時代になってきているといえよう。

では労働法（学）にとって，CSR を取りまくこのような潮流は，どのような
意味を持つのだろうか。いうまでもなく CSR[5]は，適正な労働時間管理や安
全配慮義務の履行，ハラスメント対策，ワーク・ライフ・バランス（以下，
WLB ともいう）支援など，労働法政策とも関連の深い事項をその対象に含んで
いる[6]ため，上記のような傾向は，（最近はやや下火になっている感もあるが）改
めて労働法学の観点から CSR を考察することの意義を高めるものである，と
いうことが，まずは指摘できよう。

しかしそれ以上に本稿が着目しているのは，近年の労働法政策によく見られ
るいわゆる「インセンティブ・システム」が，企業の CSR の取組みと極めて
親和的なのではないか，という点についてである。インセンティブ・システム
とは，伝統的な労働法規制（最低基準の義務付け＋違反に対する罰則による強制）
とは異なり，当事者に「多様な実態に合った形で，政策目的に適った取組み
（事業主による「行動計画」の策定・実施と成果の公表）」を自主的に策定させ，
それを「進める当事者に利益を供与する」[7]という手法であって，具体的には，
次世代育成対策推進法（以下「次世代法」）や女性活躍推進法，若者雇用促進法
等による事業主の「行動計画」の作成，政府による認定マークの付与，税制や
公共調達契約における優遇等の政策的インセンティブの付与などとされる[8]。
このように，インセンティブ・システムの手法は，「行動計画」を通じて当事
者の自主的な取組みを法政策に取り込んでいるところに特徴があるが，「行動
計画」の対象となっている事項は，後述するように，CSR が対象としている
事項と相当程度重複しているため，各企業の CSR の視点や取組みが，「行動計
画」の中にに何らかの形で反映されている可能性がある。もしそうだとすれば，

　会（PFA）が，それぞれ 2015 年・2016 年に署名している。
（5）　例えば，上述の ISO26000 における「7 つの中核主題」の中には「人権」や「労働慣
　行」といった，労働に密接に関連する事項が含まれている。河合塁「労働法学の観点か
　ら見た CSR（企業の社会的責任）に関する一試論──『働き方改革行動計画』を踏まえ
　ての考察」アルテス・リベラルス 101 号（2017）125 頁。
（6）　土田道夫「企業法と労働法学」講座労働法の再生⑥ 232 頁。
（7）　水町勇一郎「労働法改革の理論と政策」講座労働法の再生⑥ 12 頁。
（8）　水町・前掲注（7）15 頁。

〔河合　塁〕　　　　　　**16** CSR（企業の社会的責任）の「法化」と労働法政策

そのことは，CSR が労働法政策の一部に取り込まれるという，一種の「法化」とも言うべき現象が生じている，といえるのではないか，そうだとすればこの点にこそ，労働法学の立場から，CSR に着目した考察を行うことの現代的意義があるのではないかというのが，本稿の基本的視点である。

本稿は，以上のような現象を「CSR の法化」と指定した上で，CSR の法化現象とはどのようなものであり，実際に「法化」といいうるほどの現象が本当に生じているのかを確認したうえで，労働法政策ないし法理にいかなる影響をもたらすのか，さらにそれを踏まえて，CSR をどのように活かすべきかを労働法学の視覚から考察しようとするものである。

本稿はまず，CSR とは法的にいかなる概念であり，その「法化」とはいかなる現象であって何を意味するのか，をあらためて整理した上で（2章），上述したインセンティブ・システムと特に親和性の深いと考えられる「ワーク・ライフ・バランス（以下，「WLB」ともいう）を素材として取り上げたうえで，「法化」現象が実際にどのような形で生じているのかを検証する（3章）。その上で，CSR の法化が，WLB 法理にどのようなインパクトないしインプリケーションをもたらすのかを考察することで（4章），WLB 法理との関係で，CSR をどう位置づけていくのかを論じている。なお，CSR の分野においては，本来は労働組合の役割も重要であるが，本稿では紙幅の関係上触れられていないことを予めお断りしておきたい。

Ⅱ　CSR の法化現象とは

1　CSR の法的機能

CSR の法化現象を考える前提として，CSR の法的位置づけ，すなわち CSR は法的にいかなる機能を果たしている（果たしうる）のかをまず確認しておきたい。

CSR と一口に言っても，後述する ISO26000 など，CSR に関する国際レベルでの基準（以下，国際レベルの CSR）を指すこともあれば，各企業が策定・展開している CSR のルールや取組み（以下，企業レベルの CSR）を指すこともあるため，一括りに論じるのは困難な面もあるが，一般的には「ソフトロー」

第Ⅲ部 雇用・労働政策をめぐる課題

と説明されることが多い[9]。

　もっとも後述するように，国際レベルのCSRは何らかの形で労働法規範の内容と重複している部分が多いし，企業レベルのCSRについても，実定法（労基法や均等法など）の内容を引用していることが少なくない。とはいえ，CSRそれ自体は実定法ではない[10]ため，「法源」という観点からCSRを把握するならば，やはり基本的にはソフトローと把握せざるをえないであろう。しかしながら，CSRは，様々なレベルで企業が負っている「責任（法的責任，倫理的責任，その他等）[11]」の集合体という観点から捉えることも可能であり，そのような視角からは，CSRを構成するいくつかの「責任」の1つに，法的責任（実定法を遵守する責任）があると理解することもできそうである。

　このように，「法の一部」としてCSRを捉えるか，「CSRの一部」として法を捉えるかで，理解が真逆となってしまいそうであるが，実際の企業現場でCSRとされているものが果たす法的機能を考察するためには後者の視点，すなわち，CSRを構成する様々なレベルの「責任」に着目し，その段階に応じていかなる法的機能を有している（有しうる）のかに着目するほうが有益であろう。この点で，厚生労働大臣の諮問機関として設置された「労働に関するCSR推進研究会（座長：奥山明良教授）」が2008年にまとめた『労働に関するCSR推進研究会報告書』（以下「報告書」）4頁は，CSRの構成要素を，「最低基準を定める部分——強制力のある法的義務」「最低基準を上回る部分——努力義務」「法令を上回る部分」とに分類して整理するものであり，1つの参考となる。

　もっともこの報告書の分類は，実定法に関する部分について「最低基準とそれ以外」の2つに分けているのみであり，やや粗い印象が否めない[12]。また，分類した各部分の法的機能についてもそれほど踏み込んだ分析をしているわけではなく，「努力義務（の部分）」「法令を上回る部分」については，十分な説

（9）　荒木・労働法781頁。

（10）　吾郷眞一「CSR——法としての機能とその限界」季労234号（2011）52頁。

（11）　谷本・前掲注(1)58頁は，かつてのアメリカの議論では経済的責任，法的責任，倫理的責任，任意の責任（＝社会貢献活動）とに分ける見解があったとする。

（12）　報告書4頁では，ILOや国連等の議論を踏まえてそのように整理したとの記述がみられる。

明もなくあっさりと法的機能を否定している[13]。そこで本稿では，報告書にいうところの「努力義務（の部分）」「法令を上回る部分」という分類を一応基軸にしつつも，本当に法的機能が認められないのかについて，少し掘り下げる形で，確認しておきたい。

　まず「努力義務（の部分）」については，実定法ではあるものの，当然のことながら「何らかの形で違反したら罰則を受ける」あるいは「履行を強制される」という法的効果を直接導くものではない。そして「法を上回る部分」については，なおのことそのような法的効果を見出すことは難しいであろう。この点，次世代法等における事業主の「行動計画の策定義務」などは，努力義務よりは法的機能が強いといえそうであるが，それでも，罰則規定によって策定・実行が担保されているわけではない。

　そうすると，報告書がこれらの部分の法的機能を否定しているのは妥当な捉え方であるにも見えるが，他方でこの理解は，法の公法的機能への着目に留まっているようにも思われる。つまり，近年は労働法分野においても，労働契約法制定に代表される私法規範が重要性を増している[14]が，努力義務規定や，あるいは法令を上回る部分が，労働契約上の債権となったり，あるいは間接的にそれに近い法益性を帯びるという面にも目を向ける必要があるように思われる。具体的には，例えば，企業が策定する「行動計画」や「CSR方針」等の内容が，就業規則あるいはそれに準ずる社内規則等に明記されていれば，（内容の特定性にもよろうが）労働契約の内容として労働者が履行請求できる可能性があるし（労契法7条），明記されていなくとも，企業の日ごろの言動や企業内での位置づけなどによっては，信義則（同法3条4項）を媒介して労働契約の内容に取り込まれたり，企業が誠実に取り組まないことが違法性を帯びる可能性も十分にありうるのである。

---

(13)　①「強制力のある法的部分」は法令遵守が当然の前提となるが，これを確実なものとするため組織体制や社内体制の整備が必要である，②「努力義務」とされる部分についても実施に向けた一定の取組が求められる，③「法令を上回る部分」については各企業が実態に即して自主的・主体的に定めるべき，と述べるに留まっている。

(14)　土田・前掲注(6)234頁。

第Ⅲ部 雇用・労働政策をめぐる課題

2 「CSR の法化」とは

では次に，「CSR の法化」とは具体的にいかなる現象なのかを整理しておき
たい。ここでは，上述した意味での法化現象（実定法における「法化」）のほか，
裁判例における「法化」についても述べる。

(1) 実定法における法化

上述のとおり，近年の労働法政策，とりわけ次世代法や女性活躍推進法など
ジェンダーと親和性の深い分野では，インセンティブ・システム，すなわち企
業自身に「行動計画」を策定・公表させ，その取組みや成果が優秀であれば行
政が「認定」を与えたり[15]，助成金を支給したりすることで誘導するという
手法が目立つが，この「行動計画」は，法令が求める一定の枠組みに従って策
定する必要はあるものの，あくまでもそれぞれの企業が，自社の状況を踏まえ
て独自に策定し，取組むというのが大きな特徴である。

Ⅰで述べたことの繰り返しとなるが，この「行動計画」の中で対象とされて
いる事項と，CSR が対象としている事項とは相当程度重複している（具体的に
は WLB を素材として次章で述べる）。そのため，各企業レベルの CSR[16] の視点
や取組みが，「行動計画」に何らかの形で反映されている可能性があり，そう
であるならば，それは「行動計画」を通じて，CSR が労働法政策の一部に取
り込まれるようになってきている，ともいいうるのである。これが「CSR の
法化」の1つ目である。

(2) 裁判例における法化現象

もう1つは裁判例における法化現象，これはⅡ1で述べたこととも重複する
が，企業の策定する何らかの CSR 関連の方針の不遵守が，「違法」と評価する
裁判例の登場である。

WLB に関するものではないが，具体的には，イビケン（旧イビデン建総）元
従業員ほか事件・名古屋高判平成 28 年 7 月 20 日労判 1157 号 63 頁である。こ
れは，子会社の女性契約社員が，別の子会社の男性従業員との間で発生したト

---

(15) 小畑史子「女性活躍推進法の意義」労働 130 号（2017）102 頁。

(16) なお企業レベルの CSR といっても，実際には，国際レベルの CSR を何らかの形で
踏まえている，あるいは反映しているものが多いと考えられる。

384

ラブル（セクハラ）に際し，親会社（イビデン）のコンプライアンス相談窓口に相談したものの，十分な調査がなされることなく，セクハラ行為の存在は確認できなかったなどとしたことが，親会社の安全配慮義務違反ないし不法行為となるかが問題となった事案である。この事案で名古屋高裁は，親会社がコンプライアンスを徹底し，国際社会から信頼される会社を目指すとして社員行動基準を定め，グループ全体でコンプライアンス相談窓口を含む対応をするとしていたことをもって「人的，物的，資本的にも一体といえるそのグループ企業に属する全従業員に対して，直接又はその各所属するグループ会社を通じてそのような対応をする義務を負担することを自ら宣明して約束して」いた，にも関わらず，十分な調査・対応を怠ったことで控訴人（契約社員女性）の恐怖と不安を解消させなかった，として「被控訴人イビデンは，……自ら宣明したコンプライアンスに則った解決をすることにつき……債務不履行に基づく損害賠償責任を負うものと解される」として，子会社や控訴人（加害者である正社員男性）と連帯して 220 万円の損害賠償責任を負う，としたのである。

　ところでセクハラに関しては，均等法において使用者に措置義務が課されている（11 条）ところであり，したがって，（それを CSR と位置付けているかはともかく）コンプライアンスルールとしてセクハラ防止を謳う企業は多く，実際にそのルールを踏まえて行為者に懲戒処分がなされることも少なくない（L 館事件・最一小判平成 27 年 2 月 26 日労判 1109 号 5 頁等）。また，同法に基づく措置義務が使用者の職場環境配慮義務等に包含されるか[17]という点はさておくとして，何らかの形で使用者たる企業が職場環境配慮義務違反などとして法的責任を問われるケースはこれまでにも散見されたところである（京都セクハラ事件・京都地判平成 9 年 4 月 17 日労判 716 号 49 頁等）。

　そう考えれば上記高裁判決が，わざわざ「CSR の法化」として捉えなおすほど目新しいものなのかとの疑問もありえようし，さらにいえば，その後最高裁にて親会社の責任は結論的には否定されている（最一小判平成 30 年 2 月 15 日労判 1181 号 5 頁）。しかしながら，例えばセクハラ等を理由とする懲戒処分事

---

(17)　信義則等だけでは義務内容の具体化が困難であるため，使用者のセクハラに関する義務を具体的に規定する法律の規定があれば職場環境整備義務等の構成がしやすくなると提言するものとして，山崎文夫「セクシュアル・ハラスメント被害者からみた均等法」ジェンダーと法 14 号（2017）29 頁。

第Ⅲ部 雇用・労働政策をめぐる課題

案であっても，当然のことながら，懲戒処分は直接的には就業規則の懲戒規程に基づいてなされているため，コンプライアンスルールそれ自体に法的性質があるかどうかは殆ど問題となってこなかったところ，本高裁判決は，親会社によるコンプライアンスルールの宣明を「債務」とし，その不遵守を債務不履行とした点で，従来の裁判例とは明らかに一線を画すものであった。また最高裁も，「（親会社が）整備した本件法令遵守体制の仕組の具体的内容が，勤務先会社が使用者として負うべき雇用契約上の付随義務を……自ら履行し又は……直接間接の指揮監督の下で勤務先会社に履行させるものであったと」はいえないとしつつも，グループ会社従業員の相談申出の「具体的状況いかんによっては，当該申出をした者に対し……適切に対応すべき信義則上の義務を負う場合があると解される」と述べており，高裁判決よりかなり限定的ではあるものの，企業自身が打ち立てた自社の CSR が，場合によっては従業員（子会社従業員も含めて）に対しての契約内容となり債務となりうること自体は肯定している。この点で，(1)とは別の角度で，「CSR の法化」の可能性を示したものとの評価も不可能ではないだろう。

3 小 括

本章では，CSR の法的機能を確認した上で，2つの側面において CSR の法化現象が進んでいる可能性を示唆した。ただ，労働法政策との関連で CSR の重要性や影響力が増加していること自体にはさほど異論はないであろうが，それでも，はたして「法化」と評価しうるほどの現象なのか，という疑問が当然出てこよう。

その点，2(2)で述べた「裁判例における法化現象」に関しては，筆者が探した限り，現時点では CSR の展開可能性をここまで示した裁判例は見当たらなかったことに加え，本稿が関心を寄せる WLB に関するものではないことから，本稿では可能性を示唆するに留め，以下ではこれ以上踏み込まず，次章では，2①で述べた「実定法における法化現象」に関して，WLB を素材にして，労働法政策および CSR（論）の双方においてどのように位置づけられ，またそれがどのように交錯・重複しているのかを見ていくこととしたい。

III 労働法政策および CSR におけるワーク・ライフ・バランスの位置づけと交錯

1 ワーク・ライフ・バランスとは

WLB とは，一般的には「仕事と生活の調和」ともされる[18]が，2007 年に内閣府が「仕事と生活の調和（ワーク・ライフ・バランス）憲章」（以下，憲章）および「仕事と生活の調和推進のための行動指針」（以下，行動指針）を策定（2007 年）して以降，少なくとも用語としてはかなり定着してきているといえる。また周知のとおり，同年に制定された労契法 3 条 3 項の中に，「仕事と生活の調和」というフレーズが盛り込まれているが，労働法学においては，この条文が労働法政策における基本理念であると同時に労働契約の解釈指針となる，との理解が一般的である[19]。

もっとも，それほど重要な条文である（はず）にも関わらず，そもそもどのような状態が「仕事と生活の調和」した状態なのか，といったことについては，あまり論じられていない。ただ，「憲章」は，「国民一人ひとりがやりがいや充実感を感じながら働き，仕事上の責任を果たすとともに，家庭や地域生活などにおいても，子育て期，中高年期といった人生の各段階に応じて多様な生き方が選択・実現できる社会」が「仕事と生活の調和がとれた社会」であると定義したうえで，具体的には「就労による経済的自立が可能な社会」「健康で豊かな生活のための時間が確保できる社会」「多様な働き方・生き方が選択できる社会」を目指すべき[20]としている。

当然のことながら憲章そのものは法令ではないため，労契法の解釈として憲章の定義をそのまま用いることができるわけではないし，またそれが望ましいかも議論の余地があろうが，少なくとも政府が進める WLB に関する政策においては，そこで目指される「仕事と生活の調和」とは，このように「あらゆる労働者」を念頭においた，ワークとライフに関する自己決定を尊重する形での

---

(18) 例えば厚生労働省『平成 29 年版　労働経済白書』（2017）122 頁。

(19) 髙畠淳子「ワーク・ライフ・バランス」労働法の争点（新）14 頁。契約への解釈の反映については，石田信平「労働契約法の『合意原則』と合意制限規定の衝突関係」労働 115 号（2010）45 頁。

(20) 篠原信貴「家族責任を有する労働者の問題」村中孝史ほか編『労働者像の多様化と労働法・社会保障法』（有斐閣，2015）81 頁。

第Ⅲ部 雇用・労働政策をめぐる課題

「仕事と生活の調和」と理解されているといえよう。

ところで，わが国における WLB は，男女雇用平等と，仕事と家庭責任との「両立」支援の２つが源流にあるとされる[21]が，「憲章」は，それ以前に見られた「仕事と家庭生活の両立」政策と異なり，調和の対象を家庭から生活全般へと拡大し，対象を「家族を有する者」だけではなく「独身者を含めたすべての労働者」に拡げたもの[22]とされる。労働契約法３条３項の法文上も，すべての労働者を対象としているものと解するのが自然であろう。

もっとも，わが国における WLB の「イメージ」としては，少子化対策や育児支援施策が頭に浮かぶことが多く[23]，労働法学においても，「これまでの仕事と育児の両立支援の手法が，子を養育する労働者にのみ認められる育児休業等の権利の拡充にやや偏りすぎていた（ゆえにほかの労働者にしわ寄せや不公平感をもたらし，そういった労働者自身にとっても望ましくない状況が生まれている）可能性があ（る）[24]」といった指摘がなされるほどである。たしかに近年の議論では，長時間労働是正など，全労働者に関連する論点で WLB の実現が論じられることも増えているが，それもどちらかといえば，少子化による労働力不足への対応という視点で，（これまで育児責任を負ってきた）女性の労働参加率向上をめざすため，という思惑が垣間見られる論調が多く[25]，その点で，WLB 論が少子化対策や育児支援の色彩が強いものになっている面は否定できないであろう。

ちなみに，WLB が全ての労働者を対象とした概念なのか，あるいは，女性

---

(21) 根岸忠「ワーク・ライフ・バランスにおいて労働者の家族利益は保護されるべきか」『家族法と社会保障法の交錯（本澤巳代子先生還暦記念）』（信山社，2014）367 頁以下。

(22) 名古道功「「ワーク・ライフ・バランスと労働法」講座労働法の再生④ 237 頁。

(23) 原昌登「ワーク・ライフ・バランスと労働時間」ジュリ 1383 号（2009）91 頁参照。大内伸哉「労働法学における『ライフ』とは」季労 220 号（2008）12 頁以下は，憲章そのものが，人口減少への対応や生産性向上などから取組みを正当化しようとしているとした上で，その正当性を検討している。

(24) 梶川敦子「育児休業法制の意義と課題」村中孝史ほか編『労働者像の多様化と労働法・社会保障法』（有斐閣，2015）103 頁。河合塁「大規模災害下における雇用・労働の法政策——ワーク・ライフ・バランスという視点からの考察」アルテス・リベラルス 95 号（2015）64 頁以下も同旨。

(25) 例えば，2017 年 3 月に働き方改革実現会議が決定した「働き方改革実行計画」などには顕著にそれが表れている。

〔河合　塁〕　　　　　　　*16* CSR（企業の社会的責任）の「法化」と労働法政策

や家族的責任を有する労働者を対象とした（あるいは重視する）概念なのかという点については，最近の学説では，前者を広義の WLB，後者を狭義の WLB と位置づけ，「ライフ」の中でも社会を支える再生産活動であることから「家庭内のケア活動」（つまり後者）が特に優先的に配慮されるべきであるとする浅倉むつ子教授の見解[26]，あるいは育児・介護などの家庭生活と仕事の両立支援策は，男女平等という普遍的な法命題からの要請であるなどとする高畠淳子教授の見解[27]など（優先肯定説）が注目される。これらの学説によれば，「WLB は全ての労働者を対象とし，その選択と自己決定を尊重するものではあるが，法政策上，女性や家庭責任を有する労働者をある程度重視・優先することには正当性・合理性がある」ということになるのだろう。

　このような理論構成に対しては，そこまで自明とはいえないのではないかとの批判（優先否定説）も近年では有力である（筆者自身もどちらかといえばそう考えている）が，一応本稿では優先肯定説の整理をふまえたうえで「仕事と（育児等の）家庭生活の両立」という意味での WLB に着目し（以下，狭義の WLB），労働法政策分野および「国際基準としての CSR」の中でどのように位置づけられているのかを確認したうえで（→2），実際の企業レベルで見た際に，「実行計画」と各企業の CSR の取組みがどのように重複しているのか（→3）を見ていくこととしたい。

2　労働法政策分野および国際基準としての CSR の中での位置付け
⑴　労働法政策分野

　上述のとおり，WLB に関する規定としてまず想起されるのは労契法3条3項であるが，狭義の WLB，すなわち仕事と家庭生活の両立支援としての側面に着目するならば，その側面がより強く表れている労働立法を取り上げるほうが，WLB の位置づけを確認するうえでは適当であろう。そこで以下では，次世代法の中で，WLB がどのような形で規定されているのかを概観しておく。

　次世代法は，急速な少子化の進行の中で，次代の社会を担う子供が健やかに生まれ，かつ育成される社会の形成に資することを目的（1条）とした法律で

---

(26)　浅倉むつ子「労働法におけるワーク・ライフ・バランスの位置づけ」労研599号（2010）46頁以下。

(27)　高畠・前掲注(20)14頁。

あり，家庭その他の場において子育ての理解が深められ，子育てに伴う喜びが実感されるよう配慮することを基本理念としている（3条）。そして主務大臣（厚生労働大臣等）は，基本理念にのっとり，「行動計画策定指針（以下，指針）」を定めなければならず（7条），事業主は，この基本理念に則った形での「労働者の職業生活と家庭生活の両立」のための雇用環境整備および国の施策への協力に努めなければならない（5条）。

　同法では，一般事業主は，上記の指針に沿って「一般事業主行動計画」を策定し，厚生労働大臣に届出・公表する必要がある（12条）が，この指針では，「五1　一般事業主行動計画の策定に当たっての基本的な視点」として，(1)労働者の仕事と生活の調和の推進という視点，(2)労働者の仕事と子育ての両立の推進という視点など，WLB に関する事項が「視点」として挙げられている。また「行動計画策定指針」では，行動計画の具体的内容につき，「妊娠中及び出産後における配慮」「男性の子育て目的の休暇の取得促進」「より利用しやすい育児休業制度の実施」「育児休業中の代替要員の確保等」などが WLB に関連する項目として挙げられており，それを「各企業の実情に応じて，必要な事項をその内容に盛り込むことが望ましい」としている。

(2)　国際レベルの CSR

　国際レベルの CSR において，WLB 関連の記述が特に充実しているのは，おそらく国際標準化機構（ISO）による「ISO26000」（2010 年制定）であろう。当然のことながら ISO26000 自体は法ではないが，近年の日本の上場企業の多くは，ISO26000 の枠組みに沿って，あるいはそれを意識して，自社の CSR の取組（3参照）の策定・公表をしていると思われる[28]ことから，ここで例として取り上げておきたい。

　さて，ISO26000 の掲げる7つの「中核課題」の1つが「労働慣行（Labor Practices）」であるが，この中での「6.4.4　労働慣行に関する課題2：労働条件及び社会的保護」について「6.4.4.2　関連する行動および期待」として，「母

---

(28)　週刊東洋経済発行の『CSR 企業白書 2017』（2017 年7月）における「女性が働きやすい会社ランキング　2017 年度版」（196 頁以下）での上位 10 社の HP を確認したところ，何らかの形で ISO26000 に言及している企業が7社，うち3社は自社の取組みと ISO26000 の対応表を掲載していた（2018 年2月6日調査）。

〔河合　塁〕　　　　　　**16** CSR（企業の社会的責任）の「法化」と労働法政策

性保護及び業務上の責任と家族的責任を両立する能力に関してディーセントな労働条件を与える」「全ての労働者に，最大限可能な限り，仕事と生活とのバランスが取れる労働条件」「妥当な労働時間，育児休暇，及び可能な場合，労働者が仕事と生活の適切なバランスを達成することができるように支援する保育施設……を提供することによって，家庭における労働者の責任を尊重する」といったことが挙げられている。

ISO26000 自体ではそれほど踏み込んだ記述はなされていないものの，「業務上の責任と家族的責任を両立する能力」については，ILO156 号条約（家族的責任を有する男女労働者の機会及び待遇の均等に関する条約，1981 年）や ILO165 号勧告（男女労働者特に家族的責任を有する労働者の機会均等についての勧告,1981 年）が参照されており，例えば 165 号勧告の中では，家族的責任を男女間で共有することを奨励するような教育の推進，育児休暇制度，子供の病気休暇制度の推進，保育サービスの充実などが挙げられている。こういった点からすれば，ISO26000 の視点と⑴で述べた視点が，それなりに被っていることは明らかであろう。

3 「実行計画」および企業レベルの CSR における位置づけ

次に，個々の企業レベルで見た場合，各企業が「実行計画」に記載しているその取組みと，各企業レベルの CSR の中で論じられている WLB に関する取組みとが実際に結びついているのかを簡単に見ておきたい。

まず「実行計画」のほうであるが，この中で，各企業の CSR を反映していると明示されているわけではないことには留意が必要である（そのようなフォーマットにはなっていないためである）。しかし，例えば週刊東洋経済発行の『CSR 企業白書 2017』（2017 年 7 月）における「女性が働きやすい会社ランキング 2017 年度版」の上位企業に着目してみると，下表のとおり，次世代法に基づく一般事業主行動計画の中で両立支援の取組として挙げていることについては，多くの企業が，ほぼ同様の記載を，自社の CSR 関連の web サイト（web サイトに掲載されている報告書も含む。以下同じ）に掲載していることが見て取れる。

次に，各企業レベルの CSR の取組みのほうに目を向けてみたい。上述した「女性が働きやすい会社ランキング　2017 年版」の上位 100 位（102 社）の，各社 CSR 関連の Web サイトを確認したところ，その中で，次世代法に基づく

391

第Ⅲ部 雇用・労働政策をめぐる課題

表 次世代法に基づく一般事業主行動計画と，各社 web サイトでの掲載状況

	一般事業主行動計画 （法を上回る，両立支援の取組み）（例）	各社 web サイトでの掲載状況
富士通 (1)	・保育所の事情により必要な場合，子の満1歳の誕生日以降の育児休職を一定範囲で認める ・育児休職期間が1か月以内である場合，積立休暇の残日数範囲で有給にできる ・ベビーシッター費用補助 ・全社員向け WLB に関するフォーラム	下記ページにて紹介。 http://www.fujitsu.com/jp/about/csr/employees/system/index.html
三越伊勢丹 HD (2)	・育児休業は子が満4歳に達する月の月末まで取得可能 ・産前に特例として育児休業または短時間勤務の取得が可能	下記ページにて紹介。 http://www.imhds.co.jp/csr/2017/labor_practices/wlb.html#c02
花王 (8)	・育児休職，時差出勤，短時間勤務制度，企業内託児施設，育児クーポンなどの支援策整備 ・育児休職前・復職前面談 ・社内のパパ・ママ社員を集めたランチミーティング ・WLB に関する社内セミナー	サステナビリティデータブック内に掲載 (http://www.kao.com/content/dam/sites/kao/www-kao-com/jp/ja/corporate/sustainability/pdf/sustainability2017-034.pdf)
SCSK (9)	・マタニティ休暇 ・育児休業（通算3年間・6回まで分割取得可） ・ベビーシッター費用補助 ・復職支援金制度	下記ページにて紹介。 http://www.scsk.jp/corp/csr/labor/work_life_balance.html

（ ）内は『CSR 企業白書 2017』における順位。一般事業主行動計画は厚生労働省の計画公表サイト（http://ryouritsu.mhlw.go.jp/hiroba/index.php）より検索。

「行動計画」について何らか言及している企業が74社（72.5％），「行動計画」という表現は直接用いていないものの，次世代法における認定マーク「くるみん」について言及している企業が16社（15.7％）確認できた[29]。調査対象のサンプルが少ないため断言はできないものの，企業レベルで見ても，「行動計画」と CSR はそれなりに融合して把握されているといえそうである。

4 小 括
以上，狭義の WLB に着目し，労働法政策と国際レベルの CSR においてそ

(29) 藤井怜氏（岩手大学人文社会科学部・労働法ゼミ生）の協力を得て 2018 年 1 月 13 日に調査を実施した。

〔河合　塁〕　　　*16* CSR（企業の社会的責任）の「法化」と労働法政策

れぞれどう位置づけられているのか，また企業レベルで見た場合に「実行計画」と CSR の取組みとがどう交錯しているのかを概観し，いずれにおいても，ある程度重複しているということが見て取れた。

　とはいえ，繰り返しになるが，次世代法上明確に，国際基準としての CSR や各企業レベルの CSR を「行動計画」の中に取り込む，などの建前が取られているわけではないため，「CSR の法化」という表現は，厳密にはやはり不正確との批判もあろう。しかし，上記 2，3 での調査からすれば，少なくとも「現象」としての意味において，「CSR の法化」との表現に耐えうる状況が生じているとすることは，決して的外れな指摘ではないと思われる。

　もっとも，「CSR の法化」が本当に生じているのだとしても，重要なのはそのこと自体ではなく，その先である。つまり，そのような状況が生じている現代において，そのことが労働法政策上の論点——ここでは WLB——にいかなる理論的・実務的影響をもたらすのかを確認し，さらに，それを踏まえた上で，CSR のあるべき姿を労働法学の視角から模索・提言していくことこそが，いま求められているのではないだろうか，ということである。

　その点を次章以下で検討することとしたい。

IV　CSR の法化現象と WLB（法理）への影響

　CSR は，もともと「（企業の）社会的責任」というだけに，（労働分野に限らない）社会的課題を念頭に置いた議論である。WLB が，いまや労働法だけに留まらず社会全体の関心事となってきていることからすれば，CSR の法化という現象は，企業レベルでの，WLB の推進を促すという効果が期待できそうである[30]。しかしそのことが即座に，WLB に理論面および実務面で有益な影響をもたらすといえるかは慎重な検討を要しよう。そこでこの点について考察する。

---

(30)　CSR が労働法に与える有用性として，小畑史子「我が国における CSR と労働法——厚労省の中間報告書を視野に入れて」季労 208 号（2005）参照。また，CSR の労働法（学）へのインパクトとインプリケーションについては，毛塚勝利「コーポレート・ガバナンス／企業の社会的責任論と労働法」季労 217 号（2007）142 頁以下も参照。

第Ⅲ部 雇用・労働政策をめぐる課題

1　プラス面

　1点目は，上でも少し触れたように，ISO26000などの国際基準のCSRで提唱されている項目は，ILO条約や勧告などを踏まえたものであるため，もともと（それなりに）洗練された内容・水準が念頭に置かれているという点である。したがって，ILO条約等の理念や内容がきちんと踏まえられたうえでCSRの法化が展開していっている限り，展開されるWLBの水準も，そう的外れなものにはならないであろうことが期待される。

　2点目は，各企業が進めるCSRは，自社の経営戦略の中で打ち出され，取引先や調達先等も視野に入れる形での，ビジネス活動やマーケティング戦略と関連して進められるものであるから，WLB論も，CSRとの融合によって，より多面的な広がりを持つ可能性がある，という点である。つまり，WLBを労働契約における使用者－労働者という二面的関係で捉えた場合，使用者が（契約の相手方である）労働者への債務として配慮するもの，という位置づけに留まるが，WLBをCSRの一環として把握することで，契約対象外である取引先や調達先も含んだ形での，WLBのあり方を構成していくという可能性があるのである。

　3点目は，2点目とも重複するが，各企業のCSRの取組みは，特に上場企業の場合，「外部の投資家（株式市場）からの目」に晒されるため，結果的に各企業のWLBも，株式市場の目に耐えうる水準のものとなることが期待される。株式市場を意識した取組みの場合，「取組まないと業績や株価に悪影響を及ぼす」という観点から企業が自主的に取り組むことが期待されるため，法的な強制（あるいはそれに近いプレッシャー）とは別の角度から，WLBの質を向上させる可能性があるといえよう。

2　マイナス面

　しかし反面，マイナス面の懸念もある。

　CSRは本来的には——少なくとも国際レベルのCSRは，1でも述べたようにILO条約等を相当程度ベースにしているものであるため，骨太な「理念」に支えられているはずなのだが，残念ながら，各企業レベルでのCSRの取組みにおいては，そういった理念が意識されているとは考えにくく，どちらかというと，企業の利益向上や株主価値向上といった視点が強いように思われる。反面，

〔河合　塁〕　　　　**16** CSR（企業の社会的責任）の「法化」と労働法政策

取組みのレベルにおいては，基本的には，あくまでも企業自身が内容を決め，企業自身のやり方で進めるという，非常に企業の裁量性の強い概念といえる[31]。このことが相まって，以下のような3つの懸念に繋がる。

まず1点目は，特に企業実務においては，CSRの重要性が増すことで，本来ならば法で当然守らなければならないはずのものまで，すべてCSRの議論に解消されてしまう，より端的にいうならば，CSRの形式的な取組みによって，最低限の「法令遵守」さえが覆い隠されてしまう[32]懸念である。

2点目は，そもそもCSRという議論自体が「企業の利益向上や株主価値向上に資するかどうか」という角度からとらえられやすい，ということである。もちろん，近年のコーポレート・ガバナンスの議論においては，法的には株主利益最大化原則を尊重しつつも，必ずしも短期的・直截的な利益を目指すという議論ではなくなってきている[33]。しかし実際の企業実務の場では，なお「利益にどうつながるか」という視点は強い。特に近年の企業実務では，CSRからCSV（Creating Shared Value, 共有価値の創造）に関心がシフトしているとも指摘されており[34]，ますます利益重視の方向に流れていくという可能性も懸念されるのである[35]。このため，WLBについてもCSRの一環として位置づけられる中で，「企業利益に資するか」という観点のものに矮小化されることが懸念されるのである。

3点目は，CSRに限ったことではないが，「計画」等を重視する際の弊害として，数値目標の達成だけが目的化しやすい，ということがある。もちろん，

---

(31)　荒木尚志「雇用社会の変化と法の役割」長谷部恭男ほか編『現代法の動態③社会変化と法』（岩波書店，2014）21頁も参照。

(32)　たとえば，過労自殺事件で世間を賑わした電通なども，CSR報告書の中では「働きやすい職場づくり」や「ワーク・ライフ・バランスの推進」を喧伝していた。河合・前掲注(5)131頁。

(33)　河合塁「物言う株主時代の労働者保護法理」労働113号（2009）52頁，土田・前掲注(6)240頁も参照。

(34)　CSVの特徴は，端的にいえば，「社会的課題の解決と自社の利益の拡大の両立」（熊谷・前掲注(2)26頁）ということになろうが，CSRとの違いは，「CSV経営は，慈善活動ではない」というところにあるとされる。近藤久美子『CSV経営とSDGs政策の両立事例』（ナカニシヤ，2017）4頁参照。

(35)　これに対しては，CSRとCSVは言葉は似ているが本質的に異なるものであり，「CSVは労使関係や労働基準を重視していない」「利益になるものを優先しバランスを欠く恐れはないか」といった警鐘が指摘されている。熊谷・前掲注(2)23頁以下参照。

第Ⅲ部 雇用・労働政策をめぐる課題

数値目標化自体はメリットも小さくない（数値目標がないと，どこまでやればいいのか，あるいはどこまでやったのかが分からない）のだが，数値目標達成のプレッシャーから，現場においては「とにかく数値達成を」という観点が広まってしまい，結果的に現場で受け入れられない，という弊害も考えられるのである。

3　小　　括

以上の点からすると，CSR の法化現象は，WLB 法理に対してプラスの作用の可能性も考えられるものの，どちらかといえばマイナスに作用する要素ないし懸念のほうが目立つ，といった評価になりそうである。特に，WLB に関しては，Ⅲでも述べたように WLB そのものの理念がそのもの曖昧であるため，それが CSR に組み込まれることで，ますます，不透明ないし歪んだ形で展開されてしまうことが懸念のである。

「WLB の理念そのものが曖昧」とは，どういうことか。

本稿では深入りはできないが，狭義の WLB の規範的根拠[36]ないし理念としては，本来は「雇用平等（の実現）」ということがあるはずである。しかしWLB 全体で考えれば，あらゆる労働者の自己決定が理念であるといえる[37]ため，ある部分では両者が衝突する可能性がある。Ⅲ１で触れた浅倉教授や高畑教授の見解は，その両者の関係を（辛うじて整合的に）説明しようとするものといえるが，昨今の WLB をめぐる議論はそういった点をすっぽりと欠落させたまま，安易に少子化対策[38]や，生産性向上[39]といった，本来の理念とは全く異なる政策的関心と結びつけられた上で，女性や家庭責任を負う労働者を優先する「手段」や「手法」ばかりが論じられているように思われる。国家政策として見たときに，少子化対策や生産性向上それ自体に問題があるわけではないが，それによって，WLB そのものを，少子化対策や生産性向上に役立つものに矮小化してしまう，あるいは歪めてしまう可能性があることに加え，労使

---

(36)　高橋賢司「『ワーク・ライフ・バランス』論議で忘れられていること」季刊・労働者の権利 282 号（2009）62 頁は，企業が取組むものである以上，使用者にも納得できる強固な規範的根拠の究明が求められると指摘する。

(37)　笠木映里「家族形成と法」労研 638 号（2013）62 頁。

(38)　笠木・前掲注(37)62 頁。

(39)　大内・前掲注(23)12 頁。

の現場に「なぜ子どもを産む人のために協力しなければならないのか」という，マタハラにもつながるある種の「やらされ感」を蔓延させてしまっている面もあるのではないだろうか。

そしてこのような「曖昧なWLB」が「曖昧なCSR」の中に取り込まれ，それが「法化」していくということは，WLBに関して指摘したこのような問題性を，いわば重畳的に増幅させてしまうのではないか，という懸念をはらんでいるのである。

V おわりに

本稿では，CSRの法化とはいかなる現象なのかということを確認したうえで，それがWLBの理論や実務にもたらす影響としては，どちらかというと懸念が目立つ旨を指摘してきた。しかしながら，現実にCSRの法化現象が進み，その中でWLBに関する取組みも展開していくという方向性そのものが時代の流れであるのならば，それに批判を述べるだけでは不十分でありず，それを乗り越えるべく法理論を構築していく試みこそが求められているといえよう。それは筆者にはあまりにも荷が重いが，最後に（試論レベルではあるが）それに資する（かもしれない）視覚を筆者なりに述べ，本稿のまとめに代えたい。

1 CSRの理念の再構築

上述のようなCSRの理念の欠如ないし不明確性の持つ問題性は，逆にいえば，企業レベルでCSRの理念をきちんと確認し措定できれば，ある程度解消される可能性がある。

では明確にすべき企業レベルでのCSRの「理念」とは何か。1つの可能性としては，「普遍的」な側面と「独自的」な側面との2層で，理念を構築することが考えられる。前者は，ILO条約等の背景にあるような男女平等やディーセントワークの視点であり，それは世界的な労働法の歴史の中で蓄積されてきた，いわば経験知の結集ともいえる。したがって各企業はそれを損なうものを理念として措定することは許されないが，それらに反しない範囲で，各企業の理念と整合的なCSRの理念を構築することは許されるであろう。

もっともこのような提案は抽象的であり，では両者をどう線引きするのか，線引きできたとして，「普遍的」な側面を法は強制しうるのか（法が強制すれば，

第Ⅲ部 雇用・労働政策をめぐる課題

それは社会的責任ではなく明確に法的責任となる），法が介入するとしてどのような手法が効果的なのかなど，乗り越えるべき課題は多々ある。しかし少なくともこのように CSR の「理念」自体を各企業が再確認し明確に自社の CSR の方針の基軸に措定することができれば，CSR に基づく WLB 法理の展開も，少しは説得力のある，同時に内容的にも安定したものとなることが期待されよう。

2　CSR の展開可能性

　CSR の理念を上記のような視点から再構築することには上述のように一定の効果が期待されるが，提言としての抽象性を抜きにしても抜本的手法とまでは評価しがたいであろう。そこでもう１つ，法がもっと活用しうると考えられる CSR の長所を述べておきたい。

　まず，従来の伝統的な労働法（特に個別法）アプローチは，「使用者と労働者」という二者間の私法的関係で把握し，そのうえで使用者の権限を制約したり，使用者に公法的義務を課すというものが多かった。しかし現実の労働問題に即していえば，例えば，昨今話題となっているマタハラのように，労働者間（上司または同僚による嫌がらせ行為）で生じることが少なくない。2017 年 1 月施行の改正均等法 11 条の 2 や育介法 25 条によるマタハラ防止措置義務は，まさにそのような現実を踏まえたものとして注目されるが，法的にはあくまでも「使用者の義務」として構成しているという点で，従来の伝統的な労働法のアプローチの延長上に留まるものである。

　これに対し CSR の視点は，上述のとおり「契約外」の関係にも目配りできる可能性を有している。CSR の議論はもともと，企業組織「外」のステークホルダー（顧客等）との利害調整に親和的といえるが，企業組織「内」の利害調整にも対応できる可能性があるのではないだろうか。要するに，すべてを「使用者の義務」に解消するよりも，CSR の視点から考えることで，企業組織内の多様なステークホルダー（労働者間）のニーズに，柔軟に対応できる可能性を有しているように思われるのである。

　もっともこれに対しては，「使用者の，労働者に対する義務という構成で十分対応できよう」との反論もありえよう。たしかに「使用者の，労働者への義務」という構成を離れて組織論的に把握することは，かえって問題の所在を不

〔河合　塁〕　　　***16*** CSR（企業の社会的責任）の「法化」と労働法政策

明確化する懸念もある[40]ため，その点は十分配慮しなければならないであろう。しかしながら，現実の労働関係においては，労働者の利益の多様化を反映して労働者間の利害対立がかねてより見られるところであり（正社員と非正規雇用間，男性と女性間，女性相互間（中高年層と若年層，子育てをする層としない層など），特に WLB に関しては，その展開を阻害する「不公平感」の温床となっているのである。このような状況に鑑みれば，労働契約関係上の使用者の義務を前提とした理論構成は，形式的整合性には優れているかもしれないが，深刻かつ複雑な問題が生じている現代の時代状況に対してあまりにも鈍感か，そうでなければ意識的に無視を決め込んだ議論[41]のように思えてならないのである。

　その点で，CSR という観点から，企業内部の多様な立場の見方を踏まえつつ，一緒にどうしていくべきかを相互の対話を通じて考え，それを企業の「計画」等に反映していくという方向性は，1 つの可能性を秘めたものとして検討に値しうるであろう[42]。そのことが，WLB の議論にどこまで理論的・実務的に貢献できるのかは定かでないが，一石を投じるものとなれば幸いである。

---

(40)　むしろ労働法学は，伝統的にこのような懸念を重視してきたともいえる。河合塁「コーポレート・ガバナンスと労働法」『労働法の争点(新)』（2014）251 頁。

(41)　近藤昭雄「労災保険の社会保障化と適用関係」角田古稀（下）399 頁は，労災保険の適用対象者を労働基準法上の労働者性から把握しようとする通説的見解に対して，時代状況への鈍感（あるいは意識的無視）を意味する，と批判する。論点としては本稿と全く関係ないが，視角としてヒントをいただいたことからここに引用しておく。

(42)　ISO26000 においても，6.4.5 は「社会対話」として，対話の重要性が打ち出されている。ここではもっぱら政府・雇用主と労働者の対話を想定しているものと思われるが，他方で「社会対話は様々な形態をとることがあり，様々なレベルで成し得る」ともされており，労働者間の「対話」を排除しているわけではないと思われる。

17 駐留軍等労働者における「間接雇用方式」の歴史的展開と労働法上の課題

春田吉備彦

Ⅰ 問題の所在
Ⅱ 排他的基地管理権によって「閉ざされた空間」である米軍基地
Ⅲ 駐留軍等労働者の法的地位 ──労働者派遣類似の三者間契約である「間接雇用方式」
Ⅳ 駐留軍等労働者の労働条件システムにおける法的問題 ──日米地位協定およびMLCの解釈問題
Ⅴ 結びにかえて

Ⅰ 問題の所在[1]

　北部訓練場一部返還後も日本国土の 0.6% の狭溢な沖縄県に陸軍・海軍・空軍・海兵隊の 4 米軍(アメリカ合衆国軍隊駐留軍)の米軍基地の約 71% が集中し,多くの基地被害をもたらす[2]。その一方で,米軍基地は沖縄県庁につぐ約 9000 名の大規模な正規雇用を沖縄にもたらす。県内志向の強い沖縄の若者にとって基地の外から見た,基地で働く基地従業員(以下,「駐留軍等労働者」)はその魅力的な勤務体制から憧れの職業と映る[3]。駐留軍等労働者の職種は 1000 種類ほどの様々なものが存在する[4]。駐留軍等労働者は日本の民間企業

---

(1)　本稿の内容を要約し,すでに労旬 1917 号(2018)6 頁〜14 頁に公表しているが,本稿のⅢの 3 の部分は未公表である。

(2)　2018 年 11 月 12 日,米海軍の FA18 戦闘攻撃機がエンジントラブルのため南大島島の南西約 140 キロの海上に墜落した。本土復帰後の 1972 年から 2017 年末までに沖縄県内で発生した米軍機関連事故に限っても,739 件発生し,墜落事故は 1 年に 1 件ペースで起こっている。この事故の報道については,沖縄タイムス 2018 年 11 月 13 日,琉球新報 2018 年 11 月 13 日。

(3)　琉球新報社編『ひずみの構造 基地と沖縄経済』(琉球新報社,2012)56 頁。

(4)　紺谷智弘「安保法制は基地労働をどう変えるか──米軍戦略に左右される基地労働と

第Ⅲ部 雇用・労働政策をめぐる課題

のように，正社員として採用され様々な職種や仕事を任されるというわけではなく，その専門性によって職務が限定されている。まさにゲートの中の仕事は「アメリカ」である。もっとも，米軍基地は沖縄の土地でありながら，その中は「アメリカ」であるということは，沖縄県民にとっても基地の外から見た，基地内の労働実態やそこで働く，駐留軍等労働者の直面する労働問題はベールに包まれている。もちろん，本土においてもこの問題は十分意識されているわけではない。かつては，本土においても駐留軍等労働者の労働問題に関心が寄せられたこともあったが(5)，今ではその記憶もセピア色の記憶の彼方に忘却されたものとなっている。とはいえ，駐留軍等労働者の労働法上の課題は，終戦後の進駐軍労働者の時代から日本独立後の駐留軍等労働者の今日の時代まで，首尾一貫して，その特殊な労使関係の故に，民間企業の労働者が享受する国内労働法規の適用が阻害された働き方を強いられたまま，様々な問題が先送りにされている。駐留軍等労働者は，防衛省（国）・米軍・駐留軍等労働者の三者間関係において，防衛省は米軍の労務管理に対する独善的な振る舞いを適切にコントロールすることができないという立法上の不備が存在するために，しばしば，理不尽な労働問題に直面させられている(6)。このような労働問題を注視していくと，戦後一貫して最も親密であるはずの米国と日本の外交関係において，日本はいまだ主体性を発揮できないままに米国に追従していることにもあ

労働組合の取組み」POSSE 29 号（2015）57 頁では，「事務職では，アドミニストレーションスペシャリストなどの管理専門職，会計，予算の管理，倉庫管理の事務，技師，設計士などがあります。技術職では，トラック，トレーラー，フォークリフトなどのさまざまな車両の運転手が一番多く，付随して自動車整備などの仕事があります。それから，施設の保守や営繕のための大工，左官屋，ペンキ屋，配管，空調管理等の仕事もありますし，基地にはレストランやカフェテリアや大きなスーパーもあるので，料理，給仕，販売職もあります。さらに，基地のゲート付近の警備や消防の仕事もあります」と述べられている。

(5) 野村平爾「駐留軍をめぐる労働問題」労働法 3 巻（1953）116 頁，林修三「保安解雇と東宝劇場問題──駐留軍関係判決二題」時法 108 巻（1953）36 頁，富田順一「保安解雇という名の不当解雇と斗う駐留軍労働者」労旬 204 号（1955）7 頁，東城守一「駐留軍労働者と日本労働法──保安解雇をめぐる二，三の問題」法時別冊(3)（1957）178 頁，武田誠吾「駐留軍労務者の労働争訟」調査時報 22 巻（1958）25 頁，竹下英男「駐留軍労働者と労働法──保安解雇をめぐる問題を中心として」法時 361 号（1964）19 頁等。

(6) 與那覇栄蔵「日本国の主権が及ばない駐留軍労働者──パート導入に対しスト突入」労旬 1789 号（2013）53 頁は，このような理不尽な労働問題につき駐留軍等労働者の労働組合の立場から検証している。

〔春田吉備彦〕 *17* 駐留軍等労働者における「間接雇用方式」の歴史的展開と労働法上の課題

らためて気づかされる。

駐留軍等労働者の受難の根源には，①米軍の排他的基地管轄権，②労働者派遣法類似の三者間契約（「間接雇用方式」），③日米地位協定および基本労務契約（MLC）等の解釈問題といった三つの構造的な複合的問題があり，②の問題と③の問題は密接に絡んだ問題となっている。とりわけ，②の問題は，労働者派遣法の基礎理論的な研究対象としては，ほとんど検証がなされていない[7]。本稿は，駐留軍等労働者にかかわる，労働法上の問題を整理することで，駐留軍等労働者にかかわる労働法上の課題を検討する際の基礎的素材を提供することを目的とする。

II 排他的基地管理権によって「閉ざされた空間」である米軍基地

日本に駐留する米軍は，日米安保条約第6条に基づき[8]，日本国内の施設および区域を使用することができる。また，日米地位協定第3条第1項に基づき[9]，合衆国は「設定，運営，警護及び管理のため必要なすべての措置」（排他的基地管理権）を執ることができることから，米軍基地は米軍の主権下にある。したがって，雇用主である防衛省は米軍の許可を得ない限り，駐留軍等労働者の職場である「施設・区域」に立ち入ることが出来ない。フェンスの中には防衛省の職員といえども許可なく立ち入ることができないことから，防衛省は労働実態を十分に把握できておらず，米軍基地内はブラックボックスとなっ

---

(7) 小嶌典明『メモワール労働者派遣法』（株式会社アドバンスニュース，2016）263頁が，駐留軍等労働者の労働関係について概括的な言及を行っている。

(8) 正式名称は，日本国とアメリカ合衆国との間の相互協力及び安全保障条約。日米安保条約第6条は，「日本国の安全に寄与し，並びに極東における国際の平和及び安全の維持に寄与するため，アメリカ合衆国は，その陸軍，空軍及び海軍が日本国において施設及び区域を使用することを許される」と定めている。

(9) 正式名称は，日本国とアメリカ合衆国との間の相互協力及び安全保障条約第6条に基づく施設及び区域並びに日本国における合衆国軍隊の地位に関する協定。日米地位協定第3条第1項は，「合衆国は，施設及び区域内において，それらの設定，運営，警護及び管理のため必要なすべての措置を執ることができる。日本国政府は，施設及び区域の維持，警護及び管理のための合衆国軍隊の施設及び区域への出入の便を図るため，合衆国軍隊の要請があったときは，合同委員会を通ずる両政府間の協議のうえで，それらの施設及び区域に隣接し又はそれらの近傍の土地，領水及び空間において，関係法令の範囲内で必要な措置を執るものとする。合衆国も，また，合同委員会を通ずる両政府間の協議のうえで前記の目的のために必要な措置を執ることができる」と定めている。

403

第Ⅲ部 雇用・労働政策をめぐる課題

ている。その弊害は，防衛省が駐留軍等労働者の労働環境や労働災害の実態把
握を困難とし，国として安全配慮義務を十分尽くせないという形で問題が顕在
化する。米軍横須賀基地事件・横浜地裁横須賀支判平 14・10・7 判タ 1111 号
206 頁は，米軍基地で働き，じん肺になった元駐留軍等労働者と遺族が損害賠
償を求めたものである。判決は，国が「米海軍横須賀基地内における個々の作
業内容や粉じん対策をほとんど把握して」おらず，「米軍が対策実施義務を充
分に尽くしているかどうかを不断に調査・監視し，必要な措置を講ずる安全配
慮義務を充分尽くしていなかった」として，国に安全配慮義務違反の責任を認
めている。同様に，国の安全配慮義務違反を認めた裁判例として，米陸軍横浜
冷凍倉庫事件・横浜地判昭 54・3・30 判タ 394 号 118 頁，米軍横須賀基地発電
所電気工事件・横浜地横須賀支判平 6・3・14 判時 1522 号 117 頁等がある。国
の尽くすべき安全配慮義務に関連して，米軍の軍人・軍属から駐留軍労働者に
向けられた，パワーハラスメント等の行為がなされることもありうると推測さ
れるが，「閉ざされた空間」でなにが起こっているのかという実態はベールに
包まれている[10]。

　さらにいうならば，防衛省だけではなく，排他的基地管理権の壁があるため
に，本来，厚生労働省が責任をもつべき労働行政においても，例えば，労働基
準監督署の米軍基地内の立ち入り調査が実質的に制限され，罰則を伴った労働
基準行政の最低基準効が十分には機能していないという問題がある[11]。さら
には，駐留軍等労働者の労災認定に際しても，排他的基地管理権の壁が立ちは

---

(10)　琉球新報社・地位協定取材班『検証［地位協定］日米不平等の源流』（高文研，
　　2004）224 頁以下では，嘉手納基地の空軍関係の保育所内で米人園長が 12 人の日本人保
　　母に保育所内での日本語による会話や携帯電話の使用を一切禁じたり，園長が指定する
　　日以外には年休を認めないといった事例，嘉手納基地のハンバーガ――ショップで働く
　　従業員が米国人支配人から「汚いものをつかむように，ユニホームの肩口をつかまれ
　　た」「生理現象を催しても，許可なしにはトイレにも行けない」「年休申請の返事がな
　　い」といった事例等が紹介されている。
(11)　この点については，すでに，潮見俊隆「日本の中の外国／基地の法律問題」法時 36
　　巻 1 号（1964）8 頁において，「労働基準法に適合するかどうか日本の労働基準監督官が
　　基地内に立ち入って職務を執行したことは，かつてきいたことがない。日本政府は，い
　　わば外野から基地内の労働問題をながめているのが実情であって，後始末の引き受け所
　　の観を呈している。」との指摘がある。

404

だかっており(12)，労働行政は著しく歪められている(13)。戦後の進駐軍労働者および戦後の駐留軍等労働者の歴史を紐解くと，その労働組合が「労働行政不在の間隙」を補うために，膨大な努力を傾注せざるをえなかったという歴史的事実がある。とりわけ，近年，男女雇用機会均等法，高年齢者雇用安定法，育児・介護休業法，障害者雇用促進法等の労働行政立法に認められるように，事業主に向けた公法上の義務（努力義務や法的義務）を課しながら，労働行政上の指示や勧告に従わなかった場合には，「公表」等の間接的な圧力によって労働行政に従った行動をうながすような法規制（ソフトロー）の増大という法現象がある。このような法規制はこれに関連する通達・指針を参照しなければ，その全体構造が見通せない等，複雑さが増幅している。忖度するに，防衛省側からの要請で厚生労働省側には厚生労働行政やその法政策の実現化に向けた相談・意見交換が行われているのだろう。であるとしても，厚生労働省が主導する労働行政あるいはその法政策の展開について，厚生労働省が主体的に関与することなく，その法規制の実効性確保を図れていないというのであるならば，労働行政の在り方としてはあまりに無責任である。戦後一貫して，駐留軍等労働者に対する労働行政の実効性確保をどのように具体化していくのかという立法論上の課題は，先送りされ続けてきたことは指摘しておく。

---

(12) 東京新聞 2017 年 3 月 7 日に基けば，消防隊で就労する駐留軍等労働者が「同僚に上司の悪口を言った」という濡れ衣の噂を広められ無期限の出勤停止処分を受けたこと等からうつ病等を発症した事案が生じている。労働基準監督署は米軍からは聴取に応じてもらえなかったところ，防衛省を通じて米軍基地側から提出された書面を通じて判明した事実と無期限の出勤停止という処分の重さを検討したうえで労災認定がなされたということである。

(13) 渡辺健二「国内労働法令が完全に適用されない不安定な身分——日米のはざまで働く基地従業員」脇田滋編『ワークルール・エグゼンプション——守られない働き方』（学習の友社，2011）101 頁では，「労災事故があった場合は，防衛事務所の職員が立ち会い，それにもとづいて申請します。ですから労災隠しのようなことは一応ありません。しかし，重篤な事故の場合，監督官が即座に基地に入れず現場の保全が確保できないことが過去にありました。」との指摘がある。

第Ⅲ部 雇用・労働政策をめぐる課題

Ⅲ 駐留軍等労働者の法的地位
——労働者派遣類似の三者間契約である「間接雇用方式」

1 駐留軍等労働者の雇入れ，提供，労務管理，給与および福利厚生に関する業務

　現在の駐留軍等労働者の雇入れ，提供，労務管理，給与および福利厚生に関する業務は，平成14年4月1日に設立された，独立行政法人駐留軍等労働者労務管理機構（エルモ）によって実施され，雇用主である防衛省との業務の役割分担が行われる。防衛省は労務提供契約の締結・勤務条件の決定等，雇用主として行う法律行為を実施する。駐留軍等労働者は防衛省との関係では私法上の雇用契約によって雇用されている。しかし，駐留軍等労働者の法的位置づけは，国家公務員ではない[14]。日米地位協定第12条第4項に基づけば[15]，防衛省は米軍および日米地位協定第15条に定める諸機関の労務を充足するために，労働者を雇用し労務を米軍および諸機関に対して，労働者派遣法類似の三者間契約である，「間接雇用方式」によって提供している。このため，日本政府は米国政府との間で，①基本労務契約（Master Labor Contract「MLC」：各軍の司令部や部隊等の事務員，技術要員および警備員等）および②船員契約（Mariner Contract「MC」：非戦闘船舶に乗り込む船員）および③諸機関労務協約（Indirect Hire Agreement「IHA」：日米地位協定第15条に定める，例えば，売店・ショッピングセンター・娯楽施設等の諸機関で働く者）にかかわる，3つの労務提供契約を締結している。

---

(14)　日本国との平和条約の効力の発生及び日本国とアメリカ合衆国との間の安全保障条約第3条に基づく行政協定の実施等に伴い国家公務員法等の一部を改正する法律（昭和27年法律第174号）第8条第1項は「……アメリカ合衆国政府の責務を本邦において遂行する同国政府の職員のために労務に服する者で国が雇用する者（以下「駐留軍等労働者」という。）は，国家公務員ではない」と定めている。この規定から読み取れるように，第二次世界大戦終了から日本がサンフランシスコ講和条約を締結するまでの「進駐軍労働者」は，一般職・特別職の国家公務員と位置づけられていた。もっとも，この規定は，駐留軍等労働者が国家公務員ではないといっているだけであって，駐留軍等労働者の法的定義が明確でない状態で，今日に至っている。駐留軍等労働者とは何者であるかを立法によって明示すべきである。

(15)　日米地位協定第12条第4項は，「現地の労務に対する合衆国軍隊及び第15条に定める諸機関の需要は，日本国の当局の援助を得て充足される」と定めている。

406

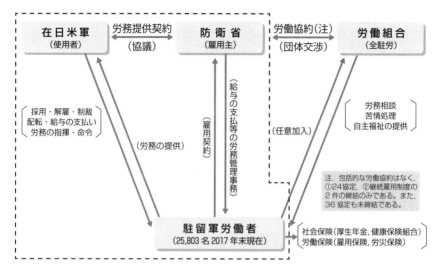

出典：全駐留軍労働組合『駐留軍労働者の雇用と生活を確保するために給与等勤務条件の公正・精確な比較と是正を求めて』（全駐留軍労働組合，2007年）3頁を修正。

　現在，駐留軍等労働者の労務費は，防衛省によって負担されている。日米地位協定第24条第1項は，「日本国に合衆国軍隊を維持することに伴うすべての経費は，……日本国が負担すべきものを除くほか，……日本国に負担をかけないで合衆国が負担する」と定める。この規定は，本来，米軍基地の地代や地主への補償費を防衛省が負担する以外はすべての米軍基地維持費を米軍が負担するということをかつては意味していたが，1978年以降，防衛省は特別協定の導入を繰り返しながらこの条項を空洞化したため，現在では，駐留軍等労働者の労務費だけではなく，代替施設建設費，軍人・家族の生活改善施設（その中には，エアロビクス教室・ビリヤード場・映画館等もある），作戦施設である滑走路や戦闘機格納庫の建設費用が防衛省の予算で支出されている[16]。

---

(16) 梅林宏道『在日米軍 変貌する日米安保体制』（岩波書店，2017）36頁。

第Ⅲ部 雇用・労働政策をめぐる課題

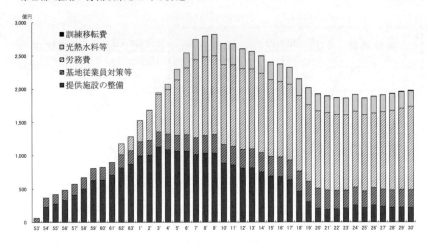

図 在日米軍駐留経費負担の歳出ベースの推移
（防衛省・自衛隊ホームページから引用）[17]

繰り返しになるが，現在，駐留軍等労働者は「間接雇用方式」[18]によって雇用されており，米軍による「直接雇用方式」[19]によって雇用されているわけで

---

(17) http://www.mod.go.jp/j/approach/zaibeigun/us_keihi/suii_img.htm
(18) 「間接雇用方式」と捉えるのではなく，「(在籍) 出向」と捉えることはできないのかという疑問が生じえなくない。この点について，紺谷智弘・全駐労中央執行委員長から，「『労働者派遣類似の間接雇用』であると捉えることが適切である。なぜなら，駐留軍等労働者は米軍等の労務要求に基づき，国が雇い入れるのであって，防衛省職員として採用されるわけではないからである。もし，『(在籍) 出向』という考え方が成り立つのであれば，国家公務員共済法の適用を求めることができることになり，米軍撤退に伴う人員整理についても，出向元である国に戻して雇用確保を図れといった要求も可能となるが，そのような雇用保障や身分的位置づけにかかわる，裁判例や国会答弁も存在していない」との証言を得ることができた。
(19) 全駐労沖縄地区本部『全軍労・全駐労沖縄運動史』（全駐労沖縄地区本部，1999）224頁には，「沖縄の軍関係労働者は，戦後26年間，米軍の直接雇用の下で，米軍が一方的に制定した布令第116号や軍規則によって，基本的権利は剥奪され，米軍の専制的支配下で労働を余儀なくされてきた」との記述がある。1972年の本土復帰まで，沖縄においては「直接雇用方式」が採用されており，日本国憲法の適用もなかった。まずは，本土同様に「間接雇用方式」を目指すことで，日本国憲法の保障する基本的人権あるいは労働三権の完全な適用を切望したということであろう。米軍統治下の沖縄の軍雇用者にかかわる考察として，幸地成憲「沖縄における軍労働者の法的地位」琉法10号（1969）65頁。

408

〔春田吉備彦〕 *17* 駐留軍等労働者における「間接雇用方式」の歴史的展開と労働法上の課題

はない。このような「間接雇用方式」は，いわゆる「労働者派遣」に酷似しているので比較する。労働者派遣は雇用と使用が分離するため，使用者の権限関係が錯綜し，労働法規や社会保険関連法の遵守といった使用者責任の履践が不完全になりがちな雇用形態である。このため，労働者派遣法は使用者（派遣先）の使用者責任と雇用者（派遣元）の雇用責任を慎重に制御した法規制を用意する。例えば，労働者派遣法では，年次有給休暇（以下「年休」）の付与と労働者の時季指定権行使に対する時季変更権行使は雇用者（派遣元）の義務となっている。一方，駐留軍等労働者にかかわる三者間契約においては，防衛省（雇用者）の雇用責任と米軍（使用者）の使用者責任のバランスが歪められ，防衛省の雇用責任が曖昧になっている。例えば，駐留軍等労働者との関係では，その規定上，時季変更権の行使は使用者としての米軍に委ねられているため[20]，労働基準法（以下「労基法」）第39条の年休規制が十分機能しないという法的問題が生じている。国（全駐留軍労働組合）事件・那覇地判平26・5・21労判1113号90頁は，前述の③IHAに基づいて就労する駐留軍等労働者の労働条件の不利益変更に対抗するために行われたストライキについて米軍が適法な時季変更権の行使を懈怠し，ストライキ支援者や不参加者の賃金カットを行う等の労務管理上の初歩的なミスを犯し，防衛省も米軍の時季変更権の不行使に何ら積極的な対応をとる等してその是正を図れずに違法な賃金カットが生じた事案である。判決は，国に未払賃金支払と同額の付加金の支払を命じただけでなく，国と米軍は「雇用主の権利義務を分掌しているものと見ることができるから，両者を併せて制裁の対象ととらえる」として，あえて米軍の悪質性を問題視している[21]。

---

(20) IHAの休暇の変更にかかわる規定は，「監督者は，従業員が指定した日に休暇を使用することが，当該機関の任務遂行の妨げとなるような場合においては，その休暇の日を変更することができるものとする。この場合，監督者は，両者の合意を条件としてかわりの日を提示するものとする」と定めている。

(21) 同事件については，春田吉備彦「在日米軍基地従業員の法的地位」毛塚古稀357頁。駐留軍等労働者の年休にかかわる裁判例として，沖縄米軍基地事件・福岡高那覇支判昭52・12・19労判331号126頁，在日米空軍第一八設営群（年休）事件・那覇地沖縄支判平6・11・24労判670号41頁。

第Ⅲ部 雇用・労働政策をめぐる課題

2　駐留軍等労働者の解雇について

駐留軍等労働者が防衛省に雇用され，米軍に派遣・使用された職業生活がつつがなく続けば，この「一生（涯）派遣」は基地での定年により終了する。一方，解雇という不幸な事態に遭遇する場合もある。解雇に至らない場合でも，人事処遇によって不利益処分を受けることもある。その根拠は，MLC・MC・IHAである。そして，このような三つの労務供給契約を引き写したものが，実際には，駐留軍等労働者の就業規則として取り扱われている。その運用を概観すると，防衛省が最終的な法的責任者として解雇や人事上の不利益措置を駐留軍等労働者に発動する。しかし，防衛省が能動的にこれらの人事措置をとるわけではない。むしろ，米軍がこれらの人事処遇を防衛省に要請し，防衛省はこの要請を受動的に判断していくという仕組みになっている。その結果，防衛省は米軍が決めたことの「法的尻ぬぐい」をさせられることになる。ここにも，不完全な「間接雇用方式」に起因する，解雇や人事処遇上の問題発生の要因が見出される。その結果，国が裁判において敗訴した（駐留軍等労働者からすれば，米軍の理不尽な人事処遇の発動に対して国に勝訴した）のだから，米軍は国が責任をとるべきであり，賠償金等の金銭支払いも米軍ではなく，国が行うことは当然であるというおかしな問題も延々と先延ばしにされている[22]。

駐留軍等労働者のMLCに基づく，解雇類型には，①不適格解雇，②制裁解雇，③特例解雇，④傷病による就労不能，⑤死亡，⑥精神異常，⑦身体障害，⑧保安解雇，⑨人員整理がある。以下では，これらのうち，①②⑧⑨を紹介する。

①不適格解雇は，私企業における能力不足・成績不良・勤務態度不良・適格性の欠如等を理由とする解雇に相当する類型である。横須賀米軍基地事件・横浜地判平3・8・1労判597号68頁は，横須賀米海軍基地艦船修理廠に在籍しMLCに基づいて就労していたXがYからMLC第10章3dの規定により不適格解雇されたものである。判決はXが「エンジニアリング専門職（電気，6等級）として採用されたが，その事務を処理する能力を有しないから，就業規則

---

(22)　琉球新報2006年3月11日に基づけば，1972年の沖縄本土復帰後，賃金や退職金支払い等について駐留軍等労働者が国を相手に起こした裁判で，国が敗訴して，原告の駐留軍等労働者に支払った1360万円のうち，国が控訴を断念した分の760万円の分担金が米政府から償還されていないことが報道されている。

410

〔春田吉備彦〕 *17* 駐留軍等労働者における「間接雇用方式」の歴史的展開と労働法上の課題

に当たる MLC 第 10 章 3d に定める不適格者に該当」するとして不適格解雇を有効と判断する。国（在日米軍司令部・解雇）事件・東京高判平 18・12・21 労判 936 号 39 頁においても，MLC に基づいて就労していたクラークタイピスト職である X への不適格解雇の効力が争われものである[23]。判決は，不適格性を認定したものの，MLC 第 10 章 4 項 a に基づき米軍が行うべき解雇回避措置の「救済援助プログラム（HAP）」が履行されていないことを捉えて不適格解雇の効力を否定する。

②制裁解雇は，私企業でいう懲戒解雇に相当する類型である。沖縄米軍基地従業員解雇事件・福岡高那覇支判平 22・12・7 労旬 1740 号 43 頁は，X が米軍側上司を「殺すと脅迫した」ことを理由に，国が米軍の要請に応じて X を制裁解雇したものである。判決は制裁解雇の効力を否定する。同事件の背景には，日本語の「懲らしめる」「殴る」を沖縄では「クルセー」「ウチクルス」というが法廷通訳がこれを「殺せ」の意味で "kill them" と訳したため，米軍側上司は「殺すと脅迫された」と理解したことが制裁解雇の理由となっている[24]。日米の言葉の壁も基地内では問題となり得ることが窺える。同様に，制裁解雇の効力が問題となった裁判例として，米軍横須賀基地（制裁解雇）事件・東京高判平 29・2・23 判時 2354 号 74 頁がある。

⑧保安解雇とは，基地施設・区域内の軍紀の維持の撹乱を含む安全上の理由から行われる解雇で，米軍の排他的基地管理権行使の一環として駐留軍等労働者の「基地外への排除」を意味する。米軍と駐留軍等労働者の意見の不一致等により駐留軍等労働者が裁判に訴え勝訴しても基地内での継続雇用の補償はなく，米軍が希望しないときは裁判所または労働委員会の決定でも就労させないことが可能であり，国内法上の解雇規制法理の潜脱だけでなく，裁判所または労働委員会の判断をも遮断するものとなる[25]。とりわけ，労働組合法（以下

---

(23) 同事件については，藤原淳美「不適格解雇のための解雇回避手続と履行の適否」志學館法学 9 号（2008）175 頁，野崎薫子・ジュリ 1350 号（2008）105 頁。

(24) 同事件については，金高望「沖縄米軍基地従業員解雇事件」季刊・労働者の権利 290 号（2011）73 頁。同事件の背景については，喜屋武臣市『在日米軍基地の労働と地域──組み込まれた特異な構造』（全駐軍労働組合，2010）21 頁。

(25) 日米地位協定 12 条 6 項(b)は，「合衆国軍隊又は前記の機関が当該労働者を就労させることを希望しないときは，合衆国軍隊又は前記の機関は，日本政府から裁判所又は労働委員会の決定について通報を受けた後 7 日以内に，その旨を日本政府に通告しなけれ

第Ⅲ部 雇用・労働政策をめぐる課題

「労組法」）第7条の不当労働行為との関係において法理上の問題を孕む解雇類型となっている[26]。

裁判例として，フィンカム基地保安解雇事件・東京地判昭30・12・22労民集6巻6号1177頁，所沢兵器廠保安解雇事件・東京地判昭35・12・26労民集11巻6号1468頁，板付基地整理解雇事件・福岡地判昭37・11・13労民集13巻6号1111頁等がある。

⑨人員整理は私企業の整理解雇類型に相当するが，裁判例としては，駐留軍池子火薬廠整理解雇事件・東京地判昭30・12・24労民集6巻6号1195頁，米軍立川基地事件・東京地判昭53・12・1労判309号14頁，米軍座間基地事件・最三小判平3・7・2労判594号12頁等がある。

3 「間接雇用方式」確立にかかわる歴史的考察

進駐軍（連合軍あるいは米軍）・国・進駐軍労働者（駐留軍等労働者）の雇用形態が，日本占領下という特殊な条件下において，原初的には，事実上の三者間の「間接雇用方式」から出発し，やがて日本独立を契機として，日米間の旧安保条約[27]ならびに日米行政協定[28]によって，このような「間接雇用方式」が法的にも明確に根拠づけられ，さらには拡充・定着していったという歴史的経緯がある。結論先取り的に述べるなら，「間接雇用方式」の歴史的出発点は，敗戦国となった日本に対する占領方式が進駐軍（連合軍）の「間接統治方式」によって開始されたことにあった[29]。第二次世界大戦末期の米国の対日占領

　ばならず，暫定的に労働者を就労させないことができる」と定め，同条第6項(d)は，「(c)の規定に基づく協議の開始の日から30日の期間内にそのような解決に到達しなかったときは，当該労働者は，就労することができない。このような場合には，合衆国政府は，日本政府に対し，両政府で合意される期間の当該労働者の雇用の費用に等しい額を支払わなければならない」と定める。

(26) かつては，保安解雇につき，熱心に判例研究がなされた時期があった。例えば，萩沢清彦・ジュリ236号（1961）92頁，加藤新平・ジュリ246号（1962）91頁，佐藤進・ジュリ272号（1963）103頁，手塚和彰・ジュリ439号（1969）118頁。

(27) 正式名称は，日本国とアメリカ合衆国との間の安全保障条約。

(28) 正式名称は，日本国とアメリカ合衆国との間の安全保障条約第三条に基づく行政協定。

(29) 竹前栄治・中村隆英監修『GHQ日本占領史 第3巻 物資と労務の調達』（日本図書センター，1996）53頁には「連合国最高司令官は労務徴用を占領政策に合致しないと考えていたので，占領当初の数ヵ月間，いくつかの個別の例を除いて一般に徴用は要求さ

〔春田吉備彦〕 *17* 駐留軍等労働者における「間接雇用方式」の歴史的展開と労働法上の課題

政策には，つぎのような二つの「変遷」があった[30]。一つ目の変遷は，米国は日本についてドイツ・朝鮮のような分割統治案も検討していたが，広島・長崎への原爆投下をきっかけに日本が予想より早く降伏したこともあり，米国を中心とする連合国は，日本を単独占領することになったことである。二つ目の変遷は，ドイツ・朝鮮・沖縄と同様に，「直接統治方式」をとるという選択肢もありえたが，歴史的偶然によって「間接統治方式」が選択され，連合国最高司令官総司令部（General Headquarters, Supreme Commander for the Allied Powers－GHQ/SCAP。以下，「GHQ」）とマッカーサーの軍政は，日本政府を通じた「間接統治方式」を行ったことである。以下では，防衛施設庁編さん委員会編『防衛施設庁史』[31]を参照しながら，占領下の進駐軍労働者から今日の駐留軍等労働者に至るまでの，「間接雇用方式」の萌芽から法的根拠の明確化，さらには，その拡充・普遍化といった，歴史的プロセスについて素描する。

(1) 占領当初の占領軍の「労務調達」について

昭和20年8月15日，日本のポツダム宣言受諾によって第2次世界大戦は終結した。占領軍は臨戦態勢を整えて進駐し，必要な物資は全て陸揚し，進駐当初，現地調達の対象となる糧食・被服・酒・煙草・医療材料等も自給態勢をとっていた。しかし，飛行場，港湾施設，通信施設，兵舎等の不動産については現地調達の必要があり，当初，占領軍は日本政府を通じることなく，これらの所有者等に直接接収する例も少なくなかった。「労務調達」については，占領軍が使用する兵舎，工場や飛行場等の清掃・整備，道路や橋梁の修理・舗装，軍需品の運搬作業等のため，様々な労務の供出要求が，地方庁・市町村・警察署等に対してなされた。同年8月26日，日本政府は，外務省の外局として，

れることも，実施されることもなかった。」との記述から，進駐軍の「間接統治方式」の採用が，「労務」について「間接雇用方式」を用いることにつながったという進駐軍サイドの理由が読み取れる。

(30) 米国の日本の占領政策の変遷を述べる文献として，袖井林二郎・福島郎『図説 マッカーサー』（河出書房新社，2003）66頁，楠綾子『現代日本政治史第1巻 占領から独立へ 一九四五－一九五二』（吉川弘文堂，2013）17頁，福永文夫『日本占領史1945-1952 東京・ワシントン・沖縄』（中央公論新社，2014）34頁。

(31) 以下の文章は，防衛施設庁編さん委員会編『防衛施設庁史』（防衛施設庁，1979）4頁以下を参照したものであり，他文献の引用に際しては，別途，脚注を設けている。

第Ⅲ部 雇用・労働政策をめぐる課題

終戦連絡中央事務局を設置し，占領軍の地方軍政部に対応する形で地方事務局を設置した。GHQ の対日占領政策は，連合国軍最高司令官指令（GHQ 指令，以下，「SCAP 指令」）を日本政府に伝達し，この指令を日本政府が法令化して各都道府県庁へ下達し，その実施を各地に配置された，米軍第 8 軍下の地方軍政団が監視するという「間接統治方式」が，沖縄を除いて用いられることになった[32]。同年 9 月 2 日，GHQ は SCAP 指令第 1 号[33]により，日本政府に対して，GHQ への援助と協力を命令し，同年 9 月 3 日，SCAP 指令第 2 号により，「労務調達」に関して日本政府は「主要占領地域の各々に設置される中央政府の出先機関を通じ，連合国軍最高司令官または各自の区域における占領軍司令官により指示される量，訓練および熟練度の労務を，指定された期日および場所で提供するものとする。」との方針を示して，日本政府を通じて日本人労働者を調達する，事実上の「間接雇用方式」を命令した。いわゆる，進駐軍労働のはじまりである。この指令により，米軍の直接使用のために供給される労務，物資，サービス等の必要な経費は，すべて日本政府が「終戦処理費」として負担することになった。とはいえ，占領開始当初，このような方式は必ずしも徹底せず，その手続きについても基準がないまま，占領軍の個々の部隊が必要とする通訳，兵舎，工場，飛行場等の整備，清掃等の業務に従事する労働者の供出を現地の地方庁，市町村，警察等に口頭またはメモで命令することもしばしばであった。

昭和 21 年 3 月 20 日，日本政府は，占領軍の要求に基づき，建設工事に関して占領軍と調整に当たるため，戦災復興院特別建設部を設置した。同年 8 月 23 日，GHQ は，「日本における調達規則及び手続」を発出し，占領軍が日本政府に「労務調達」を要求する場合には，要求労務者の数，出頭場所，労務要求の期間を特記した「労務要求書（LR: Labor Requisistion for Military Units）」によるべきことを指示した[34]。こうして，占領軍の LR が発せられると，これ

---

(32) 毎日新聞社編『一億人の昭和史 日本占領 2 動き出した占領政策』（毎日新聞社，1980）104 頁。

(33) SCAPIN は，SCAP 指令（Supreme Commander for the Allied Powers Directive）に，例えば，第 1 号といった，Index Number を付した文書のことである。

(34) 占領軍は終戦連絡中央事務局に，「調達（Procurement）」や「役務（Service）」という特有の概念を用いることで，日本占領に必要なあらゆる「役務」を要求した。「役務」概念には，「労務」「工事」「需品」「不動産」といった四部門の「調達」以外の物の

414

〔春田吉備彦〕 *17* 駐留軍等労働者における「間接雇用方式」の歴史的展開と労働法上の課題

に基づいて終戦連絡中央事務局は進駐軍要員を募集して連合軍に提供することになった。日本政府が労働者を雇用し連合軍に提供するという「間接雇用方式」による労働者は，「L・R労働者（政府雇傭）」と呼ばれ，昭和22年7月30日当時，「L・R労働者」の数は25万6347名という膨大なものとなっていた。この頃の「L・R労働者」の労働実態については，次のような状態であった。すなわち，「米軍を恐れていた国民も，生活難と就職難に迫られ，なんとか働かなければならず，また米軍がさほど危害をくわえるものではないことがだんだんと分ってきて，基地の周辺には職を求める労働者が集まってくるようになった。労務の提供も沖仲士，荷揚人夫から事務員，翻訳，大工，左官，配管工などの技術者，ボーイ，コックなどまで職種と人員が拡大されていった。……集まった労務者は土建業者の手により，それぞれ米軍の要求する作業に充当され，一日の作業が終ればその日の賃金と労務加配米を受取るという日傭の形態をとっていた。このような日傭の形態も，やがて米軍の方から慣れた労務者を指名してくるようになり，順次，一定の職場に固定して作業をするようにしたがい，純然たる日傭から常傭的日傭に移り変わっていった」[35]「遂次固定化していった職場での問題は，土建業者の中間搾取反対の要求であり，労務加配米その他厚生物資の獲得，さらに，身分の安定を求める日傭から常傭への切替えの要求であった。そして，これらの要求を獲得するための労働組合の結

全てが含まれた。「役務」は，占領軍として日本に駐留するために必要としてかつ許容されたものを意味し，例えば，「鉄道輸送・通信役務調達」「船舶輸送役務調達」「占領軍用発電所の維持管理に関する役務調達」「芸能および施設の管理の役務」等，極めて広範な概念であった。役務の調達は，米軍の調達要求「PD: Procurement Demand」に基づいて行われた。着目すべきことは，例えば，「製パン」という役務調達は，「パン」そのものを指すときは明らかに「需品」の部類に分類されるべき性質のものであるが，米軍自らその材料を供給して請負業者をして「パン」を製造・納入させる「パンの製造」を要求する場合には「労務」に分類されたことである。米軍は進駐軍労働から駐留軍労働への歴史的経過を通じて，しばしば，「役務」概念の独自性と広汎性に基づいて，請負業者へ切替（「PD化」）を行おうとした。しかし，このことは職業安定法に基づく労働者供給事業と「役務調達」概念との法的問題を生ぜしめたし，進駐軍労働者や駐留軍等労働者の労働組合にとっては「PD化」は労働者の「合理化問題」を意味したことから，労働組合による激しい反対闘争という多くの労働問題をもたらすこととなった。この点は，占領軍調達史編さん委員会編『占領軍調達史──部門編II』（調達庁総務部総務課，1958）15頁以下，全駐留軍労働組合編『全駐労労働組合運動史 第3巻』（労働旬報社，1975）37頁以下を参照。

(35) 全駐留軍労働組合編『全駐留軍労働組合運動史 第1巻』（労働旬報社，1965）33頁。

第Ⅲ部　雇用・労働政策をめぐる課題

成へと発展していった」(36)「各地の労働組合が結成されはじめたときは，ほとんど日傭の形態をとっており，土建業者によって供給されていた。この仲介業者は一応，労務提供を軌道にのせる役割を果たしたが，反面，この仲介業者のピンハネハネは各地で問題となっていた。結成された組合がまず取りあげたのは，仲介業者による中間搾取の排除であり，それは日傭から常傭への切替えの要求となり，また，厚生物資の要求などを日本政府機関に提出して活動をはじめた」(37)「労務供給業者の中間搾取排除のたたかいは，東京芝浦自由労組の組合長傷害事件を契機として，三十数組の供給業者が結成した東京荷役労働組合の資格審査を東京都労委に提訴し，その御用組合としての性格を指摘して，解散させ」た(38)「土建業者のいろいろな干渉や妨害を排除して，進駐軍労働者の労務管理は土建業者の手から勤労者の手に完全に移り，また日傭から常傭への切替えのたたかいも並行しておこなわれ，十数万といわれた労働者が日傭から解放され，より安定した常傭へと身分が切り替えられていった」(39)。

(2)　特別調達庁から調達庁への改組と労務調達について

　昭和22年9月1日，公法人である，特別調達庁（SPB: Special Procurement Board）が発足し，進駐軍の労務管理は，終戦連絡中央事務局および戦災復興院特別建設部から特別調達庁に移管されられることとなった。昭和24年6月1日には，特別調達庁は，業務運営上の必要性から国の行政機関に移行し総理府の外局として，占領軍の物品・役務調達にかかわる業務一般を一元的に所管することになった。昭和25年6月，朝鮮戦争勃発を契機として米国の対日講和の動きが加速した。昭和26年5月26日，連合国司令官は，日本政府に「特別調達庁に対し契約に基づき占領軍に物資及び役務を提供する権限を与えることについて」（SCAP指令第2154号）を発出し，①特別調達庁が米国政府の調達機関と契約を結び，米国政府の希望する役務および物資を提供し，その対価を請求する権限を与えること，②特別調達庁の管理下に回転資金を設けることの2点を指令した。同年6月23日，①特別調達庁と米国政府の調達機関との

---

(36)　前掲注(35)36頁。
(37)　前掲注(35)38頁。
(38)　前掲注(35)64頁。
(39)　前掲注(35)65頁。

416

契約に関して，「日本人及びその他の日本在住者の役務に関する基本契約（Master Contract for Sevices of Japanese Nations and Other Residents of Japan）」が締結され，その主な内容は，つぎのようなものであった。①日本政府は，極東軍の管轄地域内で，米軍政府が要求する労務を提供しなければならない。②米国政府が要求する労務の提供に要した経費は，後日，米国政府から日本政府に償還される。③労務調達の要求は，権限のある労務士官が発出する「労務調達要求書（LSO: Labor Service Order）」[40]によって行われる。④契約担当官が労働者を引き続き雇用することが米国政府の利益に反すると認める場合には，即時に，その雇用を終了する。⑤本契約に基づいて提供される労働者は，すべて日本政府の被雇用者である。この結果，占領軍のうち米軍に対する労務提供は，同年7月1日以降は，原則的に，この「労務基本契約」[41]によることになり，日本政府が労働者を調達し，米軍に提供するという，今日の駐留軍等労働者にも通底する「間接雇用方式」による雇用形態が，法的にも明確に根拠づけられることになった。同年9月8日，米国サンフランシスコにおいて，日本は米国等47ヶ国との間でサンフランシスコ講和条約（対日平和条約）を調印した。

　昭和27年4月1日，特別調達庁は，米軍への「施設・区域」の提供を所管する，総理府の外局である，調達庁へ改組された。同年4月28日，サンフランシスコ講和条約の発効によって，日本占領は終結し，日本は独立を回復した。

---

(40)　「L・R労働者（政府雇備）」と類似する概念として，「LSO労働者」というものがある。両者とも，「政府雇備」という意味では違いはないが，従来は，進駐軍（連合国）労働者の労務費が，終戦処理費（日本政府負担）で賄われたものが，昭和26年9月の講和条約締結とともに終了する予定となっていたことから，同年7月1日より，米軍関係の労働者については，米国政府が労務費を負担することとなり，「LR」から「LSO」に切り替えられた。したがって，米軍以外の連合国軍の下で働く労働者は「LR」のまま残ることになった。「LR・労働者」から，「LSO・労働者」への切り替えの歴史的経過については，前掲注(35)264頁。かかる経過については，紺谷智弘・全駐労中央執行委員長から有益なアドバイスをいただいた。

(41)　芦田浩志「駐留軍労働者の法律問題──特に間接雇用労働者の置かれている状態について」労旬245号（1956）4頁では，労務基本契約について，米軍の最終的解雇決定権があるために，「責任ないところに権利があるから，米軍はいきおいその権利を濫用する結果となった。又は日本政府は法律上雇用主としての責任を負いながら，基本契約七条による解雇については，自己が決定したことではないからその理由は何も知らないとしてその責任を回避した。このため駐留軍労働者にとっては救済方法がとざされ，……すべての困難な法律問題は，すべてこの間接雇備方式の不徹底に発し」ているとして，今日まで積み残されている，「間接雇用方式」の根源的な問題をすでに指摘している。

第Ⅲ部 雇用・労働政策をめぐる課題

同条約の調印日，日米両政府は，旧安保条約に調印した。旧安保条約は「平和
条約及びこの条約の効力発効と同時に，アメリカ合衆国の陸軍，空軍及び海軍
は日本国内及びその付近に配置する権限を，日本国は，許与し，アメリカ合衆
国は，これを受託」し（同条約第1条），その「配備を規律する条件は，両国間
の行政協定で決定する」（同条約第3条）と定めていたことからも，米軍は，引
き続き，日本国内に駐留し，進駐軍労働は駐留軍労働に切り替わることとなっ
た。同年4月末の全国の駐留軍労働者の総数は22万1864名であった。旧日米
安保条約とともに発効した，日米行政協定第12条4項は，「合衆国軍隊又は軍
属の現地の労務に対する需給は，日本国の当局の援助を得て充足する」と規定
していたことから，米軍へ提供する労働者に対する取扱いは，日本政府を雇用
主とする「間接雇用方式」により雇用されることが，法的にもより明確に根拠
づけられることになった。日米行政協定第12条4項に基づいて，昭和32年
10月1日，調達庁と米軍との関係において「基本労務契約第28000号（MLC）」
が発効し，さらに，昭和33年5月，「船員契約第29000号（MC）」が発効した。
同年8月1日，調達庁は「総理府の外局」から「防衛庁に置かれる外局」と
なった。

(3) 諸機関労務協約の締結

昭和35年1月9日には新たな日米安保条約が，同年同月19日には日米地位
協定がワシントンにおいて調印された。昭和36年12月16日，調達庁は米軍
との間で「諸機関労務協約（IHA: Indirect Hire Agrement）」[42]を締結した。「全
駐留軍労働組合（以下「全駐労」）」は，長年来，在日米軍の本来的な駐留目的
以外の活動に必要なPX・下士官クラブ等の労働者，すなわち，「直傭労働者
（米軍が直接的に雇用する労働者）」については，次のような労働問題があること
を問題視していた[43]。すなわち，「直傭労働者」は，「間接雇用方式」による
政府雇用労働者（MLC）と比較した場合，賃金その他の労働条件が劣悪である
だけではなく，労使紛争が頻繁に起こったり，米軍による不当労働行為が続発

---

(42) 正式名称は，「在日合衆国軍第十五条諸機関の使用のための日本政府による日本人
　　等の雇用に関する地位協定に基く労務協約および財務上の取決め」。
(43) 全駐留軍労働組合編『全駐留軍労働組合運動史 第3巻』（労働旬報社，1975）52頁，
　　270頁。

しているにもかかわらず，「裁判管轄権（最終的な身分保障）」が日本側にないという問題がある。したがって，日本政府の法的責任がより明確化される雇用形態である「間接雇用方式」を「直備労働者」にも拡大すべきであると主張していた。「IHA」の締結は，「MLC」と比較しても，いまだに「労使紛争の種」を残存させ，不完全なものであったと評価されようが[44]，暫定的な意味では，全駐労や駐留軍等労働者にとっても，長年来の要求が実現したことを意味した。これをもって，今日の駐留軍等労働者の雇用形態である「間接雇用方式」としての「MLC」「MC」「IHA」という3つの労務供給契約が出そろうこととなった。このような調達庁と都道府県が一体となって駐留軍等労働者の労務管理の事務を行う体制は，昭和37年11月1日に防衛庁本庁の建設本部とその外局であった調達庁を統合した，防衛施設庁発足以後も継続し，国と地方公共団体の事務の区分の再整理がなされる，平成13年3月までの長期にわたり継続することとなった。

IV 駐留軍等労働者の労働条件システムにおける法的問題
——日米地位協定およびMLCの解釈問題

駐留軍等労働者の労働条件改善を大きく阻害する要因として，日米地位協定とMLCの解釈問題がある。日米地位協定第12条第5項は，国とアメリカ合衆国との間で「所得税，地方住民税及び社会保障のための納付金を源泉徴収して納付するための義務並びに，相互で別段の合意をする場合を除くほか，賃金及び諸手当に関する条件その他の雇用及び労働条件，労働者の保護のための条件並びに労働関係に関する労働者の権利は，日本国の法令で定めるところによらなければならない」と定める。この規定からは，駐留軍等労働者にも国内労働法規が適用させるように読み取れる。しかし，実際には，米軍側は日米両政府が結んでいる，MLCを日米地位協定と統合して運用する。このため，MLC

（44）　紺谷智弘・全駐労中央執行委員長から，「IHAについては，組合サイドとしては，せめてMLC並みを目指していたが，将来的な直接雇用や業者切替等，米側の裁量による自由度を最大限確保したいという米側の思惑を受けた政府与党案に抗しきれず成立したものであり，それゆえに不当解雇をはじめとする様々な労務問題がいまなお頻発する温床となっている。MLCとIHAの最大の格差は，MLCが日米間での協議と合意が原則となっているのに比べて，IHAは，米側の一方的な通告によって決められる仕組みが原則となっているところに最大の問題がある」との証言が得られた。

第Ⅲ部 雇用・労働政策をめぐる課題

主文第 19 条に基づけば[45]，人事や雇用条件等を規定・変更するためには日米
地位協定第 12 条第 5 項の「相互で別段の合意」が必要な事項として，米軍は
米軍の同意が不可欠との解釈をとっており[46]，駐留軍等労働者に国内労働法
規を適用させようとするたびに防衛省が米軍と交渉しなければならないという
姿勢を貫く。MLC 主文第 16 条の団体交渉にかかわる規定を参照すると，駐留
軍等労働者の労働組合である「全駐労」の団体交渉の相手方は防衛省であり米
軍ではないため，労働条件について事実上の最終決定権をもつ米軍と直接交渉
することはできないと一般的には解されている。米軍は，かたくなに，米軍基
地内の組合活動すらも実質的に制限し，巧妙に，直接交渉を回避している。こ
のため，全駐労は，一旦，防衛省と交渉し，防衛省の同意を得た後，防衛省が
米軍と協議するという二度手間が必要になる。労基法，労組法等の国内労働法
規が適用されるとの解釈は建前で，MLC 主文第 19 条により，米軍の同意がな
ければ国内労働法規が適用されないという矛盾した状態が続いており[47]，日

(45) MLC 主文第 19 条は，「この契約中の関係規定は，就業規則及び雇用条件の基礎と
なるものとする。Ｂ側（防衛省地方協力局次長）は，Ａ側（米国政府＝契約担当官）と
の協議，交渉及び事前の文書による合意なくしては，この契約に基づき提供される従業
員の就業規則若しくは雇用条件を定め，又は変更しないものとする。両当事者が合意し
た就業規則及び雇用条件はこの契約に基づき提供される従業員が勤務する全職場に，日
英両文で公示するものとする」と定める。なお，MLC 主文第 16 条については紙面の都
合上，引用を省略する。

(46) 日本（外務省）側の解釈は，別段の合意とは「保安解雇」に関して特別の手続きを
定めている日米地位協定第 12 条第 6 項のみであり，MLC は防衛省と米軍との私法上の
契約であるとの解釈である。この点は，『外交機密文書 日米地位協定の考え方・増補
版』（琉球新報社，2014）111 頁。しかし，現実には日本側の解釈は米軍の解釈に押し切
られている。

(47) 「上位法は下位法に優先するという法原則」から，憲法→日米安保条約→日米地位
協定→日米合同委員会・合意文書（密約）→法律という関係において，憲法が機能しな
い限り，下位法の法律は機能しない。憲法 9 条と駐留米軍の解釈が争われた，砂川事件
（最大判昭 34・12・16 判タ 99 号 42 頁）において，最高裁大法廷は，①憲法 9 条が禁止
する戦力とは日本国が指揮・管理できる戦力であり外国の軍隊は戦力にあたらずアメリ
カ軍駐留は憲法および前文の趣旨に反しない，②日米安保条約のように高度に政治性を
もつ条約については一見して極めて明白に違憲無効と認められない限り違憲かどうかの
法的判断を下すことはできないとして，憲法判断を回避する。憲法が何も語れないから，
労働法等の国内法よりも日米地位協定と米軍側の解釈によれば一体となった MLC が優
先され，労働法的規制の機能不全の問題とともに昨今の米軍属軍による事件等の沖縄に
おける重層的な矛盾が生じる。この問題については，吉田敏浩・新原昭治・末浪靖司
『検証・法治国家崩壊 砂川裁判と日米密約交渉』（創元社，2014），矢部宏治『日本はな

420

米地位協定第 12 条第 5 項の規定は骨抜きにされているという甚大な法的問題が生じている。この結果，米軍基地内では，労働法規が無視され，無法状態といっても過言ではない働かせ方が放置されている。米軍合意が得られず，法違反の状態となっている例としては，労基法違反の状態として，①36 協定を締結せずに残業させる，②就業規則の作成・届出がなされていない[48]，労働安全衛生法第 19 条違反の状態として，③設置が義務化されている労働災害防止に向けた，労働安全衛生委員会が未設置である等の実態がある。これらの法的問題が発生する根源的な要因は，前述したように，「排他的基地管理権」に由来に，厚生労働行政が主体となる労働行政立法が浸透し難い法構造にある。

IV　結びにかえて

　米軍統治下の沖縄で米軍の圧政と闘った瀬長亀次郎の言葉に「一リットルの水も，一粒の砂も，一坪の土地もアメリカではない」というものがあり，本土の砂川基地拡張反対闘争においては「土地に杭は打たれても，心に杭は打たれない」というスローガンがあり，「沖縄」だけではなく，「三沢」「横田」「厚木」「座間」「横須賀」「呉」「岩国」「佐世保」等の「青森」「東京」「埼玉」「神奈川」「静岡」「京都」「広島」「山口」「長崎」といった「日本の 10 都府県の基地・施設」に通底する問題の本質を表している。そこで働く，25,803 人の駐留軍等労働者（2017 年末現在）[49]は，国家公務員ではなく，さりとて私企業の労働者が享受する国内労働法規の適用が阻害された「鵺（ぬえ）のような働き方」を甘受せざる得ない状況下にある。この背景には，①米軍の排他的基地管理権の問題，②労働者派遣法類似の三者間契約の問題，③日米地位協定および MLC の解釈問題といった 3 つの構造的問題が融合した複合的問題であることが明らかになった。

　①の問題は，日本と同様に米軍基地を抱える「イタリア」では，施設管理権が「イタリア」に属し，例えば，米軍基地の軍用機の発着数や時刻について，

　　ぜ，「基地」と「原発」を止められないのか』（集英社，2014）。

(48)　就業規則の問題は，昭和 39 年に第 10 章 29 条からなる MLC 本則は策定されているものの，その後の労働条件の変化に対応した改定はなされておらず，MLC 本則を事実上の就業規則として取り扱っている。この点は，新井賢治「不透明な国際情勢下の『駐留軍等労働者』等の離職対策」立法と調査 284 号（2008）19 頁。

(49)　防衛省編『平成 30 年版 日本の防衛——防衛白書』305 頁。

第Ⅲ部 雇用・労働政策をめぐる課題

イタリア軍司令官が責任をもつことになっており，日本でも参考になる[50]。②の問題は，三者間労働契約の基本型である労働者派遣法と比べ，どの場面で使用者（米軍）により雇用者（国）の権限が浸食されているのかを検証し，国の効果的な雇用責任の実施方法を検証すべきである。③の問題は，国が主張するMLCの解釈を実現し，日米地位協定の見直しが図られるべきである。

※本稿は，科学研究費基盤研究(C)18K01306の成果の一部である。

---

(50) 屋良朝博『誤解だらけの沖縄・米軍基地（第2版）』（旬報社，2012）110頁。

18 女性活躍推進法の施行と今後の課題
―― 公務員の状況及びドイツの事情を参考に

新 谷 眞 人

I は じ め に　　　　　　　V 女活法と公務員
II 女性活躍推進法の背景　　VI ドイツにおける女性活躍の
III 女活法の概要　　　　　　　　推進
IV 女活法と民間企業の状況　VII お わ り に――課題と展望

I　は じ め に

　わが国の女性労働力率の特徴を示すいわゆる M 字カーブが，欧米型の台形型または山型に近づいてきた。総務省の 2017 年 7 月調査によると，15〜64 歳人口に占める女性の労働力率は 69.7%，年代別では M 字カーブの谷に相当する 35〜44 歳の労働力率が，前年同月比 0.7 ポイント増の 75.3% で，欧米と比較してほぼ遜色のない状況であり，わが国の女性労働市場は「歴史的な構造変化」をむかえているという（日経 2017.9.9 付）[1]。その最大の要因として，企業が女性の離職防止に積極的に取り組んできたことが指摘されている。たとえば，育児休業の取得率の向上，社内託児所の整備，在宅勤務の普及などがあげられる。

　公務員の分野でも，女性活躍は進んでいる。小池百合子東京都知事は，2017年 4 月 6 日都内で講演し「（行政職員の）管理職で女性が占める割合はすでに約20%。都は十分なポテンシャルがある。これから加速度的に女性の管理職比率が高まっていく，と述べ，管理職への登用など女性職員のキャリア支援を積極的に推進していく考えを示した」と報じられている（日経 2017.4.7 付）。

　一方，わが国は少子高齢社会を迎え，女性の活躍にとってまだまだ不十分な

────────────
（1）　同様の傾向は，総務省 2018 年 1 月調査でも維持されている（日経 2018.2.23 付）。

第Ⅲ部 雇用・労働政策をめぐる課題

状況が多々残されており，女性活躍推進に関してこれまでよりも「一歩踏み込んだ新たな総合的枠組み」[2]が求められている。この要請に応えるものとして，女性の職業生活における活躍の推進に関する法律（以下「女活法」）が2015年9月4日制定され，2016年4月1日施行にされた。本法は，2025年度まで10年間の時限立法である。なお，法施行3年経過後に，規定について必要な見直しを行うこととされている（附則4条）。

本稿は，女活法の施行状況について，公務員及びドイツの現状にも目を向けながら，その問題点と課題を検討しようとするものである[3]。

Ⅱ　女性活躍推進法の背景

1　制定の経緯

「女性の活躍」という用語は，すでに民主党政権における「女性の活躍による経済活性化を推進する関係閣僚会議」の名称にみられる。その後，第2次安倍政権の「日本再興戦略──JAPAN is BACK」（2013.6.14閣議決定）に引き継がれ「日本再興戦略・改訂2014──未来への挑戦」（2014.6.24閣議決定）において，より具体化された。

そこでは，新たに講ずべき具体的施策として，

「『2020年に指導的地位に占める女性の割合30%』[4]の実現に向けて，女性の活躍推進の取組を一過性のものに終わらせず，着実に前進させるための新たな総合的枠組みを検討する。

具体的には，国・地方公共団体，民間事業者における女性の登用の現状把握，目標達成に向けた自主行動計画の策定及びこれらの情報開示を含め，各主体がとるべき対応等について，検討する。さらに，各主体の取組を促進するため，認定などの仕組みやインセンティブの付与など実効性を確保するための措置を検討する。

これらについて今年度中に結論を得て，国会への法案提出を目指す。」

（2）「女性の職業生活における活躍の推進に関する基本方針について」（2015.9.25閣議決定）。

（3）女活法に関する基本文献として，浅倉むつ子『雇用差別禁止法制の展望』（有斐閣，2016）588頁以下。

（4）2020年に「30%程度」という目標は，2003.6.20男女共同参画推進本部が決定したものである。

とされていた。

　こうして制定されたのが，女活法である[5]。女活法は罰則がなく，女性活躍推進のための「望ましい方向に関係者を誘導する」「ソフトな行政手法」を取り入れたものであり「非規制的手法」が特徴の立法といえる[6]。

2　女活法の位置付け

　女活法は，女性の「職業生活」に関して適用される法律であるから，労働法の一領域に属することは明らかである。ただ，すでに男女雇用機会均等法等が存在するため，それらと女活法との相互関係が問題となりうる。法体系上は，憲法13条の人間の尊厳及び14条の法の下の平等の理念を頂点として，男女共同参画社会基本法（平11法78）の下に，改正均等法（平18法82），育児介護休業法（平7法107），次世代育成支援対策推進法（平15法120）と並んで，女活法という独自の立法が加わったと解すべきであろう。女活法の目的規定においても「男女共同参画社会基本法の基本理念にのっとり」とうたわれている（1条）。ただ，女活法は，他の立法と比べて「女性」に限定している点が大きな特徴といえよう。

3　働き方改革実行計画と女活法

　2017年3月28日，安倍内閣は「働き方改革実行計画」[7]を策定し，その第6項目「女性・若者の人材育成など活躍しやすい環境整備」において「(2)多様な女性活躍の推進」という節を設けている。いわゆる「女性が輝く社会」づくりは，安倍内閣の最重要課題の一つとして位置づけられており，女活法とあいまって「一人ひとりの女性が自らの希望に応じて活躍できる社会づくりを加速することが重要である」としている。

　具体的な施策として「労働時間や男性の育児休業の取得状況，女性の管理職比率など，女性が活躍するために必要な個別の企業の情報が確実に公表される

---

(5)　女活法案は，2014年秋の臨時国会に提出されたが，同年11月の衆議院解散により廃案となり，2015年2月の通常国会に再度提出され，可決成立した。

(6)　小畑史子「女性活躍推進法の制定」ジュリ1494号（2016）50頁，同「女性活躍推進法の意義──労働時間・女性管理職比率を中心に」労働130号（2017）100頁。

(7)　働き方改革実現会議決定（2017.3.28）。

よう，2018 年度までに女性活躍推進法の情報公表制度の強化策などについて
の必要な制度改正を検討する」こと，「配偶者控除等については，配偶者の収
入制限を 103 万円から 150 万円に引き上げる」こと，「短時間労働者の被用者
保険の適用拡大の円滑な実施を図るとともに，更なる適用拡大について必要な
検討を行い，その結果に基づいて必要な措置を講ずる」こと，「国家公務員の
配偶者に係る扶養手当の見直しについて，着実に実施する」こと，子育て後の
女性の「復職制度の有無について，ハローワークの求人票に項目を新設し，女
性活躍推進法の情報公表の項目に盛り込むことを検討」し「復職に積極的な企
業を支援する助成金を創設する」こと，女活法に基づく女性が働きやすい企業
（えるぼし）などの「認定制度や，従業員のキャリア形成に関する企業の表彰
制度などを活用し働き方改革の好事例の横展開を図る」ことなどが示されてい
る。

　なお，第 8 項目「子育て・介護等と仕事の両立，障害者の就労」では，男女
の労働者の育児負担軽減の観点から，保育事業に関し「2018 年度以降につい
ても，本年（2017 年）4 月以降の各自治体における今後の改善状況等も踏まえ，
新たなプラン（待機児童解消加速化プラン）を策定する」こと，保育士の処遇改
善に取り組むこと，「病児保育，延長保育や一時預かり，障害児支援などの多
様な保育を提供できるよう，今後さらに，これらの受け皿の拡大やニーズに応
じた柔軟な利用を進めていく」こと，「保育園が見つからない場合などは，育
休給付の支給期間を最大 2 歳まで延長する」こと，男性が「育児休業を取得し
づらい雰囲気を変えるため，育児休業の対象者に対して，事業主が個別に取得
を勧奨する仕組みや，育児目的休暇の仕組みを育児・介護休業法に導入する」
ことなどがあげられている。

III　女活法の概要

1　目　　的

　女活法の目的は「女性の職業生活における活躍」を「迅速かつ重点的に推進
し……急速な少子高齢化の進展」等の「社会経済情勢の変化に対応できる豊か
で活力ある社会を実現すること」である（1 条）。この目的規定で注目されるの
は，理念法として男女共同参画社会基本法があげられていること，女性の職業
生活における活躍が，近年「一層重要」となっており，女性の活躍を「迅速か

〔新谷眞人〕　　　　　　　　*18* 女性活躍推進法の施行と今後の課題

つ重点的に推進」する必要に迫られているという，非常事態ともいえるような
認識が示されていることであろう。

2　基 本 原 則

女性の職業生活における活躍を推進するための基本原則として，①職場にお
いては，女性に対し，職業生活に関する機会を積極的に提供するとともに「性
別による固定的な役割分担」（ジェンダー）による悪影響に配慮すること（2条
1項），②家庭生活においては「男女の別を問わず」育児介護等の役割を円滑
に果たせるように環境を整備すること（2項），③女性の職業生活と家庭生活と
の両立に関し，本人の意思が尊重されるべきこと（3項）があげられている。

3　国及び地方公共団体の責務と基本方針

国及び地方公共団体は，上記の基本原則にのっとり女性の職業生活における
活躍の推進に関して必要な施策を策定し，これを実施しなければならない（3
条）。一方，政府の責務として，女性の職業生活における活躍の推進に関する
基本方針を定めなければならない（5条1項）。基本方針は「女性の職業生活に
おける活躍の推進に関する基本方針について」としてすでに策定・公表されて
おり，女性の職業生活おける活躍の推進に関する施策を総合的に盛り込んだ文
書として，重要なものとなっている[8]。

4　事業主の責務

女活法は，事業主の責務として「女性労働者に対する職業生活に関する機会
の積極的な提供，雇用する労働者の職業生活と家庭生活との両立に資する雇用
環境の整備その他の女性の職業生活における活躍の推進に関する取組を自ら実
施するよう努める」ことを求めている（4条）。女性労働者の採用時における機
会の提供，採用後のワークライフバランスへの配慮など，女性労働者に着目し
た働き方改革を積極的に実施することを努力義務としたものといえる。

ところで，ここにいう事業主は，一般事業主と特定事業主に分かれる。一般
事業主とは「国及び地方公共団体以外の事業主」つまり民間企業であり（8条

---

(8)　基本方針・前掲注(2)。

第Ⅲ部 雇用・労働政策をめぐる課題

1項），特定事業主とは「国及び地方公共団体の機関，それらの長又はそれらの職員で政令で定めるもの」をいう（15条1項）。したがって，上述の事業主の責務は，官民を問わず，日本国内のすべての事業主に課せられた法的責務である。

5 事業主行動計画

内閣総理大臣等は，法の基本方針に即して「事業主行動計画策定指針」を定めなければならない（7条1項）。これは，すでに策定されており，その内容は，一般事業主行動計画策定指針と特定事業主行動計画策定指針に分かれる[9]。ここでは，一般事業主行動計画についてみていくこととし，特定事業主行動計画については後述する。

まず，常時雇用する労働者数が300人を超える一般事業主は，女性活躍推進の取組に関する一般事業主行動計画を定め，かつ，これを厚生労働大臣に届け出なければならない（8条1項）。また，この行動計画を策定・変更したときは，労働者に周知するとともに（4項），公表しなければならない（5項）。なお，常用労働者の数が300人以下の一般事業主は，行動計画の策定及び届出は，努力義務とされている（7項）。

行動計画の策定に当たっては，自社の女性の活躍に関する状況の把握と課題分析を行わなければならない。その際の必須項目として，①採用した労働者に占める女性労働者の割合，②男女の継続勤務年数の差異，③労働時間の状況，④管理的地位にある労働者に占める女性労働者の割合が示されている。これらを把握・分析したうえで，女性活躍推進の達成目標を設定しなければならないが，その目標は「数値を用いて定量的に」示さなければならない（2，3項）。

上記①〜④は，厚労省のパンフレット[10]等では「基礎項目」と呼ばれている[11]。しかし「その他のその事業における女性の職業生活における活躍に関

---

(9) 内閣官房，内閣府，総務省，厚生労働省「事業主行動計画策定指針」平27.11.20告示第1号。

(10) 厚労省都道府県労働局雇用均等室「一般事業主行動計画を策定しましょう!!」。

(11) 本稿末尾の付記に示した共同研究（研究代表者神尾真知子，研究分担者谷田部光一，新谷眞人）として一般事業主に対し行ったアンケート調査では，基礎項目のうち最も状況把握が難しかったものは「労働者の各月ごとの平均残業時間数等の労働時間の状況」（25.8%）であった（日本大学法学部「『女性活躍推進法研究プロジェクト』・産労総合

〔新谷眞人〕　　　　　　　　　　　　***18*** 女性活躍推進法の施行と今後の課題

する状況」があれば，これらも把握・分析する必要がある（3項）。そのような例として「男女別の採用における競争倍率」等の21項目が，策定指針等で示されている[12]。これらを「選択項目」と呼んでいる。行動計画の届出が義務付けられている一般事業主の届出率は，2017年12月31日現在で99.7％に達している[13]。

　状況把握・課題分析を経て策定した行動計画は，事業主が目標達成に向けて積極的に取り組まなければ意味がない。策定指針では，計画（Plan）→実行（Do）→評価（Check）→改善（Action）のサイクル（PDCAサイクル）を確立することが重要であるとしている[14]。しかし，女活法は，行動計画の目標達成を努力義務にとどめている（6項）。この点が，女活法の弱点であると同時に課題であるといえよう。

Ⅳ　女活法と民間企業の状況

1　女性の管理職割合

　女性の活躍度を示す，最も分かりやすく，かつ注目されている指標が，前記基礎項目④の「管理的地位にある労働者に占める女性労働者の割合」であろう。内閣府の2017年調査[15]によると，上場企業の役員に占める女性の割合は3.7％と前年を0.3ポイント上回り，女性役員数は，過去5年間で約2.4倍に増加した。また，民間企業の課長相当職に占める女性の割合は10.3％（前回9.8％）に増加し，役員，課長相当職とも，過去最高を記録した。総じて「管理職に占める女性労働者の割合」は，1991年以降，多少の上下の変動はあるものの右肩上がりの傾向を維持しているといえる。

　すでに触れたように，これまでも政府は，社会のあらゆる分野において，2020年までに，指導的地位に女性が占める割合を少なくとも「30％程度」に

　　　研究所共同調査・女性活躍推進法への企業対応に関する実態調査」人事実務1169号11頁〔2017年〕）。
(12)　策定指針別紙・前掲注(9)，「女性の職業生活における活躍の推進に関する法律に基づく一般事業主行動計画等に関する省令」（平27.10.28厚労省令第162号）。
(13)　厚労省ホームページ「女性活躍推進法特集ページ」。
(14)　策定指針・前掲注(9)。
(15)　内閣府男女共同参画局「政策・方針決定過程への女性の参画状況及び地方公共団体における男女共同参画に関する取組の推進状況について」（2017.12.26公表）。

第Ⅲ部 雇用・労働政策をめぐる課題

するとの目標を設定していた[16]。しかし，現在，女性会社役員や管理的公務員を含めたわが国全体の「管理的職業従事者」に占める女性の割合は13.0％にとどまり，欧米諸国やアジア諸国と比べても依然として低い水準にある[17]。わが国の企業社会では，そもそも女性管理職候補者の母集団となりうる女性の層に厚みがなく，女性の正規職員としての採用を増やすことが重要である[18]。女活法は，女性活躍推進における一般事業主の役割の重要性を視野に入れて，事業主に，これまで以上の努力を求めている[19]。

2 女性労働者の意識

これらとは別に，政府は，民間企業の女性課長職の割合を2020年までに15％とする目標を立てている[20]。しかし，現状からみてこの政府目標の達成はかなり微妙である。ある調査によると，2017年における民間企業における女性管理職の割合は6.9％にとどまる[21]。また，日経新聞の調査によると「2013年からこれまで，あなたの会社で女性活躍への取り組みが進んだ実感は？」との問いに対し「実感がある」「どちらかというと実感がある」の両方を含めても，4分の1に達していない[22]。この程度のスピードでは，女性の状況が改善されたという実感が伴っていないということであろう。

一方，同調査で，女性労働者に対し「管理職になりたいと思いますか？」と質問したところ「思う」は19.6％だったのに対し「思わない」が59.8％と半数を超えている[23]。その理由として「責任が重くなる」「精神的な負担が大きい」「自分には向かない」などがあげられている。一般に，残業時間が短い企業で女性管理職比率が高い[24]。長時間労働が育児・家事に及ぼす影響の深刻さが，管理職をめざす女性の意欲を大きく阻害していると考えられる。

---

(16)　2003.6.20男女共同参画推進本部決定・前掲注(4)。
(17)　内閣府「平成29年版男女共同参画白書」(特集第1節)。
(18)　前掲注(17)。
(19)　前掲注(17)(特集第2節)。
(20)　「第4次男女共同参画基本計画」(2015.12.25閣議決定)。
(21)　帝国データバンク「女性登用に対する企業の意識調査(2017)」。
(22)　日経新聞「働く女性2000人意識調査・上」(2018.1.15付)。
(23)　同「働く女性2000人意識調査・下」(2018.1.22付)。
(24)　小畑・前掲注(6)・109頁。

430

3　企業，社会の意識改革

　女性管理職が少ない要因として，企業側にも意識改革が求められている。日本企業は「女性はすぐに辞める」との思い込みから，コース別雇用管理などに典型的にみられるように，そもそも女性に活躍の機会を与えていないとの指摘がある[25]。そうだとすれば，女活法の基本原則の一つである女性の「職業生活に関する機会の積極的な提供」（2条1項）に反していることになる。

　この点は，企業ばかりでなく，わが国全体の社会的文化的なジェンダー構造をどのように変革するかという問題にまで広がるであろう。なお，このほか，わが国の女性自身に内在する男性依存的志向が，依然として無視できないのではないかと思われる[26]。

V　女活法と公務員

1　女活法における公務員の位置付け

　国及び地方公共団体が，特定事業主として女活法上「女性労働者に対する職業生活に関する機会の積極的な提供，雇用する労働者の職業生活と家庭生活との両立に資する雇用環境の整備その他の女性の職業生活における活躍の推進に関する取組を自ら実施するよう努める」（4条）との責務を負うことは，上述のとおりである。女活法は，特定事業主にもまた，特定事業主行動計画の策定を義務づけている（15条1項）。その内容は，一般事業主の場合とほぼ同じである（2項）。計画策定の前提となる分析項目も同様である（3項）。すなわち，特定事業主行動計画は「採用した職員に占める女性職員の割合，男女の継続勤務年数の差異，勤務時間の状況，管理的地位にある職員に占める女性職員の割合その他の事務及び事業における女性の職業生活における活躍に関する状況」を把握・分析し，その結果を勘案して，具体的な数値を示して「定量的に」策定しなければならない（同）。行動計画の周知義務，公表義務も定められている（4，5項）。

　特定事業主行動計画が，一般事業主行動計画と異なるのは，次の2点である。第1に，職員数の大小にかかわらず，特定事業主の場合には届出義務がない。

---

(25)　大沢真知子『女性はなぜ活躍できないのか』（東洋経済新報社，2015）119頁。

(26)　酒井順子『男尊女子』（集英社，2017）参照。もっとも，女性がそのような意識をもつこと自体が，日本社会のジェンダー構造を反映していると考えられる。

第Ⅲ部 雇用・労働政策をめぐる課題

第2に，そのかわりというべきか，特定事業主は「毎年少なくとも1回」行動計画の実施状況を公表しなければならない（6項）。特定事業主の実施状況公表義務は，一般事業主行動計画の策定・変更における公表義務とあわせて，女性活躍の「見える化」と呼ばれている[27]。

2　特定事業主行動計画の策定指針

特定事業主行動計画の具体的な内容については「事業主行動計画策定指針」[28]の「第三部特定事業主行動計画」に示されている。

まず公務部門における女性の活躍は「臨時・非常勤職員を含めた全ての女性職員が，どの役職段階においても，その個性と能力を十分に発揮できることを目指して推進する必要がある」ことが強調されている。そして，公務分野における女性活躍推進を着実に進めることは「一般事業主に対し率先垂範する観点[29]からも」大きな意義があるとされている。

具体的な取組として，①女性職員の採用・中途採用の拡大，②職域拡大・計画的育成とキャリア形成支援，③テレワーク，フレックスタイム制を活用した継続勤務，④管理的地位にある職員への女性の登用拡大，⑤長時間勤務の是正等の男女双方の働き方改革，⑥家事，育児や介護をしながら活躍できる職場環境の整備が重要な視点として示されている。上記⑤⑥では，女性活躍推進のためには，男女双方の働き方改革によるワークライフバランスの実現が不可欠とされ，職場における性別役割分担意識を取り除くことなど，男性職員が抱えている課題が強調されている点が注目される。

なお，状況把握・課題分析の対象となる項目は「率先垂範する観点から」一般事業主行動計画におけるいわゆる4つの基礎項目に，さらに3項目を加えた7項目（①採用した職員に占める女性職員の割合，②平均した継続勤務年数の男女の差異（離職率の男女の差異），③職員一人当たりの各月ごとの超過勤務時間，④管

---

(27)　「見える化」とは奇異な日本語だが，2013年と2014年改訂「日本再興戦略」や女活基本方針等の公文書で用いられている。内閣府は，インターネット上に「女性の活躍『見える化』サイト」を開設していたが，現在は厚労省「女性の活躍推進企業データベース」のサイトに統合されている。

(28)　策定指針・前掲注（9）。

(29)　率先垂範の観点は，女活基本方針・前掲注（2）で強調されているところである（第2部2(5)）。

〔新 谷 眞 人〕　　　　　　　　　　　***18***　女性活躍推進法の施行と今後の課題

理的地位にある職員に占める女性職員の割合，⑤各役職段階にある職員に占める女性職員の割合，⑥男女の育児休業取得率及び平均取得期間，⑦男性職員の配偶者出産休暇及び育児参加のための休暇取得率及び平均取得日数）とすることが求められている[30]。

3　女性国家公務員等の採用その他の状況

内閣府「第4次男女共同参画基本計画」（平27.12.25閣議決定）では，国家公務員採用試験（総合職含む）からの採用者に占める女性の割合を毎年度30％以上にすることを目標にしている。女性国家公務員の採用は，平成26年度までは20％台で推移していたが，平成27年度から3年連続で30％を超え，平成29年度は女性総合職の割合は34.5％となっている（内閣官房内閣人事局平29.4.28発表）。

以下，いくつか具体的な例をみていく。まず，お膝下の厚労省では，採用目標30％は達成しているが，役職職員の女性割合は目標値を下回っていることがうかがわれる[31]。

女性消防士については，総務省消防庁が，女性消防士の仕事を紹介する冊子を作成したり，女性採用アドバイザーを自治体に派遣したりするなどの取組をしている。しかし，女性消防士は，全体の2.6％にとどまっており，女性警察官8.5％，女性自衛官5.9％に比べて低い。消防庁は，2026年までに5％に引き上げることを目標としている。トイレや仮眠室など女性用施設が少ないことが課題である（日経2017.1.18付，日経2018.1.7付）。

女性自衛官については，2015年に海上自衛隊厚木基地で，海自初の女性飛行隊長が誕生した。彼女の男性上司は「男女で技量に差はない」と述べている。また，護衛艦の女性乗組員はすでに「日常風景」になっている。横須賀基地には，海自隊員専用の保育所があり「お泊り保育」も可能である。防衛省は「女性自衛官の活躍を進める改革」を発表し，陸海空ほぼすべての職で女性が働け

---

(30)　これらの項目は「女性の職業生活における活躍の推進に関する法律に基づく特定事業主行動計画の策定等に係る内閣府令」（平成27年内閣府令第61号，2016.4.1施行）に反映されている。

(31)　「平成28年度厚生労働省における女性活躍とワークライフバランス推進のための取組計画」（特定事業主行動計画，平27.4.1策定）実施状況（2017.8発表）。

第Ⅲ部 雇用・労働政策をめぐる課題

るようにすることをめざしている（2017.4.18）。兵器のハイテク化により，女性自衛官が活躍できる環境が整いつつある。課題はセクハラである（朝日2016.5.11付，日経2017.4.21付）[32]。

女性刑務官については，法務省が2015年度に初めて女性刑務官募集パンフレットを作成した。現在，女性刑務官は1割弱である。一方，女性受刑者数は増加傾向にあり，女性刑務官の役割は大きくなっている。ところが，女性刑務官の3年以内の離職率は約4割であり，男性のほぼ2倍である。「体調を崩した高齢受刑者を病院に搬送するなどの突発的事態が多く，勤務が不規則だった」というのが理由の一つにあげられている。法務省は2018年度までに離職率を半減し，200人増員する目標を掲げているが，必ずしも計画通りに進んでいない（日経2016.1.25付夕刊）。

女性警察官については，警視庁は，2013年度から職場復帰支援プラン，子育てアドバイザー制度を導入している。その結果，出産・育児が理由の退職率は，2009年度25.4%から2016年度13.3%と大幅に減少している。仕事の男女均等化もすすんでおり，現在では，女性警察官の交番勤務，単身女性の寮生活などが許容されている（朝日2016.2.2付）。

4 小 括

このように，各省庁において，女性活躍に向けた新しい取組が行われている。しかし，上述のような事例がことさら取り上げられているようでは，まだ真の女性活躍が実現されたとはいえないであろう。わが国では，しばしば女性に対し「○○女子」「○○ガール」などと興味本位の表現が用いられるが，このこと自体が男性中心社会の裏返しといえる。上記の公務員部門における変化も，これらがあたりまえの事柄になっていなければならないのではなかろうか。

---

(32) 女性活躍の推進にあたって，官民を問わずセクハラ対策が重要な課題であることは，女活基本方針（前掲注(2)）でも指摘されている（第2部2(4)，第3部2(3)）。

Ⅵ　ドイツにおける女性活躍の推進[33]

1　女性クォータ法の成立

ドイツにおける女性に関する国際法の根拠としては，EU 指令[34]，欧州評議会条約（イスタンブール条約），国連女性差別撤廃委員会（CEDAW），国連北京行動綱領（1995），国連持続可能な開発のための 2030 アジェンダがあげられる。国内法では，ドイツ基本法 3 条 2 項「男性と女性は同権である。国は，女性と男性の同権が現実に達成されることを促進し，現に存在する不利益を除去すべく働きかけるものとする」[35]の規定が重要である。

ドイツでは，2001 年に政府と使用者団体が政使協定を締結し，指導的地位にある女性比率の引上げ，男女の機会均等，ワークライフバランスの推進などが規定された。その後，2005 年 11 月に発足したメルケル政権は，女性活躍を推進するための政策を次つぎに打ち出した。たとえば，保育所の整備・拡充，いわゆる両親手当（2007 年導入），両親手当プラス（2015 年 7 月 1 日），正規職転換制度の導入の検討，介護の有給休暇などである。また，同一賃金デーのキャンペーン，最低賃金法の施行（2015 年），賃金透明化法（2017 年）なども，女性労働者の地位向上につながると期待されている。

その中で，2015 年 3 月「民間企業及び公的部門の指導的地位における男女平等参加のための法律」[36]（女性クォータ法）が成立し，2016 年 1 月 1 日から施行された。これは，上場企業の監査役会に 30% のクォータ制を法定化したものである。その結果，女性監査役は，可視的に増加した。

公務部門では「連邦平等法」において，各機関に男女平等計画の策定を義務づけており，女性比率が 50% 未満の部門にあっては，男女に同一の能力や適

---

(33)　JILPT ホームページ「国別労働トピック・ドイツ」（2014.4〜2016.8），平成 29 年度 NWEC（国立女性教育会館）グローバルセミナー「女性の活躍促進に向けた取組み──ドイツの経験から考える」（2017.12.7），大嶋寧子「女性活躍推進法案の課題──韓国・ドイツの制度との比較を踏まえた検討」みずほインサイト 2015 年 3 月 11 日を参考にした。

(34)　濱口桂一郎『EU の労働法政策』（日本労働政策研究・研修機構，2017）429 頁以下参照。

(35)　訳文は，高橋和之編『新版世界憲法集（第 2 版）』（岩波書店，2012）169 頁。

(36)　原文は，Gesetz für die gleichberechtigte Teilhabe von Frauen und Männern an Führungspositionen inder Privatwirtschaft und im öffentlichen Dienst.

性が認められる場合には，採用，昇進において女性を優先的に考慮しなければならないとされている。また「連邦委員会構成法」では，委員の数が男女均等になるようにしなければならない。2015年女性クォータ法の成立によって，これら2つの法律が改正され，より強力に女性活躍の推進が図られている。

このように，ドイツでは，クォータ制が重視されている。クォータ制の義務付けなしに，議会でも民間でも女性の活躍は促進されないと考えられているようである。しかし，クォータ制は，女性活躍のために必要なツールの一つであって，ゴールではないと位置づけられている。

2　ドイツにおける女性の現状

上述のように，ドイツにおいて女性活躍のための法的整備は着実に拡充しているが，現状は，かならずしも画期的に改善されたわけではない。

ドイツ連邦議会における女性議員の比率は，男性69%に対し女性31%である[37]。また，連邦行政機関における上級女性職員の割合は，20%以下である。そのため，いくつかの政党は，党幹部および議員候補者リストに自主的にクォータ制を導入している。

ドイツにおける2017年のジェンダーギャップ指数は，144ヵ国中12位であった[38]。ドイツ女性は，教育期，労働期，家族期，退職期のすべての人生ステージにおいて，男性との格差が存在している。たとえば，学歴では，博士課程以後に格差が生じ，女性大学教授は男性の約1割である。また，職業選択では，女性は，ブルーカラー，ホワイトカラーを問わず，販売，保育，ケアサービスなどの対人的業務（ヒューマンサービス）が多く，男性は，機械，技術，工学など機械相手の仕事が多い。ドイツでは，男女の役割分担が固定化されているといえる。労働時間は，女性は家事労働など無償労働の比率が高い[39]。

男女の賃金格差も大きく21%である[40]。EU諸国では，エストニア，チェコに次いでワースト3である。その原因は，職業の男女分離が固定化している

---

(37)　日本は，衆議院議員465人のうち女性47人（10.1%），193ヵ国中160位台にとどまる（朝日2017.10.25付）。

(38)　日本は114位（朝日2017.11.2付）。

(39)　無償労働を労働時間に含めて男女を比較する発想は，日本では稀薄であり，参考にされてよいと思われる。

(40)　日本は27.0%（前掲注(17)（特集第1節））。

〔新谷眞人〕　　　　　　　　　**18**　女性活躍推進法の施行と今後の課題

こと，女性上級管理職が少ないこと，育児・介護のためにキャリアが分断されること，またそのために短時間労働であることなどがあげられ，総じて女性の労働が軽視されていることの表れであると指摘される。なお，父親の育児休業取得率は，34.2％である（2016 年）。

Ⅶ　おわりに──課題と展望

すでにみてきたように，女性労働力率の M 字カーブは徐々に解消され，また女性管理職の割合も右肩上がりに改善されつつある。しかし，一方で，男女労働者の賃金格差は依然として大きい。特に，大学卒の男女別年収を比較すると，男性は 50 代前半で 800 万円に近いピークを示しているのに対し，女性は 26～27 歳の約 260 万円をピークとして，その後は下がり続けるばかりである[41]。また，大学教員，医師などの専門職に占める女性割合はきわめて低く，2％を下回っており「固定的な男女の役割分業に近い状態」が存在している[42]。M 字カーブが解消されたからといって，女性活躍が進んだことにはならないのである。今後は，表面的な統計に表れにくい日本的働き方の実態にも目を向ける必要がある。

わが国の公務員部門では，依然として女性役職者をふやすことが課題であるといえる。女活法に内在する課題としては，官民を問わず，事業主行動計画をどのように達成させるかであろう。特に，特定事業主である公務員が民間企業に対して率先垂範を示すというからには，ドイツとの比較でみたように，女性管理職の割合にクォータ制を導入することや男性の育児介護休業取得率の促進など，一歩踏み込んだより力強い政策が求められるであろう[43]。

[付記] 本稿は，平成 28 年度日本大学法学部研究費〔学術研究費（共同研究費）〕による「女性の活躍推進法の理論的・学際的研究」成果の一部である。

---

(41)　長瀬伸子・L ディアデン・女性活躍なお残る課題①大卒者の年収極端な低さ・日経 2018.2.19 付。

(42)　山口一男・女性の活躍なお残る課題②固定的な役割分業改革を・日経 2018.2.20 付。

(43)　いわゆるポジティブアクション（積極的是正措置）には，ドイツのようなクォータ制と，達成目標を設定して努力を促す「ゴールアンドタイムテーブル方式」の 2 種類があり，前者よりも後者の方が，よりソフトな法的効果をもたらす。わが国の女活法は，後者を採用したものである（浅倉むつ子「ポジティブ・アクション義務づけ立法を考える」労旬 1853 号（2015）4 頁）。

19 スウェーデンにおける就業と育児の
両立支援策としての両親休暇制度

――「子どもの最善の利益の実現」を中心として

西 　 和 江

Ⅰ　は じ め に
Ⅱ　子どもの権利を基軸とする
　スウェーデンの両親休暇制度
Ⅲ　わが国の法理や法制度への
　示唆
Ⅳ　お わ り に

Ⅰ　は じ め に

　就業と育児の両立は今日の雇用社会における重要課題であり，わが国の労働法の分野においても法理の研究がすすみ，両立支援にむけての法政策が展開されている。両立支援をめぐる法制度の中心に位置するのは，「育児休業，介護休業等育児又は家族介護を行う労働者の福祉に関する法律」（以下，育介法）であり，就業と育児の両立支援制度は，この育介法と，休業に際し所得補償を行う雇用保険法による育休給付を 2 本の柱とする。

　本稿は，就業と育児の両立をめぐる法理において，労働者である親に養育される子どもを，新たな権利主体として取り扱うことを試みるものである。何故子どもを新たな権利主体として認識し，子どもの権利を育介法に導入する必要があるのだろうか。

　育介法は，そもそも，労働者に養育される子どもの存在を前提とするものであり，そうである以上，子どもは，養育にあたる親である労働者と同様に同法の当事者であり，本来，同法の中心的存在として取り扱われるべきであろう。

　また，子どもは，大人と同様に独立の権利主体である。子どもを含む全ての人の人権保障の強化・徹底が国際連合（以下，国連）を中心にすすんだ結果，子どもは権利の主体であり，かつ，大人とは異なり発達の途上にあるため特別な保護や援助を享受する存在とされるに至っている。現行育介法が主として対

『現代雇用社会における自由と平等』山田省三先生古稀記念〔信山社，2019 年 3 月〕　*439*

第Ⅲ部 雇用・労働政策をめぐる課題

象とする乳幼児も，大人と同様に人格や人権を有する存在であることをしっかり認識しなければならないであろう。

現行法は子どもの権利保護の視点を欠いており，国際的な趨勢に鑑みて，子どもの権利の導入は，就業と育児の両立をめぐる法理の展開に必要とされているといえよう。本稿は，導入に向けての検討に際し，先ず，スウェーデンの実践例に学ぶものである。

Ⅱ　子どもの権利を基軸とするスウェーデンの両親休暇制度

スウェーデンにおいて就業と育児の両立支援策として展開されている両親休暇制度は，子どもの権利を基軸とし，「『子どもの最善の利益』の実現」を理念とするものである。1974 年に世界初の男女労働者を対象とする両立支援制度として導入され，その後半世紀にわたり法改正を重ねつつ発展を続けた結果，現行制度の保障内容は手厚いものになっている。

1　両親休暇制度を規律する法制度

(1)　憲　　法

男女均等および子どもの権利について，スウェーデン憲法の基本法の 1 つである統治法は，すべての国民の平等と自由および個人の尊厳をうたうとともに（同法 1 章 2 条 1 項），差別を禁止し（同法同条 5 項 2 文），性差別禁止について独立した規定を設けている（同法 2 章 13 条）。子どもの権利に関し，2010 年まで年齢差別の禁止に基づき子どもは大人と同等に取り扱われるとされたが，同年の憲法改正により，子どもの権利が憲法に明文化された（同法 1 章 2 条 5 項 1 文）。

(2)　児童の権利に関する条約（以下，子どもの権利条約）

スウェーデンにおいて，子どもの権利は他国に先駆け早くから意識されており，法的保護は手厚く，子どもの権利条約を採択の後直ちに批准した。同条約は子どもを権利の主体と宣言し，そのうえで，発達の過程にあり特別な保護および援助を受ける存在として位置づけており[1]，そこに同条約の意義がある。

---

(1)　子どもの権利条約前文。

440

〔西　和江〕　*19*　スウェーデンにおける就業と育児の両立支援策としての両親休暇制度

18条に，働く親をもつ子どもの権利が規定されている。

　同条約による要請を国内において総合的に実施するための国家戦略は1999年に国会で承認され，その際に提出された政府調査委員会報告書（Statens offentliga utredningar（SOU））1997:116 は，総合的な検討に基づき立法や行政等に関わる具体的施策を提示している。国連・子どもの権利委員会による一般的意見[2] 1 号の提示が2001 年であったことに鑑みると，同国の取組が迅速かつ積極的であったことは明らかであろう。

(3)　両親休暇法および社会保険法による両親保険

　両親休暇制度は，妊娠・出産・育児に係る休暇等について規定しており，これは，労働法上の両親休暇法（Föräldraledighetslag(1995:584)）および両親休暇取得により生じる所得補償に関する社会保険法上の両親保険（社会保険法 Socialförsäkringsbalk(2010:110) 12 章，13 章）という 2 つの法制度に基づいている。

(i)　両親休暇と臨時両親休暇

　両親休暇制度は，両親休暇および臨時両親休暇からなり，それぞれに全日休暇と部分休暇の取得が可能である。社会保険法 12 章が両親休暇のための両親給付，13 章が臨時両親休暇のための臨時両親給付について規定する。

　ここでは，子どもの年齢に応じ必要な世話ができるよう，各休暇や各給付につき，子どもを中心に置き子どもの立場からの展望に基づく日数や期間が規定されているほか，休暇中の子どもの生活水準が保障され，親が安心して休暇を取得できるよう，両親休暇だけでなく臨時両親休暇についても所得補償がなされている。

　両親休暇は，妊娠，出産，子どもの世話を理由とする休暇に関し父親と母親それぞれに（両親給付を伴う）240 日の休暇の権利を付与する（社会保険法 12 章12 条，15 条）。子どもの世話に限らず，両親教育への参加や就学前学校の参観等子どもの教育に関し取得が可能である（同法同章 6～7 条）。全日休暇は文字通り全日の休暇であり，子どもが 18 ヵ月に達するまで取得できる。部分両親休暇は就業時間を短縮する休暇であり，12.5％・25％・50％・75％の就業時間

---

(2)　一般的意見は，「当該規定についての条約実施機関の有権的な解釈指針として位置づけられるものである。」荒牧重人「子どもの権利条約の成立・内容・実施」喜田明人他編『（逐条解説）子どもの権利条約』（日本評論社，2009）11 頁。

第Ⅲ部 雇用・労働政策をめぐる課題

の短縮が可能である（同章 9 条）。最長で，子どもが 12 歳に達するか小学校の第 5 学年を終了するいずれか遅い日まで取得できる（同章 13 条）。

臨時両親休暇は，両親休暇とは別に，子どもの世話等に関して生じる一時的に必要とされる休暇の要請に対応するものである。子どもの出生に伴う 10 日間の父親休暇（社会保険法 13 章 10 条，14 条），子どもの看護や健診，育児中のもう 1 人の親が疾病や感染症に罹患した場合の休暇等がそれにあたる（同法同章 16 条等）。原則として子どもが 12 歳に達するまで取得可能であり，子ども 1 人につき年間 60 日を限度とする（同章 21 条）。ただし，子どもが 12 歳以上であっても重篤な疾病に罹患した場合や子どもが障がい者支援法の対象である場合等については他に規定が設けられている（同章 22〜31 条等）。

休暇取得による所得補償として，社会保険法に基づき，両親保険による両親給付あるいは臨時両親給付が支給され，全日休暇に対し従前の所得の 80％相当額，部分休暇については就業時間の減少に応じ比例して算定される。

両親給付は有償労働についているか否かに関わらず支給される。また，労働者に限らず自営業をはじめとする有償労働につく者は，両親給付，臨時両親給付いずれにおいても給付の対象であり，親の就労状況に関わらず子どもの権利が保障されるようになっている。

両親給付および臨時両親給付の具体的内容をみると，社会保険法 12 章は 1〜46 条にわたり，同法 13 章は 1〜38 条にわたり詳細に規定されており，両親休暇制度が，所得補償を前提としかつ重要視していることが理解できよう。

(ii) 両親休暇法と両親保険の関係

両親休暇法と両親保険の関係であるが，両親休暇法は，両親休暇に関し，主として，妊娠・出産・育児に係る休暇や妊娠中の配置転換等，雇用の場における労働条件につき規定するのに対し，両親保険は，両親休暇や臨時両親休暇の具体的な内容である，日数や期間，所得補償の金額や期間等につき規定する。両親休暇制度は 2 つの法制度が一体となり実現されるものであり，法改正の内容は両制度間で共有される。

次に，2 つの法制度の関係を，全日両親休暇を例に具体的に説明する。両親休暇法は，全日両親休暇取得の権利につき規定するが，その内容は休暇を請求し取得することができるとするにとどまり，詳細についての規定を両親保険に委ねている。すなわち，全日両親休暇について，両親休暇法 5 条 2 項が，「親

〔西 和江〕 *19* スウェーデンにおける就業と育児の両立支援策としての両親休暇制度

は，社会保険法12章が定める両親給付の全額を受給する期間，全日両親休暇を取得する権利を有する。」と規定し，具体的な日数や期間，所得補償については両親保険が規定する（社会保険法12章両親給付1条～46条）。

さらに，両親保険は，「子どもの最善の利益」の実現を法制度の中心に据え，両親保険の法改正は「子どもの最善の利益」を実現するためと明示しており（後述），両親保険の法改正は両親休暇法においても共有され具体的な権利内容となるため，「子どもの最善の利益」の実現は両親保険と同時に両親休暇法においてもすすむことになる。

「子どもの最善の利益」の実現に関し，その詳細につき次節で論述する。

2　両親休暇制度における「子どもの最善の利益」の実現

⑴　「子どもの最善の利益」の実現は，子どもの権利条約の4原則の1つとして3条に規定されており，また，働く親をもつ子どもの権利を規定する18条によっても要請されるが，同条約は同利益についての定義を置いていない。国連・子どもの権利委員会は，何が子どもにとっての最善の利益であるか一般的な基準について判断しておらず，同条約が総体として理解され，そのうえで，個別条文の内容に基づき「子どもの最善の利益」という法益が遵守されるよう要請している[3]。

両親休暇制度における「子どもの最善の利益」の実現は，具体的な内容として，同条約3条，18条に基づき，「子どもの養育や発達に配慮した両親休暇制度の実現」「子どもが親双方から同等に関与され養育される権利の実現」を要請するが，本稿では，紙幅の関係により，「子どもが親双方から同等に関与され養育される権利」のみを論述の対象とする。

⑵　両親保険による「子どもの最善の利益」の実現

(ⅰ)　両親保険は，「子どもの最善の利益」の実現を法制度の中心に据え，両親保険の法改正は「子どもの最善の利益」を実現するためとし，一例であるが，2001年および2006年の法改正における立法趣意書や政府調査委員会報告書は次のように明示している。

---

(3)　国連・子どもの権利委員会による一般的意見14号「自己の最善の利益を第一次的に考慮される子どもの権利」(2013) Ⅳ-32。

第Ⅲ部 雇用・労働政策をめぐる課題

すなわち，「両親保険は，その中心に子どもを置く（den svenska föräldraförsäkringen satter barnet i centrum）。立法趣意書（proposition）2000/01:44, p.13.」「両親保険は，子どもの最善の利益の実現に由来する（föräldraförsäkringen utgar från barnets bästa）。立法趣意書（prop.）2000/01:44, p.14.」「両親保険の法改正は，両親保険が子どもの最善の利益を実現するためにあることを出発点として議論された。それ故，検討委員会による法改正のための提案は，子どもの立場からの展望に基づき形成されている。政府調査委員会報告書（SOU）2005:73, p.403.」というものである。

　(ii)　スウェーデンにおける法源のヒエラルキーは，1位憲法，2位制定法（法・政令・各局が制定する規則），3位立法のための草稿，4位判例法，5位一般的な法の原理（allmänna rättsprinciper），6位慣習および慣例となっている[4]ところ，政府調査委員会報告書（SOU）および立法趣意書（prop.）は，共に，「立法のための草稿」として，スウェーデンの法制度における法源のヒエラルキーにおいて，第3位という高い地位にある。このように，子どもの権利条約をうけ，「子どもの最善の利益」の実現が，政府調査委員会報告書および立法趣意書という立法のための草稿として制定法を補充する立場にあり，判例法の上位にあるものにより明示されていることが重要であろう。

　(3)　「子どもが親双方から同等に養育される権利」の実現
　(i)　18条は，締約国に対し，「親双方が子どもの養育および発達に対する共通の責任を有するという原則の承認を確保するために最善の努力を払う」よう要請している。ここでいう共通の責任の文言について，スウェーデン政府は，国連での採択文における common responsibilities（英語）を gemensamt ansvar（スウェーデン語）（共通の責任）と翻訳しつつ，同時に，親としての責任・権利・義務に関し，父親母親双方による同等（lika）の関与の重要性を強調した[5]。このように，共通の責任という文言に比べると，より父親母親間の均等に踏み込んだ解釈が批准から程なく明示されたことは重要である。
　その後，「子どもが親双方から同等に養育される権利」の実現に向け，とり

───────────

（4）　Laura Carlson, *The Fundamentals of Swedish Law*, Studentlitteratur, （2009），pp.38-47.

（5）　SOU 1997:116, 10-10・1.

444

〔西 和江〕 *19* スウェーデンにおける就業と育児の両立支援策としての両親休暇制度

わけ，父親の両親休暇取得を促進することの必要性および重要性が一貫して強く主張され，そのための立法や法改正が行われた。

今日では，「子どもが親双方から同等に養育される権利」に関し，「スウェーデンの親子関係を規律する法制度において，最優先される原則の一つが子どもの最善の利益（barnets bästa）であり，子どもの最善の利益は，しばしば，子どもが親双方から同等に養育される権利として解釈され[6]，」また，育児における男女均等の促進は，子どもの最善の利益の促進と表裏一体として扱われている[7]。

それでは，育児における男女均等は，具体的にどのように法制化され促進されているのだろうか。

(ii) パパ・クォータ制度法定のための立法趣意書

父親の両親休暇取得を促進するため，両親間で譲渡できない両親休暇，いわゆるパパ・クォータ制度が 1994 年に法定され，立法趣意書（prop.）は次のように述べている[8]。

> 「両親間で譲渡できない両親休暇（30 日間）の法定という両親保険の発展により，子どもは彼らの親双方に対して権利を有し（barnen har rätt till båda sina föräldrar），親双方は彼らの子どもに対し権利と義務を有する（såväl mödrar som fäder har både rättigheter och skyldigheter i förhållande till sina barn）ことが明らかになる。」

また，就業と親であることの接合について，「子どもにとって，父親が両親休暇を取得することは肝要である。調査によれば，早期に開始され近接した父子間における関係性は，父親と子ども双方にとって好都合であり，その後の人生における関係性に良好な基礎を与える。このような，幼い子どもを持つ親双方に対する必要性は，子ども自身による伝達が不可能であり，それ故，それらの要求が保障されるよう，社会が必要とされる援助を行わなければならない」

---

(6) 前掲注(4) p.189.

(7) スウェーデンの，子ども・高齢者・男女平等大臣オーサ・レグネール氏は，子どもの権利促進の施策として，子どもが親双方に平等にアクセスできるよう，育児における男女均等の促進が必要であるとし，目標として両親休暇の取得を男女半々にすると述べた（2015 年 10 月 16 日，駐日スウェーデン大使館におけるスウェーデン・キッズウィーク 2015 での講演）。

(8) Prop.1993/94:147, 8-1, 8-2-2.

第Ⅲ部 雇用・労働政策をめぐる課題

とし，更に「父親の両親休暇取得促進の目標は，就業と家庭という2つの労働の場において，男性が女性同様に，子どもへの尽力と養育における実際的な責任に関し，それらを生来のように上手に果たすことができることを示すことにある」とした。

両親間における権利譲渡の制限（社会保険法12章17条）により父親の権利取得は大幅にすすんだ。制限日数は当初30日であったが，その後の法改正により現行法で90日となっている。

(iii) 両親給付取得の男女差縮小のための政府調査委員会報告書

また，2006年法改正にむけ，両親給付取得の男女差縮小のために提出された政府調査委員会報告書は，親子関係に関する結論として次のように述べている[9]。

> 「親として果たすべき義務に関わる男女均等な parenthood（föräldraskap）は，子どもに対し具体的な影響を与え，殆どの場合において，両親間の男女均等は子どもに対し好ましく積極的な結果を与える。幼い子どもは，早期において親双方と関係性を結ぶ能力を有し，一方，親にとって乳幼児期における子どもとの近接した関係性は，それに続く子どもの成長の全過程において，親としての責任感に基づき（ansvarstagande），子どもとの近接した関係性を維持することへの必要性や願望を強くする。そして，より年齢が上の子どもにとって，親双方による世話や配慮は，人生の質にかかわる体験において決定的な影響を与える。それ故，父親と母親間における両親給付取得の差を縮小すべきという法改正の目的は，親双方から世話をされ親双方と近接した関係性を発展させるという子どもの権利（barnets rätt att bli vårdat av och få utveckla en nara kontakt med båda sina föräldrar）を，最も注目すべきものとして取り扱う。」

以上のことから，「子どもが親双方から同等に養育される権利」の実現に向けて取り組む立法府や行政府の確固たる姿勢をうかがうことができよう。

3 親双方と子どもという3者の権利の有機的関連性

(1) 以上，「子どもの最善の利益」の実現という理念が，どのように解釈され具体的に法制度として導入されたかをみてきた。「『子どもの最善の利益』の実現」という視点から，「子どもが親双方から同等に養育される権利」の実現が要請され，その結果，男性労働者の育児に積極的にかかわる権利が促進され，

---

(9) SOU 2005:73, p.404.

446

男性労働者の権利促進により女性労働者の労働する権利が促進されている。すなわち，両親休暇制度は，「子どもの最善の利益」，育児における男女均等，就業における男女均等の実現という3者それぞれの保護法益に関し，法制度による調整を通しそのいずれも実現してきたといえよう。このように，子ども，男性労働者，女性労働者という3者の権利が有機的な関連性をもちながら発展するところに，スウェーデンにおける就業と育児の両立をめぐる法理の特色があるといえよう。

(2)　3者の権利の関係性について，2006年に施行された両親休暇法改正の立法趣意書は次のような内容を明らかにしている。同法改正は，両親休暇における保護規定を大幅に強化するものであり，その趣旨は，性別にかかわらず取得可能であるが実際の取得は女性労働者に偏っているため，両親休暇取得を理由とする不利益取扱い禁止等を強化し，それにより就業における男女格差の縮小を図り男女均等を促進することであった。立法趣意書は，法改正の効果がそこに止まらないことを明言している。すなわち，当該法改正により，同時に，育児における男女格差が縮小し育児における男女均等が促進されるであろうと述べ，また，子どもの権利条約に触れながら，子どもが親双方から世話をされるという肯定的かつ積極的な効果が生じるであろうと述べている[10]。

次に，2015年に施行された両親保険の法改正は，パパ・クォータ制度を90日に延長するものであり，育児における男女格差の縮小を図り男女均等を促進することが法改正の直接的な趣旨であった。ここでも，立法趣意書は，法改正の効果はそこに止まらないとし，女性労働者が劣位に置かれている労働市場における男女均等の促進や，両親との関わりにおける子どもの権利の強化に寄与するであろう（Det ska även medverka till mer jämställda förhållanden på arbetsmarknaden samt stärka barnets rätt till sina föräldrar.）と述べている[11]。

4　両親休暇制度の特色と効果

(1)　両親休暇制度の特色として，①子どもの権利を基軸とすること，②「『子どもの最善の利益』の実現」を理念とすること，③「子どもの最善の利益」，

(10)　Prop.2005/06:185, p.113.
(11)　Prop.2014/15:124, p.1, p.10.

第Ⅲ部 雇用・労働政策をめぐる課題

育児における男女均等，就業における男女均等という3者の保護法益に関し法制度による調整を通し実現すること，以上の3点については既に述べたが，その他にも，同制度から学ぶべき特色は多い。④対象となる子どもは原則として12歳未満であるが，12歳以上であっても重篤な疾病の場合や障がい者支援法の対象となる場合は別規定が設けられていること，⑤育児における男女均等の解釈につき，両親による同等の関与と明示していること，⑥同制度に基づく権利取得を理由とする不利益取扱い禁止に関し，その対象が採用を含む雇用の全過程であること，不利益取扱いの証明にあたり両親休暇取得は不利益取扱い理由の1つであれば足り，かつ，使用者の立証責任の強化が図られていること等である。

⑵　以上のような法理や法政策の展開により，その効果の1つとして男性労働者の休暇取得率は，目標には届かないものの大幅に伸びている。

今日では，権利取得の対象となる男性労働者のうち約80％が休暇を取得する。両親給付の取得率，すなわち取得日数の男女比は，50：50という目標が掲げられているが，2015年において女性74：男性26である。両親休暇制度が法定された1974年に100：0であり，両親間の譲渡禁止（パパ・クォータ制度）が施行された1995年に90：10であった[12]。

また，2節−⑶−(ⅱ)(ⅲ)で既述したように，早期に開始され近接した父子関係は，子どもだけでなく父子双方に好ましい影響を与えることが立証されたことは重要である。

育児における男女均等の促進を最大の課題とし，未だ発展途上にあるものの，両親休暇制度は，就業と育児の両立をめぐる法理に新たな規範をもたらしたといえよう。

Ⅲ　わが国の法理や法制度への示唆

前章でふれたように，子どもの権利条約は，子どもを権利の主体とするものであり，そのうえで，発達の過程にあり特別な保護や援助を享受する存在として位置づけており，18条が，働く親をもつ子どもの権利を規定している。

---

(12)　スウェーデン中央統計局 SCB(Statistiska centralbyrån), "Women and Men in Sweden 2016 Facts and figures", SCB, (2016), p.39.

〔西　和江〕　*19* スウェーデンにおける就業と育児の両立支援策としての両親休暇制度

　わが国は同条約を 1994 年に批准しており，同条約を誠実に遵守することを求められているが（憲法 98 条 2 項），取組は遅れており[13]，その結果，現行育介法において子どもの権利導入や権利保護は全く視野に入っていないのが実態である。

　日本弁護士連合会は，子どもの権利の実施状況を述べた政府報告に関するカウンターレポートを国連に提出し，そのなかで，わが国では，子どもを「1 人の権利の主体としてとらえる」ことが欠如している旨述べている[14]。同条約は，子どもの人権を大人とは別個のものとして初めて認めたところに重要な意義を有しており[15]，取組の遅れは，人権に対する姿勢を問われるものではなかろうか[16]。

　スウェーデンの実践例から学ぶべき点は多々あるが，①子どもを権利の主体とすること，②「『子どもの最善の利益』の実現」を理念とすることが重要であろう。

1　子どもを権利の主体とすること

(1)　子どもの権利条約に関する日本政府の対応は遅れているが，それはともかく，育介法を規律する法理のみならず[17]，休業による所得補償を規律する

---

(13)　国連・子どもの権利委員会は，日本政府が提出した第 2 回報告書に対する総括所見において，権利基盤アプローチをすすめるべきという勧告をだした。権利基盤アプローチとは，同条約による基本的な要請として，子どもに関する立法や法政策を決定するときに，常に子どもの視点から考えていかなければならないとするものである。日本政府による第 3 回報告書は，権利基盤アプローチに全くふれておらず同勧告は無視された形になっている。
　　なお，児童福祉法は 2016 年の法改正により，子どもを，従来の児童福祉の対象から，児童福祉を受ける権利の主体へと転換しており（同法 1 条），子どもに関する法制度を，子どもの権利基盤型に改正する動きがようやく緒についたとみることができよう。

(14)　日本弁護士連合会編『子どもの権利条約・日弁連レポート　問われる子どもの人権』（駒草出版，2011）4 頁。

(15)　永井憲一「子どもの権利条約の意義と特徴」永井憲一他編『新解説　子どもの権利条約』（日本評論社，2000）5 頁等。

(16)　すべての者の基本的人権の尊重と法的保護の強化・徹底が，1945 年に設立された国連を中心に図られたが，条文上「すべての者」に含まれるとされた子どもの人権は，事実上，保障されるに至らず，国際社会は，子どもを権利の主体とするより強い拘束力を持つ規定が必要と判断し，子どもの権利条約が 1989 年に採択された。

(17)　西谷敏教授は，労働者保護法の法源として国際条約を明記し，「日本が批准してい

第Ⅲ部 雇用・労働政策をめぐる課題

法理においても同様に，子どもは大人と同じく人格や人権を有する存在であることをしっかりと認識し，そのうえで，就業と育児の両立をめぐる法律や法政策は，そもそも養育される子どもの存在を前提にすることを再確認し，それ故，制度の中心とすべき当事者として子どもを権利の主体とすることが要請されよう。

(2) まずは，対象となる子どもの年齢につき拡張することを検討し（例えば，上限を原則として12歳未満とするなど），そのうえで，制度ごとに対象となる年齢を規定することが必要であろう。

(3) 子どもを権利の主体とし，その法益を保護することにより，育介法における対象労働者の拡大が進むであろう。子どもの権利を基軸に据えれば，親の就労条件により子どもの権利保護に差が生じることは好ましくないからであり，育介法に限らず，同様の展開は所得補償のための法理においても可能であろうし，両制度の積極的な発展が期待されるのではなかろうか。

2 「『子どもの最善の利益』の実現」を理念とすること

(1) 子どもは，養育する男女労働者とは異なる独自の法益，すなわち，「『子どもの最善の利益』の実現」という法益を享有する権利主体である。同法益は，具体的内容の1つとして，「子どもが親双方から同等に養育される権利」の実現を要請しており，同要請により，子どもの権利に対応する義務として，従来著しく低調であった父親の育児参画が促進されるであろう[18]。その結果，育休をはじめとする権利取得が促進され，性別役割分業の解消がすすむであろう。

ここでは，条約18条1項について国連・子どもの権利委員会がだした解釈を確認することが必要である。すなわち，18条1項は，子どもの権利の実現にむけ，締約国に対し，「親双方が子どもの養育および発達に対する共通の責

る場合には国内法と同一の効力をもつ」とされる。西谷・労働法34頁。

[18] 現行育介法の最重要課題は，育休取得率の男女差が著しいことである。2016年度に，女性労働者81.80%，男性労働者3.16%であった。男性労働者は取得日数も短いが，一方で，取得したかったができなかった同労働者は30.1%にのぼる（厚生労働省「『平成28年度雇用均等基本調査』の結果概要」15頁，同「『平成27年度雇用均等基本調査』の結果概要」12頁）。

450

〔西　和江〕 *19*　スウェーデンにおける就業と育児の両立支援策としての両親休暇制度

任を有する」よう求め，同委員会は，子どもの養育における父親と母親の関係について，同等の養育者として（as equal caregivers）の共通の責任という解釈を示した[19]。スウェーデンの両親休暇制度において，スウェーデン政府が批准当時から，親双方による同等の関与の重要性を強調したことは前述したが，今日では，父親と母親による平等（equal）の参画が，国連・子どもの権利委員会による条文の解釈として要請されていることは重要である。

⑵　男性労働者の育児参画は，従来，女性労働者の就業支援のための責務という側面を有していた。敢えていえば，労働法学は今日に至るまで，男性労働者の育児参画につき責務としてのみ捉えていたのではなかろうか。育児参画が配偶者をはじめとする女性労働者に対する就業支援としてのみ要請されるのであれば，それは多くの男性労働者にとって魅力に乏しく，現行法において育休等の取得は労働者の意思に任されているため，実際に育児参画へとすすむ男性労働者は限られるであろう。学際的にみれば，女性の就業を前提とする男性労働者の育児参画につき，各分野において研究の蓄積が進んでおり，その内容は，就業支援を超えて育児参画を肯定的に捉え，あるいは積極的に推奨するものである。男性労働者による積極的な育児参画は，スウェーデンの両親休暇制度においてみられるように，子どもの発達のみならず父親自身にも好ましい影響を与えることは明らかであり，もはや，男性労働者にとって（責務を伴うものの）権利とよぶのが相応しいのではなかろうか。

⑶　性別役割分業の解消は，母親である女性労働者の就業促進につながると解され，男女双方による同等の育児参画が実現してこそ，実態として，これまで育児責任を一手に担ってきた女性労働者の労働する権利が現実のものとなる。

⑷　以上のように，「『子どもの最善の利益』の実現」は，育児における男女共同参画を促進し，同共同参画は就業における男女共同参画を促進することから，子ども，男性労働者，女性労働者の３者の権利は有機的関連性を有しながら促進され実現することが期待される。３者の権利が対立することなく，相乗

---

(19)　国連・子どもの権利委員会による一般的意見７号「乳幼児期における子どもの権利の実施」（2005）Ⅳ-19。

第Ⅲ部 雇用・労働政策をめぐる課題

作用を有しながらそれぞれに発展するよう，立法や法政策の立案の段階からその関係性に着目し，かつ，3者関係による法的効果を具体的に明らかにすることが要請されよう。

Ⅳ　おわりに

　子どもの権利の導入とは，子どもを，権利主体であり，かつ，発達の途上にあるため特別な保護や援助を享受する存在として認め，育介法の主たる対象である乳幼児の権利行使については代理としての大人が要請し実行するということである。

　子どもの権利条約3条1項の「子どもの最善の利益が第一次的に考慮される」に関し，この表現は「子どもの最善の利益は他のあらゆる考慮事項とは同列に考えられないということを意味する。この強い位置づけは，子どもが置かれている特別な状況（依存，成熟度，法的地位および多くの場合に意見表明の機会を奪われていること）により正当化される。子どもが自分自身の利益に関し強い立場に立つ可能性は大人の場合より低く，子どもに影響を与える決定に関与する者は子どもの利益について明確に意識していなければならない。子どもの利益は強調されなければ見過ごされる傾向にある」[20]とされ，代理としての大人の責任は重大である。

　一方，子どもの権利を基軸とする法制度への転換により，従来，育児をしながら就業する労働者につきまといがちであった子どもに対する後ろめたさは軽減し解消に向かうのではなかろうか。また，職場におけるその他の労働者についても，子どものための権利取得であることを周知徹底することにより，諸制度の必要性についての理解を深めることができるであろう。

---

(20)　前掲注(3)Ⅳ-37。

Ⅳ

社会保障法・憲法における
生存と平等をめぐる課題

20 国民皆保険達成時における「皆保険」の意味

新 田 秀 樹

I　はじめに
　　──本稿の目的
II　皆保険達成に至る経緯
III　「皆保険」を巡る当時の議論
IV　当時における「皆保険」の

　　意味
V　おわりに
　　──法理念としての「皆保険」
　　の有用性

I　はじめに──本稿の目的

　国民皆保険達成の法的基盤となった1958年の新国民健康保険法[1]（昭和33年法律第192号）の制定からちょうど60年が経過した2018年に，国民健康保険（以下「国保」という。）制度は国保の運営主体を市町村から都道府県と市町村の共同運営に切り替えるという大きな変革を迎えることとなったが，その改革を根拠づける理念乃至目的は「国民皆保険（以下「皆保険」という。）の堅持」であった。同改革を行うための改正法（平成27年法律第31号）は，その法案趣旨説明[2]において「誰もが安心して医療を受けることができる世界に誇るべき国民皆保険を［中略］堅持していくためには，たゆまぬ制度改革が必要であ［る］」ことを踏まえ，「持続可能な医療保険制度を構築するため［中略］法律案を提出」した旨を述べる。また，2006年の医療保険制度の大改革においても，改正法（平成18年法律第83号）の提案理由説明[3]は「我が国は，国

---

(1)　法律の名称は「国民健康保険法」であるが，本稿ではそれ以前の国民健康保険法（昭和13年法律第60号）と区別する意味で，新国民健康保険法或いは新国保法ということがある。

(2)　第189回国会衆議院会議録15号（平成27年4月14日）4-5頁。

(3)　第164回国会衆議院厚生労働委員会議録13号（平成18年4月7日）4-5頁。

『現代雇用社会における自由と平等』山田省三先生古稀記念〔信山社，2019年3月〕　*455*

第Ⅳ部 社会保障法・憲法における生存と平等をめぐる課題

民皆保険のもと，だれもが安心して医療を受けることができる医療制度を実現し」たが，「急速な高齢化など大きな環境変化に直面している中，国民皆保険を堅持し，医療制度を将来にわたり持続可能としていくために」制度改革を行う旨を述べている。

　このように「皆保険の堅持」は，近年の医療保険制度改革の理念乃至目的として多用され，改革を推進・正当化する上で重要な役割を果たしているが，しかし，その皆保険の具体的内容は必ずしも明らかではない。社会保障・税一体改革の理論的支柱となった 2013 年 8 月の社会保障制度改革国民会議報告書[4]では，社会保障制度改革推進法（平成 24 年法律第 64 号）6 条本文にいう「医療保険制度に原則として全ての国民が加入する仕組み」を「国民皆保険制度」と理解していることからすると，「原則として[5]全ての国民に（公的）医療保険を（強制）適用すること」が日本の皆保険の基本的内容乃至要素であることは間違いないと思われるが，これと上記の「誰もが安心して医療を受けることができる医療制度」とが同義であるのか，それとも前者が後者の前提乃至要件の一つであるのかといった両者の関係は明確とは言えない。また，こうした 21 世紀に入ってから頻繁に用いられている「皆保険」の意味が，1961 年の皆保険達成当時のそれと同じであるかどうか，仮に異なっているとしたらそれはどのような点かといったことも詳らかではないように思われる。

　そこで，本稿では，現在用いられている「皆保険」という言葉の具体的内容を解明するための準備作業として，皆保険が推進・達成された昭和 30 年代前半当時（1955 年頃～1961 年頃。以下「当時」という。）において，（後述のとおり）国民への「医療保障」を実現するために推進された「（国民）皆保険」という言葉が実際にどのような意味内容のものとして理解され使用されていたかを，当時の文献・資料等から探ることしたい[6]。なお，紙幅の関係もあり，本稿で

---

(4)　首相官邸 HP 中の〈https://www.kantei.go.jp/jp/singi/kokuminkaigi/pdf/houkokusyo.pdf〉。

(5)　「原則として」と付されているのは，大部分の生活保護受給者については医療保険（国保）の適用が除外されるためと思われるが，以下の本稿では，特に必要がある場合を除き省略しいちいち断らない。

(6)　筆者はかつて，「公的医療保険への全国民の強制加入」という形式的・文理的意味での「皆保険」とそれを実質化させるための条件（①制度間・保険者間の給付と負担の公平，②適切な医療サービスの提供と費用の支払い，③負担可能な患者負担，④医療機関

〔新田秀樹〕　　　**20**　国民皆保険達成時における「皆保険」の意味

は，各文献・資料における「（国民）皆保険」の意味・用法，「医療保障」の意味・用法及び両者の関係に焦点を当てて分析を行う。

　皆保険のいわば同床異夢的な理解に立つ議論のすれ違いを防ぎ皆保険を法的理念として有効に機能させることを目指すのであれば，皆保険の意味についての共通理解を地道に積み上げていく本稿のような作業にも一定の意義があると考える。

II　皆保険達成に至る経緯[7]

　国民全てに（公的）医療保険を適用すべきとの考え方は，例えば1950年10月の社会保障制度審議会（以下「制度審」という。）の勧告（社会保障制度に関する勧告）[8]において被用者（及びその扶養家族）に対する医療保険と（それ以外の）一般国民に対する医療保険で全国民をカバーすべきとする考え方が示されるなど，戦後の比較的早い時期から存在していた[9]が，それらの多くは考え方乃至構想の提示に止まり，また，「国民皆保険」という用語自体は用いられなかった[10]。

　国民皆保険に向けての本格的な検討が開始されたのは昭和30年代（1950年代後半）に入ってからといえる。日本は戦争の痛手から立ち直って高度経済成長の入り口にさしかかり，社会保障の発展拡充を望む国民の声が高まっていっ

の適切な整備）〔新田秀樹「国民皆保険思想をめぐる覚書⑤」Japan Medicine 357号（2002）4頁〕や，医療費保障レベルでの形式的皆保険と医療サービス保障レベルでの実質的皆保険の区別〔新田秀樹『国民健康保険の保険者』（信山社，2009）221頁〕について論じたことがあるが，本稿は，それらも踏まえつつ，皆保険達成当時の「皆保険」の実際の意味・用法を明らかにしようとするものである。

(7)　本節の記述は，基本的に，厚生省五十年史編集委員会編『厚生省五十年史（記述篇）』（財団法人厚生問題研究会，1988）941-943頁及び1279-1296頁，厚生省保険局国民健康保険課編『国民健康保険三十年史』（社団法人国民健康保険中央会，1969）51-104頁及び新田秀樹「昭和期の国民健康保険（国保）制度の歴史」社会保険実務研究所編『新・国民健康保険基礎講座』（社会保険実務研究所，2010）28-36頁に拠っている。

(8)　社会保障研究所編『戦後の社会保障　資料』（至誠堂，1968）187-205頁。

(9)　小山路男も「すべての国民に何らかの医療保険への加入を強制し，保険のネットワークに包みこむことによって，疾病による貧困化の防止に役立てようという発想は，戦争直後からわが国社会保障の理論的指導者によって絶えず提唱されていた。」と述べる〔小山路男編著『戦後医療保障の証言』（総合労働研究所，1985）3頁〕。

(10)　この点については，新田秀樹「終戦直後の日本における『国民皆保険』」新121巻7・8号（2014）を参照されたい。

第Ⅳ部 社会保障法・憲法における生存と平等をめぐる課題

た。また，1953年以来政府管掌健康保険が深刻な財政危機に直面していたことから，医療保険の根本的対策の樹立を望む意見も強まっていた。なお，当時の公的医療保険の適用状況を見ると，1956年3月末現在で適用者が約6,100万人（うち国保加入者が約2,800万人），未適用者が約3,070万人と推計されている。

　こうした中，1955年3月に制度審が医療保障特別委員会の設置を決め，国民皆保険に向けての本格的な検討が開始された。その後，皆保険への指向は，同年10月の七人委員会[11]の報告，同年11月の社会保障五カ年計画試案，1956年2月の健康保険（以下「健保」という。）法改正案に対する制度審答申等で繰り返し示され，また，同年1月には，鳩山一郎首相が施政方針演説において「将来，全国民を包含する総合的な医療保障を達成することを目標として，計画を進めていく」旨を述べている。そして，同年8月には，その前月に厚生省から委嘱された5名の医療保障委員が中間報告（第一次報告）を，続いて同年11月には，制度審が「医療保障制度に関する勧告」を，さらに1957年1月には，医療保障委員が第二次報告を行うなど，皆保険に向けての動きが加速されていった。

　こうして皆保険実現への道筋は次第に固まっていき，1957年1月の同年度予算編成方針における国保全国普及四ヶ年計画の確認，同年2月の岸信介首相臨時代理による施政方針演説等を経て，同年4月には厚生省が「今後における国民皆保険施策の日程」（いわゆる「国民皆保険計画」乃至「国民皆保険推進方針」）を決定し，これに基づき同月厚生省に国民皆保険推進本部が設置されて，皆保険の実現に向けての事業・事務を総合的に進めていくこととなった。

　そして，国民皆保険推進本部が設置されてからほぼ半年後の1957年10月には国保法改正要旨が発表され，翌1958年2月の制度審への新国保法案要綱の諮問及び翌3月の答申を経て，同月法案が第28回国会に提出された。しかし，衆議院解散のため法案は審議未了・廃案となり，総選挙後の第29回国会では会期が短いこと等から法案提出が見送られた。ちなみに，同年5月に行われた総選挙では，与党（自民党）も野党（日本社会党）もこぞって国民皆保険の実現を公約に掲げている。その後，同年9月に法案は第30回国会に再提出されたが，警察官職務執行法改正案の取扱いを巡る与野党対立による審議空転の余

---

(11)　健康保険及び船員保険の財政対策を審議するために閣議了解に基づき厚生大臣により臨時に委嘱された7人の委員により構成された委員会。

波を受けて，またも時間切れで審議未了・廃案となった。結局，法案は，同年12月の第31回国会に3度目の提出がなされ，可決成立の後，同月27日に昭和33年法律第192号（新国保法）として公布され，翌1959年1月1日から施行された。

新国保法は，1961年4月1日までに全市町村に国保事業（対象者は強制加入）を開始することを義務付けることをその骨子とするものであり，市町村は国保全国普及四ヶ年計画が終了する同日までに国保事業を開始しなければならなくなった。厚生省は，国保条例準則を示すとともに，財政調整交付金の遡及交付や大都市部の国保実施に向けての積極的な指導等を行い，また各都道府県も未実施市町村における国保の普及に多大の努力を払った。この結果，国保事業を行う市町村の数は順次増加し，目標の1961年4月1日には，鹿児島県の1町5村を除く全ての市町村が国保事業を開始し，国民皆保険が達成されることとなったのである。

以上が，皆保険が企画され新国保法が制定・施行された経緯の概略であるが，それでは，当時において「（国民）皆保険」という言葉の意味内容は，どのように理解されていたのであろうか。次節において順次見ていきたい。

Ⅲ　「皆保険」を巡る当時の議論

1　審議会等の答申・報告等

(1)　**七人委員会の報告**── 健康保険及び船員保険の現状分析とその財政対策──
　　(1955年10月)[12]

同報告の副題からも明らかなとおり，七人委員会は健保及び船員保険の財政対策を審議することを主務としていたことから，同報告中で「国民皆保険」という言葉自体が使われているのは，健康保険に対し国庫負担を行う要件として「国民皆保険の域には達していなくても，少くも一つの事故に対する保険が広く一般国民に開放されていること」と述べる部分[13]のみである。しかし，同報告は「できるだけ広く国民に医療保障が行われ，バランスがとれるようにな

---

(12)　厚生省保険局編『七人委員会の報告　健康保険及び船員保険の現状分析とその財政対策』（社団法人全国社会保険協会連合会，1955）。なお，社会保障研究所編・前掲注(8)581-618頁にも，その抜粋が掲載されている。
(13)　厚生省保険局編・前掲注(12)180頁。

第Ⅳ部　社会保障法・憲法における生存と平等をめぐる課題

ることに重点をお」[14]き、「一切の被用者が［中略］医療の保障をうけるとすれば、その他の農民、商人などにも当然に医療の保障をなすべきである」[15]ことを理論的根拠として「被用者以外の一般国民については国民健康保険制度を強制設立せしめる」[16]、或いは「将来全国民を、健康保険または国民健康保険のいずれかに加入させる」[17]との考え方を示している。

　ここでの皆保険の意味は、国保の強制設立という具体的内容からすれば「全国民への医療保険の（強制）適用」という意味と解するのが自然であろう。これに対して、「医療（の）保障」という文言の意味については、同報告は「医療保障推進の立場が、諸対策を通じて流れるいわば指導理念となつている」[18]と述べるものの、その具体的な説明はないが、委員の一人である近藤文二が委員会に提出した論文「社会保険と社会保障——医療保障を中心として——」[19]において、「医療保険から進んで医療国営ということになれば［中略］そこに医療保障の最後の形がある」と述べていることや、同じく委員の一人であった平田富太郎が「医療保障という言葉はわが国独特の名称と使用であり、『七人委員会の報告』がおそらくその正式使用の嚆矢であると思われるし、それは所得にたいする医療の保障といういみにおいて使用したものである」との発言を後日したことからすれば[20]、同報告にいう医療保障は医療費の保障に止まらず医療サービス自体の保障を意味すると解してよいのではないか。しかし、同報告における医療保障と皆保険の関係は必ずしも明確ではなく、広く国民に医療の保障をなすべく全国民を健保又は国保に加入させるとも読み取れる上記文言は、医療保障イコール全国民の医療保険加入と解する余地を残すこととなったのではないかと思われる。

---

(14)　厚生省保険局編・前掲注(12)154 頁。
(15)　厚生省保険局編・前掲注(12)237 頁。
(16)　厚生省保険局編・前掲注(12)234 頁。
(17)　厚生省保険局編・前掲注(12)180 頁。
(18)　厚生省保険局編・前掲注(12)256 頁
(19)　厚生省保険局編・前掲注(12)281-286 頁。
(20)　佐口卓＝中鉢正美「医療保険の本質と現物給付」健康保険 12 巻 12 号（1958）6 頁。

〔新田秀樹〕　　　**20**　国民皆保険達成時における「皆保険」の意味

(2)　**医療保障委員の中間報告**（第一次報告）（1956 年 8 月）(21)

同報告は、「医療保障を達成するに当つては、種々の前提条件が必要であ」るが、「医療保障の問題が、先ず国民の医療機会の均等を図ることとして取り上げられなければならない以上［中略］現在 3000 万人に上るとされている疾病保険の未適用者をどのようにカバーしつつ、国民皆保険の実現を図つて行くかということが最大の課題をなす」ので「現在網の目に洩れている 3000 万人の未適用者を何等かの保険に取り入れて行くということにこの際全力を注ぐべき」とした上で、「次に医療機会の均等の見地からは、医療機関の整備、特に無医村、無医地区の解消が早急に図られなければならない」と述べている。また、国保法の改正に関し、保険者ごとに異なる保険給付の内容及び保険税（料）の賦課方法につき「可及的にその統一を図り、全国民の医療機会を均等ならしめること」を当局に要望している。

ここからは、医療保障委員が、①「医療機会の均等」は医療保障達成のための最優先課題であること、②皆保険は医療保障乃至医療機会の均等を達成するための最重要の前提条件であること、③医療機会の均等を図るためには、皆保険実現の他、（少なくとも）医療機関の整備と保険給付内容の統一が必要と考えていたことが窺える。

(3)　**社会保障制度審議会勧告**（医療保障制度に関する勧告）（1956 年 11 月）(22)

同勧告は「疾病が貧困の最大原因であることを思い、生命尊重の立場に立つならば、［中略］医療の機会均等は最優先的に重視されなければならぬ」のに、医療における機会の不均等(23)の「現状は、公平の見地から見ても寒心に堪え」ず、「社会正義の立場からも、到底見逃しがたい」と述べ、「現下における医療保障制度ならびに国民生活の実情にかんがみ、すみやかに医療保障制度の改善を行い、国民皆保険体制を確立する必要がある」とした。そして、「国民皆保

---

(21)　社会保障研究所編・前掲注(8)618-619 頁。

(22)　社会保障研究所編・前掲注(8)221-236 頁。同勧告の起草委員は、末高信・今井一男・近藤文二の 3 名であり、今井は「［勧告が］直接の契機となって国民皆保険が打ち出されることになった」との認識を示している〔総理府社会保障制度審議会事務局編『社会保障制度審議会十年の歩み』（社会保険法規研究会、1961）392 頁及び 446 頁〕。

(23)　同勧告は、具体的には、無医村の未解消、医療機関の偏在、3000 万人と推定される（医療扶助に該当しない）医療保険未適用者の存在を挙げている。

第Ⅳ部 社会保障法・憲法における生存と平等をめぐる課題

険への途」として，①零細事業所に対する健保実現と国保の設立強制化が国民皆保険への第一歩であること，②国保被保険者と健保被扶養者の医療給付率を少なくとも7割に引き上げること，を政府に対し要請している。

また，「医療保障」に関し，同勧告は，「国民のすべてが，傷病に当って必要にしてかつもっとも効率的な医療をうける場合，ここにはじめて医療保障制度は確立される」とした上で，「医療保障の体系」につき，今後相当の期間は健保を中軸とする被用者保険と国保を中心とする地域保険の二本建てのまま国民皆保険体制への途を切り開いてゆかざるを得ないと述べている。

ここからは，同勧告が，「医療の機会均等を達成するために，医療保障制度の改善を行い，国民皆保険体制を確立する」との論旨を展開していることは理解できるものの，それぞれの用語の意味や相互関係については不明確な点も残る。「国民皆保険への途」の上記①，②の内容からすれば，「皆保険」の内容として，全国民への医療保険の強制適用と保険給付率の引上げが含まれていることは推測できる。また「医療の機会均等」の内容として，全国民への医療保険の強制適用に加え医療機関の整備・適正配置が含まれていることも読み取れよう。一方で，「医療保障」の意味は，上記の医療保障制度の確立についての記述や「医療保障制度の確立に当って，国がもっとも力を注がねばならないのは［中略］医療機関網の整備である。」といった記述からすると，医療サービス自体の提供の保障と解することが素直と思われるものの，上述のとおり医療保障制度の改善と皆保険体制の確立が同義であるように読める部分や医療保障の体系として医療保険の体系を論じているように読める部分もあることからすると(24)，医療保障を医療保険による医療費の保障と解しているようにも思われ，同勧告中で医療保障の意味が一義的に統一されているとは言い難い。

(4) **医療保障委員第二次報告**（1957年1月）(25)

同報告では，「全国民に対し合理的・能率的な医療サービスを供給するために解決を要する一群の問題」として制度審の「医療保障制度に関する勧告」で

---

(24) この他，同勧告には「健康保険の被保険者であって給付期間の満了したものが医療保障からはずされる」といった記述や，「全国民に対して医療保障制度が適用されたあかつき」といった記述も見られる。

(25) 社会保障研究所編・前掲注(8)619-622頁。

462

〔新田秀樹〕　　　***20*** 国民皆保険達成時における「皆保険」の意味

も検討された「保険医制度，診療報酬支払制度，医療機関の適正配置および設備，医育制度，専門医制度，医薬品等の問題」を挙げ，「これらはいずれも，医療保障制度確立のためにはその前提要件であり，密接不可分の問題というべきである」が，「当面各種の具体的改革を逐次積みあげて行くことにより医療保障達成への途を準備することが急務であると信ずるが故に，」制度審の「勧告において特に重点を置かれている零細企業の従業員の取扱い，国民健康保険の普及，結核対策の強化に焦点をしぼって検討を行つた」と述べている。そして，「昭和35年度を目途とする国民皆保険計画を達成するためには［中略］国民健康保険の全国普及はまことに緊急を要する問題といわなければならない」と述べ，①1960年度までに国保の全国普及を達成するため，全市町村が国保を実施することを建前とすること，②国保の給付内容については，給付範囲・期間等について健康保険の被扶養者並みとし，給付率も漸次5割以上に引き上げる等給付内容の向上に努めること等の諸点を解決する必要があるとしている。

　同報告からは，①医療保障（の確立）と皆保険（の達成）の意味は異なり，皆保険達成は，医療機関の適正配置などと並ぶ医療保障確立のための前提要件と解されていること，②皆保険の達成の内容乃至要素として（全国民への医療保険の強制適用に加え）保険給付内容の向上が含まれると解されていることが窺える。

　(5)　**社会保障制度審議会答申**（国民健康保険法の制定について）(1958年3月)[(26)]
　同答申は，「国民健康保険の強制実施については，賛成である。」とした上で，「これについては，真に国民皆保険の実をあげるよう，社会保障上の基礎的条件を整備し，国の責務を明確にするような配慮を必要とする。特に，給付率の引上，国庫負担の増額，医療機関の整備，診療報酬及び支払方式の適正化，結核対策の拡充などについては今回の改正は不十分であり，皆保険完成の構図を打出したものとは認めがた［い］」との意見を述べている。

　ここからは，国保の強制実施による全国民への医療保険の適用を一応皆保険としつつも，「真に国民皆保険の実をあげる」ためには，給付率の引上げや医療機関の整備を始めとする諸条件の整備が必要との制度審の考え方を読み取る

---

(26)　総理府社会保障制度審議会事務局編・前掲注(22)481-483頁。

第Ⅳ部 社会保障法・憲法における生存と平等をめぐる課題

ことができ，そうした条件が整備された後の状態を制度審が「真の国民皆保険」或いは「完成した皆保険」と考えていたことが窺えるのではないか。

(6)　医療保障委員最終答申（1959 年 3 月）[27]

同答申は，皆保険を「医療費の支弁方法における社会保険の進出」と理解し，答申時を「国民皆保険を目前に控えた今」と捉えている。そして，「単に医療費の経済的保障のみではなく，疾病の予防と治療の一体的推進の見地から国民の健康の維持向上を図ること」を「医療保障の目的とし［中略］かかる目的にそって［中略］医療保障の全体系が構想されなければならない」との「趣旨からすれば，医療保険の普及の促進と併行して，これらと緊密な連けいのもとに医療制度及び公衆衛生の面にも整備改善を加え」る「ことがはなはだ急務といわなければならない。」とし，「医療の機会均等の確保」についても医療機関及び医師の偏在をなくさなければならないと述べている。

ここからは，同答申では，①皆保険を全国民への医療保険の適用による医療費の保障と解していたこと，②医療保障を医療費の保障に止まらず医療サービス自体の提供保障と捉えていたこと，③医療の機会均等の内容として（医療サービス自体の提供に関わる）医療機関等の整備・適正配置を含んでいたことが読み取れる。

2　政府・厚生省当局の考え方

(1)　施政方針演説等

鳩山一郎首相は 1956 年 1 月に行った施政方針演説において「社会保障の中心課題とも申すべきものは，疾病に対する医療保障の確立にあると思われますので，将来，全国民を包含する総合的な医療保障を達成することを目標として，計画を進めていくつもりでございます。」[28]と述べたが，「全国民を包含する総合的な医療保障」という表現を用いていて，「国民皆保険」といった言葉は使われていない。また，「総合的な医療保障」の具体的な内容も演説では示されていない。

続いて，1956 年 5 月に，小林英三厚生大臣が国会において 1960 年度に国民

---

(27)　社会保障研究所編・前掲注（8）623-637 頁。
(28)　第 24 回国会衆議院会議録 4 号（昭和 31 年 1 月 30 日）22 頁。

464

皆保険を達成する方針を示したとされる[29]が，その際の発言としては，「この医療保障の私どもの計画といたしましては［中略］昭和三十五年というものを目途といたしまして，まだ社会保険の恩典に浴してない三千万人も全部これらの保険に入れる，いわゆる国民皆保険ということを目途といたしまして［中略］年度計画等も立てまして，そして進んで参りたい」[30]や「医療保障の具体的施策につきましては，［中略］おそくとも昭和三十五年実施を目標といたしまして，全国民を対象とする医療保障達成をはかるために，できるだけ早くその具体案を早急に作成いたしたい」[31]といったものが議事録に残されている。ここでは，皆保険の内容を「三千万人も全部これらの保険に入れる」という保険適用についての皆保険と説明しつつ，皆保険計画を「医療保障の私どもの計画」と呼んだり，「昭和三十五年実施を目標といたしまして，全国民を対象とする医療保障達成をはかる」と述べたりするなど，皆保険（達成）を医療保障（達成）と同視するかのような発言がなされていることがわかる。

さらに，岸信介首相臨時代理は 1957 年 2 月に行った（石橋湛山内閣の）施政方針演説において「社会保障制度の中核である医療保障制度を確立するため，できるだけ早く，すべての国民が社会保険に加入できるよう必要な措置を講ずる」[32]と述べたが，ここでも医療保障制度の確立と全国民の医療保険加入が同義で結び付けられている印象を与える表現がなされている。

そして，1958 年 3 月に堀木鎌三厚生大臣により行われた新国保法案の提案理由説明[33]においては，「各種の施策のうち，最も緊急を要するものが，疾病に対する医療保障の整備にありますことは，広く一般の認めるところであります。このため，政府は［中略］昭和三十五年度を目途とする国民皆保険の達成を掲げ，国民健康保険の普及を中心に諸般の基礎的条件の整備を進めて参った」と述べ，また，「政府は，この法案の成立によりまして，いまだ医療保険の対象となっておらない約二千万人の国民に一日も早く医療保障を及ぼしたいと念願いたしておる」と述べている。法案の内容の柱が市町村による国保の強

---

(29) 厚生省大臣官房企画室編『厚生白書　昭和 32 年度版』（大蔵省印刷局，1958）57 頁。
(30) 第 24 回国会参議院社会労働委員会会議録 39 号（昭和 31 年 5 月 24 日）13 頁。
(31) 第 24 回国会参議院社会労働委員会会議録 40 号（昭和 31 年 5 月 25 日）6 頁。
(32) 第 26 回国会衆議院会議録 4 号（昭和 32 年 2 月 4 日）20 頁。
(33) 第 28 回国会衆議院社会労働委員会会議録 25 号（昭和 33 年 3 月 20 日）12 頁。

第Ⅳ部 社会保障法・憲法における生存と平等をめぐる課題

制実施であることからすると，ここでいう皆保険が全国民への医療保険の適用であることは明らかと思われるが，文言上は「医療保障（の整備）」が「国民皆保険（の達成）」と結びつくような表現にやはりなっている。

(2) 厚生白書等

厚生省は，1955年11月に発表した「社会保障五カ年計画」の試案において，「医療保障の強化」のタイトルの下に「昭和三十五年度までに，健康保険，国民健康保険の適用範囲を拡大して，全国民を疾病保険の対象とする。」と述べ，別に医療機関の整備や結核対策等についても触れているが(34)，省としての考え方は厚生白書においてより明確に示されていると思われる。

最初の白書である『厚生白書 昭和31年度版』では，医療保障制度を「すべての国民に対し，何らかの形において医療を受ける機会を保障しようとする国と国民による共同の備え」とした上で，その具体的施策の主なものとして疾病保険と医療扶助を挙げ，また，医療保障制度の形態が医療制度との関連などから自ら定められるとしている(35)。そして，医療保障の達成を図るに当たっての「最初の，そして最大の課題」として疾病保険未適用者への保険適用を挙げるほか，制度間における医療給付費の不均衡（さし当りは国保の給付内容の引上げ），保険財政の均衡維持を今後の課題とし(36)，保険適用の問題に関しては「昭和三十五年度実施を目標として，おおむね国民皆保険の形において医療保障の達成を図る」(37)と述べている。

次の『厚生白書 昭和32年度版』は，国民皆保険の推進と医療保障の確立についてかなりの頁を割いている。同白書は，医療保険と医療保障の関係につき，「産業にとって必要な労働力の維持，保全を目的とする社会保険としての医療保険」が「すべての国民を対象とする社会保障制度の一環としての医療保障へと前進することになった」と述べ，医療保険の適用対象が労働者階級から

---

(34) 月刊社会保障9巻12号（1955）45頁。因みに，当時厚生省大臣官房参事官であった伊部英男は，この五カ年計画につき「ぼくが一晩で国民皆保険と皆年金計画をつくった」と後に述懐している〔小山・前掲注(9)276頁〕。

(35) 厚生省大臣官房企画室編『厚生白書 昭和31年度版』（東洋経済新報社，1956）168頁。

(36) 厚生省大臣官房企画室編・前掲注(35)171-172頁。

(37) 厚生省大臣官房企画室編・前掲注(35)216頁。

全国民に拡大することをもって，医療保険が医療保障化すると解し，医療保障制度の理想的・最終的形態については「わが国においては［中略］医療保険を全国民に及ぼすことにより，医療保障を確立するのが，妥当であるとされている」とし，医療保障制度の体系を「各種医療保険を主なものとし［中略］生活保護法の医療扶助がこれを補完するという形」とした上で，国民皆保険計画の達成を医療保障制度確立のための方策として位置づけている[38]。さらに，「医療保障の基礎的条件」とのタイトルの下に，①医療保険の適用或いは給付内容のアンバランスの是正とその引上げ，②「国民皆保険の実をあげる」ための医療機関の整備・機能分化・相互間関係の明確化や医療担当者の任務と協力態勢の確立等，③公衆衛生施策の充実を挙げている[39]。そして，このうち国民皆保険について，白書は，「［医療保険の］未適用者の解消こそ国民皆保険の達成そのものにほかならない」と述べ[40]，さらに，「医療の不均等ということは，医療保険の適用を受けている者相互の間についてもいえることで［中略］特に，国民健康保険の給付内容の改善が急を要する」とし，「全国民に医療保険の網をかぶせることおよび給付内容の向上」すなわち「医療保険の普及と充実」を国民皆保険推進に当たっての「形式実質両面にわたる課題」と位置づけている[41]。

　上記の記述を見る限りでは，当時の厚生省が，「全国民への医療保険の適用」（医療保険の普及）が皆保険の内容乃至要素であると考えていたことは疑いない。「給付内容の改善・向上」（医療保険の充実）はその次に実現を目指すべきものとされたが，これが皆保険の内容として含まれるか否かは，白書の記述のコンテキストによりばらつきがあるように思われる。他方で，厚生省は，「医療機関の整備等」は皆保険自体の内容ではなく皆保険の「実を上げる」ための基盤乃至基礎的条件と考えていた[42]こと，また，医療保障の意味は医療費用の保障に止まらず医療サービス自体の保障と解していた[43]ことが窺える。

（38）　厚生省大臣官房企画室編・前掲注(29)53-54頁。
（39）　厚生省大臣官房企画室編・前掲注(29)55-56頁。
（40）　厚生省大臣官房企画室編・前掲注(29)59頁。
（41）　厚生省大臣官房企画室編・前掲注(29)96-97頁。
（42）　白書は「医療保障を確立する基礎的条件となる医療制度の検討と，医療機関の体系的整備」とも述べている〔厚生省大臣官房企画室編・前掲注(29)283頁。〕
（43）　医療保障に関し，白書は，「医療保険の普及と充実だけで真に医療保障が確立され

第Ⅳ部 社会保障法・憲法における生存と平等をめぐる課題

　しかし，皆保険と医療保障は内容的に異なるものと解されていたにもかかわらず，上述の「国民皆保険の形において医療保障の達成を図る」，「医療保険は［中略］医療保障へと前進することとなった」，「医療保険を全国民に及ぼすことにより，医療保障を確立する」といった文言は，日本の医療保険が原則として現物給付制を採用していることとも相俟って，（特に白書を斜め読みしたような場合には）医療保障が医療保険による保障のみを意味していると読み取られる余地，したがって国民皆保険の達成イコール医療保障の実現と「誤解」される余地も残すことになったのではないか。

(3) 当時の厚生官僚の論説

　当時皆保険政策に関わった厚生官僚は，皆保険をどのように理解していたのか。

　当時厚生省から総理府社会保障制度審議会事務局長に出向していた太宰博邦は，「所謂国民皆保険」は「社会保険制度を前提にして未だこの制度の恩沢に浴していない国民三千万に対し早急にこれを及ぼそうという」ことで，「今日においては最早常識になつて」いて「きまり文句のように人々の口に上る」が「今まで国民皆保険については自明の理としてその内容，その影響等について余り議論されていなかった」とした上で，皆保険は「我国の医療保障を推進して行く終極の目標である」以上，「とに角全国民に社会保険の網をかぶせればよいのだというような安易な物の考え方はこの際充分慎まなければなら」ず，健保と均衡のとれた国保の給付率の引上げ，国庫負担の増額，医療制度その他の皆保険に関連する諸制度の見直し等を行わなければ「皆保険が泣こうと云うものである」と述べている[44]。

　また，当時厚生省保険局庶務課長であった今村譲は，「国民皆保険という言葉が現在スローガンのように用いられている」とした上で，「国民皆保険というのは，いうまでもなく，『国民の全体について，現在のわが国のいずれかの医療保険に加入させ，これによつて医療保障制度を期したいとする政策をいう』。したがつて正確にいえば，国民皆医療保険適用とでもいうべきであろう

　るものではない［中略］このことは，無医地区問題一つを考えてみても明らかであ
　［る］」とも述べている〔厚生省大臣官房企画室編・前掲注(29)97頁。〕。
(44)　太宰博邦「国民皆保険の構想に関する考察」社会保険旬報462号（1956）4-5頁。

468

〔新田秀樹〕　　　　*20*　国民皆保険達成時における「皆保険」の意味

か。」と述べ，「当面の目標としてはこの未適用者の解消ということを第一の問題としてとり上げ，給付内容の低い保険は財政状況等を勘案しながら逐次改善を行つて行く」との考え方を示している[45]。

当時厚生省保険局国民健康保険課長であった小池欣一は，「国民健康保険強化のための新たな計画は，あくまでも，国民皆保険の達成という基礎づけのうえに打ち立てられるべきものであり，［中略］［第二次国民皆保険計画］では，現在進行中の皆保険四カ年計画が，医療保険の未適用者に対する対策を主とした国民健康保険の量的な普及であるのに対して，国民健康保険の質的な向上を内容とすべき」[46]と述べた上で，解決すべき問題として，給付率の向上，保険財政の健全化方策，直営診療施設の整備強化，保健婦活動の強化，診療報酬の審査支払機構の強化を挙げ，「皆保険の達成は，いわば，医療保障の第一歩が踏み出されたともいうべきもの」と結んでいる[47]。

こうした記述からは，当時の厚生官僚が，皆保険の意味を一義的には「全国民への医療保険の適用」という「量的な普及」としつつも，その意味での皆保険達成後に給付改善や医療機関整備といった「質的な向上」を目指すことで医療保障の実現或いは皆保険の実質化が図られると考えていたことが窺えよう。また，皆保険という言葉が，当時は制度や政策の「理念」としてではなく，「常識」，「きまり文句」或いは「スローガン」として受け止められていたことにも注意しておきたい。

3　学識経験者の見解

(1)　近藤文二

大阪市立大学教授で制度審や七人委員会の委員でもあった保険学者の近藤文二は「政府は［中略］今日なおなんらの医療保障をもつていない国民のすべてに国民健康保険を実現し，国民皆保険を完成しようとしている。」[48]，「［国民

---

(45)　今村譲「国民皆保険」厚生の指標5巻1号（1958）10-12頁。

(46)　小池欣一「国民皆保険の達成を前にして」都市問題研究12巻12号（1960）52頁。

(47)　小池・前掲注(46)52-59頁。

(48)　近藤文二「皆保険における国民健康保険の立場」国民健康保険8巻9号（1957）6頁。同「国民皆保険と結核対策」社会事業39巻10号（1956）10頁も「［医療保険に加入していない］三千万人の人びとに，医療保障制度を設けよというのが，今日さけばれている国民皆保険の声であ［る］」と述べる。

469

第Ⅳ部 社会保障法・憲法における生存と平等をめぐる課題

健康保険の強制設立］が実現のあかつきには，健康保険，共済組合などと併せて，国民皆保険が医療保障の面において実現される」[49]などと述べて，政府のいう国民皆保険は医療保険未加入者に対する国保の適用を基本とする全国民への医療保険適用のことであるとの理解を示している。そして，戦前（太平洋戦争終了（1945年8月）前）の皆保険運動[50]が愛国心を支柱とした兵力増強政策に基づくものであったのに対し，今日（昭和30年代前半当時）の皆保険運動は社会保障の理念の下に国民に医療保障をあまねくゆきわたらそうとするものであるとの相違を認めつつも[51]，別稿では，これを「形の上だけからいうならば」或いは「いわゆる」国民皆保険と評価し，その課題として「国民皆保険という以上，バラバラの医療保険があり，バラバラの給付率があることは改めねばならないのであって，医療保険の総合調整こそはまさに将来の課題としては極めて重要なもので［中略］このことが解決しない限り，国民皆保険の前進はありえない」と述べ[52]，また，「政府や都道府県，市町村当局が，真に国民の皆保険を望むというのであれば，まず医療機関の充実に資金を投ずべきである」とも述べている[53]。

　このように，近藤は，政府の言う国民皆保険が全国民への医療保険の適用の意味であると理解した上で，それは形の上だけの皆保険であり，真の皆保険実現のためには，給付率の統一や医療機関の充実が図られなければならないと考えていたと思われる。

　また，「医療保障」の意味については「一般の社会保障が経済保障，すなわち，生活そのものの保障ではなく生活費保障であるかぎり，医療保障もまた，医療そのものの保障でありうるはずはない。すなわち，医療費の負担の保障で

---

(49)　近藤文二「国民皆保険と開業医の問題」健康保険12巻3号（1958）2頁。

(50)　戦前の国民皆保険の展開については，取り敢えず新田・前掲注(6)『国民健康保険の保険者』第4章（129-162頁）を参照されたい。

(51)　近藤・前掲注(48)「皆保険における国民健康保険の立場」8頁。同・前掲注(48)「国民皆保険と結核対策」10頁も「今日，われわれが国民皆保険と呼ぶときそれは富国強兵のための皆保険ではなく，社会保障制度の前進のための皆保険である」と述べる。

(52)　近藤文二「皆保険，皆年金の前進に思う──問題はこれからである」共済新報2巻4号（1961）8頁及び12頁。同・前掲注(48)「皆保険における国民健康保険の立場」9頁も「国民皆保険について問題となるのは［中略］国民健康保険における給付水準が健康保険などに比較して低いということである」と述べる。

(53)　近藤文二「国民皆保険と無医村無医地区対策」済生375号（1959）7頁。

470

〔新田秀樹〕　　　　　　**20　国民皆保険達成時における「皆保険」の意味**

あ［る］」，「医療保障というものが，保険の形式をとるかぎり，それは本来，医療費保険であるべきはずである[54]。ただ，日本の健康保険は最初，慈恵的な，いわば救貧的医療保険として出発したがゆえに，現物給付主義をとつたのである。」と述べる論稿[55]があることからすると，近藤は，少なくとも上述の「皆保険による医療保障」というコンテキストにおいては，医療保障を医療費の保障と捉えていたものと思われる。ただ，これは，真の皆保険実現のためには医療機関の充実が図られなければならないとしたこととは齟齬があろう。

(2)　末　高　信

　早稲田大学教授で制度審等の委員でもあった保険学者の末高信は，1956年10月に「皆保険とは，言うまでもなく九千万を超える全国民が，いずれかの制度による医療保険の医療を受け得る状態に，100％なることである。」とした上で，将来の医療保障の姿は「イギリスにおけるがごとく，一本の保健事業法によつて国民全体に，国の責任において適切な医療を確保する」ことが妥当としつつも，その「第一のステップは，結核を他の疾病からきりはなし，こと結核に関する限り国の全責任において解決」し，その後に健保と国保の二本建或いはそれに5人未満零細企業被用者のための特別健康保険を加えた三本建で皆保険の体制を推進すべきと述べている[56]。そして，「一応皆保険の形がととのつた後の段階として」，各種保険の統合問題，医療の給付水準の問題，保険医療担当者としての医師の質の問題，国庫負担の問題等を論議すべきとした[57]。

　また，1961年5月には，「皆保険という言葉は，最近の慣用語であ」り，「国民がひとりのこらず，すべてみな，健保，共済組合ないし国保等のいずれかの医療保険によつて，その健康がまもられるところの制度を意味する。換言すれ

---

(54)　別稿でも，近藤は「私のように保険をずっと勉強してきたものからみると，〔中略〕金額がきまらないで，保険ということが成り立つはずはない。これは保険技術の上からいっても当然のことである。そういう意味からいうと，医療というサービスを直接提供する保険というのは，保険としては成り立ち得ない。医療保険でなくして医療費保険であるはずである。」と述べている〔近藤文二「保険医療の問題点と将来」月刊社会保障16巻5号（1962）63頁〕。

(55)　近藤文二「医療保障の問題点」厚生の指標9巻5号（1962）5-6頁。

(56)　末高信「国民皆保険の方向」健康保険10巻10号（1956）3頁。

(57)　末高・前掲注(56)5-8頁。

第Ⅳ部 社会保障法・憲法における生存と平等をめぐる課題

ば，国民ひとりひとり，何れかの医療保険に加入している状態を意味する」とした上で，「皆保険は，いちおう達成されたわけであるが」，「(1)無医村の問題（医師の適正配置），(2)各種制度間の医療給付の格差の問題，(3)医療内容の問題，制限診療ないし濃厚診療，(4)保険財政の問題，公費負担の問題，(5)医療報酬の問題，(6)医療制度の問題，(7)その他の問題，零細企業の被用者の問題［中略］を解決することなしには医療保障の前進はあり得ない。皆保険の実現は決して医療保障の完成を意味するものではな」く「医療保障の第一段階をふみ出したにすぎない。」とも述べている[58]。

このことから，末高は，皆保険の意味を全国民への医療保険の適用と，また，医療保障の意味を医療費の保障ではなく，イギリスのような（疾病予防等も含む）保健医療サービス自体の提供の保障と捉えた上で[59]，皆保険は達成されたが，それは医療保障の第一段階にすぎず[60]，「真の医療保障，すなわち国民の全部に適切な医療を保障するところの制度」[61]の樹立のためには，無医村（医療機関の適正配置）の問題や医療給付の制度間格差の問題を始めとする様々な問題を解決する必要があると考えていたことが見て取れよう。

(3) 佐 口 卓

当時早稲田大学教授であった佐口卓は，政府当局によって進められる国民皆保険を「医療保険を全国民に加入させて皆保険とする」こととした上で，皆保険と医療保障の関係について，「医療保障とよぶからには，保険的技術を脱却し，国民にひとしく必要に応じた医療が確保される段階にまで到達すべきであ」り，そのためには「医療施設の適正配置，医療の客観的基準の確立，予防的措置としての公衆衛生の完備，医療医薬品の適正価格による普及，医業制度

---

(58) 末高信「皆保険の後に来るもの」健康保険 15 巻 5 号（1961）6-7 頁。

(59) もっとも，末高は，「わが国では医療保険，医療扶助及び公衆衛生を総称して医療保障と言っている」（要旨）との認識も示している〔末高信「日本の医療保障」済生 361 号（1958）6 頁〕。

(60) 別稿では「中途半端な，また従つて，似て非なる医療保障が，国民皆保険の方式を以て，現在遂行されている」とも述べている〔末高信「皆保険下における開業医」社会保険旬報 589 号（1959）4 頁〕。

(61) 末高・前掲注(58)7 頁。

〔新田秀樹〕　　　　　　　　**20**　国民皆保険達成時における「皆保険」の意味

の改革，等々」といった条件[62]が満たされる必要があるが，「医療保障への接近の道程にとられる手段としての国民皆保険」であるにもかかわらず，そうした条件が満たされないままに「昭和三十五年には医療保障が完成されるといつたような形で国民皆保険がとりあげられているとしたら困ったものである。」と批判している[63]。

このように，佐口は国民皆保険を全国民への医療保険の適用の意味で捉えた上で，それは医療保障実現の手段に止まり，医療機関の適正配置を始めとする諸条件が満たされなければ，それは「形式的な皆保険」，「実をともなわない〔皆保険〕」[64]に止まると考えていた。しかし，逆に考えれば，そうした諸条件を満たした医療保障を「実質的な皆保険」と考えていたことになるのではないか。

(4)　吉田秀夫

当時法政大学講師[65]として政府の施策に批判的な論調を展開していた吉田秀夫は，「〔皆保険という言葉で〕普通いわれていることは医療保険の全国民普及ということであり，その手段としての国民健康保険の全市町村への普及ということである。」とした上で，「果して強制的に皆保険にするような社会的経済的条件が整備しているかどうか」という観点から，国保の給付率の低さ，給付期間の制限，国庫補助の率の低さと保険料負担の重さ等の問題を指摘し，「結局わが国の現状からみて，圧倒的に多い数千万の低収入貧困世帯の国民大衆の福祉と，肝心の医療担当者の支持するような真の国民皆保険[66]への道は依然

---

(62)　別稿では，こうした諸条件のうち，特に「自己負担を減額すること，いいかえれば給付内容を引上げることと，同時に医療機関を確保すること」が重要であり，「これなくしては〔国民皆保険は〕全くの無意味なものにしかならないだろう。」とまで述べている〔佐口卓「国民皆保険政策の基礎的条件」社会保険旬報 559 号（1959）6 頁〕。

(63)　佐口卓「国民皆保険と医療保障──医療保障委員会の中間報告について」月刊社会保障 10 巻 10 号（1956）34 頁。

(64)　佐口・前掲注(62)7 頁。

(65)　吉田は，1949 年 5 月から 1950 年 12 月まで，労働団体（全国労働組合連絡協議会）側委員として，制度審の委員も務めている。

(66)　別稿では，「真の意味の皆保険」とも述べる〔吉田秀夫「皆保険と国保法改正について」社会保険旬報 530 号（1958）6 頁〕。

第Ⅳ部 社会保障法・憲法における生存と平等をめぐる課題

としてけわし［い］」と結論付けている[67]。

　ここからは，吉田も，全国民への医療保険の適用という意味の皆保険を「真の皆保険」とは異なるものとして捉え，真の皆保険の内容としては少なくとも給付改善が必要であると考えていたことがわかる[68]。

(5)　今 井 一 男

　七人委員会の代表委員を務め制度審の有力メンバーでもあった今井一男は，1957 年 3 月に公表した論稿の中で，「二年前には，国民皆保険という言葉は，ほとんど聞いたことがなかつた。」とした上で，国民皆保険に関し「医療の機会均等は，何よりも先に保障してほしい。これは，何人にも異存のないところである。だが何とむずかしい仕事であることか。」，「本来社会保障は公平をその生命とする。医療の機会均等がさけばれるのも，そのためにほかならぬ。しかしそれには［中略］全国に万遍なく医療機関が設けられなければならぬ。」と述べ[69]，また，ほぼ同時期（1957 年 1 月）に公表された別稿[70]でも，「世代は社会政策時代から社会保障時代に移りかわった」との認識を示した上で，「国民皆保険とは，医療の機会均等を目指すものである以上，これを迎える医療機関が［中略］全国にくまなく，適正に，計画的に設置されることが，まず前提である。」と述べ，さらに「国民皆保険における中心的課題」として「国保の給付範囲の拡大，給付率の向上」を挙げている。

　ここからは，今井が，「医療の機会均等」を医療サービス提供自体の平等の保障と理解した上で，国民皆保険をその手段と捉え，その内容として全国民への医療保険の適用だけでなく保険給付の拡大・向上も含めていたことが窺えよう。

---

(67)　吉田秀夫「国民皆保険と新国保法──国民と医師に与える影響」福祉対策資料 114 号（1958）2-7 頁。

(68)　吉田とは立場は全く異なるが，当時国保団体中央会専務理事であった小島徳雄も「いやしくも，国民皆保険を実現するのだと大みえを切って云うからには，ただ形ばかりの国民皆保険であってはならない」としたうえで，「国民皆保険というからには」現行法に対する財政的裏付け，給付内容の改善と国庫負担の増額，医療機関の配置の適正化等を行う必要があると述べている〔小島徳雄「国民皆保険への途」社会保険旬報 492 号（1957）4-5 頁〕。

(69)　今井一男「国民皆保険の構想」厚生 12 巻 3 号（1957）8-9 頁。

(70)　今井一男「国民皆保険に寄せて」国民健康保険 8 巻 1 号（1957）4-7 頁。

〔新田秀樹〕 **20** 国民皆保険達成時における「皆保険」の意味

(6) 庭田範秋

当時慶応義塾大学助教授であった保険学者の庭田範秋は，当時の日本における医療保障について「その内容を比較的狭義に解すれば，医療費負担の合理化としての保険制度および医療費負担の社会化としての医療扶助に限定され，これを広義に解すれば，その要素として医師と保険担当者および被保険者の関係を規定する医療制度［中略］，医療施設，医療担当者などを数え［る］」というように医療保障の意味に広狭２つの意味があることを指摘している[71]。また，「保険理論としては極力排除・敬遠せらるべき現物給付が，医療保険の実際においてはこれが広範に採用せられ，むしろ金銭給付と地位が逆転したというところに，われわれは社会保険としての医療保険の特色をみる。」とし，そのようになった根本的理由を「人間尊重の精神と社会各人の基本的人権としての生存権の主張」によるものであると述べている[72]。

この論稿で，庭田は皆保険について直接論じているわけではないが，当時において医療保障の意味や医療保険の性格がどのようなものとして理解されていたのかの一端を知ることができよう。

4 新聞社説その他

1956年8月17日の朝日新聞朝刊の「国民皆保険への途」と題する社説は，「全国民にたいする健康保険の適用を，昭和三十五年までに実現する」厚生省の年次計画が実現すれば，「保険による国民の医療保障が一応の形を整える」が，「健保の拡充にあたっては，ただ漫然と国民皆保険を唱えるのでなく［中略］医療保障の構想を，精緻に描き，これにもとづいて年次計画をつく」らなければならないとした上で，計画作成に当たっては，零細企業の従業員とその家族への適用，医療給付水準の均衡化（特に国保の給付額の引上げ），結核対策に考慮を払う必要があると述べ，また，1960年1月11日の「国民皆保険の達成へ」と題する同紙社説では「本年度中には，国民皆保険が完成するであろう。だがこれは，あくまで量の問題が充足されただけのことである。質の問題は，今後に残されている。」とした上で，問題として「へき地医療や無医村の問題」，

---

(71) 庭田範秋「医療保障における医療保険──医療保障の本質をめぐって」三田商学研究4巻3号（1961）27頁。

(72) 庭田・前掲注(71)36-37頁。

第Ⅳ部 社会保障法・憲法における生存と平等をめぐる課題

「給付内容に非常な違いのある各種の健康保険を調整すること」などを挙げている。さらに，1958年7月18日の読売新聞朝刊の「国民健保の二十年の進軍」と題する社説では「社会保障の谷間にある人びとに，国民皆保険の手をさしのべることは，いま何よりも急務である。」としつつも，「われわれは名目的な国民皆保険で満足してはならない」と述べ，問題点として国保と健保の給付格差を指摘している。

こうした記述からは，これらの社説が，全国民への医療保険の適用という意味での皆保険は，「一応の形を整えた医療保障」，「量の問題が充足されただけの皆保険」或いは「名目的な皆保険」に止まると理解していたことが見て取れる。逆に言えば，そのようなものではない「実質的な皆保険」が想定されていたということになろう。

また，そもそも，「国民皆保険」は，当時の雑誌記事等に「[国民皆保険という] 名題は三千万人の保険未加入者を如何にするかという問題であり，昨今では最も魅力ある政治的スローガンである。」[73]，「〝国民皆保険〟とはさきの通常国会を通じて現保守党政府が国民に公約したスローガンである。言葉の意味は，全国民を一人残らず何らかの医療保険に加入せしめる，ということで [後略]」[74]といった記述があることからも明らかなように，当時は法的な「理念」ではなく，政治的な「スローガン」として受け止められていたことにも，改めて留意しておきたい。

Ⅳ　当時における「皆保険」の意味

Ⅲ節での分析を踏まえ，当時における「皆保険」の具体的な意味内容がどのようなものであったかにつき検討したい。

まず注意すべきは，「皆保険」が法律用語や学術用語ではなく，（政治的）スローガンとして用いられていたということである。したがって，少なくとも当時においては，皆保険は，制度や政策の目標とはいえても，規範的な理念とまでは言い難かったのではないか。また，皆保険がスローガンとして用いられたことが，①皆保険の意味内容にかなりの幅が生じその外延が不明確となる，②

---

(73)　宮尾武男「国民皆保険と結核対策」健康保険 10 巻 8 号（1956）2 頁。宮尾は当時，健康保険組合連合会顧問（前会長）で制度審の委員等も務めていた。

(74)　「日本の潮 3　国民皆保険への道は遠い」世界 139 号（1957）119 頁。

皆保険という言葉が使われる場面や目的によってその意味が変化するといった効果を齎したことは否定できない。

その点を踏まえた上で，当時の皆保険の意味を探れば，全市町村における国保事業の強制実施という新国保法の内容からすれば，1961 年に「達成」された「皆保険」の意味は「（原則として）全ての国民に対する（公的）医療保険の（強制）適用」と解することが自然であろう。しかし，①「医療保障実現のための皆保険達成」或いは「皆保険達成による医療保障の実現」といった類の表現が当時多用されたこと，②「社会保険から社会保障へ」[75]という当時の趨勢もあって，医療保障が「医療費用の保障」（狭義）と「医療サービスの提供自体の保障」（広義）の二義的に理解され，一般的には後者の捉え方が優勢になりつつあったこと[76]，③保険理論からすれば本来は医療費用の経済的保障であるはずの医療保険が，（その理由[77]はどうあれ）日本では現物給付（療養の給付）により医療サービスの提供自体を保障する建前を採ったこと等のために，いわば医療保障の二義性が皆保険に逆照射する形で皆保険の意味の多義性を招いたと考えられる。

すなわち，論理的には，ⓐ皆保険を全国民への医療保険の適用と，医療保障を医療費用の保障と捉え，皆保険の達成がすなわち医療保障の実現であると理解するか，ⓑ皆保険を全国民への医療保険の適用と，医療保障を医療サービス提供の保障と捉え，皆保険達成を医療保障実現のための前提，要件乃至基礎的条件の一つと理解した上で，医療保障実現のためにさらに保険給付の改善・向上や医療機関の整備・適正配置を主張するかのいずれかが妥当であるべきところ，上記①のような表現が，ⓒ皆保険（の達成）イコール医療サービス提供の保障の意味での医療保障（の実現）と捉えられるような印象（乃至誤解）を与

---

(75)　「社会保険から社会保障へ」の意味についての当時の理解を示すものとして取り敢えず吾妻光俊『社会保障法』（有斐閣，1957）4-9 頁を参照。ここで吾妻は「社会保険の中に含まれるところの扶養の原理が，労働者保険の範囲を越え，更に，社会保険の領域から足を踏み出すことによって，新らしい国家的扶助の体系を生み出す傾向を示すのである。而して，社会保障なる観念は，このような背景の前面において，頓に進出した」と述べている。

(76)　佐口＝中鉢・前掲注(20)6 頁は，「社会保険医療として所得保障のなかにおかれていた医療の給付が大きく脱皮して医療保障となり所得保障とならぶ社会保障のひとつの柱を構成するようになりつつあるのが，今日の姿であろう」と述べる。

(77)　前述の近藤及び庭田の言説を参照。

第Ⅳ部 社会保障法・憲法における生存と平等をめぐる課題

えたのではないか。そして，そうした印象（乃至誤解）は，㋐上記②のような状況の下で，上記①のような表現がスローガン（政治的言説）として意図的に使われたこと，㋑上記③のとおり日本の医療保険が現物給付というサービス提供保障の要素を持ち，むしろそちらが給付の中心となっていったこと，㋒論理的には全国民への医療保険の適用という意味の「皆保険」の内容そのものではない保険給付の改善・向上や医療機関の整備・適正配置も「皆保険の実をあげる」ために行うものと繰り返し説明されたこと等により強められていったものと思われる。

さらに，保険給付の改善・向上は，医療保障の内容が医療費用保障であれ医療サービス提供保障であれ，その実現に不可欠な医療保険の内容の一部と受け止められやすかったことから，上述の医療保障委員第二次報告や厚生白書の一部の記述のようにこれを皆保険自体の内容とする理解も出てきたのではないか。この結果，皆保険の内容については，大まかに分けて，(ⅰ)全国民への（公的）医療保険の適用，(ⅱ)全国民への（公的）医療保険の適用＋保険給付の改善・向上，(ⅲ)全国民への（公的）医療保険の適用＋保険給付の改善・向上＋医療機関の整備・適正配置という三つの理解が併存することとなった。それが，当時における「皆保険」の理解の実態だったと考えられる。この結果，本来は(ⅰ)の意味であった皆保険が(ⅲ)の意味とも理解され，皆保険の達成を即医療サービス提供の保障の意味での医療保障の実現と捉える向きも出てくるようになった。これに対する批判が，前述の佐口卓の「昭和三十五年には医療保障が完成されるといつたような形で国民皆保険がとりあげられているとしたら困ったものである。」との言説ということになろう。

Ⅴ　おわりに——法理念としての「皆保険」の有用性

本稿では，1961年の皆保険達成当時の「皆保険」の意味を主として当時の文献・資料等の文言から探究し，もともと政治的スローガンであったこと，皆保険と結びつけられた医療保障が多義的であったこと等に起因して，「皆保険」も少なくとも3つの意味合いを持つ多義的な用語であったことを確認した。Ⅰ節で述べたように近年の医療保険制度改革の理念乃至目的として「皆保険の堅持」という言葉が多用されているが，しかし，このような出自を持つ多義的な（悪く言えば曖昧な）「皆保険」が制度改革の理念乃至目的として有効に機能

するかどうかについては，さらに，1961年の皆保険達成時から現在に至るまでのその意味・用法の変遷を検証した上での別途の検討が必要である。そこで，以下では若干のコメントを試みるのみに止めたい。

　第一に，皆保険の維持は医療保障の理念乃至目的ではなく手段にすぎないとの見解[78]もあるが，皆保険イコール医療保障との理解に立てば，皆保険の維持を手段でなく理念乃至目的として捉えることも可能であろう。また，目的と手段はもともと相対的なものであることからすると，医療保障と皆保険の意味を異なるものとして捉え皆保険を医療保障実現のための手段（乃至条件の一つ）として理解したとしても，その皆保険を実現するためのより下位の制度・政策との関係においては，皆保険（の堅持）はそれらの理念乃至目的としての位置に立つことになる。特に近年の改革においては，皆保険の堅持は（医療保障制度全体ではなく）医療保険制度の改革の理念乃至目的として用いられていることからすると，とりわけそのことが妥当しよう。

　第二に，皆保険の堅持が（少なくとも）医療保険制度の改革の理念乃至目的にはなり得るにしても，理念としての有用性をどれだけ持ち得るか，言い換えれば，改革の内容を領導するに足るだけの一定の規範性を持った方向性をどれだけ具体的に示すことができるのかについては，改めて検討する必要がある。多くの法理念に共通することではあるが，これまで見てきたとおり，「皆保険」もまた多義的でその意味内容は明確ではない。それ故に，そこに様々な意味内容を盛り込むことが可能である[79]。したがって，盛り込まれた意味内容が妥当といえるかどうかについては個別に検証しなければならない。今後の課

---

(78)　印南一路他『生命と自由を守る医療政策』（東洋経済新報社，2011）68-70頁。

(79)　例えば，厚生労働省は「日本の国民皆保険制度の特徴」として，①国民全員を公的医療保険で保障，②フリーアクセス，③安い医療費で高度な医療，④皆保険維持のための公費投入を〈www.mhlw.go.jp/stf/seisakunitsuite/bunya/kenkou_iryou/iryouhoken/iryouhoken01/index.html〉，土田武史は「国民皆保険における政策原理」として，①社会保険システムの堅持，②保険診療の質の確保，③給付と負担の公平性の確保，④医療費のコントロールを〔土田武史「国民皆保険における政策原理とその展開」健康保険71巻1号（2017）26-31頁〕，また，島崎謙治は「国民皆保険の意義」として，①国民の生活の安定の支え（セーフティ・ネット），②保険給付及び診療報酬が同一，③現物給付方式による医療機関の医療保険制度への組込み，④診療報酬による総医療費の制御及び医療機関の政策誘導〔島崎謙治「日本の国民皆保険の本質と意義」健康保険69巻5号（2015）20-23頁〕を挙げている。

第Ⅳ部 社会保障法・憲法における生存と平等をめぐる課題

題としたい[80]。

(80) 「皆保険」の意味内容として少なくとも「全国民への（公的）医療保険の適用」は
含まれているとすれば，文理的には，「皆保険の堅持」が，①日本の医療（費）保障は，
社会保険方式を中心として行われなければならないこと，②国民の一部を（公的）医療
保険の対象から外すことは，合理的理由がない限り認められないこと，③（公的）医療
保険の給付内容を，保険に強制加入させる意味を失わしめるほど低劣なものにまで引き
下げることは許されないことは，言い得るかもしれない。しかし，現在言われている
「皆保険の堅持」が実際にそのような意味で用いられているのか，或いは，それ以外の
含意もあるのかどうかについては，本文で述べたように別途の検証が必要である。

21 「社会保障法における平等」をめぐる
メモランダム

小 西 啓 文

I　は じ め に　　　　　　　　請求事件を中心に
II　「平等」をめぐる各法領域で　IV　新たな憲法 14 条論への「転
　　の議論状況　　　　　　　　　換」──合理的配慮の議論を
III　判例・評釈の検討──遺族補　踏まえて
　　償年金等不支給決定処分取消　V　むすびにかえて

I　は じ め に

　本稿は，題名にもあるように，「社会保障法における平等」を検討するため
のささやかなメモランダム（あるいは備忘録）である。早速だが，ここで試し
に憲法の代表的なテキスト[1]を紐解いてみると，以下のような「形式的平等か
ら実質的平等へ」というフレーズに遭遇する。

　　「……個人権であるとともに人権の総則的な意味をもつ重要な原則が『法の下
　　の平等』である。この平等の理念は，人権の歴史において，自由とともに，個
　　人尊重の思想に由来し，常に最高の目的とされてきた。自由と平等の 2 つの理
　　念が深く結び合って，身分制社会を打破し近代立憲主義を確立する推進力となっ
　　たことは，多くの人権宣言に示されているとおりである……。現代の憲法にお
　　いても，相互に密接に関連し依存し合う原理として捉えられている。／しかし，
　　歴史の経過をみると，自由と平等とは相反する側面も有している。19 世紀から
　　20 世紀にかけての市民社会において，すべて個人を法的に均等に取り扱いその
　　自由な活動を保障するという形式的平等（機会の平等）は，結果として，個人
　　の不平等をもたらした。資本主義の進展にともない，持てる者はますます富み，
　　持たざる者はますます貧困におちいったからである。法上の自由・平等は，事
　　実の面での不自由・不平等を生じさせたのである。／そこで，20 世紀の社会福

─────────
（1）　芦部信喜〔高橋和之補訂〕『憲法〔第 6 版〕』（岩波書店，2015）。

『現代雇用社会における自由と平等』山田省三先生古稀記念〔信山社，2019 年 3 月〕　*481*

第Ⅳ部 社会保障法・憲法における生存と平等をめぐる課題

祉国家においては，社会的・経済的弱者に対して，より厚く保護を与え，それによって他の国民と同等の自由と生存を保障していくことが要請される。このような平等の観念が，実質的平等（結果の平等）である。平等の理念は，歴史的には，形式的平等から実質的平等をも重視する方向へ推移していると言えよう。」（127頁以下）

それでは，「形式的平等から実質的平等へ」というテーゼを前提として，社会保障法の領域で「実質的平等」が国民にいったい何をもたらしたかといえば，先の文章に続けて「もっとも，実質的平等を重視すると言っても，それを実現する国の法的義務が『法の下の平等』原則からただちに生じる，という趣旨ではない。したがって，14条を根拠に，現実の経済的不平等の是正を国に請求する権利が認められるわけではない。法的な義務は社会権の保障にかかわる問題であり，それを通じて具体化されることを憲法は予定しており，平等原則との関係では実質的平等の実現は国の政治的義務にとどまる。」（128頁）とあるように，結局のところ，その実現は法的な義務ではなく，政治的義務にすぎないという憲法25条の法的性格論が語られることになる。このように，「社会保障法における平等」という問題は，通常，まずは「実質的平等」と「憲法25条」が論じられることになるが，それでは，社会保障法の領域でなおも「憲法14条」が論じられることはないか，といえば，そのようなケースは意外に多く見受けられる。

この点，堀勝洋教授は『社会保障法総論〔第二版〕』（東京大学出版会，2004年）で以下のように述べる。

「憲法14条1項は……平等権を保障している。したがって，社会保障法が差別的な取扱いを規定したり，行政庁が差別的な処分を行った場合は，同項に違反しないか問題となる。／社会保障法は，すべての者に給付を行うわけではなく，一定の生活上のニーズをもつ特定の者に対し給付を行う。特に社会保険については，職域ごとに別個の法律が制定されることがあり，それらの給付内容等に差異がある場合がある。これらの社会保障法上の差異が憲法14条1項に違反するか問題となるが，通説・判例はその差異が合理的であれば違憲の問題は生じないとしている。……／憲法14条1項に違反するか否かの判断基準となる合理性に関し，依拠すべき一般的な基準があるとはいい難い。したがって，個々の社会保障法の規定又は処分ごとに，差異の合理性の有無を判断していかざるを

〔小西啓文〕　　　　　　*21*「社会保障法における平等」をめぐるメモランダム

得ない。」[(2)]（154頁以下）。「社会保障法の規定等が憲法14条1項に違反すると
して争われた訴訟は数多くある。しかし，憲法25条の趣旨にこたえてどのよう
な立法措置を採るかは立法府の広い裁量にゆだねられるとするのが判例の立場
であるため，社会保障法の規定等が憲法14条1項に違反するとした判決はわず
かしかない」（156頁）。

　さて，山田省三教授は，「非定住外国人への生活保護適用」（『社会保障判例百
選〔第三版〕』有斐閣，2000年）において，早くからこの問題に言及している。
すなわち，「社会保障権をめぐる裁判例では，ある法令がまず憲法25条に違反
せず，次に同14条にも違反しないとして，両者の規定が並立的に検討される
のが通例である」が，問題なのは「憲法14条一般の平等論ではなく社会保障
における平等原則とは何か」である，と（171頁）。

　そこで，本稿は，山田教授が提起されている「憲法14条一般の平等論では
ない社会保障における平等原則」について，学説や裁判例をメモランダム風に
紹介・検討することにしたい。

II　「平等」をめぐる各法領域での議論状況

　Iの「はじめに」において，憲法・社会保障法の各分野のいわば代表的（あ
るいは古典的）な見解をあえて紹介することで本稿の問題意識を鮮明化しよう
としたが，ここで，「平等」をめぐる憲法・民法・労働法の（先の「古典的な見
解」と比べて）進取的な議論の状況を確認しておきたい。

　例えば，小山剛『「憲法上の権利」の作法〔第3版〕』（尚学社，2016年）127
頁以下は，「生存権訴訟では，憲法25条違反に加え，14条1項違反が主張さ
れることがある……。〔堀木訴訟の引用〕複数の給付の併給禁止・併給制限の
ほか，最近では，学生無年金障害者訴訟でも14条違反が争われた。／しかし，
a）堀木訴訟判決は……14条に違反しないと結論付けている〔が，同判決の
指摘する〕『さきに説示したところ』とは，憲法25条についての説示である。
つまり，14条については，なんの論証も行われていないに等しい。／b）以
上のように，生存権の領域で憲法14条違反を主張しても，従来の最高裁判例
では，憲法25条の広範な立法裁量を前提に緩やかに審査される。しかも，25

（2）　この点を踏まえてか，山田教授は早くからベーシックインカムの議論に着目されて
　　いる（同「ベーシックインカムは救世主となるか」労旬1872号4頁）。

第Ⅳ部 社会保障法・憲法における生存と平等をめぐる課題

条の要求する合理性との違いも，明確ではない。しかし，憲法25条が実体的権利であり，14条が相関的な権利であることからすれば，25条との関係で合理性があるかどうかと，14条との関係で合理性があるかどうかの審査の中身は，おのずと異なるはずである。」と指摘しており[3]，これは，先の山田教授による指摘と符合するように思われる。

つぎに，民法の領域から，山野目章夫「両性の本質的平等と民法」（浦川道太郎先生他古稀記念論文集編集委員会編『早稲田民法学の現在』（成文堂，2017年））を紹介したい。山野目教授は，「『自由』は，自己決定の権利の承認と言い換えられるべきものであろうが，自己決定が適切に人の人間存在として望まれる在り様をもたらすものではない」，「『平等』は，異なる事物に対し共通の観点の適用を要請する原理にほかならない。ここでの観点の設定は，単に事実として等しいという認識からは生まれず，価値に基づいて選びとられるものである。」（19頁），「実質的平等こそ大事と叫んで，なにがしか物を述べたつもりになっているとすれば，運動としてはともかく学問としては浅い。」，「事実としてある差異を超えて，同じ社会に生きる人間として等しく尊重されるものを明らかにすること（規範的な実質感）こそが実質の考慮であるべきであろう。」（23頁）と指摘している。主に男女平等（あるいは女性差別）を民法の領域で論じたものであり，従来から，民法の分野でも女性は「法律の上では平等でありながら」何故に「実質的に平等になりえないのであろうか」という問題意識は当然に存在していたが（例えば，鍛冶良堅「憲法と婦人」日本評論社編『新装復刻版みんなの憲法』日本評論社，2018年，126頁），民法の（形式的平等を旨とする）世界観からすれば（ただし，これは単なる筆者の思い込みかもしれない），山野目教授の議論はかなり情熱的な指摘であるように思われる。

最後に，労働法の分野から，毛塚勝利「労働法における差別禁止と平等取扱——雇用差別法理の基礎理論的考察」を紹介したい[4]。

毛塚教授は，「平等とは，一定の生活空間を支配する者が，そこに所属する

---

(3) この後，ドイツ連邦憲法裁判所の介護保険料の判決が紹介されている。同判決については小西啓文「社会保険料拠出の意義と社会的調整の限界——西原道雄『社会保険における拠出』『社会保障法における親族の扶養』『日本社会保障法の問題点 一 総論』の検討」社会保障法研究1号77頁参照。
(4) 毛塚勝利「労働法における差別禁止と平等取扱——雇用差別法理の基礎理論的考察」角田古稀（下）3頁。

者が等しく個人として尊重されることを求める平等感情を基礎に，その構成員に対して同一のルール（規範・基準）をもって対応すること」と定義付ける（10頁）。他方，「差別」とは，「平等」の表裏の関係にあるわけではなく，「人間の個別的特性ではなく類型的属性にもとづき異別取扱いを行い，社会生活を営むうえで不可欠な権利に関して不利益を与えること」（6頁）であるが，差別禁止法は90年代以降世界的規模で拡大しており，「とりわけ，障害者，年齢，性的指向等を理由とする差別禁止の登場，また，雇用形態差別の拡大は，差別禁止法の新世代といって良いであろう。このような差別禁止法の拡大にともない，差別禁止法の目的を平等論（平等取扱原則）から切り離して理解しようとする考えが登場してきている。差別禁止法の発展を『実質的平等』の実現ではなく『社会的包摂 social inclusion』にみようというものである……平等取扱原則から差別を考えると差別の立証に比較が不可欠にともなうが，社会的包摂の観点からは，ある集団が不利益を受けていることで足りること，合理的調整義務といった積極的な差別是正義務を導くことができること，反面，差別における正当性の抗弁を広く認めてよいことなどの利点を指摘しているとしている。また，少なくともヨーロッパ法の発展をみるかぎり，差別禁止法の理念は社会的包摂ではなく連帯（Solidarity）にみるべきとの考えもある。」（18頁）。「障害者差別や年齢差別に関して，『差別禁止アプローチ』と『労働市場アプローチ』とを対立的にとらえて議論する向きもあるが，これも差別禁止のもつ重層的規範構造を考えれば，対立的に捉え過ぎてはならないであろう。雇用差別禁止法はすべて，人種，性，障害等という『人的な類型的属性による異別取扱い』をなくすことと，かかる『類型的属性によって把握された者の雇用・職業にかかわる人権の保護』との双方を目的としているからである。」と主張する（19頁）。

Ⅲ　判例・評釈の検討
——遺族補償年金等不支給決定処分取消請求事件を中心に

1　遺族補償年金等不支給決定処分取消請求事件

　Ⅱでは，最近の「平等」についての（主に）憲法・民法・労働法の議論を紹介した。そこで，Ⅲでは，まず実験的に，遺族補償年金等不支給決定処分取消請求事件（最3小判平29・3・21裁判所時報1672号89頁）を取り上げ，その評釈を若干紹介することにしたい。

第Ⅳ部 社会保障法・憲法における生存と平等をめぐる課題

　この事件は，原告の妻（地方公務員）が，公務に因り精神障害を発症し，自殺したため，原告が処分行政庁たる被告・地方公務員災害補償基金大阪府支部長に対し，地方公務員災害補償法に基づき，遺族補償年金，遺族特別支給金，遺族特別援護金及び遺族特別給付金の支給請求をしたところ，処分行政庁がいずれも不支給とする処分をしたため，原告が，被告に対し，本件各処分の取消しを求めたという事案であった。

　この事件の問題の焦点は，最高裁が端的に示しているように，地方公務員災害補償法の遺族補償年金が，死亡した職員の妻に対しては，当該妻が一定の年齢に達していることを受給の要件にしていないにもかかわらず，死亡した職員の夫に対しては，当該職員の死亡の当時，当該夫が一定の年齢に達していることを同法 32 条 1 項但書及び附則 7 条の 2 第 2 項の各規定が定めていることであった（この規定は，遺族特別支給金，遺族特別援護金及び遺族特別給付金に波及する）。

　このような事案で，大阪地裁判決（平成 25 年 11 月 25 日判時 2216 号 122 頁）は「本件年齢要件を含む年齢要件は……社会保障的性質をも有する遺族補償年金の受給権者の範囲を定めるに当たり，立法当時の社会情勢や財政事情等を考慮して，職員の死亡により被扶養利益を喪失した遺族のうち，一般的に就労が困難であり，自活可能ではないと判断される者に遺族補償年金を支給するとの目的の下に，障害要件とともに，そのような者を類型化するための要件として設けられたものであると解されるところ，地公災法が遺族補償年金の受給権者にこのような要件を設けたこと自体は合理的なものといえる」のであり，「立法当時の社会状況（女性が男性と同様に就業することが相当困難であるため専業主婦世帯が一般的な家庭モデルである状況）が大きく変動していない状況の下においては，差別的取扱いということはできず，憲法 14 条 1 項に違反するということはできない。」と判示しつつも，「女性の社会進出が進み，男性と比べれば依然不利な状況にあるとはいうものの，相応の就業の機会を得ることができるようになった結果，専業主婦世帯の数と共働き世帯の数が逆転し，共働き世帯が一般的な家庭モデルとなっている今日においては，配偶者の性別において受給権の有無を分けるような差別的取扱いはもはや立法目的との間に合理的関連性を有しないというべきであり，原告のその余の主張について判断するまでもなく，遺族補償年金の第一順位の受給権者である配偶者のうち，夫についての

〔小西 啓文〕　　　　**21「社会保障法における平等」をめぐるメモランダム**

み60歳以上（当分の間55歳以上）との本件年齢要件を定める地公災法32条1項ただし書及び同法附則7条の2第2項の規定は，憲法14条1項に違反する不合理な差別的取扱いとして違憲・無効であるといわざるを得ない。」と結論付けた。

　この地裁判決に対して嵩さやか「判批」（判例評論671号2頁）は「制度を具体化するについての立法裁量に言及する際に，堀木訴訟大法廷判決を引用しなかった」「本判決は，……広範な立法裁量を根拠に憲法25条違反とほぼ同一の審査を行う論証は回避され，憲法14条1項の枠組みで審査が展開されている。」と指摘し（3頁以下），「本件区別を定めた当時の立法事実が変遷し，立法目的（被扶養利益を喪失した遺族のうち，自活可能でないと判断される者に遺族補償年金を支給すること）を達成するにあたり，もはや性別は有効な指標となっていないことを示して，本件区別の憲法14条1項違反を認める。立法事実の変化により区別の合理性が維持できなくなったとの判断は，国籍法違反判決……の判断枠組みに沿うものであり，また，判旨二3の言い回し〔本件区別の合理性については，憲法に照らして不断に検討され，吟味されなければならない〕は，婚外子相続分差別違憲大法廷決定……を踏襲したものと思われる。」（3頁）という(5)。

　その後，高裁判決は一転して原判決を取り消したが，大阪高裁（平成27年6月19日判時2280号21頁）は「地公災法においては，遺族補償年金，障害補償年金及び傷病補償年金などの保険給付が年金化され（同法25条1項），各種の年金や一時金にスライド制が導入され（同法2条9項，36条2項2号），被災職員及びその遺族の福祉に関して必要な所定の事業等（福祉事業）を行うように努めなければならない旨定められている（同法47条）のであり，同法は，損害

（5）　なお，嵩さやか教授の一連のジェンダー法にかかる議論（例えば，同「公的年金制度におけるジェンダー格差解消政策のあり方──公的年金制度におけるあるべき再分配の模索」ジェンダーと法15号52頁）も参照。また，菊池馨実「遺族年金の男女格差は解消を」週刊社会保障2766号32頁も「どうか最高裁判決を待つことなく，迅速な法律改正を強く望みたい」と指摘していた。ところで地裁判決の評釈として，夏井高人「判批」判自377号100頁，倉田原志「判批」法時87巻5号144頁，川久保寛「判批」季刊社会保障研究50巻3号352頁，常森裕介「判批」賃金と社会保障1612号53頁，西和江「判批」季労246号114頁などがあることが後述する中川教授の判批で紹介されている。

487

第Ⅳ部 社会保障法・憲法における生存と平等をめぐる課題

補償を超える内容，種類の各種給付や福祉事業を創設し，使用者の災害補償責任を前提としない諸領域にも保険事業を拡大しているといえる。これらのことからすれば，地公災法の定める制度には，職員及びその遺族の保護と福祉の増進を目的とする社会保障制度が含まれることは明らかであ」るとしたうえで，立法裁量論を展開し，立法当時及び「今日の社会情勢の下においても，妻については，年齢を問わずに『一般に独力で生計を維持することが困難である』と認めて，遺族補償年金を受給できるものとするが，夫については，年齢を問わずに『一般に独力で生計を維持することが困難である』とは認められないとして，『一般に独力で生計を維持することが困難である』と認められる一定の年齢に該当する場合に遺族補償年金を受給できるものとする旨の遺族補償年金の受給要件に係る区別を設けた本件区別は，合理性を欠くということはできない。」と判示した。

この高裁判決に対して笠木映里「判批」（ジュリスト1496号103頁）は，高裁判決の「判旨は，男女一般について統計を比較し，遺族補償年金の必要性が女性についてより大きい旨を論じているが，こうした議論は，本件区別，すなわち『他の支給要件を満たす男性配偶者について，女性配偶者には課されない年齢要件を課すこと』の合理性を直接に根拠づけるものではない。年齢・世帯類型・所得の観点から対象者を限定した上で，55歳未満の男性については女性に比して配偶者死亡の場合の遺族補償年金のニーズが相当程度——この年齢を境として支給・不支給を分けることが正当化できるほどに——小さいことを示す必要があったのではないか。」と批判する（106頁）。

他方で，中川純「判批」（論究ジュリスト16号94頁）は「原判決および本判決についてみれば，憲法14条1項違反を審査する基準として，緩やかな合理性審査基準を採用することを明言している。……本判決は，緩やかな『合理性審査基準』を採用することについて，地公災法の遺族補償年金が『基本的に，社会保障法制度の性格を有するもの』であることを理由としている。労災保険の給付に関する男女間の区別においても緩やかな合理性審査基準を採用しているように，社会保障制度の違憲審査基準を緩やかな合理性審査基準とすることは一般的な理解となりつつあるといってよい。」（97頁）と高裁判決を評価の上，さらに加えて「本判決は，遺族補償一時金が目的として生活保障的性格を強く有しているわけではないことから，遺族補償年金とは異なった取扱いと

〔小 西 啓 文〕　　　**21** 「社会保障法における平等」をめぐるメモランダム

なると述べている。しかし，遺族補償一時金が生活保障的性格を強く有していなくとも，一定の目的があり，その支給対象者の状況を固定化，悪化させるようなものでなければ，社会保障的性格を有することと同じように考えることができる。遺族補償一時金は，遺族に対する迅速かつ確実な補償を確保するという一定の目的があり，受給者の状況に大きく悪影響を与えることか（ママ）がないことから，緩やかな合理性審査基準の適用が適当であると考える。」とも指摘している（99頁）。

　そして最高裁（最三小判平成29年3月21日裁判所時報1672号89頁）は，「地方公務員災害補償法の定める遺族補償年金制度は，憲法25条の趣旨を実現するために設けられた社会保障の性格を有する制度というべきところ，その受給の要件を定める地方公務員災害補償法32条1項ただし書の規定は，妻以外の遺族について一定の年齢に達していることを受給の要件としているが，男女間における生産年齢人口に占める労働力人口の割合の違い，平均的な賃金額の格差及び一般的な雇用形態の違い等からうかがえる妻の置かれている社会的状況に鑑み，妻について一定の年齢に達していることを受給の要件としないことは，上告人に対する不支給処分が行われた当時においても合理的な理由を欠くものということはできない。したがって，地方公務員災害補償法32条1項ただし書及び附則7条の2第2項のうち，死亡した職員の夫について，当該職員の死亡の当時一定の年齢に達していることを受給の要件としている部分が憲法14条1項に違反するということはできない。」として，原審の判断を維持している。それにしても，本件の上告人は男性だったわけであり，「妻について一定の年齢に達していることを受給の要件としないこと」がなぜまずもってして論じられるべきであったのか，疑問の残るところである（稲森公嘉「判批」論究ジュリスト22号185頁参照）。

2　これまでの最高裁判例に対する筆者の疑問

　遺族補償年金等不支給決定処分取消請求事件で，大阪地裁は「立法裁量論」に逃げ込まない議論を展開していたが，大阪高裁・最高裁ともに「遺族補償年金制度の社会保障的性格」によるところの「立法裁量論」で遺族の男性を負かせている。たしかに，遺族は遺族補償一時金を受け取れるが（この点，先の中川教授の批判がある），年金化された給付と比べれば，遺族として受け取れる額

489

第Ⅳ部 社会保障法・憲法における生存と平等をめぐる課題

に格段の違いが生じよう。本件では，いうならば「男性差別」が問題になっており，先のⅡで紹介した学説のなかでは，山野目論文の射程（あるいは問題関心）からは外れることになろうが，それでも「事実としてある差異を超えて，同じ社会に生きる人間として等しく尊重されるものを明らかにすること（規範的な実質感）こそが実質の考慮であるべきであろう。」という指摘は本件にも関わってこよう。

ところで筆者のように，「労災保険の社会保障化」論[6]に興味をもつ者にとっては，本件で高裁・最高裁が「社会保障なのだから立法裁量は広い」という趣旨の議論を展開することには違和感を覚える。これはちょうど，籾井常喜教授による憲法25条の「1・2項分離論」[7]が堀木訴訟の（やはり）大阪高裁で「悪用」されたのを想起させるものである。

周知のように，堀木訴訟において最高裁（最大判昭和57年7月7日民集36巻7号1235頁）は母子福祉年金を「補完」するものと性格づけたはずの「児童扶養手当」を障害福祉年金と「同一の性格」を有する「公的年金」と分類の上，「社会保障法制上，同一人に同一の性格を有する2以上の公的年金が支給されることとなるべき，いわゆる複数事故において」「社会保障給付の全般的の公平を図るため公的年金相互間における併給調整を行うかどうか」は「立法府の裁量の範囲に属する事柄」とした。そしてこのような憲法25条にかかる説示の上で，「併給調整条項の適用により，Xのように障害福祉年金を受けることができる地位にある者とそのような地位にない者との間に児童扶養手当の受給に関して差別を生ずることになるとしても，さきに説示したところに加えて原判決の指摘した諸点，とりわけ身体障害者，母子に対する諸施策及び生活保護制度」といったいわば代償措置の存在に「照らして総合的に判断すると，右差別がなんら合理的理由のない不当なものであるといえないとした原審の判断は，正当として是認することができる。」とした。

この点，山田教授が指摘したとおり，憲法25条について合憲であれば（「全

---

(6) 例えば，小西啓文「労災認定にかかる学説・判例の再検討のための覚書」古橋エツ子＝床谷文雄＝新田秀樹編『家族法と社会保障法の交錯 本澤巳代子先生還暦記念』（信山社，2014）339頁参照。

(7) 中野妙子「色あせない社会保障法の『青写真』——籾井常喜『社会保障法』の今日的検討」岩村・菊池編・前掲注(3)57頁参照。

般的公平性」),憲法 14 条について「合理的理由あり」(「さきに説示したところ」は憲法 25 条のとりわけ「全般的公平性」の部分かと思われる)と判断されることになる。

塩見訴訟でも最高裁(最一小判平成元年 3 月 2 日民集 156 号 271 頁)は,国民年金制度は「保険方式により被保険者の拠出した保険料を基として年金給付を行うことを基本として創設されたものであるが」(傍点,筆者),制度発足時においてすでに障害の状態にある者等,「保険原則によるときは給付を受けられない者についても同制度の保障する利益を享受させることとし,経過的又は補完的な制度として,無拠出制の福祉年金を設けている」(傍点,筆者)ところ,「法 81 条 1 項の障害福祉年金も,制度発足時の経過的な救済措置の一環として設けられた全額国庫負担の無拠出制の年金であって,立法府は,その支給対象者の決定について,もともと広範な裁量権を有しているものというべきであ」り,「限られた財源の下で福祉的給付を行うに当たり,自国民を在留外国人より優先的に扱うことも,許されるべきことと解される」とした。そして,特に理由は明示しないまま,「経過的な性格を有する右障害福祉年金の給付に関し,廃疾の認定日である制度発足時の昭和 34 年 11 月 1 日において日本国民であることを要するものと定めることは,合理性を欠くものとはいえない。」と断った上で,憲法 14 条 1 項について,「法 81 条 1 項の障害福祉年金の給付に関しては,廃疾の認定日に日本国籍がある者とそうでない者との間に区別が設けられているが,前示のとおり,右障害福祉年金の給付に関し,自国民を在留外国人に優先させることとして在留外国人を支給対象者から除くこと,また廃疾の認定日である制度発足時の昭和 34 年 11 月 1 日において日本国民であることを受給資格要件とすることは立法府の裁量の範囲に属する事柄というべきであるから,右取扱いの区別については,その合理性を否定することはできず,これを憲法 14 条 1 項に違反するものということはできない。」とした。

この塩見訴訟でも「25 条合憲なら 14 条合憲」という判断となっているわけであるが,翻って判決文を読み返してみると,国民年金が「保険方式」を採用していることは是認できるものの,同「原則」を採用しているという判示については,そう判示することにより,保険料を払わないのに保険給付をするのはあくまで「例外」的措置だから,(権利ではなく)「利益」の問題であり,そもそも「裁量は広くてよい」というロジックになっていることがわかる。国民年

第Ⅳ部 社会保障法・憲法における生存と平等をめぐる課題

金制度が「必要な給付」（国年2条参照）をするための仕組みであることを考えると，このように保険料を「支払っているか否か」で「権利」か「利益」かを区別する判断については疑問を呈しえよう。しかも，特に理由もなく「合理性を欠くものとはいえない」と断定の上――堀木訴訟のような「全般的公平性」が如き決めゼリフが思い浮かばなかったのだろうか――14条の議論に移行しているが，その14条の議論において堀木訴訟のような「代償措置」の議論すらないのは，おそらく，生活保護はあくまで「準用」とする考え方を前提としたものとも思われる[8]。

3 類似の事件とその評釈

　このような視点から再度，社会保障法の領域で関連する裁判例をみてみると，例えば，いわゆる学生無年金障害者事件において，東京地裁判決（平成16年3月24日判時1852号3頁）は昭和60年法の違憲性について「昭和34年法制定当時，既に上記の〔障害福祉年金の受給につき20歳前に障害を負った者と20歳以後に障害を負った者との間に取扱いの差異を設けることの〕疑問がありながらも，それが憲法違反とまではいえないとの判断に至ったのは，前記のとおり，学生が受ける不利益の程度と立法の前提とされた社会通念の内容を重視した結果である。このうち不利益の程度についてみると，20歳前に障害を負った者は，昭和34年法においては，制度の根幹をなす障害年金自体は任意加入していない学生と同様に受給し得ず，給付額のかなり低い付加的な制度としての障害福祉年金の支給を受けられたにすぎなかったが，昭和60年法においては，障害年金に代わって設けられた障害基礎年金を受給し得ることとなり，障害福祉年金は廃止されたものの，従来その給付を受けていた者は障害の程度に応じて障害基礎年金の給付を受けることとなった。このように昭和60年法においては，20歳前に障害を受けた者については，給付の額が大幅に増加したのみならず，被保険者資格がないにもかかわらず，制度の根幹をなす障害基礎年金の給付を受けられることになったのであり，20歳以後に障害を受けた学生との取扱いの差異は，量的に著しく拡大するとともに質的にも異なったものと評価すべきである。」と判断し，憲法14条の場面で「質」を論じていた。こ

---

(8)　なお，最高裁が特別永住者への生活保護の「準用」について受給権を付与したものとはいえないと判示したのは2014年7月18日の判決においてであった。

の判決に対して，憲法学者である工藤達朗教授は「判批」（判例セレクト2004　5頁）において，「判決は，20歳未満障害者と学生無年金障害者を異なって取り扱うことが直ちに違憲であるといっているわけではない。学生無年金障害者に何の救済措置もとらなかったことが違憲なのである。違憲状態の是正措置は複数存在し，立法府はどの措置を選んでもよい。しかしこれは，憲法14条違反の論証だろうか。むしろ25条の論証ではないか。というのは，等しいものを等しく取り扱うことが平等原則の要請だから，どのレベルで等しくするかが決まれば，等しい取扱いという点では是正手段は一つであるはずで，複数の是正手段と広汎な立法裁量は25条にこそふさわしいからである。」と論評するが，その後，同地裁判決は東京高裁判決（平成17年3月25日5判時1899号46頁）で逆転し，最高裁（最2小判平成19年9月28日民集61巻6号2345頁）もそれを追認した。なお付言すれば，最高裁でも「立法裁量論」[9]が幅を利かせていたのであった。

　つぎに，件の混合診療判決がある。東京地裁判決（平成19年11月7日判例時報1996号3頁）は，保険診療と自由診療と併用することで療養の給付を受ける権利を有しなくなるという法律上の根拠はないと判断した（但し，憲法14条についての原告の主張に応答する判示は特段存在しない）が，その後やはり東京高裁判決（平成21年9月29日判タ1310号66頁）で逆転し，最高裁（最3小判平成23年10月25日民集65巻7号2923頁）も法は「保険外併用療養費の支給要件を満たさないものに関しては，……保険診療相当部分についても保険給付を一切行わないものとする混合診療保険給付外の原則を採ることを前提として……法86条等の規定を定めたものというべきであ」ると述べ，結果的に高裁の判断を支持している[10]。やはり憲法学者である畑尻剛教授は小山剛・畑尻剛・土屋武編『判例から考える憲法』（法学書院，2014年）で，「生存権と平等権が関連する場合の憲法判断のあり方としては，大別して2つのものがある。すなわち，①社会経済立法に関する立法府の裁量（立法裁量）を認めながらも，生存権が人間の尊厳に直接かかわる『生きる権利』そのものであることにかんがみ，

（9）　最高裁判決の下される前の広島高裁判決に対する評釈であるが，葛西まゆこ「判批」季刊社会保障研究42巻4号420頁が学生無年金障害者訴訟における憲法14条と25条について詳論している。
（10）　芝田文男「判批」産大法学46巻1号239頁。

第Ⅳ部 社会保障法・憲法における生存と平等をめぐる課題

その保障の公平という実質的平等を重視して，憲法 14 条違反の有無を厳格に審査する方法と，②生存権規定のプログラム性と結び付けて社会経済立法に関する広い立法裁量を強調し，平等権との関係については『最小限度の合理性』の有無の審査をもって足り，むしろそれに止めるべきであるとする方法である……／たしかに，国民の生命・身体の安全を確保しつつ，一定水準の医療を平等に給付するという健康保険法の目的は正当なものであり……安全性や有効性を確認できないような診療については『療養の給付』を行わないとすること自体は，その正当な目的との間に『実質的な合理的関連性』を見出すことはできる。しかし，それを超えて，混合診療については保険診療相当部分についても保険給付を行わないという『混合診療の禁止』が法の正当な目的を達成するために必要かつ合理的な政策であるか否かについては疑問があり，国の主張する『安全性・有効性確保論』・『公的医療平等論』からいっても，その正当な目的との間に『実質的な合理的関連性』を見出すことはできない。したがって，『混合診療の禁止』は，保険診療のみを受けた者との関係で，また，保険外併用療養費制度で認められる先進医療を受けた者に保険給付を行うこととの関係で，不合理，不平等な差別であり，憲法 14 条に違反するとともに，結果的には，難病患者に対して保険外の自由診療を受ける機会を奪うことによって生存権を侵害し憲法 25 条に違反するものである。」と指摘する（220 頁以下）。

　工藤教授も畑尻教授も憲法の（しかも山田教授と同じく中央大学の）教授であるが，事案（あるいは掲載媒体の性格の）の違いのせいもあるのだろう，憲法 14 条と 25 条についてやや異なった視点を示しているように思われる。すなわち，工藤教授は，東京地裁が憲法 14 条で論じていることは本来は憲法 25 条で議論されるべきことであると批判し，畑尻教授は憲法 14 条違反の結果が憲法 25 条違反と結びつくのではないか，と，今度は最高裁判決を批判する。いずれにしても判例の評釈においてはなにか批判すべきなのだと考えれば，いずれの教授も裁判所の判断を批判している点では共通しよう。ところで先に「事案の違い」といったのは，前者の事例は，任意加入しなかった学生が障害者となり無年金状況に陥ってしまったという事案で，障害福祉年金を受けていた 20 歳前障害者が障害基礎年金の受給へといわば格上げとなるなかで，学生無年金障害者だけはがなんの手当てもなされなかったことの違憲性が論じられていたのに対し，後者の事例は，保険で認めていない治療方法を受ける者のもつ自由

494

あるいは権利をめぐり，それを制限（あるいは「阻止」）しようとする規制（東京地裁によると，その法的根拠があいまいとされ，最高裁は「混合診療保険給付外の原則」なるものが健康保険法から読み取れるとする）の妥当性が争われている。この点，社会保障法学者は混合診療の原則解禁に概ね反対意見を表しているものと目されるが，それは，国民皆保険制度を前提とした場合，一部の富裕層がその金銭的なアドバンテージにより保険で認められていない治療を選択できる途をあまり拡大させてはならないのではないか，という，「連帯」を旨とする社会保険 VS「個人」の自由の構図が思考の背景にあるのではないだろうか。これに対して，畑尻教授は——社会保障の一般的な理解からは「難病患者に対して保険外の自由診療を受ける機会を奪う」という指摘あたりに異論もありえようが——一般的な社会保障法学者の感覚とも異なって，憲法 14 条違反と同時に憲法 25 条違反を正面からいえるとしており，本稿の問題関心からは大変示唆深い。

　そしてそういう視点でもう一度先の遺族補償年金等不支給決定処分取消請求事件をみてみると，同事件は，男性差別という，これまで問題になってきた事案（女性差別の方が相対的に多かったのではないだろうか）とは異なるものであるが，性をめぐる差別的取り扱いという点ではいささかも変わるところはない。ここでも畑尻教授の先のテーゼ①「生存権が人間の尊厳に直接かかわる『生きる権利』やそのものであることにかんがみ，その保障の公平という実質的平等を重視して，憲法 14 条違反の有無を厳格に審査する」という方法に立脚し，笠木教授が指摘する「55 歳未満の男性については女性に比して配偶者死亡の場合の遺族補償年金のニーズが相当程度——この年齢を境として支給・不支給を分けることが正当化できるほどに——小さいこと」を厳格に判断すべきだったのであろう。ただし，「社会経済立法に関する立法府の裁量（立法裁量）を認めながらも」という一文は，修飾語として必要だといわれればわからなくもないが，本件のように「労災保険も社会保障なのだから立法裁量が広範に認められる」という議論に直面するとき，不要な留保と評価したいところである。

Ⅳ　新たな憲法 14 条論への「転換」——合理的配慮の議論を踏まえて

1　「実質的機会平等論」について
　以上，「形式的平等から実質的平等へ」というテーゼを前提に，「社会保障法

第Ⅳ部 社会保障法・憲法における生存と平等をめぐる課題

における平等原則」を検討してきたが，実は，そのテーゼ自体に疑問を呈する憲法学説がある。それは例えば辻村みよ子『憲法〔第6版〕』（日本評論社，2018年，157頁以下）であり，いわく，「憲法14条の保障が形式的平等か実質的平等か，という基本的な問題については，その定義を含めて憲法学説は必ずしも一致しているわけではない。一般には，形式的平等とは法律上の均一の取扱いを意味し，事実上の差異を捨象して『原則的に一律平等に取り扱うこと』を意味するのに対して，実質的平等は，現実の差異に着目して格差是正を行うこと，『すなわち配分ないし結果の均等を意味する』と説明されてきた……従来は，『実質的平等（結果の平等）』（芦部・憲法128頁）と記載されるように，実質的平等を結果の平等と同視し，形式的平等と機会の平等を結びつける傾向があったが，厳密にはそれぞれを区別すべきである。機会の平等と結果の平等という区別は平等実現の過程ないし場面に関するものであるのに対して，形式的平等と実質的平等との区別は平等保障の在り方に関するものと考えることができよう……また，憲法14条1項が，形式的平等と実質的平等のいずれを保障しているか，という点でも，問題が残っている。従来は，憲法14条1項にはまず法律上の均一的取扱いという意味での形式的平等が含意されているため，通説的見解は14条1項を裁判規範としては形式的平等として捉えつつ，実質的平等の実現は社会権に委ねられていると解していた。しかし，上記のように，平等の観念自体に変化が生じ，実質的平等保障の要請が強まっていることによって，14条にも実質的平等の保障が含まれると解することが妥当となる……。ただし，実質的平等を保障していると解する場合にも形式的平等の原則が放棄されたわけではない。理論上はあくまで形式的平等保障が原則であり，法律上の均一的な取扱いが要請されるが，一定の合理的な別異取扱いの許容範囲内で実質的平等が実現される（実質的平等実現のための形式上の不平等を一定程度許容する）と解するのが筋であろう」と。

　仮に辻村教授のように「機会の平等」・「形式的平等」と「結果の平等」・「実質的平等」は対ではないという風に考えるとなると，これまでの議論は前提を失うことになりかねないが，ここでいったん議論の方向性を変え，「憲法14条はいかなる司法審査がなされるべきか」ではなく，「憲法14条からなんらかの『権利』が導き出せないか」という問題を考えてみたい。

　この点，そもそも冒頭に紹介した芦部教授は先に引用した通り「14条を根

〔小西啓文〕　　　　*21*「社会保障法における平等」をめぐるメモランダム

拠に，現実の経済的不平等の是正を国に請求する権利が認められるわけではない」としていたが，例えば近時，障害のある人の権利保障の問題を体系的に検討しようとする植木淳『障害のある人の権利と法』（日本評論社，2011 年）は，「障害差別禁止法理」を憲法 14 条に由来するものと構想し，(1)「障害」を理由とする別異取扱は原則として「差別」となる，(2)障害のある人に不利益な効果をもたらす法令は「差別」となりうる，(3)障害のある人の社会参加のために必要な範囲での「合理的配慮」(11)を提供しないことは「差別」となりうる（3頁）と指摘の上，以下のように論じている。

　「……憲法 14 条 1 項は『形式的平等』を保障するものであるため，諸個人間に存在する格差を是正することは『第一義的には社会権条項に託された課題』であって，憲法 14 条は単に『実質的平等』のための立法措置を許容するものにすぎないと解され〔てい〕る。このような見解によれば，一般的には，憲法 14 条が『合理的配慮』などの積極的措置を義務づけるものではないとする議論がなされうる(12)。／しかしながら，上記のような議論もまた，『障害』に起因する

---

(11)　毛塚教授は「障害者に合理的配慮が求められるのは，障害の存在は，障害者の非選択的属性である以上，それを障害者の責任としてそのハンディを障害者のみに負担させることは，障害者を『個人として尊重』したことにならないからである。障害を理由にする異別取扱に規範的避難を向けることができないのは，期待可能な範囲で使用者がハンディをなくす措置をとった後のことであろう。その意味では，障害者に対する合理的配慮は，差別を回避する使用者の義務から派生するものといえる。」とも指摘する（前掲注(4)20 頁以下）。また合理的配慮について，山田省三「身体障害のある運転士に対する従前の勤務配慮義務の存否とその内容──阪神バス（勤務配慮）事件（神戸地裁尼崎支部平 24.4.9 決定　労判 1054 号 38 頁）」労判 1064 号 5 頁も参照。

(12)　たとえば，内野正幸『人権の精神と差別・貧困──憲法にてらして考える』（明石書店，2012）143 頁は「機会の実質的平等は，正義論の『べきだ』論のレールにのりやすいにしても，憲法の平等論のレールにのるかどうかは慎重な検討が必要であろう。」と指摘の上，「最近，障害者の権利条約などの文脈では，合理的配慮を行わないことは障害者差別に当たる，と論じられる傾向にあるが，憲法 14 条 1 項（差別禁止条項）の解釈としても同様のことがいえるであろうか。いいかえれば，同項は，障害者と健常者を平等に扱うために障害者のための合理的配慮を行うべし，とする実質的平等の要請を含んでいる，と解釈すべきであろうか。この点については慎重に検討する必要があろう。……ときに，多くの人は何らかの局面で障害（ないしマイノリティ性）をもっており，その意味で誰もが障害者でありうる，といった言葉に接することがある。しかし，非常に軽微なハンディキャップと，きわめて重大な障害とを同列扱いするのは，疑問である。」とする（259 頁）。また，尾形健「障害差別禁止の法理──憲法学の側から」障害法2 号 3 頁も「合理的配慮それ自体が，『個々の場面における障害者個人の具体的なニーズに応じて，過重負担なく，社会的障壁を除去すること』を意味し，その内容として，障

第Ⅳ部　社会保障法・憲法における生存と平等をめぐる課題

社会的不利益は，自然的に存在する『相違』ではなく，国・公共団体の作為によって社会的に形成されるものであることを看過するものであるといえる。障害のある人による『合理的配慮』の要求は，諸個人間に自然に存在する格差の是正を求めるものではなく——あるいは，アファーマティブアクションのように既存の競争秩序を前提として優先処遇を求めるものではなく——国・公共団体の提供する権利・利益などに関して，『障害』を理由とする『差別』を受けないための措置を要求するものとして理解される。」(172頁以下)。

この点にかかわり，菊池馨実教授の議論が示唆深い。

菊池教授はかつて，『社会保障の法理念』（有斐閣，2000年）において「自律した個人の主体的な生の追求による人格的利益の実現のための条件整備というとらえ方の中に，平等取扱い（憲法14条参照）の契機が含まれている……。それは，基本的には国家が確保すべき基礎的生活保障施策の範囲内で求められる『実質的な』平等取扱いを意味する。」と指摘していたが（145頁以下），さらにこの問題に踏み込んで，近時「実質的機会平等」について『社会保障法制の将来構想』（有斐閣，2010年）において以下のように論じている。

「平等の契機は，法の下の平等を定めた憲法14条1項並びに生存権を規定した憲法25条（なかでも『健康で文化的な最低限度の生活』保障を定めた1項）にも内在しており，ここには，財の配分において，これ以上下げられないベーシックな部分（基礎的生活水準）の保障という意味での静的ないし帰結主義的な視点からみた平等の契機も含まれている。しかし同時に重要なのは，各個人による自主的自律的な生の構築を可能にするためには，単に財の配分における形式的平等を達成するだけでは十分ではなく，アマルティア・センが言うように各人が財を機能（funktionings）に変換する能力にも着目した実質的配分が要請されるということである。」(11頁)。「憲法13条と基盤とし，憲法14条1項の趣旨も踏まえながら，直接的には憲法25条を媒介として具現化される『実質的機会平等』の価値は，人格的に自律した個人を前提においても，社会保障制度を基礎付け得ることを示している。」(12頁)。

以下でこれらの議論を整理すべく，図示することを試みたい。

害当事者の意向の尊重，本来義務に付随すること，機会平等の確保，本質変更の不可能性，といったものを含むとすると，こうした具体的考慮事項が憲法14条1項から直接導出しうるかは，さらに検討の必要があるかもしれない」とする（11頁）。

2　議論の整理のために──「合理的配慮」の可能性

まず，(図1)である。ここでは仮に，X・Y間で「機会の平等」は担保されているが，競争の結果，本人の能力の差により，結果の面で差が出たというケースを考えてみたい。このようなケースの場合，差が生じたことはたしかに残念なことであるが，「機会の平等」が担保されていたならば，少なくとも憲法14条的な問題は起こりえず，あとは，結果の面での調整いかんという，憲法25条的な議論に委ねられよう。ただ，「結果の平等」を実現するためには，複雑な考慮要素もあるだろうし(この例でいえば，どれくらいの差までなら調整されるべきかetc.)，その調整にはなんらかの「裁量」が関与することまでは否定できない。

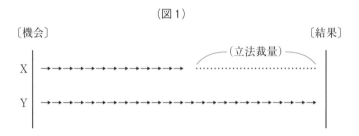

(図1)

ところで，積極的差別是正措置ともいわれる雇用率制度はどのように位置づけられるべきであるかであるが，筆者はこの制度を憲法14条的な「機会の平等」に含めて論じることには懐疑的である。それは，「結果の平等」を実現するための方策なのだから，いずれかといえば，憲法25条の世界観に親和的であり[13]，その扱いは「裁量」問題ということになる。

つぎに(図2)である。(図1)同様，結果に差が生じているが，その差が「スタートライン」において「差別」的取扱いがあったために生じたという(例

---

[13]　菊池教授は『社会保障法制の将来構想』において「差別禁止それ自体は健常者との関係での公正な取り扱いを求める規範的指針にとどまり，雇用促進等を直接の目的とするわけでは必ずしもない。実質的機会平等などの見地からすれば，このアプローチの導入と，(少なくとも経過的に認められるべき)雇用促進等にかかる積極的措置は，矛盾するものではなく，むしろ両立すると考えるべきである。」とも指摘するが(47頁)，それは，積極的措置を「結果の平等」実現のための一手段と考えてのことではないだろうか。

えば，障害者であるXは一歩スタートラインから下がってスタートさせるような）ケースである。この場合，「機会の平等」に違反しているので，憲法14条違反を論じるべきことになろうが，その際は，「差別」という反社会的な行為に対して強い非難がなされるべきであり，（図1）で認められるような「裁量」はあってはならないはずである（厳格な司法審査の要請）。もっとも，最高裁はこれまで，このような「機会の平等」の事案でもそれが社会保障法分野で問題になる限り，憲法14条にかかる司法審査を「放棄」してきたのではないだろうか。

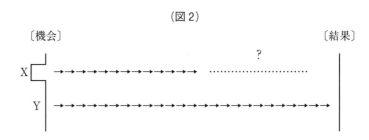

（図2）

そして（図3）であるが，ここでは，例として，視覚障害がある人の（公務員などの）採用試験を考えてみたい。先に「雇用率」について論じたが，このような視覚障害のある人を雇用率という別枠で採用することは「雇用の促進」という要請には合致する。もっとも，この別枠の制度はあくまで認定を受けた一定の「範囲」の障害者を採用するというものであり，そこから「ある人」が漏れたとしても，「その人」がその枠に入ることのできる「権利」というものを主張することは難しい。

他方で，雇用の促進と同様の効果を別の方法で図れる可能性がある仕組みとして，「合理的配慮」というものが観念できる。（図2）で障害差別について言及したが，仮に視覚障害者に受験資格は与えたとしても，試験が（点字ではない）筆記試験で，試験時間も延長がないということだと，合格することには困難が伴うことだろう。そこで，点字の試験を用意し，試験時間を延長するという，いわば「スタートラインの地均し」（図3でXのところに波線がある部分は「でこぼこ」を表現したつもりである）をする「合理的配慮」という手法が有効ではないかと考えられる。非障害者からすれば，このような措置は一見すると

逆差別に映るかもしれないが，かような試験を用意しても，当該者に実力がなければ試験を突破することはできない。逆に「障害者だから」という理由で採用される雇用率制度の方が実はよほど深刻な問題が潜んでいるように筆者には思われる（昨今の中央省庁における「水増し」問題を想起されたい）。

　このように，「機会の平等」を「実質化」するような「合理的配慮」は「結果の平等」を指向しているが，一定「数」を採用する「雇用率制度」とは異なり，「結果の実現」を約束するものではない。ただ，今日の憲法25条の機能不全状況を考えた場合（上述した立法裁量論などを想起されたい），憲法25条を補完する形でかような「合理的配慮」というものが機能する余地はあるのではないか，と考えられるのである。

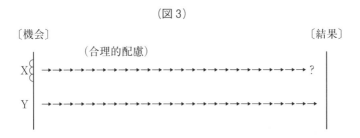

（図3）

　この合理的配慮の議論は，菊池教授がいう，「憲法13条と基盤とし，憲法14条1項の趣旨も踏まえながら，直接的には憲法25条を媒介として具現化される『実質的機会平等』」の議論に親和的であろう。菊池教授は「自らの生き方を追求するための前提となるべき環境が整備されていない障害者に対しては，その前提条件を保障する必要がある。つまり各個人による自主的自律的な生の構築をなすための前提を欠く障害者に対して，その前提条件を確保することは，憲法上当然に保障されるべき権利である。」とも指摘している（同22頁以下）。もっとも，「憲法25条の生存権規定により，ある意味で一定の『結果の平等』が保障されているとも言い得るわが国の法状況の下では，対象者に対して個別にサービスの充実を図るとのアプローチのみでは，国家──個人間での保障関係を通じて当該ニーズを有する者の保障水準が向上するにとどまり，問題意識が社会的に共有されない可能性が多分にある」とも述べているが（同45頁以下），筆者が展開した上記の「合理的配慮」の議論は「制度」ではなく，あく

第Ⅳ部 社会保障法・憲法における生存と平等をめぐる課題

まで「ニーズ」を有する個人の「請求権」のような位置づけである点で，やや菊池教授の問題関心とは異なるかもしれない。とはいえ，菊池教授は「包括的で一定の法的強制力ある障害者差別禁止法の制定は，雇用，交通，通信など，従来，生活の個別領域毎に取り組まれてきた障害者施策を差別という視点から横断的に捉え，しかも障害をもつ人々の権利保障という視角から捉えるものであり，社会保障をめぐる規範原理としての（個人の）『自律』，『実質的機会平等』を実現するための強力な手段となり得る。」とも指摘している（同46頁以下）。今日，「障害者差別解消法」が制定され，雇用の場面での不当な差別的取扱いを禁じた「障害者雇用促進法」の改正法も登場しているが，筆者は，「合理的配慮の不提供は差別である」という合理的配慮にかかる構成が（障害のある人の社会参加にとって）重要であると考えるものであり，その不提供はあたかも（図2）で示した状況同様，障害者に対してディスアドバンテージを与える「不当な差別的取扱い」にあたる（障害者雇用促進法は合理的配慮の提供義務を「差別」と無関係なものとして構成しているが）と考えている（この点，小西啓文「障害のある人にとって働きやすい職場とは？」増田幸弘・三輪まどか・根岸忠編『変わる福祉社会の論点』信山社，2018年，117頁以下参照）。

Ⅴ　むすびにかえて

以上，社会保障法領域における「平等」論を再検討しつつ[14]，メモランダム風に記述してきた。結局のところ，社会保障法領域における司法審査に際しての憲法（25条及び）14条の機能不全は（少なくともこの間の最高裁判例をみる限り）いかんともしがたく，その議論の方向性を転換し，憲法14条から新しい権利（ここでは「合理的配慮の請求権」）を導くことはできないか，検討した。もっとも，以上の議論はいまだ構想めいたものに過ぎず（だからこそ「メモランダム」と謳っている），今後，別稿でさらに検討を深めたいと考えている。

---

(14)　筆者が山田教授による社会保障法の講義を学部学生の際に受講していた当時のテキストは同教授の編著による『プリメール社会保障法』（八千代出版）だったと記憶しているが，その後継書である『リーディングス社会保障法〔第2版〕』に収載の中島徹教授執筆による「社会保障の権利」は，本稿執筆に際して，直接引用しないまでも考え方のベースにあることを最後に付記しておきたい。

22 公的年金「マクロ経済スライド」の
名目下限措置撤廃案をめぐる考察

石　崎　　浩

Ⅰ　はじめに　　　　　　Ⅲ　憲法などとの関係
Ⅱ　名目下限措置をめぐる議論　　Ⅳ　おわりに

Ⅰ　は じ め に

　公的年金制度の持続可能性を確保するために，2004年の公的年金制度改正で「マクロ経済スライド」が導入された。保険料水準が2017年以降は固定されることに伴い，給付水準を自動的に引き下げていくことによって，年金財政の均衡を図るのが目的である[1]。

　だが，このマクロ経済スライドは後に詳しく見るように，物価や賃金が上昇した際に，年金の増額をそれより小幅にとどめることによって，年金の実質価値を目減りさせる仕組みである。たとえば物価上昇率がごく小幅だった場合に，マクロ経済スライドによる年金の減額までは行わず，年金額を据え置くという「名目下限措置」のルールが設けられている。

　04年改正以降，日本経済は物価だけでなく賃金も下落する深刻なデフレが続いた。このため，マクロ経済スライドは本稿執筆時点では2015年度に1回実施されただけにとどまっている（2019年度は再び実施される予定になっている）。04年改正時の想定では，既に年金を受け取っている人（既裁定者）の老齢年金[2]は本来，2008年度からマクロ経済スライドの適用を受ける予定だった。こ

（1）　以下で，04年改正で導入されたマクロ経済スライドに関する説明は，主に厚生労働省年金局数理課「厚生年金・国民年金平成16年財政再計算結果」（2005）13頁以下による。

（2）　本稿で「年金」は基本的に老齢年金を指す。

第Ⅳ部　社会保障法・憲法における生存と平等をめぐる課題

うした調整の遅れが響き，マクロ経済スライドによる給付水準調整の終了時点
も，04 年改正で想定した 2023 年度から大幅に遅くなり，2043 年度以降にずれ
込む見通しとなっている[3]。

　マクロ経済スライドが 04 年改正の想定通りに働いていないということは，
財政悪化によって将来世代[4]の給付水準が想定より下がることを意味する。そ
もそも公的年金の給付と負担には，世代間で大きな格差が存在する[5]。格差が
いっそう拡大すれば，世代間の公平性が損なわれ，後の世代につけが先送りさ
れることによって，制度の持続可能性も低下が避けられない。近年は憲法 13
条を 25 条と並ぶ社会保障制度の規範的な根拠規定ととらえ，「自由」の実現が
社会保障の重要な目的，規範的な指導理念であるとする学説も見られる[6]。年
金制度による老後の所得保障という社会保障の重要な柱が脆弱化することは，
憲法 13 条が規定する個人の尊厳，幸福追求権の理念に反し，将来世代の「自
由」を制約しかねない側面もあると言えるのではないか。年金財政の現状は，
本論文集が問題意識として掲げる，雇用社会における自由と平等[7]を損ないか
ねない事態だと見ることもできるであろう。

（3）　2014 年の公的年金財政検証で想定された 8 通りのケースのうち，5 つのケースでは
マクロ経済スライド調整の終了が 2043〜2044 年度と見込まれている。他の 3 つのケー
スは，モデル世帯の最終的な所得代替率が 04 年改正で定められた下限である 50% を割
り込み，マクロ経済スライドを終了して給付と負担のあり方を再検討しなければならな
いという結果になった（厚生労働省年金局数理課「平成 26 年財政検証結果レポート」
（2015）31 頁）。

（4）　この言葉に明確な定義があるわけではないが，本稿では，主にまだ選挙権を持たず，
働いてもいない若い世代，まだ生まれていない世代を指して使う。

（5）　厚生労働省年金局数理課・前掲注（3）399〜409 頁。

（6）　菊池馨実『社会保障法〔第 2 版〕』（有斐閣，2018）114〜116 頁。「いわゆる「自由」
の理念が，個人主義の思想を基盤とする日本国憲法下にあって，社会保障の規範的な指
導理念として位置づけられる」とする。

（7）　「平等」と「公平」は，しばしば同じような意味で使われる。例えば『広辞苑〔第 7
版〕』（岩波書店，2018）でも，平等は「かたよりや差別がなく，すべてのものが一様で
等しいこと」，公平は「かたよらず，えこひいきのないこと」とされ，意味の違いがさ
ほど明確とはいえない。本論文集の「現代雇用社会における自由と平等」という課題設
定においても，平等とは「世代間の公平性」という場合の公平の意味合いを包含してい
ると理解できる。ただし筆者は，「平等」という語が結果における平等（Equality）を
志向するのに対し，「公平」はより公正（Fairness）に近く，必ずしも結果の平等を強
く要求する概念ではないと考えている。

マクロ経済スライドが機能不全に陥っていることから，有識者などの間には，名目下限措置を撤廃し，デフレ時にも着実にマクロ経済スライドを実施すべきだという主張が見られる[8]。厚生労働省もこうした案をいったんは検討したが[9]，結局採用しなかった。その代わり 2016 年 12 月に成立した年金改革関連法には，後述する「キャリーオーバー」というマクロ経済スライドの改善が盛り込まれたが，この法律の内容では不十分だという指摘も根強く[10]，現行法を改正して名目下限措置を撤廃し，デフレ時にマクロ経済スライドを完全実施するという案は依然として，今後検討すべき重要な選択肢として残っている。

既裁定者の年金額を引き下げる場合には，憲法などとのかかわりが問題となりうる。過去の年金改革では財産権について規定する憲法 29 条との兼ね合いで，既裁定年金の扱いについては慎重な対応が取られてきた[11]。公的年金は社会保障給付の重要な柱であるだけに，生存権を規定する憲法 25 条などとの関係も整理しておく必要があるだろう。本稿ではこうした点について検討し，名目下限措置の撤廃案が法学の立場からみて憲法や民法の基本原則に合致するかどうかを中心に考察したい。

II　名目下限措置をめぐる議論

1　マクロ経済スライドと名目下限措置

まず，マクロ経済スライドがどのような仕組みなのかを確認しておきたい。2004 年の年金改正では，少子高齢化が急速に進む中で，公的年金の持続可能性をどう確保するかが課題となった。国立社会保障・人口問題研究所が 2002

---

(8)　財政制度等審議会（会長・吉川洋東大教授＝当時）は「平成 27 年度予算の編成等に関する建議」で，「将来の年金給付水準を出来る限り確保し，世代間の公平性を保つ観点からは……名目下限については速やかに撤廃すべきである」と提言した。他に，たとえば小塩隆士「マクロ経済スライドとその完全発動の意義と課題」年金と経済 34 巻 1 号（2015）17〜23 頁，西沢和彦「マクロ経済スライドの名目下限措置廃止を」日本総研 Research Focus1〜10 頁（2016 年 2 月 26 日），坂本純一「デフレ経済下のマクロ経済スライド」年金と経済 30 巻 4 号（2012）10〜15 頁。

(9)　2011 年 9 月 29 日の社会保障審議会年金部会に関係資料を提示した。

(10)　新聞の社説では，2017 年 8 月 2 日付と 18 年 9 月 21 日付の日本経済新聞，16 年 12 月 15 日付と 17 年 1 月 11 日付の読売新聞が同様の主張をしている。

(11)　たとえば後述するように，厚生年金と共済年金の一元化に際し，共済年金の既裁定年金の給付減額は 10％が上限とされた。

第Ⅳ部　社会保障法・憲法における生存と平等をめぐる課題

年に公表した将来推計人口をもとにした年金財政の将来見通しでは，04年改
正前の給付水準と基礎年金国庫負担割合（3分の1）を維持した場合，厚生年
金の保険料率は年収の25.9％まで，国民年金保険料は月額2万9500円までそ
れぞれ引き上げる必要があるという結果となった[12]。これほどの高負担を実
現することは難しいという判断から，保険料水準に上限を設けることが必要と
されたのである（保険料水準固定方式）。

　具体的には，2017年まで保険料の小刻みな引き上げを行った上で，厚生年
金保険料率を18.3％，国民年金保険料を月1万6900円（2004年度価格）で保
険料水準を将来にわたり固定することが法律に明記された[13]。この保険料収
入と国庫負担（2分の1に引き上げ），積立金の取り崩しおよび運用収入で将来
にわたり給付をまかなうため，給付水準をしだいに引き下げることが必要とな
る。

　そのための手段として導入されたのが「マクロ経済スライド」である[14]。

　公的年金の受給額は，賃金や物価の変動に応じて改定されることになってお
り，この仕組みを「スライド」と呼ぶ[15]。スライドの本来の目的は，経済成
長による生活水準の向上の成果を分配したり，物価上昇による年金の実質的な
購買力の低下を防いだりすることである[16]。

　例えば厚生年金について見ると，04年改正以前には，65歳で受給し始める
ときの年金（新規裁定年金）は現役の被保険者1人当たりの賃金（可処分所得）
の水準，すでに受給が始まっている年金（既裁定年金）は物価水準に応じて，
それぞれ改定されることになっていた。基礎年金は賃金や消費支出の伸びなど
を勘案した政策改定が行われてきたが，基本的な考え方は同様である。つまり，
新規裁定年金は働く世代の所得水準の向上を年金額に反映させ，いったん受給

---

(12)　厚生労働省年金局数理課・前掲注(1)11〜13頁。
(13)　厚年81条，国年87条。
(14)　国年27条の4，27条の5，厚年43条の4，43条の5。マクロ経済スライドについ
　　ては厚生労働省年金局数理課・前掲注(1)99〜106頁参照。
(15)　本稿で取り上げる賃金スライド，物価スライド，マクロ経済スライドは，法律で定
　　められた方式で自動的に行われる「自動改定」である。これに対し，年金の水準が政策
　　判断によって改定される場合もあり，たとえば厚年2条の2には国民の生活水準，賃金
　　その他の諸事情に著しい変動が生じた場合には，速やかに年金額改定の措置が講じられ
　　なければならない，という規定がある。
(16)　社会保障審議会年金部会資料「マクロ経済スライドについて」(2011年9月29日)。

506

〔石崎　浩〕　*22*　公的年金「マクロ経済スライド」の名目下限措置撤廃案をめぐる考察

が始まった後の既裁定年金については年金の実質的な価値（購買力）を維持する仕組みだったのである[17]。

　だが，マクロ経済スライドが実施されると，新規裁定年金も既裁定年金も，従来の改定率から「スライド調整率」を差し引いた率で改定されるようになる。

　スライド調整率は，(a)被保険者数，すなわち現役世代の減少と，(b)平均余命の伸び，すなわち高齢者の年金受給期間の増加，という二つの要素で決まり，年度によって異なるが平均年1％程度になると見込まれる。

　本稿の関心事項である既裁定年金についていえば，従来は毎年1〜12月の1年間の物価変動率に応じて，翌年4月分からの年金額が改定されることによって，購買力が維持される仕組みになっていた。多少のタイムラグがあるとはいえ，年金額が物価上昇に負けない仕組みとなっていたのである。だがマクロ経済スライドが実施されると，例えばある年の物価上昇率が1.5％だったとしても，そこからスライド調整率1％程度が差し引かれ，翌年度の年金額は0.5％程度しか増えない。マクロ経済スライドは，年金財政がおおむね向こう100年間にわたり均衡すると見込まれる時点で終了し，それ以降は本来の改定方法に復帰する。

　前述のように，マクロ経済スライドは賃金や物価が上昇した場合に，年金の増額をそれより小幅にとどめる仕組みとして導入された。このため，賃金や物価が下落した場合，賃金や物価に応じた減額改定が行われるものの，マクロ経済スライドは実施されない。賃金や物価が上昇した場合でも，機械的にスライド調整率を差し引くと年金が減額となる場合には，年金改定率はマイナスとせず，金額を据え置く[18]。この仕組みが，本稿でその妥当性を検討する「名目下限措置」である。こうした措置が設けられたのは，給付水準引き下げで影響を受ける高齢者の生活に配慮が必要だという判断が働いたためであり，このほか憲法29条が定める財産権との関係などを勘案した結果とされる[19]。

---

(17)　堀勝洋『年金保険法〔第4版〕』（法律文化社，2017）259頁。

(18)　厚生労働省年金局数理課・前掲注(1)104〜105頁，堀・前掲注(17)267〜269頁。

(19)　前掲注(16)。

第Ⅳ部　社会保障法・憲法における生存と平等をめぐる課題

2　マクロ経済スライドの機能不全

04年の年金改正で導入されたマクロ経済スライドは，実際には，想定通りに機能しなかった。04年改正時の想定では，マクロ経済スライドは新規裁定者に対しては2007年度から，既裁定年金者に対しては翌08年度から実施される予定だったが，実際の発動は15年度にずれ込み，しかも翌16年度以降はまた停止されたのである。

年金の給付水準を示す物差しとして，所得代替率が使われる。厚生年金のモデル世帯[20]が65歳で受給する夫婦合計の年金額が，その時点の現役世代男性の平均手取り賃金（月額換算）の何％に当たるかという値である。04年度時点の所得代替率は59.3％だった[21]。

想定通りなら，そこから所得代替率は低下の一途をたどり，調整が終了する2023年度以降は50.2％で一定となるはずだった。ところが，改正から5年後の2009年に行われた公的年金の財政検証によると，09年度の所得代替率は62.3％に上昇していたのである[22]。さらに，その5年後の14年に行われた財政検証では，14年度の所得代替率が62.7％となっていた[23]。04年改正の時点で，14年度の所得代替率は54.0％まで下がっている想定だったのに[24]，実態はそれを8.7ポイントも上回ってしまったのである。

足元の所得代替率が低下せず，逆に上がってしまったのは，日本経済が深刻なデフレに見舞われたためだ。物価が低下し，現役世代の賃金はさらに大きく下がるという状況が続いた結果，所得代替率を計算する際の分母＝賃金が小さくなる一方で，分子となる新規裁定の年金額，特に基礎年金の額はそれほど下がらなかった。04年改正で定められたスライドのルールでは，賃金の下落率が物価の下落率より大きい場合でも，新規裁定の基礎年金は賃金でなく物価を基準に改定する仕組みになっていたのである[25]。

---

(20)　夫は男性の平均的賃金で40年加入した厚生年金の被保険者，同い年の妻は専業主婦で厚生年金に全く加入しないという想定。

(21)　厚生労働省年金局数理課・前掲注(1)22頁。

(22)　厚生労働省年金局数理課「平成21年財政検証結果レポート」(2010) 26頁。

(23)　厚生労働省年金局数理課・前掲注(3)30頁。

(24)　社会保障審議会年金部会2005年8月30日資料。

(25)　この反省から，将来また賃金が下がる深刻なデフレ状態となった場合の年金財政悪化を防ぐため，16年12月に成立した「公的年金制度の持続可能性の向上を図るための

〔石 崎　浩〕　*22*　公的年金「マクロ経済スライド」の名目下限措置撤廃案をめぐる考察

　この結果，今後のマクロ経済スライドによる給付水準の調整は長期化せざるを得ない。14 年の財政検証では，将来の日本経済の状況などに関する前提を変化させて 8 つのケースを想定して将来試算を行ったが，このうちモデル世帯の所得代替率が将来も 04 年改正の想定を満たす[26]5 つのケースでは，マクロ経済スライドによる給付水準の調整が 2043～44 年度にまでずれ込むという結果になった。

　その影響は特に，基礎年金の大幅な給付水準低下という形で表れる。モデル世帯の年金のうち，基礎年金（夫婦 2 人分）の部分の所得代替率は，04 年改正では 2023 年度以降，28.4％で一定となる想定だったが，14 年財政検証では25.6～26.0％にまで下がるという結果になった。14 年度の所得代替率（36.8％）と比較すると，約 3 割も低下することになる[27]。

　さらに，マクロ経済スライドについては，公的年金の「特例水準」が解消されるまでは実施しないというルールもあった。特例水準とは，2000 年度から 3年間は前年の消費者物価指数が低下したにもかかわらず，高齢者に対する政治的配慮によって年金額が据え置かれた結果，年金が本来の水準より 1.7％高くなっていた状態のことである。政府は，物価が上昇した際に年金額を据え置くことにより特例水準を解消しようとしていたが，物価がなかなか上がらなかったため，特例法により年金額を引き下げて 15 年 4 月にようやく解消を実現した。

　これにより，15 年度にはようやくマクロ経済スライドが初めて実施され，スライド調整率 0.9％が年金額から差し引かれた。だが，翌 16 年度は前年の物価が 0.8％上昇したものの，賃金が 0.2％下落したため，04 年改正で決められたルールによりスライド調整率（0.7％）は差し引かれず，年金額は据え置かれた。17 年度は物価と賃金がともに下落していたため名目下限措置が発動され，スライド調整率（0.5％）は差し引かれず年金額は物価下落率と同じ0.1％の引き下げとされた。

　　国民年金法等の一部改正」によって，賃金下落率に応じた年金額の引き下げが実施されることになった。
(26)　モデル世帯の 65 歳時点での所得代替率が，将来も 50％を下回らないようにする（平成 16 年改正法附則 2 条 2，3 項）。
(27)　厚生労働省年金局数理課・前掲注(3)299 頁。

第Ⅳ部 社会保障法・憲法における生存と平等をめぐる課題

3 マクロ経済スライドをめぐる議論

これまで見てきた経緯からも明らかなように，マクロ経済スライドの名目下限措置は，将来また深刻なデフレに逆戻りした場合に，給付抑制が滞って年金財政が悪化する原因になりうる。厚生労働省もこの点に問題意識を持ち，2011年9月の社会保障審議会年金部会に制度見直しに向けた資料を提出し，その中で次のような論点を指摘した[28]。

▽名目下限によって，スライドの自動調整の効果が限定的となった場合，調整期間の延長によって，将来世代の給付水準が低下することとなるが，この影響をどのように考えるか

▽年金の受給権は，憲法上の財産権であると位置づけられているが，公共の福祉の観点から，財産権であっても「減額」することは可能と考えられている。名目下限を撤廃すると，デフレ経済下においても年金額の実質価値を切り下げることとなるが，「将来世代の給付水準の低下の防止」といった公共の福祉の観点からみて，これが許容されると考えるか

こうした問題提起を受けた部会の議論では，駒村康平・慶応大教授（社会保障論）が「世代間で痛みをどう分け合うか考えなければいけない。ゼロサムゲームという中で，丁寧に受給者の方に説明して納得してもらう。デフレ期のマクロ経済スライドを受け入れていただくしかない」と指摘したほか，他の委員からも「デフレ下でのスライドの自動調整が行われなければ，今の現役世代や将来世代が受け取る年金額を将来さらに削減せざるを得なくなり，世代間格差がさらに一段と広がる要因になる」「（マクロ経済スライドは）デフレのもとでも，それを粛々と実行していくということしかない」など，現行の名目下限措置を問題視する発言が相次いだ。

その一方，菊池馨実・早稲田大教授（社会保障法）が「法律的に言うと財産権だが，受給者からすると期待権だと思う。（名目下限の撤廃に）積極的に賛成とは，私個人としては今の時点では言い難い部分がある」と述べた[29]ほか，他の委員から「基礎年金という性格から言って，そこに引き下げを行うことに

---

(28) 前掲注(16)。

(29) ただしその後，菊池馨実「基礎年金と最低保障」論究ジュリ 11 号（2014）40 頁では，マクロ経済スライドを発動しないと将来世代の年金水準低下につながるとして，「フルスライドが財産権保障の趣旨に反するとは，一概にはいえない」と述べている。

ついては問題がある」という意見も出た。

さらに，厚生労働省は 2014 年の公的年金財政検証で，名目下限措置を撤廃した場合の財政効果について試算した[30]。2018 年度以降，物価や賃金に 4 年周期で景気の波（変動幅 ±1.2%）が生じると仮定した場合，名目下限措置の撤廃によって，モデル世帯の最終的な所得代替率は経済が低成長のケースで 5.0%，より高い経済成長を見込んだケースで 0.4〜0.8%，それぞれ改善するという結果になった。こうした試算を行ったことからも，厚生労働省は 2014 年検証の時点では，名目下限措置の撤廃を改革の有力な選択肢に位置づけていたことがうかがえる。

以上のような行政の動きとは別に，年金制度に詳しい有識者の間からも，名目下限措置の撤廃を求める議論が目立つようになった。小塩隆士・一橋大教授が，⒜今後の日本経済は低成長となる蓋然性が高く，前記の厚労省試算から見て名目下限措置を廃止することの必要性が高い，⒝マクロ経済スライドが機能しないことによって，財政が脆弱な国民年金部分がより大きな影響を受け，低年金層にとって深刻な事態を招く，⒞経済学的にはあくまで実質値が問題であり，デフレ時の給付減額は当然——と指摘したのは，その代表例といえる[31]。

4 法改正の内容

だが，厚生労働省は結局，名目下限措置の撤廃には踏み切らず，2016 年 12 月成立の改正法（公的年金制度の持続可能性の向上を図るための国民年金法等の一部を改正する法律）に，「キャリーオーバー」という別の見直しを盛り込んだ。⒜現在の高齢世代に配慮して，名目下限措置は維持する，⒝デフレ時に実施できなかった「調整率」は翌年度以降に繰り越し，景気が回復して賃金・物価が上昇した時に，未実施分をまとめて差し引く——という内容である[32]。

---

(30) 厚生労働省年金局数理課・前掲注(3)358〜364 頁。
(31) 小塩・前掲注(8)19〜22 頁。
(32) キャリーオーバーの案は，2015 年 12 月 8 日の社会保障審議会年金部会で厚労省から提示された。審議会の議事録によると，厚労省年金局の担当課長は「現在の受給世代に配慮しつつ，将来世代の給付水準の確保のためにできるだけ早期に調整を行う」仕組みであると説明し，デフレ時のマクロ経済スライドについて「関係方面と調整していく中で……現在の受給世代とのバランスということも大事であろうということで，先送りを極力回避することを前提にしつつ，下げるときについては名目下限を守ってはどうだ

第Ⅳ部 社会保障法・憲法における生存と平等をめぐる課題

　厚労省の方針が「撤廃」から「維持」に変化した経過は，はっきりしない。だが公的年金制度に関する政府提出法案は事前に与党との水面下での調整が行われ，与党の了解を得なければ法案が提出されることは通常ないと考えられるため，給付額の引き下げに慎重な自民党など与党の考え方が反映していることが考えられる。また，この法律にはキャリーオーバー導入のほかに，デフレ時のスライドルールを変更すること（物価より賃金が大きく下落した場合，年金を賃金に合わせて減らす）も盛り込まれた[33]。国会審議では民進党などの野党が「年金カット法案」と強く批判して与野党の対決法案となり，塩崎恭久厚生労働相（当時）らは国会答弁で「名目下限措置は守る」などと繰り返して理解を求めた[34]。国会で法律をできるだけ円滑に成立させるための配慮が働いた可能性もある。

　法律が成立した「キャリーオーバー」の仕組みについては，さまざまな問題点が指摘されている。その代表的なものとして，西沢和彦・日本総合研究所上席主任研究員（肩書は当時）は，次のような問題点を指摘する[35]。

　▽物価上昇率が低ければ，未調整のスライド調整率が累積してなかなか機能しない。

　▽物価が上昇局面に転じても，政治的な思惑によって未調整分の解消が先送りされる懸念がある。

　▽年金制度がさらに複雑化し，国民の信頼低下につながる。

　▽改革案が出てきた経緯が不透明である。

　敷衍していえば，仮にデフレが長引き，何年間にもわたってマクロ経済スライドが実施できない状態が続けば，未実施のキャリーオーバー分はかなり大きな率になる。物価が上昇に転じた局面で，一挙に実施しようとすれば，高齢者の生活に与える影響は相当大きなものとなる。これは例えば，物価が5%上昇

　　ろうかということ」「若干マイルドになりますが，しかし，先送りをしないという本旨」
　　だと述べた。委員からはあくまで名目下限措置の撤廃が必要だという意見が出た一方で，
　　「未調整部分がはっきりと出てくる，見えるようになるという意味では意義がある」と
　　一定の評価を与える意見も出た。名目下限措置とキャリーオーバーの関係については，
　　堀・前掲注(17)267～270頁参照。

(33)　前掲注(25)。

(34)　2016年10月21日の衆院厚生労働委員会，同11月10日の参院厚生労働委員会など。

(35)　西沢・前掲注(8)。

したのに年金額は据え置き，といった事態を想像してみれば容易にわかること
ではないだろうか。さらに，こうした状況では西沢氏の指摘するような政治的
配慮が働く可能性も十分考えられる[36]。将来世代の給付水準低下を防ぐ効果は，
おそらく限定的である。前述のように，法改正が行われた後も名目下限措置の
撤廃が必要だという指摘が相次いでいるのは，当然のことではないだろうか。

Ⅲ 憲法などとの関係

1 年金受給権の構造と既裁定年金

名目下限措置を撤廃するかどうかについて議論する上では，憲法との関わり
について検討しておくことが必要である。撤廃は既裁定年金の給付引き下げに
つながるため，特に，財産権について規定する憲法29条，生存権を規定する
25条などとの関係が問題となる[37]。こうした点についての考察に先立ち，年
金受給権が法的にどのような構造となっているかを確認しておきたい。

公的年金，すなわち，ここでは国民年金（基礎年金）と厚生年金について言
うと，給付を受ける権利は法定の要件を満たすことで発生し，その権利を有す
る者の請求に基づいて厚生労働大臣（2009年以前は社会保険庁長官）が「裁定」

---

(36) 前述のように，過去には物価が3年間で計1.7％下落したのに年金額を据え置く政
治的配慮が行われ，「特例水準」による過剰な支払いが生じた実例がある。

(37) 既裁定年金の給付減額に関する先行研究の中では，菊池馨実「既裁定年金の引下げ
をめぐる一考察――法的側面からの検討」年金と経済21巻4号（2002）76〜84頁（加筆
修正の上で菊池馨実『社会保障法制の将来構想』（有斐閣，2010）85〜101頁に所収）が
特に重要である。戦後の農地改革で国が買い上げた農地の旧地主に対する売り戻し価格
をめぐる1978年の最高裁判決，1987年の森林法共有林事件最高裁判決（いずれも後
述）の判断枠組みを参照しつつ，給付引き下げが必ずしも直ちに違憲とはいえない旨を
論じており，筆者はそこから多くを学んだ。中野妙子「老齢基礎年金・老齢厚生年金の
給付水準――法学の見地から」ジュリ1282号（2005）67〜73頁も，菊池説と同様，減額
の合憲性に肯定的な立場を取っている。筆者も，石崎浩「既裁定年金の受給権に関する
一考察」季労215号（2006）157〜174頁で，先行研究を参照しつつ既裁定年金の引き下
げが必ずしも違憲とはいえないと論じ，石崎浩『公的年金制度の再構築』（信山社，
2012）126〜141頁では，公的年金の一元化に伴って行われた旧共済年金受給者の給付減
額が合憲であると論じた。マクロ経済スライドをめぐっては，福島豪「公的老齢年金制
度におけるスライド」社会保障法31号（2016）28〜42頁が，憲法29条の財産権との関
係で許容される制度であり，さらに，世代間公平の観点からも実施が要請されると論じ
ている。

第Ⅳ部 社会保障法・憲法における生存と平等をめぐる課題

を行うことによって支給が始まる[38]。この裁定とは年金受給権を生じさせる処分（形成行為）ではなく，受給権の存在を公的に確定する処分（確定行為）とされる[39]。

公的年金の受給権は，おおもとの権利である「基本権」と，その基本権を前提として各月ごとに年金支給を受ける権利として生じる「支分権」に区分される[40]。一方，まだ支給要件を満たしていない人については，将来，要件を満たした時点で基本権と支分権を得ることを期待できる地位にあるに過ぎないとされる[41]。いったん受給が始まった人の基本権を制約する法改正が憲法などの規範に適合するかどうかが本稿の関心事項であることから，以下では既裁定の基本権について検討する[42]。

---

(38) 国年16条，厚年33条。

(39) 堀・前掲注(17)240頁。最判平7・11・7民集49巻9号1829頁は裁定の趣旨について「画一公平な処理により無用の紛争を防止し，給付の法的確実性を担保するため，その権利の発生要件の存否や金額等につき……公権的に確認するのが相当であるとの見地から，基本権たる受給権について……裁定を受けて初めて年金の支給が可能となる旨を明らかにしたものである」とする。

(40) 堀・前掲注(17)234頁，菊池・前掲注(6)77頁。

(41) 例えば，年金の支給開始年齢に達していない原告が，公的年金の1985年改正によって将来の国民年金（基礎年金）の給付水準が低下したとして，国に対し損害賠償を求めて敗訴した訴訟（東京地判平3・1・23判タ777号121頁）で，東京地裁は「年金の受給権は，受給権者がその支給要件を充足して年金の給付を受ける権利（いわゆる基本権）を取得して，社会保険庁長官に対して基本権たる受給権の確認の請求としての裁定の請求をし，これに対して社会保険庁長官が受給権の裁定を行い，その確定をまってはじめて，各支払期日に一定の年金の支払いを受けることができる行使可能な具体的請求権（いわゆる支分権）として存立するに至るものであって（国年16条，101条，101条の2参照），被保険者は，それ以前においては，将来，支給要件を具備した段階において，基本権又は支分権としての年金受給権を取得することを期待することができる地位にあるに過ぎない」と判示した。とはいえ，言うまでもなく，受給の期待もある程度尊重されるべき場合がある（堀・前掲注(17)245頁）。

(42) 菊池・前掲注(37)（『社会保障法制の将来構想』89～90頁）は，年金受給に対する法的保護のあり方について，①まだ支給要件を充たしていない，②支給要件を満たしたが裁定を受けていない，③支給要件を満たし裁定を受けた，④既に支分権も発生している——という4段階に分けて考察すべきだとしている。本稿では，このうち③と④の段階における基本権を考察の対象とする。

2　憲法 29 条との関係

(1)　財産権と既裁定年金

マクロ経済スライドの名目下限措置を撤廃する案は，憲法との関係でどう考えるべきだろうか。まず，憲法 29 条の財産権との関係について考えてみる。

憲法 29 条は 1 項で「財産権は，これを侵してはならない」という原則を掲げた上で，2 項で「財産権の内容は，公共の福祉に適合するやうに，法律でこれを定める」として，公共の福祉の観点からの制約がありうることを規定している。

財産権は憲法の学説上，公法上の権利も含めて捉えることが通説である[43]。社会保障法学の研究者の間でも，少なくとも納めた保険料に対応した対価性のある既裁定の公的年金給付については，憲法 29 条の財産権であるという見解が一般的である[44]。厚生年金の給付が財産権に該当することを明示した下級審の裁判例もある[45]。さらに，政府は既裁定年金の受給権が憲法上の財産権であるとする答弁書を閣議決定している[46]。

2 項に関して，財産権を立法によって事後的に制約することが合憲かどうかをめぐっては，1978 年の最高裁判決[47]が「法律でいったん定められた財産権の内容を事後の法律で変更しても，それが公共の福祉に適合するようにされたものである限り，これをもって違憲の立法ということができないことは明らか

---

(43)　宮沢俊義『全訂日本国憲法』(日本評論社，1978) 286 頁は「「財産権」とは，すべての財産的権利をいう。所有権そのほかの物権だけでなく，無体財産権も，債権も，営業権も，さらに，水利権・河川利用権のような公法的な権利も，財産権的性格を有するかぎりにおいて，これに含まれる」とする。

(44)　堀・前掲注(17)244 頁，菊池・前掲注(37)87～96 頁。

(45)　札幌地判平元・12・27 訟月 37 巻 1 号 17 頁は「憲法 29 条 1 項により保障される財産権には公法上の権利も含まれ，したがって，労災保険法或いは厚生年金保険法上の保険給付請求権が憲法 29 条 1 項によって保障されることは明らかである」とする。

(46)　衆議院議員鉢呂吉雄君提出・農業者年金制度改正における受給者の負担等に関する質問に対する答弁書」(2001 年 3 月 13 日) は「公的な年金制度における既裁定の年金受給権は，金銭給付を受ける権利であることから，憲法第 29 条に規定する財産権である」とする。

(47)　最大判昭 53・7・12 民集 32 巻 5 号 946 頁。戦後の農地改革で国が買い上げた農地の旧地主に対する売り戻し価格が農地法上，買収価格相当とされていたが，事後に制定された「国有農地等の売払いに関する特別措置法」で時価の 7 割相当に変更されたことが，旧所有者の権利に対する合理的な制約として容認されるべき性質のものであり，公共の福祉に適合するとして，憲法 29 条に反しないとされた。

第Ⅳ部　社会保障法・憲法における生存と平等をめぐる課題

である」と判示した。さらに，その変更が公共の福祉に適合するかどうかの判断枠組みとして，「いったん定められた法律に基づく財産権の性質，その内容を変更する程度，及びこれを変更することによって保護される公益の性質などを総合的に勘案し，その変更が当該財産権に対する合理的な制約として容認されるべきものであるかどうかによって，判断すべきである」とする[48]。

また，社会保障法学の主要な先行研究は，一般論として既裁定年金の引き下げが必ずしも直ちに憲法29条に反するわけではないと論じている。

菊池（2010）は「既裁定年金であっても，引下げは不可能ではなく」，「変更しなければ年金財政が早晩破綻することが予想される……ことまでは要しないというべきである」と論じている。ただし，「必要最小限度にとどめる」ことが求められ，「経過措置を考慮する必要」もあり，「より権利制約的でない措置を一切講じることなく，既裁定年金の引下げのみを行うことも望ましくない」とする[49]。

堀（2017）は「既裁定年金の削減等を行うに当たっては，その削減の内容・程度，その立法によって達成される公益等を総合的に勘案する必要がある」とする[50]。

西村（2003）は「引下げの程度にもよるが，現役および将来世代の過重な負担を避けるために給付の適正化を図るということであれば，憲法上の財産権侵害の問題は起こらないように思われる」と論じている[51]。

このほか，年金受給権の財産権保障をあまり厳格に認めると，将来の立法者が決定する余地が制約され，社会や経済の状況の変化に柔軟な対応が取りにくくなるという指摘もある[52]。

---

(48)　この判断枠組みは，最大判昭62・4・22民集41巻3号408頁（いわゆる森林法共有林事件判決）でもほぼ踏襲されている。同判決は，規制の目的，必要性，内容，その規制によって制限される財産権の種類，性質及び制限の程度等を比較考量した上で決まると判示した。

(49)　菊池・前掲注(37)95～96頁。

(50)　堀・前掲注(17)245頁。

(51)　西村健一郎『社会保障法』（有斐閣，2003）46頁。以上のほか，中野・前掲注(37)71～72頁ほぼ同旨。

(52)　太田匡彦「「社会保障受給権の基本権保障」が意味するもの」法教242号（2000）120頁，菊池・前掲注(37)95頁，中野・前掲注(37)72頁。このほか，老齢年金についての政策決定で，将来の制度が現在のあり方に拘束されることの限界などについて考察し

〔石崎　浩〕　*22*　公的年金「マクロ経済スライド」の名目下限措置撤廃案をめぐる考察

　さらに，公的年金の既裁定年金を立法によって引き下げた例は，これまでにも存在する。

　まず，JR共済[53]の1989年改正では，過去の放漫運営と加入者減で財政が実質的に破綻状態にあった同共済が，厚生年金など他の公的年金から財政支援を受けるに当たり，受給者の退職時特別昇給[54]分の給付（総額約50億円相当）を削減した。

　農業者年金[55]の2001年改正では，財政が悪化して遅くとも2002年度には支払い不能が予想されたことから，経営移譲年金[56]の給付額を平均9.8％引き下げた[57]。

　2012年の法改正で実現した厚生年金と共済年金の制度一元化では，公務員共済に投入される「追加費用」という税財源[58]を削減する目的で，既裁定年金の給付削減が行われた。国家公務員は1959年，地方公務員は1962年に恩給制度から共済年金に制度の切り替えが行われたが，その切り替え以前に働いていた期間に対応する既裁定年金の給付が27％減額されたのである。

　ただし，各自の給付額全体に対する減額の割合は10％までとし，年230万円以下の共済年金受給者に対する減額は行われなかった。こうした引き下げの限度が設定された理由の一つとして，財産権に対する配慮を挙げることができる[59]。

　　た先行研究として，太田匡彦「公的老齢年金制度における将来拘束」社会保障法31号（2016）57〜70頁参照。

(53)　現在は厚生年金に統合されている。

(54)　昭和50年代以降の旧国鉄で，一定年齢以上の勧奨退職者については原則として全員に行われていた昇給。その金額が年金額に反映していたため，年金額が平均で約7％高くなっていた。

(55)　国民年金の上乗せ給付として，農業者の老後の生活の安定，農業経営の近代化などを目的に設けられた年金制度。

(56)　自分名義の農地の所有権を後継者に移転し，農業経営から引退した人に支給される年金。

(57)　前掲注(46)の政府答弁書は，1978年の最高裁判決（前掲注(47)）の判断枠組みに照らして，この引き下げが憲法29条に反しないとする。

(58)　恩給制度から共済年金に制度が切り替わる以前に働いていたことのある公務員退職者の給付は，その部分の給付が保険料ではなく「追加費用」という税財源でまかなわれ，年1兆円超が投入されていた。

(59)　法案作成に先立って政府が2006年に閣議決定した「被用者年金制度の一元化等に関する基本方針」の中で，「受給者に係る生活の安定確保及び財産権の保障等の観点から，

第Ⅳ部 社会保障法・憲法における生存と平等をめぐる課題

(2) 最高裁判決の枠組みと撤廃案

ここまで見てきたことを踏まえた上で，1978年の最高裁判決の判断枠組み（①財産権の性質，②内容変更の程度，③変更によって保護される公益の性質——などを総合的に勘案する）に沿って，名目下限措置の撤廃について検討していきたい[60]。

まず，①「財産権の性質」について考えてみる。公的年金は社会保険方式で運営されており，拠出と給付の間に対応関係がある。それゆえ給付には「対価性」，あるいは拠出との「牽連性」があり，税を財源として行われる社会保障給付と比べて権利性が強いとされる[61]。ただし，社会保障制度としての制度目的を実現するために，給付反対給付均等などの保険原理が扶助原理によって修正されている。こうした給付の権利性は，保険原理が貫徹される私保険とは自ずと異なるものだと考えられる[62]。

特に，公的年金は賦課方式の要素が強い財政方式となっている。給付水準は，保険料および税を負担する現在および将来の現役世代の拠出能力によって，制約を受けざるをえない。

また，「はじめに」でも触れたように，公的年金の給付と負担には世代間で大きな格差が存在する。給付水準の調整が遅れれば後の世代につけが先送りされ，格差がさらに拡大して公平性が損なわれる。国民の制度に対する信頼が低下し，制度そのものの持続可能性が揺らぐ可能性もある。そうならないように制度を運営することが求められており，この点から給付の権利性が制約を受けざるをえない面もあると考えられる[63]。

減額に当たって一定の配慮を行う」とされていた。10％という数字は，かつて農業者年金の経営移譲年金を平均9.8％減額したこと，2006年2月に成立した国会議員互助年金廃止法で，受給者に対する減額が最大10％だったことを参考に決められた。詳しくは石崎・前掲注(37)132頁参照。

(60) 先行研究で，この判断枠組みを使って既裁定年金の給付減額について論じているものとして，菊池・前掲注(37)93〜96頁，堀・前掲注(17)245〜246頁，中野・前掲注(37)71〜72頁などがある。

(61) 権利性の強さが社会保険の利点だと主張されていることについて，菊池・前掲注(6)28頁など。こうした社会保険給付の法的性格とそれを巡る社会保障法学における議論の蓄積については，堀・前掲注(17)66〜76頁，台豊『医療保険財政法の研究』（日本評論社，2017）7〜48頁，石崎・前掲注(37)245〜310頁。

(62) 菊池・前掲注(37)95頁，中野・前掲注(37)71頁。

(63) 江口隆裕「年金制度と法」ジュリ1389号（2009）52頁は，賦課方式の年金の受給

次に，②「内容変更の程度」についていえば，名目下限措置が撤廃された場合，デフレ時の既裁定年金の減額幅は，従来の制度よりマクロ経済スライドの調整率の分だけ拡大し，物価または賃金の下落率と調整率を合わせた幅となる

マクロ経済スライドの調整率は事前に予測値が公表されており，年によって異なるが1%程度になる見通しである。問題は賃金や物価の下落率で，こちらは事前の予測が難しい。たとえば下げ幅が10%を超えるような急激な経済変動の可能性もゼロではなく，年金の減額が大幅になれば，財産権の侵害に当たるかどうかが議論になる可能性はある。

ただし，現行制度でも物価が下落すれば年金はその分減額され，物価より賃金の下落率が大きい場合には年金は賃金に合わせて減額されることになっており，年金の名目額が保証されているわけではない。名目下限措置の撤廃によって年金の減額幅が大きくなる「程度」は，あくまで調整率の分だけである。マクロ経済スライドではもともと，物価上昇局面で既裁定年金の貨幣購買力を年1%程度の調整率分だけ低下させていくことが予定されていたのであり，物価下落局面で同じように調整率を差し引いたとしても，内容変更の「程度」がさほど大きいとは言えないのではないか。

さらに，年金法には国民の生活水準，賃金その他の諸事情に著しい変動が生じた場合には，速やかに年金額改定の措置が講じられなければならないという規定がある[64]。減額幅が大きくなるようなケースでも，受給者の生活保障のため必要であれば何らかの措置が取られるべきことが，法律の条文上は一定程度，担保されていると言えるであろう。現実には物価が3年間で1.7%下落したのに年金額が据え置かれた例もあるなど（前述の「特例水準」），これまで政府が年金受給者の生活に過剰とも言えるほどの配慮措置を講じてきたことを併せて考えると，現実には財産権の侵害に当たる事態は起きにくいと考えられる。

むしろ問題なのは，2016年の法改正で実現する「キャリーオーバー」のほうではないだろうか。この制度が実施されると，デフレが何年も続いた場合，その間に実施できなかった調整率が，物価が上昇に転じた際にまとめて差し引かれる。名目額が維持されるとはいえ，年金の購買力が一気に低下するインパクトは，名目下限措置の廃止による毎年度の引き下げより大きいと考えられる。

権には公平の原理によって将来の変更可能性が内在していると指摘する。

(64) 前掲注(15)。

第Ⅳ部　社会保障法・憲法における生存と平等をめぐる課題

このように既に法制化された制度と比較しても，名目下限措置の廃止による内容変更の程度が財産権の侵害に当たるとまでは言えないのではないか。

　最後に，③「変更によって保護される公益の性質」については，すでに繰り返し述べたように，年金の財政悪化と世代間格差の拡大を防ぐことで，制度の持続可能性が一定程度確保されることである。これによって，年金を受給する高齢者を含む全ての年齢層の国民に受益が及ぶと考えられる。特に，将来世代の年金が貧弱なものとならないようにすることは，憲法 13 条の理念（個人の尊厳，幸福追求権）とも親和性を持つと言える[65]。

　以上に加え，立法者が政策を検討する上での裁量の余地が，財産権保障の必要性を過度に強調することによって制約されかねない面もある[66]。こうした点も考え合わせると，名目下限措置を撤廃しても，それが直ちに憲法 29 条に反するとは言えないと思われる。

3　憲法 25 条との関係

　次に，生存権について規定する憲法 25 条との関係を検討したい。

　憲法 25 条は 1 項で「すべて国民は，健康で文化的な最低限度の生活を営む権利を有する」，2 項で「国は，すべての生活部面について，社会福祉，社会保障及び公衆衛生の向上及び増進に努めなければならない」と規定する。ただし，「健康で文化的な最低限度の生活」とは極めて抽象的・相対的な概念であり，年金や生活保護など社会保障給付の給付水準をどのように設定するかは，

---

(65)　なお，世代間の公平性を確保する必要性は，社会連帯原理からも導くことができるように思われる。台豊「「社会連帯原理」に関する一考察」法制理論 39 巻 2 号（2007）194 頁は「社会連帯原理は，連帯関係における公平性から，例えば高度経済成長期における現役労働者の賃金上昇の下では賃金スライドを，勤労世代の可処分所得の低下ないし伸び悩みの下においては可処分所得スライドを，著しい人口変動の下では，マクロ経済スライドによる人口変動リスクの拠出者・受給者双方への配分を，というように，具体的な調整方法を導くことが可能」だと指摘する。さらに，社会保険は加入者が共同で生活上のリスクに備えるという性格上，社会連帯の理念に基づく制度であり（堀勝洋『現代社会保障・社会福祉の基本問題』（ミネルヴァ書房，1997）71 頁），憲法 25 条の理念に社会連帯が含意されていると考えることもできる。社会連帯原理をめぐる議論の状況については台・前掲注(65)184〜202 頁，菊池・前掲注(6)113〜114 頁，石崎・前掲注(37)42 頁参照。

(66)　前掲注(52)。

〔石崎 浩〕 *22* 公的年金「マクロ経済スライド」の名目下限措置撤廃案をめぐる考察

立法府の広い裁量に委ねられている，と堀木訴訟最高裁判決は判示している[67]。

名目下限措置の撤廃との関係で特に問題になるのは，年金額が，生存権を直接的に保障する制度である生活保護水準を下回るなどの場合であろう。この点については本来，厚生年金と基礎年金に分けて丁寧に検討すべきであるが，ここではさしあたり，基礎年金の満額が，生活保護水準を下回る場合を考えてみる。基礎年金（国民年金）は20歳以上60歳未満の全員が強制加入となっており，制度運営に対する国の責任の表明として，国庫負担も投入されている。国民年金法は第1条で「日本国憲法第25条第2項に規定する理念」に基づく制度だと規定し，マクロ経済スライドの導入によってその性格が変質したとはいえ，制度開始当初は満額が「老後生活の基礎的部分を保障する水準」[68]とされていた。こうしたことから，公的年金の2階部分である厚生年金と比べて，憲法25条との関わりが強いと考えられる。

基礎年金の満額が，生活保護水準を下回ることが望ましくないのは言うまでもない。だが，現実にはそもそも基礎年金の受給額が現在でも生活保護水準を下回る受給者，あるいは受給資格期間を満たさず無年金の高齢者が多数存在する。だからといって現行の年金制度が憲法25条に違反するとは言えない。

社会保障法の学説では，最低生活が年金だけでなく，生活保護をはじめとする他の社会保障制度など法制度全体によって保障されれば25条に反しない，という見解が有力である[69]。また，個々の国民の最低生活は，生活保護法を中心とする公的扶助法など「各法制度に基づく諸施策の総合によって実現される」と判示した下級審の判決もある[70]。さらに，現行のマクロ経済スライドにより給付額が生活保護基準を下回ったとしても，ただちには憲法25条1項に違反しないと指摘する学説もある[71]。こうしたことから，名目下限措置を撤廃しても，25条1項に反するとは考えにくい。

25条については，1項と2項を一体として解するか（一体論），2項が1項を前提により広い視野からの国の責務を規定しているという二重の規範的意味を

---

(67) 最大判昭57・7・7民集36巻7号1235頁。

(68) 基礎年金制度創設のための国民年金法等改正案の趣旨説明と質疑を行った1984年4月17日の衆院本会議における，当時の渡部恒三厚生大臣による説明。

(69) 菊池・前掲注(37)96頁，堀・前掲注(17)233頁，中野・前掲注(37)69頁。

(70) 東京地判平9・2・27判時1607号30頁。

(71) 小山剛・葛西まゆこ「年金改革関連法と憲法」法セ598号（2004）69頁。

第Ⅳ部 社会保障法・憲法における生存と平等をめぐる課題

持つととらえるか（二分論）について学説が分かれる。一体論に立つ場合，1項違反とは別に2項違反が問題になることはないため[72]，ここで検討が必要となるのは二分論である。

まず，堀木訴訟最高裁判決は「憲法25条の規定の趣旨にこたえて具体的にどのような立法措置を講ずるかの選択決定は，立法府の広い裁量にゆだねられて」いると判示している[73]。

2項には「向上及び増進」という文言があるものの，社会保障法の学説では給付の引き下げを伴う社会保障制度の再設計を行っても，必ずしも憲法25条2項に反しないとするものが目立つ。その一例として，堀（2004）[74]は「たとえ社会保障給付の削減等をするにしても，それは第1に合理的な理由に基づくことを要し，第2に必要最小限度のものにとどめることを要し，第3に既得権や期待権をできる限り尊重することを要し，第4に急激な変化のないよう経過措置を設けるなどの配慮が必要であろう。このような配慮を加えれば，たとえ社会保障給付の削減等をする立法であっても，憲法25条2項の規定に違反するとはいえない」と論じている[75]。

2項の趣旨から見て，年金給付の削減はできるだけ避けるべきことは確かだが，社会保障制度は状況に応じた柔軟な制度変更が必要となる場合もあり，名目下限措置を撤廃しても，そのことが直ちに25条の規範に反するとは言えないのではないか[76]。

さらに，公的年金の財政が悪化すれば，生活保護など他の社会保障制度とともに「健康で文化的な最低限度の生活」を保障する一翼を担う役割が，十分に

---

(72)　中野・前掲注(37)70頁。小山・葛西・前掲注(71)69頁同旨。

(73)　前掲注(67)。

(74)　堀勝洋『社会保障法総論〔第2版〕』（東京大学出版会，2004）147頁。

(75)　給付水準の引き下げを行っても，必ずしも憲法25条2項に反しないとする他の学説として，菊池・前掲注(37)98頁，岩村正彦『社会保障法Ⅰ』（弘文堂，2001）36頁。

(76)　25条の解釈学説は多くの論者によって，プログラム規定説，抽象的権利説，具体的権利説という3つの型に分類されてきたが，憲法25条を立法規範として検討する場合，こうした解釈学説の検討から，規範性に関して直接にさほど具体的な結論を導くことができないと思えることなどから，ここでは立ち入らない。また，憲法25条から生存権に関する「制度後退禁止原則」を読み取る学説もあるが（その議論状況については葛西まゆこ「生存権と制度後退禁止原則」企業と法創造7巻5号（2011）26〜36頁，菊池・前掲注(6)59頁），この原則は合理的理由のない後退をしてはならないという規範だと考えることができ，名目下限措置の撤廃が25条に反するという見解を筆者は採らない。

は果たせなくなる可能性がある。2項の規範内容を実現する上でも，年金財政の安定は当然に必要とされる。名目下限措置の撤廃が単に25条に「反しない」というだけでなく，25条の規範的要請に合致する措置として，より積極的に評価することもできるだろう。

4　信頼保護との関係

公的年金を受給する人の多くが，既裁定年金を一種の既得権と感じていると思われる。このため，従来のルールを超えて年金が減額される可能性のある名目下限措置の撤廃は，立法府や行政府に対する信頼を損なう可能性がある。この点についても検討しておきたい。

信義誠実の原則，あるいは信義則は行政上の法律関係にも適用される場合がある[77]。下級審の判決では，国民年金の加入に国籍要件が設けられていた当時，自治体の誤った勧誘に応じて加入した在日韓国人が保険料を長期にわたり納付し，受給資格期間を満たした事例について，国民年金の不支給が信義衡平の原則に反し違法だとされた裁判例が存在する[78]。

立法府に対する信頼保護の要請は「一定程度尊重されるべき規範概念」[79]ではあるものの，この点に関し既に受給している高齢世代だけについて考慮するのでは，まだ受給していない世代とのバランスを欠くのではないだろうか。名目下限措置の撤廃は，まだ受給していない現役世代，将来世代の年金水準が想定より低くなることを防ぐのが目的だからである。まだ受給していない世代の年金は下級審判決で「将来，支給要件を具備した段階において，基本権又は支分権としての年金受給権を取得することを期待することができる地位にあるに過ぎない」[80]とされている。このように，既裁定年金と比較して法的な保護の必要性が格段に低くとらえられてきたことが，世代間格差の拡大を許してきた要因の一つのようにも思われる。少なくとも立法の規範として信頼保護について考える場合は，年金財政の悪化を防ぐ措置が，まだ受給していない世代の公

---

(77)　小早川光郎『行政法（上）』145頁（弘文堂，1999）。

(78)　東京高判昭58・10・20判時1092号31頁。

(79)　菊池・前掲注(37)99頁。ただし「わが国で明確な法的根拠を見出すことが当然に出来るわけではない」とも指摘する。

(80)　前掲注(41)。

第Ⅳ部 社会保障法・憲法における生存と平等をめぐる課題

的年金に対する信頼確保につながる点も十分に考慮する必要があるのではないか。

5 小 括

以上見てきたように，仮にマクロ経済スライドの名目下限措置を今後撤廃しても，そのことがただちに憲法，あるいは民法の基本原則に反するとは言えないと思われる。

少子高齢化が急速に進む中，今日では年金制度の持続可能性，世代間の分配の公平性が問われる事態となっている。名目下限措置を撤廃する案は，年金制度の持続可能性を高め，世代間格差の格差を防ぐ効果も持つこと，それによって，まだ受給が始まっていない世代の制度に対する信頼確保に資すること，現行制度の「キャリーオーバー」が引き起こす可能性のある急激な購買力低下を緩和できることなどから，単に憲法などに「反しない」という以上の積極的な意義を持つと言えるのではないか。こうした効用については憲法13条が規定する個人の尊厳，幸福追求権などに照らして積極的に評価することも可能だと思われる[81]。この点については，今後さらに研究を深めていきたい。

Ⅳ おわりに

本稿ではマクロ経済スライドの名目下限措置を撤廃する案について，憲法などとの関わりを中心に検討してきた。既裁定年金の給付引き下げは受給者の暮らしに影響を及ぼすため，慎重に考えるべき問題であることは言うまでもない。だが，これまでの年金政策は，既に受給している高齢者に対してはかなり手厚い配慮をする一方で，まだ受給していない世代，特に，まだ選挙権すら持たない将来世代に負担を先送りし，世代間格差を拡大させてきたのが実態といえる。後世代へのつけの先送りをこれ以上拡大させないためには，名目下限措置の撤廃についても今後，忌憚なく議論する必要がある。

---

(81) なお，社会保障法学では憲法13条が25条の定める生存権の根拠であるという見解もみられる。こうした学説の展開について菊池・前掲注(6)69〜70頁参照。

23 「女性の年金権」の法的規範性に関する考察

――第三号被保険者制度と近時の制度改正を踏まえて

東島日出夫

I　は じ め に	III　「女性の年金権」とは何か
II　三号制度・厚年の適用拡大・	IV　お わ り に
離婚時年金分割制度の概要	

I　は じ め に

　1942 年に発足した労働者年金保険は，当初，男子労働者のみを対象としていた[1]が，厚生年金保険（以下，厚年）と名称が改まった 1944 年に女子も適用対象となった。男子よりも低い保険料率，早い支給開始年齢など，その当時から「女子」という属性への着目があったことは興味深い。しかし，女性と年金とのかかわりで重要なのは，戦後の国民皆年金体制が長年にわたって，世帯を単位とした家族主義的原理，すなわち，働き手としての夫，家事を担う主婦としての妻，そして子からなる家族をモデルとする「日本型福祉社会論」に支えられてきたという構図と，その変容であろう。かつて妻は，夫が現役時代は夫の収入に依存し，老後は夫が受け取る年金で（夫の死後は遺族年金によって）生活が支えられていた。そのような時代には，女性固有の年金権を敢えて観念する必要性は左程なかったのかもしれないが，共働きの増加や離婚増，あるいは非婚化が増えている中で，状況が大きく変わってきたのである。

　1985 年の年金改正（以下，85 年改正）による専業主婦の国民年金（以下，国年）の強制加入化，すなわち第三号被保険者（以下，三号）制度の導入は，そ

---

[1]　その経緯として当時の国会での議論を見ると，女子は勤続年数が短いことが多いため，強制適用してもせいぜい脱退手当金の対象となるものがほとんどであるから，女子の保護のために適用を除外した，とされる。久塚純一『「議事録」で読む社会保障の「法的姿」』（成文堂，2017）74 頁参照。

第Ⅳ部 社会保障法・憲法における生存と平等をめぐる課題

のような社会変化に対応して，（額は不十分ながら）専業主婦が老後に自身の名義で年金を受け取れるようにしたものであり，そのこと自体の意義は大きかったといえる。しかし，他方で，この制度に対しては，創設以来，さまざまな批判があり，また，2004年改正による離婚時年金分割制度の創設で，議論はさらに複雑化してきている。

　もっとも，制度の内容や改正の是非についての議論は活発であるものの，そもそも「女性の年金権」とは何かということはあまり検討されていない。そこで本稿では，三号制度や離婚時年金分割制度等の議論を整理したうえで，「女性の年金権」とは，どのような権利であり，それはいかなる規範的根拠に支えられているものかを検討する。

Ⅱ　三号制度・厚年の適用拡大・離婚時年金分割制度の概要

1　序　　論

　公的年金は，本人のライフスタイルによって加入する形が異なっており，自営業者，学生等は国年の第一号被保険者（以下，一号）として，会社員，公務員等は第二号被保険者（以下，二号），そして，厚年被保険者の被扶養配偶者（いわゆるサラリーマンの妻など。以下，被扶養配偶者）は三号と区分される。なお，現在約860万人いる三号のうち，女性が99％近くを占めている。また，厚年被保険者数は男女とも増加傾向にあるが，増加割合は女子が男子を上回っており，2018年には38％近くを占めている（特に，後述する厚年の適用拡大後の2017年では766千人の増）。一方，国年の被保険者数は減少傾向にあり，三号

表1　被保険者数の推移（千人）

年　月	厚年総数	厚年女子	短時間女子	国年総数	1号女子	3号総数	3号女子
2014.7	35,980	13,039	－	26,834	8,309	9,409	9,298
2015.7	36,795	13,423	－	25,979	7,972	9,251	9,141
2016.7	37,724	13,901	－	25,022	7,588	9,073	8,965
2017.7	39,150	14,667	241	23,801	7,101	8,817	8,708
2018.7	39,887	15,096	290	23,093	6,857	8,603	8,492

※厚生年金保険・国民年金事業概況（厚生労働省）から抜粋。
※短時間女子は再掲。

〔東島日出夫〕　　　　　　　　　　**23**「女性の年金権」の法的規範性に関する考察

も毎年減ってきている。

　以上の状況を踏まえ，ここでは，女性の年金権との関係で問題となりやすい，三号制度，厚年の適用拡大，離婚時年金分割に着目し，導入経緯と概要，そして，指摘されている批判・問題点等を整理しておく。

2　三号制度

(1)　導入経緯と概要

　三号制度が85年改正で導入された背景[2]として，被扶養配偶者は年金加入義務がなかった[3]ことから，任意加入していなかった場合に，離婚すると無年金になり，あるいは，障害者になっても障害年金の保障が受けられないという問題[4]，被用者年金における制度設計の問題[5]，制度運営の不安定性などがあった。三号制度創設によって被扶養配偶者は，離婚した場合や障害者になった場合でも年金が受給できるようになったのである。なお，財政的には，三号の基礎年金に要する費用は，被用者年金から拠出金としてまとめて負担し，それによって，直接国年保険料を納付せずに基礎年金を受給できるという，「諸外国にも例のないような考え方」[6]に基づく仕組みが構築された。

　ちなみに，三号となるためには，被扶養配偶者であることに加え，年収が原則130万円未満，かつ被用者である配偶者の年収の2分の1未満であることが条件となる。この基準を超える年収がある場合は，一号として自ら保険料（16,340円[7]）を負担することとなるほか，本人が自営業者である場合や，専業主婦であっても配偶者が一号である場合は，一号となるのである。

---

(2)　荻島國男，小山秀夫，山崎泰彦著『年金・医療・福祉政策論』（社会保険新報社，1992）104頁以下。
(3)　85年改正前国年法7条2項7号。
(4)　任意加入していた割合は7割であったが，納付が実行されていない場合は同様の問題を孕んでいた。
(5)　被扶養者配偶者が国年に任意加入している世帯や共働き世帯の場合，夫の被用者年金による世帯単位の給付に加え，妻に個人単位あるいは世帯単位の給付が支給されるため，給付の重複により過剰給付が発生していた。
(6)　久塚・前掲注(1)177頁参照。
(7)　平成30年度現在。

第Ⅳ部 社会保障法・憲法における生存と平等をめぐる課題

(2) 問 題 点

三号制度には，当初からいくつかの問題点が指摘されていた[8]。

第一は，負担の公平性，つまり三号は保険料を負担しないことから，片働きや共働きの女性，あるいは自営業者等の妻（一号）に比べ優遇されているという批判である[9]。第二は，労働力減少に対応するため女性労働力が必要なのに，三号制度が就労調整を促している（女性の就労に中立的ではない）との批判である[10]。第三に，「被扶養配偶者」という地位だけで一括りに扱うことの批判（被扶養配偶者の中には，配偶者が高額な収入を得ていることから敢えて働く必要がなく，専業主婦となっているようなケースも少なからず存在している）である[11]。

3 厚年の適用拡大

(1) 導入経緯と概要

女性（特に既婚女性）は，家庭との両立を図ろうとして，労働時間や雇用期間の調整が容易な非正規雇用を選択する傾向にあるが，厚年は，いわゆる常用的雇用関係にあるものを適用対象としているため，事実上，非正規雇用者は適用対象外とされてきた（常用的雇用関係の有無は，所定労働時間及び所定労働日数が通常の労働者のおおむね4分の3以上あるか否かにより判断[12]）。もっとも2016年4月施行の年金機能強化法によって，同年10月からは，被保険者数が501

---

(8) これらとは別の角度から，年金権の保障が個人単位でなされるべきなのか，あるいは世帯単位で保障されればよいのか，という社会保障制度の根幹にかかわる問題を含んでいるとの指摘もある。山田省三編著『リーディングス社会保障法』（八千代出版，2000）117頁。

(9) これに対しては「世帯賃金が同じなら，負担する保険料額も受給する年金額も同額であり不公平にはならない」「（応益負担原則を取る）一号と（応能負担原則を取る）三号を単純に比較することは妥当性に欠ける」といった反論がある。堀勝洋『年金の誤解』（東洋経済新報社，2005）90～93頁。

(10) これに対しては，三号制度の存在よりも，配偶者控除などの税制の方が大きく影響しているとの反論がある。堀勝洋『年金制度の再構築』（東洋経済新報社，1998）82，83頁。

(11) これに対しては，だからといって所得のない専業主婦からも負担を求めることは，未納，未加入者を発生，増加させ，女性の年金権の確保が困難になるおそれがあるとの反論がある。堀・前掲注(10)71頁ほか。

(12) 昭和55年6月6日付け厚生省保険局保険課長，社会保険庁医療保険部健康保険課長及び同部厚生年金課長による都道府県民生主管部（局）保険課（部）長あて内かん。

人以上の事業所，週20時間以上の労働時間，賃金月額が8.8万円以上であること等の要件下で厚年への加入が義務付けられるようになった（2017年4月からは500人以下の事業所でも労使合意があれば加入可能に）。

　従来の三号には，就労調整によって三号に留まっていた女性も少なからずいたと思われるが，この改正により，その者たちの一部が二号に移行したのである（実際に三号は，加入基準緩和後の2017年に256千人と最多数減少している）。その意味で，この適用拡大は，三号制度にも少なからず影響を及ぼすものであったといえよう。なお，三号であれば保険料負担はないが，二号となれば，仮に8.8万円（最下限）の標準報酬月額で厚年に加入すれば，本人負担分として月額8千円（事業主が同額負担）の保険料が発生するものの，基礎年金に加え報酬比例年金[13]も受給できるようになるほか，要件を満たせば障害基礎年金より保障が厚い障害厚生年金が受給できる[14]。この制度改正は，上述した三号制度への批判（就労調整による保険料納付回避や，女性の就労に対し非中立的である等）に一定程度応えたものとみることもできよう。

(2) 評　　価

　この改正に対しては，経済界からの反発は強かったが，学界は概ね好意的であった。強いていえば，一号との間の負担と給付のバランスに格差があることが考えられるが，少なくとも女性に関し，より厚い老後保障を確保したという意味においては評価する声が多い。

4　離婚時年金分割
(1) 導入の経緯と概要

　近年，離婚（特に中高齢者夫婦の離婚）が増加傾向にある中で，平均余命の差等から女性が人生の終盤を一人で過ごす可能性が高まっていること，高齢単身女性の所得水準は相対的に低い（特に三号であったものは基礎年金しかないこと）等から，このような状況の女性が離婚した場合の老後保障をいかに行うかが重要課題として認識されてきた。

---

(13)　1年加入で年額5.8千円，20年で年115.8千円になる。

(14)　障害基礎年金は2級までだが，障害厚生年金は3級まであり，ほかに障害手当金がある。

第Ⅳ部 社会保障法・憲法における生存と平等をめぐる課題

民法では，夫婦別産制を採用しており（762条1項），離婚した場合には財産分与請求権が認められている（768条1項）。この点，離婚時財産分与における年金の取扱いにかかる裁判例の中には，年金権が一身専属性であることから，受給権の分割，譲渡ができないため（国年法24条，厚年法41条），定期金債務の形により支払うよう命じた[15]ものがある。しかし，相手からの支払いがない場合は強制執行が必要となり，また，受給者が死亡したことで定期金債務も消滅するという問題なども孕んでおり，不安定な状況におかれていた。一方，受給権が未だ発生していない場合，不確定要素であるとして清算の対象とすることを否定する判決[16]も見られる一方，財産分与を認めたケース[17]もあり，不明確な状況となっていた。離婚時年金分割の導入は，このような状況に立法的な解決を図ったものといえる。

離婚時年金分割には，「合意分割」と「三号分割」の2つがあり，前者は2007年4月1日以降の離婚につき，分割割合を双方の合意や裁判により決定するものである（分割割合上限は2分の1）。後者は2008年5月1日以後に離婚し，かつ同年4月1日以降三号期間を有する者からの請求によって，同期間に限って2分の1が強制的に分割されるものである。具体的には，分割される方の「保険料の納付記録（標準報酬）」が分割対象となる。「年金額」の分割ではないため，受給権発生前でも分割可能であり，分割された記録をもとに将来年金が支給されることになる。離婚時年金分割は，2008年には離婚件数の5.1%（13,105件）に留まっていたが，2016年度には12.2%（26,682件）に達している（合意分割等が21,946件，三号分割が4,736件[18]）。合意分割では，分割した者（第一号改定者），分割された者（第二号改定者）は，いずれも40代が多く（前者が36.5%，後者が40.4%），按分割合は0.5とするものが97.0%，分割改定後の第二号改定者（多くは女性と思われる）の平均年金月額は，改定前48,546円・改定後80,513円となっている。他方，三号分割は，分割した者（特定被保険者）は，35〜39歳の割合が高く（21.3%），分割された者（被扶養配偶者）は，

---

(15) 東京高判昭63・6・7判時1281号96頁，仙台地判平13・3・22判時1829号119頁など。

(16) 東京高判昭61・1・29判時1185号112頁。

(17) 名古屋高判平12・12・20判タ1095号233頁。

(18) 以下本項における数字は2018年度。厚生労働省『平成28年度 厚生年金保険・国民年金事業年報』（2018年8月公表）による。

530

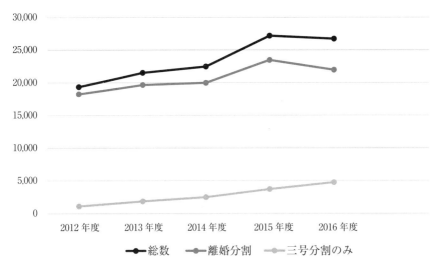

表2　離婚等に伴う保険料納付記録分割件数の推移

※平成28年度 厚生年金保険・国民年金事業年報（厚生労働省）による。
※離婚分割とは，当事者の合意または裁判所の決定により分割を行うことをいう。
※離婚分割には，離婚分割かつ三号分割を行った件数を含む。

30〜34歳の割合が高い（23.8％）。改定前後の平均年金月額の変動差は，男子4,605円の減額，女子5,194円の増額となっている。なお，三号分割は件数こそ少ないものの，増加傾向にある。

　この制度の意義としては，第一に，雇用の場における男女間賃金格差を，（離婚時に限るとはいえ）年金制度において，平等化を図ろうとしたものということ，第二に，三号分割についてであるが，妻の家事による「貢献」が年金制度における「貢献」としても認められたこと[19]（三号が保険料を負担しない理由として，妻のアンペイドワークを評価しているからとの説明は以前よりあったが，制度として，それをより明確に組み込んだともいえる）。第三は，女性の老後の生活保障の充実に資すること，などが挙げられよう。

---

(19)　厚年法78条の13参照。

第Ⅳ部 社会保障法・憲法における生存と平等をめぐる課題

(2) 問 題 点

他方で，三号分割に関しては批判もある。たとえば財産分与額（割合）は，それまで当事者あるいは裁判等により決めていたが，三号分割は国家が強制的に分割してしまうという点で，財産権の侵害にあたり，憲法29条1項に抵触しないかという指摘が見られる[20]。そのほか，強制的に2分の1に分割することが公共の福祉に適合するのか，また他の財産分与との関係において不公平ではないか，三号分割制度は，三号をさらに優遇するものではないか，などの批判も展開されている。

Ⅲ 「女性の年金権」とは何か

1 序 論

女性の年金問題については，上記のように，生活保障的な機能や公平性から賛否が論じられているが，その一方で，「女性の年金権」とは，どのような規範的根拠に支えられた，いかなる権利なのかはあまり論じられていない。例えば，「第三号被保険者制度の創設以降，被用者の専業主婦にも独自の年金権が一応保障されることになった」[21]であるとか，「第三号被保険者制度により……中高年離婚の増加を背景として高まっていた女性の年金受給権の確立を求める声にも応えることとなった」[22]といった記述のように，三号の創設＝「女性の年金権確立」といった説明はあるが，これらは，いずれも「女性の年金権」とは何か，ということについては直接言及していないのである。そこで本章では，この問題にかかる袁浦氏の先行研究[23]を踏まえながら，わが国の年金制度の展開過程において，「女性の年金権」がどのような形で論じられてきたかを整理し，改めて「女性の年金権」とは何かということを考察する。

---

(20) 堀勝洋・本沢巳代子・甘利公人・福田弥夫編著『離婚時の年金分割と法──先進諸国の制度を踏まえて──』（日本加除出版，2008）13頁。

(21) 竹中康之「公的年金と女性」日本社会保障法学会編『21世紀の社会保障法講座 社会保障法第2巻（法律文化社，2000）138頁。

(22) 笠木映里・嵩さやか・中野妙子・渡邊絹子著『社会保障法』（有斐閣，2018）91頁。

(23) 袁浦「日本における女性の所得保障に対する再検討──『貢献に基づく権利』論から見る年金の個人単位化の諸相──」（2016，東北大学大学院博士学位申請論文）を参照。本章における記述は，基本的には同論文に依拠していることをお断りしたい。

2 「女性の年金権」についての議論の展開

女性（婦人）の年金権というキーワードが登場する発端は遺族年金である。1954年5月の改正厚年法施行時は妻に年齢制限が置かれていたが，1965年改正でこの要件が撤廃された。この65年改正につき袁氏は，遺族年金における女性の年金権に関する考え方が，日本型福祉社会が形成されていく過程で大きく転換し，「女性自身の年金権を持つことよりも，妻という身分で被扶養者として年金保険制度に位置づけられた」と指摘する。

これとは別に，いわゆる被用者の妻たる専業主婦は，国年法の成立（1959年）によって，「任意に加入すれば」自己名義の年金をもらえる途が用意された。しかし，それは，厚年の不十分な給付水準を（妻の年金によって）補足しようといった意識に基づくものであり，「女性の年金権」を意識したものとはいえなかった。その後1970年代に入り，経済の低成長化や離婚の増加，また，「国連婦人の10年」（1975年）に代表されるような男女平等意識の高まりの中で，離婚した場合の無年金問題や，女性の年金権の脆弱性への意識[24]を高め，上述したような年金財政的課題の改善を目途とした年金制度改正の中で，三号制度創設へとつながっていくのである。

では，三号創設当時，「女性の年金権」はどう捉えられていたのか。国会会議録検索システム[25]で見ると，85年改正時には，「被用者の妻にも国民年金を適用し，基礎年金を支給することとし，婦人の年金権の確立を図ること」（1984年12月19日，衆議院本会議での戸井田三郎氏発言），「サラリーマンの被扶養配偶者の方たちも今回国民年金の強制被保険者ということにいたしまして，そして将来的にはその奥様の名義の老齢基礎年金が受けられるような形にするということが今回の法改正，婦人の年金権の確立ということ……」（1985年11月22日衆議院大蔵委員会5号，谷口正作氏発言）などの議論がみられる。これらを見ると，必ずしも「女性（婦人）の年金権」とは何かを踏み込んで考察しているわけではないが，さしあたり，「被扶養配偶者である女性が，一定の年金給付

---

(24) たとえば竹中恵美子氏は，「現行年金制度は，妻の座の不安定性（夫への経済的従属性）と女性の労働権の不安定性が，そのまま婦人の年金権の低い位置づけを規定するしくみになっている」と述べている（竹中恵美子『婦人の賃金と福祉──婦人解放の今日的課題』（創元新書，1977）参照）。

(25) http://kokkai.ndl.go.jp/

第IV部 社会保障法・憲法における生存と平等をめぐる課題

を，老後に自分名義で受け取ることができる権利」という意味で用いられてきていることは見て取れよう。

ところで，この三号制度については上述のとおり当初から賛否があり，2002年に厚生労働省が取りまとめた「年金改革の骨格に関する方向性と論点」において夫婦間の年金権分割案や（厚年の適用拡大等を通じた）三号縮小案が提示され，これがその後の厚年の適用拡大や離婚時年金分割制度創設につながった。

離婚時年金分割創設に関しては，その背景に，離婚時に基礎年金だけでは低年金状態が避けられないということだけではなく，「個人の単位で，給付と負担の関係を貫徹するという発想」があったと考えられる。そこには，上述したように，被扶養配偶者たる妻の保険料負担は従来のまま，「内助の功」を年金給付への貢献（負担）と見て，保険料負担を擬制するかのごとき発想を見て取ることができる。なお，当初は，離婚しなくとも年金分割する案も見られたが，「家族の絆を揺るがしかねない」といった自民党からの反対により見送られ，現在の制度に落ち着いたことからすると，「個人単位化」といっても，（その是非は別にして）ある意味で不徹底なものに留まっている，と評価できよう[26]。これに対して厚年の適用拡大は，実際に保険料負担を求め，かつそれに対応する給付を行うことを前提としている点で，より徹底した「個人単位化」を目途とした改革であったといえる[27]。ただし，離婚時年金分割や，厚年の適用拡大が，女性の年金権に一定の影響を及ぼしたことは確実だと思われるが，キーワードとして，「女性の年金権」ということは殆ど言われていなかった。「年金権」そのものは，既に85年改正で「確立した」と考えられていたのかもしれない。

3 「女性の年金権」とその規範的根拠

こうして見てくると，「女性（婦人）の年金権」とは，さしあたり「被扶養

---

(26) ただし袁氏は，年金分割の本来の目的は，「離婚した被用者の妻の年金改善」にあり，年金制度を個人単位化することに目的があったわけではない，と指摘する。

(27) 厚生労働省は改革の背景として，①非正規労働者に社会保険を適用し，セーフティネットを強化することで，社会保険における「格差」を是正すること，②働かない方が有利になるような仕組みを除去することで，特に女性の就業意欲を促進して，今後の人口減少社会に備えること，を挙げている。①は女性に限った話ではないが，②はまさに，女性の労働力化という点で，「女性」ということが意識されているのを見て取れる。

配偶者である女性が，一定の年金給付を，老後に自分名義で受け取ることができる権利」という認識で論じられてきたものといえよう。強いていえば受給権的な意味合いといえようが，法的な権利性として正面から論じられてきたわけではなく，実体的な側面を重視して用いられてきているため，それがいかなる規範的根拠に支えられた権利なのかは，ここからは必ずしも明らかではない。そこで，「女性の年金権」にかかる制度の是非を考えるために，それがいかなる憲法上の規範的根拠に支えられているのかを分析していく。

(1) 憲法 25 条

規範的根拠として，まず考えられるのは憲法 25 条である。憲法 25 条 1 項と 2 項との関係については，いわゆる一体説と分離説（区分論）[28]とがあるが，近時は後者の分離説が有力であるとされる[29]ことから，分離説の立場を前提に検討してみたい。

分離説は，憲法 25 条 2 項を「防貧」の根拠規定と捉えるものであるが，年金に関しては，国民皆年金発足時から，国年法 1 条（目的）が「憲法第 25 条第 2 項に規定する理念に基き，……国民生活の安定がそこなわれることを国民の共同連帯によって防止し，……」と謳っていることからすると，憲法 25 条 2 項が女性の年金権の規範的根拠の 1 つであることは間違いないであろう。

これに対し 1 項はどうであろうか。分離説は一般に，いわゆる堀木訴訟控訴審判決[30]を引用し，1 項を「救貧」の根拠規定と捉え，「健康で文化的な最低限度の生活」保障の中核をなすものは，公的扶助であると把握していることから，これを基礎年金の規範的根拠と捉えることには否定的な学説が多い。ただ中には，基礎年金は老後の必要最低生活（基礎的な部分の生活）[31]を保障する目

---

(28) 1 項は人間としてギリギリの最低限度の生活を保障するところの生存権であり（救貧施策），2 項はそれを上回る生活の維持向上を図るべきことを国に要求できる意味での生存権を定めた（防貧施策）とするものである。藤井俊夫『憲法と人権 I』（成文堂，2008）317 頁以下。

(29) 菊池馨実『社会保障法（第 2 版）』（有斐閣，2018）64 頁。

(30) 大阪高判昭 50・11・10 民集 36 巻 7 号 1452 頁。

(31) 河合塁「わが国公的年金制度の公平(性)に関する法的一考察」宝塚大学紀要 23 号（2009）では，「最低生活保障」といった場合，一般的に公的扶助が念頭に置かれることから，「基礎的生活保障」という用語を用いている。なお，同氏は，基礎年金につき，国年法等の一部を改正する法律等の一部を改正する法律（2009 年 6 月 26 日施行）附則

第Ⅳ部 社会保障法・憲法における生存と平等をめぐる課題

的で創設されたものであるとする学説もあり，これは基礎年金を救貧に近い観点から捉えているものといえよう。

改めて考えてみると，基礎年金導入後は生活保護法だけではなく，基礎年金制度も含めて最低生活保障を実現しようとした，との見方は確かにありうる。そもそも基礎年金導入時の議論では，同年金の水準について，食糧費，住居費，光熱費，被服費という老後生活の基礎的部分を賄える程度と考えられていたことや，単身者の場合（高齢女性の場合，特にその確率が高くなるのであるが），住居地によっては，基礎年金額よりも生活扶助基準額の方が高くなるという逆転現象も起こる(32)ことを考慮すると，少なくとも基礎年金創設時の「女性の年金権」は，むしろ憲法25条1項こそが規範的根拠として位置づけられていたと考えるべきではないだろうか。

もっとも，その後の厚年の適用拡大や離婚時年金分割制度などは，確かに「救貧」より「防貧」としての性格が強いので，法改正を経て，女性の年金権の規範的根拠としては，憲法25条1項よりも2項の側面が強くなってきていることは否定できないであろう。

(2)　憲法14条

次は，憲法14条が女性の年金権の規範的根拠たりうるかである。

憲法14条1項は「法の下の平等」を謳うが，これは一般原則を定めたものであり，原則，不合理な理由に基づく差別を禁じながら，合理的な理由を有する差別であれば，異なる取扱いを認めてもよいと解されている(33)。この点，「社会保障制度は，男女差別の宝庫(34)」ともいわれているように，男女間で異なる扱いが少なくない。例えば，老齢厚年の受給開始年齢格差(35)，遺族年金の受給にかかる年齢要件，中高齢の寡婦加算額の支給，国年における寡婦年金の支給など，概して女性に対し有利な内容となっている。

2条において，「最低保障」という表現が使われていることも指摘している（81頁）。

(32)　河合・前掲注(31)79頁。

(33)　中村義孝・曽我英雄・久岡康成編著『憲法と人権』（晃洋書房，1996）147頁以下。

(34)　森戸英幸「第6章 社会保障における男女差別」森戸英幸・水町勇一郎編著『差別禁止法の新展開──ダイヴァーシティの実現をめざして』（日本評論社，2008）227頁。

(35)　現在において5年の格差が存在するものの，経過的に解消され，1966年4月2日以降に生まれた者については，受給開始年齢が同じとなる。

〔東島日出夫〕　　　　　　　　*23*「女性の年金権」の法的規範性に関する考察

　では，なぜそれが「合理的な理由」といえるのか，判例を一つ取り上げる。当該事案は，公務災害により死亡した妻の夫が地方公務員災害補償法（以下，地公災法）に基づく遺族補償年金の請求をしたところ，受給要件を満たしていないとして不支給処分となったことにつき，配偶者のうち夫（男性）のみ年齢要件を定めた地公災法の規定が憲法14条1項に違反するとして提訴したものである。

　第一審[36]は，地公災法立法当時に採用された本件区別は，一般的な家庭モデルが専業主婦世帯であった制定当初は一定の合理性を有していたと判断したが，女性の社会進出が進み，共働き世帯数が一般的な家庭モデルとなっている今日においては，「配偶者の性別において受給権の有無を分けるような差別的取扱いはもはや立法目的との間に合理的関連性を有しないというべき」として，憲法14条1項に違反するとした。しかし，控訴審[37]では一転して合憲とされた。控訴審は，一審同様に，夫の年齢要件規定が設けられた1967年当時に，受給要件区別を設けることは，「合理性を欠くものであったとはいえない」としたが，なお今日においても，女性の労働力率が相当低いこと，女性雇用者数に占める非正規雇用者数の割合が半数を超えていること，かつ，女性の賃金額は男性の賃金額の約6割以下に過ぎないこと，専業主婦世帯数は専業主夫世帯数よりはるかに多いことなどから，夫が死亡した場合，「妻が独力で生計を維持することができなくなる可能性は高く，遺族補償年金の受給要件に係る区別を設けることが合理性を欠くということはできない」として憲法14条1項に違反しないと判示し，上告審[38]も概ね同様の角度から原審判断を支持したのである。

　本件は遺族年金にかかる事案ではあるが，これらのことに鑑みて，憲法14条は，女性の年金権の規範的根拠たりうるといえるのだろうか。例えば離婚時年金分割などは，事実上（それまでよりは）女性に有利に働きやすい面があるものの，社会的状況から派生する男女間年金額格差を是正させるという目的が背景にあったのだから，憲法14条1項の視点，つまり男女平等の視点から女性の年金権を支えていると考え，これも規範的根拠の1つと評価できそうであ

---

(36)　大阪地判平25・11・25労判1088号32頁。
(37)　大阪高判平27・6・19労判1125号27頁。
(38)　最三小判平29・3・21労判1162号5頁。

537

第Ⅳ部 社会保障法・憲法における生存と平等をめぐる課題

る。ただし，上記控訴審判決で述べている，「妻が独力で生計を維持することができなくなる可能性は高」いといった視点は，どちらかというと憲法25条の観点が強いものであり，そう考えると，憲法25条ほど強い規範的根拠性はないようにも思われる。

(3) 憲法13条

社会保障法学においては，憲法25条の生存権を憲法13条から根拠づける考え方がみられ，これによると，憲法13条は社会保障にかかる権利を直接具現化するとはいえないにせよ，憲法25条を間接的に枠づけする形で，社会保障の権利のありようを規律するとしている[39]。また，菊池馨実氏は，さらに踏み込んで，社会保障の目的を財の分配による生活保障機能にとどめず，「個人の自律の支援」，すなわち，「個人が人格的に自律した存在として主体的に自らの生き方を追求していくことを可能にするための条件整備」にあるとし，社会保障の目的を上記理念による人格的利益実現（「自己決定」の尊重）のための条件整備として捉え，憲法13条に規範的根拠をおくものであるとし[40]，社会保障法における憲法13条の規範的根拠性を特に強調している。

では，女性の年金権の規範的根拠を憲法13条に見出すことはできるだろうか。

これまでも述べてきたように，わが国では戦後の長い間，性別役割分業を肯定する考え方が支配的となっており，厚年の給付も世帯単位で構成されていた。そこでは上述のとおり，妻固有の年金権は十分観念されていなかったのであるが，このような硬直的制度設計においては，女性のライフスタイルに対して選択の余地はなく，例えば，被扶養配偶者が離婚した場合には，老後の生活保障は用意されていなかった。

しかし，女性のライフスタイルが多様化するにつれ，女性固有の年金受給権を確立することの必要性がクローズアップされたことから，三号制度が導入されたのは既に述べたとおりである。

とはいえ，基礎年金の目的が老後の生活の基礎的な費用を賄うだけに留まっており，安定した老後の生活保障というには不十分であったことは否めない。

---

(39) 菊池・前掲注(29)70頁。
(40) 菊池馨実『社会保障の法理念』（有斐閣，2000）140頁。

ただ，近時の制度改正，女性の就労抑制を緩和する働きを有する厚年の適用拡大，老後の所得保障を懸念するあまり，離婚をためらっていた人たちに決意を促す効果を有する離婚時年金分割を見ると，単なる老後の生活保障や防貧ということだけではなく，それを超えて，「個人の尊重」および「幸福追求権」という視点が内在しているようにも思われる。

また別の見方をすれば，世帯単位で設計されていた従前の年金制度は，国民側からすれば受動的ニュアンスの強い制度設計であったのに対し，三号制度をはじめとする近時の制度改革は，個人単位化への移行でもあり，転じて能動的ニュアンスの強い制度設計への変革であるといえよう。これは憲法13条が承認している「自己決定権」を保障したものにほかならず，上記同様，「個人の尊重」と「幸福追求権」を実現させたと解釈することができるのではないだろうか。

こう考えると，特に近時の改正を踏まえると，女性の年金権の規範的根拠には，憲法13条の視角がかなり強く出てきているようにも思えるのである。

Ⅳ　お わ り に

本稿では，頻繁に論じられる「女性の年金権」とは何か，ということについて，三号制度，厚年の適用拡大，離婚時年金分割といった近時の法改正の意義や課題なども踏まえながら，その憲法的な規範的根拠にまで立ち返って考察を行った。

その結果，女性の年金権は，「被扶養配偶者である女性が，一定の年金給付を，老後に自分名義で受け取ることができる権利（受給権）」とさしあたり定義できること，その憲法的な規範的根拠については，25条，14条，13条等が根拠となっており，それが相互に組み合わさっているもの，ということが見えてきたのである。そして興味深いことは，ただ「組み合わさっている」というだけではなく，基礎年金創設当初には25条1項が規範的根拠の柱だったと考えられるものの，その後の制度改正によって，25条2項，14条的な視点が加わりつつ，13条（自己決定）を規範的根拠の柱とする方向にシフトしてきているのではないか，ということである。ただし，これらの条文は，いずれも完全な排斥関係にあるわけではないので，当然のことながら，13条が軸になってきたのだから25条的な視点や14条的な視点は不要，とはならないことに留意

第Ⅳ部 社会保障法・憲法における生存と平等をめぐる課題

が必要である。

　最後に，では，たとえば三号制度はどのように評価されるだろうか。相互の条文の関係性については非常に難解な問題であり，すでに紙幅も尽きたため詳細は別稿に委ねたいが，試論的に方向性だけ私見を述べておくと，最低生活保障的な側面はキープされる必要性があることから，三号制度の骨格そのものは今後も（少なくとも当面は）維持されるべきといえる反面，「育児」や「介護」といったことに家庭内で従事してきた三号（多くは女性であろう）については，本人がそのように思っているかどうかは別として，「自己決定」を侵害されたともいえ，少なくとも，「自己決定の機会」を狭められてはいるのである。そうすると，三号の中でも，特にそのような状況にある三号に関しては，給付面，あるいは（もし今後，三号から保険料負担を求めるとしても）負担面で優遇する，という制度設計が求められる，ということになりそうである。

　育児や介護等を担っている三号を優遇すべき，との主張自体は左程目新しいわけではなく，筆者自身も以前から基本的にはそう考えてきたが[41]，規範的根拠を明らかにすることで，制度設計への説得力も増し，国民の年金制度への不信感を払拭することにもつながるのではないだろうか。

---

(41)　東島日出夫「年金制度再構築の立法的考察──女性の年金問題を中心として──」中央大学研究年報（2001）80頁，「第三号被保険者に関する一考察」日本年金学会誌21号（2002）14頁。

24 2017年 韓国通勤災害立法の背景と展望

朴　承斗

I　序　　論　　　　　　　　Ⅲ　通勤災害立法の展望
Ⅱ　通勤災害立法の背景　　　Ⅳ　結　　論

I　序　　論

　2017 年 10 月 24 日，韓国で産業災害補償保険法[1]を改正するかたちで，初めて出退勤災害（以下，「通勤災害」とする）に関する立法がなされた[2]。同法第 37 条第 1 項は勤労者（以下，「労働者」とする）が次の一つに該当する事由で負傷・疾病，障害を負うまたは死亡したときに業務上の災害とみなすと規定している。

　その具体的な内容は以下〈表 1〉のように，改正前には業務上事故（第 1 号）と業務上疾病（第 2 号）と区分し，前者においては「事業主が提供した交通手段やそれに準ずる交通手段を利用するなど事業主の支配管理下での通勤中に発生した事故」と規定していた。改正後には第 3 号「通勤災害」を新設して既存の内容，つまり「事業主が提供した交通手段やそれに準ずる交通手段を利用するなど事業主の支配管理下での通勤中に発生した事故」に，「それ以外の通常的な経路と方法で通勤する中で発生した事故」を追加した。

---

(1)　以下では同法を「韓労災法」（同法施行令は「韓労災法令」）とする。
(2)　改正前の法にも通勤災害に関する規定があったが，業務上事故の内容としていた。
　その反面，改正後には業務上事故とは別に，「通勤災害」という号を初めて新設した。

『現代雇用社会における自由と平等』山田省三先生古稀記念〔信山社，2019 年 3 月〕　*541*

第Ⅳ部 社会保障法・憲法における生存と平等をめぐる課題

表1 通勤災害に関する規程の対比表

改正前	改正後
1. 業務上事故 　ガ．～ナ．（省略） 　ダ．事業主が提供した交通手段やそれに準ずる交通手段を利用する等事業主の支配管理下で通勤中に発生した事故 　ラ．～バ．（省略）	1. 業務上事故 　ガ．～ナ．（省略） 　ダ．―〈削除：2017. 10. 24.〉 　ラ．～バ．（省略）
2. 業務上疾病 　ガ．～ダ．（省略）	2. 業務上疾病 　ガ．～ダ．（省略）
	3. 通勤災害〈新設：2017. 10. 24.〉 　ガ．事業主が提供した交通手段やそれに準ずる交通手段を利用する等事業主の支配管理下で通勤する中発生した事故 　ナ．その他，通常的な経路と方法で通勤する中で発生した事故

　このように，韓労災法において通勤災害が立法された背景には，憲法裁判所の決定が決定的な原因としてあり，その決定の根拠は大法院の判決から見出すことができる。そのため，以下では通勤災害立法の背景に関しては，大法院の判決，学説，大法院判決の不当性，そして通勤災害立法の展望に関しては，憲法裁判所の決定，学説，憲法裁判所の決定の限界性，今後の展望の順に考察する。

Ⅱ　通勤災害立法の背景

1　大法院の判決

　韓国の大法院は原則的に通勤災害を業務上災害として認定しない姿勢を確固としており，使用者の支配管理状態にいると認定される場合のみ例外的にそれを認めてきた（支配管理状態論）。その後，「制限的密接不可分性論」等を皮切りに支配管理状態論が拡大され，「通常的経路及び方法論」が提起されてきた[3]。

────────────

(3)　朴承斗「出退勤災害に関する判例分析」社会法研究第23号（韓国社会法学会，2014）

〔朴　承斗〕

その中でも大法院 2007. 9. 28. 宣告 2005 ドゥ 12572 全院合意体判決において
の反対意見が「原則的密接不可分性論」[4]を主張したという点から鑑みると，
相当な進展があったとされる。しかし，この判決は既存の「使用者支配管理状
態論」の限界を克服できず，依然として「制限的密接不可分性論」を維持して
いる。

つまり事業主が提供した交通手段を労働者が利用，または事業主がこれに準
ずる交通手段を利用できるようにした場合などは，外形上は一応，通勤の方法
とその経路の選択が労働者に託されているようにも思われるが，労働者が通勤
中に業務を行う必要がある場合や，通常通勤時間前後に業務と関係した緊急な
事務処理や，その他の業務・勤務地の特殊性等によって通勤の方法等を選択で
きない場合は労働者に実質的な選択権があると考え難い[5]。さらに社会通念上，
緊密な程度で業務と密接・不可分の関係にあると判断される場合には通勤中に
発生した災害と業務の間には直接的かつ密接な内的関係性が存在し，その災害
は事業主の支配管理下で業務上の事由によって発生したものと見なされる余地
がある[6]とされている。

2　学　　説

以上のように，反対意見があったものの大法院の判例は通常的な通勤災害を
認めていなかった。そして学説も旧法の解釈では通勤災害が認められないとい
う見解が多数説であり，その解決策として立法を要求してきた。

(1)　業務上災害肯定説

この説は旧法の解釈でも通勤は広義の業務であるため，通勤災害を業務上災
害と認定すべきであると主張する。その理由として，①生存権保障説，②広義
の業務説，③密接不可分性論，④衡平の原則説，⑤人間らしい生活権説があり，
具体的な内容は以下の通りである。

───────────────

参照。

(4)　通勤自体が業務と密接不可分関係においてあるとの前提で，合理的な方法と経路に
　　従ったものであれば，事業主の支配管理のもとにあると解する。

(5)　このような，労働者に実質的な選択権がない場合には業務上災害として認定される。

(6)　大法院 2009. 5. 28. 宣告 2007 ドゥ 2784 判決；大法院 2010. 04. 29. 宣告 2010 ドゥ 184
　　判決；大法院 2012. 11. 29. 宣告 2011 ドゥ 28165 判決。

第Ⅳ部 社会保障法・憲法における生存と平等をめぐる課題

まず，生存権保障説の立場からすると，労災保険制度の導入は単にそれが補償の迅速な確保という技術的な次元で要求されるものではなく，「生存権の保障」という当為的要請を実現するためのものであるために，生存権の保障が単なるスローガンではなく法的にも尊重されるべきであり，そのために従来の市民法的な発想は克服されなければならないとし，労災を見つめる法的思考の転換が必要としている[7]。

次に，広義の業務説での「通勤」は立法の如何に関わらず，本質的には労災の規律体象として広義の業務活動であるため，これを別途に取扱うべき正当性は存在しない。したがって「事業主の支配・管理範囲外での」出勤のために自動車または交通手段の利用・管理権が労働者に任されている場合でも業務上災害と認められるべきであるとする[8]。

また，密接不可分性論は，通勤行為自体は労務の提供とみなされないが，勤労と密接不可分の関係を有しており，通勤災害を業務上災害として認定して労災補償の体象と解釈すべきである[9]とする。

さらに，衡平の原則説によると，「使用者が提供する便利な交通機関を利用する労働者に対しては業務上災害と認定しながらも，使用者の交通機関が利用できない労働者の通勤については業務上災害さえ認定できない」という解釈は，衡平の原則に反するため，合理的経路と方法によると通勤中に発生した災害は業務上災害とみなすべきである[10]とする。

最後に，人間らしい生活権説の立場では，業務上災害についての解釈は現代社会法の原理の理念である人間らしい生活権を基準とすべきである[11]とする。

（7） 金裕盛「通勤途上の災害」法学第 27 巻第 4 号（ソウル大学校法学研究所，1986）75 ～76 頁。

（8） 金永文「事業主の為の活動としての業務の概念と通勤災害」比較私法第 4 巻第 1 号（通巻第 6 号）（韓国比較私法学会，1997）566～585 頁。

（9） 金福基「通勤災害保護の根拠及び保護範囲」労働法研究第 9 号（ソウル大学校労働法研究会，2000）127 頁。

（10） 李炳泰『最新労働法』（㈱中央経済，2005）980～981 頁。

（11） 朴承斗「出・退勤時 事故の業務上災害 成立当否」労働法律 1996 年 4 月号（中央経済社，1996）74 頁，朴承斗『社会保障法』（中央経済社，1997）458 頁。

(2) 業務上災害否定説

この見解は一般的に通勤中に発生した災害は事業主の支配管理下で発生した
ものでないため，旧法の解釈上，業務上の災害に該当しないとしてきた[12]。
しかし，多くの見解は立法化によって通勤災害を保障すべきと主張しており，
具体的な内容は以下のようである。

通勤行為は理論的に業務遂行のための準備行為（出勤）及び整理行為（退
勤）として，家庭での個人的行為と会社での業務行為の間にある重要な架橋的
事実行為といえる。少なくとも通勤行為は業務行為とは密接不可分な関係性を
有する準業務行為である。通勤災害が一般的な私企業体の労働者にも立法化し
て保護するのが平等の原則にも合致するのみならず，社会的正義の観点からも
望ましい[13]。通勤災害は，「業務を行うために労働者が避けられない通勤を強
いられる」という属性を考慮すると，「独自の立法や，業務上災害の理論を超
えた『社会的責任』の観点に立った立法制定が求められる」[14]。通勤災害保護
制度の導入においては労災保険の拡大実施と自動車保険体系の合理化に努め，
導入時の否定的な要素を最小化しながら，使用者の理解をはじめとする通勤災
害保護制度の導入のための要件を着実に造成すべきである[15]。たとえば，通
勤災害において社会保険受給権を制度的に保障するためにはドイツ，フランス，
または日本のような通勤災害からの保護に関する立法がもとめられる[16]。通
勤災害の場合でも労働者の純粋な個人的行為による災害でなく業務上の災害と
捉え，通勤災害による被災労働者とその家族の生活を保障すべきである[17]。
通勤中に発生した災害が業務上災害として認定されるためには，「通勤に伴う

---

(12) 朴相弼『勤労基準法講義』（大旺社，1991）409 頁，全光錫『韓国社会保障法論』
（法文社，2003）331 頁，李昇祐「通勤災害と業務上災害」法律行政論叢第 23 集第 1 号
（2003）294〜295 頁，蘆乗昊『労働法Ｉ』（眞元社，2014）682 頁，金亭培・朴志淳『労
働法講義』（新潮社，2014）229 頁，全光錫『韓国社会保障法論』（集賢齋，2014）373 頁，
林鍾律『労働法』（博英社，2014）471 頁，河甲来『勤労基準法』（中央経済，2014）
1060 頁，李相潤『社会保障法』（法文社，2012）380〜381 頁。

(13) 金教淑「通勤災害（Commuting Accidents）の産災保険化」労働法学第 6 号（1996）
336〜343 頁。

(14) 李相国「通勤災害の法理に関する研究」労働法学第 6 号（1996）358〜382 頁。

(15) 李喜子「通勤災害に関する小考－一般勤労者の業務上災害認定当否を中心に－」労
働法律 1994 年 6 月号（1994）97〜98 頁。

(16) 金福基・前掲注(9)154 頁。

(17) 金教淑・前掲注(13)336〜337 頁。

第Ⅳ部 社会保障法・憲法における生存と平等をめぐる課題

社会的危険からの保護」という制度の趣旨に合致するように通勤保護の範囲を時代の流れに沿って拡大する必要がある[18]。労災での業務上災害でなく立法的に通勤災害の概念を創設して，これを労災保険法で保護すべき，要するに「業務上災害＋通勤災害＝労災」という概念が提示されるべきである[19]。業務と関係して住居と勤務地間で，さらに合理的な経路及び方法によって発生した通勤事故に関しては業務上災害と認める立法的措置が存在すべきである[20]。通勤災害が典型的な災害補償によって保護されるのではないため，追加的かつ適切な方案の講究がもとめられている[21]。通勤災害として特例規定を制定するのが妥当だと思われる[22]。通常的な方法と経路によって通勤中に発生した災害が業務上災害と認定されるためには法律の改正が必要である[23]。通勤経路での事故を保護するためには，これを独自的に保護する立法がなされるべきである[24]。業務との関係性があり，住居と勤務地の間を往復する行為であり，順理的な経路及び方法による通勤中の事故は業務上の災害と認められるように労災保険法を改正するべきである[25]。

3　大法院判決の不当性

韓労災法は1963年に最初に制定されたが，ここでは業務上災害を「業務遂行中，その業務に起因して発生した災害」と制限的に規定し，通勤災害のみではなく一般的な業務上災害もきちんと補償されていなかった。その後，1981年と2007年に改正されたが，まだなお以前の業務上災害の概念と同様に，「業務上事由による災害」という抽象的な規程から抜け出せていなかった。以前と

---

(18)　李昇祐・前掲注(12)295頁。

(19)　蘆尚憲「通勤災害に関する判例法理と産災保険の社会保障化に対する検討」労働法研究第21号（2006）230頁。

(20)　韓庚植「判例評釈：出退勤事故に対する業務上災害認定基準（大法院2007・9・28宣告2005ドゥ12572全員合議体判決）」労働法論叢第13集（韓国比較労働法学会，2008）237頁。

(21)　朴鍾熹「通勤災害保護のための立法政策的方案研究」安岩法学第42号（安岩法学会，2013）320〜345頁。

(22)　李相国『産災保険法(Ⅰ)』（大明出版社，2014）353頁。

(23)　労働法実務研究会『勤労基準法註解(Ⅲ)』（博英社，2010）371頁。

(24)　全光錫・前掲注(12)373頁。

(25)　蘆乗昊・前掲注(12)683〜684頁。

の違いはその認定基準を詳細に別途規定したことであったが，ただ，この措置は更なる問題を生んでしまった。つまり，一般的な業務上災害とは別途に通勤災害と規定しながらも（第37条第1項第1号ダ目[26]），これはは過去の支配管理状態論を明文化するものであったのである。

しかし2007年法は，審判対象条項の通勤災害自体をみると厳格に規定されているが，規程上，業務上災害の概念が相当拡大されたため，通勤災害も業務上災害の一つの類型であり，拡大された業務上災害の解釈を通じて通勤災害として認められる道が開かれたのである[27]。それにも関わらず，大法院判例は審判対象条項の支配管理状態論のドグマから抜け出せていなかった[28]。学説もまたこれに対する理論的な批判が十分ではなく[29]，韓労災法の改正だけを要求する状態にとどまっている[30]。

この点に関して，筆者は「通勤災害の3段階論」にもとづいて拡張解釈の当然性を主張してきた。まず最狭義の段階では「事業主の支配管理状態下で発生した通勤事故に因んだ災害」である。これは審判体条項と韓労災法施行令第29条に規定されている。同法では「事業主が提供した交通手段やそれに準ずる交通手段を利用する等，事業主の支配管理下で通勤中に発生した事故」と規定しているが，施行令ではより厳格に定めており「勤労者が通勤している間に発生した事故が2つの要因，つまり①事業主が通勤用に提供した交通手段や事

---

(26)　前掲〈表1〉のように「事業主が提供した交通手段やそれに準ずる交通手段を利用する等，事業主の支配管理下で通勤中に発生した事故」と規定した内容を以下「審判対象条項」とする。

(27)　以下，朴承斗「出・退勤災害の認定基準」労働法学第53号（韓国労働法学会，2015）参照。

(28)　以下，朴承斗「出・退勤災害に関する判例分析」社会法研究第23号（韓国社会法学会，2014）参照。

(29)　以下，朴承斗「出・退勤災害に関する判決の不当性－対象判決：大法院2007.9.28宣告2005ドゥ12572全員合議体判決－」社会法研究第23号（韓国比較労働法学会，2015）参照。

(30)　先行研究においては，漠然と通勤行為も業務と密接不可分の関係にあるため通勤災害を業務上災害として認定すべきだとしているか，旧法の解釈上，十分な保護を受けていないので社会保障的観点からこれを明確に規定すべきだと主張しているが，旧法の解釈上，通勤災害がどこまで認定されるかに関する研究が十分ではない。特に，判例は使用者の支配・管理状態にある境遇に限って業務上災害を認定する原始的水準を堅持してきたにも関わらず，学説の大部分はこれを無批判的に受け入れてきた。これに関して詳細な内容は，朴承斗・前掲注(27)参照。

第Ⅳ部　社会保障法・憲法における生存と平等をめぐる課題

業主が提供したとみられる交通手段を利用する途中に事故が発生すること，②
通勤に利用した交通手段の管理または利用権が労働者側の専属的権限に属しな
い場合の要件すべてに該当」する場合に制限している。その次に狭義の段階で
は，「業務及び業務必要附随行為中に発生した事故による災害」である。最後
に広義の段階では，「業務関係の事故による災害」である。これは韓労災法　第
37条第1項第1号バ目に規定している「その他の業務と関係して発生した事
故」で発生した災害である[(31)]。

Ⅲ　通勤災害立法の展望

1　憲法裁判所の決定

　韓国の憲法裁判所は2016年9月29日，裁判官6：3の意見で，事業主が提
供する交通手段を利用する等，事業主の支配管理下での通勤中に発生した事故
のみ業務上災害として認定する審判対象条項が憲法に違反するという決定を宣
告し（憲法不合致，却下），上記の法律条項は2017年12月31日までに立法者
が改正するよう命じた[(32)]。

　審判対象条項は労働者が事業主の支配管理下での通勤中に発生した事故に
よって負傷等が発生した場合のみ業務上災害と認定している。徒歩や自己所有
の交通手段または大衆交通手段等を利用して通勤する労災保険加入労働者（以
下，「非恩恵労働者」とする）は，事業主が提供し，あるいはそれに準ずる交通
手段を利用して通勤する労災保険加入労働者（以下，「恩恵労働者」とする）と，
同一の労働者であるにもかかわらず，事業主の支配管理下にあると評価されな
い通常的経路や方法で通勤中に発生した災害（以下，「通常の通勤災害」とする）
について業務上災害と認定されない点において，差別取扱が存在するといえる。

　今日の労災保険制度は，労災から被災労働者とその家族の生活を保障する機
能の重要性が高まっている。労働者の通勤行為は業務の前段階として業務と密
接・不可分の関係にあり，事実上事業主が定める通勤時刻と勤務地に羈束され
る。大法院は出張中に発生した災害を業務上災害として認定するが，このよう
な出張行為も移動方法や経路選択が労働者に任されているという点で通常の通
勤行為と相違がない。通常の通勤災害を業務上災害として認定して労働者を保

(31)　朴承斗・前掲注(27)参照。
(32)　憲法裁判所 2016. 9. 29. 宣告 2014 憲バ 254。

548

護するのが労災保険の生活保障的性格に附合する。

　事業場の規模や財源不足または事業主の一方的意思や個人的事情等によって通勤用の車を提供されないか，それに準ずる交通手段を支援されていない非恩恵労働者は，労災保険に加入しているとしても通勤災害の補償を受けられないが，このような差別を正当化できる合理的根拠は見いだせない。

　国際労働機構（ILO）は1964年，第121号「業務上傷害給付協約」において通常の通勤災害を労災に包含するように勧告している。ドイツやフランス等では以前から通常の通勤災害を労災の一つの類型と認定して労働者を保護し，日本でも労働者災害補償保険法において通常の通勤災害を補償する別途の規定を置いている。

　通常の通勤災害を労災保険法において業務上災害と認定する場合，労災保険の財政状況が悪化し事業主負担の保険料が増加しかねないという指摘がある。しかし，これは補償が可能な通勤災害の範囲を，合理的経路と方法による通勤行為中に発生した災害と限定する方法等を通じてある程度解決できる。その反面，通常の通勤中に災害を受けた非恩恵労働者は加害者に対して不法行為の責任を追求しても大部分立証が難しい等，充分な救済を受けられないのが現実である。要するに審判対象条項によって救済から排除されている非恩恵労働者とその家族にとっても精神的・身体的あるいは経済的不利益が大きいのである。

　審判対象条項は合理的理由なしに非恩恵労働者に経済的不利益を与えるものであり，恣意的な差別に値するので，憲法上平等原則に違背する。ただ，審判対象条項を単純違憲として宣告する場合，通勤災害を業務上災害と認定する最小限の法的根拠までも喪失することで，不当な法的空白状態という混乱が発生する憂慮がある。したがって，審判対象条項に対する憲法不合致決定を宣告し，2017年12月31日までに立法者が改正することを命じた。

2　学　　説

　韓労災法は労働者が業務と関係した事故によって負傷，疾病等の災害業務上災害として補償されるように規定し，通勤災害もその一つの類型である。しかし，韓労災法上，業務上災害，特に通勤災害に関する立法がきちんと定立されていないので，大法院判例も憲法や韓労災法の理念を歪曲してきた。このような点から，憲法裁判所の決定は，間違った立法や解釈を克服して新たな方向を

第Ⅳ部 社会保障法・憲法における生存と平等をめぐる課題

提示したという点に意義がある。

以上のように，大法院判例においては，事業主が提供した交通手段を利用する等，事業主の支配管理下で通勤する途中に発生した事故のみ業務上災害として認定するという審判対象条項が存在する前もそうであったが，審判対象条項が規定された以後からもこれを根拠に使用者の支配管理状態論から抜け出せず通勤災害を制限的に解釈してきた。そして憲法裁判所も従来の決定において審判対象条項が平等原則に違背しないと判断した（憲裁 2013. 9. 26. 2011 憲バ 271；憲裁 2013. 9. 26. 2012 憲ガ 16）。しかし，今度は憲法裁判所が審判対象条項の違憲性を認め，新たな立法を通じて通勤災害に対する合理的な解釈が可能となったという点に意義がある。

その間争点となったのは，事業主が提供した交通手段またはそれに準ずる交通手段を利用して通勤をする等，事業主の支配管理下で通勤中に発生した事故を業務上災害とみなす審判対象条項が通常の出・退勤災害を業務上の災害と認めない結果を招き，これが平等原則に違反するかの是非である。具体的には審判対象条項によって恩恵労働者と非恩恵労働者は同一の労働者にもかかわらず後者は通常の通勤災害を業務上災害と認められないという点から両者の差別取扱が存在すると言えるので公務員や労災保険に加入した労働者間の差別取扱のみならず，恩恵労働者と非恩恵労働者間の差別取扱も発生しうるという問題である。

そして労災保険受給権はいわゆる「社会保障受給権」の一つとして国家に対して積極的に給付を要求するものだが，国家が財政負担能力と全体的な社会保障の水準等を考慮してその内容と範囲を定めるものであり，広範囲な立法形成の自由が認められている[33]。よって，この事件の平等原則違反を判断するにあたって恣意禁止の原則に基づいて差別を正当化する合理的な理由があるかを審査の基準にするのが妥当である[34]。

これに対する憲法裁判所の裁判官の意見は真っ向から体立しており，合憲意見は先例と憲法裁判所の決定書と同じく 3 人の裁判官，違憲意見は先例では 5 人だったが今度の決定では 6 人の裁判官が表明した。

---

(33) 憲裁 2009. 5. 28. 2005 憲バ 20・22, 2009 憲バ 30（併合），判例集 21-1 ハ，446，454 参照。

(34) 憲裁 2005. 7. 21. 2004 憲バ 2，判例集 17-2，44，56 参照。

〔朴　承斗〕

先例に対する学界の評価は，①我が憲法 第34条が社会保障権を規定しているので，通勤災害に関する制度は，社会保障権や社会国家原理を規定していないアメリカの制度よりも，ドイツや日本の制度を承継すべきだという点，②使用者が全額負担する保険料には労働者の通常賃金でなくても労働者の所得に該当する部分があるので，その結果，労働者が保険加入者となり，保険事故の範囲を通勤災害まで拡張できる権限があるという理由で審判対象条項を合憲と評価した先例の問題点を指摘した[35]。

今回の憲法裁判所決定はこのような問題点を認識して審判対象条項を違憲と解釈し，前述のように憲法裁判所の決定趣旨を反映する立法（韓労災法の改正）が2017年10月24日になされ，非恩恵労働者が通常の通勤災害によって負傷等を負った場合，業務上災害と認定されるようになった。

3　憲法裁判所の決定の限界性

憲法裁判所の決定は審判対象条項の違憲性を指摘しながらも憲法に保障された基本権，つまり社会保障請求権に対する言及なくしては平等の原則に違背するという消極的な次元にとどまる等，その限界が明らかであるが[36]，具体的な内容は以下のとおりである[37]。

まず，審判対象条項だけを見ると不合理な差別が発生するのはもちろんだが，憲法裁判所は韓労災法の別の規定の解釈で補完できるのかの確認を看過している。

また，憲法裁判所が審判対象条項を違憲と解した理由は大法院判例が歪曲さ

---

(35)　李達休「通勤災害に対する憲裁決定分析－2012憲ガ16憲裁 第37条第1項 第1号ダ目違憲提請－」労働法論叢第29集（韓国比較労働法学会，2013）参照。

(36)　憲法裁判所は社会的基本権の侵害当否を直接判断せず，迂回的に平等原則の違反当否を判断した。このような理由は社会的基本権に対する具体的な審査基準が存在する故である。社会的基本権に関係して憲法裁判所は「国家の最小限保障義務の不履行」という審査尺度を提示している。しかし，「最小限保障」というのは国家にどの程度の保障義務を負わせるのかが不透明であり，どのような内容を持った審査基準なのか説明すべきである。李富夏「産業災害補償保険法上 出・退勤中災害事件から見た憲法裁判所見解の評価－憲裁2016.9.29. 2014憲バ254を分析しながら－」法と政策 第23集 第1号（濟州大学校 法と政策研究所，2017）138頁。

(37)　以下 朴承斗「出退勤災害に関する憲法裁判所判例批評－対象判例：憲法裁判所2016.9.29. 2014憲バ254－」社会法研究第32号（韓国社会法学会，2017）参照。

第Ⅳ部 社会保障法・憲法における生存と平等をめぐる課題

れたからである。その間，大法院判例は韓労災法をきちんと解釈できずに審判
対象条項だけを頼りに通勤災害を認めてきた。もし間違った方向に判例が下さ
れた場合，その判例も憲法適合性の審査対象になるとすると憲法裁判所がこれ
を憲法精神に基づいて修正できるが，現行法上大法院判例は憲法所願[38]の対
象から排除されるので[39]，これは不可能である[40]。したがって推測ではあるが，
大法院は韓労災法の規定自体を違憲と考えていた可能性もある。また憲法裁判
所も，大法院判例の不当性を理解できなかったとも考えられる。

　そして韓労災法が規定している通勤災害に対する保護も憲法上，人間らしい
生活権の実現のためだと解釈すべきであり[41]，憲法裁判所は当然にその基準
を提示すべきである[42]。それにも関わらず，憲法裁判所の決定は労働者が持
つ憲法上の権利である通勤災害に対した保障請求権を考慮せずに平等の原則だ

───────────

(38)　公権力の行使または不行使によって，憲法上保障された基本権を侵害された者は，
　　裁判所の裁判を除いて憲法裁判所に憲法所願審判を請求できる（韓憲法裁判所法第68
　　条第1項本文）。

(39)　憲法裁判所法 第68条（請求事由）①公権力の行使または不行使によって憲法上保
　　障された基本権を侵害された者は法院の裁判を除外しては憲法裁判所に憲法訴願審判を
　　請求できる。ただ，他の法律に救済手続きがある場合にはその手続きをすべて経た後に
　　請求できる。

(40)　これに対した見解は大きく3つに分かれる。①法院の判決を憲法所願の対象から除
　　外するのは現行憲法で憲法所願制度を導入した憲政史的背景を忘却しているのみならず
　　憲法所願制度の本質に違背するため違憲という見解（許営，李郁漢，鄭然宙，洪性邦），
　　②我が憲法の解釈上，憲法解釈権は法院と憲法裁判所の各々に与えられているので法院
　　の裁判に対して憲法所願を認定するのは違憲という見解（崔ワンジュ），③法院の裁判
　　を憲法所願の対象とするのかは立法政策の問題なので違憲ではないが，憲法訴願制度の
　　趣旨から鑑みると認定するのが望ましいという見解（桂ヒヨル，金文顕，金河烈，張永
　　洙，丁泰鎬，韓秀雄，黄道洙）等がある。これに関して憲法裁判所は③の立場である
　　（憲裁 1997.12.24. 96憲マ172。金河烈『憲法訴訟法』（博英社，2016）481-483頁）。

(41)　朴承斗「出・退勤時事故の業務上災害成立当否」労働法律1996年4月号（中央経
　　済社，1996）74頁。

(42)　憲法に社会国家原理を規定したドイツは通勤災害を認定していることに触れた上で，
　　この学説は，より具体的に社会正義を実現するために社会権を憲法に規定している我々
　　が，通勤災害に対して社会国家及び社会権を憲法に規定していないアメリカの制度と類
　　似した立場をとっているということは，社会権が憲法に明示された趣旨を喪失するのだ
　　と解釈できるのである。しかし我が国では，社会正義を実現するために最も積極的な姿
　　勢を取っているし，そのため憲法に社会保障権を規定しているのであるから，社会正義
　　の実現に向けたこのような積極的な意志は具体的に通勤災害でも行使されるべきである。
　　李達烋・前掲注(35)550-551頁。

けを適用したのである。結果的にみると，社会保障請求権を考慮せずにも審判
対象条項を違憲と判断し，これを考慮した場合と同一だと思えるが，法的効果
は全く異なる。平等の原則のみを適用した場合，公務員及び恩恵労働者と非恩
恵労働者間の不合理な差別を行わなければならない不作為義務を負うにとどま
るが，社会保障請求権まで考慮すると，「労働者の人間らしい生活のために通
勤災害を保障しなければならない」という積極的作為義務を負担する。これは
今後の立法の方向を設定するにも重要な基準となる。

4　今後の展望

　韓労災法では，それまでの事業主の支配管理状態での通勤災害に加えて通常
的通勤災害が保障されることとなった。よって，これに対した認定基準の定立
が主要課題である。これに備えて国家は，今後の処理指針を 2018 年 1 月 1 日
から施行した[43]。

　それによると，通常的通勤災害は①自宅等，住居と会社，工場等の就業場所
を始点または終点とする移動行為であること，②通勤行為が業務に従事する為
または業務を終えてから行われること，つまり就業と関係性があること，③通
勤行為が社会通念上，通常的な経路および方法によって行われること，要する
に逸脱または中断がないこと（但，施行令第 35 条 第 2 項[44]定めている逸脱・中
断の例外に該当する場合は認定）等である。

　しかしこのような基準の設定にも関わらず，通勤災害が基本的に憲法で保障
している人間らしい生活権を実現するのかが今後の課題である。

---

(43)　勤労福祉公団「出退勤災害 業務処理指針」第 2017-48 号（2017）。
(44)　② 法 第 37 条 第 3 項但書において "日常生活に必要な行為として大統領令で定め
　　　る事由" とは，次の各号の一つに該当する場合を指す。1. 日常生活に必要な用品を購入
　　　する行為 2.「高等教育法」第 2 条による学校または「職業教育訓練促進法」第 2 条によ
　　　る職業教育訓練機関で職業能力開発向上に寄与できる教育や訓練等を受ける行為 3. 選
　　　挙権や国民投票権の行使 4. 労働者が事実上保護している児童または障害を持つ者を保
　　　育機関または教育機関に送ったり，該当機関から迎えたりする行為 5. 医療機関または
　　　保健所で疾病の治療や予防を目的に診療を受ける行為 6. 労働者が，医療機関等で療養中
　　　の（介護が必要な）家族を介護する行為 7. 第 1 号から第 6 号までの規定に準ずる行為
　　　として雇用労働部長官が日常生活に必要な行為だと認定した行為。

第Ⅳ部 社会保障法・憲法における生存と平等をめぐる課題

Ⅳ 結　論

　以上のように，2017年韓労災法改正によって初めて通勤災害に関する立法がなされた。それによって，それまでの事業主の支配管理状態での通勤災害に加えて通常的な通勤災害が保障された。この背景には，憲法裁判所の決定が決定的な原因となり，その決定の根拠は大法院の判決に見いだすことができる。国家は今後施行上の混乱を避けるために通常的通勤災害の認定基準処理指針を発表したが，これだけでは問題は解決されない。通勤災害が基本的に憲法で保障されている「人間らしい生活権」を実現できる方向に進むべきであろう。

参考文献

　勤労福祉公団「出退勤災害 業務処理指針」第2017-48号（2017）

　金教淑「通勤災害（Commuting Accidents）の産災保険化」労働法学第6号（韓国労働法学会，1996）

　金福基「通勤災害保護の根拠および保護範囲」労働法研究第9号（ソウル大学校労働法研究会，2000）

　金永文「事業主のための活動としての業務の概念と通勤災害」比較私法 第4巻第1号（通巻第6号）（韓国比較私法学会，1997）

　金裕盛「通勤途上の災害」法学第27巻第4号（ソウル大学校法学研究所，1986）

　金河烈『憲法訴訟法』（博英社，2016）

　金亨培『労働法』（博英社，1986，2014）

　　──『書き直した労働法』（博英社，2016）

　　──・朴志淳『労働法講義』（新潮社，2016）

　労働法実務研究会『勤労基準法註解(Ⅲ)』（博英社，2010）

　盧乗昊『労働法Ⅰ』（眞元社，2014，2017）

　盧尚憲「通勤災害に関した判例法理と産災保険の社会保障化に関する検討」労働法研究第21号（ソウル大学校労働法研究会，2006）

　朴相弼『勤労基準法講義』（大旺社，1991）

　朴承斗『社会保障法』（中央経済社，1996）

　　──「出・退勤時事故の業務上災害の成立当否」労働法律1996年4月号（中央経済社，1996）

　　──「社会保障法の権利論的解釈体系の定立方案」外法論集（韓国外国語大学校法学研究所，2013）

――「出・退勤災害に関する判例分析」社会法研究第 23 号（韓国社会法学会，2014）

――「出退勤災害の認定基準」労働法学第 53 号（韓国労働法学会，2015）

――「出退勤災害に関する判決の不当－対象判決：大法院 2007. 9. 28. 宣告 2005 ドゥ12572 全員合議体 判決－」労働法論叢 第 35 集（韓国比較労働法学会，2015）

――「出退勤災害に関する憲法裁判所の判例の批評－対象判例：憲法裁判所 2016. 9. 29. 2014 憲バ 254－」社会法研究第 32 号（韓国社会法学会，2017）

朴鍾熹「通勤災害保護のための立法政策的方案の研究」安岩法学第 42 号（安岩法学会，2013）

呉相昊「出退勤災害の産災認定に関する比較法的研究」江原法学（江原大学校比較法学研究所，2015）

李達烋「通勤災害に関する憲裁決定の分析－2012 憲ガ 16 憲裁 第 37 条 第 1 項 第 1 号 ダ目 違憲提請－」労働法論叢第 29 集（韓国比較労働法学会，2013）

李炳泰『最新労働法』㈱中央経済，2005）

李富夏「産業災害補償保険法上 出・退勤中の災害事件の憲法裁判所の見解評価 －憲裁 2016. 9. 29. 2014 憲バ 254 を分析しながら－」法と政策第 23 集第 1 号（済州大学校法と政策研究所，2017）

李相国『産災保険法(I)』（大明出版社，2014）

――「通勤災害の法理に関する研究」労働法学第 6 号（韓国労働法学会，1996）

李相潤『社会保障法』（法文社，2012）

――『労働法』（法文社，2017）

李承吉「産業災害補償保険法の通勤災害の立法政策」『德裕李光澤教授停年記念論文集：福祉社会の為の勤労社会法と労使関係』（㈱中央経済，2014）

李昇祐「通勤災害と業務上災害」法律行政論叢第 23 集第 1 号（全南大学校法律行政研究所，2003）

李喜子「通勤災害に関する小考－一般勤労者の業務上災害の認定当否を中心に－」労働法律 1994 年 3 月号，4 月号，5 月号，6 月号（中央経済社，1994）

――「産業災害補償保険法上 業務上 災害の認定基準に関した研究－過労性災害を中心に」博士学位論文（成均館大学校大学院，2008）

林鐘律『労働法』（博英社，2014，2017）

張承赫「判例に出退勤災害に関する保護範囲の分析とその拡張のための研究」ジャスティス第 119 号（韓国法学院，2010）

全光錫『韓国社会保障法論』（法文社，2003）

第Ⅳ部 社会保障法・憲法における生存と平等をめぐる課題

　——『韓国社会保障法論』（集賢齋，2014，2016）

趙庸植「産業災害補償保険法上の出退勤中の事故に関する一考察」産業関係研究
　　　第19巻第3号（韓国労使関係学会，2009）

河甲来『勤労基準法』（㈱中央経済，2014）

　——『労働法叢書』（㈱中央経済，2016）

韓庚植「判例評釈：出退勤事故に体する業務上災害認定基準（大法院2007.9.28宣
　　　告2005ドゥ12572全員合議体 判決）労働法論叢第13集，（韓国比較労働法学
　　　会，2008）

韓光洙「出退勤災害の認定根拠と判例分析を通じた合理的な方案の導出」江原法
　　　学（江原大学校比較法学研究所，2015）

25 政治的自由と人格の平等
―― 選挙運動規制をめぐって

中 島　　徹

I　序 ―― 主題と連環
II　土地所有権と人格の平等
III　戸別訪問禁止と人格・権利・
　　制度
IV　政治的自由を支える制度の
　　構想
V　小括 ―― 政治領域における
　　「市民」

I　序 ―― 主題と連環

1　制度形成と立法裁量

　法制度を創設し，あるいは変更する場合，原則として立法府に制度設計や変更の裁量権があることはいうまでもない。それゆえ，労働法や社会保障法のように権利保障のための制度形成が必要な領域では，立法府の裁量権限が適切に行使されることが権利の実現にとって必須の条件である。この場合，裁量権を有する主体が自らを適切に律すればともかく，国会での審議を尽くさないまま，政権与党に属する議員が数の力で重要法案を強引に通過させることが常態となりつつある昨今の国会の状況下では，自律的な裁量統制に期待しても徒労に終わる可能性が高い。他方，違憲立法審査権を有する裁判所による裁量統制は，三権分立という制度の観点からすれば独立した権限であるが，実務上は，堀木訴訟大法廷判決[1]に典型的に示されるように，生存権の実現は立法裁量に委ねられることを理由に骨抜きにされ，それ以外の領域でも立法府に対する裁判所の敬譲の論拠として立法裁量が持ち出されることが少なくない。

　立法裁量をどのように羈束するかは，もとより理論上も難問である。憲法に基づいて立法裁量の羈束を論じようとしても，憲法が制度設計のあるべき姿を

---

(1)　最大判 1982(昭 57)・7・7 民集 36 巻 7 号 1235 頁。

第Ⅳ部 社会保障法・憲法における生存と平等をめぐる課題

具体的に示していることはまれであるから，憲法違反の論証は容易ではない。この難点を回避すべく，法制定における判断過程の適否を問う手続論に代置させる主張もあるが[2]，逆にいえば，それは憲法上の権利や制度に基づく，その意味での実体的な裁量羈束を断念することを意味する。加えて，これは元来が選挙訴訟における制度是正を合理的期間の経過の有無と関わらせて論じる射程範囲の狭い主張であるともいえ，そうである限り本稿の検討対象ではない。

他方，同じ選挙制度関連でも，戸別訪問禁止をはじめとする公職選挙法上の選挙運動規制をめぐっては，政治的自由や表現の自由を侵害するものとして，長年にわたり憲法適合性に疑問が呈されてきたにもかかわらず[3]，最高裁は一貫してそれを合憲と判断してきた。その理由として当初は買収の温床論が掲げられていたが，それを念頭におきつつも，最近では立法裁量の観点が強調されている。その嚆矢となったのは，1981(昭56)年の最高裁判決[4]における「戸別訪問の禁止は，意見表明そのものの制約を目的とするものではなく，……単に手段方法の禁止に伴う限度での間接的，付随的な制約にすぎない」から，「戸別訪問を禁止するかどうかは，もっぱら選挙の自由と公正を確保する見地からする立法政策の問題」との判示であった。

その後，公職選挙法の諸規制は競争を公平に行わせるためのルールであると説明する伊藤正巳の選挙のルール論が，広範な立法裁量を正当化する論拠として実務上の支持を集める。規制は選挙のルールであって，表現の自由とは無関係という論法で，選挙運動規制を違憲と批判する憲法論を無化するものであるが，この点は別稿[5]で検討した。

2 選挙運動規制の歴史的経緯

従来，戸別訪問禁止をはじめとする選挙運動規制は，納税要件を撤廃し，男性への選挙権を拡大した1925年に，無産者対策として導入されたと説明されてきた。1925年に選挙運動規制が導入されたことは事実であるが，以下にみ

---

(2)　最大判 2004(平 16)・1・14 民集 58 巻 1 号 56 頁における藤田補足意見。

(3)　下級審では一時期違憲判決が続いたが，注 4 判決や本文中の伊藤正巳の選挙のルール論を契機に違憲判決は姿を消す。

(4)　最判 1981(昭 56)・6・15 刑集 35 巻 4 号 205 頁。

(5)　中島徹「選挙活動の自由と財産所有」早稲田法学 94 巻 4 号（2019 年春刊行予定）。

るように，そうした規制は，実は明治のごく初期，すなわち納税要件を満たした一部の男性に選挙権が付与された時期にすでに導入が検討されていた。選挙運動規制は，無産者対策以前に，限られた有産者を念頭において導入が検討されていたのである。問題は，なぜそのような検討が行われたかである。

　納税要件を充足する有産者という限定的な身分は，明治期における土地所有制度の大転換であった地券交付と地租改正を契機として創出された。地券交付と地租改正を土地私有制の成立とみれば，近代憲法における基本的人権の基礎のひとつである私的所有権の確立とみる余地もある。しかし，以下でみるように，従来の憲法学説は大日本帝国憲法下の土地制度を第二次大戦後の農地改革によって解体される封建的土地所有制度であると論じてきた。これに従えば，明治期における土地私有制の成立を近代的所有権の確立とみることはできない。しかし，繰り返しになるが，明治期の選挙権拡大とそれに伴う選挙運動規制は，もともと納税要件を充足した有産者を念頭においていた。地租改正がそうした有産者を生み出したとすれば，明治期の土地制度改革は，各人への土地私有権の承認を意味するはずである。土地私有権の承認と，それを封建的土地所有制度と評価することの間に存在するこの「ずれ」は，何を意味するのか。

　ロックのプロパティ論[6]に倣えば，私的財産権の承認は，人権保障の基礎をなす個人の人格の承認としての意味をもつ。明治期の地券交付と地租改正を近代的土地所有権の成立とみるべきかどうかはさておき，それが土地の私有を認めたものであるならば，その限りで人格の個別性を認めたものということもできる。「人格」を承認された有産者に対して選挙運動の規制を検討することは，元来が「人格」を承認されていなかった無産者対策としての選挙運動規制とは意味を異にする。しかし，なぜ「人格」を承認された有産者に対する選挙運動の規制が検討されたのか。それは現在まで続く選挙運動規制と何らかの関連があるのか。こうした観点からの検討を通じて，選挙運動規制を全面的な立法裁量の下に置く選挙のルール論を克服するための課題を析出することが，本稿の主たる目的である。

（6）　ロック（加藤節訳）『完訳　統治二論』（岩波書店，2010）電子版第 5 章参照。

第Ⅳ部 社会保障法・憲法における生存と平等をめぐる課題

Ⅱ　土地所有権と人格の平等

1　近代的土地所有権と納税者主権

　本節での検討課題は，以下の二点である。第一に，戦後農地改革についての「前近代的な日本農村の地主制を改革して自由な諸個人をつくり出し，日本国憲法存立の前提を整える」[7] ものという評価と，明治期における土地制度改革を近代的所有権の確立とみる議論の間にあるずれをめぐる問題である。第二に，地券発行と地租改正により確立されたといわれる明治期の土地私有権の保障は，少なくともジョン・ロックに代表される近代政治思想の観点からみれば，「人間の人格的自由の流出物……として自由を保障された所有権」[8] という理解と結びつくが，実際にはどうであったのかである。ロック流の観点は個々人の人格の特性を問うものではなく，抽象的な個人を前提としての人格の平等を説くものであるが，日本ではどうであったか。

　第二の点をさらに敷衍すると，こうである。すなわち，1889(明治22)年に大日本帝国憲法とともに制定された衆議院議員選挙法6条は，直接国税15円以上を納めている者であることを選挙人要件としていた。当時の税金は地租だけであったから，地券交付と地租改正による土地の分配は主権者という身分の分配でもあったことを意味する。だが，この新制度は土地の私有を認めるものではないという王土論や国土管領大権論が，注5別稿で検討したように，議会開設要求に対する牽制として主張されており，それはとりもなおさず議会主権とそのコロラリーのひとつである納税者主権の要求に対する拒否を意味していた。この点でいえば，地券交付・地租改正は，もっぱら政府の財政基盤確立の観点から行われたものであって，私的土地所有権の法認は人格の平等とは無関係だと論じる余地もある。上記制限選挙制の導入は，明治14年政変により，10年後の国会開設要求を受け入れざるを得なかった結果にすぎないというわけである。この場合，人格の（形式的）平等の帰結であるはずの平等選挙どころか，当時導入が検討されていた選挙運動規制は，逆に一定額以上の納税者の人格の実質を問うものであったとみる余地がある。とすれば，「人格」概念を媒介と

---

(7)　樋口陽一『憲法〔第三版〕』（創文社，2007）256頁。
(8)　これが，ロックの「生命，自由，プロパティ」の三位一体論と密接に関連していることはいうまでもない。なお，前掲注(6)および後掲注(37)とその本文参照。

〔中島　徹〕　　　　　　　　　　　　　　　　　　*25* 政治的自由と人格の平等

しての私的土地所有権と選挙権の連環を問うことにより，今日まで続く選挙運動規制の意味を問い直す契機を見出すことができるのではないか。これが，第二の課題にかかわる問題意識である。

2　農地改革と納税要件

　第一の課題に関していえば，改めて指摘するまでもなく，「前近代」と「近代」は多義的であり，両者を対比させて用いるだけでは単なる相対概念にとどまる。これを社会の実態に即して，例えば農地改革以前の社会関係を「当時の地主・小作関係は本質的に封建的・身分的な関係」[9]とみれば，「日本では，社会一般が資本主義になった後まで，耕作者は農業資本家に雇われる賃労働者とはならず，地主に対して，地代を支払って土地を借りる小作人となり，古い封建時代の特徴がそのまま今日まで続いてきた」[10]として，戦前の日本資本主義を「前近代」的特徴を備えた特殊な性格のものと把握することになるだろう。

　この点，川島武宜は，近代法を「『近代の市民社会の法』，言いかえれば『資本主義社会の法』」という意味で用いると断った上で，我妻栄の『近代法における債権の優越的地位』（有斐閣，1953 年）を批判して，「近代法の構造に焦点をおくなら，『近代的』私所有権制度がそのもっとも基礎的な要素である」と指摘する。そして，この所有権の近代的性格との対比で，「『現実的所有権ないし物権』とも呼ばれるべき gewere の理論によって，……幕藩体制からの遺制たる現実の所有制度ないし物利用制度（たとえば特に入会権）――国家法たる民法とは次元を異にする慣習法（習俗の次元に属する権利秩序）における制度――の特質（すなわち，所有権の『現実性』）を理論的に理解する手がかり」を得ることができるという[11]。

　この引用だけでは難解かもしれないが[12]，ここでは川島がいう「所有権の

(9)　本間正義『現代日本農業の政策過程』（慶應大学出版会，2010）81 頁。
(10)　近藤康男『土地問題の展開』（近藤康男著作集第七巻所収，農山漁村文化協会，1974――原著は 1947 年刊）200 頁。前注の著者とは，執筆時期も立場も大幅に異なるが，認識は共通している。
(11)　川島武宜『所有権法の理論』（岩波書店，1949）416，437 頁。ちなみに，「慣習」に着目する点に限っていえば，注 5 別稿で検討した井上毅の所論との距離は遠くない。
(12)　「いかに近代的……な条文があろうとも，現実の社会関係のうちに，その条文を現実化しこれを支えるところの特殊＝近代的な法意識がないかぎり，その条文は画かれた

561

第Ⅳ部 社会保障法・憲法における生存と平等をめぐる課題

近代的性格」と対比させて，「幕藩体制からの遺制」たる入会権に言及している点を確認すれば足りる。我妻のように土地所有権を自由な商品所有権と捉え，一物一権主義を近代法の原則と把握すれば，その利用関係を債権として論じることになるのは当然である[13]。このように近代的所有権を理解する限り，所有権を制約する入会権その他の利用権は，論理的にはその構成要素となり得ない。これを逆にいえば，土地所有権の近代化とは，土地が自由な商品取引の対象であることを意味するはずである[14]。川島や渡辺らの議論は入会権の研究に道を開くなど，我妻とは異なるスタンスをもつが，近代化＝自由な所有権の確立という命題を前提にする点で大前提は共有していた。土地国有化は進歩的なブルジョワ的要求——その意味で「近代的」——という樋口の指摘[15]は，この「近代化」論に関わる。

土地国有化が「進歩的なブルジョワ的要求」でありうることは，地代論を媒介項としつつ，「国有化」が文字通りの権利の帰属論だけではなく，土地利用

餅にすぎない。わが国では明治このかた近代法典を輸入し立法化したが，近代的規範・法関係が現実にわが国に存在しているか否かは，それとは別問題である」同上 64 頁。言い換えれば，「日本における法制度上の近代的所有権の成立がそのまま近代的土地所有成立を意味するものではないという認識が，……常識である」（甲斐道太郎『土地所有権の近代化』（有斐閣，1967）。

(13) 渡辺洋三「近代的土地所有権の法的構造」社会科学研究 12 巻 1 号（1960 年）61 頁参照。川島は，これを近代法に特有な所有論と位置づけ，それとの対比で現実の所有制度としての入会権研究の視座を確立したのであった。詳しくは，川島・潮見俊隆・渡辺洋三編『入会権の解体 1～3』（岩波書店，1959～1968）参照。

(14) 「地主的土地所有は，その権利の形式において，純粋に自由な近代的土地所有権として構成され」，小作関係も「法形式的には自由な私的契約関係」（以上，傍点原文），すなわち対等な当事者間の自由な賃貸借契約として構成されざるをえなかった。潮見俊隆・渡辺洋三・石村善助・大島太郎・中尾英俊共著『日本の農村』（岩波書店，1957）307 頁（渡辺洋三執筆）。

(15) 「資本制生産様式の下における土地所有は，資本所有・商品所有とその性格を本質的に異にして」おり，「土地『所有』はその『利用』と結合することによってのみ，資本主義的でありうる」（戒能道厚『土地法のパラドックス——イギリス法研究，歴史と展開』日本評論社，2010，437 頁）。したがって，「土地国有化と資本主義の関係は多くの問題を含むが……それが産業資本主義段階ですでに『進歩的なブルジョワ的要求』（レーニン）として提出されていたことを忘れて，土地国有化をただちに社会主義に結びつけることをしてはならない」（樋口陽一「正当な補償——農地買収に対する不服申立事件」憲法判例研究会編『日本の憲法判例』敬文堂，1969，140 頁傍点原文）はずである。ちなみに，王土論を土地公有論と理解すれば，地代という理解は近代的土地所有権論と接続する可能性もある。

562

〔中島　徹〕

権の優位を帰結させる枠組みのひとつとして想定されていることを併せて考えれば，容易に理解できるであろう。それはすなわち，土地賃借権の強化を通じて安定的な資本主義的経営を保障することを意味する。その意味で，前記憲法学説もまた近代化＝資本主義の発展という図式を前提に，普通の資本主義，すなわち土地利用権の優位性を保障する資本主義の確立を「憲法存立の地盤」とみたといえる。その限りでそれは，実質的には近代的土地所有権論と軌を一にする思考に他ならず，「ずれ」はない。

　しかし，戦後農地改革は，小作人の土地利用を権利として保障するために所有権を与える改革であったから，所有権保障が資本主義の桎梏となれば，それを土地利用権保障の観点から制限する論理を近代的土地所有権論は含んでいた。戦後農地改革に関して，樋口をはじめとする憲法学説は，なぜそのような農地改革を「憲法存立の地盤」と捉えたのか。この点は，本稿の直接の課題から逸れるので，別の機会に検討する。

　他方，第二の課題に関していえば，1925 年，前記納税要件を撤廃し 25 歳以上の男子に選挙権を認めたのが日本における「普通」選挙制度の始まりとされる。その際に導入されたのが，それに先立つ制限選挙制下では行われていなかった戸別訪問禁止である。それが創設された際の立法理由は，「戸別訪問ノ如ク情実ニ基キ感情ニ依ツテ当選ヲ左右セムトスルカ如キハ之ヲ議員候補者ノ側ヨリ見ルモ其ノ品位ヲ傷ケ又選挙人ノ側ヨリ見ルモ公事ヲ私情ニ依ツテ行フノ風ヲ訓致スヘク今ニシテ之ヲ矯正スルニ非サレハ選挙ノ公正ハ遂ニ失ハルルニ至ルヘシ」(16)（傍点，筆者）というものであった。選挙地盤維持という政権党側の思惑が伏在していたにせよ(17)，この一文が直接的に説いているのは，愚民観を背景とした道徳的教化の必要性に他ならない。

　しかしながら，戸別訪問は不正行為の温床であるとか，情実や感情に訴える選挙といった「弊害」は，1925 年を契機に突如として予測されたものではなく，

───────────

(16)　内務省「衆議院議員選挙法改正理由書」（中央報徳会，警察協会，1925）206 頁。なお，『日本立法資料全集別巻 845』（信山社，2014）に収められている。

(17)　このような選挙取締規定の導入に積極的であったのは内務省ではなく，憲政会，革新倶楽部，立憲政友会を与党とし，憲政会総裁加藤高明を内閣総理大臣とする護憲三派内閣で，地盤維持が目的であったといわれる。松尾尊兊『普通選挙制度成立史の研究』（岩波書店，1989）308 頁。

第Ⅳ部　社会保障法・憲法における生存と平等をめぐる課題

すでに制限選挙制下でたびたび指摘される問題のひとつであった[18]。地租改正の結果，納税要件を充たした有産階級に属する者といえども有徳の市民とは限らないため，選挙は「政策や指導力への支持を広げていくという形のものになりにくく，選挙民の情に訴えて，当選を嘆願する形のものになりやすかった」[19]ことがその理由とされている。

　その原因の一端は，大日本帝国憲法下の衆議院が，内閣や貴族院，枢密院，それらに対し圧倒的な影響力を持つ官僚，それを統括する天皇の統治大権との対比において権限が小さく，「民主」政治の担い手といえる存在でなかったことにある。実現の見込みが薄い政策を訴えて支持を求めるよりも「暴力的圧力，情実の起用，勧誘・依頼，買収，権力の利用等々の手段に訴える」[20]方が有効であったのである。

　戸別訪問禁止をめぐって違憲論を先導した奥平康弘は，戦前から続く戸別訪問禁止について，「憲法体系の転換，すなわち，一方における国民主権の原理と，他方における基本的人権の保障原則の採用により，新しく吟味再検討されるべきもの」であり，「戦前からの制限制度の生き残りの一つであるという意味で，戦後の制限諸規定の性格を照らし出す鏡でありうる」[21]と指摘していた。しかし，「憲法体系の転換」は，権利主体の側がそれを受け止め，充填できなければ，外皮の転換にとどまる。財産所有と人格の（形式的）平等は，今日の民法学では無用の論点かもしれないが，憲法学において問われているのは，民主主義を支える——実質的——人格ではないのか。それは，いうまでもなく権利論の前提でもある。それを選挙権の（形式的）平等を掘り崩さずに，どのように理論化することができるか。

---

(18)　戸別訪問禁止が腐敗一掃を掲げて衆議院に議案として初めて提出されたのは，1909（明42）年であった（審議未了）。

(19)　杣正夫『日本選挙制度史』（九州大学出版会，1986）53頁。

(20)　同上。

(21)　奥平康弘『表現の自由Ⅲ』（有斐閣，1984）224-5頁（初出は1968）。なお，奥平はこれを「戦前以来の歴史に由来する特殊日本的なもの」（奥平，『なぜ「表現の自由」か』（東京大学出版会，1988）172頁）と性格づけるが，「戦前に……特殊」かどうかという点こそが本稿の関心事のひとつである。

564

〔中島　徹〕　　　　　　　　　　　　　　*25*　政治的自由と人格の平等

3　土地と選挙権

これまでみてきたように，戸別訪問禁止が創設された際の立法理由は，「議
員候補者ノ……品位ヲ傷ケ又選挙人ノ……公事ヲ私情ニ依ツテ行フノ風ヲ訓致
スヘク」[22]（傍点，筆者）というものであった。前述のように，この一文が直接
に説いていたのは，愚民観を背景とした道徳的教化の必要性である。これを，
普通選挙制と治安維持法の抱き合わせと同じく，「選挙市場」に新規参入する
無産階級対策とみるのが，政治学や歴史学のみならず憲法学においても，通説
的な理解であった[23]。

　しかし，戸別訪問の「弊害」は，前述のように，すでに制限選挙制下でたび
たび指摘されていた。1889 年の衆議院議員選挙法制定時こそ，選挙運動の方
法を制限する規制は設けられなかったが，それは，集会条例（のちに集会及政
社法）や保安条例，新聞紙条例等々の治安法制が存在していたからともいえる。
ちなみに，戸別訪問禁止が初めて提案されたのは，1908(明 41)年のことであっ
た。この間，1900(明 33)年に納税要件を 10 円以上に引き下げ，居住要件も 1
年以上同一選挙区の住所を有する者と緩和する法改正がなされて，有権者は当
時の人口約 4400 万人の約 2.2% にあたる約 89 万人に増えた。続く 1919(大 8)
年の改正では税額を 3 円以上に，また納税期間も 1 年とされ，居住要件も 6 か
月に短縮された結果，有権者数約 300 万人（総人口約 5600 万人の 5% 超）へと
増大し，1925 年の普通選挙法制定と同時に戸別訪問禁止が制度化される。一
見すると，無産階級対策という上記通説的理解に沿う展開である。本稿もまた，
その点を否定するものではない。だが，まだ地主が主たる選挙権者であった
1908 年から有権者が飛躍的に増えた—といっても人口の 5% 超——1919 年の間，
繰り返された議員提案にもかかわらず，なぜ戸別訪問禁止の制度化は帝国議会
において阻止されたのか。そこでは，戸別訪問禁止をめぐって前記通説的理解
とは異なる議論もなされていた。次に，この点を検討する。

Ⅲ　戸別訪問禁止と人格・権利・制度

1　戸別訪問禁止の立法理由

戸別訪問禁止を制度化すべきことを初めて帝国議会に提案したのは，衆議院

---

(22)　前掲注(16)およびその本文参照。

(23)　前掲注(17) 327 頁以下参照。

第Ⅳ部　社会保障法・憲法における生存と平等をめぐる課題

議員高橋安爾が提出した選挙取締法案であったとされる。しかし審議中に撤回され，それとほぼ同内容の「選擧ニ關シ公會ノ演説若クハ文書以外ノ方法ヲ以テ選擧人ヲ勸誘シタルモノ」を処罰対象とする案が，1908(明41)年第24回帝国議会衆議院委員会に衆議院議員選挙法の改正案として提出された。その審議状況は，帝国議会委員会議事録[24]で確認することができる。それによれば，提案理由は「選擧界ノ腐敗防止」で，具体的には「物品贈與，或ハ用水小作人若クハ債權ナド，……投票ヲ得ルガタメ授受スルト云フコトガ誠ニ宜シクナイ」ので，法改正をしなければ「選擧場裡ノ腐敗ヲ防遏ヅルコトガ出來ナイ」という認識に基づいていた。

　これに対しては，「果シテ此公開ノ演説ト文書ノミヲ以テ，能ク法定ノ得票ヲ得ラレルコトガ出來マセウカ……餘程ノ名望家ノ御方ハ，是等ノ方法ヲ用井ヌデモ優ニ御當選ニナルノデアルケレドモ，多クハ府縣ニ於テハ，ナカゝ此公開演説若クハ文書ドコロデハナイ，非常ナ方法ヲ用井テ必死ノ働キヲ爲サレテモ，ナカゝ思フヤウナ票數ヲ得ナイ人ガ澤山アリマス，蓋シ此日本ハ憲法政治以來投票ト云フコトニ付テハ，マダ深ク精神ヲ入レナイト云フ傾ガアリマシテ，多クノ場合ニ於テ權利ノ抛棄ヲ爲スノデアル……選擧ノ方法ニ付テ制限ヲナサルト云フコトハ，畢竟無用デナイカ」「公開ノ演説若クハ文書以外ノ方法ハ出來ナイト云フコトニナルト，其取締ハ頗ル嚴重デ，候補者ハ始ド手モ足モ出ナイヤウナ有樣ニナッテ來ルカラ，後デ後悔スルヤウニナリハシマイカ，私ノ方デハ遣ルダケノコトハヤル，サウナッタラ是ハ困ッタト云フテモ仕方ガナイ，サウシテ犯罪ガ却テ殖エルヤウニナッテ弊害ガアリマセヌカト思フ」(4-5頁)と，政府委員で内務省警保局長の古賀籈造が反論するなど，議員からの提案に対して政府側が全面的に反対するという構図の下で，最終的には委員会で否決されたのであった。

　その次に戸別訪問禁止が帝国議会衆議院で提案されたのは，7年後の1915(大4)年で──この時点で選挙資格要件は緩和されていない──，しかもその内容は，第24回帝国議会衆議院委員会に提出されたものとほぼ同一であった[25]。

---

(24)　Teikokugikai-i.ndl.go.jp/SENTAKU/syugiin/024/3357/main.html（最終閲覧2019年1月19日）。高橋安爾の名前もそこに登場する。なお，本文中の引用もこれによる。

(25)　85条の5「議員候補者，選擧候補者，選擧事務代理者及選擧運動者ハ公開ノ演説又ハ文書ニ依ルノ外選擧人ヲ勸誘スルコトヲ得ズ」。

566

〔中島　徹〕　　　　　　　　　　　　　　*25* 政治的自由と人格の平等

提案者の森田小六郎によれば，改正の提案理由は以前と同様，「選擧界ノ腐敗ヲ改ムル」ためだが，一般論として「現行選擧法ガ不備寛大」で「刑罰ハ寛大ニ過ギ其適用ニモ兎角粗漏ニ流レテ居ル，……其結果選擧人ヲシテ倍〻選擧違反ヲ逞シウスルト云フ傾キヲ助長シテ行ク」また，戸別訪問禁止に関しては「自由自在ニ有權者ノ各戸ヲ訪問シテ，直接ニ勸誘スルコト……ヲ自由ニ放任シテ置クト云フト，種々ノ弊害ガ生ズル……甚シキニ至ッテは婦人──候補者ノ母親，妻（拍手起ル）若シクハ娘等ヲ使ッテ（「宜イデヤナイカ」ト呼フ者アリ）立憲的政治家トシテ甚ダ公明ヲ缺ク運動ヲ生ズル者ガ自然ニ起コル……人情ノ弱點ヲ衝キ，其人ノ感情ヲ動カシテ，一票ヲ取ル……コトヲ禁止スルニアラザレバ，選擧ノ神聖ト公平ヲ保チ得ナイ」として，警察の取り締まりの強化と厳罰化を強調していた。これに対しては，「斯ノ如ク峻嚴ナル制限ヲ加ヘナケレバナラヌト云フ根本ノ理由ハ分カラナイ」[(26)]（廣岡宇一郎）として警察権限の拡大と厳罰化が批判され，結局，同案は委員会付託となり審議未了で廃案となった。

　ちなみに，森田は前（大3）年3月12日の第31帝国議会第3回衆議院議員選挙法中改正法律案等委員会で，「從來ノ直接國税特ニ地租十五圓以上納メル者ハ有權者デアッタモノヲ拡張シテ，單ニ直接國税十圓ト現行法通リニシマシタガ，其結果ヲ見マスルト非常ニ成績ガ宜シクナイノデアリマス，急激ニ無智ナル有權者ニ向ッテ──納税者ニ向ッテ選擧権ヲ與ヘタ結果，……十分ニ政治上ノ智識ヲ有ッ居ラナイ者ニ對シテ急激ニ拡張シタ爲ニ，選擧権ヲ尊重スルト云フ考ガ一般ノ有権者ノ頭ニ泌込ンデ居ラナイ，……今後五十年六十年ノ後ニハ私ハ若シ國民ノ智識ガ進ンデ來タナラバ，普通選擧ヲ実施シテモ差支ナイ……現状ニ於テハ現行法ノ納税資格ヲ以テ満足スルヨリ仕方ガナイ……選擧違反ト云フ犯罪ハ非常ニ重大ナル忌ムベキ犯罪デアルト云フ観念ヲ有権者ノ頭ニ打込ム爲ニ，特ニ罰則ヲ厳重ニスル，……選擧ノ取締ニ付テハ，イロ〻候補者ニ對スル制限，運動者ニ對スル制限，選擧事務所ニ對スル制限」[(27)]の必要性を説いていたが，これは人口約4400万人のうちの約2.2%が有権者であった時

---

(26)　以上，1915(大4)年5月30日衆議院本会議（原文通りだが，検索結果一覧では5月29日と表示されている）。「帝国議会会議録検索システム」（teikokugikai-i.ndl.go.jp）で第36回議会（No.19）の画像を表示すれば確認できるが，当該頁にURLは表示されない。

(27)　同上第31回帝国議会衆議院（No.14）。

第Ⅳ部 社会保障法・憲法における生存と平等をめぐる課題

期の主張であることに注目しておきたい。

これと前後（1914(大3) から1917(大6)年）して，政府は内務大臣下に選挙法改正調査会を設け，内務省議決定案として「選擧運動ハ戸々ニ就キ又ハ公開セサル集會ニ於テ之ヲ爲スコトヲ得ス」(85条の5) と戸別訪問禁止規定を提案した[28]。前述の第24回帝国議会における選挙法改正案審議において警保局長の古賀が展開した反対論と比べると，内務省は立場を180度転換したことになる。これはなぜなのか。ちなみに，この時の提案理由は，これまでと同様，選挙界の腐敗，情実による選挙の不公正，議員の品位を汚す，というものであった。これに対し反対論の論拠としては，禁止によって予期せざる政治的社会的影響が生じる可能性があること，戸別訪問自体は非難されるべきものではないこと，戸別訪問は予想より少ないこと，取り締まりの厳しい英国でも行っていないこと，が指摘されている[29]。その後，紆余曲折を経て，1925年に普通選挙法と同時に戸別訪問禁止が「(1)何人ト雖投票ヲ得若ハ得シメ又ハ得シメサルノ目的ヲ以テ戸別訪問ヲ爲スコトヲ得ス　(2)何人ト雖前項ノ目的ヲ以テ連續シテ個々ノ選擧人ニ面接シ又ハ電話ニ依リ選擧運動ヲ爲スコトオヲ得ス」(衆議院議員選挙法98条) と制度化されたのであった。

---

(28)　衆議院議員選挙法調査会『選擧運動方法ノ取締ニ關スル調査資料』dl.ndl.go.jp/info:ndljp/pid/1906554（最終閲覧日2019年1月19日）38頁。

(29)　原文（一部省略）は，以下の通りである。必要論は，「一，戸別訪問ハ投票賣売ヲ容易ナラシメ從テ選擧界ヲ腐敗セシメル主要ノ原因ナリ，二，戸別訪問ハ選擧人ニ直接シテ投票ヲ勸誘スルモノナルヲ以テ情實ヲ釀成シ從テ選擧ノ自由公正ヲ害ス，三，戸別訪問ハ議員ノ品位ヲ毀損ス」，反対論は「一，戸別訪問ヲ禁止シ從テ選擧運動ヲ言論又ハ文書ニ限ルトキハ政治上社會上ニ思ハサル影響ヲ來タシ人心ヲ矯激ナラシムル惧アリ」「二，……戸別訪問自體ハ決シテ非難スヘキモノニ非ス而シテ之ニ伴フヲ生スル腐敗ニツイテハ或ハ選擧運動者ノ違法行爲ノ責任ヲ……議員候補者ニ及ボスコトニヨリテ取締リ得ヘク戸別訪問ハ現今今選擧人ノ智識ノ程度等ニ考ヘ止ムヲ得サルモノナリ之ニ伴ウテ生スル腐敗行爲ヲ惧レ之ヲ禁セントスルハ所謂角ヲ矯メテ牛ヲ殺スノ類ナリ」，「三，……投票賣買ハ戸別訪問ニ依リテ行ハルルコトハ多少ノ例外ヲ除キ事實上机上ニ於テ豫想スル程多キモノニアラス多クハ地方ニ於ケル有力者即チ選擧運動者ノ仲介的行動ニアルモノナリ從テ單ニ戸別訪問ヲ禁スル等選擧運動ノ方法ニ制限ヲ加フルモ投票賣買收ハ絶滅セシムルヲ得サルモノナリ」，「四，取締ノ極メテ嚴重ナル英国ニ於テスラ運動方法ニ付キ何等制限ヲ設ケス以テ鑑戒トナスベシ」と報告書は整理している。同84頁。

568

2 「選挙の公正」と立法裁量

　議事録に登場した発言をどこまで真剣に受け止めるべきかという問題はあるが，本稿は立法事実の確定を目的とするものではないので，戸別訪問禁止をめぐり，当時いかなる議論が行われていたか，そこに含まれる——意識的か無意識かはともかく——意味を歴史的文脈の下で検討してみる価値はあるだろう。まず，上記意見の特徴をランダムに整理してみる。第一に，表現の自由が「法律ノ範囲内」で保障されるにすぎなかった大日本帝国憲法下の法制であるから，そこに憲法上の権利侵害という指摘が登場しないことは当然である。第二に，戸別訪問禁止は議員提案によるもので，当初，政府（内務省）は立法化に消極的であったことである。第三に，第二の点と関わるが，成立までには1908年から1925年に至る17年の歳月がかかっていることである。第一の点に関しては，では，なぜ反対論がそれなりに力をもって実際に立法化を阻止できたのか，その論拠はいかなるものであったのか。第四は，なぜ議員提案であったのか，内務省はそれに対してなぜ抵抗したのか，である。最後に，内務省はなぜ“変節”したのか。

　戸別訪問禁止の主たる理由は，「腐敗防止」であった。今日のわれわれは，「腐敗」という言葉を普通選挙制下の愚民観と暗黙のうちに結び付けて，腐敗しているのは選挙民であると通常考える。しかし，1908年はいまだ制限選挙制下で，納税要件の緩和により有権者数は若干増えていたとはいえ，前述のように依然として人口の2.2%にとどまり，納税額からしても決して無産者ではない。もちろん，有産者であっても買収等の「腐敗」と全く無縁というわけではないだろうが，想定された「腐敗」は，この時点では議員の側にもあった。その点は，前記引用の第24回帝国議会衆議院委員会での古賀発言における，名望家であればともかく，そうでない者は非常な努力をしなければ法定得票数に達しないのに，このような制限を設ければ，むしろ棄権を増加させるとの指摘に示されている。

　それにもかかわらず，政府側ではなく議員側から戸別訪問禁止が提案されたのは，「法の制限なきに乗して数千の運動者を有し，数百の事務所及休憩所を設けたるの例に乏しからず，……従つて其の費用も頗る多額に上がり一人にして少きも数萬，多きは十数萬乃至数十萬の巨費を投したるか如き例も亦決してまれならず」，「所謂戸別訪問なるものは連日連夜競つて行われ，候補者たるの

第Ⅳ部 社会保障法・憲法における生存と平等をめぐる課題

品位を損傷するを意に介させるのみならす，其の最も甚しきに至りては妻妾子弟を犠牲として更に顧みる所なく，専ら情実に基く投票を哀訴嘆願するの醜態を敢てせり」[30]という議員側の事情にも原因があった。議員提案による戸別訪問禁止は，こうした苦痛と費用のかかる——この時期にすでに選挙公営論が唱えられ，結局1934年に実現する——選挙運動からの解放と同時に，古賀の指摘にみられるように結果として棄権を助長させ，議会構成の逆転を阻むという議員側の思惑が絡んでいた面がある。

これと同様の視点は，前記第31回帝国議会委員会（注27の本文参照）における，国民の知識が進めば普選を実施してもよいが，それまでは現状の納税要件を維持し，戸別訪問を厳格に禁止すべきだという森田発言にも見出すことができる。つまり，戸別訪問禁止と国民意識の深化の因果関係は極めて疑わしいにもかかわらず，それを理由に選挙に関する事項を現議員の胸先三寸にゆだねる議論を展開しているわけである。こうした議論が，今日でも選挙のルールは広範な立法裁量にゆだねられる[31]という一見もっともらしい説明によって維持されていることは周知の通りだが，選挙に関する立法裁量論が議会の現勢力維持の論理に容易に転化することを考えれば，この説明が論外であることは詳説の必要がないだろう。

3 人格と選挙権

もっとも，前記引用文中，本稿主題との関係で注目すべきは，内務省警保局長の古賀と衆議院議員森田の議論の背後に透けて見える視点である。古賀は，前記第24回帝国議会委員会において，戸別訪問に選挙人の意識を高める契機を見出し，それが禁止されれば，むしろ投票の棄権を誘発すると論じて，その

---

(30) 芳谷武雄『普選の取締と罰則』（帝國地方行政學會，1925）4-5頁。

(31) 選挙運動は「あらゆる言論が必要最小限度の制約のもとに自由に競い合う場ではなく，各候補者は選挙の公正を確保するために定められたルールに従って運動するものと考えるべきである……このルールの内容をどのようなものにするかについては立法裁量にゆだねられている範囲が広」いという伊藤正己裁判官の補足意見（最三小判1981(昭56)・7・21刑集35巻5号568頁）参照。なお，最三小判1982(昭57)年3月23日刑集35巻3号339頁ならびに最三小判1984(昭59)年2月21日刑集38巻3号387頁では裁量的性格がさらに強調されて，広範な立法裁量が肯定されている。ゲームのルール＝広範な立法裁量論について，表現の自由の観点からの批判がすれ違いに終わる可能性があることは，前掲注(5)別稿冒頭で指摘した。

〔中島 徹〕　　　　　　　　　　　　　　　**25** 政治的自由と人格の平等

意識を改革していくためには，厳格な取締と厳罰主義は適切とはいえず，また実現困難[32]でもあると指摘していた。戸別訪問に弊害が伴う場合があることを認めつつも，なおそれを上回る啓蒙——「投票ニ……深ク精神ヲ入レ」——の可能性を説いていたのである。もちろん，これには当時の選挙人が有産階級であるという制度的・歴史的背景があった。そこには，選挙人が「深化」しても，体制が覆ることはないという自信も含まれていたはずである。このような限定的な条件の下とはいえ，とにもかくにも政府（内務省）が戸別訪問禁止に反対し，制度化は阻止されていた。

とはいえ，前述のように有産者が常に有徳の市民であるとは限らない。そのため，選挙は「選挙民の情に訴えて，当選を嘆願する形のものになりやすかった」ことも腐敗の原因であったことは前述の通りである[33]。

森田は——古賀への応答としてではないが——1914(大3)年の第31回帝国議会衆議院委員会で，1900年の納税要件の変更（直接国税10円）により無知で情実に流される選挙人が増えたことを嘆き，こうした状況が改善されない限り，普通選挙制度は実現できないと指摘した。逆にいえば，森田が選挙人に期待したのは，議事録に現れた限りでは，情実に流されずに政策判断ができる知性を有する者であった。しかし，それは当時の状況下では過大な要求と森田は見て，50-60年後まで普通選挙制度は実現できず，それまで戸別訪問は禁止されるべきだと論じたのである。もっとも，実際には普通選挙制の導入が目前に迫っていた。

ひるがえって，古賀もまた有産者に——古賀が無産者をどう見ていたかは定かではない——「深ク精神ヲ入レ」る選挙人であることを期待する点では，森田にひけをとらなかった。両者が袂を分かつのは，戸別訪問の容認と禁止のいずれがこれを実現する道筋かについてである。内務省は森田とほぼ同時期に戸別訪問禁止へと立場を転じるが，それは1925年の普通選挙法施行をにらんでの無産者対策を意図したものであり，古賀とは前提が異なる。古賀が当時の社会状況の下で有産者に期待した「深化」は，その成果を見届ける間もなく，戸

---

(32)　「元來煩瑣な取締規定はその励行がきはめて困難であり，容易に實効を擧げ得ぬ」宮澤俊義『選擧法要理』（一元社，1940）219頁。こちらが，古賀の本音かもしれない点はさておく。

(33)　前掲注(19)本文参照。

571

第Ⅳ部 社会保障法・憲法における生存と平等をめぐる課題

別訪問禁止が制度化された。それは，数のうえでは容易に多数派を形成する可能性を持つ無産者から，どのように既存の議会構成を守るかを課題とするものであったことはいうまでもない。そして，ここにこそ以下で検討する政治的自由を支える制度構想が必要であることの理由がある。戸別訪問禁止は，皮肉にも森田の予測をはるかに超えて今年（2019年）で94年目となるが，その間に選挙人は「深化」し，棄権は減少したといえるか。あるいは，選挙人の知性に変化がないので，──たとえば，情実に訴える投票は今日でもしばしば目にする──禁止が継続されてきたのか。そもそもこれは，「よき統治」の名に値する制度なのか。奥平は，これを「よき統治」とはいえないと考えて，憲法が保障する表現の自由を掲げて対峙したが，それが制度改正──戸別訪問の解禁──を促すことはなかった。

Ⅳ 政治的自由を支える制度の構想

1 公務と人格

古賀と森田が想定した理性的に投票する選挙人という像は，表現の仕方や情実の排除など細部に異論はあるとしても(34)，実は奥平のみならず，多くの日本国憲法研究者も共有するものではないだろうか。もとより，古賀と森田の議論は大日本帝国憲法下のもので，基本認識として投票は文字通りの「公務」であるから，日本国憲法における選挙権と同列に論じることはできない。しかし，同じく公務といっても，古賀は，「公務」だからこそ選挙人を陶冶する必要性を感じ，戸別訪問はその一助になると考えていた。これに対し森田は，知性を欠いた投票人は公務遂行能力を欠き，腐敗堕落する存在であると捉え，戸別訪問禁止や制限選挙制の存続を唱えていたから，「公務」性からの推論は真逆である。この限りでいえば，投票＝公務という定式には投票の公共性──たとえそれが「国民が『翼賛』の義務として参加してゆくという天皇制統治観」(35)を背景にしているにせよ──と臣民の義務という次元の異なる側面が併存しており，後者にだけ着目して公務説を天皇制絶対主義の産物として全面否定する(36)

---

(34) 選挙過程における情実は，排除されるべき悪というモラリズムが透けて見えるが，そうであるかどうかは検討の余地がある。名前を連呼するだけの今日の選挙活動も，見方によっては情実に訴えているだけであろう。

(35) 斎藤鳩彦『選挙運動抑圧法制の思想と構造』（日本評論社，1975）17頁。

(36) 同上14-16頁。

〔中島 徹〕 *25 政治的自由と人格の平等*

ことが適切な分析といえるかどうかには，疑問の余地がある。

誤解を恐れずにいえば，選挙の公共性を強調する奥平の視点は，実のところ，古賀のそれと通じる面がある。もちろん，奥平の選挙権論は，日本国憲法のもとで権利であることを自明の前提とし，かつ有産者限定の制限選挙制を念頭においているわけでもない。その意味で，古賀との類似はあくまで表面的なものにとどまる。それに加えて，奥平の場合，選挙人を陶冶するという視点は――おそらく――存在せず，理性的に投票する選挙人の存在が前提とされている。だが，ありふれた問いであることを承知でいえば，果たしてそのような選挙人は普く存在するか。あるいは，ここで語られているのが，事実としての存在ではなく，憲法が想定するフィクションないし願望であれば，それとしては了解可能だが，そうであれば，それをどのように実在のものとするかの制度構想が不可欠である。それに加えて，そもそも「公共性」の担い手――たとえば，理性的に投票する選挙人――とはどのような存在であるのか。言い換えれば，そうした「公共性」を担う選挙人の条件は何か。その具体的検討は今後の研究課題とせざるをえないが，以下にラフ・スケッチを試みる。

2 「人権としての財産権論」のアポリア

奥平はロックらの議論を念頭におきつつ，「自らの額に汗してはたらいて得た果実」への権利＝財産権を「人間の生存・人間の尊厳・人間の自由と不可分一体のもの」と位置づけた[37]。労働力を財産と位置づけることで，土地その他の資産を保有しない者をも有産者に仕立てる可能性を含むこの論理は，成人男子普通選挙制への道を開く道具立てのひとつでもあった[38]。もちろん日本国憲法の下では，男女普通平等選挙が保障されており，財産要件は選挙権と何の関係もないから，財産権は個人の生命の再生産という意味において，もっぱ

---

(37) 奥平康弘『憲法Ⅲ 憲法が保障する権利』（有斐閣，1993）230 頁。

(38) 成年男子普通選挙権を主張していた平等派（レベラーズ）は，使用人は当然に選挙権から除外されると論じていたが，その意味は，ロックが私の使用人の労働は私の労働である考えていたことと照らし合わせると理解できる。Arthur S. P. Woodhouse, Puritanism and liberty: being the Army debates (1647-9) from the Clarke manuscripts with the supplementary documents (I.M. Dent, 1951) p.53. ロック・前掲注(6)第5章参照。See also, C. B. Macpherson, The Political Theory of Possessive Individualism Hobbes to Locke with a New Introduction by Frank Cunningham, v & ch.3 & ch.5.

第Ⅳ部 社会保障法・憲法における生存と平等をめぐる課題

ら個人主義的に理解すれば足りると考える余地もある。仮に上記奥平の財産権論をそのようなものと理解する場合，一見するとそれは，奥平が理論的に関心を寄せていたロールズの正義論で展開されている「財産私有型民主制」よりは，個人主義的という面だけでいえば，ノージック[39]のそれに近いようにも思える。

ちなみに，ロールズの財産私有型民主論は，市民相互が自由で平等な人格であるとみなし，そうした存在であり続けることを保障するための制度――奥平のいう制度論――である点に特徴がある。少々長くなるが，以下，そのエッセンスを引用する。

「財産私有型民主制の背景的諸制度は，富と資本の所有を分散させ，そうすることで，社会の小さな部分が経済を支配したり，また間接的に政治生活までも支配してしまうのを防ぐように働く。対照的に，福祉国家型資本主義は，小さな階層が生産手段をほぼ独占するのを許容する。……福祉国家型資本主義においては……背景的正義（background justice――注：正義に適った基本構造の一つ）が欠けており，所得や富における不平等があると，その構成員の多くが慢性的に福祉に依存するような，挫折し意気消沈した下層階級が育つかもしれない。この下層階級は，放ったらかしにされていると感じ，公共的政治文化に参加しない。他方，財産私有型民主制では，自由で平等な者とみなされた市民間の公正な協働システムとしての社会という観念を基本的諸制度において実現することが目標なのである。これを行うためには，基本的諸制度は，最初から，市民たちが平等の足場で十分に協働する社会構成員であるために十分な生産手段を広く市民たちに握らせなければならないのであり，少数の人々だけのものにしてしまってはならない」[40]。

奥平の「個人主義」的財産権論は，少なくとも表面的にはこうした視点を持たない。むしろそれは，ノージックのそれと同様，財産権を自由な個人の基礎と考え，個人の尊厳を侵害しないように保障することに主眼がおかれているよ

---

(39) ロバート・ノージック（島津格訳）『アナーキー・国家・ユートピア 国家の正当性とその限界』（木鐸社，1995）。もとより，奥平はノージックと異なり資本主義の道徳的正当性を認めないから，トータルでは全く異なる財産権論である。

(40) ジョン・ロールズ（エリン・ケリー編，田中成明，亀本洋，平井亮輔訳）『公正としての正義再説』（岩波書店，2004）247-249頁。

〔中島 徹〕 *25 政治的自由と人格の平等*

うに思える。実際，奥平は生存権に関する説明で「現代においてもなお，近代初期の考え方──各人の自主決定による生活決定・自力による生活経営を中枢に置く思想傾向──及びそれにもとづく処理様式（制度づくり）は依然として有効である……（が），現代にあっては，それがもたらした実質的具体的な不平等（配分的な平等の無視・等閑視）を是正することがひとびとによって要請され，また社会にとっても必要になった」[41]と指摘して，ロールズのいう福祉国家的資本主義に近い説明をしている。もちろんこれは，教科書における実定憲法制度の説明であって，それはロールズのような正義の基本構造を明らかにする場ではないから，「こうした視点」を求めるのはないものねだりではあろう。

だが，ロールズは「生まれつき恵まれた立場に置かれた人々は誰であれ，運悪く力負けした人々の状況を改善するという条件に基づいてのみ，自分たちの幸運から利益を得ることが許される」[42]と説き，生来の才能や運の分布は恣意的であるから，個人の才能や努力の成果である私有財産は，財産私有型民主制のもとに管理され，再分配の対象となりうると論じる。こうした制度論，あえていえば公共性論を，奥平の個人主義は許容するだろうか。その点を検証する鍵のひとつは，ロールズの人格論にある。

V 小括──政治領域における「市民」

1 「市民」の人格

一般論としていえば，人格は権利や義務，あるいは責任等の主体であることを意味するが，いまここでそもそも「人格」とは何か，それを問うことがなぜ重要あるいは重要でないのか[43]について論じる用意はない。ロールズの正義構想における人格に関していえば，検討の対象となりうる人格は，①原初状態の「当事者」，②政治領域の「市民」，③背景的文化の「人々」である。周知の

---

(41) 前掲注(37)241頁。

(42) ジョン・ロールズ（川本隆・福間聡・神島裕子訳）『正義論 改訂版』（紀伊国屋書店，2010）137頁。

(43) Derek Parfit, On "the Importance of Self Identity", 66 The Journal of Philosophy (1971) pp.683-690. パーフィットは，人格の還元主義の立場から，ロールズの平等論を批判している。デレク・パーフィット（森村進訳）『理由と人格』（勁草書房，1998）339-341頁。

第Ⅳ部 社会保障法・憲法における生存と平等をめぐる課題

ように，①に関してはサンデルが「負荷なき自我」として批判したが[44]，原初状態は元来が思考実験で，「当事者」もそのための抽象的存在であり，それをもって現実との接点を持たない等々と批判しても議論はすれ違いに終わる。のみならず，抽象的存在の「人格」を問うことにも意味はない。他方，③に関しては，もともと正義の基本構造を構想することを目的とするロールズにとって，各自が属する社会において善を追及する人々の人格を自らの構想の基底に据えることはあり得ない。したがって，ここでは政治的リベラリズム以降の後期ロールズにおける②の政治領域における「市民」を検討対象とすべきことになる。

　ロールズ（に限らずリベラリズム）は，時に少数者の犠牲を厭わず効用の最大化を図る功利主義を，「諸個人の間の差異を真剣に受け止めていない」[45]と批判する。ロールズは，「功利主義は個人主義的な思想だと考えられており，実際そうした解釈を下すには十分な理由がある。……しかしながら，功利主義は――少なくとも無理のない熟考・反照を経て……たどり着いた思想としては――決して個人主義的ではない」[46]と述べて，人格の別個性や独自性を強調した。効用という属性に着目する功利主義は，私の効用でも他人の効用でも，効用は効用であるから，人格を効用という属性に置き換えてしまい，人格の別個性を無視しているというのである。これを逆にいえば，ロールズは個人主義の観点から[47]功利主義批判を行っているはずである。

　では，ロールズの想定する政治領域における，（個人としての）「市民」とはいかなる存在か。後期ロールズの政治的リベラリズムの主題は，いうまでもなく社会の基本構造についてであり，そこにおける人格の探求も政治的な視点に限定されている[48]。それを前提にロールズは，「人格の構想は，民主社会の公共的政治文化，その基本的な政治的文書（憲法や人権宣言），並びにこれらの文

---

(44)　Michael J. Sandel, The Procedural Republic and the Unencumbered Self, 12 Political Theory 1 (1984) pp.81-96.

(45)　前掲注(40)39頁。

(46)　同42頁。

(47)　「自尊を有していなければ，行う価値があると思われるものは何もなくなる」（傍点中島）同578頁。See also, Michael A. Mosher, Boundary Revisions. 39 Political Studies (1991).

(48)　John Rawls, Political Liberalism Columbia U. Pr., 1993) ch.11.5.

書の解釈の歴史的伝統において，市民というものがどのように見なされているかということから作り上げられる」[49]と述べ，「われわれは社会を公正な協働システムとみなすから，平等の基礎は，われわれが社会の共同生活に十分に貢献できるようにするのに必要な最小限の道徳的そのほかの能力を持っていること」，すなわち「市民」とは，公正な協働システムに十分に貢献できる最小限の道徳的能力を持つ自由かつ平等な者ということになる。以上の要約からもわかるように，ロールズはこのような人格の実在を説いているのではなく，政治的リベラリズムの視点から「構成」[50]しているのである[51]。それゆえ，抽象的人格であるとか実在しない人格だとの批判[52]は，その通りであるとしても，的外れということになる。

2　選挙の公正と選挙活動の自由

　奥平が選挙の公共性に着目して，選挙権の「公務性」を説いたのも，ロールズと視点は同じであろう。しかしだからこそ，ロールズの財産私有型民主制のような制度的構想なしには，最小限の道徳的能力を維持することができず，結局は公共的政治文化を支えることができなくなってしまうのではないか。奥平が，戸別訪問禁止に対して表現の自由を掲げて対峙したことは，依拠する憲法条文としては全面的に正しいとしても，奥平流の（純粋？）個人主義的観点からでは，現に「最小限の道徳的能力」を有している市民の権利行使しか期待できない。それと同様に，男女普通選挙制度の下では，「最小限の道徳的能力」を欠いていても選挙権を奪うことはできないが，公共的政治文化からの脱落＝棄権を回避することはできない[53]。94 年続く戸別訪問禁止は，その意味で森

---

(49)　前掲注(40)33 頁。

(50)　Mehr Dan-Cohen, Responsibility and the Boundaries of the Self, 105 Harv. L. R. (1992) p.965.

(51)　Supra note (48), ch.30.

(52)　Thomas Nagel の The View from Nowhere(Oxford U. Pr., 1986) というタイトルが示すのは，近代的思考が視点の定かでない抽象的思考をしていることを批判するもので，実際の思考は共同体や言語等々に拘束されていることを説く。ロールズは，これに対して政治的「市民」という自らの立脚点を示して，Nowhere という批判に応えた。See also, Bernard Williams, Moral Luck (Cambridge U. Pr., 1981) ch.12.4.

(53)　ロールズは，教育についてしばしば言及しているが，日本では，子供の貧困と教育の格差是正という具体的な問題として論じることができるはずである。

第Ⅳ部 社会保障法・憲法における生存と平等をめぐる課題

田の目論見通りに機能しているのである。

「選挙の公正」は，この点にかかわる。18歳選挙権導入を受けて，文科省は旧文部省が1969年以来禁止してきた[54]高校生の校外での政治活動を原則として容認したが，同時にデモや集会への参加等について学校への事前届け出制の導入を認め各校の判断にゆだねた。その結果，愛媛県などでは校則で届け出を義務付けているが，これに対しては，事実上の許可制であるなどの多くの批判が寄せられている。投票を認めながら，政治活動を管理するというのは背理であるから，批判は当然であろう。

これもまた伊藤正巳のいうゲームのルールとして正当化できるだろうか？仮にそうであれば，それにより，権利主体となろうとする者は，立憲主義の法システムの期待する行為を行う意思と能力を有していることの一般的証明をなす機会を奪われることになる。それは，とりもなおさず，個人の権利保障（と権力分立）を基軸とする（近代）立憲主義に反することを意味する。そして，このことは戸別訪問禁止についても当てはまるはずである。

伊藤は，「わが国の現状」，「わが国における選挙人の通常の意識」，「わが国の国民の政治意識」等々を「戸別訪問を一律に禁止する」根拠とすることはできないとしながら，ゲームのルールは立法裁量事項と論じることで，いったんは排除したはずの「わが国における選挙の実態」[55]を戸別訪問禁止の根拠に再び取り込み，一般的証明の機会を奪うことを結果として正当化する。

これを，上述の意味において立憲主義に反すると批判することはたやすい。しかし，選挙が公正に行われなければ，個人の意思を国政に適切に反映させることができず，人権保障が不確実なものになるという点で，「選挙の公正」は民主主義のみならず立憲主義の要請でもある。その限りで，「選挙の公正」は日本国憲法上の要請に他ならない。

奥平が「選挙運動としての表現活動は，主権者としての権利行使であるとともに，表現の自由という名の自由権の行使」（傍点，筆者）[56]と論じて伊藤の立

---

(54)　文部省初等中等教育局長「高等学校における政治的教養と政治活動について」（1969年10月31日通知）。

(55)　以上は，いずれも前掲注(4)引用の1981年判決補足意見からの引用である。

(56)　前掲注(21)226頁。奥平は伊藤と異なり，そもそも選挙権と選挙運動を別物とみている。

法裁量論——それは「(多数決)民主主義」の帰結ともいえる——を徹底的に批判したのは，それが「選挙の公正」を選挙「市場」への参入ルールとしか捉えず，いかなる資格で「市場」に参入するのか，参入の可否が適正な手続の下で判定されるか否か，そしてその判定には表現の自由の保障が不可欠であると考えたからである。これは，これまで日本の憲法学が培ってきた立憲主義理解と整合的な主張ではある。

しかしながら，競争の公正という用語に象徴される「市場」のメタファーは，両刃の剣である。今日では精神的自由，経済的自由いずれの領域でも「自由市場」が虚構であることは，いわば常識に属する。市場の自由の実質化には，一方で政府規制の必要性が説かれ，他方，政府介入こそが諸悪の根源だからと自由の徹底こそが必要だと主張される。

個人の自由を強調する立憲主義の立場は，原理的には後者を支持するはずだが，それを精神的自由と経済的自由の双方において貫徹すれば，文字通りのレッセフェール立憲主義[57]となる。これに対し Civic Libertarian とでもいうべき奥平は，精神的自由の領域では文字通りそのような立場だが，経済的自由の領域ではレッセフェールを民主主義の観点から是正することを認めている[58]。ここでは，近時流行語と化した立憲主義が，一体いかなる意味で用いられているのかという定位問題が問われてもいるのである。

くり返しになるが，選挙が公正に行われるべきことは，一般的な命題としては当然である。だが，それを実現するために，「民衆の意見を，理性と正義の範囲にとどめおき，また，民衆の世論を，民主政治の弱い側面を攻めたてる種々の腐敗的な影響力から守るため」[59]に，選挙制度の中に防波堤を設けるの

---

(57)　ウォルドロンは，近時の立憲主義論が「レッセフェール立憲主義」(個人の自由を政治的自由と経済的自由の両面で貫徹する考え方)を立憲主義の極端なバージョンとしてではなく，立憲主義の本来的なスタンスであるかのように論じている点が問題であると指摘する。Jeremy Waldron, Constitutionalism: A Skeptical View, pp16-20. http://scholarship.law.georgetown.edu/hartlecture/4.

(58)　前掲注(37)211-213頁。

(59)　J. S. ミル(水田洋訳)『代議制統治論』(岩波書店，1997)第7章197頁。

第Ⅳ部 社会保障法・憲法における生存と平等をめぐる課題

か，それとも「自己命令」[60]に委ねるのか[61]。あるいは，このような西欧民主主義モデルにおいてではなく，「わが国の実態」に即して選択するのか。これは，「人格」と「平等」の両立という憲法学や政治学にとっての難問である[62]。今後の研究課題としたい。

　山田先生の古希をお祝いすべく，労働法ないし社会保障法と接点をもつ憲法論を執筆させていただきたいと考えましたが，時間に恵まれず，かつて先生が編集された『リーディングス社会保障法』（八千代出版，2000年）に寄稿させていただいた際に生存権の実現を立法裁量に委ねることへの疑義を中心に憲法上の生存権を論じたことを思い出し，いささか牽強付会であることを承知の上で，政治的自由の側から立法裁量を論じることにより，逆説的に生産手段を含む広義の生活権保障のような公共的政治文化を支える制度構想が不可欠であることを論じさせていただきました。この点，何卒お許しください。先生が古稀をお迎えになられたことに，心よりお祝いを申し上げます。

---

(60)　蟻川恒正「尊厳と身分」石川健治編『学問／政治／憲法──連環と緊張』（岩波書店，2014年）263頁。この用語の出典は，Jeremy Waldron, DIGNITY, RANK, AND RIGHTS (Oxford U. Pr., 2012) p.53.

(61)　Amel Ahmed, Democracy and the Politics of Electoral System Choice, Cambridge U. Pr., 2013, p.2.

(62)　本稿は，文部科学省科学研究費 2015年基盤研究(c)課題番号 15K03122「持続可能な共有型経済と憲法上の「近代市民社会における原則的所有形態」」の研究成果の一部である。

山田省三先生 略歴

【学　歴】

1974 年 3 月　中央大学法学部法律学科卒業

1974 年 4 月　中央大学大学院法学研究科修士課程民事法専攻入学

1977 年 3 月　中央大学大学院法学研究科修士課程民事法専攻修了

1977 年 4 月　中央大学大学院法学研究科博士課程民事法専攻入学

1983 年 3 月　中央大学大学院法学研究科博士課程民事法専攻満期退学

【学　位】

1977 年 3 月　中央大学法学修士

【職　歴】

1981 年 4 月　中央大学非常勤講師（1995 年 3 月まで）

1982 年 9 月　専修大学非常勤講師（2000 年 3 月まで）

1987 年 4 月　中央学院大学法学部専任講師（1993 年 3 月まで）

1992 年 4 月　埼玉大学非常勤講師（1994 年 3 月まで）

1992 年 4 月　日本大学非常勤講師（1993 年 3 月まで）

1992 年 4 月　武蔵大学非常勤講師（1993 年 3 月まで）

1993 年 4 月　中央学院大学法学部助教授（1995 年 3 月まで）

1993 年 4 月　明治学院大学非常勤講師（1995 年 3 月まで）

1994 年 4 月　日本女子大学非常勤講師（1996 年 3 月まで）

1995 年 4 月　中央大学法学部助教授（1996 年 3 月まで）

1995 年 4 月　中央学院大学非常勤講師（1998 年 3 月まで）

1996 年 4 月　中央大学法学部教授（2004 年 3 月まで）

1996 年 4 月　横浜桐蔭大学非常勤講師（2001 年 3 月まで）

1998 年 4 月　白鷗大学非常勤講師（2000 年 3 月まで）

1999 年 4 月　国際基督教大学非常勤講師（2004 年 3 月まで）

2000 年 4 月　中央学院大学非常勤講師（2001 年 3 月まで）

2001 年 4 月　専修大学非常勤講師（2002 年 3 月まで）

2002 年 4 月　武蔵野女子大学非常勤講師（2003 年 3 月まで）

2002 年 12 月　中央大学法科大学院設立準備室副室長（2004 年 3 月まで）

2004 年 4 月　中央大学大学院法務研究科教授（現在に至る）

山田省三先生　略歴

2004 年 4 月　亜細亜大学非常勤講師（2005 年 3 月まで）

2009 年 4 月　国際基督教大学非常勤講師（2015 年 3 月まで）

2011 年 4 月　獨協大学法科大学院非常勤講師（2012 年 3 月まで）

【学会活動】

1998 年 10 月　日本労働法学会理事（2014 年 10 月まで）

1998 年 10 月　日本社会保障学会企画委員（2002 年 10 月まで）

2000 年 10 月　日本労働学会事務局長（2003 年 10 月まで）

2001 年 10 月　日本社会保障学会理事（2004 年 9 月まで）

【学外委員等】

1982 年 9 月　東京都三鷹労政事務所民間労働相談員（1988 年 3 月まで）

1995 年 4 月　東京都亀戸労政協議会委員（2000 年 3 月まで）

1997 年 4 月　労働省男女雇用機会均等法母性保護研究会委員（1997 年 10 月まで）

1997 年 5 月　総務省男女共同参画委員会調査委員会委員（1998 年 3 月まで）

1998 年 4 月　東京都亀戸労政協議会会長（2000 年 3 月まで）

1998 年 9 月　東京都労働審議会特別委員（2000 年 3 月まで）

2002 年 4 月　日本私立大学連盟年金等問題検討委員会委員長（2005 年 3 月まで）

2003 年 4 月　神奈川県相模原地区商工労働協議会座長（2008 年 3 月まで）

2004 年 9 月　弁護士登録（東京弁護士会，現在に至る）

2008 年 9 月　学校法人中央大学理事会執行役員会特別顧問（2012 年 5 月まで）

2014 年 6 月　司法試験考査委員（2016 年 10 月まで）

2016 年 4 月　東京都目黒区男女共同参画委員会学識委員（現在に至る）

2017 年 3 月　キャリアコンサルティング技能士 1 級（現在に至る）

2017 年 5 月　日本私立大学連盟「働き方改革」問題検討委員会委員長（2018 年 3 月まで）

山田省三先生 研究業績一覧

【1973 年（昭和 48 年）】
《著書》
4 月 『新現代社会』（共著，三省堂）

【1977 年（昭和 52 年）】
《翻訳》
3 月 「エルンスト・シュタンペ「法律と裁判官」」（共訳）田村五郎・自由法研究会
　　法学新報 83 巻 4・5・6 号（中央大学法学会）

【1978 年（昭和 53 年）】
《判例研究》
11 月 「地方公務員の定年制――大阪市用務員事件を中心として」労働判例 305 号（産
　　業労働調査所）

【1979 年（昭和 54 年）】
《論文》
6 月 「順法闘争論(上)」労働経済旬報 1107 号（労働経済社）
7 月 「順法闘争論(下)」労働経済旬報 1109 号（労働経済社）
10 月 「イギリスにおける順法闘争の法理(上)」労働経済旬報 1119 号（労働経済社）
11 月 「イギリスにおける順法闘争の法理(下)」労働経済旬報 1122 号（労働経済社）
12 月 「イギリスの労働法」労働法事典（共著，秋田成就）（労働旬報社）
《判例研究》
11 月 「定年制・再雇用の判例法理の検討」労働法律旬報 987 号（労働旬報社）

【1980 年（昭和 55 年）】
《判例研究》
5 月 「ユニオンショップ協定による組織強制の限界　最近の事例を中心として」労
　　働判例 338 号（産業労働調査所）

【1981 年（昭和 56 年）】
《判例研究》
7 月 「地方公務員の退職勧奨制度――下関商業事件判決」労働判例 363 号（産業労働
　　調査所）

山田省三先生　研究業績一覧

【1982 年（昭和 57 年）】

《論文》

10 月　「イギリス 1982 年雇用法案」労働法学会誌 60 号（日本労働法学会誌）

《座談会》

1 月　「最近の労働判例の動きを追う（その 1）」労働判例 374 号（秋田成就，横井芳弘，林和彦，石井保雄，山下幸司，中村和夫）（産業労働調査所）

2 月　「最近の労働判例を追う(2)」労働判例 375 号（産業労働調査所）

《その他》

8 月　「在日外国人適用される労働法規は日本法か，外国法か」マーケティングダイジェスト 11 巻 4 号（国際マーケティング協議会）

【1983 年（昭和 58 年）】

《判例研究》

6 月　「高校教員の年休権行使に対する校長の時季変更権の適法性　帯広南高校事件最高裁判決」労働判例 405 号（産業労働調査所）

《その他》

9 月　「雇用における男女平等――労基法解釈の一側面」白門 35 巻 9 号（中央大学通信教育部）

【1984 年（昭和 59 年）】

《論文》

5 月　「イギリスにおける 1982 年雇用法（Employment Act 1982）の成立」法学新報 90 巻 11・12 号（中央大学法学会）

《判例研究》

4 月　「最近の労働判判例から――昭和 58 年重要判例回顧(1)」東京の労働 839 号（東京都労働経済局）

「最近の労働判例から――昭和 58 年重要判例回顧（2・完）」東京の労働 840 号（東京都労働経済局）

6 月　「無許可の政治ビラ配布と企業秩序違反の成否――明治乳業最高裁判決」労働判例 429 号（産業労働調査所）

《その他》

7 月　「基本的人権の視角が欠如――男女雇用機会均等法アンケート」季刊労働法 132 号（総合労働研究所）

12 月　「技術革新の進展に伴う労働契約・労働条件変容の法律問題の仮説的検討」経済と労働（1984 年 2 号（東京都労働経済局）

山田省三先生 研究業績一覧

【1985 年（昭和 60 年）】

《論文》

9 月 「英国電信労組による民営化反対争議の適法性」ジュリスト 844 号（有斐閣）

《判例研究》

9 月 「年次有給休暇をめぐる判例──オイルショックから今日まで」労働法律旬報 1128 号（労働旬報社）

《その他》

2 月 「労働時間関係の改正方向」（東京都労働経済局）

4 月 「労働慣行と就業規則の関係」LD ノート 474 号（総合労働研究所）

5 月 「海外勤務者に対する労働基準法の適用関係」RECIB 年次報告書 85（国際経営センター）

【1986 年（昭和 61 年）】

《著書》

9 月 『図解による法律用語辞典』（改訂版，共著，自由国民社）

《論文》

9 月 「シンガポール・マレーシアにおける労使関係と House Union 化の動向」経営国際化への多面的接近（梓出版）

《その他》

4 月 「労働法学習入門（共著，角田邦重）Libellus 法律科目入門（中央大学号通信教育部）

「労働者派遣法の成立と海外派遣の法理」RECIB 年次報告書 86 号（国際経営センター）

7 月 「男女雇用機会均等法」白門 38 巻 7 号（中央大学通信教育部）

【1987 年（昭和 62 年）】

《著書》

9 月 『判例ノート労働法（新版）』（共著）（法学書院）

《判例研究》

4 月 「期間の定めのある臨時工に対する不況を理由とする雇止めの有効性──日立メディコ事件最高裁判決──」季刊労働法 143 号（総合労働研究所）

《翻訳》

《その他》

9 月 「男女雇用機会均等法施行 1 年」白門 39 巻 9 号（中央大学通信教育部）

山田省三先生 研究業績一覧

【1988（昭和 63 年）】

《論文》

3 月 「サッチャー政権による労使関係法改革」日本労働協会雑誌 343 号（日本労働協会）

12 月 「イギリスにおける労使関係の変革と労働争議法の改革」現代労使関係の変容と法（勁草書房）

《判例研究》

10 月 「バック・ペイに対する使用者の利益償還請求の範囲──長崎生コンクリート事件長崎地裁昭和 63.2.12 判決──」季刊労働法 149 号（総合労働研究所）

《書評》

9 月 「恒藤武二編・労働者保護法」季刊労働法 153 号（総合労働研究所）

《翻訳》

3 月 「E・シュタウト，職業訓練おける経済発展のダイナミゼーション」労働問題国際議専門家会議「成熟社会における労働問題」資料（労働問題リサーチセンター）

《その他》

3 月 「1 か月単位の変形労働時間制とフレックスタイム制　労基法改正と今後の課題」（東京都労働経済局）

6 月 「21 世紀の労働と法」白門 40 巻 6 号（中央大学通信教育部）

【1989（平成元年）】

《著書》

10 月　図解による法律用語辞典最新版（自由国民社）

《論文》

12 月 「パートタイム労働問題への視座設定とその労働条件形成の法理」労働法律旬報 1229 号（労働旬報社）

【1990（平成 2 年）】

《論文》

1 月 「イギリス労働法におけるセクシャアル・ハラスメントの法理(1)」中央学院大学法学論叢 3 巻 1 号（中央学院大学法学部）

3 月 「イギリス労働法におけるセクシュアル・ハラスメントの法理（2・完）」中央学院大学法学論叢 3 巻 2 号（中央学院大学法学部）

5 月 「セクシュアル・ハラスメントの法理」季刊労働法 155 号（総合労働研究所）（本論文は，『フェミニズムコレクションⅡ　理論編』（勁草書房）に再録）

9 月 「労働争議を理由とする社会保障給付欠格の法理──いける社会保障法と労働争議法との交錯(1)──」比較法雑誌 24 巻 2 号（日本比較法研究所）

山田省三先生　研究業績一覧

11 月　「順法闘争」ジュリスト労働法の争点（新版）（有斐閣）
　　　「イギリスにおけるパートタイム労働論争──社会学と法律学方法論の相克(1)」中央
　　　学院大学法学論叢 4 巻 1 号（中央学院大学法学部）
12 月　「労働争議を理由とする社会保障給付欠格の法理──イギリスにおける社会保
　　　障法と労働争議法との交錯(2)──」比較法雑誌 24 巻 3 号（日本比較法研究所）
《座談会》
3 月　「女子労働判例・国際婦人年の流れ」（中島通子弁護士）働く女性の道しるべ
　　　（東京都労働経済局）
4 月　「労働条件変更の法理」（角田邦重，毛塚勝利，盛誠吾他）労働判例 1237 号（産
　　　業労働研究所）
《翻訳》
7 月　「職業訓練における経済発展のダイナミゼーション」International Conference
　　　成熟社会における労働問題（労働問題リサーチセンター）

【1991（平成 3 年）】
《論文》
3 月　「労働争議を理由とする社会保障給付欠格の法理──イギリスにおける社会保障
　　　法と労働争議法との交錯（3・完）──」比較法雑誌 24 巻 4 号（日本比較法研究所）
　　　「イギリスにおけるパートタイム労働論争──社会学と法律学方法論の相克（2・
　　　完）」中央学院大学法学論叢 4 巻 2 号（中央学院大学法学部）
10 月　「職場における労働者のプライヴァシー保護」学会誌労働法 78 号（日本労働
　　　法学会）
《書評》
12 月　「浅倉むつ子著・男女雇用平等論」日本労働研究雑誌 385 号（日本労働研究機
　　　構）
《翻訳》
　　　「EC 諸国の労働法」（日本労働研究機構）
《その他》
6 月　「イギリスにおけるセクシュアル・ハラスメントの実態と法」共栄火災海上保
　　　険相互会社編『セクハラ・ショック』（現代書林）
9 月　「イギリスのジョブ・シェアリング──新しい男女の働き方の探求」均等法 Life
　　　from ザ・ワールド世界の働く女性は今 26-37 頁（神奈川県労働部労政課）

【1992（平成 4 年）】
《著書》
7 月　『労働組合の組織と運営（労働判例体系第 10 巻)』（共著）（労働旬報社）

587

山田省三先生　研究業績一覧

《論文》

7月　「セクシャル・ハラスメント事件・福岡地裁判決の法的評価」労働法律旬報 1291 号（労働旬報社）

「平成元年(ワ)第 1872 号損害賠償請求事件鑑定書」労働法律旬報 1291 号（労働旬報社）（同鑑定書は，『今職場が変わる──福岡セクシュアル・ハラスメント裁判』（インパクト出版）に転載）

《研究報告》

3月　「労組法 17 条はどのように機能しているか？」労組法 17 条研究会担当沿革，イギリス・アメリカ（財団法人　労働問題リサーチセンター）

《その他》

2月　「最高裁による就業規則「合理性」論の非合理性」労働法律旬報 1282 号 56 頁（労働旬報社）

【1993 年（平成 5 年）】

《論文》

3月　「イギリス労働法における『自治』──ウエダーバン対ハワーズ論争」中央学院大学総合論集複刊 1 号（中央学院大学総合研究所）

「労働契約と労働条件」労働契約の法理論──イギリスと日本（総合労働研究所）

「セクシュアル・ハラスメント法理の到達点と今後の課題」東京弁護士会会報 83 号（東京弁護士会）

4月　「パートタイム労働法案の内容と問題点」労働法律旬報 1309 号（労働旬報社）

12月　「セクシュアル・ハラスメントの定義とその法的処理──労働省「女子雇用管理とコミュケーション・ギャップに関する研究会」報告書を読んで」労働法律旬報 1326 号（労働旬報社）

《判例研究》

7月　「妊娠を理由とする解雇と性差別──イギリス Webb 事件貴族院判決──」労働法律旬報 1311 号（労働旬報社）

《その他》

11月　「セクシュアル・ハラスメント法的動向，セクハラ国際比較」LD ノート 679 号（総合労働研究所）

「パートタイム労働法の成立とパートタイマーの権利」労働かながわ 514 号（神奈川県労働部労政課）

【1994 年（平成 6 年）】

《著書》

2月　『医療関連法規』（共著）（建帛社）

4月 『法を考える』（共著，河合代吾，盛誠吾）（神保出版）

10月 『条解法律学全集　労働基準法Ⅰ』（共著）（青林書院）

12月 『男女同一賃金』（共著，中島通子，中下裕子）（有斐閣）

《論文》

5月 「イギリス社会保障法における労働争議欠格条項」社会保障法9号（日本社会保障法学会）

10月 「カナダ　男女賃金格差是正にむけた新たな実験」賃金と社会保障 1140号（労働旬報社）

11月 「人権としての男女同一賃金原則」国際人権 Human Rights International 5号（国際人権法学会）

《判例研究》

4月 「配転命令権の濫用と使用者の配慮義務——帝国臓器事件東京地裁判決」労働判例 643号（産業労働調査所）

「93年主要労働判例を回顧する」とうきょうの労働 1019号（東京都労働経済局）

10月 「労働判例回顧⑨　賃金・賞与・一時金」労働法律旬報 1343号（労働旬報社）

【1995年（平成7年）】

《著書》

4月 『図解による法律用語辞典（最新版）』共著，自由国民社）

《論文》

6月 「労働協約拡張適用制度の法機能的分析」法学新報 110巻9・10号（中央大学法学会）

10月 「1990年代初頭のイギリスにおける労使関係と労働法の動向」労働法律旬報 1300号（労働旬報社）

《判例研究》

6月 「思想・信条を理由とする賃金差別の立証と救済方法——東京電力事件千葉地裁判決——」ジュリスト平成6年重要判例解説（有斐閣）

7月 「ストレス疾患労働者に対する使用者の注意義務——Walker v Nothernland Council 事件判決——」労働法律旬報 1363号（労働旬報社）

9月 「HIV感染を理由とする解雇の効力と労働者の医療情報プライバシー　HIV感染者解雇事件東京地裁判決」労働判例 673号（産労総合研究所）

10月 「全額払いの原則と調整的相殺——福島県教組事件最高裁判決」労働判例百選（第6版）（有斐閣）

《座談会》

「男女賃金差別の軌跡と展望」——三陽物産事件東京地裁判決を中心に——（秋田成就，浅倉むつ子，松田保彦）労働判例 660号（産業労働調査所）

山田省三先生　研究業績一覧

《その他》

7月　「たかが映画，されど映画」白門 47 巻 7 号（中央大学通信教育部）

10月　「セクシュアル・ハラスメントを考える」中央評論 213 号（中央大学出版部）

12月　「セクシュアル・ハラスメント」旬刊速報税理 14 巻 36 号（日本税理士連合会，ぎょうせい）

【1996 年（平成 8 年）】

《著書》

3月　『労働法 2（保護法）』（共著，角田邦重）（中央大学通信教育部）

4月　『プリメール社会保障法』（編著）（八千代出版）

《論文》

2月　「賃金における統計的差別と法」Sexual Human Rights 2 号（女性福祉法を考える会）

5月　「雇用機会均等法から性差別禁止法へ」季刊労働法 178 号（総合労働研究所）

7月　「労働条件の不利益変更と労働者保護」法律のひろば 49 巻 7 号（ぎょうせい）

9月　「イギリスにおけるホワイトカラーの賃金処遇の法理」労働法律旬報 1391 号（労働旬報社）

　　　「男女平等と母性・女性保護をめぐる国際的動向」月刊自治研 444 号（自治労）

　　　「賃金差別事件と賃金法理の課題」労働法律旬報 1392 号（労働旬報社）

《判例研究》

5月　「子会社・下請会社などの労働者に対する親会社などの使用者責任」労働判例 689 号（産労総合研究所）

12月　「過重労働による自殺と使用者の安全配慮義務──電通事東京地裁平成 8.3.28 判決」労働判例 703 号（産労総合研究所）

《座談会》

「丸子警報器事件・長野地裁判決の研究」（浅倉むつ子，今野久子，盛誠吾）労働法律旬報 1387 号（労働旬報社）

《書評》

12月　「本多淳亮著『企業社会と労働者──労働法への法社会学的アプローチ』労働法律旬報 1398 号（労働旬報社）

《その他》

6月　「セクシュアル・ハラスメントをめぐる最近の動き」働く女性の道しるべ 62 号（東京都労働経済局）

7月　「インタビュー」白門 48 巻 7 号（中央大学通信教育部）

8月　「守られない決定事項──法的視点」LD ノート 746 号（総合労働研究所）

9月　「21 世紀になくなっているもの」白門 48 巻 9 号（中央大学通信教育部）

山田省三先生　研究業績一覧

10 月　「女性の働き方と賃金」女性としごと 96 年秋号（労働大学調査所）

12 月　「拝見しました」まなぶ 459 号（労働大学調査所）

【1997 年（平成 9 年）】

《論文》

8 月　「女性保護規定の撤廃をめぐる課題」法律のひろば 50 巻 8 号（ぎょうせい）

10 月　「パートタイマーと均等待遇原則──法律学の視点から──」学会誌労働法 90 号（日本労働法学会）

12 月　「男女雇用均等法における母性健康管理措置の改正」労働法律旬報 1421 号（労働旬報社）

《研究報告》

3 月　「諸外国における育児休業制度」担当イギリス（財団法人婦人少年協会）

8 月　「諸外国における労働条件規制等に関する調査研究」（資料・第 1 次報告書）担当 EU（日本労働研究機構）

《判例研究》

2 月　「組合員の除名と「争議行為」の定義──Knowels and another v Fire Bridge Union 事件控訴審判決──」労働法律旬報 1401 号（労働旬報社）

4 月　「管理職組合の結成活動を理由とする懲戒解雇は認められるか──大阪タクシー事件大阪地裁判決──」病院賃金労務事情 142 号（産労総合研究所）

10 月　「セクシュアル・ハラスメントに関する使用者の配慮義務　京都（呉服販売会社）事件京都地裁判決」病院経営事情 153 号（産労総合研究所）

《書評》

4 月　「私のすすめるこの 1 冊──熊沢誠著『ノンエリートの自立』法学セミナー別冊 1997 年法学入門（日本評論社）

《講演録》

3 月　「Situations in Japan concering the Prevention of Sexual Harassment 64 Sexual Harassment in Japan and Analysis for the Future Women's Workplace Issues; A Policy Reserch and Analysis Project」（Philippine American Foundation）

6 月　「パネルディスカッション（要旨）「なぜ変える，どう変える──雇用平等への道程」」働く女性の道しるべ 67 号（東京都労働経済局）

8 月　「女性社員と経営組織について──労働法的アプローチから──」産業・組織心理学会第 13 回大会発表論文集（産業心理学会）

10 月　「今後の労働政策と雇用のありかた」社会民主党全国政策会議研究集会講演録月刊社会民主 509 号（社会民主党）

《その他》

1 月　「男女同一労働同一賃金原則の発展」月刊労働組合 368 号（労働大学調査所）

山田省三先生　研究業績一覧

2月　「外国のセクシュアル・ハラスメント法制度事情」賃金事情2287号（産労総合研究所）

4月　「労基法・均等法の改正」白門49巻4号（中央大学通信教育部）

5月　「女性保護規定の廃止と男女平等」白門49巻5号（中央大学通信教育部）

6月　「新均等法の改正ポイント」賃金事情臨時増刊号・日本的人事処遇の終焉（産労総合研究所）

8月　「男女雇用機会均等法・労働基準法の女性保護撤廃のもたらす影響」労働経済月報1997年8月号（東京都労働経済局）

【1998年（平成10年）】

《著書》

4月　『事例で読む労働法実務事典』（共著）（旬報社）

6月　『変わる労働法制——規制緩和とワークルール』（単著），（労働大学調査所）
　　　『図解による法律用語辞典』（全訂版，共著，自由国民社）

《論文》

2月　「セクシュアル・ハラスメント事件の裁判から日本的現実を導く」人事スタッフのための職場のセクハラ防止マニュアル（経営書院）

6月　「新・均等法における人事管理へのインパクト」労政時報別冊・いまどうする人事管理（労務行政研究所）

7月　「労働法規の国際適用」国際ビジネス——実態と法的側面（文真堂

9月　「女性の時間外労働制限規定の撤廃」労働法律旬報1439・1440号（旬報社）

9月　「改正均等法の禁止規定化と救済手段」季刊労働法186号（総合労働研究所）

12月　「改正均等法の禁止規定化と救済手段・補論」季刊労働法187号（総合労働研究所）

《研究報告》

3月　「欧米諸国における労働者派遣法の実態」担当イギリス（日本労働研究機構）

3月　「男女共同参画に関する諸外国の基本法制等に関する調査研究」「基本法部門」「公務部門」担当オーストラリア（財政経済協会）

3月　「諸外国における労働条件規制等に関する調査研究」（最終報告書，担当EU）（日本労働研究機構）

《判例研究》

2月　「職場での電話傍受と労働者のプライバシー保護——Halford v United Kingdom事件ヨーロッパ司法裁判所判決——」労働法律旬報1425号（労働旬報社）

7月　「トラック運転手の茶髪と企業秩序違反の成否——株式会社東谷山事件福岡地裁小倉支部決定——」病院経営新事情170号（経営書院）

8月　「産後休暇などの取得を理由とする賞与不支給条項の公序違反性——学校法人東

朋学園・高宮学園事件東京地裁平成 10.3.25 判決──」労働判例 739 号（産労総合研究所）

9 月 「女性に対するポジティブ・アクションの適法性──Marshall v. Land Nordrhein-Westfalen 事件 ECJ 判決──」労働法律旬報 1349・50 号（旬報社）

《座談会》

6 月 「女と男の共生──多様な生き方を認め合う社会をめざして」目黒えふ 6 号（東京都目黒区総務部女性政策課）

《講演録》

8 月 「セクハラと企業責任・対応策」労働法学研究会報 2140 号（総合労働研究所）

《その他》

3 月 「最近の学生相談の事例から──キャンパスライフ快適化のために」学生相談 1997 年度（明治大学学生部）

4 月 「私法分野ガイダンス　ネットワーク・トラブル」別冊法学セミナー1998 年法学入門（日本評論社）

5 月 「近年における労働法改正の動向」白門 50 巻 5 号（中央大学通信教育部）

「セクシュアル・ハラスメント研修マニュアル」（東京都労働経済局）

3 月 「労働法の規制緩和と労働組合のとりくみ」労農のなかま 426 号（全農協労連）

【1999 年（平成 11 年）】

《著書》

3 月 『女性のパートタイム労働──日本とヨーロッパの現状』（共監修）（国際交流基金）

12 月 『基本法コンメンタール　労働基準法（第 4 版）』（共著）（日本評論社）

『医事判例・労働判例実務解説』（共著）（経営書院）

《論文》

4 月 「女性雇用と深夜業務等勤務時間をめぐる課題」法律のひろば 52 巻 4 号（ぎょうせい）

5 月 「雇用平等の新地平──均等法・労基法改正をめぐって」生活経済研究 28 号（生活経済政策研究所）

9 月 「職場におけるセクシュアル・ハラスメントをめぐる裁判例の分析㈠」法学新報 105 巻 12 号（中央大学法学会）

10 月 「セクシャルハラスメント／シンポジウム・コメント」労働法学会誌 94 号 34～38 頁（日本労働法学会）

11 月 「職場におけるセクシュアル・ハラスメントをめぐる裁判例の分析（2・完）」法学新報 106 巻 1・2 号 87～146 頁（中央大学法学会）

山田省三先生 研究業績一覧

《判例研究》

7月 「仮眠時間の労働時間性と賃金請求の可否～学校法人桐朋学園（賃金請求）事件（東京地裁八王子支部平 10.9.17 判決）～労働判例 759 号（産労総合研究所）

《書評》

11月 「奥山明良・職場のセクシュアル・ハラスメント」日本労働研究雑誌 473 号（日本労働研究機構）

《講演録》

3月 「最近の学生相談の事例から──明治大学におけるキャンパス・セクシュアル・ハラスメントについての教職員組合の取り組み──」（明治大学教職員組合）

《その他》

3月 「学校が倒産する──私法分野ガイダンス」別冊法学セミナー・法学入門（日本評論社）

4月 「3 C って何？」中央評論 227 号（中央大学出版部）

5月 「セクシュアル・ハラスメント」白門 51 巻 5 号（中央大学通信教育部）

11月 「実効ある防止と救済ルールの作り方」女性と仕事 32 号（労働大学調査研究所）

【2000 年（平成 12 年）】

《著書》

6月 『リーディングス社会保障法』（編著）（八千代出版）

《論文》

8月 「身分による処遇から職務による労働条件決定へ──労働省『パートタイム労働に係る雇用管理研究会報告』の検討」労働法律旬報 1486 号（旬報社）

10月 「雇用関係とプライバシー」日本労働法学会編『講座 21 世紀の労働法』第 6 巻所収（有斐閣）

《判例研究》

3月 「非定住外国人への生活保護法適用──生活保護法違反刑事事件東京高裁判決──」社会保障判例百選第 3 版（有斐閣）

5月 「入社時の配置格差と昇格遅延により生じた男女賃金格差の是正義務──塩野義製薬大阪地裁平 11・7・28 判決──」労働判例 777 号（産労総合研究所）

7月 「企業譲渡にともなう雇用契約の不利益変更と解雇──University of Oxford v Humphrey and another 事件控訴院判決──」労働法律旬報 1487 号（旬報社）

《書評》

9月 「山崎文夫・セクシュアル・ハラスメントの法理」季刊労働法 194 号（総合労働研究所）

《座談会》

4月 「労働条件変更の法理」労働法律旬報 1237 号（労働旬報社）

《講演録》

10月 「大学・職場におけるセクシュアル・ハラスメント～快適に学び。働くために」人権問題シリーズ 34 号（中央大学学事課）

《その他》

3月 「悔悟（？）保険法」白門 52 巻 3 号（中央大学通信教育部）

4月 「私の論点――21 世紀に労働組合はなくなっているか」労働法律旬報 1478 号（旬報社）

5月 「労働法とジェンダー論」中央評論 231 号（中央大学出版部）

8月 「年次有給休暇の法理」月刊労働組合 414 号（労働大学調査研究所）

【2001 年（平成 13 年）】

《著書》

3月 『医療関連法規』（改訂版，共著）（建帛社）

12月 『セクシュアル・ハラスメントと男女雇用平等』（単著）（旬報社）

《論文》

1月 「労働法における均等待遇原則とは」労働法律旬報 1495・6 号（旬報社）

3月 「ヨーロッパ司法裁判所によるポジティブアクション法理の展開」比較法雑誌 34 巻 3 号（日本比較法研究所）

8月 「住友電気工業男女配置・昇格差別事件大阪地裁判決に関する意見書」労働法律旬報 1509 号（旬報社）（同鑑定意見書は，『男女賃金差別裁判公序良俗に負けなかった女たち』（明石書店，平成 17 年 6 月）に収録

《判例研究》

1月 「認容された「裁量的ボーナス」の支払義務――海外判例レポート（イギリス）――Clark v. Nomura International 事件――」労働判例 792 号（産労総合研究所）

8月 「園児の減少を理由とする整理解雇の効力――あさひ保育園事件最高裁第 1 小法廷昭 58・10・27 判決――」人事・労務の法律実務（産労総合研究所）

《座談会》

3月 「雇用平等――女子労働判例，国際婦人年以降の流れ」働く女性の道しるべ 41 号（東京都労働経済局）

《翻訳》

3月 「ＥＣ諸国の労働法」（共訳，日本労働研究機構）

《その他》

3月 「セクシュアル・ハラスメント防止研修プログラム」（東京都労働経済局）

5月 「通勤災害における逸脱・中断を考える」白門 53 巻 5 号（中央大学通信教育部）

山田省三先生 研究業績一覧

10月 「届けなくちゃ——学生の国民年金——」Hakumon ちゅうおう 2001 年 10 月号（中央大学広報課）

【2002 年（平成 14 年）】
《著書》
1月 『アクセス労働法事典』上下巻（労務行政研究所）
4月 『労働法解体新書』（共編著，角田邦重）（法律文化社）
《論文》
8月 「セクシュアル・ハラスメントとは何か　学校におけるセクシュアル・ハラスメントの特徴　学校におけるセクシュアル・ハラスメントの対応措置」『男女共同参画社会と学校教育』（教育開発研究所）
《論文》
「ライフサイクルと労働法」季刊労働法 200 号（労働開発研究会）
《研究報告》
9月 「新労働法制に関する調査研究報告書」（連合総合生活研究所）担当　均等待遇に関するワークルール
《判例研究》
2月 「セクシュアルハラスメントと使用者の配慮義務——仙台事件仙台地裁判決——」労働判例 815 号（産労総合研究所）
9月 「女性被用者のみに対する保育園の設置と積極的差別——オランダ農林省事件ＥＵ司法裁判所判決——」労働判例 829 号（産労総合研究所）
11月 「組合内少数派の活動と「労働組合の行為」——北辰電機製作所事件東京地裁昭和 56 年 10 月 22 日判決——」労働判例百選（第 7 版）（有斐閣）
《座談会》
9月 「ライフサイクルと労働法」（橘木俊詔）季刊労働法 200 号（労働開発研究会）
《その他》
5月 「雇用保険法を考える」白門 54 巻 5 号（中央大学通信教育部）
7月 「大学におけるセクシュアル・ハラスメント問題」白門 54 巻 7 号（中央大学通信教育部）
「貴乃花はヘビースモーカー？（キャンパスコラム）」Hakumon ちゅうおう 2002 夏季号（中央大学広報部）
10月 「ポジティブアクション・『積極的差別是正措置』の進め方」女性としごと 38 号（労働大学調査研究所）

山田省三先生　研究業績一覧

【2003 年（平成 15 年）】

《著書》

4 月　『企業・職場秩序のルール Q ＆ A』（共著）（経営書院）

　　　『リーディングス社会保障法（2 版）』（編著，八千代出版）

12 月　『医療関連法規（改訂 3 版）』（共著）（建帛社）

《論文》

3 月　「日本の法文化と労働法」比較法雑誌 36 巻臨時増刊号（日本比較法研究所）

5 月　「規制緩和と労働者派遣法の課題」生活経済政策 76 号（生活経済政策研究所）

《判例研究》

6 月　「コース雇用管理の適法性──野村證券事件東京地裁平成 14.2.20 判決」別冊
　　　ジュリスト平成 14 年版重要判例解説（有斐閣）

《講演録》

10 月　「法科大学院について」白門 55 巻 10 号（中央大学通信教育部）

《翻訳》

4 月　「ロジェ・ブランパン著（共訳）「ヨーロッパ労働法」（信山社）

《その他》

1 月　「中央大学法科大学院におけるカリキュラム」学員時報 415 号（中央大学学員
　　　会）

2 月　「労基法改正案の内容と問題点」月刊労働組合 451 号（労働大学調査研究所）

　　　「現代の七・五・三」草のみどり 163 号（中央大学父母連絡会）

5 月　「国民年金法の課題｛架空座談会｝」白門 55 巻 5 号（中央大学通信教育部）

　　　「高齢者雇用のありかた」労働法律旬報 1552 号（旬報社）

7 月　「どこを選ぶ？　法科大学院──中央大学法科大学院」ビジネス法務 3 巻 7 号
　　　（中央経済社）

9 月　「中央大学法科大学院 04 年開設に向かって」Hakumon ちゅうおう 2003 秋季特
　　　別号（中央大学広報課）

【2004 年（平成 16 年）】

《著書》

1 月　『知っておきたい雇用平等の基本』（単著）（労働大学出版センター）

　　　『労働六法』（共著，労働旬報社）

12 月　『労働法解体新書（2 版）』（共編著，角田邦重）（法律文化社）

《論文》

3 月　「男女雇用平等法理の到達点と今後の課題」季刊労働法 204 号（労働開発研究
　　　所）

12 月　「差別における救済」ジュリスト別冊・労働法の争点 3 版（有斐閣）

山田省三先生　研究業績一覧

《判例研究》

4月　「B型肝炎感染者採用拒否事件——B金融公庫事件東京地裁平15.6.20判決——」労働法学研究会報2331号（労働開発研究会）

9月　「会社批判行為を理由とする解雇の効力——カテリーナビルディング（日本ハウズィング）事件東京地裁判決——」労働法学研究会会報2340号（労働開発研究会）

《座談会》

1月　「男女差別賃金事件の軌跡と展望」労働判例660号（産労総合研究所）

《講演録》

10月　「連合の均等法改正について」2004連合中央女性集会（日本労働組合総連合会）

《その他》

1月　「解雇・有期契約に関する労働基準法改正について」白門56巻1号（中央大学通信教育部）

2月　「法科大学院における労働法教育」労働判例859号（産労総合研究所）

11月　「雇用機会均等法の抜本改正の実現を」月刊労働組合473号（労働大学調査研究所）

【2005年（平成17年）】

《著書》

1月　『社会保障法解体新書』（共編著，久塚純一）（法律文化社）

3月　『改訂版医療関連法規』改訂3版（医療秘書教育協議会）

《論文》

11月　「雇用における高齢者処遇と年齢差別の法的構造」労働保護法の再生305-316頁（水野勝先生古稀記念論集）所収

《判例研究》

9月　「入社前研修不参加を理由とする採用内定取消の効力宣伝会議事件東京地裁平成17.1.28判決」労働法学研究会報2365号（労働開発研究会）

11月　「平成16年版　実務に活かす重要労働判例　労働法学研究会報特別資料号」（労働開発研究会）

《座談会》

7月　「丸子警報器事件・長野地裁判決の研究」（安西愈，鎌田耕一）労働法律旬報1387号（労働旬報社）

1月　「労働者派遣と派遣元・派遣先企業の義務」労働判例880号（産労総合研究所）

5月　「法科大学院における労働法教育」日本労働法学会誌105号（日本労働法学会）

《講演録》

11月　「「解雇金銭解決制度」の課題と展望」労働法学研究会報2369号（労働開発研

山田省三先生 研究業績一覧

究会）

《その他》

1月 「イギリスは均等待遇の先進国として他国を大きくリードしている」季刊「女
も男も」臨時増刊・未来を拓く均等待遇（労働教育センター）

5月 「女性社員のキャリア形成支援と男女雇用機会均等法」キャリアマネジメント
2005年5月号（キャリアクリエイツ）

「中央大学法科大学院　入学者選抜と出願者・入学者の顔ぶれ」中大法曹21号（中
央大学法曹会）

11月 「ライフ・ワークバランスの確立へ」月刊労働組合486号（労働大学調査研究
所）

「労働法『改正』は労働者に何をもたらしたか」社会主義519号（社会主義協会）

【2006年（平成18年）】

《著書》

2月 『医療関連法規（改訂4版）』（共著，建帛社）

5月 『基本法コンメンタール　労働基準法（第5版）』（共著，日本評論社）

《論文》

5月 「2006年男女雇用機会均等法案の内容と問題点」労働法律旬報1624号（旬報
社）

《判例研究》

9月 「上司のメール送信行為と不法行為の成否　A海上保険事件東京高裁判決」労
働法学研究会報2389号（労働開発研究会）

12月 「平成17年度　実務に活かす重要労働判例　労働法学研究会報特別資料号」
（労働開発研究会）

《座談会》

8月 「均等法改正の到達点と課題」連合19巻8号（日本労働組合総連合）

《講演録》

1月 「「なくせ！男女差別　つくろう！男女雇用平等法」全国フォーラム発足のつど
い　呼びかけ人代表あいさつ」2005連合中央女性集会（日本労働組合総連合会）

2月 「国家公務員セクシュアル・ハラスメント防止シンポジウム」人事院月報06年
2月号（人事院九州）

《その他》

4月 「パート労働者の均等待遇と労働組合」キャリアサポート2006年4月号（キャ
リアクリエイツ）

8月 「安全配慮義務と有期労働契約の法的問題」キャリアマネジメント2006年8月
号（キャリアクリエイツ）

山田省三先生　研究業績一覧

9月　「労働法制の規制緩和は働き方に格差をつくりだした」まなぶ 586 号（労働大学調査所）

【2007 年（平成 19 年）】
《著書》
3月　『医療関連法規（改訂 5 版）』（共著，建帛社）
4月　『社会保障法解体新書（2 版）』（共編著，久塚純一）（法律文化社）
5月　『現代雇用法』（共著，角田邦重）（信山社）
6月　『ロースクール演習　労働法』（共編著）（法学書院）
《判例研究》
9月　「管理職に対する降格（給与減額）および解雇の相当性──明治ドレスナー・アセットマネジメント事件東京地裁判決──」労働法学研究年報 2413 号（労働開発研究会）
12月　「平成 18 年版　実務に活かす重要労働判例　労働法学研究年報特別資料号」（労働開発研究会）
《その他》
1月　「パートタイマーと有期雇用」キャリアマネジメント 2007 年 1 月号（キャリアクリエイツ）
　　　「労働契約法とは何か」労法ニュースセンターニュース 220 号（労働者法律センター）
7月　「安全配慮義務をどのように考えるか」News Lettter 21 号（青森雇用・社会問題研究所）
　　　「企業再編と労働法」キャリアマネジメント 2007 年 10 月号（キャリアクリエイツ）
9月　「Q&A 労働者の権利と労働組合〜社保庁問題から考える」まなぶ 598 号（労働大学出版センター）
10月　「平等から「多様性（D iversity）」へ〜雇用平等法理に問われているもの〜」労働法律旬報 1658 号（旬報社）
　　　「変形労働時間制とは何か」キャリアマネジメント 2007 年 10 月号（キャリアクリエイツ）
12月　「法科大学院におけるメンタルケア」ロースクール研究 8 号（民事法研究会）

【2008 年（平成 20 年）】
《論文》
2月　「職務・責任の明確化とそれに応じた雇用管理，人事処遇の進捗を」OMNI-MANAGEMENT190 号（社団法人日本経営者協会）
8月　「改正パートタイム労働法における均等待遇原則の理論的課題」労働法律旬報

1678 号（旬報社）

9 月「生活保護法における強制と自立～補足性の原理の再検討～」社会保障法のプロブレマティーク（久塚純一先生還暦記念論集）所収（法律文化社）

《判例研究》

5 月 「いわゆる過労自殺死と安全配慮義務違反——電通事件最高裁判決——」社会保障判例百選（4 版）（有斐閣）

7 月 「給与からの振替手数料控除と賃金全額払いの原則——富士火災海上保険事件——」労働法学研究会報 2433 号（労働開発研究会）

12 月 「平成 19 年版　実務に活かす重要労働判例　労働法学研究会報特別資料号」（労働開発研究会）

《講演録》

2 月 「ILO「雇用関係の関する勧告」の意義」労法センターニュース 227 号（労働者法律センター）

4 月 「平成 18-19 年実務に活かす重要労働判例」労働法学研究会報 2426 号（労働開発研究会）

《その他》

2 月 「間接差別」『人事・労務の法律事典』（自由国民社）所収

「配転と単身赴任に関する法的問題」キャリアマネジメント 2008 年 2 月号（キャリアクリエイツ）

「労働法制改悪と労働運動の課題①　規制緩和と労働法制改革」月刊労働組合 516 号（労働大学調査研究所）

3 月 「労働法制改悪と労働運動の課題②　差別禁止の法制度と問題点」月刊労働組合 517 号（労働大学調査研究所）

「労働契約法のあらまし」受験新報 686 号（法学書院）

4 月 「労働法の基礎 Q&A　労働法に強くなり，交渉上手になろう！」まなぶ 606 号（労働大学調査研究所）

「労働法制改悪と労働運動の課題③　労働契約法と労働ビックバン」月刊労働組合 518 号（労働大学調査研究所）

5 月 「労働法制改悪と労働運動の課題④　名ばかり管理職の合法化」月刊労働組合 519 号（労働大学調査研究所）

6 月 「新・労働契約法への対応と留意事項」病院経営 388 号（産労総合研究所）

「労働災害における補償と使用者の責任」キャリアマネジメント 2008 年 6 月号（キャリアクリエイツ）

「労働法の規制緩和ではなく，労働法の組換えを！」まなぶ 621 号（労働大学調査研究所）

9 月 「年齢とは何か」労働判例 961 号（産労総合研究所）

山田省三先生 研究業績一覧

10月 「企業合併に伴う労働条件の統一」キャリアマネジメント2008年10月号（キャリアクリエイツ）「平成20年度新司法試験労働法解説」受験新報特別号（法学書院）

11月 「法学未修者教育について」受験新報2008年11月号（法学書院）

【2009年（平成21年）】

《論文》

6月 「障害者雇用の法理──その基礎理論的考察」季刊労働法225号（労働開発研究会）

9月 「賞与の支給日在籍条項をめぐる法理の再検討」経営と労働法務の理論と実務（安西愈先生古稀記念論文集）（中央経済社）

《判例研究》

6月 「偽装請負と労働契約の成立──松下ディスプレイ事件大阪高裁判決──」労働法学研究会報2455号

10月 「書面を欠く労使合意と労働協約──都南自動車教習所事件最高裁判決──」労働判例百選8版（有斐閣）

12月 「平成20年版 実務に活かす重要労働判例」労働法学研究会報特別資料号（労働開発研究会）

《講演録》

6月 「平成19-20年実務に活かす重要労働判例解説」労働法学研究会報2447号（労働開発研究会）

《その他》

5月 「一般職員の能力開発」キャリアマネジメント2009年5月号（キャリアクリエイツ）

『2009年問題』と労働者派遣法改正の動向」白門61巻5月号（中央大学通信教育部）

9月 「雇用関係についての私法秩序」労働法律旬報1704号（旬報社）

10月 「管理者と労働法規の適用」キャリアマネジメント2009年10月号（キャリアクリエイツ）

【2010年（平成22年）】

《著書》

1月 『ロースクール演習労働法（2版）』（編著書，法学書院）

10月 『わかりやすい年金ガイドブック』（共著，法律文化社）

《論文》

3月 「近年における男女賃金差別に関する注目判例の動向」季刊労働法228号（労働開発研究会）

山田省三先生　研究業績一覧

6月　「「男女間賃金格差に関する研究会報告書」をめぐって」先見労務管理1394号（企業通信社）

《判例研究》

6月　「高年齢者雇用安定法における高齢者継続雇用制度の効力　NTT東日本事件」労働法学研究会報2479号（労働開発研究会）

12月　「平成21年判版　実務に活かす重要労働判例　労働法学研究会年報特別資料号」（労働開発研究会）

《講演録》

5月　「平成20-21年実務に活かす重要労働判例」労働法学研究会報2478号（労働開発研究会）

《インターネット》

12月　女性85.6%，男性1.72%って，なんの数字？（中央大学オピニオン）(85.6% of Women and 1.72% of Men: What These Figures Represent? (Chuo University Opinion))

《その他》

2月　「労働者の報告義務と懲戒」キャリアサポート2010年2月号（キャリアクリエイツ）

5月　「従業員に対する時間外労働禁止命令」キャリアマネジメント2010年5月号（キャリアクリエイツ）

7月　「私の論点，通勤災害再考」労働法律旬報1724号（旬報社）

【2011年（平成23年）】

《著書》

3月　『社会保障法解体新書（3版）』（共編著，法律文化社）

　　　『労働法II（保護法）』（角田邦重・毛塚勝利，米津孝司と共著，中央大学通信教育部）

5月　『労働法解体新書（3版）』（共編著）17-30，47-66頁（法律文化社）

《論文》

3月　「イギリスにおける宗教を理由とする雇用差別禁止の法理」労働者人格権の研究（下巻）（角田邦重先生古稀記念論集）（信山社）

10月　「四半世紀を迎えた男女雇用機会均等法」日本労働研究雑誌615号（労働政策研修機構）

《判例研究》

5月　「採用『内々定』の取消しと損害賠償責任の成否　コーセーアールイー事件福岡地裁判決」労働判例1020号（産業労働総合研究所）

6月　「労働組合による乗務員の個人情報プライバシー侵害の違法性　JAL事件東京

603

地裁判決」労働法学研究会報 2503 号（労働開発研究会）

12 月 「平成 22 年版　実務に活かす重要労働判例　労働法学研究会報　特別号」（労働開発研究会）

《その他》

4 月 「労働者派遣法の即時改正を！」月刊労働組合 557 号（労働大学調査研究所）

12 月 「私の論点，就業規則と労働契約法」労働法律旬報 1757 号（旬報社）

【2012 年（平成 24 年）】

《著書》

9 月 「雇用機会均等法解説」『新基本法コンメンタール労働基準法・労働契約法』（共著）（日本評論社）

《論文》

3 月 「JR 西日本日勤教育における労働者の人格権：鑑定意見書」労働法律旬報 1764 号（旬報社）

12 月 「イギリスにおける有期雇用契約をめぐる法理」法学新報 119 巻 5・6 号（中央大学法学会）

《判例研究》

5 月 「期間の定めのある労働契約に対する雇止めの効力──エヌ・ティ・ティ・コムチュオ事件」労働法学研究会報 2525 号（労働開発研究会）

《インターネット》

2 月 「事業場外労働の法的問題」Leadership Development Note 2012 年 2 月号（キャリアクリエイツ）

《その他》

1 月 「アカデミックハラスメントの防止・啓発に向けて」ハラスメント防止啓発員会 10 周年記念誌（中央大学ハラスメント防止啓発委員会）

4 月 「私はこう考える「職務命令の意味を考えてみることが必要」」まなぶ 658 号（労働大学出版センター）

6 月 「有期労働契約法制の動向について」白門 64 巻 6 号（中央大学通信教育部）

11 月 「『職場におけるハラスメント』考」労働法律旬報 1779 号（旬報社）

【2013 年（平成 25 年）】

《著書》

4 月 『新司法試験問題解答集　労働法（共著，法学書院)』

12 月「ブラック労働特区の創設を許してはならない」『憲法でまなぶ「自由，人権，平等』（共著，労働大学出版センター）

4 月　Equal Employment Opportunity Act, Having Passed the Quarter-Century

Milestone Japan Labor Rewiew, vol.10. no.2, Spring 2013. Pp.6-19（The Japan Institute For Labour Policy and Training）

《**判例研究**》

4月 「打切補償の支払いと解雇禁止規定との関係 専修大学事件東京地裁平成24.9.28判決」労働法学研究会報2547号（労働開発研究会）

5月 「身体障害のある運転手に対する従前の勤務配慮義務の存否とその内容 阪神バス事件大阪地裁決定」労働判例1064号（産労総合研究所）

《**講演録**》

2月 「有期労働契約の法律問題」薫風16号（社会保険労務士白門会）

《**インターネット**》

4月 「昇進と降格の法律問題」Leadership Development Note 2013年4月号（キャリアクリエイツ）

《**その他**》

4月 「ベーシックインカムを考える」白門65巻4号（中央大学通信教育部）

6月 「有期労働契約と法規制」まなぶ673号（労働大学調査所）

11月 「インターンシップから考える」労働法律旬報1803号（旬報社）

【2014年（平成26年）】

《**著書**》

12月 『よくわかる！ 労働判例ポイント解説集』（共著）（労働開発研究会）

《**論文**》

12月 「イギリス雇用関係における差別概念」法学新報121巻7・8号（中央大学法学会）

《**判例研究**》

9月 「パートタイム労働者に対する雇止めの効力および正社員との均等待遇〜ニヤクコーポレーション事件〜」労働法学研究会報2581号（労働開発研究会）

《**その他**》

4月 「公務員の権利はどこまで保護されているか」まなぶ684号（労働大学出版センター）

「労働法の規制緩和か？ それとも規制の組み換えか？」白門66巻4号（中央大学通信教育部）

7月 「法科大学院生と読書」L・L便り18号（中央大学図書館ローライブラリー）

12月 「採用面接においてどこまで回答を求められるか」労働法律旬報1830号（旬報社）

山田省三先生　研究業績一覧

【2015 年（平成 27 年）】

《著書》

4 月　『労働法解体新書 4 版』（共編著，角田邦重）（法律文化社）

5 月　『社会保障法解体新書 4 版』（共編著，久塚純一）（法律文化社）

《論文》

3 月　「パートタイム労働者に対する均等待遇原則」労働法理論変革への模索（毛塚
　　　勝利教授古稀記念論集）所収（信山社）

9 月　「研修・教育訓練をめぐる法理」法学新報 122 巻 1・2 号（中央大学法学会）

10 月　「イギリスにおける関連差別および誤認差別の法理」季刊労働法 250 号（労働
　　　開発研究会）

10 月　「妊娠・出産・育児等をめぐる労働者の権利」季刊労働者の権利 312 号（日本
　　　労働弁護団）

12 月　「雇用における性差別の現状と差別禁止法の課題」ジェンダー法研究 2 号（信
　　　山社）

《判例研究》

3 月　「妊娠に伴う軽易業務転換における副主任「免除」と均等法 9 条 3 項～広島中
　　　央保健生協（C 生協病院）事件を素材として～」労働判例 1104 号（産労総合研究
　　　所）

《座談会》

7 月　「男女雇用機会均等法成立から 30 年～なぜ日本のジェンダー格差はなくならな
　　　いのか」（浅倉むつ子，内藤忍，中野麻美）労働法律旬報 1844 号（旬報社）

《その他》

5 月　「パートタイムマー・有期契約労働者をめぐる法律問題」白門 67 巻 5 号（中央
　　　大学通信教育部）

6 月　「配転命令の根拠と限界」Leadership Development Note 2015 年 6 月号（キャ
　　　リアクリエイツ）

8 月　「映画と読書」L・L 便り 22 号（中央大学図書館ローライブラリー）

10 月　「募集・採用段階における応募者のプライバシー保護」日本労働研究雑誌 663
　　　号 1 頁（労働政策・研修機構）

11 月　「私の論点「関連差別」を考える」労働法律旬報 1852 号（旬報社）

【2016 年（平成 28 年）】

《論文》

7 月　「男女同一労働同一賃金原則の実現に向けて」季刊労働者の権利 315 号（日本
　　　労働弁護団）

山田省三先生　研究業績一覧

《判例研究》

4月　「いわゆるアイドルに対する交際禁止条項の法的拘束力」──芸能プロダクショ
　　　ンA社事件──労働法学研究会報 2619 号（労働開発研究会）

8月　「定年再雇用と労働契約法 20 条における不合理な労働条件〜長澤運輸事件東京
　　　地裁判決〜」労働法律旬報 1869 号（旬報社）

　　　「イギリス差別禁止法における「関連」報復取扱い〜 Thompson v. London Central
　　　Bus Company Ltd 事件〜」労働法律旬報 1870 号（旬報社）

《その他》

1月　「安保法制について考える」労働法律旬報 1855-56 号 12-13 頁（旬報社）

3月　「ダブルワークの法律問題」Leadership Devlopment Note 2016 年 3 月号（キャ
　　　リアクリエイツ）

5月　「『高度専門業務・成果型労働制』導入の是非」白門 68 巻 5 号（中央大学通信
　　　教育部）

9月　「私の論点　ベーシックインカムは救世主となるか？」労働法律旬報 1872 号
　　　（旬報社）

【2017 年（平成 29 年）】

5月　「男女雇用機会均等法 9 条 4 項の解釈について」労働法律旬報 1888 号（旬報社）

《判例研究》

10 月　「使用者との間で期間の定めのある労働契約を締結している定年後再雇用者と
　　　　期間の定めのない労働契約を締結している正社員との間の賃金に関する労働条件の
　　　　相違が不合理なものであり，労働契約法 20 条に違反するとされた事例──長澤運輸
　　　　事件東京地裁判決──」判例時報 2340 号（判例評論 704 号）（判例時報社）

10 月　「高額年俸制の医師による割増賃金請求の可否──医療法人社団康心会事件（最
　　　　二小判平 29.7.7）──」労働法学研究会報 2655 号（労働開発研究会）

《書評》

6月　大木正俊著『イタリアにおける均等待遇原則の生成と展開』季刊労働法 257 号
　　　（労働開発研究会）

《その他》

1月　「定年後継続雇用と均等待遇の問題」LD ノート 2017 年 1 月号（キャリアクリ
　　　エイツ）

10 月　「私の論点　残業をすると税金をとられる？　働き方改革 v 残業税」労働法律
　　　　旬報 1897 号（旬報社）

山田省三先生 研究業績一覧

【2018 年（平成 30 年）】
《研究報告》
3 月 「私立大学における働き方改革の推進に向けて」一般社団法人日本私立大学連盟働き方改革問題プロジェクト──
《判例研究》
4 月 「性的指向と宗教の自由との相克──Ashers 事件北アイルランド控訴院判決──」労働法律旬報 1910 号（旬報社）
《座談会》
3 月 「ワークライフバランスの実現に向けて」大学時報 379 号（日本私立大学連盟）
《その他》
1 月 「役職定年制の法律問題」LD ノート 2018 年 1 月号（キャリアクリエイツ）
5 月 「障害者雇用を考えてみよう」白門 2018 年 70 巻 5 号（中央大学通信教育部）
11 月 「有期労働契約の無期転換の問題」LD ノート 2018 年 11 月号（キャリアクリエイツ）

【2019 年（平成 31 年）】
《判例研究》
2 月 「修学費用の返還請求と労基法 16 条」──医療法人 K 会事件山口地裁判決──労働法学研究会報 2689 号（労働開発研究会）
2 月 「職場におけるハラスメント法関連の動向」電気連合 NABI69 号（電機連合）
2 月 「私の論点『同一労働同一賃金原則』のゆくえ」労働法律旬報 1930 号（旬報社）

〔以上の一覧については，山田先生から提供いただいた情報および山田先生還暦時に整理された著作目録（松井良和作成）をもとに，時系列順に配列した（春田吉備彦・河合塁作成）。〕

山田省三先生古稀記念

現代雇用社会における自由と平等
24 のアンソロジー

2019（平成31）年 3 月17日　第 1 版第 1 刷発行

1968：P640 ¥15000E 030-350-130-N20

| 編　集 | 新田秀樹・米津孝司・川田 |
| | 知子・長谷川聡・河合 塁 |

発行者　今井　貴 稲葉文子
発行所　株式会社 信 山 社

〒113-0033　東京都文京区本郷 6-2-9-102
Tel 03-3818-1019　Fax 03-3818-0344
info@shinzansha.co.jp
笠間才木支店 〒309-1611 茨城県笠間市笠間 515-3
Tel 0269-71-9081　Fax 0296-71-9082
笠間来栖支店 〒309-1625 茨城県笠間市来栖 2345-1
Tel 0296-71-0215　Fax 0296-72-5410
出版契約 2019-1968-5-01011　Printed in Japan

ⓒ 編・著者, 2019　印刷・製本／ワイズ書籍（M）・牧製本
ISBN978-4-7972-1968-5 C3332 分類323.944.a000

JCOPY 〈㈳出版者著作権管理機構 委託出版物〉
本書の無断複写は著作権法上での例外を除き禁じられています。複写される場合は，
そのつど事前に，㈳出版者著作権管理機構（電話 03-3513-6969, FAX 03-3513-6979,
e-mail: info@jcopy.or.jp）の許諾を得てください。また，本書を代行業者等の第三者に
依頼してスキャニング等の行為によりデジタル化することは，個人の家庭内利用であっ
ても，一切認められておりません。

国民健康保険の保険者 — 制度創設から市町村公営までの制度論的考察

　　／新田秀樹

社会保障改革の視座／新田秀樹

わが国労働法学の史的展開／石井保雄

フランス社会保障法の権利構造／伊奈川秀和

社会保障法における連帯概念 — フランスと日本の比較分析／伊奈川秀和

〈概観〉社会保障法総論・社会保険法／伊奈川秀和

〈概観〉社会福祉法／伊奈川秀和

保育判例ハンドブック／田村和之・古畑淳・倉田賀世・小泉広子

待機児童ゼロ — 保育利用の権利

　　／田村和之・伊藤周平・木下秀雄・保育研究所

障害者権利条約の実施 — 批准後の日本の課題／長瀬修・川島聡 編

社会保障法研究／岩村正彦・菊池馨実 責任編集

ブリッジブック社会保障法〔第2版〕／菊池馨実 編

社会保障・福祉六法／岩村正彦・菊池馨実 編集代表

プラクティス労働法〈第2版〉／山川隆一 編

信山社

トピック社会保障法（2019第13版）／本澤巳代子・新田秀樹 編著

変わる福祉社会の論点／増田幸弘・三輪まどか・根岸忠 編著

家族法と社会保障法の交錯 — 本澤巳代子先生還暦記念

　／古橋エツ子・床谷文雄・新田秀樹 編

サービス付き高齢者向け住宅〔サ高住〕の探し方

　／本澤巳代子 監修・消費生活マスター介護問題研究会 著

ジェンダー六法（第2版）

　／山下泰子・辻村みよ子・浅倉むつ子・二宮周平・戒能民江 編

ジェンダー法研究／浅倉むつ子・二宮周平 責任編集

概説ジェンダーと法（第2版）／辻村みよ子

ブラジルの同性婚法 — 判例による法生成と家族概念の転換

　／マシャド・ダニエル 著, 大村敦志 序

国際人権法／芹田健太郎

地球社会法学への誘い／山内惟介

ドイツ労働法（新版）／ペーター・ハナウ, クラウス・アドマイト 著,

　手塚和彰・阿久澤利明 訳

ドイツの憲法判例Ⅳ／ドイツ憲法判例研究 会編

信山社

労働者人格権の研究 — 角田邦重先生古稀記念　上・下
　／山田省三・石井保雄 編

労働法理論変革への模索 — 毛塚勝利先生古稀記念
　／山田省三・青野覚・鎌田耕一・浜村彰・石井保雄 編

市民社会の変容と労働法
　／横井芳弘・篠原敏雄・辻村昌昭 編

現代雇用法／角田邦重・山田省三

蓼沼謙一著作集／蓼沼謙一

福田徳三著作集／福田徳三研究会 編

信山社